Jack Rosewood
Rebecca Lo

DAS GROSSE LEXIKON DER SERIENMÖRDER

Jack Rosewood
Rebecca Lo

DAS GROSSE LEXIKON DER SERIENMÖRDER

Die 150 schlimmsten Serienkiller der Welt

riva

Bibliografische Information der Deutschen Nationalbibliothek
Die Deutsche Nationalbibliothek verzeichnet diese Publikation in der Deutschen Nationalbibliografie. Detaillierte bibliografische Daten sind im Internet über https://dnb.de abrufbar.

Für Fragen und Anregungen
info@m-vg.de

Wichtiger Hinweis
Ausschließlich zum Zweck der besseren Lesbarkeit wurde auf eine genderspezifische Schreibweise sowie eine Mehrfachbezeichnung verzichtet. Alle personenbezogenen Bezeichnungen sind somit geschlechtsneutral zu verstehen.

2. Auflage 2025

Türkenstraße 89
80799 München
Tel.: 089 651285-0
Fax: 089 652096

Übersetzung: Mark Bergmann
Redaktion: Silke Panten
Umschlaggestaltung: Marc-Torben Fischer
Umschlagabbildung: imago images/Everett Collection
Satz: Carsten Klein
Druck: GGP Media GmbH, Pößneck
Printed in Germany

ISBN Print 978-3-7423-2468-9
ISBN E-Book (PDF) 978-3-7453-2213-2
ISBN E-Book (EPUB, Mobi) 978-3-7453-2240-8

INHALT

VORBEMERKUNG

Serienmörder treiben seit Hunderten von Jahren in allen Teilen der Welt ihr Unwesen. In *Das Große Lexikon der Serienmörder* wurden 150 der verkommensten, sadistischsten und furchterregendsten Mörder aus Amerika, Australien, China, Dänemark, Deutschland, Großbritannien, Korea und Russland in einer umfassenden Enzyklopädie versammelt.

Von A wie Elias Abuelazam bis Z wie Zodiac Killer enthält dieses Lexikon Informationen über Geschichte, Opfer, Mordmethoden, Verhaftung, Prozess und Strafe von jedem dieser Mörder; versehen mit Zeitangaben zum Beginn ihrer Mordserien, ihrer (endgültigen) Verhaftung und gegebenenfalls ihrer Hinrichtung. Damit ist diese Enzyklopädie ein bündiges und sachgerechtes Nachschlagewerk für alle, die mehr über Serienmörder erfahren möchten.

Nutzen Sie entweder das Register am Ende des Buches, um direkt zu einem Serienmörder zu gelangen, der Sie interessiert, oder schmökern Sie sich einfach nach Lust und Laune durch die Lexikoneinträge. Abgerundet wird dieses Nachschlagewerk durch einen Essay über das Wesen der Serienmörder, den Sie im Anschluss an den eigentlichen Lexikonteil finden.

DIE SERIENMÖRDER
VON A BIS Z

ELIAS ABUELAZAM

Geburtsdatum: 29. August 1976
Alias: Elias Abullazam
Tatmerkmal: rassistisches Motiv
Opferzahl: 5
Zeitraum der Morde: Mai 2009 bis August 2010
Datum der (endgültigen) Verhaftung: 11. August 2010
Mordmethode: Erstechen
Tatorte: Michigan, Virginia und Ohio (USA)
Status: verurteilt zu lebenslanger Freiheitsstrafe ohne Möglichkeit zur vorzeitigen Entlassung

VORGESCHICHTE

Abuelazam wurde als Sohn einer wohlhabenden christlichen Araberfamilie in der israelischen Stadt Ramla geboren. Als er noch ein Kind war, migrierte die Familie in die USA. Seine Mutter hatte erneut geheiratet und es geschafft, eine Greencard zu bekommen, die amerikanische Staatsbürgerschaft erhielt sie jedoch nie.

Abuelazam arbeitete bis 2008 als psychologisch-technischer Assistent in einer Psychiatrie, dem Piedmont Behavioral Health Center (heute: North Spring Behavioral Healthcare). Die dort gesammelte Erfahrung bewog ihn vielleicht dazu, im Zuge seiner späteren Verhaftung und Mordanklage auf Schuldunfähigkeit zu plädieren.

Am 30. Juli 2004 heiratete Abuelazam Jessica Hirth, doch die Ehe sollte nicht lange halten. 2007 ließ das Paar sich scheiden. Hirths Eltern waren später geschockt von den Taten ihres einstigen Schwiegersohns, die Mutter hatte ihn stets für einen »netten Kerl« gehalten. Der Vater behauptete dagegen, Abuelazam sei seiner Tochter gegenüber gewalttätig gewesen und dass dies der Grund für die Scheidung gewesen sei.

MORDE

Die Verbrechen, die Abuelazam nachgewiesenermaßen begangen hat, und die, denen er verdächtigt wird, ereigneten sich zwischen Mai und August 2010. Das Gericht geht davon aus, dass er nachts in seinem Chevrolet Trailblazer umhergefahren ist, um sich gezielt kleinere, schmächtige Männer als Opfer zu suchen, die allein unterwegs waren.

Unter einem Vorwand sprach Abuelazam die Opfer an, fragte etwa nach dem Weg oder bat um Hilfe bei der Reparatur seines Wagens und stach dann auf sie ein, wobei er hauptsächlich auf Brust und Bauch zielte. Der überwiegende Teil seiner Opfer waren Schwarze, die Ermittler gingen daher von einem rassistischen Motiv aus.

Am 4. August 2010 war den Behörden bereits klar, dass die große Zahl der Messerangriffe, die seit Mai geschehen waren, einem einzigen Täter zugeordnet werden mussten, woraufhin eigens eine Task Force zu dessen Ergreifung zusammengestellt wurde. Innerhalb weniger Tage stellte die Polizei von Leesburg eine Verbindung zwischen drei weiteren Angriffen auf schwarze Männer in ihrem Bezirk her und identifizierte sie als das Werk ein- und desselben Mannes. Die Opfer konnten den Täter beschreiben, zudem gab es von jeder Attacke Aufnahmen einer Überwachungskamera, die von den Ermittlern ausgewertet wurden.

Während die Polizei so den Kreis der Verdächtigen immer weiter eingrenzte, wurde Abuelazam am 5. August bei einer routinemäßigen Verkehrskontrolle verhaftet. Beim Abgleich seiner Daten kam heraus, dass ein noch offener Haftbefehl wegen eines früheren Angriffs auf ihn ausgestellt war. Zwar wurde Abuelazam auf Kaution entlassen, seine Daten landeten aber im Informationssystem der Ermittler, die daraufhin die einzelnen Puzzlestücke zusammenfügen und ihn als Hauptverdächtigen identifizieren konnten.

VERHAFTUNG UND PROZESS

Am 11. August 2010 wurde Abuelazam am Hartsfield-Jackson Atlanta International Airport verhaftet, als er gerade mit dem Flugzeug nach Tel Aviv fliegen wollte. Ihm wurde das Recht gewährt, gegen die Auslieferung in seinen Heimatstaat Michigan Berufung einzulegen, worauf er verzichtete. Abuelazam wurde daraufhin am 26. August nach Flint, Michigan, überführt. Aufgrund der Schwere der Verbrechen, denen er angeklagt war, wurde ihm keine Kaution gewährt und Isolationshaft angeordnet, während er auf seinen Prozess wartete.

Abuelazam wurde schließlich einer Reihe von Verbrechen angeklagt, mit folgenden Opfern:

26. Juni 2010: Bill Fisher (42), angeklagt wegen Körperverletzung mit Tötungsabsicht

12. Juli 2010: Antoine Jackson (29), angeklagt wegen Körperverletzung mit Tötungsabsicht
19. Juli 2010: Richard Booker, angeklagt wegen Körperverletzung mit Tötungsabsicht
26. Juli 2010: Darwin Marshall (43), angeklagt wegen Mordes
27. Juli 2010: Antwoine Marshall (26), angeklagt wegen Körperverletzung mit Tötungsabsicht
29. Juli 2010: Davon Rawls (20), angeklagt wegen Körperverletzung mit Tötungsabsicht
30. Juli 2010: Frank Kellybrew (60), angeklagt wegen Mordes
1. August 2010: Etwan Wilson (18), angeklagt wegen Körperverletzung mit Tötungsabsicht
2. August 2010: Arnold Minor (49), angeklagt wegen Mordes
7. August 2010: namentlich nicht genannter Mann (59), angeklagt für diesen Fall

Er wird außerdem verdächtigt, die folgenden Verbrechen begangen zu haben:
24. Mai 2010: David Motley (31), ermordet aufgefunden
21. Juni 2010: Emmanuel Abdul Muhammad (59), ermordet aufgefunden
23. Juli 2010: Messerangriff auf einen namentlich nicht genannten Mann (21)
29. Juli 2010: Messerangriff auf einen namentlich nicht genannten Mann (59)
30. Juli 2010: Messerangriff auf einen namentlich nicht genannten Mann (28)
3. August 2010: Angriff auf einen namentlich nicht genannten Jugendlichen
5. August 2010: Messerangriff auf einen namentlich nicht genannten Mann (67)
6. August 2010: Angriff mit einem Hammer auf einen namentlich nicht genannten Mann

Abuelazams erster Prozess, für den Mord an Arnold Minor, begann am 8. Mai 2012. Dabei kam es zu einer ungewöhnlichen Wende: Der Richter ließ Beweise aus den anderen Mordfällen zur Verhandlung zu. Ein entscheidendes Beweisstück war ein Bluttropfen, der auf Abuelazams Hose gefunden wurde und Arnold Minor zugeordnet werden konnte.

50 Zeugen rief die Staatsanwaltschaft auf, darunter einen Onkel von Abuelazam, der bei dessen Verhaftung geholfen hatte. Angesichts der erdrückenden Beweislast entschied sich die Verteidigung dazu, auf Schuldunfähigkeit zu plädieren, brachte allerdings nur einen einzigen Sachverständigen vor, der Aussagen zu

Abuelazams geistigem Zustand machen konnte. Die Staatsanwaltschaft zweifelte die Glaubwürdigkeit dieses Psychiaters an, da dessen Fachgebiet nicht psychische Erkrankungen, sondern Alkohol- und Drogensucht war.

Dafür rief sie zwei Psychologen in den Zeugenstand, die erklärten, dass Abuelazam zwar vermutlich an einer Form von Persönlichkeitsstörung litt, es allerdings keinerlei Hinweis darauf gebe, dass er zum Tatzeitpunkt schuldunfähig gewesen war. Abuelazam erfüllte die juristischen Kriterien für Schuldunfähigkeit also nicht.

Am 22. Mai 2012 begannen die Geschworenen sich zu beraten und fällten nur eine Stunde darauf ihr Urteil. Sie befanden Abuelazam des Mordes an Arnold Minor für schuldig.

AUSGANG

Am 25. Juni 2012 wurde Abuelazam zu lebenslanger Freiheitsstrafe ohne Möglichkeit zur vorzeitigen Entlassung verurteilt.

STEPHEN AKINMURELE

Geburtsdatum: 1977
Alias: Cul-de-sac Killer
Tatmerkmal: Mord- und Raubopfer waren ausschließlich Senioren
Opferzahl: 5
Zeitraum der Morde: mindestens 1995 bis 1998
Datum der (endgültigen) Verhaftung: 1. November 1998
Mordmethoden: Strangulation, stumpfe Gewalt
Tatorte: Blackpool und Lancashire (England)
Status: beging Selbstmord durch Erhängen, während er in Untersuchungshaft saß

VORGESCHICHTE

Über Akinmureles frühe Jahre ist nicht viel bekannt. Seine Mutter stammte von der Isle of Man, der Vater war Nigerianer. Mit sechs Jahren zog er mit seiner Mutter auf die Isle of Man, wo er von ihr und seiner Großmutter aufgezogen wurde.

In der Schule galt er als freundlicher Junge, geriet aber häufig in Schwierigkeiten. Als Kind litt er unter nicht näher bekannten psychischen Problemen; schwerwiegende Vorfälle oder Bedenken der Behörden sind aus jener Zeit jedoch keine bekannt. Mit 18 Jahren lebte er auf der britischen Hauptinsel und arbeitete als Angestellter im Sozialamt. Sein Gehalt besserte er als Barkeeper in einer örtlichen Bar namens »Rumours« auf.

MORDE

Im Oktober 1998 wurden Eric Boardman (77) und dessen Frau Joan (74) von ihrer Tochter tot in ihrer Wohnung in Blackpool aufgefunden. Das ältere Ehepaar war zu Tode geprügelt worden. Am Tatort fanden die Ermittler einen selbst gebastelten Totschläger: einen dicken, schweren Stab, von dem sie Fingerabdrücke nehmen und Akinmurele zuordnen konnten.

Zuvor war die 75-jährige Jemmimah Cargill im selben Appartementkomplex, in dem auch die Boardmans gelebt hatten, mutmaßlich bei einem Wohnungsbrand gestorben. Als die Ermittler nun herausfanden, dass Cargill sich die Wohnung mit Akinmurele geteilt hatte, folgerten sie, dass es sich bei dem Tod der alten Dame nicht um einen Unfall, sondern um einen weiteren Mord gehandelt haben musste.

Doch das war noch nicht alles. Akinmurele wurde auch mit dem Mord an Dorothy Harris, im Februar 1996 auf der Isle of Man, in Verbindung gebracht. Auch sie starb bei einem Brand in ihrer Wohnung. Nachdem die Behörden ihren Tod zunächst ebenfalls für einem schrecklichen Unfall gehalten hatten, gingen sie nun von Mord aus.

Je tiefer die Ermittler gruben, umso mehr potenzielle Opfer fanden sie. Marjorie Ashton wurde 1995 in ihrer Wohnung erdrosselt; auch für diesen Mord könnte Akinmurele verantwortlich gewesen sein.

VERHAFTUNG UND PROZESS

Akinmurele wurde verhaftet und für die Morde an den Boardmans, Jemmimah Cargill und Dorothy Harris angeklagt. Während der Vernehmung änderte sich sein Verhalten mehrmals schlagartig. War er im einen Moment noch freundlich und ruhig, konnte er sich schon im nächsten in derart furchtbare Wutausbrüche hineinsteigern, dass einer der Ermittler ihn als den »gefährlichsten Mann, den ich je gesehen habe« bezeichnete. Bis zum Prozessbeginn wurde Akinmurele deshalb in Untersuchungshaft genommen. Dort attackierte und verletzte er einen Arzt und bedrohte eine Vielzahl von Menschen. Er behauptete sogar, noch einen weiteren Mord begangen zu haben. Obwohl die Geschichte zunächst plausibel schien, wurde später festgestellt, dass sein Geständnis gelogen war.

Akinmurele schien einen Hass auf ältere Menschen zu haben. Dies, gepaart mit seiner psychischen Erkrankung, veranlasste die Ermittler dazu, ähnliche Verbrechen, die sowohl in der Region als auch auf der Isle of Man begangen wurden, noch einmal zu überprüfen. Die Ermittlungen reichten zurück bis ins Jahr 1994 und ergaben eine Vielzahl von Fällen, die möglicherweise mit Akinmurele in Verbindung gebracht werden könnten.

AUSGANG

Am 28. August 1999 wurde Akinmurele tot in seiner Zelle gefunden. Er hatte aus seiner Kleidung einen Strang gefertigt, ihn an seinem Fenster befestigt und sich daran erhängt. Sein Prozess stand in wenigen Wochen bevor. Er hinterließ einen Abschiedsbrief für seine Mutter, in dem stand: »Ich halte dieses Gefühl nicht mehr aus, ständig töten zu wollen.«

Wie nach jedem Selbstmord in Haft wurde auch hier eine entsprechende Untersuchung eingeleitet, die eine Reihe von Versäumnissen der Justizvollzugsanstalt zutage brachten. Akinmurele hatte schon zweimal zuvor versucht, sich umzubringen. Doch nicht nur das, seine Freundin hatte die Behörden gewarnt, dass er eine Gefahr für sich selbst war und ihr gegenüber versichert habe, nicht vor Gericht gehen zu wollen.

Während seiner Zeit im Gefängnis wurde Akinmurele von einer Reihe von Experten befragt, darunter Ärzte und ein forensischer Psychiater. Laut dem Psychiater behauptete Akinmurele, von den Bildern seiner Opfer »verfolgt zu werden«, er hatte sie offenbar ständig im Kopf.

Nach einem Selbstmordversuch in der Isolationshaft wurde Akinmurele in den Krankenhaustrakt des Gefängnisses verlegt. Dort gelang es ihm, aus einer Zahnbürste eine Waffe zu basteln, und er behauptete, in seiner Fantasie bereits zu planen, eine der weiblichen Angestellten als Geisel zu nehmen. Daraufhin wurde er wieder in die Isolationshaft zurückverlegt, wo er wegen Selbstmordgefährdung unter Beobachtung stand und es dennoch schaffte, sich nur zwei Tage darauf umzubringen.

ZITAT

»Ich kann nichts für das, was ich fühle. Was ich getan habe, war falsch – ich weiß das und mir tun die Opfer leid –, aber das bedeutet nicht, dass ich es nicht wieder tun würde.«

CHARLES ALBRIGHT

Geburtsdatum: 10. August 1933
Alias: The Dallas Ripper, The Dallas Slasher, The Eyeball Killer
Tatmerkmal: entfernte die Augen seiner Opfer
Opferzahl: 3
Zeitraum der Morde: Dezember 1990 bis März 1991
Datum der (endgültigen) Verhaftung: 22. März 1991
Mordmethode: Erschießen
Tatorte: Texas (USA)
Status: verurteilt zu lebenslanger Freiheitsstrafe ohne Möglichkeit zur vorzeitigen Entlassung, verstarb am 22. August 2020 in Haft eines natürlichen Todes

VORGESCHICHTE

Albright wurde von Fred und Delle Albright adoptiert, nachdem sie ihn in einem Waisenhaus entdeckt hatten. Zu Albrights Glück war Delle Lehrerin und half ihm beim Lernen, wodurch der Junge zwei Schulklassen überspringen konnte. Sie war eine strenge, aber auch überfürsorgliche Mutter.

Als Teenager begann Albright, mit einer Waffe auf kleine Tiere zu schießen. Zudem zeigte er Interesse für das Präparieren von Tierkörpern. Seine Mutter wollte ihn in diesem Hobby bestärken und half ihm sogar dabei, die toten Tiere auszustopfen. Mit 13 Jahren war Albright bereits wegen schwerer Körperverletzung verhaftet worden und als kleiner Gauner stadtbekannt. Aufgrund seiner beschleunigten Bildung daheim konnte er dennoch schon mit 15 Jahren die Schule verlassen und sich an einer Universität einschreiben. Er wollte Arzt werden, schaffte die vormedizinische Ausbildung jedoch nicht.

Mit 16 Jahren wurde er erneut von der Polizei verhaftet, wieder wegen Diebstahls, und dieses Mal musste er für ein Jahr ins Gefängnis. Nach seiner Entlassung schrieb er sich an einer pädagogischen Hochschule für das Hauptfach Vormedizinische Studien ein, flog aber von der Uni, als Diebesgut bei ihm gefunden wurde.

In jener Zeit begann Albright seine Karriere als Urkundenfälscher, nachdem er seine eigenen Bachelor- und Masterabschlüsse selbst angefertigt und die nötigen Unterschriften darauf gefälscht hatte. Er heiratete seine College-Freundin und die beiden bekamen eine Tochter. Albright arbeitete inzwischen als Lehrer an einer High School, fälschte aber weiterhin Schecks. Als er damit aufflog, wurde er zu einer Bewährungsstrafe verurteilt.

Das Paar ließ sich 1974 scheiden. Albright wurde erwischt, als er Werkzeug im Wert von mehreren Hundert Dollar aus einem Eisenwarengeschäft stahl, und landete erneut im Gefängnis. Obwohl er zu zwei Jahren Haft verurteilt wurde, kam er allerdings nach nur sechs Monaten wieder frei.

Nach seiner Entlassung freundete er sich mit seinen Nachbarn an und wurde zum vertrauten Babysitter für Kinder in der gesamten Gegend. Beim Besuch eines Freundes 1981 wurde Albright erwischt, wie er dessen neunjährige Tochter sexuell belästigte. Er bekannte sich vor Gericht schuldig und erhielt erneut eine Bewährungsstrafe. Später sagte er aus, er sei nicht schuldig gewesen und hätte dies nur behauptet, um nicht weiter unter Druck gesetzt zu werden.

1985 lebte Albright in Arkansas, wo er eine Frau namens Dixie kennenlernte, die schon kurz darauf bei ihm einzog. Schon wenig später bezahlte Dixie ihm all seine Rechnungen. Trotzdem trug Albright frühmorgens Zeitungen aus. Was Dixie nicht wusste: Er besuchte dabei regelmäßig Prostituierte.

MORDE

Seinen ersten Mord beging Albright am 13. Dezember 1990. Im Viertel Oak Cliff in Dallas wurde die Prostituierte Mary Lou Pratt tot aufgefunden. Sie wurde durch einen Schuss in den Hinterkopf aus einer Pistole vom Kaliber .44 getötet. Das Opfer trug lediglich BH und T-Shirt, beides hochgeschoben, sodass die Brüste enthüllt waren. Pratts Augen waren geschlossen und Gesicht und Brust von blauen Flecken übersät. Als der Gerichtsmediziner die Lider des Opfers anhob, entdeckte er, dass beide Augen entfernt und vom Tatort mitgenommen worden waren.

Am 10. Februar 1991 wurde die Leiche einer weiteren Prostituierten gefunden, auch sie war fast komplett nackt. Ihr Name war Susan Peterson und ihr wurde einmal von oben und einmal von hinten in den Kopf sowie einmal in die linke Brust geschossen. Die Leiche wurde hinter der südlichen Stadtgrenze von Dallas aufgefunden. Auch ihr fehlten die Augen.

Shirley Williams war die dritte Prostituierte, die in der Gegend tot aufgefunden wurde. Ihr wurde einmal von oben in den Kopf und einmal ins Gesicht geschossen. Sie war außerdem misshandelt worden und hatte mehrere blaue

Flecken im Gesicht sowie eine gebrochene Nase. Wie bei den anderen beiden Opfern waren ihr die Augen entfernt worden.

Chronik der Morde:
13. Dezember 1990: Mary Lou Pratt (33)
10. Februar 1991: Susan Peterson
10. März 1991: Shirley Williams

VERHAFTUNG UND PROZESS

Albright wurde am 22. März 1991 verhaftet und wegen dreifachen Mordes angeklagt. Der Prozess begann am 13. Dezember 1991. Zunächst sah alles danach aus, als ob der Staatsanwaltschaft der Fall um die Ohren fliegen würde, da sie fast ausschließlich Indizienbeweise vorbringen konnte. Es gab allerdings auch aussagekräftige forensische Beweise, etwa Haare, die am Tatort des Mordes an Shirley Williams gefunden wurden und Albright gehörten.

Am 18. Dezember 1991 versammelten sich die Geschworenen zur Beratung und kamen schnell mit einem Schuldspruch zurück, allerdings nur für den Mord an Shirley Williams.

AUSGANG

Albright wurde zu lebenslanger Freiheitsstrafe ohne Möglichkeit zur vorzeitigen Entlassung verurteilt. Er starb 2020 in Haft.

WISSENSWERTES

- Albright entfernte die Augen seiner Opfer, die allesamt Prostituierte waren.
- Er war, so sagt man, ein regelrechter Tausendsassa, sprach fließend Spanisch und Französisch, war ein begnadeter Maler und konnte Frauen um den Finger wickeln, indem er Chopin-Präludien auf dem Klavier spielte oder Gedichte von John Keats rezitierte.

RODNEY ALCALA

Geburtsdatum: 23. August 1943
Alias: Dating Game Killer, John Berger, John Burger
Tatmerkmal: Vergewaltigung
Opferzahl: mindestens 5, bis zu 100
Zeitraum der Morde: mindestens 1971 bis 1979
Datum der (endgültigen) Verhaftung: 27. Juli 1979
Mordmethoden: Strangulation, stumpfe Gewalt
Tatorte: Kalifornien (USA)
Status: zum Tode verurteilt, verstarb am 24. Juli 2021 in Haft eines natürlichen Todes

VORGESCHICHTE

Rodrigo Jacques Alcala Buquor wurde in San Antonio im US-Bundesstaat Texas geboren. Seine Eltern Raoul und Anna Maria Gutierrez zogen 1951 nach Mexiko, der Vater verließ die Familie nur drei Jahre darauf. Als Alcala etwa elf Jahre alt war, zog er mit seiner Mutter und seinen Geschwistern nach Los Angeles.

1960 verpflichtete Alcala sich mit 17 Jahren bei der U.S. Army und wurde Sachbearbeiter im Büro. 1964 begannen seine Probleme, als er sich unerlaubt von der Truppe entfernte und per Anhalter zurück zu seiner Mutter fuhr. Ein Militärpsychiater erhielt den Auftrag, Alcala zu beurteilen, und stellte fest, dass er an einer dissozialen Persönlichkeitsstörung litt. Er wurde daraufhin aus medizinischen Gründen aus der Armee entlassen.

Alcala begann daraufhin ein Studium an der renommierten Kunsthochschule UCLA School of Fine Arts, wo er einen Abschluss machte. Ärger mit dem Gesetz bekam er erstmals 1968, nachdem er ein achtjähriges Mädchen vergewaltigt hatte. Zeugen hatten beobachtet, wie er das Mädchen in seine Wohnung gelockt hat, er konnte allerdings fliehen, bevor die Polizei am Tatort eintraf, wo er das furchtbar zugerichtete Mädchen zurückgelassen hatte. Später studierte Alcala an der ebenfalls renommierten NYU Film School unter Regisseur Roman Polanski. Dabei verwendete er den Alias John Berger, um von der Polizei unentdeckt zu bleiben.

In den folgenden Jahren wurde Alcala für eine Reihe von Verbrechen immer wieder verhaftet, darunter ein tätlicher Übergriff auf ein junges Mädchen und

Drogenbesitz. Er gestand später, sich als Fotograf ausgegeben und ein 15-jähriges Mädchen bewusstlos geschlagen und vergewaltigt zu haben.

Obwohl er wegen Vergewaltigung verurteilt und demnach als Sexualstraftäter registriert war, schaffte Alcala es 1978 dennoch, als Teilnehmer einer Kuppel-Show im Fernsehen namens *The Dating Game* gecastet zu werden. Heute wird angenommen, dass er zu jener Zeit bereits zwei Frauen getötet hatte. Der Moderator stellte ihn als Fotografen vor, der gerne Motorrad fährt und Fallschirm springt. Alcala gewann sogar das Date mit Junggesellin Cheryl Bradshaw, die fand ihn allerdings gruselig und weigerte sich, mit ihm auszugehen.

MORDE

Jill Barcomb, eine Ausreißerin aus New York, verschwand 1977. Ihre Leiche wurde in einer Schlucht bei Los Angeles gefunden, laut Ermittlern »zusammengerollt wie ein Ball«. Zunächst glaubten die Behörden, sie wäre ein Opfer der »Hillside Stranglers« gewesen, die zur selben Zeit in Los Angeles ihr Unwesen trieben. DNA-Spuren bewiesen später jedoch, dass Alcala für ihren Tod verantwortlich war.

Ebenfalls 1977 wurde Georgia Wixted in ihrer Wohnung in Malibu zu Tode geprügelt. Charlotte Lamb wurde im Wäscheraum ihres Wohnkomplexes erst vergewaltigt und dann erwürgt, Jill Parenteau in ihrer Wohnung in Burbank getötet. Diese vier Morde konnten mithilfe von DNA-Spuren alle mit Alcala in Verbindung gebracht werden.

Auch der Mord an Pamela Jean Lambson geschah 1977. Die junge Frau verschwand auf dem Weg ins Hafenviertel Fisherman's Wharf, wo sie sich mit einem Fotografen treffen wollte. Ihre Leiche wurde, nackt und übel zugerichtet, nahe eines Wanderpfads in Marin County gefunden.

Christine Ruth Thornton verschwand 1977 in Wyoming. Ihre Leiche wurde erst 1982 gefunden und konnte nur mithilfe von DNA-Proben ihrer Verwandten identifiziert werden. Die Obduktion ergab, dass sie zum Zeitpunkt ihrer Ermordung im sechsten Monat schwanger gewesen war. Alcala gab später zu, Fotos von Thornton gemacht zu haben, stritt aber ab, sie getötet zu haben.

Die zwölfjährige Robin Samsoe verschwand am 20. Juni 1979 auf dem Weg von ihrem Ballettkurs zum Strand. Ihre Leiche wurde mehrere Tage darauf in den Gebirgsausläufern um Los Angeles entdeckt.

Chronik der bekannten Morde:
1971: Cornelia Crilley
1977: Ellen Hover
1977: Jill Barcomb
1977: Georgia Wixted
1977: Pamela Jean Lambson
1977: Christine Ruth Thornton
1978: Charlotte Lamb
1979: Jill Parenteau
1979: Robin Samsoe (12)

Verdächtiger in folgenden Mordfällen:
Juli 1977: Antoinette Wittaker (13)
Februar 1978: Joyce Gaunt (17)

VERHAFTUNG UND PROZESS

Die Behörden brachten eine Phantombildzeichnung des Verdächtigen im Samsoe-Mordfall in Umlauf, woraufhin Alcala durch seinen eigenen Bewährungshelfer identifiziert wurde. Die Ermittler durchsuchten daraufhin das Haus seiner Mutter, wobei sie einen Kassenbeleg für einen Lagerschrank in Seattle fanden, den Alcala gemietet hatte. Bei der Durchsuchung dieses Schranks fanden sie Hunderte Fotos junger Frauen, viele von ihnen nackt, ein Paar Ohrringe, das Robin Samsoe gehörte, sowie ein weiteres Paar, das mithilfe von DNA-Tests später Charlotte Lamb zugeordnet werden konnte.

Alcala wurde am 27. Juli 1979 verhaftet und für den Mord an Robin Samsoe angeklagt. Im darauffolgenden Prozess wurde er schuldig gesprochen und 1980 zum Tode verurteilt. 1984 wurde das Urteil jedoch aufgehoben, da die Geschworenen über Alcalas frühere Verbrechen informiert worden waren, was nicht erlaubt ist. 1986 wurde sein Urteil ein weiteres Mal aufgehoben, nachdem Alcala behauptet hatte, einer der Zeugen sei hypnotisiert worden.

2003 wurde Alcala durch DNA-Spuren mit zwei weiteren Morden in Verbindung gebracht. 2010 stand er wegen insgesamt fünf Morden vor Gericht: Robin Samsoe, Georgia Wixted, Jill Barcomb, Charlotte Lamb und Jill Parenteau. Er wurde in allen fünf Fällen schuldig gesprochen und musste in der Todeszelle bleiben. 2011 wurde er in New York der Morde an Ellen Hover und Cornelia Crilley angeklagt und bekannte sich im Dezember 2012 in beiden Fällen schuldig.

Es gibt zahlreiche weitere Fälle, in denen Alcala verdächtigt wurde, die aber nicht mehr verhandelt wurden, da er mit der Todesstrafe bereits die Höchststrafe erhalten hatte.

AUSGANG

Alcala verschaffte sich Zugang zu seinen Opfern, indem er sich als Fotograf ausgab. Die Ermittler fanden nach seiner Verhaftung Hunderte Fotografien in seinem Besitz. 120 dieser Bilder ließen sie durch die Medien veröffentlichen, in der Hoffnung, die Öffentlichkeit könnte dabei helfen, die vielen Frauen und jungen Mädchen darauf zu identifizieren. Die Polizei wollte herausfinden, ob einige davon ebenfalls Mordopfer geworden waren. Die übrigen 900 Fotos aus Alcalas Sammlung zeigten eindeutig sexuelle Motive und konnten deshalb nicht veröffentlicht werden.

In den ersten Wochen nach Veröffentlichen der Fotos meldeten sich 21 Frauen, die sich selbst identifizierten. 2013 erkannte ein Familienmitglied eine Frau auf einem der Bilder und identifizierte sie als Christine Thornton, damals 28 Jahre, die 1982 in Wyoming ermordet aufgefunden wurde. Alcala wurde für den Mord angeklagt, konnte aufgrund von schwerer Krankheit aber nicht zum Prozess in Wyoming erscheinen. Am 24. Juli 2021 starb er in Haft eines natürlichen Todes.

WISSENSWERTES

- Rodney Alcala vertrat sich in seinem Prozess selbst und nahm während der Vernehmung zwei Persönlichkeiten an. Fünf Stunden lang befragte er sich selbst, dabei verstellte er seine Stimme und nannte sich »Mr. Alcala«, bevor er anschließend mit seiner normalen Stimme antwortete.
- Nachdem er in Kalifornien bereits zum Tode verurteilt worden war, erhielt er in New York eine zusätzliche 25-jährige Haftstrafe für den Mord an zwei Frauen.
- Alcala verklagte den Bundesstaat Kalifornien wegen eines Vorfalls in Haft, bei dem er ausgerutscht und gestürzt war.
- Er verklagte den Bundesstaat Kalifornien erneut, da ihm zu seinem Häftlingsessen keine fettarme Alternative angeboten wurde.
- Alcala besaß angeblich einen IQ von 160.

DANIEL CAMARGO BARBOSA

Geburtsdatum: 22. Januar 1930
Alias: Manuel Bulgarin Solis, The Sadist of Chanquito
Tatmerkmal: Vergewaltigung
Opferzahl: 72 bis 150
Zeitraum der Morde: 1974 bis 1986
Datum der (endgültigen) Verhaftung: 26. Februar 1986
Mordmethoden: Erstechen, Strangulation
Tatorte: Kolumbien, Ecuador
Status: am 13. November 1994 im Gefängnis ermordet

VORGESCHICHTE

Barbosas Mutter starb, als er noch ein kleines Kind war. Der emotional distanzierte und herrische Vater heiratete daraufhin erneut. Die Stiefmutter war offenbar gewalttätig gegenüber Barbosa und bestrafte ihn regelmäßig, indem sie ihm Mädchenkleidung anzog, um ihn vor anderen Kindern lächerlich zu machen.

Als Erwachsener hatte Barbosa eine Beziehung mit einer Frau namens Alcira, bei der er auch lebte und mit der er zwei Kinder zeugte. Eines Tages verliebte er sich jedoch in eine andere Frau namens Esperanza. Das Paar wollte heiraten, bis Barbosa merkte, dass sie keine Jungfrau mehr war. Barbosa bot ihr daraufhin an, dennoch mit ihr zusammenzubleiben, wenn sie ihm dafür im Gegenzug helfen würde, andere jungfräuliche Mädchen zu finden, mit denen er Sex haben konnte. Sie willigte ein.

Esperanza lockte die jungen Mädchen in ihre Wohnung und betäubte sie dort mit Schlaftabletten, sodass Barbosa sie vergewaltigen konnte. Fünf Mädchen vergewaltigte Barbosa auf diese Weise, ließ sie anschließend aber wieder frei, ohne ihnen weiteren Schaden zuzufügen. Das fünfte Mädchen meldete die Vergewaltigung jedoch bei der Polizei, das Paar wurde daraufhin verhaftet. Barbosa wurde angeklagt und wegen sexuellen Missbrauchs zu drei Jahren Haft verurteilt. Später wurde ein zweiter Richter hinzugezogen und wandelte das Urteil in acht Jahre Haft um. Nachdem er seine Strafe verbüßt hatte, wurde Barbosa wieder freigelassen.

1973 wurde Barbosa in Brasilien wegen falscher Dokumente erneut verhaftet. Er reiste und lebte in jener Zeit unter falschem Namen, weshalb sein Strafregister aus Kolumbien in Brasilien zunächst nicht bekannt war. Nach seiner Verhaftung wurde er sofort wieder nach Kolumbien abgeschoben. Dort zurück, verkaufte er Fernseher in den Straßen von Barranquilla. Wenig später begann er seine furchtbare Mordserie.

MORDE

Kurz nach seiner Rückkehr nach Kolumbien im Jahr 1973 kam Barbosa eines Tages an einer Schule vorbei und entführte ein neunjähriges Mädchen, das er vergewaltigte und umbrachte, damit es nicht die Polizei alarmieren konnte. Dies war Barbosas erster bekannter Mord, doch leider bei Weitem nicht sein letzter. Er wurde erwischt und zu 25 Jahren Haft verurteilt, nachdem er an den Tatort zurückgekehrt war, um einen Fernseher zu holen, den er dort zurückgelassen hatte. Im Dezember 1977 wurde er in ein Gefängnis auf der Insel Gorgona vor der Küste Kolumbiens verlegt.

Dort verbrachte Barbosa viel Zeit damit, die Strömungen des Ozeans zu studieren, und entkam im November 1984 schließlich in einem primitiven, selbst gebauten Boot. Nach seiner Flucht gingen die Behörden davon aus, dass er entweder ertrunken oder den Haien zum Opfer gefallen war. Tatsächlich schaffte er es jedoch bis nach Ecuador, in die Hauptstadt Quito. Von dort aus reiste er am 5. Dezember nach Guayaquil, wo er am 18. Dezember ein weiteres neunjähriges Mädchen und am Tag darauf ein zehnjähriges Mädchen entführte.

Die Behörden schätzen, dass Barbosa zwischen 1984 und 1986 in Guayaquil für mindestens 54 Vergewaltigungen und Morde verantwortlich gewesen ist. Aufgrund der hohen Opferzahl gingen die Ermittler zunächst davon aus, eine ganze Gruppe von Tätern – etwa eine Gang – hätte die Verbrechen begangen; dass dies die Tat eines Einzelnen gewesen sein konnte, glaubten sie nicht.

Um seine jungen Opfer aus dem Stadtzentrum herauszulocken, gab sich Barbosa häufig als Fremder aus, der auf der Suche nach einer Kirche war. Er zeigte den Mädchen ein Bündel Geld und versprach ihnen, sie zu bezahlen, wenn sie ihn zu besagter Kirche führen würden. Seine Opfer waren ausnahmslos alle jung, hilflos und arm, viele trieben sich auf der Suche nach Arbeit auf der Straße herum. Sobald Barbosa sie überzeugt hatte, mit ihm zu gehen, gab er vor, eine Abkürzung durch den Wald zu kennen. Mädchen, die skeptisch wurden oder zögerten, ließ er gehen, da es stets genügend andere potenzielle Opfer gab, die er auf diese Weise in den Wald locken konnte. Sobald er die Mädchen außer Sichtweite möglicher Zeugen gebracht hatte, vergewaltigte und tötete er sie, meist indem er sie erwürgte oder erstach. Die Leichen zerteilte er oft mithilfe einer Machete.

Als Barbosa später gefragt wurde, warum er bevorzugt Kinder als Opfer auswählte, erklärte er, dass er sie gerne weinen höre.

VERHAFTUNG UND PROZESS

Am 26. Februar 1986 wurde Barbosa nur wenige Minuten, nachdem er ein kleines Mädchen getötet hatte, verhaftet. Zwei Polizeibeamte, denen sein Verhalten verdächtig vorkam, hatten ihn angesprochen. Als sie sich ihm näherten, entdeckten sie, dass er eine Tasche trug, in der sich die blutige Kleidung des Opfers sowie ein Teil ihrer Genitalien befand.

Zunächst erzählte Barbosa der Polizei, sein Name sei Manuel Bulgarin Solis. Ein Vergewaltigungsopfer, das überlebt hatte, identifizierte ihn später jedoch als Barbosa. In der Vernehmung behauptete er, für die Morde an 72 Mädchen in Ecuador verantwortlich zu sein. Anschließend führte er die Ermittler an den Ort, an dem er viele der Leichen entsorgt hatte, die meisten von ihnen zerstückelt. Er wurde 1989 verurteilt, allerdings nur zu 25 Jahren Haft – die Höchststrafe in Ecuador. Er wurde im Gefängnis Garcia Moreno de Quito inhaftiert, wo auch der kolumbianische Serienmörder Pedro Alonso Lopez (»Das Monster der Anden«) einsaß.

AUSGANG

Barbosa wurde 1994 im Gefängnis ermordet. Sein Mörder, Luis Masache Narvaez, war der Cousin eines seiner unzähligen Opfer.

WISSENSWERTES

- Journalisten, die ihn interviewen wollten, versuchte Barbosa eine hohe Gebühr abzuknöpfen – für das Privileg, mit ihm sprechen zu dürfen.
- Er behauptete, deshalb junge Mädchen als Opfer gewählt zu haben, weil sie weinten, wodurch der Akt des Tötens für ihn noch befriedigender wurde.
- Barbosa tötete nach eigener Aussage aus Hass auf Frauen, weil sie »nicht so sind, wie Frauen [seiner Meinung nach] sein sollten«.

ROBERT BERDELLA

Geburtsdatum: 31. Januar 1949
Alias: Kansas City Butcher, The Bondage Killer
Tatmerkmale: Folter, Vergewaltigung, Leichen nicht gefunden
Opferzahl: 6
Datum der Morde: 1984 bis 1988
Datum der (endgültigen) Verhaftung: 2. April 1988
Mordmethoden: Drogenüberdosis und Ersticken
Tatorte: Kansas City in Missouri (USA)
Status: verurteilt zu lebenslanger Freiheitsstrafe ohne Möglichkeit zur vorzeitigen Entlassung, verstarb 1992 in Haft eines natürlichen Todes

VORGESCHICHTE

Berdella wurde 1949 in eine katholische Familie hineingeboren, sein Vater arbeitete bei Ford, die Mutter blieb zu Hause. Der Junge litt an starker Kurzsichtigkeit, weshalb er schon im Alter von fünf Jahren eine Brille mit dicken Gläsern tragen musste. Er war gut in der Schule, obwohl er es den Lehrern nicht leicht machte. Von seinen Mitschülern wurde er wegen seiner Brille häufig gehänselt.

Als Berdella 16 Jahre war, verstarb sein Vater plötzlich. Er wurde nur 39 Jahre alt. Wenig später heiratete die Mutter erneut, Berdella reagierte mit Wut und Ablehnung. In jener Zeit begann Berdella, in einem örtlichen Restaurant zu arbeiten, und behauptete später, von einem männlichen Kollegen sexuell missbraucht worden zu sein.

1967 begann Berdella an der Kunsthochschule Kansas City Art Institute zu studieren, wo er auf eine Professur hoffte. Dort am Institut fing er an, Tiere zu quälen, darunter einen Hund, ein Huhn und eine Ente. In jener Zeit begann er außerdem, Drogen zu verkaufen und Alkohol zu trinken. Mit 19 Jahren wurde er wegen Besitz von Cannabis und LSD verhaftet. Zu Berdellas Glück wurde er aufgrund mangelnder Beweise schon fünf Tage darauf wieder freigelassen.

Nachdem er einen Hund getötet hatte – angeblich zu künstlerischen Zwecken –, flog Berdella schließlich von der Hochschule. Er begann daraufhin eine Ausbildung zum Koch und war dabei recht erfolgreich. Er half sogar bei der

Konzeption eines Ausbildungsprogramms für angehende Köche und war Mitglied des örtlichen Kochverbands. Besonders makaber: Berdella war außerdem Mitglied der freiwilligen Nachbarschaftswache und in Vereinen zur Verbrechensprävention.

Als er 32 Jahre wurde, war Berdella bereits offen homosexuell. Seine Stelle als Koch hatte er aufgegeben und stattdessen einen Art Antiquitätengeschäft namens Bob's Bizarre Bazaar eröffnet. Eine Zeit lang lebte er mit einem Vietnam-Veteranen zusammen. Als die Beziehung scheiterte, begann er, Stricher aufzusuchen. Er freundete sich mit den Männern an und versuchte, sie aus der Welt der Prostitution herauszuholen. Doch Berdella ging es dabei nicht darum, ihnen ein besseres Leben zu ermöglichen.

MORDE

Im Juli 1984 betäubte Berdella seinen Freund Jerry Howell, der ebenfalls ein Sexarbeiter war, und hielt ihn über Nacht in seinem Keller gefangen. Währenddessen vergewaltigte er ihn mehrfach und setzte der Tortur schließlich ein Ende, indem er ihn erstickte. Kaum ein Jahr später setzte Berdella einen weiteren Freund namens Robert Sheldon unter Drogen und sperrte auch ihn in seinen Keller. Als ihn plötzlich Schuldgefühle plagten, brachte er Sheldon zu einem Arzt und ließ ihn behandeln, sperrte ihn anschließend aber erneut in den Keller, bis er ihn am 15. April schließlich umbrachte.

Während eines Sturms im Juni lernte er Mark Wallace kennen, der in einem Schuppen Schutz gesucht hatte, und lud ihn zu sich nach Hause ein. Dort angekommen, betäubte er ihn wie seine anderen Opfer zuvor und vergewaltigte und folterte ihn, bevor er ihn schließlich tötete. Im September besuchte Berdella eine Schwulenbar und lernte dort James Ferris kennen. Berdella nahm Ferris mit zu sich nach Hause und hielt ihn dort über mehrere Wochen gefangen. Mehrfach vergewaltigte und folterte er ihn, bevor er auch ihn tötete.

Im Juni 1986 lockte Berdella den Stricher Todd Stoops in sein Haus. Stoops hatte ihm vertraut, weil beide sich schon einige Zeit kannten. Sechs Wochen lang wurde er von Berdella gefangen gehalten, bis er an Blutverlust und einer Infektion starb. Im darauffolgenden Jahr holte Berdella einen Mann namens Larry Pearson auf Kaution aus dem Gefängnis und sperrte auch ihn in seinen Keller. Als er genug von ihm hatte, prügelte er so lange auf ihn ein, bis er bewusstlos war. Anschließend zog er ihm eine Tüte über den Kopf und erdrosselte ihn mit einer Schlinge.

Das letzte bekannte Opfer von Berdella war Chris Bryson, ein Stricher, den er im März 1988 entführt hatte. Auch Bryson wurde in den Keller gesperrt, konnte aber fliehen, rannte zum Nachbarhaus und schlug dort Alarm.

Chronik der Morde:

5. Juli 1984: Jerry Howell (20), 28 Stunden lang gefangen gehalten
12. April 1985: Robert Sheldon (18)
22. Juni 1985: Mark Wallace (20)
26. September 1985: Walter James Ferris (25)
17. Juni 1986: Todd Stoops (21), Folter, unter anderem durch Elektroschocks an den Augenlidern
23. Juni 1987: Larry Wayne Pearson (20), sechs Wochen lang gefangen gehalten

VERHAFTUNG UND PROZESS

Am 2. April 1988 wurde Berdella verhaftet. Bei der Durchsuchung seines Hauses fanden die Ermittler handschriftliche Protokolle der Folter an seinen Opfern sowie eine umfangreiche Sammlung Polaroidfotos davon. Unter anderem rammte er seine Faust in den Anus der Opfer, verpasste ihnen Elektroschocks, injizierte Abflussreiniger in ihre Stimmbänder und rieb ihnen mithilfe von Wattestäbchen Bleichmittel in die Augen. Einem Opfer versuchte er sogar die Augen auszustechen, nur »um zu sehen, was passieren würde«.

Eine Zeit lang hatte Berdella zwei Schädel in seinem Garten vergraben, buddelte sie schließlich aber wieder aus und stellte sie in seinen Schrank, daneben legte er einen Umschlag, in dem sich die Zähne der Opfer befanden. Alle Opfer wurden zerstückelt, in Mülltüten verpackt und an den Straßenrand gestellt, wo die Müllabfuhr sie mitnahm und auf der Deponie entsorgte. Deshalb wurden die Leichen seiner Opfer nie gefunden.

Ohne Leichen als Beweismittel war es für die Staatsanwaltschaft schwer, vor Gericht einen Schuldspruch zu erwirken. Sie schloss deshalb einen Deal mit Berdella: Wenn er seine Taten gestand und Details zu jedem einzelnen Mord preisgab, würde sie nicht die Todesstrafe fordern, sondern lediglich lebenslange Haft. Berdella war der Mangel an Beweisen nicht bewusst, weshalb er dem Deal zustimmte und sich mit einem vollumfänglichen Geständnis schuldig bekannte. Er wurde zu lebenslanger Haft ohne Möglichkeit auf vorzeitige Entlassung verurteilt.

AUSGANG

1992 schrieb Berdella einen Brief an einen Pfarrer, in dem er behauptete, die Vollzugsbeamten würden ihm die Abgabe seine Herzmedikamente verweigern. Kurze Zeit später verstarb er an einem Herzinfarkt.

WISSENSWERTES

- Berdella besaß eine Sammlung Polaroidfotos von der Folter seiner Opfer.
- Einen Monat vor seiner Verhaftung wurde Berdella von anderen Gästen einer Bar nach Hause gebracht, nachdem diese bemerkt hatten, dass er zu betrunken war, um selbst zu fahren. Während der Fahrt »gestand« er, sechs Männer gefoltert und getötet zu haben. Weil er so betrunken war, nahm ihn jedoch niemand ernst.
- Der Kopf von Larry Wayne Pearson war in Berdellas Garten vergraben.

DAVID BERKOWITZ

Geburtsdatum: 1. Juni 1953
Alias: Son of Sam, Richard David Falco (Geburtsname), The .44 Caliber Killer
Tatmerkmal: Angeblich befahl ihm der Hund seines Nachbarn zu töten.
Opferzahl: 6
Zeitraum der Morde: 1976 bis 1977
Datum der (endgültigen) Verhaftung: 10. August 1977
Mordmethode: Erschießen
Tatorte: New York City (USA)
Status: verurteilt zu drei lebenslangen Freiheitsstrafen ohne Möglichkeit zur vorzeitigen Entlassung

VORGESCHICHTE

David Berkowitz wurde 1953 als Richard David Falco in New York geboren, als Kind von Elizabeth Broder und ihrem verheirateten Liebhaber Joseph Klineman. Bizarrerweise gab seine Mutter ihm den Nachnamen ihres Ex-Ehemanns: Falco. Warum sie das tat, weiß bis heute niemand. Es wird allerdings vermutet, dass Klineman sie dazu gezwungen hat, nicht seinen Namen zu verwenden, da er bereits verheiratet war.

Der Junge wurde zur Adoption freigegeben und von Nathan und Pearl Berkowitz adoptiert. Das Paar betrieb ein Eisenwarengeschäft in der Bronx und konnte keine eigenen Kinder bekommen. Sie entschieden, seine Vornamen zu behalten und nur zu vertauschen. So wurde aus ihm David Richard Berkowitz. Als er älter wurde, stellte man fest, dass der Junge überdurchschnittlich intelligent war. Statt zu lernen, verbrachte er seine Zeit allerdings mit Brandstiftung und kleinen Diebstählen.

Weil er immer verhaltensauffälliger wurde und andere Menschen zunehmend tyrannisierte, suchten seine Eltern Rat bei einem Psychotherapeuten. Es existiert jedoch keine offizielle Diagnose und keinerlei Maßnahmen wurden ergriffen. Als Berkowitz gerade 14 Jahre war, verstarb seine Adoptivmutter an Brustkrebs. Der Adoptivvater heiratete erneut, doch Berkowitz entwickelte eine massive Abneigung gegenüber seiner neuen Stiefmutter.

Mit 18 Jahren trat Berkowitz in die U.S. Army ein. 1971 diente er in Südkorea und wurde 1974 ehrenhaft entlassen. In jener Zeit machte er seine leibliche Mutter Elizabeth ausfindig. Die beiden begannen, sich regelmäßig zu treffen. Kurze Zeit später klärte sie ihn über die Umstände seiner unehelichen Geburt auf, was ihn extrem verstörte. Berkowitz brach den Kontakt zu seiner Mutter daraufhin wieder ab, hielt aber noch einige Zeit Kontakt zu seiner Halbschwester Roslyn.

Es wird angenommen, dass die Erkenntnis seiner Geburtsumstände und der skandalösen Beziehung seiner leiblichen Eltern sowie der Tatsache, dass sein Vater keinerlei Interesse an ihm gezeigt hatte, der Kipppunkt in Berkowitz' ohnehin bereits krisenbehaftetem Leben gewesen ist und dass sein eigenes Identitätsgefühl dadurch zerstört wurde.

MORDE

Berkowitz' erster Mordversuch ereignete sich an Heiligabend 1975, als er zwei Frauen mit einem Messer attackierte. Eine der Frauen, Michelle Forman, war damals noch eine Teenagerin. Ihre Verletzungen waren nicht lebensbedrohlich, dennoch musste sie im Krankenhaus behandelt werden. Kurz nach dem gescheiterten Mordversuch zog Berkowitz nach Yonkers, im Süden von New York City.

Am 29. Juli 1976 saßen Jody Valenti und Donna Lauria gerade in Valentis Auto und ließen den gemeinsamen Abend Revue passieren. Kurz nach 1 Uhr öffnete Lauria die Tür, um auszusteigen, als sie einen Mann sah, der auf das Auto zugelaufen kam. Es war Berkowitz, der eine Papiertüte in der Hand hielt, aus der er eine Pistole hervorzog. Er kniete sich auf den Boden, zielte mit beiden Händen und eröffnete das Feuer auf die beiden jungen Frauen. Lauria war sofort tot, Valenti wurde in den Schenkel getroffen. Berkowitz verschwand schnell wieder, ohne ein Wort zu sagen.

Carl Denaro und Rosemary Keenan saßen am 23. Oktober 1976 in Keenans Auto, als plötzlich die Fenster des Fahrzeugs zersprangen. Instinktiv startete Keenan den Wagen und fuhr mit Vollgas davon. Die beiden realisierten erst, dass auf sie geschossen wurde, als sie eine Schusswunde in Denaros Kopf bemerkten. Er trägt seitdem eine Metallplatte im Schädel.

Der nächste Mordversuch ereignete sich kurz nach Mitternacht am 27. November. Joanne Lomino und Donna DeMasi waren gerade aus dem Kino nach Hause spaziert und noch eine Weile auf Lominos Veranda stehen geblieben, um sich zu unterhalten, als ein Mann im Kampfanzug auf sie zukam und nach dem Weg fragte. Dann zog er eine Waffe und schoss auf die beiden Mädchen. Lomino wurde in den Rücken getroffen und blieb querschnittsgelähmt, DeMasi erlitt eine Verletzung am Hals.

Christine Freund und ihr Verlobter John Diel saßen in Diels Auto und waren auf dem Weg zur örtlichen Discothek. Gegen 00:40 Uhr wurde plötzlich von außen in das Auto geschossen und Diel fuhr in Panik davon. Freund wurde zweimal getroffen und erlag einige Stunden später ihren Verletzungen. Diel entkam unverletzt.

Virginia Voskerichian ging am 8. März 1977 um 19:30 Uhr gerade von der Columbia University nach Hause, als ein Mann mit einer Pistole sie attackierte. Sie versuchte, sich mit ihren Schulbüchern zu schützen, doch vergebens. Das Mädchen wurde in den Kopf geschossen und getötet.

Berkowitz' nächste Opfer waren am 17. April Alexander Esau und Valentina Suriani. Die beiden saßen gegen 3 Uhr morgens, nicht weit von Surianis Wohnung entfernt, in ihrem Auto, als aus dem Nichts ein Mann auftauchte und zweimal auf beide schoss. Suriani erlag noch am Tatort ihren Verletzungen, Esau verstarb wenige Stunden später im Krankenhaus.

Am 26. Juni 1977 saßen Sal Lupo und Judy Placido gegen 3 Uhr morgens in Lupos Auto, als von außen in den Wagen geschossen wurde. Lupo wurde am Unterarm verletzt, Placido lebensbedrohlich in Schläfe, Schulter und Hals getroffen. Wie durch ein Wunder überlebten beide. Später erzählten sie, dass sie sich, wenige Minuten bevor die Schüsse fielen, noch über die »Son of Sam«-Morde unterhalten hatten.

Die letzte Attacke verübte Berkowitz in den Morgenstunden des 31. Juli 1977. Wieder saß ein junges Paar, Stacy Moskowitz und Robert Violante, in ihrem Auto, das sie nahe eines Parks abgestellt hatten. Als sie sich gerade küssten, näherte sich ein Mann der Beifahrerseite des Wagens und feuerte fünf Schüsse ab. Beide wurden in den Kopf getroffen. Moskowitz verstarb noch am selben Tag im Krankenhaus, Violante verlor ein Auge und erblindete auf dem anderen infolge der massiven Verletzungen nahezu völlig.

Der Angriff wurde von mehreren Zeugen beobachtet, darunter ein junger Mann namens Tommy Zaino, der in einem Auto saß, das drei Fahrzeuge vor Violantes Wagen geparkt war. Zaino hatte gesehen, wie der Mann auf Violantes Auto zulief, und konnte ihn dank der Straßenbeleuchtung und des hellen Mondscheins in jener Nacht gut erkennen. Die Polizei hatte damit endlich eine detaillierte Beschreibung des Mannes, der die Gegend seit Monaten in Angst und Schrecken versetzte.

Chronik der Morde
29. Juli 1976: Donna Lauria (18)
30. Januar 1977: Christine Freund (26)
8. März 1977: Virginia Voskerichian (19)
17. April 1977: Alexander Esau (20)
17. April 1977: Valentina Suriani (18)
31. Juli 1977: Stacy Moskowitz (20)

VERHAFTUNG UND PROZESS

Vier Tage nach den Schüssen auf Moskowitz und Violante meldete sich eine weitere Zeugin bei der Polizei, um zu berichten, was sie in jener Nacht gesehen und gehört hatte. Ihr Name war Cecilia Davis und sie erinnerte sich an ein Auto, das in jener Nacht einen Strafzettel verpasst bekam, weil es vor einem Hydranten geparkt war. Den Polizisten identifizierte sie später als Officer Michael Cataneo. In jenem Moment passierte sie ein Mann, der sie eingehend zu mustern schien. Weil ihr das Angst machte, lief sie schnell nach Hause. Noch im Laufen hörte sie Schüsse hinter sich.

Nach dieser Aussage ließ die Polizei jedes Fahrzeug überprüfen, auf das in jener Nacht ein Strafzettel ausgestellt wurde. Eines der Autos gehörte Berkowitz – ein gelber, viertüriger Ford Galaxy. Die Ermittler baten die örtliche Polizei in Yonkers, eine Vernehmung mit ihm zu arrangieren. Die Kollegen dort kannten Berkowitz bereits, weil sie ihn schon länger als den Serienmörder »Son of Sam« im Verdacht hatten, der in der Gegend sein Unwesen trieb.

Am 10. August fuhren die Ermittler vor Berkowitz' Wohnung vor. Bei einem Blick in seinen Wagen entdeckten sie ein Gewehr, das ganz offen dalag. Daraufhin durchsuchten sie das Fahrzeug – ohne offiziellen Durchsuchungsbeschluss – und fanden dabei noch mehr Gegenstände, die für den Fall von Bedeutung waren. Die Beamten forderten dringend einen formellen Durchsuchungsbeschluss an, doch Berkowitz traf ein, noch bevor dieser ausgestellt wurde. Die Ermittler beschlossen, dass sie keine andere Wahl hatten, als Berkowitz zu verhaften, was sie schließlich unter vorgehaltener Waffe auch taten.

Einer der Beamten fragte Berkowitz: »Wen haben wir hier?«, und Berkowitz entgegnete: »Das wissen sie doch.« Der Detective verneinte das und forderte Berkowitz erneut auf, ihm zu erklären, wer er sei. Daraufhin drehte dieser sich um und sagte: »Ich bin Sam.«

Nach nur einer halben Stunde gestand Berkowitz die Morde und war gewillt, sich vor Gericht schuldig zu bekennen. Allerdings behauptete er im Rahmen der

Vernehmung, der Hund seines Nachbarn hätte ihn mit den Morden beauftragt, weil er von einem Dämon besessen sei und nach dem »Blut hübscher Mädchen« verlange. Der Name Sam stammte von Berkowitz' ehemaligem Nachbarn Sam Carr, um dessen Hund es sich dabei gehandelt habe.

Trotz dieser verrückten und völlig absurden Fantasien wurde Berkowitz von drei verschiedenen psychiatrischen Gutachtern für prozessfähig erklärt. Seine Anwälte wollten auf Schuldunfähigkeit plädieren, doch Berkowitz war dagegen. Am 8. Mai 1978 gestand er vor Gericht jeden seiner Morde.

Nachdem er sich bei der ersten Anhörung zur Festlegung seines Strafmaßes erneut extrem bizarr verhalten hatte, wurde Berkowitz einer weiteren psychiatrischen Untersuchung unterzogen, dabei allerdings erneut für zurechnungsfähig befunden. Am 12. Juni verurteilte ihn das Gericht deshalb für jeden der Morde zu Haftstrafen von jeweils 25 Jahren bis lebenslang, die nacheinander – nicht gleichzeitig – zu verbüßen waren. Unfassbar: Nach nur 25 Jahren durfte Berkowitz trotzdem Bewährung beantragen, weil er sich freiwillig für schuldig bekannt hatte.

AUSGANG

Nach seiner Verurteilung verbrachte Berkowitz zwei Monate in einer psychiatrischen Einrichtung und wurde anschließend im Hochsicherheitsgefängnis in Attica inhaftiert, einem der härtesten Knäste in den USA. Dort saß er bis 1990 ein und wurde schließlich erst in die Justizvollzugsanstalt von Sullivan und später in die Justizvollzugsanstalt von Shawangunk verlegt.

1979 wurde Berkowitz von einem Mithäftling angegriffen. Dabei trug er eine Schnittwunde davon, die derart massiv war, dass sie mit mehr als 50 Stichen genäht werden musste. Berkowitz machte keinerlei Angaben zum Täter, stattdessen gab er an, dankbar für die Attacke gewesen zu sein, da es sich dabei um eine »Strafe« gehandelt habe, die er »verdient« hat.

Berkowitz beantragte 2002 erstmals Bewährung, sein Antrag wurde jedoch abgelehnt. 2016 versuchte er es erneut. Berichten, er sei ein »Musterhäftling«, zum Trotz wurde auch dieses Gesuch abgelehnt. Berkowitz sitzt bis heute in Haft.

ZITATE

- *»Es gibt noch andere Sons da draußen. Möge Gott der Welt helfen.«*
- *»Ein ›besessener‹ Hund in der Nachbarschaft lässt mich einfach nicht aufhören zu morden, bis er seinen Anteil Blut bekommen hat.«*
- *»Ich bin ein Monster. Ich bin der Son of Sam. Ich liebe es zu jagen.«*

- *»Ich hatte schon immer einen Fetisch für Mord und Tod.«*
- *»Ich habe mehrere Kinder, aus denen ich Mörder mache. Wartet ab, bis die erwachsen sind.«*
- *»Ich wollte ihnen nicht wehtun, ich wollte sie nur töten.«*
- *»Nach den Morden bin ich buchstäblich singend nach Hause gegangen. Die Anspannung, das Verlangen, eine Frau zu töten, hatte sich in einem so explosiven Ausmaß aufgestaut, dass, sobald ich den Abzug betätigte, all der Druck, all die Anspannung, all der Hass plötzlich weg waren und sich in Luft auflösten. Allerdings nur für eine kurze Zeit.«*
- *»Die Dämonen wollten meinen Penis.«*

PAUL KENNETH BERNARDO

Geburtsdatum: 27. August 1964
Alias: Paul Jason Teale, The Scarborough Rapist, The Schoolgirl Killer
Tatmerkmal: Vergewaltigung
Opferzahl: 3
Zeitraum der Morde: Dezember 1990 bis April 1992
Datum der (endgültigen) Verhaftung: 17. Februar 1993
Mordmethoden: Strangulation und Drogenüberdosis
Tatorte: Ontario (Kanada)
Status: verurteilt zu lebenslanger Haft mit der Möglichkeit, nach 25 Jahren Bewährung zu beantragen; als gefährlich eingestuft, Bewährung daher unwahrscheinlich

VORGESCHICHTE

In seiner Kindheit wurde Bernardo häufig als fröhlicher Junge beschrieben, der trotz der chaotischen Verhältnisse in seiner Familie stets ein Lächeln auf den Lippen hatte. Sein Vater Kenneth wurde wegen sexuellen Missbrauchs eines jungen Mädchens verhaftet und angeklagt. Wie später herauskam, hatte er außerdem auch seine Tochter sexuell missbraucht.

Als sie von den Taten ihres Mannes erfuhr, verfiel Bernardos Mutter in eine schwere Depression. Sie isolierte sich völlig von ihrer Familie und zog in den Keller des Hauses.

Als Bernardo 16 Jahre war, gestand ihm seine Mutter nach einem Streit mit seinem Vater, dass Bernardo bei einer außerehelichen Affäre entstanden war. Davon angeekelt begann Bernardo, seine Mutter öffentlich mit fürchterlichen Schimpfworten zu beleidigen (etwa »Hure«), ohne Rücksicht darauf, wer dies vielleicht mitbekommen könnte.

Nachdem er seinen Abschluss am Sir Wilfred Laurier Collegiate Institute, einer High School in Toronto, gemacht hatte, trat Bernardo eine Stelle im Direktmarketingbetrieb Amway an. Er war fasziniert von all den Motivationsvideos und der Vertriebskultur dort. Seine neu gelernten Verkaufstechniken probierte er häufig in Bars an Frauen aus. Als Bernardo sich später an der University of Toronto Scarborough einschrieb, trieben ihn bereits dunkle sexuelle Fantasien um. Oft misshandelte er die Frauen, mit denen er zusammen war, und genoss es, sie in der Öffentlichkeit zu demütigen.

Im Oktober 1987 lernte er eine junge Frau namens Karla Homolka kennen. Die beiden fühlten sich sofort sexuell zueinander hingezogen. Gut für Bernardo: Homolka teilte seine dunklen Fantasien und sein sadistisches Sexualverhalten. Mit ihr konnte er nun tun, was er wollte, und all die Fantasien ausleben, die er sich ausgemalt hatte.

MORDE

1990 war Bernardo bereits ein waschechter Serienvergewaltiger und überschritt nun die Grenze zum Mörder, als er seine Schwägerin tötete. Tammy Homolka war die jüngere Schwester von Bernardos Verlobter Karla, was Bernardo nicht davon abhielt, ständig mit ihr zu flirten. Mit der Zeit wurde er regelrecht besessen von dem jungen Mädchen. Begnügte er sich anfangs noch damit, sie nur durch ihr Fenster zu beobachten, betrat er später ihr Zimmer, um dort zu masturbieren, während sie schlief. Karla, die Bernardo gefallen wollte, öffnete gar die Verschlüsse des Fensters, damit er einfacher Zutritt zum Zimmer der Schwester hatte.

In der Nacht des 24. Juli 1990 bereitete Karla das Abendessen zu und mischte ihrer Schwester zerriebene Valiumtabletten unter. Tammy wurde schnell bewusstlos und Karla sah zu, wie Bernardo sie vergewaltigte. Doch damit sollten die Übergriffe auf Tammy nicht enden.

In der Nacht des 23. Dezember 1990 reichte das Duo ihr einen Cocktail aus Rum, Eierpunsch und Schlaftabletten. Das 15-jährige Mädchen wurde erneut sofort bewusstlos. Nachdem sie sie ausgezogen hatten, legte Karla ihr dieses Mal jedoch ein im Betäubungsmittel Halothan getränktes Tuch auf Nase und Mund. Daraufhin stellte das Paar eine Videokamera auf und filmte sich dabei, wie sie das bewusstlose Mädchen vergewaltigten. Als Tammy irgendwann begann, sich zu übergeben, und Versuche, sie wieder aufzuwecken, scheiterten, verständigten Karla und Bernardo endlich den Notarzt. Vorher zogen sie das Mädchen jedoch wieder an und verfrachteten sie in einen anderen Raum, um ihre Tat zu vertuschen. Doch Tammy wachte nicht mehr auf. Wenige Stunden später wurde ihr Tod festgestellt.

Sechs Monate darauf, am 15. Juni 1991, fuhr Bernardo durch das Städtchen Burlington und entdeckte dabei die 14-jährige Leslie Mahaffy. Es war mitten in der Nacht und das Mädchen war ausgesperrt, weil sie zu spät nach Hause gekommen war. Bernardo sprach sie an, woraufhin sie ihn fragte, ob er eine Zigarette für sie habe. Sie begleitete ihn zu seinem Wagen, wo er ihr die Augen verband und sie zum Einsteigen zwang.

Bernardo fuhr sie in seine Wohnung, wo er mit Karla Homolka dasselbe Ritual wie mit deren jüngerer Schwester Tammy vollzog. Sie folterten und vergewaltigten das Mädchen und zeichneten alles auf Video auf. Ihre Augen waren dabei immer noch verbunden, die Hände ebenso. Irgendwann sagte sie, ihre Augenbinde sei verrutscht, was bedeutete, dass sie Bernardo und Homolka möglicherweise sehen konnte. Das Paar vergewaltigte und folterte sie zunächst die gesamte Nacht hindurch weiter.

Am darauffolgenden Tag gaben sie dem Mädchen eine tödliche Dosis Triazolam, ein weiteres starkes Betäubungsmittel, das ihr – laut Bernardo – Homolka verabreichte. Die erzählte allerdings eine andere Geschichte: Ihr zufolge wurde Mahaffy in Wahrheit von Bernardo erwürgt. Wie auch immer das Mädchen gestorben war, das sadistische Paar musste nun ihre Leiche loswerden. Die beiden beschlossen, die Leiche zu zerstückeln und die Einzelteile in Zement zu gießen. Am darauffolgenden Tag kaufte Bernardo säckeweise Zement und bewahrte törichterweise die Kassenzettel dafür auf.

Mithilfe der Kreissäge von Bernardos Großvater zerteilten sie ihr Opfer und gossen die Leichenstücke in Zementblöcke, die sie daraufhin in mehreren Touren an den Lake Gibson fuhren, um sie dort zu versenken. Einige der Blöcke waren äußerst schwer. Trotz größter Bemühungen der beiden verblieb einer der Blöcke recht nahe am Ufer und wurde am 29. Juni 1999 von einem Mann gefunden, der mit seinem Sohn angeln war.

Den nächsten Mord beging das mörderische Paar am 16. April 1992. Die beiden durchstreiften auf der Suche nach potenziellen Opfern nun gezielt die Straßen und fanden so an jenem Nachmittag die 15-jährige Kristen French. Mit einer Landkarte in der Hand sprach Homolka das Mädchen unter dem Vorwand an, sich verfahren zu haben und nach dem Weg fragen zu wollen. Als French der Fremden helfen wollte, attackierte Bernardo sie von hinten und zwang sie mit vorgehaltenem Messer, in seinen Wagen einzusteigen.

Frenchs Martyrium dauerte länger als das der anderen Opfer. Über die drei Tage des Osterwochenendes wurde das Mädchen vergewaltigt und gefoltert. Um sie gefügiger zu machen, zwang das Paar sie, große Mengen Alkohol zu trinken. Erneut filmten die beiden das Ganze. Dieses Mal verpassten sie ihrem Opfer nicht einmal eine Augenbinde, das Paar hatte also offenbar von Beginn an vor, das Mädchen zu töten.

Das taten sie schließlich am darauffolgenden Tag. Bernardo behauptete später, Homolka habe mit einem Gummihammer auf das Mädchen eingeschlagen und French sei an einer Schlinge um den Hals versehentlich erstickt. Homolka sagte dagegen aus, Bernardo habe das Mädchen mehrere Minuten lang gewürgt, während sie selbst dabei zusah.

Frenchs nackte Leiche wurde am 30. April 1992 in einem Straßengraben in Burlington gefunden. Sie war gewaschen und ihre Haare waren abgeschnitten. Die Ermittler glaubten zunächst, der Mörder wollte die Haare als Trophäe behalten, doch Homolka sagte später aus, sie wollten so die Identifizierung der Leiche erschweren.

Chronik der Morde
23. Dezember 1990: Tammy Homolka (15)
15. Juni 1991: Leslie Mahaffy (14)
16. April 1992: Kristen French (15)

VERHAFTUNG UND PROZESS

Bernardo und Homolka wurden wegen des Todes von Tammy, den Scarborough-Vergewaltigungen und wegen Bernardos Neigung, Frauen zu stalken, schon mehrfach von der Polizei vernommen. Am 12. Mai 1992 nahm die Polizei eine Anzeige auf, in der stand, dass sie Bernardo zum Tod von French vernehmen sollten. Die Vernehmung dauerte allerdings nicht lange, da die Ermittler ihn nicht für den Verdächtigen hielten.

Drei Tage später wurde die Green Ribbon Task Force gegründet, die mit der Aufklärung der Morde an Mahaffy und French betraut war. Bernardo und Homolka waren inzwischen verheiratet und hatten beantragt, ihre Nachnamen offiziell in Teale zu ändern, den Namen eines fiktiven Serienmörders aus einem Film. Im Dezember wurde Homolka von Bernardo derart misshandelt, dass sie im Krankenhaus behandelt werden musste. Sie entschloss sich daraufhin, Anzeige gegen ihn zu erstatten. Bernardo wurde verhaftet, kam aber schnell wieder auf freien Fuß. Homolka blieb bei Verwandten. In der Zwischenzeit wurden DNA-Proben von den Beweismitteln aus den Mordfällen mit Proben abgeglichen, die Bernardo zwei Jahre zuvor abgegeben hatte.

Als die Ermittler feststellten, dass die Proben übereinstimmten, begannen sie, Bernardo zu observieren. Am 9. Februar 1993 befragten sie Homolka und berichteten ihr in dem Gespräch, dass sie Bernardo verdächtigten, etwas mit den Vergewaltigungen und Morden zu tun zu haben. Sie verriet aber zunächst nichts.

Erst später am Abend gestand sie dem Onkel und der Tante, bei der sie sich versteckt hatte, alles. Zwei Tage darauf traf sie sich mit einem Anwalt und ersuchte völlige Straffreiheit im Austausch für ihre Kooperation. Am 13. Februar schlossen die Behörden eine völlige Straffreiheit jedoch aus, da Homolka in einem zu hohen Maße an den Taten beteiligt gewesen war.

Am 17. Februar 1993 wurde Bernardo endlich verhaftet. Aufgrund von Einschränkungen und Spezifikationen im Durchsuchungsbeschluss brauchten die Ermittler volle 71 Tage, um Bernardos Haus komplett zu durchsuchen. Sie hatten es vor allem auf die Videobänder abgesehen, von denen Homolka berichtete hatte, fanden aber nur ein kurzes Video, das Homolka beim Oralsex mit einer unbekannten Frau zeigte. Am 5. Mai 1993 wurde Homolka ein Deal angeboten: Wenn sie gegen ihren Ehemann aussagte, würde sie nur zu zwölf Jahren Haft verurteilt werden. Sie nahm an.

Bernardo musste sich 1995 für die Morde an Mahaffy und French vor Gericht verantworten. Trotz der Versuche, die Jury davon zu überzeugen, Homolka sei die eigentliche Täterin oder die Morde seien nur Unfälle gewesen, wurde er am 1. September 1995 des Mordes und schweren sexuellen Missbrauchs in jeweils zwei Fällen für schuldig befunden. Er wurde zu lebenslanger Haft verurteilt, mit der Möglichkeit, nach 25 Jahren Bewährung zu beantragen. Allerdings wurde er auch als besonders gefährlicher Täter eingestuft, weshalb eine vorzeitige Haftentlassung als äußerst unwahrscheinlich gilt.

AUSGANG

Im Gefängnis wurde Bernardo mehrfach das Opfer von Angriffen. Er wurde daraufhin zu seiner eigenen Sicherheit in Isolationshaft verlegt, wo er aufgrund der Schwere seiner Verbrechen wohl den Rest seines Lebens verbringen wird.

WISSENSWERTES

- Bernardo war eine Zeit lang im Direktvertrieb von Amway beschäftigt.
- Bernardo erfüllt 35 von 40 Punkten auf der Psychopathie-Checkliste.
- Er besitzt einen Abschluss in Rechnungswesen.
- In Haft schrieb Bernardo ein Buch und veröffentlichte es 2015 auf Amazon. Es trug den Namen *A MAD World Order* (Deutsch etwa: Eine verrückte Weltordnung). Es handelte sich dabei um einen extrem gewaltverherrlichenden Thriller, der zum Bestseller avancierte, nach einer Reihe von Beschwerden aber von Amazon aus dem Programm genommen wurde.

MARIE BESNARD

Geburtsdatum: 15. August 1896
Alias: Die gute Frau von Loudun
Tatmerkmal: Vergiften aus Habgier
Opferzahl: vermutlich 13
Datum der Morde: 1927 bis 1949
Datum der (endgültigen) Verhaftung: 21. Juli 1949
Mordmethode: Arsenvergiftung
Tatorte: Loudun (Frankreich)
Status: nach drei Prozessen freigesprochen

VORGESCHICHTE

Marie Joséphine Philippine Davaillaud wurde 1896 in Loudun, Frankreich, geboren. Ihre Eltern galten als äußerst sparsam. Sie besuchte eine Klosterschule, ihre Mitschüler beschrieben sie jedoch als lasterhaft, bösartig, als Diebin und als eine, die ständig mit anderen Jungs zugange war.

1920 heiratete die junge Marie ihren Cousin Auguste Antigny und blieb bis zu dessen Tod 1927 mit ihm zusammen. Schon im Jahr darauf heiratete sie Léon Besnard. Das Paar erkannte, dass sie beim Tod ihrer Verwandten zu einigem Reichtum kommen würden. Wenig später starben »überraschenderweise« tatsächlich einige Verwandte der beiden, sodass Marie und Léon Besnard reich erbten.

MORDE

Léons Eltern hatten eine große Menge Geld geerbt, woraufhin er und Marie sie überredeten, bei ihnen einzuziehen. Wenig später starb Léons Vater an einer Vergiftung, angeblich weil er die falschen Pilze gegessen hatte. Nur drei Monate später starb auch die Mutter, hier soll eine Lungenentzündung der Grund gewesen sein.

Später vermietete das Duo eine Wohnung an ein wohlhabendes, aber kinderloses Paar – die Rivets. Toussaint und Blanche Rivet waren Freunde von Léon. Am 14. Juli 1939 starb Toussaint an einer Lungenentzündung. Blanche verstarb im Dezember 1941 an Aortitis, einer sehr seltenen Entzündung der Aorta. Im Testament des Paares war Marie Besnard als einzige Erbin aufgeführt.

Auch in den Testamenten ihrer Cousinen Pauline Bodineau und Virginie Lalleron war Marie die einzige Begünstigte. Am 1. Juli 1945 hielt die 88-jährige Bodineau eine Schüssel mit tödlicher Lauge versehentlich für ein Dessert und starb daran. Eine Woche später ereilte Lalleron – welch Zufall! – exakt dasselbe Schicksal. Auch sie trank das Laugengemisch und starb.

Eines Tages fand Marie heraus, dass ihr Mann eine Affäre mit einer anderen Frau hatte. Einem Freund gegenüber erzählte Léon daraufhin, er habe Marie im Verdacht, ihn vergiften zu wollen. Er behauptete, sie habe ihm eines Abends eine Suppe serviert, dass sich in der Schüssel allerdings schon eine Flüssigkeit befunden habe, bevor sie die Suppe überhaupt eingeschenkt hat. Kurz darauf, am 25. Oktober 1947, war Léon tatsächlich tot. Als Todesursache wurde Harnvergiftung angegeben.

Aufgrund von Léons zuvor gemachten Behauptungen ordnete die Gendarmerie eine Untersuchung an und führte eine Obduktion der Leiche durch. Der Gerichtsmediziner stellte daraufhin fest, dass sich in Léons Körper 19,45 Milligramm Arsen befanden. Während die polizeilichen Ermittlungen noch andauerten, starb am 16. Januar 1949 Maries Mutter, Marie-Louise Davaillaud, als letztes Opfer Marie Besnards. Marie Besnard wurde schließlich verhaftet und die Leichen aller auf verdächtige Weise Verstorbenen aus ihrem Umfeld wurden exhumiert und obduziert. Marie wurde anschließend wegen 12-fachen Mordes angeklagt.

Chronik der Morde:

1. Juli 1927: Auguste Antigny (29, ihr erster Ehemann)
22. August 1938: Marie Lecomte (86)
14. Juli 1939: Toussaint Rivet (64)
14. Mai 1940: Pierre Davaillaud (78, ihr Vater)
2. September 1940: Louise Gouin (92, ihre Großmutter mütterlicherseits)
19. November 1940: Marcellin Besnard (78, ihr Schwiegervater)
16. Januar 1941: Marie-Louise Besnard (68, ihre Schwiegermutter)
27. März 1941: Lucie Bodin (45)
27. Dezember 1941: Blanche Rivet (49)
1. Juli 1945: Pauline Bodineau (88)
9. Juli 1945: Virginie Lalleron (83)
25. Oktober 1947: Léon Besnard (53)
16. Januar 1949: Marie-Louise Davaillaud (71, ihre Mutter)

VERHAFTUNG UND PROZESS

Die Obduktionsberichte zeigten, dass jedes Opfer über einen längeren Zeitraum hinweg langsam mit Arsen vergiftet wurde. Zur damaligen Zeit war dies jedoch nur schwer nachzuweisen. Die Toxikologie war noch eine recht junge Wissenschaft und dem Gerichtsmediziner Beroud fiel es schwer, seine Ergebnisse im Zeugenstand zu erklären und bei Nachfragen der Verteidigung zu rechtfertigen. Aus diesem Grund führten Marie Besnards erste zwei Prozesse zu keiner Verurteilung.

1961 musste Besnard zu einem dritten Prozess vor Gericht. Der Verteidigung gelang es allerdings erneut, die Relevanz der toxikologischen Beweise zu unterminieren, sodass Besnard schlussendlich von allen Morden freigesprochen wurde.

AUSGANG

Im heutigen Rechtssystem wäre Besnard aufgrund der Obduktionsbefunde mit hoher Wahrscheinlichkeit verurteilt worden, 1961 war dies allerdings noch nicht der Fall. Nun könnte man argumentieren, dass Besnard ohne Verurteilung hier nicht als Serienmörderin aufgeführt werden dürfte. Die Beweislast ist nach heutigen Gesichtspunkten jedoch erdrückend, weshalb sie sich ihren Platz in diesem Buch verdient hat.

Marie Besnard starb 1980, offenbar eines natürlichen Todes. Sie lebte bis zu ihrem Tod auf freiem Fuß.

KENNETH ALESSIO BIANCHI UND ANGELO BUONO

Geburtsdatum: 22. Mai 1951, 5. Oktober 1934
Alias: The Hillside Stranglers
Tatmerkmale: Entführung, Folter, Vergewaltigung
Opferzahl: 12
Zeitraum der Morde: 1977 bis 1979
Datum der (endgültigen) Verhaftung: 13. Januar 1979, 22. Oktober 1979
Mordmethode: Strangulation
Tatorte: Los Angeles County in Kalifornien (USA)
Status: Lebenslange Freiheitsstrafe für Bianchi und lebenslange Freiheitsstrafe ohne Möglichkeit zur vorzeitigen Entlassung für Buono. Buono starb am 21. September 2002 im Gefängnis eines natürlichen Todes.

VORGESCHICHTE

Kenneth Alessio Bianchi

Die eine Hälfte dieses berüchtigten Mörder-Duos, Kenneth Alessio Bianchi, wurde 1951 in Rochester, New York, geboren. Seine Mutter war eine alkoholabhängige Prostituierte, die ihn zur Adoption freigab, als er noch nicht einmal zwei Wochen alt war. Wenige Monate später wurde er von Nicholas und Frances Sciolino-Bianchi adoptiert. Letztere war die Schwester von Angelo Buonos Mutter, also dessen Tante.

Schon als Kind galt Bianchi als zwanghafter Lügner. Seine Mutter sagte stets: »Dem wurde das Schwindeln in die Wiege gelegt!« Zeitzeugen zufolge verfiel der Junge zeitweise in einen tranceartigen Zustand, in dem er seine Augen nach hinten rollte und nicht mehr ansprechbar war. Die Ärzte diagnostizierten bei ihm eine Petit-mal-Epilepsie, zudem hatte er Probleme beim Urinieren, weshalb er ständig Doktoren aufsuchen musste, die seine Genitalien untersuchten, daran zogen und drückten, was er als äußerst erniedrigend empfand.

Bianchi neigte zu fürchterlichen Wutausbrüchen, die so schlimm waren, dass er mehrfach zum Psychiater musste. Mit zehn Jahren wurde bei ihm eine Form von passiv-aggressiver Persönlichkeitsstörung diagnostiziert. Ein Jahr darauf wurde sein IQ gemessen, der mit 116 Punkten deutlich über dem Durchschnitt lag. Dennoch ließen seine schulischen Leistungen zu wünschen übrig. Er kam außerdem nicht mit seinen Lehrern aus, weshalb er zweimal die Schule wechselte.

Als 1964 sein Vater starb, zeigte Bianchi keinerlei Emotionen. Der Verlust ihres Ehemanns bedeutet für Bianchis Mutter, dass sie nun selbst arbeiten musste, sodass Bianchi häufig für längere Zeit allein daheim war. Dennoch schaffte er 1971 seinen High-School-Abschluss.

Bianchi heiratete, kurz nachdem er seinen Abschluss gemacht hatte, seine Frau verließ ihn allerdings schon nach einigen Monaten wieder. Er schrieb sich am College ein, brach das Studium jedoch nach nur einem Semester wieder ab. Danach hangelte er sich von Job zu Job, bis er schließlich eine Anstellung als Wachmann bei einem Juweliergeschäft fand. Statt den Schmuck in der Auslage zu bewachen, ließ er ihn jedoch immer wieder mitgehen und verteilte ihn an seine Freundinnen und die Prostituierten, mit denen er sich häufig traf.

1977 zog Bianchi nach Los Angeles, wo er viel Zeit mit seinem Cousin Angelo Buono verbrachte. Buono war deutlich älter und der junge Bianchi beeindruckt von der Kleidung und dem Schmuck seines Cousins sowie von der Tatsache, dass dieser sich ständig mit vielen Frauen traf. Die beiden beschlossen, als Zuhälter gemeinsame Sache zu machen – doch das war nur der Anfang.

Angelo Buono

Wie Bianchi wurde auch Buono in Rochester geboren. Seine Eltern waren italienische Einwanderer der ersten Generation. Als sie sich scheiden ließen, zog Buono mit seiner Mutter nach Glendale in Kalifornien. Schon in jungen Jahren entwickelte Buono einen Hass auf Frauen. Warum, ist nicht bekannt. Dessen ungeachtet war er mehrfach verheiratet und zeugte eine Vielzahl von Kindern. Dennoch verhielt er sich Frauen gegenüber stets äußerst brutal.

1975 betrieb Buono ein erfolgreiches Autopolstergeschäft, das er unter anderem nutzte, um junge Frauen anzulocken und zu vergewaltigen. Als sein Cousin Bianchi plötzlich bei ihm vor der Tür stand, fiel ihnen schnell auf, dass sie beide davon träumten, Frauen zu vergewaltigen und zu töten.

MORDE

Beide Männer waren für sich genommen bereits extrem gefährlich, gemeinsam bildeten sie jedoch ein schreckliches sadistisches und tödliches Duo. Nachts fuhren sie auf der Suche nach jungen Frauen in den Straßen von Los Angeles umher.

Hatten sie eine gefunden, gaben sie sich als verdeckte Ermittler aus und zeigten gefälschte Polizeimarken vor. Anschließend forderten sie die Frauen auf, in Buonos Wagen zu steigen – angeblich ein ziviles Polizeiauto –, und brachten sie unter falschem Vorwand in Buonos Wohnung.

Ihre Opfer stammten aus allen möglichen sozialen Schichten, das jüngste Mädchen war gerade einmal zwölf Jahre alt, als es ermordet wurde. Beide Männer hatten große Freude daran, ihre Opfer sexuell zu missbrauchen und zu foltern, bevor sie sie – in der Regel durch Strangulation – töteten. Die Mädchen und jungen Frauen wurden auf abscheuliche und sadistische Art und Weise gequält. Bianchi und Buono verabreichten ihnen Stromschläge, injizierten ihnen Chemikalien und vergifteten sie mit Kohlenmonoxid.

Während Bianchi und Buono sich nachts als Polizeibeamte ausgaben, um Frauen anzulocken und zu ermorden, versuchte Bianchi tatsächlich, sich zum Polizisten ausbilden zu lassen. Er war sogar mehrmals mit Beamten mitgefahren, um Erfahrung zu sammeln und den Beruf besser kennenzulernen. Bei einigen dieser Probefahrten war er an der Suche nach den Hillside Stranglers beteiligt. Hätten die Ermittler doch damals nur geahnt, dass eine Hälfte davon die gesamte Zeit über bei ihnen auf dem Rücksitz saß …

Nachdem das Duo bereits zehn Frauen ermordet hatte, berichtete Bianchi seinem Cousin von den Probefahrten mit der Polizei und dass er sogar zu den getöteten Frauen befragt wurde. Buono wurde daraufhin fuchsteufelswild und drohte Bianchi, ihn umzubringen, wenn er nicht sofort nach Bellingham, im Bundesstaat Washington, ziehen würde. Also zog Bianchi 1978 nach Bellingham um.

Dort arbeitete er als Wachmann. Am 11. Januar 1979 lockte er zwei junge Studentinnen in ein Haus, das er eigentlich bewachen sollte. Eine der jungen Frauen führte er die Treppen hinab in den Keller, wo er sie sofort erwürgte, anschließend tat er dasselbe auch mit der anderen.

Doch Bianchi war nicht so clever wie Buono und hinterließ jede Menge Beweise am Tatort, sodass er bereits am darauffolgenden Tag verhaftet wurde. In Untersuchungshaft begann Bianchi schließlich zu reden und gestand, dass er und Buono einmal eine Frau entführen wollten, sie aber wieder gehen ließen. Damit hatte er die Ermittler auf Buonos Fährte gebracht.

Chronik der Morde:

17. Oktober 1977: Yolanda Washington (19)
31. Oktober 1977: Judith Lynn Miller (15)

6. November 1977: Lissa Kastin (21)
10. November 1977: Jane King (28)
13. November 1977: Dolores Cepeda (12)
13. November 1977: Sonja Johnson (14)
20. November 1977: Kristina Weckler (20)
29. November 1977: Lauren Wagner (18)
9. Dezember 1977: Kimberley Martin (17)
16. Februar 1978: Cindy Lee Hudspeth (20)
11. Januar 1979: Karen Mandic (22)
11. Januar 1979: Diane Wilder (27)

VERHAFTUNG UND PROZESS

Buono wurde nach Bianchis Aussage ebenfalls verhaftet, und beide wurden für ihre Morde angeklagt. Bianchi versuchte, die Behörden davon zu überzeugen, dass eine weitere Persönlichkeit in ihm steckte, und plädierte auf Schuldunfähigkeit. Er behauptete, seine andere Persönlichkeit »Steve Walker« habe die Morde begangen. Und das Gutachten einer ersten psychiatrischen Untersuchung ergab zunächst, dass er tatsächlich an einer multiplen Persönlichkeitsstörung litt.

Die Ermittler ließen Bianchi daraufhin von einem weiteren Psychiater untersuchen, der zu einem völlig anderen Ergebnis kam. Im Gespräch mit Bianchi hatte er nämlich beiläufig erwähnt, dass Menschen mit einer multiplen Persönlichkeitsstörung normalerweise drei verschiedene Persönlichkeiten oder mehr aufweisen. Sofort erschuf Bianchi daraufhin eine dritte Persönlichkeit – damit war er enttarnt. Damit konfrontiert, gab Bianchi zu, sich alles nur ausgedacht zu haben. In einem späteren Gutachten wurde ihm aber tatsächlich eine dissoziale Persönlichkeitsstörung attestiert.

Während seines Prozesses rief Bianchis Verteidigung Veronica Compton in den Zeugenstand, mit der er eine Beziehung begonnen hatte, als er bereits im Gefängnis saß. Compton log und erzählte eine falsche Geschichte zu den verhandelten Verbrechen, um Bianchi als unschuldig darzustellen. So behauptete sie etwa, sie habe gemeinsam mit einem anderen verurteilten Mörder eine Leichenhalle kaufen wollen, um gemeinsam mit ihm der Nekrophilie zu frönen. Sie ging sogar noch weiter und versuchte, in einem Motelzimmer eine Frau zu erwürgen, um die Ermittler glauben zu machen, die Hillside Stranglers seien noch immer auf freiem Fuß. Sie hatte von Bianchi ein wenig Sperma bekommen, um das Opfer damit zu versehen, doch all ihre Versuche scheiterten. Die Frau überlebte und Compton wurde selbst verhaftet und wegen versuchten Mordes inhaftiert.

In Aussicht auf eine mildere Strafe erklärte Bianchi sich bereit, vor Gericht gegen seinen Cousin Buono auszusagen. Als er dann schließlich in den Zeugenstand treten musste, verkomplizierte er durch ständige Widersprüche und völlig unkooperatives Verhalten jedoch die gesamte Verhandlung. Er wurde für die Morde verurteilt und erhielt eine lebenslange Freiheitsstrafe.

Buonos Prozess wurde zu einem der längsten der amerikanischen Justizgeschichte und dauerte von November 1981 bis November 1983. Trotz Bianchis Bestreben, dass die Anklagepunkte gegen seinen Cousin fallen gelassen werden oder ihm zumindest eine mildere Strafe zuteilwird, wurde Buono für neun Morde verurteilt. Er erhielt eine lebenslange Freiheitsstrafe ohne Möglichkeit zur vorzeitigen Entlassung.

AUSGANG

Bianchi wollte 1992 eine Frau verklagen, die sein Gesicht auf eine Sammelkarte gedruckt hatte. Er behauptete, sein Gesicht sei sein Markenzeichen und forderte 8,5 Millionen Dollar als Kompensation. Die Klage wurde abgewiesen, was der Richter folgendermaßen begründete: »Hätte Bianchi sein Gesicht beim Töten von Frauen als Markenzeichen verwenden wollen, dann hätte er nicht versucht, es zu verbergen.«

Bianchi durfte 2010 erstmals Bewährung beantragen. Sein Ersuchen wurde am 18. August desselben Jahres abgelehnt. 2025 darf er erneut einen Antrag stellen.

Am 21. September 2002 wurde Buono tot in seiner Zelle aufgefunden. Er war an einem Herzinfarkt gestorben.

WISSENSWERTES

Bianchi:

- Bianchi heiratete im September 1989 eine Brieffreundin aus Louisiana. Die Trauung fand in der Gefängniskapelle statt.
- Folgende Schauspieler haben Bianchi bereits verkörpert: Billy Zane, C. Thomas Howell, Clifton Collins Jr. und Jeff Marchelletta.
- Bianchi besitzt einen gemessenen IQ von 116, was auf überdurchschnittliche Intelligenz schließen lässt.

Buono:

- 2007 erschoss Buonos Enkel Christopher seine Großmutter und beging anschließend Selbstmord. Christopher Buono wusste bis 2005 nicht, wer sein Großvater wirklich war.
- Folgende Schauspieler haben Buono bereits verkörpert: Dennis Farina, Nicholas Turturro und Tomas Arana.
- Buono heiratete Christine Kizuka 1986 in Haft.
- Sein Held und Vorbild war der berühmte Kriminelle Caryl Chessman.

BIBLE JOHN

Geburtsdatum: unbekannt
Alias: Bible John
Tatmerkmale: Vergewaltigung, Prügel
Opferzahl: 3
Zeitraum der Morde: 22. Februar 1968 bis 31. Oktober 1969
Datum der (endgültigen) Verhaftung: kein Tatverdächtiger bekannt
Mordmethode: Strangulation
Tatorte: Glasgow (Schottland)
Status: Mordfälle ungelöst

VORGESCHICHTE

Zwischen 1968 und 1969 wurden drei junge Frauen im schottischen Glasgow ermordet, nachdem sie den Tanzclub Barrowland Ballroom besucht hatten. Den Ermittlern war zwar schnell klar, dass es sich bei allen Morden um das Werk eines einzigen Täters handeln musste, allerdings fanden sie an den Tatorten keinerlei Hinweise darauf, wer dieser Täter war. Es gab über die Jahre mehrere Verdächtige. Ein Mann stand dabei besonders im Fokus der Ermittler; die wahre Identität von Bible John wurde dennoch nie aufklärt, und der Fall bleibt bis heute ein Mysterium.

MORDE

Am 23. Februar 1968 fand ein Mann auf dem Weg zur Arbeit in einer Gasse die nackte Leiche der 25-jährigen Patricia Docker – nur wenige Meter von ihrem Zuhause entfernt. Am Abend zuvor hatte sie ihren Eltern gesagt, sie wolle im »Majestic Ballroom« tanzen gehen, einem Nachtclub in der Hope Street in Glasgow. Sie besuchte in jener Nacht aber auch den »Barrowland Ballroom«, in dem eine Ü25-Party stattfand. Der Obduktionsbericht zeigte, dass sie vergewaltigt und erwürgt wurde. Die Ermittler gingen zudem davon aus, dass sie ihren Mörder im »Barrowland« kennengelernt hatte. Trotz intensiver Suche wurden ihre Kleidung und Handtasche nie gefunden.

Die Leiche des nächsten Opfers wurde auf wirklich tragische Weise gefunden: Jemima McDonald war eine 32 Jahre alte Mutter dreier Kinder, die am 15. August 1969 – einem Freitag – den »Barrowland Ballroom« besucht hatte. Am darauffolgenden Tag hörte ihre Schwester Margaret, wie Kinder von einer Leiche sprachen, die sie in einem alten Gebäude gesehen hatten. Anfangs maß sie der Geschichte keine allzu große Bedeutung bei; als sie am Montag aber noch immer kein Lebenszeichen von ihrer Schwester gehört hatte, beschloss sie, den Aussagen der Kinder auf den Grund zu gehen. In besagtem Gebäude fand sie die vollständig bekleidete Leiche ihrer Schwester Jemima. Ihre Obduktion ergab, dass sie vergewaltigt, misshandelt und erwürgt wurde.

Zeugen sagten später aus, sie hätten McDonald an jenem Freitag gesehen, als sie gegen Mitternacht das Barrowland gemeinsam mit einem großen, schlanken und rothaarigen Mann verließ. Im Verlaufe der Ermittlungen meldete sich eine weitere Zeugin, die aussagte, sie hätte in der Mordnacht Schreie aus dem alten Gebäude gehört, in dem McDonalds Leiche gefunden wurde. Sie konnte sich jedoch nicht mehr an die genaue Zeit erinnern, weshalb die Polizei der Aussage keine große Bedeutung zumaß.

Das dritte bekannte Opfer war die 29-jährige Helen Puttock, die am 31. Oktober 1969 tot in ihrem eigenen Garten gefunden wurde. Wie die anderen war auch sie im »Barrowland Ballroom«, kurz bevor sie getötet wurde. Sie und ihre Schwester Jean hatten dort zwei Männer kennengelernt. Einer der beiden nannte sich John und stammte angeblich aus Castlemilk. Der andere Mann nannte weder seinen Namen noch seine Herkunft. Als sie gemeinsam den Club verließen, verabschiedete einer der Männer sich in Richtung Bushaltestelle, der Mann namens John setzte sich gemeinsam mit Helen und Jean in ein Taxi. Laut Jean war er äußerst eloquent und zitierte häufig die Bibel, weshalb die Ermittler dem Mörder den Spitznamen »Bible John« verpassten. Das Taxi setzte Jean vor ihrer Wohnung in Knightswood ab und fuhr anschließend in Richtung von Helens Wohnung in Scotstoun davon.

Helen wurde, wie die anderen Opfer, vergewaltigt und erwürgt. Ihre Handtasche wurde in der Nähe ausgekippt, der gesamte Inhalt lag auf dem Boden verteilt, von der Tasche selbst fehlte aber jede Spur. Die Leiche wies Grasspuren an den Füßen auf, was darauf schließen ließ, dass Helen vermutlich versucht hatte, vor ihrem Peiniger davonzulaufen. An einem ihrer Beine befand sich außerdem die Wunde eines Menschenbisses.

Ebenfalls interessant: Jede der getöteten Frauen hatte zum Tatzeitpunkt ihre Periode. Der Mörder drapierte Damenbinden oder Tampons entweder auf den Leichen oder in unmittelbarer Nähe davon.

TATVERDÄCHTIGE

Jean Puttocks Beschreibung des Mannes im Taxi lautete wie folgt:

- gut gekleidet und eloquent
- schlank
- rotes/rotblondes Haar
- gab an, sein Name sei »John Templeton« oder »Sempleson«
- zitierte die Bibel
- war zwischen 25 und 30 Jahre alt
- war etwa 1,80 Meter groß

Die Türsteher aus dem »Barrowland Ballroom« gaben jedoch eine völlig andere Beschreibung von dem Mann ab, der an jenem Abend mit Helen und Jean ins Taxi gestiegen war:

- klein
- eloquent
- pechschwarzes Haar

Die Polizei war eher geneigt, der Beschreibung der Türsteher zu glauben, da Jean beim Verlassen des Clubs vermutlich alkoholisiert war. Sie stritt jedoch ab, während der Taxifahrt betrunken gewesen zu sein, und blieb bei ihrer Beschreibung des Mannes, von dem sie glaubte, dass er ihre Schwester ermordet hat. Und tatsächlich wurde gegen 01:30 Uhr in jener Nacht ein Mann gesehen, auf den Jeans Beschreibung passte. Zeugen zufolge war er in der Gray Street völlig zerzaust aus einem Bus gestiegen und hatte offenbar Kratzspuren im Gesicht.

Einer der Hauptverdächtigen der Ermittler war später John Irvine McInnes. Er hatte bei den Scots Guards gedient und 1980 Selbstmord begangen. 1996 wurde seine Leiche exhumiert, um DNA-Proben davon zu nehmen, doch die Ergebnisse der Proben waren nicht eindeutig. Warum er verdächtigt wurde, ist nicht bekannt. Letztlich entschieden die Ermittler, dass die Beweise nicht ausreichten, um McInnes für die Morde verantwortlich zu machen.

2004 ergab der Abgleich einer DNA-Probe, die am Tatort eines kleineren Verbrechens genommen wurde, mit den Proben der Bible-John-Morde eine 80-prozentige Übereinstimmung. Die Ermittler folgerten daraus, dass der Mann, der für das kleinere Verbrechen angeklagt wurde, auch für die Morde verantwortlich war. Auch diese Spur war eine Sackgasse.

Der bekannteste Verdächtige in dem Fall ist Peter Tobin, der ebenfalls in diesem Buch vertreten ist. Er rückte als Verdächtiger in den Fokus der Ermittler, nachdem er 2007 verhaftet und wegen Mordes angeklagt wurde. Aus folgenden Gründen galt er im Bible-John-Fall als tatverdächtig:

- Auf alten Fotos sieht Tobin dem Phantombild von Bible John verblüffend ähnlich.
- Tobins Ex-Frauen behaupteten alle, sie seien von ihm gewürgt, misshandelt und vergewaltigt worden.
- Tobin lebte zum Zeitpunkt der Morde in Glasgow und zog 1969 von dort weg.
- Er war regelmäßig Gast im »Barrowland Ballroom«.
- Tobin lernte seine erste Frau im »Ballroom« kennen, und zwar etwa zur selben Zeit, als die Morde aufhörten.
- Tobin war Katholik und vertrat streng religiöse Ansichten.
- Der weibliche Menstruationszyklus machte ihn extrem wütend.

Im Rahmen einer polizeilichen Sonderermittlung namens Operation Anagram meldete sich eine Frau, die behauptete, Tobin 1968 im »Barrowland« kennengelernt zu haben und von ihm vergewaltigt worden zu sein. 2010 meldete sich eine weitere Frau, die aussagte, sie habe Tobin im »Barrowland« kennengelernt – ein Erlebnis, das sie nach eigener Aussage als »bedrohlich« empfand. Tobin hatte offenbar hartnäckig versucht, sie davon zu überzeugen, ihn zu einer Party in Castlemilk zu begleiten, was sie jedoch ablehnte. Als ihr 2010 ein Foto von Tobin gezeigt wurde, war sie sich sicher, dass es sich bei ihm um Bible John handelte.

Leider wird es wohl niemals einen passenden DNA-Beweis geben, der Tobin als Täter bestätigt, da laut Polizei alle Originalproben von den Tatorten nicht fachgerecht gelagert wurden und inzwischen unbrauchbar sind. Helens Schwester Jean, von der die glaubhafteste Beschreibung Bible Johns stammte, starb 2010. Sie hat nie erfahren, wer ihre Schwester wirklich getötet hat.

WISSENSWERTES

In den Ermittlungsakten finden sich 50 000 Zeugenaussagen; über 1000 Verdächtige wurden vernommen und mehr als 100 Beamte haben an dem Fall gearbeitet.

RICHARD BIEGENWALD

Geburtsdatum: 24. August 1940
Alias: The Thrill Killer
Tatmerkmal: Raubmord
Opferzahl: mindestens 6 bis 9
Zeitraum der Morde: 1958, 1978 bis 1982
Datum der (endgültigen) Verhaftung: 22. Januar 1983
Mordmethoden: Erschießen, Erstechen
Tatorte: New York, New Jersey (USA)
Status: Todesstrafe umgewandelt in vier lebenslange Haftstrafen ohne Möglichkeit einer vorzeitigen Entlassung, starb am 10. Mai 2008 im Gefängnis eines natürlichen Todes

VORGESCHICHTE

Richard Biegenwald hatte, dank seines alkoholkranken Vaters, einen ganz furchtbaren Start ins Leben. Er wurde in Rockland County, New York, geboren und schon als Kleinkind regelmäßig vom Vater verprügelt. Bereits im Alter von fünf Jahren begann Biegenwald deshalb, massive Probleme zu entwickeln, und steckte das Haus seiner Eltern in Brand, weshalb er zur Beobachtung in die Psychiatrie des Rockland County Psychiatric Centers eingewiesen wurde.

Im Alter von acht Jahren trank Biegenwald bereits Alkohol und nahm an illegalem Glücksspiel teil. Er befand sich weiterhin in psychiatrischer Behandlung, mit neun Jahren wurde er im Bellevue Hospital in New York einer Elektroschock-Therapie unterzogen. Anschließend wurde er in die State Training School for Boys geschickt, einer Erziehungsanstalt für Kinder, ebenfalls in New York. Dort stach er nicht als Musterschüler heraus, im Gegenteil: Er wurde mehrfach des Diebstahls beschuldigt und soll andere Insassen zu Ausbruchsversuchen animiert haben.

Wenn Biegenwald seine Mutter besuchen durfte, stahl er Geld von ihr, und als er elf Jahre war, zündete er sich während eines Besuchs selbst an. Mit 16 Jahren wurde er aus der Erziehungsanstalt entlassen, sodass er eine reguläre Schule besuchen konnte. Dort hielt er es allerdings nur wenige Wochen aus, brach die Schule schließlich ab und zog nach Nashville, Tennessee.

Während der zwei Jahre, die er in Nashville lebte, stahl Biegenwald ein Auto und wurde von Bundespolizisten in Kentucky verhaftet, weil er mit dem gestohlenen Fahrzeug die Staatsgrenze überquert hatte. Als er von den Behörden in Kentucky wieder auf freien Fuß gesetzt wurde, ging er nach Staten Island, wo er ein weiteres Auto stahl. Dieses Mal fuhr er damit zu einem Lebensmittelgeschäft in Bayonne, New Jersey, das er ausrauben wollte. Bei diesem Raub beging Biegenwald seinen ersten Mord.

MORDE

Biegenwalds erster Mord ereignete sich am 18. Dezember 1958 in Bayonne, New Jersey, während besagtem Raubüberfall. Gemeinsam mit einem Komplizen raubte er den Lebensmittelladen aus und erschoss anschließend den Besitzer, Stephen Sladowski. Obwohl er nach dem Mord sofort über die Staatsgrenze floh, wurde Biegenwald zwei Tage später erwischt und verhaftet. Er wurde zurück nach New Jersey gebracht und für den Mord zu einer lebenslangen Haftstrafe verurteilt. Nach 17 Jahren mit guter Führung wurde er allerdings schon 1975 wieder entlassen.

Zwischen 1978 und April 1982 beging Biegenwald mindestens drei weitere Morde, mit denen er allerdings erst viel später in Verbindung gebracht wurde. Im Juni 1978 wurde John P. Petrone, ein Ex-Häftling und ehemaliger Polizeiinformant, auf einem alten, verlassenen Flugplatz in Flemington, New Jersey, erschossen. Am 1. November 1981 tötete Biegenwald Maria Ciallella und vergrub ihre Leiche auf dem Grundstück seiner Mutter. Am 8. April 1982 erstach Biegenwald dann Deborah Osbourne. Ihre Leiche vergrub er ebenfalls auf dem Grundstück seiner Mutter – er »stapelte« sie einfach auf die von Ciallella.

Am 28. August 1982 ging Anna Olesiewicz den Bürgersteig in Asbury Park entlang und begegnete dabei Biegenwald. Der lockte die junge Frau in sein Auto und schoss ihr viermal in den Kopf. Ihre Leiche wurde im Januar 1983 im Waldgebiet hinter einem »Burger King«-Restaurant an der Route 35 von einer Gruppe Kinder gefunden.

Biegenwald wurde außerdem verdächtigt, auch Virginia Clayton getötet zu haben, ein 17-jähriges Mädchen, das am 8. September 1982 entführt und ermordet wurde. Ihre Leiche wurde drei Tage später gefunden, nur 6,5 Kilometer von dem Ort entfernt, an dem Petrones Leiche vergraben wurde. Trotz Tatverdacht wurde Biegenwald nie für den Mord angeklagt.

Auch William Ward verschwand im September 1982. Ward war ein Freund von Biegenwald, obendrein ein entflohener Sträfling und Drogendealer. Seine Leiche wurde in einem notdürftigen Grab auf einem Friedhof gefunden, auch ihm wurde viermal in den Kopf geschossen.

Chronik der bekannten Morde:

1958: Stephen Sladowski, während eines Raubüberfalls in Bayonne, New Jersey, erschossen

Juni 1978: John P. Petrone, auf einem verlassenen Flugplatz in Flemington, New Jersey, erschossen

1. November 1981: Maria Ciallella, erschossen und zerstückelt; wurde auf dem Grundstück von Biegenwalds Mutter vergraben

8. April 1982: Deborah Osbourne, erstochen; wurde auf Ciallellas Leiche, ebenfalls auf dem Grundstück von Biegenwalds Mutter vergraben

28. August 1982: Anna Olesiewicz, viermal in den Kopf geschossen, nachdem sie in Asbury Park in ein Auto gelockt wurde; ihre Leiche wurde hinter einem »Burger King« in Ocean Township, New Jersey, gefunden

September 1982: William J. Ward, Drogendealer, erschossen von Biegenwald in dessen Wohnung in Asbury Park

VERHAFTUNG UND PROZESS

Biegenwald geriet in den Fokus der Ermittler, nachdem eine Freundin seiner Frau bei der Polizei ausgesagt hatte, dass ihr in dessen Garage in Asbury Park eine Frauenleiche gezeigt wurde. Am 22. Januar 1983 umstellten Polizisten Biegenwalds Wohnung, die er sich mit seinem Freund Dherran Fitzgerald teilte. Mit einer List lockten die Beamten Biegenwald aus dem Haus und sobald er vor die Tür trat, wurde er verhaftet. Fitzgerald versuchte, sich in der Wohnung zu verstecken, doch die Beamten fanden und verhafteten auch ihn.

Als Fitzgerald vernommen wurde, berichtete er den Ermittlern, dass Biegenwald ihm in seiner Garage ebenfalls eine Frauenleiche gezeigt hatte und sie diese Leiche dann gemeinsam im Waldgebiet hinter dem »Burger King«-Restaurant deponiert haben. Fitzgerald gestand außerdem, dabei geholfen zu haben, eine weitere Leiche zum Haus von Biegenwalds Mutter zu transportieren. Dort vergruben sie die Leiche im Keller, wobei sie auf eine weitere Leiche stießen, die dort offenbar schon seit geraumer Zeit gelegen haben musste. Insgesamt führte Fitzgerald die Ermittler zu drei weiteren Opfern plus die beiden Leichen im Haus von Biegenwalds Mutter.

Obwohl neun Opfer von Biegenwald bekannt waren, reichten die Beweise nur für fünf Mordanklagen. Er wurde in allen Anklagepunkten für schuldig befunden und zum Tode verurteilt. Das Urteil wurde später jedoch in vier lebenslange Haftstrafen ohne Möglichkeit einer vorzeitigen Entlassung umgewandelt.

AUSGANG

Am 10. März 2008 wurde Biegenwald vom Gefängnis in ein örtliches Krankenhaus verlegt, wo er eines natürlichen Todes starb. Bei der Obduktion wurde Nieren- und Lungenversagen als Todesursache festgestellt.

ARTHUR GARY BISHOP

Geburtsdatum: 29. September 1952
Alias: Roger Downs, Lynn Jones
Tatmerkmal: Pädophilie
Opferzahl: 5
Zeitraum der Morde: 1979 bis 1983
Datum der (endgültigen) Verhaftung: 24. Juli 1983
Mordmethoden: Ertränken, Erschlagen mit dem Hammer
Tatorte: Salt Lake City in Utah (USA)
Status: hingerichtet durch die Giftspritze am 9. Juni 1988

VORGESCHICHTE

Bishop wurde als ältester von sechs Brüdern in Hinckley, im US-Bundesstaat Utah geboren. Die Kinder wuchsen in einem frommen Mormonenhaushalt auf. Mit 19 Jahren arbeitete Bishop als Missionar auf den Philippinen.

Einst ein Musterschüler und hochdekorierter Pfadfinder, wurde Bishop 1978 schließlich wegen Veruntreuung erstmals verhaftet und zu fünf Jahren Haft auf Bewährung verurteilt. Er verstieß jedoch gegen seine Bewährungsauflagen und setzte sich nach Salt Lake City ab. Dort nahm er das Pseudonym Roger Downs an. Nach seiner Verurteilung wegen Veruntreuung wurde Bishop von der Mormonenkirche exkommuniziert.

Unter dem Namen Roger Downs meldete Bishop sich für das »Big Brother«-Programm an, bei dem erwachsene Männer die Rolle eines »großen Bruders« für benachteiligte Kinder übernahmen. Dort gab es keinerlei Verdachtsmomente, dass Bishop die Kinder in seiner Obhut missbrauchen könnte. Als er später jedoch wegen Mordes verurteilt wurde, meldeten sich Dutzende dieser damaligen Kinder und beschuldigten ihn des Missbrauchs.

MORDE

Bishop tötete sein erstes Opfer, Alonzo Daniels, am 14. Oktober 1979, nachdem er den kleinen Jungen mit Süßigkeiten von dessen Zuhause und in seine Wohnung gelockt hatte. Bishop versuchte, den Jungen sexuell zu missbrauchen, und ertränkte ihn schließlich in der Badewanne. Seine Leiche vergrub er in der Wüste.

Auf ähnliche Weise lockte Bishop auch Kim Peterson in seine Wohnung. Der Elfjährige hatte an einer Skaterbahn versucht, ein Paar Rollschuhe zu verkaufen, und Bishop tat so, als hätte er Interesse daran. Als beide in Bishops Wohnung ankamen, erschlug er den Jungen mit einem Hammer. Die Leiche vergrub er im selben Bereich wie die von Alonzo Daniels. Nach dem Verschwinden von Kim Peterson wurde Bishop routinemäßig befragt, galt allerdings nicht als Verdächtiger.

Am 20. Oktober 1981 gelang es Bishop, einen weiteren sehr kleinen Jungen von einem Supermarkt wegzulocken. Danny Davis war gerade vier Jahre alt, als er Bishop in dessen Wohnung folgte. Sein Verschwinden zog eine riesige Suchaktion und Fahndung nach dem Entführer nach sich, Zeugen konnten jedoch nur eine vage Beschreibung des Mannes abgeben, den sie mit dem kleinen Danny gesehen hatten.

Der sechsjährige Troy Ward wurde am 22. Juni 1983 in einem Park von Bishop entführt und in seine Wohnung gebracht. Wieder sahen Zeugen den Mann mit dem Jungen, konnten ihn später aber nicht identifizieren. Wie die anderen Kinder wurde auch Troy sexuell missbraucht und in der Badewanne ertränkt.

Dann eskalierte Bishops Tötungsdrang plötzlich. Nur einen Monat nach dem Mord am kleinen Troy forderte er bereits sein nächstes Opfer. Am 14. Juli verschwand der 13-jährige Graeme Cunningham aus seiner Nachbarschaft. Dieses Mal machte Bishop allerdings einen Fehler: Es war bekannt, dass Graeme gemeinsam mit einem Freund und einem erwachsenen Betreuer zelten fahren wollte. Dieser Betreuer wäre Arthur Bishop gewesen, was die Polizei dazu veranlasste, ihn ein wenig genauer unter die Lupe zu nehmen. Dabei fiel den Ermittlern auf, dass Bishop in der näheren Umgebung von vier vermissten Kindern lebte und obendrein mit Graemes Eltern befreundet war.

Chronik der Morde:

14. Oktober 1979: Alonzo Daniels (4)
8. November 1980: Kim Peterson (11)
20. Oktober 1981: Danny Davis (4)
22. Juni 1983: Troy Ward (6)
14. Juli 1983: Graeme Cunningham (13)

VERHAFTUNG UND PROZESS

Bishop wurde zu einer Vernehmung vorgeladen, aber im Glauben gelassen, er solle der Polizei mit seinen Angaben lediglich bei der Suche nach dem verschwundenen Graeme Cunningham behilflich sein. Bishop verwendete in jener Zeit noch immer den Namen Roger Downs. Sobald die Beamten ihn überzeugt hatten, seinen echten Namen zu verraten, dauerte es nicht mehr lange, bevor er ein Geständnis ablegte.

Bishop gab zu, alle fünf Kinder getötet zu haben. Am Tag nach seiner Verhaftung führte er die Ermittler zum Wüstengebiet Cedar Fort, wo er drei der Leichen begraben hatte, und nach Big Cottonwood Creek, wo die übrigen beiden vergraben waren. Bishop erzählte der Polizei, dass er das Töten genoss, weil es ihm einen Kick gab, und dass er es wieder tun würde.

Sein Prozess begann am 27. Februar 1984 und dauerte bis zum 19. März 1984. Bishop wurde der Entführung und des Mordes in fünf Fällen mit besonderer Schwere der Schuld sowie des sexuellen Missbrauchs in einem Fall für schuldig befunden und zum Tode verurteilt. Auf eigenen Wunsch sollte die Hinrichtung per Giftspritze erfolgen.

AUSGANG

Am 10. Juni 1988 wurde Bishop im Staatsgefängnis von Utah durch eine tödliche Injektion hingerichtet. Kurz vor seinem Tod äußerte er Reue für seine Taten. Seinen letzten Tag verbrachte er mit dem Lesen religiöser Schriften und Ausruhen. Zudem traf er sich mit seinem Anwalt, einem Biografen, einem Psychologen und einem Priester. Auf seine letzte Mahlzeit verzichtete er und entschied sich, an seinem letzten Tag auf Erden zu fasten.

Rund 30 Minuten vor Mitternacht wurde Bishop in die Hinrichtungskammer gebracht und um 00:15 Uhr für tot erklärt. Im Gegensatz zu den meisten zum Tode verurteilten Häftlingen war Bishop all die Mühen leid, seine Todesstrafe abzuwenden. Er hatte alle letztinstanzlichen Anträge gestoppt und war bereit zu sterben.

WISSENSWERTES

- Laut Bishop hat seine Sucht nach Kinderpornografie ihn dazu gebracht, seine Gewaltfantasien eines Tages auszuleben.
- Seine letzten Worte vor der Hinrichtung lauteten: »Jesus, Sohn Gottes, erbarme dich meiner Seele.«
- Einem Gefängnispsychologen gegenüber sagte er: »Ich will nicht sterben, glaube aber, dass es sein muss.«

Auszug aus einem Brief Bishops, in dem er erklärt, warum er die Morde begangen hat:

»Ich bin ein homosexueller Pädophiler und ein verurteilter Mörder. Pornografie war der entscheidende Faktor in meinem Niedergang. Aus irgendeinem Grund fühlte ich mich irgendwann von kleinen Jungen sexuell angezogen und begann, sie mir nackt vorzustellen. Einige Buchhandlungen führten Bücher zur Sexualerziehung sowie Kunst- oder Fotobände, in denen ab und an auch Bilder von nackten Jungen gezeigt wurden. Diese Bücher kaufte ich und benutzte sie, um meine Fantasien beim Masturbieren zu unterstützen … Sexuell erregendes Material zu finden und zu beschaffen, wurde schließlich eine regelrechte Obsession für mich. Das Betrachten von Pornografie war für mich, als würde ich die Lunte einer Dynamitstange entzünden. Ich wurde dabei sexuell derart stimuliert, dass ich meinen Trieb unbedingt befriedigen musste, da ich andernfalls explodiert wäre. Alle Jungen wurden so zu reinen Sexobjekten für mich, mein Gewissen stumpfte völlig ab und nur mein Geschlechtstrieb bestimmte noch meine Taten.«

LAWRENCE SIGMUND BITTAKER UND ROY LEWIS NORRIS

Geburtsdatum: 27. September 1940, 2. Februar 1948
Alias: The Tool Box Killer, Pliers
Tatmerkmale: Entführung, Folter, Vergewaltigung
Opferzahl: 5
Zeitraum der Morde: Juni bis Oktober 1979
Datum der (endgültigen) Verhaftung: 20. November 1979, 23. November 1979
Mordmethoden: Erwürgen, Erschlagen mit einem Vorschlaghammer, Erstechen mit einem Eispickel
Tatorte: Kalifornien (USA)
Status: Bittaker wurde zum Tode verurteilt und starb am 13. Dezember 2019 im Staatsgefängnis San Quentin eines natürlichen Todes. Norris wurde zu einer Freiheitsstrafe von 45 Jahren verurteilt und starb am 24. Februar 2020.

VORGESCHICHTE

Lawrence Sigmund Bittaker

Weil Bittakers Eltern keine Kinder wollten, gaben sie ihn nach seiner Geburt 1940 in ein Waisenhaus. Noch als Säugling wurde er von George Bittaker und dessen Frau adoptiert. Weil der Adoptivvater in Flugzeugfabriken im ganzen Land arbeitete, musste die Familie in Bittakers Kindheit häufig umziehen.

Den ersten Ärger mit der Polizei bekam Bittaker im Alter von zwölf Jahren, als er beim Ladendiebstahl erwischt und verhaftet wurde. In den darauffolgenden vier Jahren wurde er immer wieder bei genau diesem Verbrechen geschnappt. Bittaker behauptete später, er habe all die Diebstähle als Kind nur begangen, um die fehlende Liebe und Zuneigung seiner Eltern zu kompensieren.

Bittaker war äußerst intelligent, langweilte sich deshalb aber in der Schule. 1957 brach er die Schule deshalb ab. Seine Familie lebte zu jener Zeit in Kalifornien. Nachdem er die Schule geschmissen hatte, wurde er innerhalb eines Jahres wegen Autodiebstahl, Unfall mit Fahrerflucht und Widerstand gegen die

Staatsgewalt verhaftet und in die Jugendhaftanstalt California Youth Authority gesteckt, wo er bis zu seinem 18. Lebensjahr bleiben musste.

Als Bittaker entlassen wurde, musste er feststellen, dass seine Adoptiveltern nicht nur in einen anderen Bundesstaat umgezogen waren, sondern auch seine Adoption aufgehoben hatten.

Roy Norris

Norris wurde 1948 als außereheliches Kind in Colorado geboren, seine Eltern heirateten später jedoch. In jener Zeit wurden uneheliche Kinder von der Gesellschaft noch massiv stigmatisiert. Die spätere Heirat war deshalb ein Weg für die Eltern, das eigene Gesicht und letztlich auch das ihres Kindes zu wahren.

Weil Norris' Großvater im Immobiliengeschäft tätig war, lebte die ganze Familie sehr nah beieinander. Die Mutter war Hausfrau und drogenabhängig, der Vater arbeitete auf einem Schrottplatz. Norris wurde im Laufe seiner Kindheit mehrfach in die Obhut von Pflegefamilien gegeben, lebte von Zeit zu Zeit aber auch bei seinen leiblichen Eltern.

Mit 16 Jahren wohnte er gerade wieder daheim und machte bei einem Besuch einem weiblichen Familienmitglied gegenüber sexuell anzügliche Bemerkungen. Verärgert warf die Frau ihn aus dem Haus und informierte seinen Vater darüber, was geschehen war. Der drohte, den Jungen zu verprügeln. Norris schnappte sich daraufhin das Auto des Vaters, fuhr in die Rocky Mountains und versuchte Selbstmord zu begehen, indem er sich mithilfe einer Spritze Luft in die Arterie drückte. Der Selbstmordversuch scheiterte jedoch, Norris wurde als Ausreißer von der Polizei aufgegriffen und zurück zu seinen Eltern gebracht.

Nachdem er die Schule abgebrochen hatte, trat Norris in die U.S. Navy ein und wurde von 1965 bis 1969 in San Diego stationiert. Mit 21 Jahren musste er für einen viermonatigen Einsatz nach Vietnam. Zwar erlebte er während seiner Zeit dort keine aktiven Gefechte, dafür begann er, mit Cannabis und Heroin zu experimentieren, und entwickelte sich von da an zum regelmäßigen Cannabiskonsumenten.

MORDE

Bittaker und Norris nahmen mehrmals Anhalterinnen mit und ließen sie wieder gehen, um ihr Vorgehen für jenen Tag zu perfektionieren, an dem sie ihre mörderischen Fantasien in die Tat umsetzen würden. Außerdem bauten sie ihren Lieferwagen um und versahen den Laderaum mit einem Bett, unter dem sie

Werkzeuge, Kleidung und eine Kühlbox mit Bier und anderen alkoholischen Getränken verstauten. Am 24. Juni 1979 hingen sie am Strand herum, rauchten Gras, tranken Bier und versuchten, mit den Mädchen dort zu flirten.

An jenem Abend sahen sie die 16-jährige Lucinda Schaefer aus einer Seitengasse kommen, die gerade auf dem Rückweg von einem Kirchenbesuch war. Um die junge Frau in ihren Lieferwagen zu locken, boten Bittaker und Norris an, sie nach Hause zu fahren oder ihr etwas Cannabis zu geben, doch sie lehnte ab. Daraufhin fuhren sie ein wenig voraus, Norris stieg aus dem Wagen und wartete, bis Schaefer an ihnen vorbeikam. In diesem Moment schnappte er sie und zerrte sie ins Auto. Während Norris ihr Arme und Beine verband und sie knebelte, drehte Bittaker die Lautstärke des Radios auf, um die Geräusche aus dem Laderaum des Lieferwagens zu übertönen.

Besonders verstörend: Bittaker fertigte ein handschriftliches Protokoll der Ereignisse in jener Nacht an, das er aufbewahrte. Folgendes war darin über Schaefers Verhalten im Lieferwagen zu lesen: »Zeigte ein großartiges Maß an Selbstkontrolle und akzeptierte gefasst die Umstände, die außerhalb ihrer Kontrolle lagen. Sie vergoss keine Träne, leistete keinen Widerstand und zeigte keine große Sorge um ihr eigenes Wohlbefinden … Ihr war wohl bewusst, was mit ihr geschehen würde.«

Norris vergewaltigte Schaefer als Erster, Bittaker ging indes spazieren. Als er zurückkam, war er an der Reihe, während Norris spazieren ging. Bei der Entscheidung, wie sie anschließend mit ihrer verfahren sollten, geriet das Duo offenbar in Streit. Beide machten später unterschiedliche Angaben dazu, wer die junge Frau töten und wer sie gehen lassen wollte. Norris versuchte jedenfalls, sie zu erwürgen, hielt jedoch den Blick in ihren Augen nicht aus, rannte aus dem Fahrzeug und musste sich übergeben. Bittaker würgte sie daraufhin so lange, bis sie ohnmächtig wurde. Sie zuckte allerdings noch und war noch nicht tot. Also bog er einen Kleiderbügel aus Draht auf, legte ihr den Draht um den Hals und zog ihn mithilfe von zwei Kneifzangen zu, bis sie aufhörte zu zucken. Danach wickelten Bittaker und Norris die Leiche in einen Duschvorhang aus Plastik und warfen sie in einen Canyon. Laut Norris habe Bittaker ihm versichert, dass wilde Tiere sie dort unten verspeisen würden, sodass keinerlei Beweise übrig blieben.

Am 8. Juli 1979 fuhr das Duo den Pacific Coast Highway entlang und begegnete dabei der 18-jährigen Andrea Joy Hall, die eine Mitfahrgelegenheit suchte. Sie fuhren langsamer, um ihr anzubieten, sie mitzunehmen, doch ein anderer Fahrer kam ihnen zuvor. Das hielt Bittaker und Norris jedoch nicht auf. Sie verfolgten das Fahrzeug bis nach Redondo Beach, wo Hall schließlich ausstieg.

Während Norris sich im Laderaum versteckte, bot Bittaker ihr eine Limo an, die sich angeblich in einer Kühlbox im Laderaum befand. Als die junge Frau in den Lieferwagen stieg, um die Limo zu holen, fiel Norris über sie her. Sie wehrte sich nach Kräften, Norris konnte sie schlussendlich aber doch überwältigen, indem er einen ihrer Arme hinter den Rücken drehte. Anschließend knebelte er sie und fesselte ihre Hand- und Fußgelenke. Dann fuhren die beiden ihr Opfer in eine abgelegene Gegend in den San Gabriel Mountains.

Dort wurde sie zweimal von Bittaker und einmal von Norris vergewaltigt. Als Norris glaubte, Scheinwerfer gesehen zu haben, die auf sie zukamen, zerrte Bittaker die Frau schnell in die Büsche und Norris fuhr davon, um sich auf die Suche nach dem anderen Fahrzeug zu machen. Als er keins fand, kehrte er zurück und beide beschlossen, an einen anderen Ort in den Bergen zu fahren. Dort zwangen sie Hall, völlig nackt den Berg hinaufzugehen und dort Oralsex an Bittaker zu verüben. Der zwang sie danach außerdem noch, für Fotos zu posieren.

Anschließend fuhren sie an einen dritten Ort, wo Hall mit Bittaker einen weiteren Berg hinaufgehen musste. Norris fuhr in der Zwischenzeit in einen nahe gelegenen Laden und kaufte dort etwas Alkohol. Als er zurückkam, war Bittaker allein. Er zeigte Norris zwei weitere Fotos von Hall, aufgenommen, nachdem er ihr erzählt hatte, dass er sie töten würde. Er hatte ihr einen Eispickel durchs Ohr direkt ins Gehirn gerammt, sie herumgerollt und das Ganze auf der anderen Seite wiederholt. Er trampelte so lange auf dem Eispickel herum, bis der Griff brach, doch die Frau war erstaunlicherweise noch immer am Leben. Schließlich erwürgte er sie und warf sie eine Klippe hinab.

Die 13-jährige Jacqueline Leah Lamp und die 15-jährige Jackie Doris Gilliam saßen am 3. September gerade an einer Bushaltestelle, als Bittaker und Norris auf sie aufmerksam wurden. Die beiden Mädchen waren per Anhalter unterwegs und wollten eine Pause machen. Bittaker und Norris fuhren an der Haltestelle vor und boten den beiden an, sie mitzunehmen, woraufhin sie in den Lieferwagen stiegen. Norris bot ihnen praktisch sofort etwas Cannabis an, was sie nicht ablehnten. Dennoch fiel ihnen auf, dass Bittaker in eine andere Richtung fuhr, als sie besprochen hatten, weshalb die Mädchen zu protestieren begannen.

Lamp versuchte, die Schiebetür des Lieferwagens zu öffnen, doch Norris schlug ihr einen Sack Bleigewichte auf den Kopf und sie wurde bewusstlos – allerdings nur kurz. Während Norris Gilliam überwältigte, sie fesselte und knebelte, wachte Lamp wieder auf und versuchte erneut, aus dem Lieferwagen zu entkommen. Norris zerrte sie zurück in den Laderaum. Bittaker – wohlwissend, dass Zeugen das Gerangel der beiden mitbekommen könnten – hielt an und sprang ebenfalls in den Laderaum, um Norris dabei zu helfen, auch ihr zweites Opfer zu fesseln und zu knebeln.

Zwei Tage lang wurden die Mädchen immer wieder vergewaltigt und bestialisch misshandelt. So rammten sie Gilliam etwa einen Eispickel in die Brüste und rissen ihr mit einer Kneifzange einen der Teil der Brustwarze ab. Schließlich ließ Bittaker eine der beiden wieder einen Berg hinaufgehen und dort für Nacktfotos posieren. Außerdem nahm er angeblich auf Tonband auf, wie er Gilliam vergewaltigte und sie zwang, sich als seine Cousine auszugeben.

Nach einem zweitätigen Martyrium beschlossen die beiden Sadisten, ihre Gefangenen zu töten. Bittaker rammte Gilliam einen Eispickel in jedes Ohr und erwürgte sie anschließend. Norris schlug Lamp erst einen Vorschlaghammer auf den Kopf, bevor Bittaker sie ebenfalls erwürgte. Er hielt sie bereits für tot, doch Lamp öffnete noch einmal die Augen, also würgte Bittaker sie weiter, während Norris wieder und wieder mit dem Vorschlaghammer auf sie einschlug. Wie ihre anderen Opfer warfen sie auch die Leichen der beiden Mädchen in eine Schlucht.

Chronik der Morde:

24. Juni 1979: Lucinda »Cindy« Schaefer (16)
8. Juli 1979: Andrea Joy Hall (18)
3. September 1979: Jackie Doris Gilliam (15)
3. September 1979: Jacqueline Leah Lamp (13)
31. Oktober 1979: Shirley Lynette Ledford (16)

VERHAFTUNG UND PROZESS

Norris traf sich im November 1979 mit einem ehemaligen Mithäftling namens Jimmy Dalton und vertraute ihm die Morde an, die er gemeinsam mit Bittaker begangen hatte. Dalton konsultierte daraufhin seinen Anwalt, da er nun Mitwisser dieser Taten war. Der riet ihm, umgehend die Polizei zu informieren. So gelangten die Informationen zur Polizei von Redondo Beach, die daraufhin die Ermittlungen zu Norris' Behauptungen aufnahm.

Ein Ermittler suchte die Überlebende einer Vergewaltigung auf, die Bittaker und Norris sofort auf den Fahndungsfotos wiedererkannte. Das Duo wurde observiert und Norris wurde am 20. November wegen Verletzung seiner Bewährungsauflagen verhaftet. Gleichzeitig wurde Bittaker für die Vergewaltigung einer Frau namens Robeck verhaftet.

Am 30. November legte Norris bei einer Voruntersuchung schließlich ein Teilgeständnis ab und erzählte dem Gericht, dass er die Frauen in den Lieferwagen gelockt hatte, wo sie sie gemeinsam umbrachten. Er stellte allerdings alles so dar, als sei Bittaker der Hauptschuldige und er lediglich sein Komplize gewesen.

Im März 1980 bekannte Norris sich des Mordes in vier Fällen sowie der Vergewaltigung in zwei Fällen und des Raubes in einem Fall schuldig. Er wurde am 7. Mai 1980 zu 45 Jahren Haft verurteilt. 2009 durfte er erstmals eine vorzeitige Entlassung auf Bewährung beantragen. Dieser und ein weiterer Antrag 2019 wurden abgelehnt. 2029 hätte er einen weiteren Antrag stellen können, er verstarb aber am 24. Februar 2020.

Bittaker wurde am 24. April 1980 angeklagt. Die insgesamt 29 Anklagepunkte umfassten Entführung, Vergewaltigung und Mord sowie unerlaubten Waffenbesitz und Verabredung zu einem Verbrechen. Am 17. Februar 1981 befanden die Geschworenen ihn des Mordes und der Entführung in fünf Fällen, der Vergewaltigung in neun Fällen, des erzwungenen Oralverkehrs in zwei Fällen, der Unzucht, der Verabredung zu einem Verbrechen sowie des unerlaubten Waffenbesitzes in drei Fällen für schuldig. Bittaker wurde für seine Verbrechen zum Tode verurteilt.

AUSGANG

Bittaker sollte ursprünglich bereits am 29. Dezember 1989 hingerichtet werden, der Termin wurde jedoch aufgeschoben, nachdem er das Urteil angefochten hatte. Der Oberste Gerichtshof bestätigte die Todesstrafe jedoch und ein neuer Hinrichtungstermin wurde für den 23. Juli 1991 angesetzt. Erneut legte Bittaker Einspruch ein, dem am 9. Juli 1991 stattgegeben wurde. Seitdem wartete er auf seine Hinrichtung, kam dieser jedoch zuvor, als er am 13. Dezember 2019 im Staatsgefängnis San Quentin eines natürlichen Todes starb.

WISSENSWERTES ZU BITTAKER

- FBI-Sonderermittler John Douglas beschrieb Bittaker als den bösartigsten Menschen, von dem er je ein Täterprofil angefertigt hat.
- Bevor er wegen Mordes verurteilt wurde, saß er bereits wegen Raub, Körperverletzung, Fahrzeugdiebstahl und Unfall mit Fahrerflucht im Gefängnis.
- Im Todestrakt der Haftanstalt San Quentin war er unter anderem mit dem »Sunset Strip Killer« Doug Clark und mit dem Serienmörder William Bonin befreundet.

- Er unterschrieb Briefe an seine Fans mit »Pliers«, auf Deutsch: Kneifzange.
- Er besaß einen gemessenen IQ von 138.
- FBI-Agent Douglas brachte Scott Glenn – den Schauspieler, der den Serienmörder Jack Crawford in »Das Schweigen der Lämmer« verkörperte – zum Weinen, als dieser in Vorbereitung auf seine Rolle die Verhaltensanalyseeinheit in Quantico, Virginia, besuchte. Douglas hatte ihm eine Tonbandaufnahme vorgespielt, die dokumentierte, wie Bittaker und Norris junge Frauen im Laderaum ihres Lieferwagens quälten und vergewaltigten. Glenn war stets ein Gegner der Todesstrafe gewesen, was sich an jenem Tag änderte.

ROBERT BLACK

Geburtsdatum: 21. April 1947
Alias: Smelly Bob
Tatmerkmale: Pädophilie, Vergewaltigung
Opferzahl: 4
Zeitraum der Morde: 1981 bis 1990
Datum der (endgültigen) Verhaftung: 14. Juli 1990
Mordmethode: Strangulation
Tatorte: Schottland, Irland, Großbritannien
Status: verurteilt zu lebenslanger Freiheitsstrafe, starb am 12. Januar 2016 im Gefängnis an einem Herzinfarkt

VORGESCHICHTE

Black kam im schottischen Grangemouth als uneheliches Kind zur Welt. Seine Mutter hieß Jessie Hunter Black; wer sein Vater war, ist nicht bekannt. Die Mutter wollte ihn zur Adoption freigeben und nach Australien ziehen, füllte aber nie alle dafür nötigen Dokumente aus. Stattdessen kam der Junge im Alter von sechs Monaten zu den Pflegeeltern Jack und Isabel Tulip und erhielt im Zuge dessen auch deren Nachnamen.

Schon früh zeigte Black aggressive und dissoziale Tendenzen. Er hatte nur wenige Freunde und neigte schnell zu Wutausbrüchen. Black wurde von seinen Mitschülern schikaniert, was dazu führte, dass auch er später jüngere Kinder tyrannisierte. Obwohl seine Mutter sehr auf Reinlichkeit bedacht war, zeigte Black keinerlei Interesse an Körperhygiene, weshalb er den Spitznamen »Smelly Bob Tulip« verpasst bekam (auf Deutsch etwa: Stinke-Bob Tulip).

Als Black fünf Jahre alt war, zeigten er und ein gleichaltriges Mädchen sich gegenseitig ihre Geschlechtsteile. Aus irgendeinem Grund führte dieses Erlebnis dazu, dass Black nun glaubte, er hätte als Mädchen auf die Welt kommen sollen. Er entwickelte ein gesteigertes Interesse für seine Genitalien, für die von kleinen Mädchen sowie für alle möglichen Körperöffnungen. Ab seinem achten Lebensjahr führte er sich Objekte in den After ein, eine Praxis, die er bis ins Erwachsenenalter beibehielt.

Nachbarn fiel auf, dass Black häufig Schrammen und Blutergüsse im Gesicht und am Körper hatte, was zu Spekulationen führte, ob er vielleicht von seinen

Pflegeeltern misshandelt wurde. Black behauptete später allerdings, dass er nicht wüsste, woher er die Schrammen hatte.

1958 waren beide Pflegeeltern bereits verstorben und Black wurde in eine neue Pflegefamilie gesteckt. Kurz darauf beging er in einer öffentlichen Toilette seinen ersten sexuellen Missbrauch. Das Opfer war ein junges Mädchen. Blacks Pflegemutter erfuhr von der Tat und meldete sie bei Sozialarbeitern mit der Forderung, den Jungen in eine andere Familie zu schicken. Daraufhin wurde er in ein Kinderheim gesteckt, in dem Jungen und Mädchen gemeinsam lebten.

Dort entblößte Black regelmäßig seine Genitalien vor den Mädchen und riss einem einmal gewaltsam die Unterwäsche vom Körper. Nach diesem Vorfall entschieden die Behörden, Black in das Red House Care Home in Musselburgh zu schicken, ein Heim nur für Jungen. Schon kurz nach seiner Ankunft dort wurde er von einem männlichen Mitarbeiter der Einrichtung regelmäßig sexuell missbraucht. Der Missbrauch dauerte drei Jahre lang an, bis der Mitarbeiter eines natürlichen Todes starb.

Black verließ das Heim 1963 und zog nach Greenock, wo er als Lieferjunge für den hiesigen Metzger arbeitete. Später gab er zu, häufig kleine Mädchen im Intimbereich befummelt zu haben, wenn er sie in den Häusern, die er belieferte, allein vorfand. Eines Abends im selben Jahr begegnete Black einem siebenjährigen Mädchen, das allein in einem Park spielte. Mit dem Versprechen, ihr kleine Katzenbabys zu zeigen, gelang es ihm, das Kind in einen alten Luftschutzbunker zu locken, wo er sie am Hals schnappte und bewusstlos würgte. Anschließend masturbierte er auf ihren reglosen Körper.

Black wurde am darauffolgenden Tag verhaftet und angeklagt. Bevor er dem Gericht vorgeführt wurde, musste er sich zunächst einer psychiatrischen Untersuchung unterziehen. Im darin erstellten Gutachten war zu lesen, dass es sich bei der Tat um einen Einzelfall gehandelt hat und Black keinerlei Behandlung benötigt. Er wurde daraufhin gerichtlich ermahnt und wieder auf freien Fuß gesetzt. Black zog nach Grangemouth, wo er bei einem älteren Paar zur Untermiete lebte. Später begann er eine Beziehung zu Pamela Hodgson, seine einzige bekannte Partnerin. Black behauptete, er hätte ihr einen Heiratsantrag gemacht. Doch Hodgson lehnte nicht nur ab, sondern beendete gar die Beziehung – offenbar aufgrund seiner sonderbaren sexuellen Wünsche. Black war am Boden zerstört.

Gleichzeitig begann sich ein Muster abzuzeichnen. Blacks Vermieter fanden heraus, dass er ihre neunjährige Enkelin sexuell belästigt hatte. Weil sie dem Kind eine Befragung durch die Polizei ersparen wollten, meldeten sie den Vorfall nicht, warfen Black aber aus dem Haus. Der zog daraufhin nach Kinlochleven zurück, wo er bei einem Paar zur Untermiete wohnte, das eine sechsjährige Tochter hatte. Auch dort kam heraus, dass er das Mädchen sexuell belästigte. Dieses Mal wurde er von dem Paar aber angezeigt und für unsittlichen Angriff auf eine Minderjährige in drei Fällen verurteilt.

Black wurde ins Jugendgefängnis nach Borstal geschickt, wo er einem speziellen Erziehungstraining und Resozialisierungsmaßnahmen unterzogen wurde. Interessanterweise sprach Black später äußerst offen über jeden Aspekt seiner Kindheit und seines Lebens, nur über die Zeit in Borstal nicht. Dies führte zu Spekulationen, dass er dort möglicherweise unter schweren Misshandlungen litt. Die Zeit in Borstal weckte in Black zumindest die Entschlossenheit, nie wieder ins Gefängnis zu gehen.

MORDE

Am 12. August 1981 fuhr die neunjährige Jennifer Cardy mit dem Fahrrad zu einer Freundin in Country Antrim. Irgendwo auf der Strecke wurde das Mädchen entführt. Aufgefallen ist das erst später am Tag, als sie nicht nach Hause kam und ihre Eltern begannen, sich Sorgen zu machen. Einige Stunden, nachdem sie vermisst gemeldet wurde, fand man ihr Fahrrad. Jemand hatte es mit Blättern und Zweigen abgedeckt, um es zu verstecken. Die Behörden waren nun sicher, dass das Kind entführt wurde.

Sechs Tage darauf fanden zwei Jäger ihre Leiche. Sie befand sich in einem Stausee nahe einer Raststätte, gut 25 Kilometer von ihrem Zuhause entfernt. Die Obduktion ergab, dass das Mädchen sexuell missbraucht, ertränkt und vermutlich erdrosselt wurde. Ihre Uhr war um 17:40 Uhr stehen geblieben, was darauf schließen lässt, dass sie nur rund vier Stunden nach ihrer Entführung getötet wurde.

Die elfjährige Susan Claire Maxwell wurde am 30. Juli 1982 von Black entführt. Sie war nach einem Tennisspiel auf dem Weg nach Hause und wurde um 16:30 Uhr zum letzten Mal gesehen, als sie die Brücken über den River Tweed überquerte. Nachdem sie vermisst gemeldet wurde, begann am darauffolgenden Tag eine große Suchaktion. Nahezu 300 Polizisten waren an der Aufklärung ihres Verschwindens beteiligt.

Am 12. August fand ein LKW-Fahrer die Leiche des Mädchens versteckt im Unterholz. Sie war noch bekleidet, allerdings fehlten Unterwäsche und Schuhe.

Sie war gefesselt und geknebelt und die Unterwäsche befand sich fein säuberlich zusammengelegt unter ihrem Kopf. Es war offensichtlich, dass auch sie vor ihrem gewaltsamen Tod sexuell missbraucht wurde.

Blacks drittes Opfer war gleichzeitig sein jüngstes. Caroline Hogg war gerade einmal fünf Jahre alt, als sie am frühen Abend des 8. Juli 1983 vor ihrem Zuhause entführt wurde. Als sie 19:15 Uhr noch immer nicht daheim war, begann die Familie in der Nachbarschaft nach ihr zu suchen. Ein kleiner Junge berichtete, er habe Caroline ganz in der Nähe mit einem Mann gesehen, weshalb die Familie die Gegend gründlich absuchte, bevor sie ihre Tochter bei der Polizei als vermisst meldete.

Auch in diesem Fall begann eine enorme Suchaktion, mehr als 2000 Freiwillige und rund 50 Mitglieder der Royal Scots Fusiliers waren an der Suche nach der kleinen Caroline beteiligt. Zum Zeitpunkt ihres Verschwindens lebten neun polizeibekannte Pädophile in der Gegend, sie alle konnten jedoch als Täter ausgeschlossen werden. Ein Zeuge hat am Tatabend gesehen, wie ein Mann Caroline gefolgt ist, und gab eine entsprechende Täterbeschreibung ab. Zudem hat ein jugendliches Mädchen gehört, wie die kleine »ja, bitte« zu einem Mann sagte, den sie zu jenem Zeitpunkt für ihren Vater hielt.

Viele Zeugen gaben an, Caroline gemeinsam mit einem Mann mit Brille und schütterem Haar auf einem nahe gelegenen Jahrmarkt gesehen zu haben. Als beide den Jahrmarkt verließen, schien das Mädchen ihnen verängstigt. Niemand hatte jedoch etwas Schlimmes vermutet. Carolines Leiche wurde am 18. Juli in einem Straßengraben nahe der Schnellstraße M1 in Twycross gefunden, etwa 180 Kilometer von ihrem Zuhause entfernt. Die Leiche war nackt und bereits stark verwest, weshalb sich ihre Todesursache nur schwer feststellen ließ. Die Ermittler gingen davon aus, dass sie seit mindestens 12. Juli in dem Graben gelegen haben musste.

Die zehnjährige Sarah Harper war am 26. März 1986 auf dem Weg zu einem etwa 100 Meter von ihrem Zuhause entfernten Lebensmittelgeschäft, um dort Brot zu kaufen. Der Ladenbesitzer sagte später aus, dass das Mädchen gegen 19:55 Uhr tatsächlich Brot in seinem Geschäft gekauft hat und ein Mann mit schütterem Haar, der den Laden kurz nach ihr betreten hatte, diesen sofort wieder verließ, als sie gerade ihren Einkauf bezahlte. Zuletzt gesehen wurde sie von zwei Mädchen, als sie eine Straße entlanglief, die zu ihr nach Hause führte. Um 20:20 Uhr machte Sarahs Mutter sich auf die Suche nach ihr und meldete das Kind kurz darauf bei der Polizei als vermisst.

Sarahs Leiche wurde am 19. April nahe Nottingham im River Trent gefunden, etwa 115 Kilometer von ihrem Zuhause entfernt. Sie war gefesselt, geknebelt und teilweise entkleidet. Die Obduktion ergab später, dass das Mädchen vermutlich innerhalb von fünf bis acht Stunden nach ihrer Entführung getötet wurde. Sie wurde ertränkt. Die Leiche wies eine Reihe von Verletzungen im Gesicht sowie an Stirn und Hals auf. Zudem wurde Sarah vor ihrem Tod über einen längeren Zeitraum hinweg sexuell missbraucht, wovon sie schlimme innere Verletzungen davontrug.

WEITERE MÖGLICHE MORDE BLACKS

Vereinigtes Königreich:

8. April 1969: April Fabb (13) wurde zuletzt gesehen, als sie mit dem Fahrrad von Metton zum Haus ihrer Schwester in Roughton, Norfolk, gefahren war. Ihre sterblichen Überreste wurden nie gefunden.

21. Mai 1973: Christine Markham (9) verschwand auf dem Weg zur Schule. Ihre Leiche wurde nie gefunden. Black wurde zum Verschwinden des Mädchens befragt, aber der Fall blieb ungelöst.

19. August 1978: Genette Tate (13) verschwand, als sie gerade Zeitungen austrug. Ihre Leiche wurde nie gefunden. Es war bekannt, dass Black sich zum Zeitpunkt ihres Verschwindens in der Gegend aufhielt; er starb jedoch, bevor in dem Fall formell Anklage erhoben werden konnte.

22. Juli 1979: Suzanne Lawrence (14) verschwand, nachdem sie das Haus ihrer Schwester in Harold Hill, in der Nähe von London, verlassen hatte. Ihre Leiche wurde nie gefunden.

16. Juni 1980: Patricia Morris (14), verschwunden vom Schulgelände. Ihre Leiche wurde zwei Tage nach dem Verschwinden noch vollständig bekleidet in Hounslow Heath gefunden. Sie war erdrosselt worden.

4. November 1981: Pamela Hastie (16) wurde schwer misshandelt und erwürgt. Ihre Leiche wurde im November 1981 in Johnstone, Renfrewshire, gefunden. Laut eines Augenzeugen wurde Black gesehen, wie er vom Tatort davonlief. Die Polizei fand jedoch keine Beweise dafür, dass er sich tatsächlich in der Gegend aufgehalten hatte.

Irland:

18. März 1977: Mary Boyle (6) verschwand im Ort Ballyshannon während eines Besuchs bei ihren Großeltern. Ihre Leiche wurde nie gefunden. Es stellte sich

heraus, dass Black sich zum Zeitpunkt des Verschwindens in der Grafschaft Donegal aufhielt, in der Ballyshannon liegt.

Deutschland:
20. Juni 1985: Silke Garben (10) verschwand auf dem Weg zu einem Zahnarzttermin. Ihre Leiche wurde am nächsten Tag in einem Bach entdeckt. Sie war sexuell missbraucht und erwürgt worden. Black hatte zum Tatzeitpunkt ganz in der Nähe Plakate ausgeliefert.

Niederlande:
5. August 1986: Cheryl Morriën (7) verschwand auf dem Weg zum Haus ihrer Freundin in der niederländischen Stadt IJmuiden. Ihre Leiche wurde nie gefunden. Black reiste regelmäßig ins nahe gelegene Amsterdam, um Kinderpornografie zu kaufen.

Frankreich:
5. Mai 1987: Virginie Delmas (10) wurde in Neuilly-sur-Marne entführt. Ihre Leiche wurde am 9. Oktober in einem Obstgarten in Paris gefunden. Sie war erwürgt worden. Aufgrund der fortgeschrittenen Verwesung ließ sich aber nicht feststellen, ob sie auch sexuell missbraucht worden war. Black führte am Tag von Delmas Verschwinden mehrere Lieferungen in und um Paris aus.
30. Mai 1987: Hemma Greedharry (10) wurde vergewaltigt und erwürgt. Ihre Leiche wurde im Pariser Vorort Malakoff entdeckt, zwei Stunden nachdem sie zuletzt lebend gesehen worden war. Black fuhr auf seinen Liefertouren in Nordfrankreich regelmäßig jene Straße entlang, in der die Leiche gefunden wurde.
3. Juni 1987: Perrine Vigneron (7) verschwand, als sie in Bouleurs eine Muttertagskarte kaufen wollte. Ihre Leiche wurde am 27. Juni in einem Rapsfeld in Chelles entdeckt, sie war erwürgt worden. Ein Lieferwagen, der der Beschreibung von Blacks Fahrzeug ähnelte, wurde zum Zeitpunkt des Mordes in der Gegend gesehen.
27. Juni 1987: Sabine Dumont (9) wurde erwürgt und sexuell missbraucht. Ihre Leiche wurde am nächsten Tag in der Gemeinde Vauhallan entdeckt. Black galt 2011 als Hauptverdächtiger für den Mord, der Fall ist aber bis heute ungelöst.

VERHAFTUNG UND PROZESS

Am 14. Juli 1990 pflegte der pensionierte Postmeister David Herkes gerade den Garten vor seinem Haus in Stow, als er Zeuge wurde, wie sich offenbar eine

Entführung ereignete. Ein blauer Lieferwagen hatte auf der gegenüberliegenden Straßenseite angehalten. Der Fahrer des Lieferwagens stieg im gleichen Moment aus, als die sechsjährige Tochter des Nachbarn hinter dem Fahrzeug vorbeilief und aus seinem Sichtfeld verschwand. Plötzlich sah Herkes, wie die Füße der Kleinen vom Boden gehoben wurden. Er stand auf und bekam gerade noch rechtzeitig mit, wie der Fahrer das Mädchen in den Lieferwagen zerrte.

Herkes notierte sich das Kennzeichen des davonbrausenden Wagens und rannte anschließend zum Wohnhaus des Mädchens hinüber, um ihre Mutter zu informieren. Die rief sofort die Polizei. Just als die Beamten eintrafen, sah Herkes den Lieferwagen erneut und brüllte, dass der Gesuchte genau auf sie zugefahren kam. Einer der Polizisten stellte sich dem Fahrzeug in den Weg und zwang es zum Anhalten. Der Fahrer war Robert Black. Er wurde aus dem Wagen gezogen, in Handschellen gelegt und von den Beamten auf dem Asphalt fixiert.

Bei einem der Polizisten, die zum Tatort gefahren waren, handelte es sich um den Vater des entführten Mädchens. Als er eintraf, sprang er sofort in den Laderaum des Lieferwagens und rief nach seiner Tochter, die in einem Schlafsack an der Trennwand zum Fahrerhaus lag. Ihre Arme und Beine waren gefesselt und ihr Mund mit Klebeband geknebelt, zudem hatte Black ihr einen Sack über den Kopf gezogen. Eine ärztliche Untersuchung ergab, dass das Mädchen sexuell missbraucht wurde.

Während Blacks Vernehmung auf dem Revier fielen dem ermittelnden Beamten Parallelen zwischen der Entführung des Mädchens und einigen Morden auf, die sich zuletzt in der Region zugetragen hatten. Er kontaktierte den für die Mordfälle zuständigen Beamten, der Black daraufhin ebenfalls vernahm. Obwohl dessen Aussagen nicht wirklich weiterhalfen, war der Ermittler sich sicher, dass es sich bei ihm um den Täter handelte.

Der Prozess zur Entführung und dem sexuellen Missbrauch des kleinen Mädchens aus Stow begann am 10. August 1990. Black bekannte sich in allen Anklagepunkten für schuldig, sodass der Prozess lediglich einen Tag dauerte. Bei der Strafzumessung berücksichtigte der zuständige Richter Ross die Gutachten zweier Psychiater, die Black zuvor untersucht hatten und übereinstimmend zum Ergebnis kamen, dass dieser für immer eine Gefahr für Kinder darstellen würde. Ross verurteilte Black deshalb zu lebenslanger Haft.

Nach seiner Verurteilung wurde Black schließlich zu den Morden an den drei kleinen Mädchen Susan Maxwell, Caroline Hogg und Sarah Harper vernommen. Er weigerte sich jedoch, ein Geständnis abzulegen. Die Ermittler entschieden, dass noch weitere Beweise nötig waren. Also machten sie sich auf die Suche nach weiteren Indizien und trugen eine beachtliche Menge zusammen, darunter Kassenbelege, die bewiesen, dass Black sich zum Zeitpunkt der Entführungen in der Nähe aufgehalten hatte. Im Mai 1991 übergaben die Ermittler alle Beweise, die sie zusammengetragen hatten, der Staatsanwaltschaft.

Die entschied im März des darauffolgenden Jahres, dass die Beweislage ausreicht, um Black für die Morde und eine versuchte Entführung vor Gericht zu stellen. Der Prozess begann am 13. April 1994. Black bekannte sich in den Anklagepunkten Mord, Entführung, versuchte Entführung und Verhindern der rechtmäßigen Bestattung einer Leiche für nicht schuldig.

Black wurde am 19. Mai in allen Anklagepunkten für schuldig befunden und erhielt für jeden eine lebenslange Freiheitsstrafe, wobei er für die Morde jeweils mindestens 35 Jahre verbüßen musste. Als Black aus dem Gerichtssaal geführt wurde, wendete er sich an die Ermittler, die an der Aufklärung seiner Morde beteiligt waren und sagte: »Fantastisch. Gut gemacht, Jungs.«

Am 22. September 2011 musste Black wegen sexuellen Missbrauchs und Mordes an Jennifer Cardy erneut vor Gericht. Obwohl er zugab, sich zum Tatzeitpunkt in der Gegend aufgehalten zu haben, plädierte er auf nicht schuldig. Der Prozess dauerte sechs Wochen. Die Geschworenen benötigten am Ende nur vier Stunden, um sich zu beraten. Wieder wurde Black in allen Anklagepunkten für schuldig befunden und zu einer weiteren lebenslangen Freiheitsstrafe verurteilt, von der er mindestens 25 Jahre verbüßen muss.

AUSGANG

Im Juli 1995 wurde Black während seiner Haft in der Justizvollzugsanstalt Wakefield von zwei Mitinsassen attackiert und dabei mit einem Tischbein verprügelt, in Hals und Rücken gestochen und mit einer Mischung aus kochendem Wasser und Zucker übergossen. Trotz der enormen Brutalität des Überfalls wurde Black dabei nicht ernsthaft verletzt.

Am 12. Januar 2016 starb Black an einem Herzinfarkt. Seine Leiche wurde eingeäschert und im Meer verstreut. Der kurzen Bestattungszeremonie des Gefängnispriesters wohnten weder Freunde noch Familienangehörige bei. Black hat niemals zugegeben, all die Mädchen getötet zu haben.

ZITATE

- *»Ich bin nicht unbedingt stolz auf meine Gefühle für diese kleinen Mädchen.«*
- *»Ein Teil von mir weiß, dass es falsch ist, was ich tue. Dass ich so etwas nicht tun und noch nicht einmal darüber nachdenken sollte. Es gibt aber auch einen anderen Teil, der mir sagt: ›Es gefällt dir, also mach weiter!‹«*

TERRY BLAIR

Geburtsdatum: 16. September 1961
Alias: -
Tatmerkmal: Vergewaltigung
Opferzahl: mindestens 7
Zeitraum der Morde: 1982 bis 2004
Datum der (endgültigen) Verhaftung: 15. Oktober 2004
Mordmethode: Strangulation
Tatorte: Kansas City in Missouri (USA)
Status: verurteilt zu lebenslanger Freiheitsstrafe ohne Möglichkeit zur vorzeitigen Entlassung

VORGESCHICHTE

Die Familie, in die Terry Blair hineingeboren wurde, war den Behörden von einer Reihe Gewaltverbrechen bereits bekannt. Blair war das vierte von insgesamt zehn Kindern, seine Mutter war ungebildet und litt an psychischen Problemen.

Als Blairs Bruder Walter inhaftiert wurde, lernte er einen Häftling kennen, der bereit war, ihm 6000 Dollar zu bezahlen, um eine gewisse Katherine Jo Allen umzubringen, die er zuvor vergewaltigt hatte. Walter stimmte zu und sobald er wieder entlassen wurde, entführte er die Frau aus ihrer Wohnung, brachte sie zu einem verlassenen Grundstück und erschoss sie. Er wurde wenig später verhaftet, für den Mord verurteilt und 1993 hingerichtet.

Blair hatte außerdem einen Halbruder namens Clifford Miller, der eine Frau aus einer Bar entführte. Er schoss der Frau in den Arm und brachte sie in ein verlassenes Haus, wo er sie mehrfach vergewaltigte. Anschließend prügelte er sie bewusstlos. Zusätzlich zu der Schusswunde im Arm erlitt die Frau dabei Frakturen an Schädel, Kiefer und Jochbein. Miller wurde verhaftet und zu zweimal lebenslanger Haft plus weiterer 240 Jahre verurteilt.

Auch Blairs Mutter Janice war keine Heilige. Sie erschoss ihren Mann Elton E. Gray; über die Umstände der Tat ist jedoch wenig bekannt. Sie wurde verhaftet und angeklagt, nach einem sogenannten Alford-Plädoyer allerdings nur zu einer Bewährungsstrafe verurteilt. (Bei einem Alford-Plädoyer bekennt ein Angeklagter sich schuldig, wenn er einsieht, dass es ausreichend Beweise für eine Verurteilung gibt, bestreitet aber dennoch explizit seine Schuld. Auf diese

Weise lässt sich in einigen US-Bundesstaaten im Falle einer sicher geglaubten Verurteilung eine mildere Strafe als mit einem Plädieren auf unschuldig erzielen.)

Bei einer solchen Familie ist es wenig überraschend, dass auch Terry Blair zu einem brutalen Gewaltverbrecher heranwuchs.

MORDE

1983 tötete Blair Angela Monroe, die schwangere Mutter seiner beiden Kinder. Später behauptete er, dass er wütend auf sie gewesen sei, weil sie sich prostituiert habe. Er wurde inhaftiert und nach 21 Jahren wieder entlassen.

Chronik aller mit Blair in Verbindung gebrachter Morde:
1983: Angela Monroe
2003: Nellia Harris (33)
14. Juli 2004: Anna Ewing (42), erwürgt und Genick gebrochen
2. September 2004: Patricia Wilson Butler (58), erwürgt
2. September 2004: Sheliah McKinzie (38), erwürgt und Genick gebrochen
4. September 2004: Darci I. Williams (25), erwürgt und Genick gebrochen
4. September 2004: Carmen Hunt (40), erwürgt
4. September 2004: Claudette Juniel (31), erwürgt und Genick gebrochen
unbekanntes Datum: Sandra Reed (47)

VERHAFTUNG UND PROZESS

Nach seiner Verhaftung im September 2004 wurde Blair am 15. Oktober 2004 erneut verhaftet und wegen Köperverletzung, dreifacher Vergewaltigung und achtfachem Mord angeklagt. Um die drohende Todesstrafe abzuwenden, verzichtete Blair auf ein Geschworenengericht. Der Richter verurteilte ihn zu sechsmal lebenslanger Haft ohne Chance auf Bewährung.

AUSGANG

Blair ist aktuell im Potosi Correctional Center in Mineral Point, Missouri (USA), inhaftiert.

ZITAT

»Die haben mich aufs Revier gebracht und gleich in Isolationshaft gesteckt. Als ich eine der Schließerinnen gefragt habe, wieso, meinte sie: ›Die wollen nicht, dass du die Nachrichten siehst.‹ Ich fragte: ›Was ist denn in den Nachrichten?‹, und sie antwortete: ›Du.‹«

WILLIAM BONIN

Geburtsdatum: 8. Januar 1947
Alias: The Freeway Killer
Tatmerkmal: Vergewaltigung
Opferzahl: 14 bis 44
Zeitraum der Morde: 1979 bis 1980
Datum der (endgültigen) Verhaftung: 13. Juni 1980
Mordmethoden: Strangulation, Erstechen
Tatorte: Kalifornien (USA)
Status: hingerichtet durch die Giftspritze am 23. Februar 1996

VORGESCHICHTE

William war der mittlere von drei Söhnen von Robert und Alice Bonin. Sein Vater war spielsüchtig und seiner Familie gegenüber oft gewalttätig. Beide Eltern waren zudem Alkoholiker, die ihre Kinder häufig vernachlässigten. Nachbarn, denen die Kinder leidtaten, gaben den Jungs deshalb regelmäßig Essen und frische Kleidung. Manchmal sollten die drei eine Zeit lang bei ihrem Großvater, einem verurteilten Kinderschänder bleiben. Der hatte offenbar schon Mutter Alice – seine Tochter – missbraucht, als sie noch jung war, und missbrauchte erwiesenermaßen nun auch die drei Enkel.

1953 steckte die Mutter die Jungs in ein Waisenhaus, um sie so vor ihrem gewalttätigen Vater zu schützen. Allerdings war das Waisenhaus dafür berüchtigt, Kinder bereits für kleinste Vergehen massiv zu maßregeln, etwa mit der Prügelstrafe, durch Waterboarding oder das erzwungene Verharren in Stresspositionen. Bonin weigerte sich später, über die Zeit im Waisenhaus zu sprechen. Er gab lediglich an, sexuellen Übergriffen der älteren Jungs im Heim zugestimmt zu haben, solange sie ihm vorher die Hände hinter dem Rücken verbunden hatten.

Als Bonin neun war, wurden die drei Jungs wieder zu ihren Eltern zurückgeschickt. Mit zehn Jahren wurde Bonin erwischt, als er Nummernschilder von Autos stahl, und musste in Jugendarrest. Dort wurde er mutmaßlich von mehreren Menschen misshandelt und sexuell missbraucht, unter anderem auch von seinem Jugendseelsorger.

1961 zog die Familie nach Kalifornien, hauptsächlich, weil sie wegen Zwangsvollstreckung aus ihrem Haus ausziehen musste. Kurze Zeit später starb Bonins

Vater an Leberzirrhose. Bonin belästigte inzwischen nicht nur seinen jüngeren Bruder sexuell, sondern auch viele Kinder aus der Nachbarschaft, die er mit dem Versprechen, ihnen Alkohol zu besorgen, ins Haus seiner Familie lockte.

1965 machte Bonin seinen High-School-Abschluss und verlobte sich kurz darauf. Die Verlobung erfolgte allerdings auf Druck seiner Mutter hin, die sich wegen der sexuellen Vorliebe ihres Sohns für Männer sorgte. Sie glaubte, wenn er eine Frau heirate, würde diese Vorliebe schon von selbst verschwinden. Im selben Jahr, als er die Schule verließ, trat Bonin in die U.S. Air Force ein und wurde später zum Auslandseinsatz nach Vietnam geschickt. Dort verbrachte er als Bordschütze über 700 Stunden im Gefecht und auf Patrouille.

Einmal riskierte Bonin im Gefecht sein Leben, um einen verwundeten Kameraden zu retten, und erhielt dafür die Good Conduct Medal. Allerdings gab Bonin später an, dass er menschliches Leben seit den Erlebnissen in Vietnam für überbewertet gehalten habe. In Vietnam hatte Bonin sexuelle Beziehungen zu Frauen und Männern gleichermaßen. Er behauptete außerdem, während der Tet-Offensive zwei Soldaten mit vorgehaltener Waffe sexuell missbraucht zu haben.

Nach drei Jahren bei der Air Force wurde Bonin 1968 ehrenhaft entlassen. Er zog wieder bei seiner Mutter ein und heiratete kurz darauf seine Verlobte. Die Ehe sollte jedoch nicht lange halten und wurde schon bald wieder geschieden.

Noch im selben Jahr verübte Bonin eine Reihe sexueller Übergriffe auf fünf Jugendliche im Alter zwischen 12 und 18 Jahren. Anfang 1969 wurde er daraufhin verhaftet und mehrerer Verbrechen gegen die Jugendlichen angeklagt. Er bekannte sich schuldig und wurde in die Psychiatrie des Atascadero State Hospital geschickt, wo er als psychisch kranker Sexualstraftäter mit Heilungsperspektive eingestuft wurde.

In der psychiatrischen Klinik ergaben verschiedene Untersuchungen, dass Bonin einen überdurchschnittlich hohen IQ besaß und Symptome einer manischen Depression zeigte. Die Ärzte fanden außerdem heraus, dass der präfrontale Cortex seines Gehirns beschädigt war, weshalb Bonin seine gewalttätigen Impulse nicht kontrollieren konnte. Während seiner Zeit in der Klinik zwang er andere männliche Inhaftierte mehrfach zu sexuellen Handlungen. Nachdem die Ärzte Bonin daraufhin als unbehandelbar einstuften, wurde er ins Gefängnis verlegt.

1974 wurde Bonin schließlich entlassen, da die Behörden glaubten, dass von ihm keine Gefahr mehr für sich und andere ausging. Doch da hatten sie sich getäuscht. Nur ein Jahr darauf gabelte Bonin den 14-jährigen Anhalter David McVicker auf. Sobald der Junge sich ins Auto gesetzte hatte, fragte Bonin ihn, ob er homosexuell sei.

Von der Frage bestürzt forderte McVicker Bonin auf, den Wagen anzuhalten. Der zog stattdessen eine Pistole hervor, fuhr auf ein Feld und zwang McVicker, sich auszuziehen. Dann vergewaltigte und misshandelte er ihn und versuchte am Ende, ihn mit einem T-Shirt zu erwürgen. Als der Junge zu schreien begann, hörte Bonin aber auf, entschuldigte sich und fuhr McVicker heim. Sobald Bonin davongefahren war, erzählte der Junge alles seiner Mutter, die daraufhin die Polizei rief.

Nach seiner Verhaftung und Verurteilung musste Bonin erneut ins Gefängnis. Nach seiner Entlassung bekam er eine Stelle als LKW-Fahrer. Unter den Jugendlichen in der Stadt hatte sich außerdem herumgesprochen, dass er Teenager bei sich mit Alkohol feiern ließ. Durch einen Nachbarn lernte Bonin einen 21-jährigen Mann namens Vernon Butts und den 18-jährigen Gregory Miley kennen. Butts sagte später aus, er sei von Bonin eingeschüchtert und zugleich fasziniert gewesen und dass er es genossen habe, ihm dabei zuzusehen, wie er seine Opfer erst quälte und dann ermordete. Miley begleitete Bonin manchmal bei dessen mörderischen Ausflügen und nahm willentlich daran teil.

MORDE

Bonin hatte es vor allem auf Schuljungen, junge Anhalter und Stricher abgesehen. Seine Opfer zwang er entweder oder lockte sie unter einem Vorwand in seinen Ford Econoline Lieferwagen, wo er sie schnell überwältigte und ihnen mit einem Seil, Kabel oder Handschellen Hände und Füße fesselte. Dann missbrauchte er sie sexuell und misshandelte sie brutal im Bereich von Gesicht, Kopf und Genitalien. Er quälte seine Opfer auf ganz abscheuliche Weise und erdrosselte sie anschließend, oft mit ihrem eigenen T-Shirt.

Manchmal erstach er seine Opfer aber auch oder prügelte sie zu Tode. Darin Kendrick tötete er, indem er ihn zwang, Salzsäure zu trinken. Drei anderen Opfern rammte er einen Eispickel in die Ohren und Mark Shelton starb an einem Schock. Bonin hatte seinen Lieferwagen so präpariert, dass seine Opfer nicht daraus entkommen konnten, und alle Türgriffe auf der Beifahrerseite und im Bereich der Rücksitze entfernt. Zudem hatte er Ausrüstung und Werkzeug dabei, die er gegen seine Opfer einsetzen konnte, darunter Messer, Würgeschlingen und verschiedene Haushaltsgegenstände. Normalerweise tötete er seine Opfer im Laderaum des Lieferwagens und entsorgte die Leichen entlang der Schnellstraßen Südkaliforniens.

Dabei arbeitete Bonin nicht immer allein, oft wurde er von einem seiner vier Komplizen begleitet. Später fand man heraus, dass er bei jedem seiner Morde noch brutaler und gewalttätiger vorging als zuvor, so als brauche er beim Töten einen immer größeren Kick.

Sein erstes bekanntes Opfer, Thomas Lundren, war gerade 13 Jahre alt, als Bonin ihn am 28. Mai 1979 aus dem Örtchen Agoura weglockte oder entführte. Der Junge verließ an jenem Morgen um 10:50 Uhr sein Zuhause und wurde dabei zum letzten Mal lebend gesehen. Sein zerschundener Körper wurde noch am selben Tag entdeckt, bekleidet, aber Hose und Unterwäsche fehlten. Beide Kleidungsstücke wurden später in einem nahe gelegenen Feld gefunden, ebenso die Genitalien des Jungen, die Bonin abgetrennt hatte. Die Obduktion ergab, dass Lundren zahlreiche Schädelfrakturen und Messerstiche erlitten hatte, dass ihm die Kehle durchgeschnitten und er schlussendlich erdrosselt wurde.

Am 4. August 1979 entführte Bonin den 17-jährigen Mark Shelton in Westminster. Der Jugendliche war gerade auf dem Weg ins Kino, als er Bonin über den Weg lief. Zum Zeitpunkt seines Verschwindens wurden in der Nähe seines Zuhauses Schreie gehört, weshalb die Ermittler davon ausgingen, dass er mit Gewalt entführt wurde. Im Laderaum von Bonins Lieferwagen wurden dem Jungen verschiedene Objekte in den After eingeführt, darunter ein Billardqueue. Shelton verfiel daraufhin in einen Schockzustand, an dem er schließlich starb. Die Leiche lud Bonin am Rand einer Schnellstraße im San Bernardino County ab.

Am darauffolgenden Tag entführte Bonin den 17-jährigen Markus Grabs, der per Anhalter auf dem Pacific Coast Highway unterwegs gewesen war. Er fesselte den Jungen mit einem Zündkabel und einem Seil und brachte ihn in sein Haus. Dort misshandelte und vergewaltigte er ihn. Anschließend stach er 27-mal auf ihn ein, bis er tot war. Grabs' nackte Leiche wurde am nächsten Tag im Malibu Creek gefunden.

Der 15-jährige Donald Ray Hyden wurde am 27. August gegen 1 Uhr morgens entführt, als er gerade den Santa Monica Boulevard entlangspazierte. Bauarbeiter fanden seine Leiche später am selben Morgen in einem Müllcontainer. Die Obduktion ergab, dass er gefesselt, misshandelt und vergewaltigt wurde. Anschließend schlug Bonin ihm den Kopf ein und stach ihm in den Hals. Er hat außerdem versucht, dem Jungen die Hoden abzuschneiden, und hat ihm die Kehle durchgeschnitten.

Am 9. September entführten Bonin und sein Komplize Vernon Butts den 17-jährigen David Murillo, während der auf seinem Fahrrad zum Kino in La Mirada unterwegs war. Sie lockten Murillo in den Lieferwagen, wo sie ihn überwältigten und fesselten. Anschließend vergewaltigten sie den Jungen mehrfach und schlugen ihm mit einem Reifenmontierhebel den Schädel ein, bevor sie ihn erdrosselten. Seine Leiche warfen sie entlang des Highway 101 in eine Böschung. Nur acht Tage später entführte und tötete Bonin den 18-jährigen Robert Wirostek, der mit seinem Fahrrad zum Lebensmittelladen unterwegs war. Seine übel zugerichtete Leiche wurde am 27. September entlang der Interstate 10 gefunden.

Seinen nächsten Mord beging Bonin am 1. November. Gemeinsam mit Butts entführte er einen unbekannten jungen Mann, den sie, wie die anderen Opfer, brutal misshandelten, vergewaltigten und erdrosselten. Die Leiche deponierten sie in einem Graben an der State Route 99, nahe des Örtchens Taft in Kern County. Bonin gestand später, dass er dem Opfer einen Eispickel in Nase und Ohr gerammt hat, bevor er es tötete.

Am 30. November entführte Bonin den 17 Jahre alten Frank Dennis Fox in Bellflower. Seine Leiche wurde zwei Tage darauf entlang des Ortega Highways gefunden und wies Spuren massiver Gewalteinwirkung an Kopf und Gesicht auf. An Hand- und Fußgelenken befanden sich Fesselspuren. Am 13. Dezember wurde die Leiche eines Jungen in einer Gegend von Rialto entdeckt. Das Opfer konnte erst im August 1980 identifiziert werden. Es handelte sich um den 15-jährigen John Kilpatrick aus Long Beach, der verschwunden war, als er sich von zu Hause auf den Weg zu Freunden gemacht hat.

Am Neujahrstag 1980 wurde der 16-jährige Michael McDonald entführt. Er wurde brutal misshandelt und erwürgt. Seine vollständig bekleidete Leiche wurde zwei Tage später entlang des Highway 71 im San Bernadino County gefunden. Sie wurde erst am 24. März identifiziert.

Seinen nächsten Mord beging Bonin mit der Hilfe seines 18-jährigen Kumpanen Gregory Matthews Miley. Der 15-jährige Charles Miranda war per Anhalter entlang des Santa Monica Boulevard unterwegs, als Bonin und Miley ihn ansprachen. Miley behauptete später, dass Bonin und Miranda einvernehmlichen Geschlechtsverkehr im Lieferwagen gehabt hätten, während Miley den Wagen umherfuhr. Irgendwann habe Bonin ihm dann ins Ohr geflüstert: »Der Junge wird sterben!« Daraufhin fesselten sie ihn und raubten ihm 6 Dollar, die er in seiner Tasche hatte. Anschließend vergewaltigte Bonin ihn. Auch Miley versuchte, den Jungen zu vergewaltigen, konnte aber keine Erektion halten, weshalb er Miranda aus Frustration mit scharfen Gegenständen missbrauchte. Anschließend wurde Miranda von Bonin erdrosselt, während Miley ihm auf die Brust sprang. Im Gegensatz zu den anderen Opfern wurde Mirandas Leiche in einer Gasse nahe East Second Street gefunden.

Innerhalb weniger Stunden machten sich Bonin und Miley schon auf die Suche nach ihrem nächsten Opfer. Bonin war, nach eigener Aussage, noch immer »geil« und wollte noch jemanden überfallen und töten. In Huntington Beach begegneten sie dem zwölfjährigen James Macabe, der gerade an einer Haltestelle auf den Bus wartete. Sie versprachen dem Jungen, mit ihm nach Disneyland zu fahren, hielten stattdessen aber auf dem Parkplatz eines Lebensmittelgeschäfts. Dort stieg Bonin nach hinten in den Laderaum des Lieferwagens, während Miley sich ans Steuer setzte und weiterfuhr. Dabei hörte er den Jungen weinen, während Bonin ihn vergewaltigte und misshandelte. Später stieg auch Miley in den Laderaum und half Bonin dabei, den Jungen zu verprügeln. Mit einem Reifenmontierhebel brachen sie ihm das Genick, dann erdrosselte Bonin ihn. Drei Tage darauf wurde Macabes Leiche nahe einer Müllkippe in Walnut gefunden.

Weil er gegen seine Bewährungsauflagen verstoßen hatte, musste Bonin einen Monat im Gefängnis verbringen, wurde am 4. März aber wieder entlassen. Nur zehn Tage später forderte er sein nächstes Opfer: den 18-jährigen Ronald Gatlin, der entführt wurde, als er das Zuhause seines Freundes in Van Nuys verlassen hatte. Wie die anderen wurde auch Gatlin vergewaltigt und misshandelt. Anschließend rammten die beiden ihm einen Eispickel ins Ohr und mehrere Male in den Hals. Zum Schluss erdrosselte Bonin ihn mit einer Schlinge. Die Leiche wurde am nächsten Tag in Duarte gefunden.

Der 14-jährige Glenn Barker wurde am 21. März in Bonins Lieferwagen gelockt, als er gerade per Anhalter zur Schule fuhr. Er wurde vergewaltigt und misshandelt und am Hals mehrfach mit einer brennenden Zigarette verbrannt. Ihm wurden mehrere Gegenstände in den After eingeführt, bevor er ebenfalls mit einer Schlinge erdrosselt wurde. Noch am selben Tag wurde der 15-jährige Russell Rugh an einer Bushaltestelle in Garden Grove entführt und über acht Stunden hinweg auf brutalste Weise misshandelt. Die Leichen der beiden Jungen wurden am 23. März im Cleveland National Forest gefunden.

Den 17-jährigen William Ray Pugh lernte Bonin eines Nachts im März kennen, nachdem die beiden das Haus eines gewissen Everett Fraser verlassen hatten. Bonin bot Pugh an, ihn im Auto mitzunehmen. Kaum im Wagen, begann er ihn anzubaggern und wollte Sex. Pugh war vermutlich geschockt. Nach einigen Minuten Stille versuchte Pugh aus dem Wagen zu flüchten, als Bonin an einer Ampel abbremste. Doch Bonin packte den Jungen am Kragen, zog ihn ins Auto zurück und erzählte ihm, wie gerne er junge Männer entführte und umbrachte. Als er Pugh vor dessen Haustür rausließ, gab er ihm mit auf den Weg, dass er ihn nur deshalb nicht getötet habe, weil die beiden zusammen gesehen wurden, als sie aus Frasers Haus kamen.

Pugh wurde daraufhin Bonins Komplize. Am 24. März entführten sie den 15-jährigen Harry Todd Turner auf offener Straße. Turner war gerade aus einem Jungenwohnheim ausgerissen. Sie boten dem Jungen 20 Dollar für Sex und lockten ihn in den Lieferwagen. Dort wurde Turner gefesselt, vergewaltigt und gebissen. Auf Bonins Geheiß misshandelte Pugh den Jungen, bevor Bonin selbst ihn erdrosselte. Die Leiche ließen sie vor dem Lieferanteneingang an der Rückseite eines Ladengeschäfts liegen. Die Obduktion ergab, dass Turners Schädel acht Frakturen aufwies und seine Genitalien verstümmelt wurden.

Der 16-jährige Steven Wood wurde am 10. April entführt, als er nach einem Zahnarzttermin auf dem Weg zur Schule war. Mit ihm wurde genauso verfahren wie mit den anderen Opfern, bevor auch er erdrosselt wurde. Seine Leiche wurde in einer Gasse in Long Beach entsorgt. Am 29. April lockte Bonin, gemeinsam mit Butts, einen Angestellten des Stanton-Supermarkts in seinen Lieferwagen. Dem Opfer, der 19-jährige Darin Kendrick, hatten sie versprochen, ihm Drogen zu verkaufen. Deshalb stieg er bereitwillig ein und fuhr mit zu Butts Wohnung.

Sobald er die Wohnung betreten hatte, wurde Kendrick überwältigt, gefesselt und vergewaltigt. Sie würgten ihn mit einer Schlinge, erdrosselten ihn aber nicht, sondern wollten ihn nur quälen. Anschließend zwangen sie ihn, Salzsäure zu trinken, was schreckliche Verätzungen an Mund, Kinn, Brust und Bauch des Jungen verursachte. Butts rammte ihm dann einen Eispickel derart gewaltsam ins Ohr, dass Kendrick eine tödliche Verletzung der Wirbelsäule davontrug. Als seine Leiche hinter einem Lagerhaus in der Nähe des Artesia Freeway gefunden wurde, steckte der Eispickel noch immer im Ohr.

Der 17-jährige Lawrence Sharp, eigentlich ein Freund von Bonin, wurde am 17. Mai getötet – nur weil Bonin die Nase voll davon hatte, dass er ständig bei ihm herumhing. Auch er wurde gefesselt und vergewaltigt, massiv an Kopf und Körper misshandelt und schließlich erdrosselt. Seine Leiche wurde am darauffolgenden Tag hinter einer Westminster-Tankstelle gefunden. Zwei Tage später wollte Bonin, dass Butts ihm bei einem weiteren Mord half, doch Butts lehnte ab. Bonin entführte daraufhin allein den 14-jährigen Sean King von einer Bushaltestelle in Downey. Seine Leiche wurde im Live Oak Canyon gefunden.

Einige Tage später bot Bonin dem 18-jährigen James Michael Munro an, mit in die Wohnung einzuziehen, die er sich mit seiner Mutter teilte. Munro war ein obdachloser Herumtreiber und nahm Bonins Angebot ohne Zögern an. Beide begannen eine sexuelle Beziehung miteinander, obwohl der bisexuelle Munro eigentlich lieber mit Frauen schlief. Munro hielt Bonin zunächst für einen »guten Kerl«, bis der ihn am 1. Juni aufforderte, ihm zu helfen, einen jungen Anhalter zu entführen und ermorden.

Bonin und Munro begegneten dem 18-jährigen Steven Wells am 2. Juni. Wells wartete an einer Bushaltestelle, als die beiden ihn in den Lieferwagen lockten. Als Bonin erfuhr, dass Wells bisexuell war, bot er ihm 200 Dollar, um mit ihm in seine Wohnung zu kommen, sich dort fesseln zu lassen und mit ihm Sex zu haben. Wells akzeptierte. In Bonins Wohnung angekommen, wurde er von beiden Männern gefesselt, vergewaltigt und misshandelt. Bevor Bonin ihn erdrosselte, sagte er ihm, dass er ihn jetzt umbringen würde. Die Leiche fuhren sie in einem Pappkarton in die Wohnung von Butts.

Bonin forderte Butts auf, sich die Leiche, die sie im Lieferwagen hatten, genau anzusehen. Dann stellte er ihm angeblich die Frage, was wohl der beste Ort wäre, um sie zu entsorgen. Butts schlug eine Tankstelle vor, den Ort, an dem sie »die letzte auch schon entsorgt« hatten. Wells Leiche wurde schließlich hinter einer alten Tankstelle in Huntington Beach abgelegt und – obwohl die Tankstelle nicht mehr in Benutzung war – schnell dort gefunden, nur fünf Stunden nachdem das Duo sie dort hinterlassen hatte.

Bestätigte Opfer:
28. Mai 1979: Thomas Lundgren (13)
4. August 1979: Mark Shelton (17)
5. August 1979: Markus Grabs (17)
27. August 1979: Donald Ray Hyden (15)
9. September 1979: David Murillo (17)
17. September 1979: Robert Wirostek (18)
1. November 1979: unbekanntes Opfer (ca. 19–25)
30. November 1979: Frank Dennis Fox (17)
10. Dezember 1979: John Kilpatrick (15)
1. Januar 1980: Michael McDonald (16)
3. Februar 1980: Charles Miranda (15)
3. Februar 1980: James Macabe (12)
14. März 1980: Ronald Gatlin (18)
21. März 1980: Glenn Barker (14)
21. März 1980: Russell Rugh (15)

24. März 1980: Harry Todd Turner (15)
10. April 1980: Steven Wood (16)
29. April 1980: Darin Lee Kendrick (19)
17. Mai 1980: Lawrence Sharp (17)
19. Mai 1980: Sean King (14)
2. Juni 1980: Steven Wells (18)

VERHAFTUNG UND PROZESS

Im Mai 1980 wurde Pugh verhaftet, weil er ein Auto gestohlen hatte. Im Gefängnis gestand er einem Seelsorger, dass die Morde, über die in den Nachrichten berichtet wurde, in ihrer Vorgehensweise jenen Taten ähnelten, die ihm zuvor von Bonin beschrieben wurden. Der Seelsorger meldete dies der Polizei, die Pugh daraufhin vernahm. Er bestritt jegliche Beteiligung an den Morden, behauptete aber, Bonin sei der »Freeway Killer«. Als die Ermittler Bonins Vorgeschichte studierten, entdeckten sie, dass er ein langes Vorstrafenregister besaß und für eine Reihe sexueller Übergriffe auf männliche Jugendliche verurteilt worden war. Er wurde daher fortan observiert.

Während der Observation fuhr Bonin am 11. Juni scheinbar wahllos durch Hollywood und schien zu versuchen, jugendliche Jungen in seinen Lieferwagen zu locken. Nachdem er dabei viermal keinen Erfolg hatte, gelang es ihm schließlich doch, einen Jungen zum Einsteigen zu überreden. Die Ermittler folgten ihm zu einem Parkplatz nahe des Hollywood Freeways. Unentdeckt näherten sie sich dem Fahrzeug und hörten Schreie und lautes Knallen aus dem Inneren, weshalb sie sich sofort Zutritt verschafften. Bonin war gerade dabei, den Jungen namens Harold Tate zu vergewaltigen.

Nach Bonins Verhaftung durchsuchten die Ermittler seinen Lieferwagen und seine Wohnung und fanden zahlreiche Gegenstände, die darauf schließen ließen, dass es sich bei ihm um den »Freeway Killer« handelte, darunter Fesselwerkzeug, Messer, Klemmen und einen Reifenmontierhebel. Zudem entdeckten sie zahlreiche Blutspritzer im Fahrzeug und in Teilen von Bonins Wohnung. Er bewahrte sogar ein Sammelalbum mit Zeitungsausschnitten von Berichten zu den Morden im Handschuhfach des Lieferwagens auf.

Bonin stritt zunächst ab, etwas mit den Morden zu tun zu haben, gab schließlich aber nach und sagte aus. In einer mehrere Tage andauernden Vernehmung gestand er die Entführungen, Vergewaltigungen und Morde von 21 Jugendlichen und jungen Männern. Dabei zeigte er keinerlei Reue, sondern störte sich nur daran, dass er erwischt wurde. Zudem benannte er schnell Butts, Munro und Miley als seine Komplizen.

Am 29. Juli 1980 wurde Bonin wegen Mordes in 16 Fällen angeklagt. Hinzu kam eine Anklage wegen Vergewaltigung, elf Anklagen wegen Raub und eine wegen Verstümmelung. Butts wurde zur selben Zeit angeklagt, für sechs Morde und drei Raubüberfälle. Am 14. November kamen bei Butts noch drei weitere Mordanklagen hinzu, sein Prozess begann am 27. Juli 1981.

Munro wurde am 31. Juli 1980 verhaftet und für den Mord an Steven Wells angeklagt. Er bekannte sich in allen Anklagepunkten nicht schuldig. Miley wurde am 22. August verhaftet und für die Morde an James Macabe und Charles Miranda angeklagt. Die Ermittler hatten ein Telefonat aufgezeichnet, das Miley mit einem Freund geführt und dabei seine Schuld eingestanden hatte. Er plädierte zunächst auf nicht schuldig, bekannte sich später aber doch schuldig.

Bonins erster Prozess endete am 6. Januar 1982, er wurde in zehn Morden für schuldig befunden. Die Strafzumessung dauerte bis zum 20. Januar an; Bonin erhielt die Todesstrafe. Später stand er in Orange County wegen vier weiterer Morde erneut vor Gericht. Der Prozess dauerte sechs Wochen. Am 2. August 1983 wurde er in allen vier Mordfällen schuldig gesprochen, obendrein in drei Fällen von Raub. Er wurde erneut zum Tode verurteilt.

Butts beging am 11. Januar 1981 noch vor seinem Prozess Selbstmord, indem er sich in seiner Zelle erhängte. Munro wurde für den Mord an Steven Wells zu lebenslanger Haft verurteilt, mindestens 15 Jahre musste er absitzen. Miley erhielt im Februar 1982 für den Mord an Charles Miranda ebenfalls eine lebenslange Haftstrafe und musste mindestens 25 Jahre absitzen. Weitere 25 Jahre bekam er für den Mord an James Macabe. Am 25. Mai 2016 starb Miley an Verletzungen, die er zwei Tage zuvor beim Angriff durch einen Mithäftling erlitten hatte.

William Pugh wurde des Totschlags an Harry Todd Turner für schuldig befunden und zu sechs Jahren Haft verurteilt. Er verbrachte nur vier Jahre im Gefängnis und kam 1985 wieder auf freien Fuß.

AUSGANG

Bonin verbrachte 14 Jahre in der Todeszelle, bevor endlich ein Termin für seine Hinrichtung feststand. Zunächst sollte er in der Gaskammer hingerichtet werden. Aufgrund von Komplikationen bei einer früheren Hinrichtung durch Gas, kam stattdessen die Giftspritze zum Einsatz. Seine letzte Mahlzeit bestand aus zwei großen Pizzen, drei Packungen Eiscreme und 18 Dosen Cola. Er hatte fünf

Menschen bestimmt, mit denen er seine letzten Stunden verbringen wollte, darunter ein Biograf, ein Pfarrer und sein Anwalt.

Um 23:45 Uhr wurde er in die Gaskammer geführt, wo ihm die tödliche Injektion verabreicht wurde. Um 00:13 Uhr wurde er für tot erklärt.

WISSENSWERTES

- Im Todestrakt freundete Bonin sich mit anderen Serienmördern wie Douglas Clark, Lawrence Bittaker und Randy Kraft an.
- Seine letzte Mahlzeit waren zwei große Peperoni-Pizzen, drei Dosen Eiscreme mit Kaffeegeschmack und drei Six-Packs Coca Cola.

ZITAT

»Mein Rat lautet: Wenn jemand vorhat, ein schweres Verbrechen zu begehen, dann sollte er sich vorher an einen stillen Ort begeben und ernsthaft darüber nachdenken.«

BOSTON STRANGLER

Geburtsdatum: 3. September 1931
Alias: Albert Henry DeSalvo, The Green Man, The Measuring Man, The Mad Strangler of Boston
Tatmerkmal: Vergewaltigung
Opferzahl: 13
Zeitraum der Morde: Juni 1962 bis Januar 1964
Datum der (endgültigen) Verhaftung: November 1964
Mordmethode: Strangulation
Tatorte: Boston in Massachusetts (USA)
Status: wurde nie wegen Mordes verurteilt, erhielt wegen Vergewaltigung aber eine lebenslange Freiheitsstrafe und wurde am 25. November 1973 im Gefängnis erstochen

VORGESCHICHTE

Obwohl seit langer Zeit Einigkeit darüber herrscht, dass es sich beim Boston Strangler (Deutsch: Würger von Boston) um Albert DeSalvo handelte, gab es in jüngerer Vergangenheit Diskussionen darüber, dass dieser möglicherweise nicht für alle 13 Strangler-Morde verantwortlich war. All seine Opfer waren Frauen und lebten im Raum Boston. Die Morde ereigneten sich alle in den frühen 1960er-Jahren.

Die Taten wurden häufig als »Seidenstrumpfmorde« bezeichnet, weil jedes der Opfer scheinbar mit einem Seidenstrumpf erdrosselt wurde. Obwohl Albert DeSalvos Verantwortung für die Morde inzwischen von einigen angezweifelt wird, werden sie ihm noch immer zugeschrieben.

DeSalvo war eines von fünf Kindern und wurde in einen von Alkohol und Gewalt geprägten Haushalt hineingeboren. Schon in jungen Jahren geriet er regelmäßig in Schwierigkeiten, überwiegend wegen kleinerer Diebstahl- und Gewaltdelikte. Er verbrachte einige Zeit in der Armee, wurde aber irgendwann entlassen, weil er keine Befehle befolgte. Nach seiner Entlassung heiratete er die Deutsche Irmgard Beck. Ihr erstes Kind kam mit einer Behinderung zur Welt. Trotz ihres geringen Einkommens und den Mehrausgaben für das kranke Kind konnte sich die Familie über Wasser halten.

Laut seiner Frau besaß DeSalvo einen »starken Geschlechtstrieb«. Sie versuchte den Geschlechtsverkehr mit ihm jedoch zu vermeiden, aus Sorge, ein weiteres behindertes Kind zur Welt zu bringen. Weil sie sich nicht ewig verweigern konnte, gebar sie schließlich einen gesunden Sohn. DeSalvo hatte sich in der Rolle des Familienvaters eingelebt und war beliebt bei seinem Arbeitgeber und den Kollegen, obwohl er ein ausgesprochener Aufschneider war.

Als er jung war, klopfte DeSalvo wahllos an Türen von Frauen und gab sich als Model-Scout aus. Es gelang ihm, viele der Frauen davon zu überzeugen, ihn in ihre Wohnung zu lassen. Einmal drin, nahm er unter dem Vorwand, ihre Eignung für das Modelgeschäft zu überprüfen, ihre Maße. Dies führte dazu, dass er eines Tages wegen sexueller Nötigung angeklagt wurde und für 18 Monate ins Gefängnis kam.

MORDE

Das erste bekannte Opfer des Stranglers war die 55-jährige Anna Slesers. Sie wurde am 14. Juni 1962 tot in ihrer Wohnung in Back Bay, Boston, gefunden. Sie wurde mithilfe eines Gegenstands sexuell missbraucht und anschließend mit dem Gürtel ihres Bademantels erdrosselt.

Laut DeSalvo ereignete sich seine nächste Tat am 28. Juni 1962. Er betrat die Wohnung der 58-jährigen Mary Mullen, die allerdings sofort in Ohnmacht fiel, als er sie schnappte. Er floh daraufhin aus dem Gebäude, nicht ahnend, dass die Dame einen tödlichen Herzinfarkt erlitten hatte.

Am 30. Juni 1962 wurde die 68-jährige Nina Nichols in ihrer Wohnung überfallen und sexuell missbraucht. Der Strangler verwendete Nichols' Nylonstrümpfe, um sie zu erdrosseln. Das nächste Opfer des Stranglers war die 65-jährige Helen Blake, die noch in derselben Nacht überfallen wurde. Auch sie wurde sexuell missbraucht und mit ihren eigenen Strümpfen erwürgt.

Die 75-jährige Ida Irga wurde am 19. August in ihrer Wohnung in Beacon Hill, Boston, getötet. Auch sie wurde vergewaltigt und erdrosselt. Am 21. August wurde die 67-jährige Jane Sullivan in Dorchester sexuell missbraucht und ebenfalls mit ihren eigenen Strümpfen erdrosselt. Danach sind keine weiteren Morde des Stranglers bekannt, bis zur Ermordung der 20-jährigen Sophie Clark am 5. Dezember 1962. Wieder hatte der Strangler sein Opfer erst vergewaltigt und dann erdrosselt.

Die 23-jährige Patricia Bissette wurde am 31. Dezember 1962 mit ihrer Nylonstrumpfhose erwürgt. Ihre Leiche wurde später in ihrer Wohnung in Back Bay, Boston, gefunden. Beim Mord an Mary Brown, am 6. März 1963, ging der Strangler deutlich brutaler vor als bei all seinen Taten zuvor. Brown wurde in ihrer eigenen Wohnung in Massachusetts vergewaltigt, misshandelt, erdrosselt und erstochen.

Die nächste Tote war die 23-jährige Beverly Samans. Sie wurde am 6. Mai 1963 in ihrer Wohnung in Massachusetts gefunden. Im Gegensatz zu den anderen Opfern, die alle erdrosselt wurden, wurde Samans erstochen. Am 8. September wurde die 58-jährige Evelyn Corbin, vergewaltigt und mit ihren Nylonstrümpfen erdrosselt, tot in ihrer Wohnung in Salem, Massachusetts, aufgefunden.

Am 23. November 1963 fand man die 23-jährige Joann Graff tot in ihrer Wohnung. Auch sie wurde mit ihren Strümpfen erdrosselt. Nach dieser Tat gab es eine kurze Unterbrechung in der Mordserie des Stranglers, der erst am 4. Januar 1964 wieder zuschlug. Die 19-jährige Mary Sullivan wurde tot in ihrer Wohnung in Boston aufgefunden. Auch sie wurde erdrosselt. Sie war das letzte bekannte Opfer des Boston Stranglers.

Chronik der bekannten Morde:

14. Juni 1962: Anna E. Slesers (55), ihre Leiche wurde in ihrer Wohnung in der Gainsborough Street 77 in Back Bay, Boston, gefunden.

28. Juni 1962: Mary Mullen (85), ihre Leiche wurde in ihrer Wohnung in der Commonwealth Avenue 1435 in Boston gefunden.

30. Juni 1962: Nina Nichols (68), ihre Leiche wurde in ihrem Haus in der Commonwealth Avenue 1940 in Boston gefunden.

30. Juni 1962: Helen Blake (65), ihre Leiche wurde in ihrem Haus in der Newhall Street 73 in Lynn, Massachusetts, gefunden.

19. August 1962: Ida Irga (75), ihre Leiche wurde in ihrer Wohnung in der Grove Street 7 in Beacon Hill, Boston, gefunden.

21. August 1962: Jane Sullivan (67), ihre Leiche wurde in ihrem Haus in der Columbia Road 435 in Dorchester, Boston, gefunden.

5. Dezember 1962: Sophie Clark (20), ihre Leiche wurde in ihrer Wohnung in der Huntington Avenue 315 in Back Bay, Boston, gefunden.

31. Dezember 1962: Patricia Bissette (23), ihre Leiche wurde in ihrem Haus am Park Drive 515 in Back Bay, Boston, gefunden.

6. März 1963: Mary Brown (69), ihre Leiche wurde in ihrer Wohnung in der Park Avenue 319 in Lawrence, Massachusetts, gefunden.

6. Mai 1963: Beverly Samans (23), ihre Leiche wurde in ihrem Haus in der University Road 4 in Cambridge, Massachusetts, gefunden.

8. September 1963: Evelyn Corbin (58), ihre Leiche wurde in ihrem Haus in der Lafayette Street 224 in Salem, Massachusetts, gefunden.
23. November 1963: Joann Graff (23), ihre Leiche wurde in ihrer Wohnung in der Essex Street 54 in Lawrence, Massachusetts, gefunden.
4. Januar 1964: Mary Sullivan (19), ihre Leiche wurde in ihrer Wohnung in der Charles Street 44-A in Boston gefunden.

VERHAFTUNG UND PROZESS

Am 27. Oktober 1964 ließ eine junge Frau einen Fremden in ihre Wohnung, nachdem dieser sich als Polizeibeamter ausgegeben hatte. Der Mann überwältigte sie, fesselte sie ans Bett und missbrauchte sie sexuell, bevor er sich plötzlich entschuldigte und verschwand. Die Frau konnte eine detaillierte Beschreibung ihres Angreifers abgeben, was die Ermittler zu Albert DeSalvo führte.

DeSalvo wurde ursprünglich nur für die Vergewaltigung der Frau im Oktober angeklagt, gestand in Untersuchungshaft seinem Mithäftling George Nassar aber, dass er auch für die Boston-Strangler-Morde verantwortlich war. Nassar meldete dieses Geständnis seinem Anwalt, der daraufhin die Polizei informierte. Als DeSalvo dazu von der Polizei vernommen wurde, gab er viele Informationen preis, die bis dato nicht öffentlich bekannt waren. Allerdings stimmten nicht alle seine Behauptungen mit den Umständen und Tatorten der Morde überein, zudem gab es keinerlei Sachbeweise, die ihn mit den Taten in Verbindung gebracht hätten.

DeSalvo musste für eine Reihe von Sexualverbrechen vor Gericht, die er in einer Phase begangen hatte, in der er als »The Green Man« (»Der grüne Mann«) oder »Measuring Man« (»Maßband-Mann«) bekannt war und Frauen sexuell missbrauchte und misshandelte, jedoch nicht tötete. Sein Anwalt versuchte zu beweisen, dass DeSalvo schuldunfähig war, indem er dessen – angeblich falsches – Geständnis der Boston-Strangler-Morde anführte, doch der Richter erklärte diese Information als unzulässig.

DeSalvo wurde für schuldig befunden und 1967 zu einer lebenslangen Freiheitsstrafe verurteilt. Für die Morde wurde er jedoch nie angeklagt. Noch im Jahr seiner Verurteilung für die Sexualdelikte flüchtete er mit zwei weiteren Häftlingen aus der Psychiatrie des Bridgewater State Hospitals, stellte sich jedoch schon am darauffolgenden Tag den Behörden und wurde in der Justizvollzugsanstalt Walpole inhaftiert, einem Hochsicherheitsgefängnis.

AUSGANG

Am 27. November 1973 wurde DeSalvo ermordet in der Krankenstation des Gefängnisses aufgefunden. Seine Leiche wies mehrere Stichwunden auf. Der Häftling Robert Wilson, ein Mitglied der berüchtigten Winter Hill Gang, wurde für den Mord angeklagt, aber nie verurteilt, weil die Geschworenen sich nicht auf ein Urteil einigen konnte.

Viele Jahre lang wurde spekuliert, ob DeSalvo tatsächlich der Boston Strangler war oder nicht. Am kontroversesten wurde dabei der Mord an Mary Sullivan diskutiert. Während seines Geständnisses hatte DeSalvo nämlich behauptet, Sullivan sexuell missbraucht zu haben, bei der Obduktion ihrer Leiche wurden jedoch keinerlei Anzeichen von sexueller Aktivität gefunden.

Deshalb sollte ein DNA-Test mit Spuren vom Tatort des Sullivan-Mords durchgeführt werden, um ein für alle Mal zu klären, ob DeSalvo ihr Mörder war. Am 11. Juli 2013 gab die Polizei von Boston bekannt, dass die Proben übereinstimmten; für den Abgleich hatten sie allerdings DNA von DeSalvos Neffen verwendet. Um den Fall endgültig abzuschließen, ließ das Gericht deshalb DeSalvos Leiche exhumieren und einen weiteren Test durchführen, der belegte, dass DeSalvo tatsächlich der Mörder von Mary Sullivan war.

WISSENSWERTES

- Es gibt eine Hardcore-Band aus Boston, die den Namen The Boston Stranglers trägt.
- Die Rollig Stones haben auf ihrem Album *Let It Bleed* von 1969 ein Lied mit dem Titel »Midnight Rambler« veröffentlicht, bei dem es sich um eine lose Biografie von Albert DeSalvo handelt.

Ein von DeSalvo geschriebenes Gedicht:

Here is the story of the Strangler, yet untold,
The man who claims he murdered thirteen women, young and old.
The elusive Strangler, there he goes,
Where his wanderlust sends him, no one knows.
He struck within the light of day,
Leaving not one clue astray.
Young and old, their lips are sealed,
Their secret of death never revealed.
Even though he is sick in mind,

He's much too clever for the police to find.
To reveal his secret will bring him fame,
But burden his family with unwanted shame.
Today he sits in a prison cell,
Deep inside only a secret he can tell.
People everywhere are still in doubt,
Is the Strangler in prison or roaming about?

Deutsche Übersetzung:
Dies ist die Geschichte des Stranglers, bislang unerzählt,
des Manns, der behauptet, 13 Frauen getötet zu haben, jung und alt.
Der nicht zu fassende Strangler, er ist unterwegs,
wohin ihn seine Wanderlust verschlägt, weiß niemand genau.
Er schlug am helllichten Tage zu,
und hinterließ dabei keine einzige Spur.
Jung und alt, ihre Lippen sind versiegelt,
das Geheimnis ihres Todes niemals offenbart.
Obwohl er geisteskrank ist im Kopf,
ist er doch zu schlau für die Polizei.
Sein Geheimnis zu lüften brächte ihm Ruhm,
doch seiner Familie auch unerwünschte Scham.
Heute sitzt er in einer Gefängniszelle,
trägt tief in sich ein Geheimnis, das nur er kennt.
Überall sind die Menschen noch immer ungewiss,
ist der Strangler im Gefängnis oder noch auf der Jagd?

JERRY BRUDOS

Geburtsdatum: 31. Januar 1939
Alias: The Shoe Fetish Slayer, The Lust Killer
Tatmerkmale: Fetisch, Nekrophilie
Opferzahl: 4
Zeitraum der Morde: 26. Januar 1968 bis 23. April 1969
Datum der (endgültigen) Verhaftung: 25. Mai 1969
Mordmethode: Strangulation
Tatorte: Oregon (USA)
Status: verurteilt zu lebenslanger Freiheitsstrafe, starb am 28. März 2006 im Gefängnis eines natürlichen Todes

VORGESCHICHTE

Als Brudos zur Welt kam, war seine Mutter enttäuscht, weil sie lieber ein Mädchen bekommen hätte. Oft ignorierte sie den Jungen deshalb oder behandelte ihn abschätzig. Schon im Alter von fünf Jahren entwickelte Brudos einen Fetisch für Damenschuhe, der ihn den Rest seines Lebens begleitete. Als Jugendlicher stellte er Frauen aus seiner Gegend nach und überwältigte sie, entweder indem er sie würgte oder niederschlug. Dann nahm er ihnen die Schuhe ab und rannte davon.

Brudos verbrachte einen Großteil seiner Jugend in psychiatrischen Kliniken und bei Therapiesitzungen. Als er 17 Jahre war, eskalierte sein verstörendes Verhalten: Er grub ein riesiges Loch, in dem er Mädchen als seine Sexsklavinnen gefangen hielt. Als das aufflog, wurde er ins Oregon State Hospital eingewiesen, wo er neun Monate in der geschlossenen Psychiatrie verbringen musste. Dort stellten Gutachter fest, dass sein Fetisch und die sexuellen Fantasien von Rachegedanken und Hass gegen seine Mutter und Frauen im Allgemeinen herrührten.

Trotzdem schaffte Brudos seinen High-School-Abschluss und machte anschließend eine Ausbildung zum Elektrotechniker. Nachdem er 1961 geheiratet hatte, zogen er und seine Frau nach Portland, im US-Bundesstaat Oregon, und ließen sich dort nieder. Er klagte jedoch zunehmend über Migräne und Blackouts. Um seine Symptome zu lindern, zog er nachts durch die Straßen und stahl Spitzenunterwäsche und Schuhe.

MORDE

Seinen ersten Mord beging Brudos am 26. Januar 1968. Die 19-jährige Linda Slawson verschwand, als sie in derselben Gegend von Portland Enzyklopädien verkaufte, in der auch Brudos lebte. Ihre Leiche wurde nie gefunden, Brudos gab später allerdings zu, sie in den Willamette River geworfen zu haben, nachdem er sie getötet hatte.

Am 25. November 1968 verschwand die 23-jährige Jan Whitney aus dem Ort Eugene. Ihr Auto wurde an einer Raststätte an der Interstate 5, zwischen Salem und Albany, gefunden. Am 27. Juli 1969 wurde ihre Leiche im Willamette River entdeckt, beschwert mit einem eisernen Stück Bahnschiene.

Die 19-jährige Karen Sprinkler wurde zuletzt auf einem Parkplatz vor einem Ladengeschäft in Salem lebend gesehen. Ihre Leiche wurde am 10. Mai 1969 mit Gewichten beschwert im Long Tom River nahe Monroe gefunden. Seinen letzten bekannten Mord beging Brudos am 23. April 1969. Die 22-jährige Linda Salee wurde auf dem Parkplatz eines Geschäfts in Portland zuletzt gesehen, auch ihre Leiche wurde im Long Tom River nahe Monroe gefunden. Wie Karen Sprinklers Leiche wurde auch ihre mit Gewichten beschwert, bevor sie in den Fluss geworfen wurde.

Zum Zeitpunkt der Morde war Brudos verheiratet und zweifacher Vater. Manchmal gab er sich als Polizist aus, mit falscher Uniform und Marke, um Opfer in sein Auto zu locken. Hatte er eine Frau einmal im Wagen, fuhr er sie in sein Haus in Salem, wo er sie in seiner Garage tötete, ohne dass seine Frau oder Kinder etwas davon mitbekamen.

Brudos machte Fotos von seinen Opfern, während sie starben. Anschließend zog er ihnen gerne schöne Dessous an und hatte Sex mit ihnen. Oft trennte er ihnen außerdem Körperteile ab und bewahrte sie auf, etwa einen Fuß oder eine Brust, die er in Harz konservierte und als Briefbeschwerer verwendete. Er besaß eine Kollektion hochhackiger Damenschuhe, in die er häufig den konservierten Fuß steckte, um damit zu »modeln«.

Chronik der bekannten Morde:

26. Januar 1968: Linda Slawson (19)
25. November 1968: Jan Whitney (23)
27. März 1969: Karen Sprinker (19)
23. April 1969: Linda Salee (22)

VERHAFTUNG UND PROZESS

Im Mai 1969 versuchte Brudos, ein zwölfjähriges Mädchen zu entführen, das allerdings flüchten konnte. Sie gab den Behörden eine Beschreibung ihres Angreifers und identifizierte Brudos, als man ihr eine Reihe Fotos von Verdächtigen vorlegte. Er wurde daraufhin sofort verhaftet. Zunächst beteuerte Brudos seine Unschuld, gestand am 27. Juni – nur drei Tage vor dem Beginn seines Prozesses – aber doch die Morde an Whitney, Sprinkler und Salee.

Weil er sich schuldig bekannt hatte, war kein Prozess mehr nötig und Brudos wurde zu einer lebenslangen Freiheitsstrafe verurteilt.

AUSGANG

In Haft schrieb Brudos Briefe an Schuhhersteller, in denen er um Produktkataloge bat. Für ihn waren diese Kataloge vergleichbar mit Pornozeitschriften und er besaß viele davon in seiner Zelle.

Am 28. März 2006 starb Brudos an Leberkrebs. Zu jenem Zeitpunkt war er der Insasse mit der längsten Haftzeit im Zuständigkeitsbereich der Justizvollzugsbehörde Oregons. Er hatte 37 Jahre im Gefängnis verbracht.

WISSENSWERTES

- Der auch als »Shoe Fetish Slayer« (»Schuhfetisch-Schlächter«) bekannte Brudos erwürgte vier Frauen und behielt Körperteile von ihnen als Trophäen.
- Seine Mutter wollte eine Tochter, weshalb sie ihm häufig Mädchenkleidung anzog.
- Er war besessen von Damenschuhen und schnitt einem seiner Opfer den Fuß ab, um damit in gestohlenen Schuhen zu »modeln«.

TED BUNDY

Geburtsdatum: 24. November 1946
Alias: Chris Hagen, Kenneth Misner, Officer Roseland, Richard Burton, Rolf Miller
Tatmerkmale: Entführung, Vergewaltigung
Opferzahl: mindestens 32
Zeitraum der Morde: 1974 bis 1978
Datum der (endgültigen) Verhaftung: 15. Februar 1978
Mordmethoden: Erschlagen mit schwerem Gegenstand, Strangulation
Tatorte: Washington, Colorado, Utah, Oregon, Florida, Idaho, Vermont (USA)
Status: am 24. Januar 1984 auf dem elektrischen Stuhl hingerichtet

VORGESCHICHTE

Theodore »Ted« Bundy wurde als uneheliches Kind geboren, was in der damaligen Zeit mit großer Scham und Heimlichtuerei seiner Eltern einherging. Seine Mutter, Eleanor Cowell, war in einem streng religiösen Elternhaus aufgewachsen. Dass sie als unverheiratete 22-jährige Frau ein Baby zur Welt brachte, war dementsprechend skandalös. Bundy wurde deshalb als Adoptivkind von seinen Großeltern aufgezogen. Als er klein war, hatte man ihn glauben gemacht, seine Mutter sei seine Schwester.

Noch im Kleinkindalter zog Bundy mit seiner Mutter nach Tacoma, im Bundesstaat Washington. Dort heiratete sie 1951 Johnnie Bundy. Das Paar bekam mehrere Kinder und obwohl sie eine klassische Arbeiterfamilie waren und nicht viel Geld hatten, schienen sie doch zufrieden zu sein. Schon als Kind zeigte Bundy jedoch eine sonderbare Faszination für makabre Themen. So interessierte er sich etwa schon im Alter von drei Jahren intensiv für Messer.

Bundy war ein intelligenter Schüler und bekam gute Noten, hatte aber kaum Freunde. Im Jugendalter verschlimmerte sich sein abnormales Verhalten: Er beobachtete andere Menschen durch deren Fenster und begann, Dinge, die er besitzen wollte, einfach ohne schlechtes Gewissen zu stehlen.

Bundy schrieb sich an der University of Washington ein. Dort lernte er ein junges Mädchen aus Kalifornien kennen, in das er sich verliebte. Sie war hübsch und hatte alles, was er sich wünschte: Klasse, Einfluss und Geld. Als sie die Beziehung eines Tages beendete, war er am Boden zerstört. Später fiel auf, dass viele seine Opfer ihr ähnelten und attraktive junge Frauen mit langen, dunklen Haaren waren.

Überlebende Opfer beschrieben Bundy später als charismatisch und gutaussehend. Mit diesen Eigenschaften und seiner Masche, einen Verletzten zu mimen, der Hilfe benötigt, erschlich er sich ihr Vertrauen.

MORDE

Bundy gehört zweifellos zu den schlimmsten Serienmördern des vergangenen Jahrhunderts. Oftmals suchte er die Leichen seiner Opfer immer wieder auf, nachdem er sie bereits entsorgt hatte, und nahm sexuelle Handlungen an ihnen vor. Dies tat er so lange, bis die Leichen derart verwest oder von wilden Tieren zerfleddert waren, dass es ihm nicht mehr möglich war, sie zu berühren.

Mindestens zwölf seiner Opfer hat Bundy enthauptet und ihre Köpfe anschließend eine gewisse Zeit lang in seiner Wohnung aufbewahrt – als Trophäen, so wie es viele Serienmörder tun. Indem er die abgetrennten Köpfe seiner Opfer betrachtete oder berührte, konnte er seine Verbrechen im Geiste wieder und wieder erleben.

Sein brutalstes Verbrechen beging Bundy am 15. Januar 1978, nachdem er aus dem Gefängnis ausgebrochen und auf der Flucht war: In den frühen Morgenstunden verschaffte er sich Zutritt zum Verbindungshaus der Chi-Omega-Schwesternschaft an der Florida State University. Dort attackierte er gegen 02:45 Uhr die 21-jährige Margaret Bowman im Schlaf mit einem Stück Feuerholz. Anschließend erdrosselte er sie mit einer Nylonstrumpfhose. Danach ging Bundy in den Raum von Lisa Levy, schlug die 20-Jährige bewusstlos und erwürgte auch sie. Er riss ihr eine Brustwarze ab, biss ihr ins Gesäß und missbrauchte sie mit einer Flasche.

Im Raum nebenan überfiel er Kathy Kleiner und Karen Chandler. Kleiner wurde dabei der Kiefer gebrochen und die Schulter aufgeschlitzt, Chandler trug eine Gehirnerschütterung, ebenfalls einen gebrochenen Kiefer und einen gebrochenen Finger davon, zudem wurden ihr einige Zähne ausgeschlagen. All dies ereignete sich in nur 15 Minuten.

Nachdem er aus dem Verbindungshaus geflohen war, brach Bundy in eine Wohnung ein und überfiel dort Cheryl Thomas, eine weitere Studentin der Universität. Sie überlebte, ihre Schulter wurde jedoch ausgekugelt, ihr Kiefer gebrochen und sie erlitt Schädelfrakturen an fünf verschiedenen Stellen. Seit dem Überfall ist sie taub.

Am Abend vor seiner Hinrichtung enthüllte Bundy gegenüber FBI-Ermittler Bill Hagmaier seine Opfer. Dies war seine Liste:

- Washington: 11 (Roberta Parks wurde in Oregon entführt und in Washington getötet. Drei Opfer sind unbekannt.)
- Utah: 8 (drei unbekannt)
- Colorado: 3
- Florida: 3
- Oregon: 2 (beide unbekannt)
- Idaho: 2 (beide unbekannt)
- California: 1 (unbekannt)

Chronik der bekannten Morde:

1\. Februar 1974: Lynda Ann Healy (21) wurde im Schlaf schwer verprügelt und dann entführt. Ihr Schädel und ihr Unterkiefer wurden am Taylor Mountain entdeckt.

12\. März 1974: Donna Gail Manson (19) wurde auf dem Weg zu einem Konzert entführt und ermordet. Ihre Leiche hat Bundy laut eigener Aussage am Taylor Mountain zurückgelassen, sie wurde jedoch nie gefunden.

17\. April 1974: Susan Elaine Rancourt (18) verschwand, nachdem sie an einer abendlichen Studienberatung am Central Washington State College teilgenommen hatte. Ihr Schädel und Unterkiefer wurden am Taylor Mountain gefunden.

6\. Mai 1974: Roberta Kathleen Parks (22) verschwand an der Oregon State University in Corvallis. Ihr Schädel und Unterkiefer wurden am Taylor Mountain gefunden.

1\. Juni 1974: Brenda Carol Ball (22) verschwand, nachdem sie die »Flame Tavern« in Burien verlassen hatte. Ihr Schädel und Unterkiefer wurden am Taylor Mountain gefunden.

11\. Juni 1974: Georgann Hawkins (18) wurde in einer Gasse hinter ihrem Verbindungshaus entführt. Bundy identifizierte Skelettreste, die in Issaquah geborgen wurden, als ihre.

14\. Juli 1974: Janice Ann Ott (23) wurde am helllichten Tag aus dem Lake Sammamish State Park entführt. Ihre Skelettreste wurden in Issaquah geborgen.

14\. Juli 1974: Denise Marie Naslund (19) wurde vier Stunden nach Ott aus demselben Park entführt. Auch ihre Skelettreste wurden in Issaquah geborgen.

Utah, Colorado, Idaho:

2. Oktober 1974: Nancy Wilcox (16) wurde in Holladay, Utah, in einen Hinterhalt gelockt, überfallen und erwürgt. Laut Bundy hat er ihre Leiche in der Nähe des Capitol Reef National Park, 320 Kilometer südlich von Salt Lake City, begraben, sie wurde aber nie gefunden.

18. Oktober 1974: Melissa Anne Smith (17) verschwand aus Midvale in Utah. Ihre Leiche wurde in einem nahe gelegenen Berggebiet gefunden.

31. Oktober 1974: Laura Ann Aime (17) verschwand aus Lehi in Utah. Ihre Leiche wurde im American Fork Canyon von Wanderern entdeckt.

8. November 1974: Debra Jean Kent (17) verschwand, nachdem sie eine Schulaufführung in Bountiful, Utah, verlassen hatte. Laut Bundy hat er ihren Leichnam in der Nähe von Fairview, Utah, 160 Kilometer südlich von Bountiful zurückgelassen. Es wurde nur eine Kniescheibe gefunden, die jedoch nie offiziell als Kents identifiziert wurde.

12. Januar 1975: Caryn Eileen Campbell (23) verschwand aus einem Hotel in Snowmass, Colorado. Ihre Leiche wurde auf einem nahe gelegenen Feldweg entdeckt.

15. März 1975: Julie Cunningham (26) verschwand auf dem Weg zu einer Bar in Vail, Colorado. Laut Bundy hat er ihren Leichnam in der Nähe von Rifle, 140 Kilometer westlich von Vail, begraben, er wurde jedoch nie gefunden.

6. April 1975: Denise Lynn Oliverson (25) wurde entführt, als sie mit dem Fahrrad zum Haus ihrer Eltern in Grand Junction, Colorado, fuhr. Laut Bundy hat er ihre Leiche 8 Kilometer westlich von Grand Junction in den Colorado River geworfen, sie wurde jedoch nie gefunden.

6. Mai 1975: Lynette Dawn Culver (12) wurde an der Alameda Junior High School in Pocatello, Idaho, entführt. Laut Bundy hat er ihre Leiche in einen Fluss geworfen, den die Behörden für den Snake River halten, sie wurde jedoch nie gefunden.

28. Juni 1975: Susan Curtis (15) verschwand während einer Jugendkonferenz an der Brigham-Young-Universität. Laut Bundy hat er ihren Leichnam in der Nähe von Price, Utah, 121 Kilometer südöstlich von Provo begraben, er wurde jedoch nie gefunden.

Florida:

15. Januar 1978: Margaret Elizabeth Bowman (21) wurde schwer verprügelt und dann erwürgt, als sie im Verbindungshaus der Chi-Omega-Schwesternschaft an der Florida State University übernachtete.

15. Januar 1978: Lisa Levy (20) wurde misshandelt, erwürgt und sexuell missbraucht, als sie im Verbindungshaus der Chi-Omega-Schwesternschaft an der Florida State University übernachtete.

9. Februar 1978: Kimberly Diane Leach (12) wurde aus ihrer Junior High School in Lake City, Florida, entführt. Ihre Skelettreste wurden in der Nähe des Suwannee River State Park, 69 Kilometer westlich von Lake City gefunden.

MÖGLICHE OPFER

Bundy gilt in einer Reihe ungeklärter Mordfälle nach wie vor als Verdächtiger und hat vermutlich noch weitere Opfer auf dem Gewissen, die vielleicht niemals identifiziert werden. 1987 verriet er Mordermittler Robert Keppel in einem Gespräch, es gäbe »einige Morde«, über die er »niemals sprechen« würde, weil er sie »zu nah daheim« oder »zu nah bei seiner Familie« begangen hat oder weil die »Opfer noch sehr jung« waren.

Am 31. August 1961 verschwand die achtjährige Ann Marie Burr aus ihrem Zuhause in Tacoma. Bundy war damals 14 Jahre und trug Zeitungen aus. Burrs Haus lag auf seiner Route. Der Vater des Opfers war sich sicher, dass er Bundy am Morgen des Verschwindens seiner Tochter in einem Graben an einer Baustelle beim nahe gelegenen UPS-Campus gesehen hat. Es gab weitere Indizien, dass Bundy für das Verschwinden des Mädchens verantwortlich war; der stritt seine Schuld jedoch immer wieder ab. 1986 schrieb er der Burr-Familie sogar einen Brief, in dem er seine Unschuld noch einmal beteuerte. Keppel zufolge erfüllte das Verschwinden Burrs alle drei von Bundys Bedingungen, nicht über die Tat zu sprechen: Sie geschah nah daheim sowie nah bei seiner Familie und das Opfer war noch sehr jung. Die am Tatort sichergestellten Sachbeweise wurden 2011 noch einmal kriminaltechnisch untersucht, die DNA-Spuren waren für eine Analyse jedoch schon zu alt.

Am 23. Juni 1966 wurden die beiden 20-jährigen Flugbegleiterinnen Lisa E. Wick und Lonnie Trumbull in ihrer Wohnung im Queen-Anne-Hill-Distrikt von Seattle im Schlaf mit einem Stück Holz attackiert. Bundy arbeitete zu jener Zeit in einem Safeway-Lebensmittelgeschäft, in dem die Frauen häufig einkauften. Trumbull starb an ihren Verletzungen, Wick überlebte. Bis heute gibt es keinerlei Beweise dafür, dass Bundy der Täter war, die Parallelen zu seinem späteren Überfall auf das Verbindungshaus der Chi-Omega-Schwesternschaft sind jedoch auffällig.

Am 30. Mai 1969 wurden die beiden 19-Jährigen Susan Davis und Elizabeth Perry im Urlaub erstochen. Ihr Auto wurde nahe des Garden State Parkway in

Somers Point, New Jersey, gefunden, ihre Leichen drei Tage darauf in einem nahe gelegenen Wald. Ein Opfer war vollständig bekleidet, das andere nackt. Bundy erzählte dem Rechtspsychologen Art Norman später, seine ersten Mordopfer seien zwei Frauen aus dem Raum Philadelphia gewesen. Laut Bundys Tante Julia trug er am Wochenende, an dem Davis und Perry getötet wurden, von einem Autounfall einen Gipsverband am Bein. Allerdings gab es weder von besagtem Unfall noch zu Bundys Gipsverband irgendwelche Aufzeichnungen. Zudem wurde später bekannt, dass er häufig Verletzungen vortäuschte, um Frauen in sein Auto zu locken. Trotz keinerlei handfester Beweise bleibt er in dem Fall ein Verdächtiger.

Am 19. Juli 1971 wurde die 24-jährige Rita Curran in ihrer Wohnung in Burlington, im Bundesstaat Vermont, getötet. Sie wurde misshandelt, vergewaltigt und erdrosselt. Das Verbrechen wies Parallelen zu verschiedenen Taten Bundys auf; zudem existiert in den Unterlagen der Gemeinde aus derselben Woche ein Aktenvermerk, dass eine Person namens »Bundy« von einem Hund gebissen wurde.

Am 22. Juli 1971 verschwand die 21-jährige Joyce LePage vom Campus der Washington State University. Teile ihres Skeletts wurden neun Monate später in einer tiefen Schlucht südlich von Pullman, im Bundesstaat Washington gefunden. Auch in diesem Fall bleibt Bundy ein Verdächtiger.

Am 28. Juni 1973 verschwand die 17-jährige Rita Lorraine Jolly aus West Linn, Oregon.

Am 20. August 1973 verschwand die 24-jährige Vicki Lynn Hollar aus Eugene, Oregon. Bundy gestand zwei Morde in Oregon, identifizierte jedoch nie die Opfer. Die Ermittler in Oregon gingen davon aus, dass es sich dabei um Jolly und Hollar gehandelt hat, bekamen aber nie die Möglichkeit, Bundy zu vernehmen.

Die 14-jährige Brenda Joy Baker war am 27. Mai 1974 per Anhalter in der Nähe von Puyallup im Bundesstaat Washington unterwegs. Ihre Leiche wurde im darauffolgenden Monat im Millersylvania State Park gefunden. Bundy galt in dem Fall als verdächtig, er bestritt jedoch seine Schuld.

Am 1. Juli 1974 verschwand die 19-jährige Sandra Jean Weaver aus Salt Lake City. Ihre nackte Leiche wurde am darauffolgenden Tag in der Nähe von Grand Junction in Colorado gefunden. Manche glauben, Bundy habe Weavers Namen in seinen Interviews im Todestrakt erwähnt, bestätigt werden konnte dies aber nicht.

Am 2. August 1974 verschwand die 20-jährige Carol L. Valenzuela, als sie in der Nähe von Vancouver, Washington, per Anhalter unterwegs war. Ihre Leiche wurde zwei Monate später in einem notdürftigen Grab südlich von Olympia gefunden. Mit im Grab befanden sich die sterblichen Überreste eines weiteren weiblichen Opfers, das später als Martha Morrison identifiziert werden konnte. Beide Frauen trugen lange Haare und einen Mittelscheitel, so wie viele von Bundys Opfern. Bundy fuhr im August 1974 von Seattle nach Salt Lake City, sodass er unterwegs in Vancouver und Eugene vorbeigekommen sein könnte.

Am 1. September 1974 verschwand die 17-jährige Martha Morrison in Eugene, Oregon.

Am 15. April 1975 verschwand die 18-jährige Melanie Suzanne »Suzy« Cooley, nachdem sie ihre Schule in Nederland, Colorado – etwa 80 Kilometer nordwestlich von Denver –, verlassen hatte. Ihre Leiche wurde zwei Wochen später von Mitarbeitern der Straßenmeisterei 32 Kilometer entfernt im Coal Creek Canyon gefunden. Es gibt Beweise dafür (Tankstellenquittungen, um genau zu sein), dass Bundy zum Zeitpunkt des Mordes in der Gegend war. Dennoch ist der Fall bis heute ungelöst.

Am 1. Juli 1975 erschien die 24-jährige Shelly Kay Robertson in Golden, Colorado, nicht zur Arbeit. Ihre sterblichen Überreste wurden im August von zwei Bergbaustudenten 150 Meter tief in einer Mine auf dem Berthoud Pass nahe des Winter Park Resort gefunden. Tankstellenquittungen belegen, dass Bundy zum Tatzeitpunkt in der Gegend war; der Fall bleibt dennoch ungelöst.

Am 4. Juli 1975 verschwand die 23-jährige Nancy Perry Baird von ihrem Arbeitsplatz in einer Tankstelle in Farmington in Utah, etwa 32 Kilometer nördlich von Salt Lake City. Ihre Leiche wurde nie gefunden, offiziell gilt sie noch immer als vermisst. Während seiner Interviews im Todestrakt bestritt Bundy, etwas über den Mord zu wissen oder gar dafür verantwortlich zu sein.

Im Februar 1976 verschwand die 17-jährige Debbie Smith in Salt Lake City. Ihre Leiche wurde am 1. April 1976 in der Nähe des Flughafens von Salt Lake City gefunden. Obwohl Bundy in verschiedenen Publikationen als Täter benannt wird, bleibt der Fall bis heute ungelöst.

VERHAFTUNG UND PROZESS

Am 16. August 1975 hielt Bundy bei einer routinemäßigen Verkehrskontrolle in Granger, Salt Lake City, nicht an und wurde daraufhin von einem Beamten der Utah Highway Patrol verhaftet. Als der Beamte sah, dass in Bundys Wagen der Beifahrersitz fehlte, durchsuchte er das Fahrzeug und fand dabei eine »Mordausrüstung«, zu der unter anderem eine aus einer Feinstrumpfhose gefertigte Maske, eine Skimaske, Handschellen, ein Seil, ein Eispickel, eine Brechstange und Müllsäcke sowie eine Vielzahl verschiedener Werkzeuge gehörten. Bundy versuchte, die Gegenstände als normale Haushaltsartikel darzustellen. Der Beamte erinnerte sich jedoch an die Fahrzeug- und Täterbeschreibung einer Entführung vom November des vergangenen Jahres, die beide auf Bundy passten.

Nach Bundys Verhaftung durchsuchten Ermittler seine Wohnung, fanden allerdings nichts Auffälliges. Bundy wurde freigelassen und 24 Stunden lang observiert. Parallel dazu befragten die Ermittler seine Ex-Freundin Elizabeth Kloepfer in Seattle. Sie gab an, dass ihr in ihrer gemeinsamen Wohnung mit Bundy einige sonderbare Gegenstände aufgefallen waren, bevor dieser nach Utah zog, darunter ein Sack Gips, Krücken, OP-Handschuhe, eine Tüte voller Frauenkleidung und ein Fleischerbeil.

Zudem machten die Ermittler Bundys altes Auto, einen VW Käfer, ausfindig, beschlagnahmten es vom neuen Besitzer und unterzogen es einer kriminaltechnischen Untersuchung. Dabei fanden sie Haare, die Caryn Campbell, Melissa Smith und Carol DaRonch zugeordnet werden konnten. In einer Gegenüberstellung identifizierte DaRonch Bundy als jenen Mann, der sich ihr gegenüber als »Officer Roseland« ausgegeben hatte.

Bundy wurde daraufhin wegen schwerer Entführung und versuchter Körperverletzung angeklagt, aber trotzdem auf Bewährung freigelassen. Die Polizei observierte ihn weiter. Im Februar 1976 begann der Prozess im DaRonch-Fall. Bundy wurde schuldig gesprochen und am 30. Juni 1976 zu bis zu 15 Jahren Haft verurteilt. Im Oktober desselben Jahres wurde er erwischt, als er sich auf dem Gefängnisgelände in Büschen versteckte, und mehrere Wochen lang in Isolationshaft verlegt.

Im selben Monat wurde Bundy für den Mord an Caryn Campbell angeklagt. Er wurde für den Prozess nach Aspen verlegt und entschied, sich vor Gericht selbst zu verteidigen. Dadurch musste er keine Handschellen oder Fußfesseln tragen. Eines Tages bat er darum, die juristische Bibliothek im Gerichtsgebäude besuchen zu dürfen, um Recherchen für seinen Fall anzustellen. Bundy erhielt die Erlaubnis. Kaum dort angekommen, sprang er jedoch aus dem Fenster im zweiten Stock und flüchtete.

Sechs Tage später wurde er gefasst, dies sollte jedoch nicht sein letzter Fluchtversuch sein. So schaffte er es etwa, ein Loch in die Decke seiner Zelle zu machen, und nahm absichtlich ab, sodass er hindurchpasste. Nachts übte er, durch das Loch hindurchzuklettern und sich in der Zwischendecke kriechend zurechtzufinden. Am 30. Dezember 1977 brach Bundy schließlich aus. Er stapelte Bücher auf seinem Bett und deckte sie mit seiner Decke zu, sodass es aussah, als würde er schlafen. Dann kletterte er durch das Loch in der Decke. Im Büro des leitenden Gefängniswärters – der an jenem Abend nicht im Haus war – ließ er sich ab, stahl dessen Kleidung und marschierte einfach zur Vordertür aus dem Knast hinaus.

Auf seiner Flucht beging Bundy weitere Morde. Am 15. Februar wurde er erneut von der Polizei angehalten. Bei der Überprüfung seines Fahrzeugs stellten die Beamten fest, dass der Wagen gestohlen war. Als Officer David Lee Bundy darüber aufklärte, dass er nun verhaftet war, trat der ihn und flüchtete. Lee gab zwei Warnschüsse ab, nahm die Verfolgung auf und brachte Bundy zu Boden. Als der nach einigem Ringen überwältigt war, wurde er in den Polizeiwagen verfrachtet und zurück ins Gefängnis transportiert.

Als Bundy sich für seine Taten endlich vor Gericht verantworten musste, war die Beweislast gegen ihn erdrückend. Er wurde, wenig überraschend, für schuldig befunden und, ebenso wenig überraschend, zum Tode verurteilt.

AUSGANG

Am 24. Januar 1989 wurde Bundy auf dem elektrischen Stuhl festgeschnallt. Um 07:16 Uhr wurde sein Tod festgestellt. Seine Leiche wurde eingeäschert und die Asche in den Cascade Mountains in Washington verteilt.

Auf eine besondere letzte Mahlzeit hat Bundy verzichtet. Stattdessen entschied er sich für das reguläre Gefängnisessen, das an jenem Tag auf dem Plan stand. Bei seiner Hinrichtung waren 42 Zeugen zugegen. Viele Befürworter der Todesstrafe standen vor dem Gefängnis an den Zäunen und hielten Schilder hoch, auf denen stand: »Burn Bundy Burn«.

WISSENSWERTES

Bundys 1968er VW Käfer wurde in der Lobby des National Museum of Crime and Punishment in Washington, D. C., ausgestellt, bis zu dessen Schließung im Jahr 2015. Nun steht er im Alcatraz East Crime Museum in Pigeon Forge, Tennessee.

ZITATE

- *»Du lernst, was du zum Töten brauchst, und denkst an alle Details. […] Das ist wie beim Reifenwechsel: Beim ersten Mal bist du noch vorsichtig, aber beim 30. Mal weißt du nicht mehr, wo du das Radkreuz hingelegt hast.«*
- *»Ich bin der kaltblütigste Schweinehund, den Sie jemals kennenlernen werden.«*

JOHN JUSTIN BUNTING

Geburtsdatum: 4. September 1966
Alias: The Snowtown Murders, The Bodies in Barrels Murders
Tatmerkmale: Folter, Kannibalismus
Opferzahl: 11
Datum der Morde: 1992 bis 1999
Datum der (endgültigen) Verhaftung: 21. Mai 1999
Mordmethoden: Strangulation, Erschießen
Tatorte: Snowtown in Südaustralien (Australien)
Status: verurteilt zu elf lebenslangen Freiheitsstrafen ohne Möglichkeit zur vorzeitigen Entlassung

VORGESCHICHTE

Bunting wurde 1966 in Inala, Queensland, geboren. Als er acht Jahre war, wurde er vom älteren Bruder eines Freundes sexuell missbraucht und verprügelt. Im Jugendalter entwickelte er eine Faszination für Anatomie, Waffen und Fotografie. Als junger Erwachsener wurde aus seiner negativen Meinung über Homosexuelle und Pädophile ein tief sitzender Hass. Mit 27 Jahren arbeitete Bunting in einem Schlachthof und prahlte ständig damit, wie sehr er es genoss, die Tiere zu schlachten.

1991 zog Bunting nach Salisbury North in Südaustralien und freundete sich mit seinen Nachbarn Robert Wagner, dessen damaligem Lebensgefährten Barry Lane – ein nicht operierter Transsexueller, der sich Vanessa nannte – und Mark Haydon an. Die Freundschaft ging so weit, dass Wagner ihm später bei seinen Morden zur Hand ging. In jener Zeit wohnten außerdem James Vlasskis, dessen Mutter und Halbbruder bei Bunting. Auch sie wurden in dessen mörderische Taten hineingezogen.

MORDE

Im August 1992 lud Bunting Clinton Trezise auf einen Besuch zu sich nach Hause ein, erschlug ihn mit einer Schaufel und vergrub seine Leiche in Lower Light, Südaustralien. Bunting behauptete, Trezise sei ein Pädophiler gewesen, und bezeichnete ihn nach dem Mord häufig als »Happy Pants«. Trezises Leiche wurde erst zwei Jahre später gefunden und der Mordfall blieb danach noch weitere fünf Jahre ungelöst.

Der geistig behinderte Ray Davies lebte in einem Wohnwagen, der hinter dem Haus von Suzanne Allen geparkt war. Davies und Allen waren einmal ein Paar. Als Allens Enkel erzählte, er sei von Davies sexuell missbraucht worden, war das dessen Todesurteil. Er wurde von Bunting und Wagner umgebracht und sein Verschwinden nie gemeldet. Seinen Wohnwagen reinigten und verkauften sie. Die Polizei fand Davies' Leiche später vergraben in Buntings Garten.

Wagner mochte Michael Gardiner nur deshalb nicht, weil er schwul war. Gardiner lebte mit zwei Freunden in einem Haus in der Nähe und war offen homosexuell. Nachdem Bunting und Wagner ihn getötet hatten, brachten sie einen weiteren Freund namens Frederick Brooks dazu, Gardiners Freunde anzurufen und sich als der Tote auszugeben, um so Zugriff auf dessen Bankkonten zu bekommen. Gardiners Leiche wurde in einem Fass im Tresor einer verlassenen Bank in Snowtown gefunden. Ihr wurde ein Fuß abgetrennt, damit der Deckel auf das Fass passte.

Wie Gardiner war auch Barry Lane homosexuell und bekannt dafür, gern Frauenkleidung zu tragen. Lane und Wagner hatten über zehn Jahre lang eine Beziehung miteinander und haben sogar zusammengelebt. Bunting hatte gehört, dass Lane anderen vom Mord an Trezise erzählt hatte. Im Oktober 1997 zwang Bunting ihn deshalb, seine Mutter anzurufen und ihr zu sagen, dass er fortziehen werde. Anschließend tötete er ihn, zerstückelte seine Leiche und stopfte die Einzelteile in dieselbe Tonne, in der sich schon die Leiche von Michael Gardiner befand.

Bei Lane lebte auch ein gewisser Thomas Trevilyan, von dem es hieß, er habe psychische Probleme. Er trug ausschließlich Armeekleidung und ging häufig weite Strecken barfuß spazieren. Trevilyan hatte beim Mord an Lane und der Zerteilung seiner Leiche geholfen und wurde nun ebenfalls von Bunting umgebracht, weil er anderen von dem Mord erzählt hatte. Bunting und Wagner brachten Trevilyan dazu in die Adelaide Hills, wo sie ihn zwangen, sich auf eine Kiste zu stellen, während sie ihm eine Schlinge um den Hals legten. Anschließend traten sie die Kiste unter seinen Füßen weg und hängten ihn.

Gavin Porter war ein Heroinabhängiger, der 1998 im selben Haus lebte wie Bunting und Vlasskis. Als Bunting sich eines Tages auf die Couch setzte und dabei von der Kanüle einer Spritze gepiekst wurde, rastete er völlig aus. Er beschimpfte Porter als Abfall, der es nicht verdient hat zu leben. Bunting und Wagner brachten ihn um, als er in seinem Auto in der Einfahrt schlief. Seine Leiche verstauten sie in einem weiteren Fass, das ebenfalls in Snowtown landete.

Vlasskis erzählte Bunting, dass sein Halbbruder Troy Youde ihn sexuell belästigt hatte, als sie noch jünger waren. Daraufhin statteten Bunting, Wagner, Vlasskis und Haydon Youde 1998 einen Besuch ab. Sie zerrten ihn aus dem Bett und brachten ihn um, zerstückelten seine Leiche und steckten die Teile in ein Fass, das später nach Snowtown gebracht wurde.

Obwohl Frederick Brooks Bunting nach dem Mord an Gardiner geholfen hatte, wurde er dessen nächstes Opfer. Der geistig behinderte Brooks wurde am 17. September 1998 getötet. Ein weiterer geistig behindert Mann, Gary O'Dwyer, wurde irgendwann 1998 ermordet. Bunting und Vlasskis beschafften sich vorher noch O'Dwyers Bankdaten und Sozialversicherungsnummer, sodass sie nach seinem Tod dessen Sozialhilfe weiterbeziehen konnten. Die Polizei entdeckte O'Dwyers mit Brandmalen von Elektroschocks übersähte Leiche in Snowtown.

Mark Haydons Frau Elizabeth war die einzige Frau, die von Bunting und Wagner ermordet wurde. Sie starb am 20. November 1998, als ihr Mann und Neffe tagsüber nicht da waren. Unfassbar: Ihr Mann half später sogar dabei, die Tat zu vertuschen. Der Mord an Elizabeth Haydon führte die Ermittler später zum alten Banktresor in Snowtown, wo die Leichenfässer deponiert wurden.

Am 9. Mai 1999 lockte Vlasskis seinen Stiefbruder David Johnson in die Bank in Snowtown. Als Bunting beschloss, dass Johnson sterben musste, war Vlasskis einverstanden und machte mit. Als Johnson das Bankgebäude betrat, wurde er sofort geschnappt und in Handschellen gelegt. Danach sollte er ein Skript vorlesen, das Bunting vorbereitet hatte. Zudem musste er die PIN-Nummer seines Bankkontos nennen. Das Ganze wurde mit einem Computer aufgenommen, der über ein Mikrofon verfügte.

Vlasskis und Wagner versuchten, auf Johnsons Bankkonten zuzugreifen, doch ohne Erfolg. Als sie nach Snowtown zurückkehrten, brachten sie Johnson um. Seine Leiche wurde zerstückelt, danach kochten Wagner und Bunting Teile davon und aßen sie.

Chronik der bekannten Morde:

August 1992: Clinton Trezise (22)
Dezember 1995: Ray Davies
August 1997: Michael Gardiner (19)
Oktober 1997: Barry Lane (42)

November 1997: Thomas Trevilyan (18)
1998: Gavin Porter (29)
August 1998: Troy Youde (21)
17. September 1998: Frederick Brooks (18)
1998: Gary O'Dwyer (29)
20. November 1998: Elizabeth Haydon (37)
9. Mai 1999: David Johnson (24)

VERHAFTUNG UND PROZESS

Als die Polizei das Verschwinden von Elizabeth Haydon untersuchte, stießen die Ermittler auf die verlassene Bank in Snowtown. Dort fanden sie die menschlichen Überreste von acht Opfern in sechs Plastikfässern. Am 21. Mai 1999 wurden Bunting, Wagner, Vlasskis und Haydon für die Morde verhaftet.

Der Prozess von Bunting und Wagner wurde zum längsten in der Geschichte Südaustraliens und dauerte fast ein Jahr. Im Dezember 2003 wurde Bunting für schuldig befunden, elf Morde begangen zu haben. Wagner wurde für zehn Morde verurteilt, obwohl er nur drei davon gestand. Vlasskis bekannte sich in vier Morden für schuldig.

2004 wurde Haydon zur Beihilfe an fünf Morden verurteilt. Bunting wurde als Anführer der Gruppe zu elf lebenslangen Freiheitsstrafen ohne Möglichkeit einer vorzeitigen Haftentlassung verurteilt. Wagner erhielt zehnmal lebenslänglich ohne Bewährung und Vlasskis viermal lebenslänglich, mindestens 26 Jahre muss er davon absitzen. Haydon wurde zu 25 Jahren Freiheitsstrafe verurteilt und darf erst nach 18 Jahren Bewährung beantragen.

WISSENSWERTES

Bunting wurde ohne Geruchssinn geboren.

RICARDO CAPUTO

Geburtsdatum: 1949
Alias: The Lady Killer
Tatmerkmale: hörte Stimmen und hatte Visionen
Opferzahl: 4
Datum der Morde: 1971 bis 1977
Datum der (endgültigen) Verhaftung: 18. Januar 1994
Mordmethoden: Erstechen, Strangulation
Tatorte: New York, Kalifornien (USA), Mexiko
Status: verurteilt zu 25 Jahren Freiheitsstrafe, starb 1997 im Gefängnis an einem Herzinfarkt

VORGESCHICHTE

Caputo wurde 1949 in Mendoza, Argentinien, geboren, wo er auch seine Kindheit verbrachte. Bekannte beschrieben ihn als sportlichen Jungen, der gerne schwimmen und laufen ging. Später war er ein durchaus erfolgreicher Kampfsportexperte. Auch zeichnen konnte Caputo gut. Als Erwachsener nutzte er dieses Talent, um auf Reisen Geld zu verdienen, und zeichnete gegen eine kleine Gebühr Portraits von Barbesuchern.

1970 reiste Caputo mit einem Sechs-Monats-Visum nach New York. Das Visum wurde ihm gewährt, weil er zu jener Zeit noch nicht mit Vorstrafen oder psychischen Problemen aktenkundig war. In New York arbeitete er als Kellner in verschiedenen Restaurants und erhielt im »Plaza Hotel« schließlich eine Stelle als Hausmeister.

In einer Bank in seiner Gegend lernte er die 19-jährige Bankangestellte Natalie Brown kennen, die bei ihren Eltern auf Long Island lebte. Kurz darauf wurden die beiden ein Paar. Sie war eine attraktive junge Frau mit langen, dunklen Haaren und einem bezaubernden Lächeln. Sie wollte in die Fußstapfen ihrer Mutter treten und ebenfalls Krankenschwester werden. Ihre Familie führte ein völlig anderes Leben als Caputo. Während er in günstigen Zimmern zur Miete wohnte und sich mit einfachen Jobs durchschlug, war ihre Familie recht wohlhabend.

Dennoch blieben sie zusammen und reisten ein Jahr später gemeinsam durch Europa. Nach ihrer Rückkehr in die USA gaben sie ihre Verlobung bekannt. Zur Heirat kam es jedoch nie, die Beziehung war alles andere als intakt.

MORDE

Als Natalie Brown am 31. Juli 1971 erstochen aufgefunden wurde, war Caputo sofort tatverdächtig und wurde verhaftet. Ein Gutachter erklärte ihn jedoch für prozessunfähig und wies Caputo zu einer psychiatrischen Behandlung ins Matteawan State Hospital ein. Dort wurde er von der Gefängnispsychologin Judith Becker behandelt.

Im Oktober 1973 wurde Caputo ins Manhattan Psychiatric Center verlegt, wo er gelegentlich Freigang bekam. Er tauchte dann häufig bei Becker zu Hause auf, die versuchte, freundlich zu reagieren. Am 21. Oktober 1974 wurde sie misshandelt und erwürgt aufgefunden. Wieder wurde Caputo verdächtigt und die Polizei leitete die Fahndung ein.

Caputo flüchtete nach San Francisco, um sich seiner Verhaftung zu entziehen. Dort tötete er eine weitere Frau, Barbara Taylor, die er zu Tode prügelte. Ihre Leiche wurde 1975 gefunden. Zunächst verdächtigten die Ermittler ihren Lebensgefährten. Dessen Foto, das in Umlauf gebracht wurde, ähnelte Caputo, auch wenn der Mann einen anderen Namen verwendete.

Caputo setzte sich erneut ab, dieses Mal nach Mexico City. Dort tötete er 1977 Laura Gomez, über den Mord ist allerdings nur wenig bekannt.

Chronik der bekannten Morde:

1971: Natalie Brown (19), Flower Hill, New York
1974: Judith Becker (26), Yonkers, New York
1975: Barbara Ann Taylor (28), San Francisco
1977: Laura Gomez, Mexiko-Stadt

Weitere mutmaßliche Opfer:

1981: Devan Green, Los Angeles
1983: Jacqueline Bernard (64), New York City

VERHAFTUNG UND PROZESS

Fast 20 Jahre lang gelang es Caputo, unentdeckt zu bleiben, und hätte er sich am 18. Januar 1994 nicht selbst gestellt, wäre er wohl ungestraft mit den Morden davongekommen. Als er mit den Ermittlern über seine Taten sprach, behauptete Caputo, dass er eine zweite, mordgierige Persönlichkeit besitzt und Angst davor hat, dass sie zurückkommt.

Er wurde dennoch für prozessfähig erklärt und in zwei Mordfällen für schuldig befunden. Das Gericht verurteilte ihn zu 25 Jahren Haft.

AUSGANG

Caputo starb 1997 im Alter von 48 Jahren im Gefängnis an einem Herzinfarkt.

ZITATE

- *»Ich habe mich gestellt, um weitere Morde zu verhindern.«*
- *»Ich war krank, als ich meine Taten begangen habe, und hoffe, dass ich während meiner Haft geheilt werden kann. Das ist alles, was ich zu sagen habe.«*

DAVID CARPENTER

Geburtsdatum: 6. Mai 1930
Alias: The Trailside Killer
Tatmerkmal: Vergewaltigung
Opferzahl: mindestens 8
Zeitraum der Morde: 1979 bis 1981
Datum der (endgültigen) Verhaftung: 14. Mai 1981
Mordmethoden: Erschießen, Erstechen
Tatorte: Santa Cruz und Marin Counties in Kalifornien (USA)
Status: zum Tode verurteilt, wartet auf seine Hinrichtung

VORGESCHICHTE

Carpenter hatte einen äußerst schwierigen Start ins Leben und wurde vom alkoholkranken Vater und der tyrannischen Mutter regelmäßig misshandelt. Er begann zu stottern, was so schlimm wurde, dass er mit sieben Jahren nicht mehr richtig in der Lage war, sich mit anderen Kindern auszutauschen. Seine Eltern zwangen ihn außerdem, Klavier- und Ballettunterricht zu nehmen, wofür er von seinen Mitschülern noch mehr gehänselt wurde.

Carpenter war Bettnässer, als er noch klein war. Später quälte er gerne Tiere. Mit 17 Jahren wurde er verurteilt, nachdem er seine beiden jüngeren Cousins sexuell belästigt hatte, und musste für ein Jahr ins Gefängnis.

Nachdem er entlassen wurde, belästigte Carpenter weitere Kinder sexuell, bis er 1955 heiratete. Das Paar bekam drei eigene Kinder. Um seine Familie zu ernähren, nahm Carpenter verschiedene Jobs an, etwa als Drucker und Verkäufer. Er war auch eine Zeit lang bei der Küstenwache, wo er ehrenhaft aus dem Dienst entlassen wurde.

Obwohl er verheiratet war, stellte Carpenter regelmäßig anderen Frauen nach. Eine dieser Frauen lockte er 1960 in einen Wald. Dort fesselte er sie mit einer Wäscheleine, schlug mit einem Hammer auf sie ein und stach ihr in die Hand. Als zufällig ein Beamter der Militärpolizei am Tatort vorbeikam, kam es zu einem Schusswechsel, in dem Carpenter verwundet wurde. Er wurde verhaftet und wegen Körperverletzung mit Mordabsicht sowie Körperverletzung mit einer tödlichen Waffe in zwei Fällen zu 14 Jahren Freiheitsstrafe verurteilt.

Während Carpenter inhaftiert war, ließ seine Frau sich von ihm scheiden. Der Gefängnispsychiater diagnostizierte ihm bei einer Untersuchung eine soziopathische Persönlichkeitsstörung. Er saß nur neun Jahre seiner Strafe ab. Nach seiner Entlassung lernte er eine neue Partnerin kennen und heirate kurze Zeit später. Auch diese Ehe scheiterte jedoch.

Ab da eskalierten Carpenters Überfälle auf Frauen, die er nun häufig entführte, vergewaltigte und misshandelte. Seit 1979 ging er sogar noch brutaler vor und begann, seine Opfer auch umzubringen.

MORDE

Carpenters erstes Mordopfer war die 44-jährige Edda Kane, die er am 19. August 1979 tötete. Ihre nackte Leiche wurde am 20. August 1979 an einem Wanderpfad im Mount Tamalpais State Park gefunden. Die Obduktion ergab, dass das Opfer regelrecht hingerichtet wurde – per Kopfschuss, während sie kniete.

Am 8. März 1980 ging die 23-jährige Barbara Schwartz im selben Park wandern. Ihre Leiche wurde am darauffolgenden Tag an einem Wanderweg gefunden. Ihr wurde mehrmals in die Brust gestochen, ebenfalls während sie kniete. Anne Alderson verschwand am 15. Oktober 1980 im selben Park. Ihre Leiche wurde am darauffolgenden Tag gefunden, ihr wurde dreimal in den Kopf geschossen, während sie kniete.

Am 27. November wollte sich die 25-jährige Shauna May im Point Reyes Park mit ihrem Liebhaber treffen, tauchte dort aber nie auf. Ihre Leiche wurde zwei Tage später in einem notdürftigen Grab gefunden. Direkt daneben befand sich die Leiche von Diana O'Connell, die seit Oktober verschwunden war. Beiden Frauen wurde in den Kopf geschossen. Nur Stunden bevor diese beiden Opfer aufgetaucht waren, sind zwei weitere Leichen entdeckt worden. Richard Stowers und Cynthia Moreland galten seit September als vermisst. Auch sie verschwanden bei einer Wanderung im Park und wurden wie bei einer Hinrichtung mit Kopfschüssen getötet.

Am 29. März 1981 schlug Carpenter erneut zu, dieses Mal allerdings im Henry Cowle State Park, nahe Santa Cruz. Auch Stephen Haertle und Ellen Hansen waren wandern, als sie von Carpenter überfallen wurden. Als Carpenter drohte, Hansen zu vergewaltigen, versuchte diese, ihn davon abzubringen. Daraufhin eröffnete er das Feuer auf das Paar, tötete Hansen und verwundete Haertle schwer. Nachdem Haertle kriechend Hilfe geholt hatte und gerettet wurde, gab er der Polizei eine detaillierte Beschreibung Carpenters.

Carpenters nächster Mord sollte sein Verderben werden. Am 1. Mai 1981 verschwand Heather Scaggs in San Jose. Ihrem Lebensgefährten hatte sie zuvor gesagt, dass sie bei einem gewissen David Carpenter in San Francisco ein Auto kaufen wolle und dieser ihr gesagt habe, sie solle allein komme. Ihre Leiche wurde am 24. Mai im Big Basin Redwood State Park gefunden.

Chronik der bekannten Morde:
19. August 1979: Edda Kane (44)
21. Oktober 1979: Mary Frances Bennett (23)
8. März 1980: Barbara Schwartz (23)
11. Oktober 1980: Richard Stowers (19)
11. Oktober 1980: Cynthia Moreland (18)
15. Oktober 1980: Anne Alderson (26)
28. November 1980: Diana O'Connell (22)
28. November 1980: Shauna May (25)
29. März 1981: Ellen Hansen (20)
1. Mai 1981: Heather Scaggs (20)

VERHAFTUNG UND PROZESS

Nach dem Verschwinden von Heather Scaggs stattete die Polizei Carpenter einen Besuch ab. Dabei fiel den Ermittlern auf, dass Carpenter dem von Stephen Haertle erstellten Phantombild ähnelte. Als sie Haertle eine Reihe erkennungsdienstlicher Fotos vorlegten, identifizierte er Carpenter als den Mann, der ihn und Hansen überfallen hatte. Am 14. Mai wurde Carpenter verhaftet.

Als die Polizei Carpenters Wohnung durchsuchte, fanden sie keine Waffe. Dafür fanden sie einen Zeugen, der aussagte, dass er Carpenter eine Schusswaffe vom Kaliber .45 verkauft hat, sowie einen weiteren Zeugen, der angab, im Juni einen Revolver mit dem Kaliber .38 von Carpenter gekauft zu haben. Die Ermittler stellten den Revolver sicher. Die kriminaltechnische Untersuchung ergab, dass es sich dabei um dieselbe Waffe handelte, mit der auf Haertle, Hansen und Scaggs geschossen wurde.

Im April 1984 musste Carpenter in Los Angeles vor Gericht. Die Beweislast gegen ihn war erdrückend. Er wurde für die Morde an Scaggs und Hansen für schuldig befunden und zum Tode verurteilt. Am 10. Mai 1988 wurde er in San Diego außerdem zusätzlich für die Morde an Richard Stowers, Cynthia Moreland, Diana O'Connell, Shauna May und Anne Alderson verurteilt.

AUSGANG

Carpenter wurde im Gefängnis San Quentin inhaftiert, wo er auf seine Hinrichtung wartet. Sein Berufungsverfahren läuft noch.

RICHARD TRENTON CHASE

Geburtsdatum: 23. Mai 1950
Alias: The Vampire of Sacramento
Tatmerkmale: Nekrophilie, Verstümmelung, Kannibalismus, psychisch krank
Opferzahl: 6
Datum der Morde: Dezember 1977 bis Januar 1978
Datum der (endgültigen) Verhaftung: 27. Januar 1978
Mordmethode: Erschießen
Tatorte: Sacramento in Kalifornien (USA)
Status: zu lebenslanger Haft verurteilt; beging am 26. Dezember 1980 Selbstmord, indem er eine Überdosis Medikamente einnahm, die ihm verschrieben wurden

VORGESCHICHTE

Chase wurde am 23. Mai 1950 in Sacramento geboren. In seinem Umfeld erfuhr er regelmäßig Gewalt, vor allem durch seine Mutter, die ihn immer wieder misshandelte. Als er zehn Jahre war, zeigte er bereits Symptome der sogenannten Macdonald-Triade, deren drei Faktoren auf gewalttätige Tendenzen schließen lassen: Brandstiftung, Bettnässen und Tierquälerei. Im Jugendalter konsumierte Chase regelmäßig Drogen und Alkohol.

Als er älter wurde, entwickelte Chase einige bizarre Vorstellungen und wurde zum Hypochonder. Er glaubte, sein Herz würde manchmal stehen bleiben. Einmal behauptete er, jemand habe seine Lungenarterie gestohlen. Angeblich hielt er sich Orangen an den Kopf, weil er glaubte, sein Gehirn würde das Vitamin C darin absorbieren. Und: Laut Chase waren seine Schädelknochen voneinander separiert und bewegten sich. Er rasierte sich sogar die Haare ab, um die Bewegung beobachten zu können.

Eines Tages zog Chase aus der Wohnung seiner Mutter aus, weil er sie verdächtigte, ihn vergiften zu wollen. Er zog daraufhin mit einigen Freunden in eine Wohnung. Die störten sich aber schon bald an seinem dauerhaften Rauschzustand. Zudem besaß er die Angewohnheit, nackt in der Wohnung herumzulaufen, selbst wenn Besuch da war. Die Freunde verlangten deshalb von Chase, dass er auszog. Weil der sich weigerte zu gehen, zogen sie letztlich aber selbst aus.

Da Chase nun allein in der Wohnung lebte, konnte er all die dunklen Fantasien, Interessen und Gelüste ausleben, die er zuvor versteckt hatte. Er fing Tiere, tötete sie und nahm sie aus. Manchmal aß er die toten Kadaver roh oder zerkleinerte ihre Organe mit Cola in einem Mixer und trank den widerlichen Cocktail. Auf die Frage, warum er die Tiere verspeiste, erklärte er später, dass sein Herz davon aufhören würde »zu schrumpfen«.

1975 spritzte sich Chase das Blut eines Kaninchens in die Venen und wurde, nach einer Notbehandlung im Krankenhaus, in eine psychiatrische Klinik zwangseingewiesen. Dort fand ihn das Personal eines Tages mit Blut um die Mundpartie vor. Wie sich herausstellte, hatte er Vögel gefangen und deren Blut getrunken.

Chases Verhalten war schlichtweg bizarr und seine Behauptungen zu verrückt, um sie zu glauben. So gab er etwa an, einem Therapiehund Blut abgenommen und sich selbst injiziert zu haben, um damit seine Alkohol- und Drogensucht zu behandeln. Außerdem beschmierte er die Wände seines Zimmers und sich selbst mit seinem eigenen Kot.

Die Ärzte diagnostizierten bei Chase eine paranoide Schizophrenie. 1976 wurde er entlassen, da er mit Medikamenten behandelt werden konnte und nicht mehr als Gefahr für die Gesellschaft angesehen wurde. Er wurde der Aufsicht seiner Mutter unterstellt, die ihm jedoch seine Medikamente nicht weiter verabreichte und ihm stattdessen half, eine neue Wohnung zu finden.

Eines Tages im Jahr 1977 wurde Chase in einem Reservat in Nevada aufgegriffen und verhaftet. Sein gesamter Körper war blutverschmiert und in seinem Fahrzeug befand sich ein ganzer Eimer voller Blut. Es wurde festgestellt, dass es sich dabei um das Blut einer Kuh handelte, dennoch wurden alle Anklagen fallen gelassen.

MORDE

Chases erstes Opfer war Ambrose Griffin, ein zweifacher Vater, der am 29. Dezember 1977 zufällig zum Ziel wurde, als Chase an ihm vorbeifuhr und ihn erschoss. Weniger als einen Monat später forderte Chase sein zweites Opfer, Teresa Wallin. Am 23. Januar 1978 überfiel er die schwangere Frau in ihrer eigenen Wohnung. Er tötete sie mit drei Schüssen und vergewaltigte anschließend ihre Leiche, während er immer wieder mit einem Messer auf sie einstach. Danach schnitt Chase ihr eine Brustwarze ab und trank ihr Blut. Er entnahm der Leiche auch die inneren Organe. Zu guter Letzt sammelte er Hundekot auf der Straße auf und stopfte ihn der Leiche in Mund und Kehle.

Wenige Tage darauf, am 27. Januar, drang Chase in die Wohnung von Evelyn Miroth ein. Dort erschoss er deren Lebensgefährten Danny Meredith und nahm ihm Autoschlüssel und Brieftasche ab. Anschließend erschoss er auch Miroth, deren Sohn und Neffen, verging sich an ihrer Leiche und aß Teile davon. Als ein kleines Mädchen an der Tür klopfte, das von den Kindern zum Spielen eingeladen worden war, flüchtete Chase in Merediths Wagen und nahm die Leiche des 22 Monate alten David Ferreira mit. Das Mädchen alarmierte einen Nachbarn, der daraufhin die Polizei rief.

Chronik der bekannten Morde:
29. Dezember 1977: Ambrose Griffin (51)
23. Januar 1978: Teresa Wallin (22)
27. Januar 1978: Dan Meredith (51)
27. Januar 1978: Evelyn Miroth (38)
27. Januar 1978: Jason Miroth (6)
27. Januar 1978: David Ferreira (22 Monate)

VERHAFTUNG UND PROZESS

Als die Ermittler den Tatort in Miroths Haus untersuchten, fanden sie perfekte Handabdrücke im Blut, die sie geradewegs zu Chase führten, der daraufhin verhaftet wurde. Nachdem er auch mit den übrigen Morden in Verbindung gebracht werden konnte, wurde er wegen sechsfachen Mordes angeklagt. Chases Anwälte argumentierten mit seiner psychischen Erkrankung und plädierten auf Totschlag, doch ohne Erfolg. Am 8. Mai 1979 wurde Chase des sechsfachen Mordes für schuldig befunden und zum Tode verurteilt.

Seine Verbrechen waren derart schrecklich, dass sich im Gefängnis sogar einige Häftlinge vor Chase fürchteten. Andere versuchten ihn zu überreden, sich selbst umzubringen. In Vernehmungen mit FBI-Ermittler Robert Ressler äußerte und verhielt Chase sich auf bizarre Art und Weise. Einmal reichte er Ressler eine Handvoll Makkaroni mit Käse, die er in seiner Tasche aufbewahrt hatte.

AUSGANG

Am 26. Dezember 1980 fand ein Gefängniswärter Chase in seltsamer Position liegend in dessen Bett vor. Er sah nah dem Rechten und stellte fest, dass Chase nicht mehr atmete. Bei der anschließenden Obduktion wurde festgestellt, dass

Chase mit einer Überdosis eines Antidepressivums Selbstmord begangen hat, das er offenbar über Wochen hinweg gehortet hatte.

WISSENSWERTES

Chase hat einmal versucht, in die Wohnung einer Frau einzudringen, ist aber wieder gegangen, als er feststellte, dass die Tür verschlossen war. Später erklärte er den Ermittlern, verschlossene Türen seien für ihn ein Zeichen gewesen, dass er nicht willkommen war, unverschlossene Türen dagegen eine Einladung einzutreten.

ZITAT

»Magie ist das Umhüllen und der Zwang der objektiven Welt durch das Ego, ein dynamischer Subjektivismus. Religion ist der Zwang des Egos durch die Götter und Geister, objektiv erdachte Wesen, die Natur und Mensch kontrollieren.«

THOR NIS CHRISTIANSEN

Geburtsdatum: 28. Dezember 1957
Alias: –
Tatmerkmale: Nekrophilie, Opfer waren Anhalter
Opferzahl: 4
Zeitraum der Morde: 1976 bis 1979
Datum der (endgültigen) Verhaftung: 11. Juli 1979
Mordmethode: Erschießen
Tatorte: Santa Barbara und Los Angeles Countys in Kalifornien (USA)
Status: verurteilt zu lebenslanger Freiheitsstrafe, am 30. März 1981 im Gefängnis erstochen

VORGESCHICHTE

Christiansen wurde 1957 in Dänemark geboren. Als er fünf Jahre alt war, wanderte seine Familie in die USA aus und ließ sich in Solvang, im Bundesstaat Kalifornien nieder. Der Junge galt als ganz normales Kind, mit guten Noten in der Schule. All das änderte sich jedoch, als er 16 Jahre wurde.

Christiansen brach die Schule ab, fand einen Job als Tankwart an einer Tankstelle und zog zu Hause aus. Und er nahm kräftig zu. Aus dem einst schmächtigen Burschen wurde ein 125 Kilo schwerer Koloss.

In jener Zeit begann er auch, düstere Gedanken zu entwickeln. Er träumte davon, Frauen umzubringen und ihre Leichen sexuell zu missbrauchen. Es dauerte nicht lange, bis Christiansen diese Fantasien in die Tat umsetzte und zum Mörder wurde.

MORDE

Am 6. Dezember 1976 entführte Christiansen die 21-jährige Jacqueline Rook an einer Bushaltestelle in Goleta, Santa Barbara. Am selben Tag verschwand auch Kellnerin Mary Sarris in Goleta. Am 18. Januar 1977 verschwand die 22-jährige Patricia Laney an einer anderen Bushaltestelle in Goleta. Ihre Leiche wurde am nächsten Tag im Refugio Canyon gefunden. Zwei Tage später fand man Rooks Leiche in derselben Gegend. Und am 22. Mai wurde im Drum Canyon auch die Leiche von Sarris gefunden.

Am 18. April 1979 war die 24-jährige Linda Preston per Anhalter in Hollywood unterwegs und wurde von Christiansen mitgenommen. Gemeinsam fuhren sie einige Blocks weit, dann zog er eine Pistole und schoss ihr ins Ohr. Obwohl sie stark blutete, konnte sie aus dem Wagen springen und entkommen.

Die 23-jährige Laura Benjamin wurde am 26. Mai 1979 von Christiansen entführt und getötet.

Chronik der bekannten Morde:
6. Dezember 1976: Jacqueline Anne Rook (21), Isla Vista
6. Dezember 1976: Mary Ann Sarris (19), Isla Vista
18. Januar 1977: Patricia Marie Laney (21), Isla Vista
26. Mai 1979: Laura Sue Benjamin (23), Los Angeles County

VERHAFTUNG UND PROZESS

Linda Preston, die lebend aus Christiansens Auto entkommen war, begegnete ihrem Entführer am 11. Juli in einer Bar zufällig erneut und rief sofort die Polizei. Christiansen wurde verhaftet und wegen gefährlicher Körperverletzung angeklagt. Während Christiansen in Untersuchungshaft saß, fielen den Ermittlern Parallelen zwischen der Entführung von Preston und den ungelösten Morden an Rook, Sarris und Laney auf. Christiansen wurde daraufhin für diese drei Morde angeklagt und später zusätzlich auch für den Mord an Laura Benjamin.

Anfang 1980 musste er sich zunächst für den Mord an Benjamin vor Gericht verantworten. Zunächst versuchte er, auf Schuldunfähigkeit zu plädieren, überlegte es sich später aber noch einmal anders und zog den Antrag zurück. Im Juni 1980 stand er wegen der Morde an Rook, Sarris und Laney vor Gericht und entschied, sich in allen Anklagepunkten schuldig zu bekennen. Er wurde zu lebenslanger Haft verurteilt.

AUSGANG

Christiansen wurde am 30. März 1981 im Gefängnis getötet. Seine Leiche wurde im Gefängnishof der Haftanstalt Folsom mit einer einzigen Stichwunde in der Brust aufgefunden. Der Täter wurde nie ermittelt.

DOUG CLARK

Geburtsdatum: 10. März 1948
Alias: The Hollywood Slasher, The Sunset Strip Killer, The Sunset Strip Slayer
Tatmerkmale: Nekrophilie, Pädophilie, Enthauptung
Opferzahl: 7
Zeitraum der Morde: Juni 1980 bis August 1980
Datum der (endgültigen) Verhaftung: 12. August 1980
Mordmethode: Erschießen
Tatorte: Burbank und Los Angeles in Kalifornien (USA)
Status: zum Tode verurteilt, wartet auf seine Hinrichtung

VORGESCHICHTE

Clarks Vater war Nachrichtenoffizier bei der U.S. Navy, seine Familie zog deshalb oft um, als Clark noch ein Kind war. Später wurde behauptet, der Junge habe während seiner Kindheit in 37 verschiedenen Ländern gelebt. Der Vater schied 1958 aus der Navy aus und trat eine Stelle als Techniker bei einem Logistikunternehmen in Texas an. Trotzdem blieb die Familie nicht sesshaft und zog kurze Zeit später erneut um.

Clark wurde an eine exklusive Privatschule in Genf geschickt und besuchte die renommierte Culver Militärakademie. Nach seinem Abschluss 1967 trat er in die Air Force ein. Zu jener Zeit schien bei ihm alles aus dem Ruder zu geraten, sodass er irgendwann aus der Truppe entlassen wurde.

In den darauffolgenden zehn Jahren schlug Clark sich durch. Manchmal fand er eine Stelle als Mechaniker, seine wahre Leidenschaft aber war Sex. Oft bezeichnete er sich selbst als den »König des One-Night-Stands«. In Los Angeles arbeitete er für die Wasser- und Elektrizitätswerke der Stadt in einer Dampfkraftanlage an der Valley Generating Station. Dort blieb er jedoch nicht lange, sondern beschloss eines Abends einfach, den Job hinzuschmeißen.

Danach arbeitete er in der Jergens-Seifenfabrik in Burbank, wo er die Heizkessel betrieb. Auch diese Stelle behielt er allerdings nur kurz. Er machte häufig blau und bedrohte sogar einige seiner Kollegen massiv, weshalb er kurz darauf entlassen wurde.

1980 lernte Clark Carol Bundy in einer Bar kennen und die beiden wurden ein Paar. Wenig später zog Clark bei Bundy ein und stellte fest, dass sie ganz ähnliche Fantasien wie er hatte.

MORDE

Clarks erstes bekanntes Opfer war die 17-jährige Ausreißerin Marnette Comer. Ihre Leiche wurde in den Wäldern des San Fernando Valley gefunden, sie wurde offenbar Anfang Juni getötet. Am 11. Juni nahm Clark am Sunset Strip die beiden jugendlichen Mädchen Gina Narano und Cynthia Chandler mit. Er zwang sie zu Oralsex mit ihm und schoss anschließend beiden in den Kopf. Die Leichen brachte er in eine Garage, wo er sie vergewaltigte. Sie wurden am darauffolgenden Tag nahe des Ventura Freeways gefunden.

Bundy war nicht ganz wohl dabei, als Clark ihr von den Morden erzählte, und sie rief die Polizei. Sie behauptete, etwas zu wissen, weigerte sich aber, Hinweise zum Täter zu geben. Clark hatte Bundy versprochen, dass er – sollten sie je erwischt werden – die ganze Schuld auf sich nehmen würde, damit sie nicht ins Gefängnis muss.

Am 24. Juni lockte Clark die beiden Frauen Karen Jones und Exxie Wilson in sein Auto, erschoss sie und lud in aller Öffentlichkeit ihre Leichen ab. Zuvor hatte er Wilsons Kopf abgetrennt und im Kühlschrank aufbewahrt, um sich später sexuell daran zu vergehen. Bevor er das tat, schminkte Bundy den Kopf. Zwei Tage nach den Morden wurde der Kopf, gesäubert und in einer Kiste verpackt, in einer Gasse gefunden.

In jener Zeit begann Bundy, sich mit einem Mann namens John Murray zu treffen, den sie schon vor Clark kennengelernt hatte. Bundy war verknallt in den Hobbysänger und erzählte ihm eines Abends, was Clark getan hatte. Murray war schockiert und machte den Eindruck, die Polizei informieren zu wollen. Am 5. August lockte Bundy ihn deshalb unter dem Vorwand, Sex mit ihm haben zu wollen, in seinen Lieferwagen. Dort erschoss sie ihn und schnitt ihm den Kopf ab. Wenige Tage nachdem sie Murray getötet hat, hielt Bundy dem Druck nicht mehr stand und gestand den Mord einer Kollegin. Die rief sofort die Polizei.

Chronik der bekannten Morde:

1. Juni 1980: Marnette Comer (17)
11. Juni 1980: Gina Narano (15)
11. Juni 1980: Cynthia Chandler (16)

24. Juni 1980: Karen Jones (24)
Juni 1980: Exxie Wilson (20)
25. Juli 1980: unbekanntes Mädchen
5. August 1980: John Robert Murray (45)

VERHAFTUNG UND PROZESS

Bundy gab den Ermittlern eine detaillierte Beschreibung von Clarks Verbrechen und wie sie ihm dabei assistiert hatte, was zu dessen sofortiger Verhaftung führte. Clark wurde wegen sechsfachen Mordes angeklagt, Bundy wegen zweifachen Mordes – an John Murray und einer Frau, bei deren Ermordung durch Clark sie anwesend war. Im Prozess versuchte Clark, Bundy die gesamte Schuld in die Schuhe zu schieben, und gab sich selbst als unschuldigen Trottel aus. Doch der Versuch, seine eigene Rolle in den Verbrechen herunterzuspielen, scheiterte. Er wurde für schuldig befunden und zum Tode verurteilt.

Für ihre Aussage gegen Clark hatte Bundy einen Deal mit der Staatsanwaltschaft geschlossen: Sie erhielt nicht die Todesstrafe, sondern musste lebenslang in Haft. Bundy starb am 9. Dezember 2003 im Gefängnis an Herzversagen.

AUSGANG

Clark sitzt immer noch in der Todeszelle und wartet auf seinen Hinrichtungstermin.

WISSENSWERTES

Clarks Anwalt war während der Verhandlung offenbar alkoholisiert und schlief mehrfach ein, während sein Mandant von der Staatsanwaltschaft ins Kreuzverhör genommen wurde. Clark beantragte, sich selbst verteidigen zu dürfen, allerdings wurde ihm dabei jegliche Unterstützung durch einen Anwalt, Rechtsberater und sogar Rechtsreferendar verwehrt. Der Richter riet ihm, einen »Alleingang« zu machen, was eigentlich illegal war.

THE CLEVELAND TORSO MURDERER

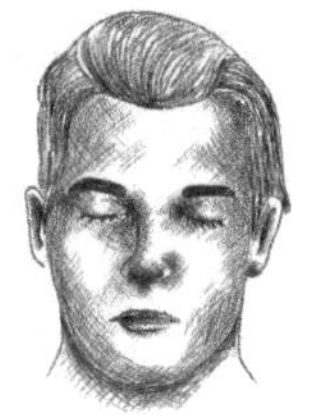

Geburtsdatum: unbekannt
Alias: Mad Butcher of Kingsbury Run
Tatmerkmale: Verstümmelung, Enthauptung, Kastration, Verwendung von Chemikalien
Opferzahl: 12 bis 20
Zeitraum der Morde: 1935 bis 1938
Datum der (endgültigen) Verhaftung: nicht verhaftet
Mordmethode: vermutlich Enthauptung
Tatorte: Cleveland (USA)
Status: wurde nie identifiziert oder verhaftet

VORGESCHICHTE

Der bis heute nicht identifizierte »Cleveland Torso Murderer« wird für bis zu 20 Morde verantwortlich gemacht, die sich zwischen 1935 und 1938 ereignet haben. Mindestens zwölf Opfer werden ihm offiziell zugeschrieben, jedes davon wurde verstümmelt. Die Ermittler, die mit dem Cleveland Torso Murderer betraut waren, glauben jedoch, dass er noch für eine Reihe weiterer Morde verantwortlich war, die zwischen den 1920er- und 1950er-Jahren begangen wurden.

Der Täter hatte es vor allem auf Rumtreiber und Landstreicher abgesehen, weshalb viele seiner Opfer nie identifiziert wurden. Er tötete Männer und Frauen gleichermaßen und schien keinerlei Vorliebe für eines von beiden Geschlechtern zu haben. Es war die Zeit der Weltwirtschaftskrise und alle Opfer schienen aus unteren Gesellschaftsschichten zu kommen.

Zudem wurde jedes Opfer enthauptet. In einigen Fällen wurde sogar der Torso in der Mitte halbiert, daher der Spitzname Cleveland Torso Murderer. Den meisten männlichen Opfern wurden die Genitalien entfernt, andere Opfer wurden mit einer Chemikalie behandelt. Die meisten Opfer wurden erst lange nach ihrem Tod gefunden, sodass die bereits fortgeschrittene Verwesung die Identifizierung der Leichen zusätzlich erschwerte. Hinzu kommt, dass einige der Köpfe nie gefunden wurden.

Al Capones berühmter Gegenspieler Eliot Ness war zur Zeit der zwölf offiziellen Morde Direktor für öffentliche Sicherheit in Cleveland. Zwar war er in die Ermittlungen selbst kaum involviert, unterstützte die Beamten aber bei der

Vernehmung eines Verdächtigen, Dr. Francis E. Sweeney. Ness leitete außerdem die Ermittlungen im Fall des Brandes in Kingsbury Run, der Gegend, in der der Cleveland Torso Murderer die meisten seiner Opfer entführt hatte.

Wer auch immer der Täter war, er schien Ness mit Freuden zu verhöhnen. Einmal legte er die sterblichen Überreste zweier Opfer direkt im Sichtfeld von Ness' Büro ab.

MORDE

Das erste Opfer, das dem Torso-Mörder zugeordnet wurde, war Edward Andrassy, dessen Leiche am 23. September 1935 am Jackass Hill in Kingsbury Run gefunden wurde. Sie war enthauptet und ihre Genitalien wurden entfernt. Die Ermittler schätzten, dass das Opfer bereits seit zwei oder drei Tagen tot war. Etwa zehn Meter entfernt fanden sie eine weitere Leiche eines unbekannten Mannes, die ebenfalls enthauptet und kastriert worden war. Die Haut war außerdem in Kontakt mit einer Chemikalie gekommen, wodurch sie ganz rot und ledrig geworden war. Das Opfer war bereits seit drei bis vier Wochen tot.

Florence Geneviève Polillo wurde irgendwann zwischen 26. Januar und 7. Februar 1936 getötet. Ihre Leiche wurde in der Innenstadt von Cleveland gefunden, ebenfalls verstümmelt. Ihr Kopf wurde nie gefunden. Sie war laut Ermittlern seit zwei bis vier Tagen tot.

Das zweite unbekannte männliche Opfer wurde am 5. Juni 1936 umgebracht. Die Ermittler gingen davon aus, dass der Mann noch am Leben war, als auch er enthauptet wurde. Anders als bei Polillo wurde sein Kopf gefunden. Als seine Leiche entdeckt wurde, war er bereits seit zwei Tagen tot. Der nächste Mord ereignete sich im Mai 1936. Die Leiche eines dritten unbekannten Mannes wurde am 22. Juli in der Gegend Big Creek in Brooklyn gefunden. Auch er war bei lebendigem Leib enthauptet worden.

Am 10. September 1936 wurde ein halber männlicher Torso in Kingsbury Run gefunden. Das Opfer konnte nicht identifiziert werden und an der Leiche war unterhalb des Torsos nichts mehr vorhanden, auch der Kopf wurde niemals gefunden. Der Mann war etwa zwei Tage tot. Am 23. Februar 1937 tauchte die nächste Leiche ohne Kopf auf. Es handelte sich um eine Frau, die jedoch ebenfalls nicht identifiziert werden konnte.

Am 6. Juni 1937 wurde unter der Hope Memorial Bridge die Leiche einer unbekannten Schwarzen gefunden. Ihr fehlte der Kopf und eine Rippe. Das Opfer war seit etwa einem Jahr tot. Am 6. Juli 1937 wurde im Cuyahoga River die Leiche eines unbekannten Mannes gefunden. Auch sie war enthauptet worden, der Kopf wurde nie gefunden.

Am 8. April 1938 wurde das Bein einer unbekannten Frau im Cuyahoga River gefunden. Im darauffolgenden Monat tauchte in dem Fluss ein Oberschenkel auf und unter einer Brücke wurde ein Sack mit weiteren Körperteilen entdeckt. Insgesamt wurden beide Schenkel, ein Fuß, ein Unterschenkel und der Torso des Opfers gefunden. Im Gegensatz zu den anderen Opfern wurden bei diesem Drogenrückstände im Körper gefunden.

Die letzten beiden Opfer wurden am 16. August 1938 auf der Müllkippe von Lakeshore entdeckt, ein unbekannter Mann und eine unbekannte Frau. Beide Leichen waren enthauptet worden, die Köpfe konnten allerdings gefunden werden.

Chronik der bekannten Morde:
23. September 1935: Edward Andrassy
23. September 1935: unbekannter Mann 1
26. Januar/7. Februar 1936: Florence Geneviève Polillo
5. Juni 1936: unbekannter Mann 2, »Der tätowierte Mann«
22. Juli 1936: unbekannter Mann 3
10. September 1936: unbekannter Mann 4
23. Februar 1937: unbekannte Frau 1
6. Juni 1937: unbekannte Frau 2
6. Juli 1937: unbekannter Mann 5
8. April 1938: unbekannte Frau 3
16. August 1938: unbekannte Frau 4
16. August 1938: unbekannter Mann 6

VERDÄCHTIGE

Frank Dolezal aus Cleveland wurde am 24. August 1939 verhaftet. Er stand im Verdacht, Florence Polillo getötet zu haben, starb sechs Wochen nach seiner Verhaftung aber im Gefängnis. Bei der Obduktion wurde festgestellt, dass sechs seiner Rippen gebrochen waren, was zum Zeitpunkt seiner Verhaftung noch nicht der Fall gewesen war. Zwar hatte er in der Vernehmung irgendwann zugegeben, Polillo in Notwehr getötet zu haben, dennoch wird angenommen, dass er weder für den Mord an ihr noch an einem der anderen Opfer verantwortlich war.

Ein weiterer Verdächtiger war Dr. Francis E. Sweeney, ein Veteran aus dem Ersten Weltkrieg, der an der Front eine Menge Erfahrung mit Amputationen gesammelt hatte. Sweeney wurde von Eliot Ness vernommen, der zum damaligen Zeitpunkt noch Direktor für öffentliche Sicherheit in Cleveland war, und musste sich zwei Lügendetektortests unterziehen, die er beide nicht bestand. Weitere Beweise, dass es sich bei ihm um den Täter handelte, gab es jedoch nicht. Sweeney wies sich selbst in eine psychiatrische Klinik ein.

CARROLL EDWARD COLE

Geburtsdatum: 9. Mai 1938
Alias: –
Tatmerkmale: Kannibalismus, Verstümmelung
Opferzahl: 16
Datum der Morde: 1948, 1971 bis 1980
Datum der (endgültigen) Verhaftung: 1980
Mordmethoden: Strangulation, Ertränken
Tatorte: Nevada, Iowa, Kalifornien (USA)
Status: hingerichtet durch die Giftspritze am 6. Dezember 1985

VORGESCHICHTE

Cole wurde in Sioux City, im US-Bundesstaat Iowa geboren. Nachdem 1939 seine Schwester zur Welt kam, zog die Familie nach Kalifornien um. Sein Vater LaVerne arbeitete in einer Werft und wurde nach Ausbruch des Zweiten Weltkriegs zum Kriegsdienst eingezogen. Während er im Einsatz war, hatte sein Frau Vesta eine Reihe außerehelicher Affären. Cole war bei den Seitensprüngen seiner Mutter häufig zugegen und bekam Schläge von ihr angedroht, sollte er irgendjemandem erzählen, was sie dort trieb.

In der Schule wurde Cole häufig dafür gehänselt, dass er einen Mädchennamen trug. Seine Mutter zog ihm manchmal sogar Mädchenkleidung an und machte sich über ihn lustig. Eines Tages ertrank Duane, einer der Jungen, die Cole in der Schule tyrannisierten, in einem See. Im Ort hielt man seinen Tod für einen tragischen Unfall, bis Cole viele Jahre später gestand, ihn getötet zu haben.

In seiner Jugend bekam Cole mehrfach Ärger mit der Polizei, meist wegen Trunkenheit, Diebstahl und anderen Bagatelldelikten. Stehlen wurde für Cole mit der Zeit zu einer richtigen Angewohnheit, und kurz nachdem er in die Armee eingetreten war, wurde er für den Diebstahl von Waffen auch schon wieder entlassen.

1960 lebte Cole in Richmond, Kalifornien. Eines Nachts überfiel er zwei Pärchen, die in einer abgelegenen Ecke eines Parks in ihren Autos saßen. Kurz darauf rief er die Polizei und gab an, Gewaltfantasien zu haben, in denen er Frauen erwürgt. In den nächsten drei Jahren verbrachte Cole viel Zeit in verschiedenen psychiatrischen Kliniken.

Dort wurde bei ihm eine dissoziale soziopathische Persönlichkeitsstörung diagnostiziert. Im April 1963 galt er jedoch wieder als stabil und wurde entlassen. Er zog daraufhin nach Dallas, wo er die alkoholkranke Stripperin Billie Whitworth heiratete. Zwei Jahre später brannte er ein Motel nieder, weil er glaubte, seine Frau habe dort Affären mit anderen Männern. Er wurde verhaftet und wegen Brandstiftung verurteilt. Als er ins Gefängnis musste, endete auch seine Ehe.

Nach seiner Entlassung versuchte Cole, ein elfjähriges Mädchen zu erwürgen, wofür er zu weiteren fünf Jahren Haft verurteilt wurde. Nachdem er seine Zeit abgesessen hatte, wurde er entlassen und versuchte sofort erneut, zwei Frauen zu erwürgen. Dieses Mal wies er sich selbst in eine psychiatrische Klinik ein. Obwohl die Ärzte feststellten, dass Cole Mordfantasien hatte, wurde er entlassen und nach San Diego zurückgeschickt.

MORDE

Am 7. Mai 1971 lernte Cole in einer Bar in San Diego Essie Buck kennen. Er erwürgte sie und bewahrte ihre Leiche eine Zeit lang im Kofferraum seines Wagens auf, bevor er sie entsorgte. Zwei Wochen nach dem Mord tötete er eine weitere, bis heute unbekannte Frau. Ihre Leiche vergrub er im Wald. Später behauptete er, beide Frauen deshalb getötet zu haben, weil sie ihren Ehemännern untreu gewesen waren, was ihn an seine Mutter erinnerte.

Im Juli 1973 heiratete Cole Diana Parshal, die Beziehung litt jedoch unter ihrer Alkoholsucht und dem ständigen Streit der beiden. Am 19. September 1979 erwürgte Cole sie. Als ein Nachbar sich über ihr Verschwinden wunderte, verständigte er die Polizei. Die begann zu ermitteln und fand Parshals Leiche in eine Decke eingewickelt in der Toilette. Die Beamten glaubten jedoch, sie sei am Alkohol gestorben und Cole kam ungeschoren davon.

Nach dem Tod seiner Frau zog Cole eine Zeit lang umher. Er behauptete später, eine Frau in Las Vegas getötet zu haben, bevor er zurück nach Dallas zog. Dort tötete er im November 1980 mutmaßlich drei weitere Frauen und wurde verhaftet, als er am Tatort des dritten Mords aufgegriffen wurde.

Chronik der bekannten Morde:

7. Mai 1971: Essie Buck

23. Mai 1971: Frau, die nur als »Wilma« bekannt ist

30. Mai 1971: unbekannte Frau

nach März 1972: zwei unbekannte Frauen
August 1975: Myrlene Hamer
14. Mai 1977: Kathlyn Blum
Oktober 1977: unbekannte Frau
27. August 1979: Bonnie Sue O'Neil
19. September 1979: Diana Parshal
3. November 1979: Marie Cushman

VERHAFTUNG UND PROZESS

Cole wurde im November 1980 am Tatort verhaftet. Bei der Obduktion wurde allerdings festgestellt, dass das Opfer vermutlich eines natürlichen Todes starb. Die Behörden wollten Cole gerade wieder entlassen, als er begann, den Mord sowie weitere Verbrechen zu gestehen. Er behauptete, für den Tod von mindestens 14 Frauen in einem Zeitraum von neun Jahren verantwortlich zu sein. Seiner Aussage nach könnten es sogar noch mehr sein, aufgrund seiner Trunkenheit erinnerte er sich bloß nicht.

Cole kam in Texas für die Morde vor Gericht und wurde am 9. April 1981 in drei Fällen für schuldig befunden. Er erhielt eine lebenslange Haftstrafe. Nach dem Tod seiner Mutter 1984 erklärte Cole sich bereit, sich auch für seine Morde in Nevada vor Gericht zu verantworten. Das war überraschend, denn in Nevada gab es die Todesstrafe.

Auch in diesem Prozess wurde er für schuldig befunden und im Oktober 1984 zum Tode verurteilt. Gegner der Todesstrafe versuchten, Coles Urteil in eine lebenslange Haftstrafe umwandeln zu lassen. Cole selbst war jedoch dagegen und wollte nicht, dass die Aktivisten sich für ihn einsetzten. Im Gegenteil: Als er die Todesstrafe erhielt, dankte er dem vorsitzenden Richter sogar.

AUSGANG

Cole wurde am 6. Dezember 1985 um 01:43 Uhr in die umgebaute Gaskammer geführt, nachdem ihm um 00:12 Uhr bereits ein Beruhigungsmittel zur Entspannung verbreicht worden war. Er wurde auf die Liege geschnallt und erhielt um 02:05 Uhr die Todesspritze. Nach Verabreichung des tödlichen Medikamentencocktails krampfte sein Körper, bevor er sich um 02:07 Uhr vollständig entspannte und wenige Minuten später für tot erklärt wurde. Die Hinrichtung dauerte fünf Minuten.

WISSENSWERTES

- Letzte Mahlzeit: Riesengarnelen, Salat mit French-Dressing, Muschelsuppe, Pommes Frites und die Reste seines 12 Kilo schweren Vorrats an Keksen und Süßigkeiten
- Spielte in seinen letzten Stunden Karten mit dem Gefängnispriester

ZITAT

»Ich habe mein Leben so sehr versaut, dass ich einfach nicht mehr weitermachen will.«

ADOLFO CONSTANZO

Geburtsdatum: 1. November 1962
Alias: The Godfather of Matamoros, The Witch Doctor
Tatmerkmale: Menschenopfer und rituelle Folter
Opferzahl: mindestens 16
Zeitraum der Morde: 1986 bis 1989
Datum der (endgültigen) Verhaftung: starb vor seiner Verhaftung
Mordmethoden: Erstechen, Erschießen
Tatorte: Matamoros (Mexiko)
Status: beging am 6. Mai 1989 assistierten Selbstmord durch Erschießen

VORGESCHICHTE

Constanzo wurde 1962 in Miami geboren. Seine Mutter war eine 15-jährige Einwanderin aus Kuba, die nach ihm noch weitere Kinder von verschiedenen Vätern bekam. Nachdem ihr erster Ehemann gestorben war, zog sie nach San Juan in Puerto Rico. Dort lernte sie ihren nächsten Mann kennen und heiratete erneut.

Obwohl Constanzo katholisch getauft war, nahm seine Mutter ihn zu Besuchen auf Haiti mit, damit er dort etwas über Voodoo erfahren konnte. Dieser Konflikt der Religionen muss einen Einfluss auf Constanzo gehabt haben. 1972 zog die Familie zurück nach Miami, wenig später starb sein Stiefvater.

In seiner Jugend wurde Constanzo eine Art Zauberlehrling im afrokubanischen Palo-Mayombe-Kult, in dem unter anderem Tieropferungen praktiziert werden. Seine Mutter hatte inzwischen ein weiteres Mal geheiratet. Auch der neue Stiefvater war Teil des Palo-Mayombe-Kults – und offenbar auch des internationalen Drogenhandels.

Constanzo und seine Mutter wurden mehrmals wegen Diebstahls, Ladendiebstahls und Vandalismus verhaftet. Seine Mutter hielt ihn für ein Medium mit übersinnlichen Fähigkeiten und behauptete, er habe den versuchten Mordanschlag auf US-Präsident Ronald Reagan vorhergesagt.

Als Constanzo erwachsen wurde, zog er nach Mexiko-Stadt. Dort lernte er Martin Quintana, Omar Orea und Jorge Montes kennen, die seine Anhänger wurden. Gemeinsam machten sie ein Geschäft daraus, Kunden gegen Geld Glückszauber auszusprechen und dabei Tiere wie Löwenbabys, Zebras, Ziegen, Hühner oder Schlangen zu opfern. Ihre Klientel waren überwiegend reiche Drogenbosse und Auftragsmörder.

Mit der Zeit lernte Constanzo viele weitere wohlhabende Mitglieder der Gesellschaft kennen, darunter auch korrupte mexikanische Polizisten, die ihn wiederum mit den mächtigen Drogenkartellen der Stadt bekannt machten. Damit seine Zauber Erfolg hatten, benötigte Constanzo Menschenknochen, weshalb er begann, auf Friedhöfen die Gräber zu plündern. Von da ab dauerte es nicht mehr lange, bis er entschied, lebende Menschen zu opfern. So beging er mindestens 16 grauenvolle Morde.

MORDE

Constanzo glaubte, seine magischen Zauberformeln seien maßgeblich für den Erfolg der Kartelle verantwortlich, weshalb er eines Tages darauf drängte, Geschäftspartner der Calzadas zu werden – zu jener Zeit eine der mächtigsten Familien im Drogenhandel. Nachdem die Calzadas seine Forderung ablehnten, verschwanden kurz darauf sieben Mitglieder der Familie. Als deren Leichen später gefunden wurden, fehlten ihnen Ohren, Gehirne, Finger und Zehen. Einem Opfer wurde sogar die Wirbelsäule entfernt.

Nachdem Constanzo 1988 ein Haus in der Wüste, die Rancho Santa Elena, bezogen hatte, beging er dort eine Reihe von Morden als Teil seiner Rituale. Einige Opfer waren Drogenhändler, die er als Rivalen betrachtete, andere Fremde, die schlicht das Pech hatten, ihm über den Weg gelaufen zu sein.

Am 13. März 1989 tötete Constanzo einen jungen Medizinstudenten namens Mark Kilroy. Seine Handlanger hatten den Jungen vor einer Bar entführt und zu Constanzo auf dessen Ranch verschleppt. Kilroy war Amerikaner und hatte in Mexiko Urlaub gemacht. Nach seiner Ermordung gerieten die mexikanischen Ermittler unter massiven Druck der texanischen Behörden, den Fall aufzuklären. Vier von Constanzos Anhängern wurden daraufhin verhaftet und seine Sekte entlarvt.

Wie die Polizei erfuhr, hatte Constanzo den Amerikaner deshalb getötet, weil er für einen rituellen Zauber ein »überlegenes« Gehirn brauchte. Als Beamte seine Ranch durchsuchten, fanden sie in einem großen Kessel ein menschliches Gehirn, eine tote schwarze Katze sowie 15 vergrabene und verstümmelte Leichen, darunter auch die von Kilroy. Zeugen zufolge wurde Kilroy durch einen Machetenhieb in den Nacken getötet.

VERHAFTUNG UND PROZESS

Constanzo hatte einen »Todespakt« mit seinen Anhängern geschlossen. Die Sekte war nach Mexiko-Stadt geflohen und wurde entdeckt, als die Polizei einen Streit schlichten wollte, der sich zufällig in einer Nachbarwohnung desselben Wohngebäudes zutrug. Als die Beamten sich Constanzos Versteck näherten, glaubte dieser, sie seien auf der Suche nach ihm, und eröffnete das Feuer mit seinem Maschinengewehr. Damit hatte er die Aufmerksamkeit der Polizisten erst auf sich gezogen und das Haus, in dem er sich versteckt hielt, wurde innerhalb kürzester Zeit umstellt. Constanzo war jedoch nicht bereit, ins Gefängnis zu gehen. Deshalb übergab er die Waffe seinem Komplizen Alvaro de Leon und befahl ihm, ihn und Martin Quintana zu erschießen. Als die Polizei sich Zutritt zu der Wohnung verschafft hatte, waren beide bereits tot.

AUSGANG

Alvaro de Leon und Sara Aldrete wurden in der Wohnung verhaftet und gemeinsam mit zwölf weiteren Sektenmitgliedern angeklagt. Die Anklagepunkte reichten von Drogenhandel bis hin zu Verabredung zum Mord. De Leon wurde zu 30 Jahren Haft verurteilt. Sara Aldrete wurde mehrerer Morde für schuldig befunden und wurde zu mehr als 60 Jahren Haft verurteilt. Zwei weitere Sektenmitglieder, Serafin und Elio Hernandez, wurden ebenfalls für mehrere Morde zu 60 Jahren Haft verurteilt.

Constanzo hatte bei seinen Morden mutmaßlich einige Komplizen, deren Beteiligung jedoch nie nachgewiesen wurde. Zu ihnen gehörten:

- Rubén Estrada alias »Patitas Cortas«
- Christian Campos alias »El Panzas«
- Emmanuel Romero alias »El Trompas«
- Saul Sánchez alias »El Macaco«
- Ricardo Peña alias »El Cepillín«

DEAN CORLL

Geburtsdatum: 24. Dezember 1939
Alias: The Candy Man, The Pied Piper
Tatmerkmale: Vergewaltigung, Verstümmelung
Opferzahl: mindestens 27
Zeitraum der Morde: 1970 bis 1973
Datum der (endgültigen) Verhaftung: starb vor seiner Verhaftung
Mordmethoden: Erschießen, Erdrosseln
Tatorte: Houston in Texas (USA)
Status: wurde am 8. August 1973 von Elmer Wayne Henley erschossen, bevor er verhaftet werden konnte

VORGESCHICHTE

Dean Corll wurde in Fort Wayne, Indiana, geboren. Er war das erste Kind von Arnold und Mary Corll. Die Mutter war eher beschützend, der Vater äußerst streng. Die Ehe der beiden lief nicht gut und wurde 1946 geschieden. Im Zuge der Trennung wurde auch das Haus der Familie verkauft und Corll zog mit seiner Mutter in einen Wohnwagen nach Memphis. Vater Arnold war zur Air Force gegangen, die Eltern wollten den Kontakt zwischen Kind und Vater aber aufrechterhalten.

Corll wurde als schüchternes und ernstes Kind beschrieben, das sich wenig mit anderen Kindern in seinem Alter austauschte. Allerdings schien er sich sehr um andere zu sorgen. Mit sieben Jahren bekam er rheumatisches Fieber, was allerdings erst mit elf Jahren diagnostiziert wurde, nachdem die Ärzte ein Herzgeräusch bei ihm festgestellt hatten. Die Erkrankung schränkte ihn nicht sonderlich ein, außer dass er in der Schule nicht am Sportunterricht teilnehmen konnte.

1950 wagten Corlls Eltern einen zweiten Versuch. Die neue Ehe hielt allerdings nur wenige Jahre und wurde 1953 schon wieder geschieden. Die Kinder blieben in Obhut der Mutter, behielten aber auch ein gutes Verhältnis zum Vater.

Corlls Mutter heiratete erneut, dieses Mal einen Uhrenverkäufer namens Jake West, der beruflich viel unterwegs war. Die Familie zog deshalb nach Vidor, wo die Mutter und der neue Stiefvater eine kleine Süßwarenfirma eröffneten, die sie »Pecan Prince« nannten. Das Geschäft führten sie aus ihrer Garage heraus. Dort arbeitete Corll Tag und Nacht, selbst wenn er zur Schule ging. Der Arbeit im Süßwarengeschäft der Familie verdankte er später auch seinen Spitznamen »The Candy Man«, Deutsch etwa: der Süßigkeitenmann.

MORDE

Die meisten seiner Opfer entführte Corll im Viertel Houston Heights, in der Innenstadt von Houston. Die Gegend galt damals als Armenviertel. Corll hatte zwei Komplizen, die ihm beim Entführen der Jungen und jungen Männer halfen: Elmer Wayne Henley und David Owen Brooks, damals selbst noch Jugendliche, die viele der Opfer kannten oder mit ihnen befreundet waren. Auch Corll kannte einige seiner Opfer, bevor sie entführt wurden, mindestens zwei hatten in seiner Süßwarenfirma gearbeitet.

Die Entführungen liefen in der Regel folgendermaßen ab: Das Opfer wurde unter dem Vorwand, es irgendwo hinzubringen oder gemeinsam zu einer Party zu fahren, in ein Auto gelockt, entweder einen Ford-Econoline-Lieferwagen oder ein Plymouth GTX. Dann wurden sie zu Corlls Haus gebracht und bekamen Drogen oder Alkohol, bis sie nahezu bewusstlos waren. Dann wurden sie entweder gezwungen oder mit einem Trick dazu gebracht, sich Handschellen anzulegen, ausgezogen und zur Folter auf einen Holztisch oder an Corlls Bett gefesselt.

Sobald ein Opfer fixiert war, wurde es auf grausame Weise sexuell missbraucht, misshandelt und gefoltert. Sobald dieses Martyrium vorüber war, wurden sie entweder erschossen oder erdrosselt. Einige Opfer wurden mehrere Tage lang am Leben gehalten und mussten immer wieder brutalste Attacken über sich ergehen lassen. Die Leichen wurden in Plastiktücher gewickelt und an einem der vier Orte vergraben, die Corll für die Entsorgung seiner Opfer nutzte. Diese Orte waren ein Strand auf der Bolivar-Halbinsel, ein Bootshaus, ein Strand im Jefferson County sowie ein Waldgebiet nahe Lake Sam Rayburn.

In vielen Fällen zwang Corll seine Opfer, Briefe an ihre Eltern zu schreiben oder sie anzurufen, um zu erklären, warum sie nicht nach Hause kamen. Damit wollte er verhindern, dass die Eltern aus Sorge um ihre Kinder die Ermittlungsbehörden einschalteten. Corll bewahrte gerne Trophäen seiner Opfer auf, meist ihre Schlüssel.

Chronik der bekannten Morde:

25. September 1970: Jeffrey Konen (18) war per Anhalter unterwegs, als er entführt wurde. Seine Leiche wurde am High Island Beach vergraben.

13. Dezember 1970: James Glass (14) wurde gemeinsam mit Danny Yates von David Brooks von einer evangelikalen Kundgebung weggelockt.

13. Dezember 1970: Danny Yates (14) wurde gemeinsam mit James Glass von David Brooks von einer evangelikalen Kundgebung weggelockt.

30. Januar 1971: Donald Waldrop (15) wurde auf dem Weg zu einer Bowlingbahn mit seinem Bruder Jerry Waldrop entführt.

30. Januar 1971: Jerry Waldrop (13) wurde auf dem Weg zu einer Bowlingbahn mit seinem Bruder Donald Waldrop entführt. Beide wurden erwürgt und im Bootshaus verscharrt.

9. März 1971: Randell Harvey (15) wurde auf dem Heimweg von der Arbeit entführt, in den Kopf geschossen und im Bootshaus begraben.

29. Mai 1971: David Hilligiest (13), ein Jugendfreund von Elmer Wayne Henley. Wurde zusammen mit seinem Freund Gregory Malley Winkle entführt.

29. Mai 1971: Gregory Malley Winkle (16) wurde auf dem Weg zum Schwimmbad entführt. Winkle war ein Angestellter bei Corll Candy und der Freund von Randell Harveys Schwester.

17. August 1971: Ruben Watson Haney (17) verschwand auf dem Weg ins Kino. Er rief später seine Mutter an und sagte, dass er übers Wochenende bei David Brooks bleiben würde. Wurde erwürgt und im Bootshaus verscharrt.

9. Februar 1972: Willard »Rusty« Branch Jr. (17) wurde erschossen, kastriert und im Bootshaus begraben. Sein Vater, ein Polizist, starb bei der Suche nach seinem Sohn an einem Herzinfarkt.

24. März 1972: Frank Aguirre (18) wurde erwürgt und am High Island Beach begraben. Aguirre war mit Rhonda Williams verlobt.

20. April 1972: Mark Scott (17) war sowohl mit Brooks als auch mit Henley befreundet. Wurde erwürgt und am High Island Beach begraben.

21. Mai 1972: Johnny Delone (16) wurde entführt, als er mit einem Freund zu einem Ladengeschäft unterwegs war. Wurde in den Kopf geschossen und von Henley erwürgt.

21. Mai 1972: Billy Baulch (17) war ein Angestellter bei Corll Candy. Wurde von Henley erwürgt und am High Island Beach begraben.

20. Juli 1972: Steven Sickman (17) wurde entführt und erwürgt, nachdem er eine Party verlassen hatte. Sein Leichnam wurde im Bootshaus begraben, mehrere Rippen waren gebrochen.

3. Oktober 1972: Wally Jay Simoneaux (14) wurde auf dem Weg zur High School entführt. Versuchte, seine Mutter anzurufen, während er in Corlls Haus fest-

gehalten wurde, doch der Anruf wurde unterbrochen. Wurde erwürgt und im Bootshaus verscharrt.

3. Oktober 1972: Richard Hembree (13) wurde aus einem Lebensmittelgeschäft entführt, in den Mund geschossen und erwürgt.

12. November 1972: Richard Kepner (19) wurde auf dem Weg zu einem Münztelefon entführt, erwürgt und am High Island Beach begraben.

1. Februar 1973: Joseph Lyles (17) wohnte in der gleichen Straße wie Brooks und kannte Corll. Wurde am Jefferson County Beach begraben.

4. Juni 1973: Billy Ray Lawrence (15), ein Freund von Henley. Rief seinen Vater von Corlls Wohnung aus an und fragte, ob er angeln gehen dürfe. Corll hielt ihn vier Tage lang am Leben, bevor er ihn tötete und seine Leiche im Lake Sam Rayburn begrub.

15. Juni 1973: Ray Blackburn (20) wurde entführt, als er per Anhalter zu seiner Frau und seinem neuen Baby unterwegs war. Wurde erwürgt und am Lake Sam Rayburn begraben.

7. Juli 1973: Homer Garcia (15), ein Bekannter von Henley. Wurde durch einen Kopfschuss getötet und im Lake Sam Rayburn begraben.

12. Juli 1973: John Sellars (17) wurde in die Brust geschossen und am High Island Beach begraben. Sellars Leiche war die einzige, die vollständig bekleidet war, als sie gefunden wurde.

19. Juli 1973: Michael »Tony« Baulch (15), der jüngere Bruder des früheren Opfers Billy Baulch. Wurde erwürgt und am Lake Sam Rayburn begraben.

25. Juli 1973: Marty Jones (18) wurde zuletzt gesehen, wie er mit seinem Freund Charles Cobble in Richtung der Wohnung von Corll und Henley ging.

25. Juli 1973: Charles Cary Cobble (17) wurde zuletzt gesehen, wie er mit seinem Freund Marty Jones in Richtung der Wohnung von Corll und Henley ging. Wurde zweimal in den Kopf geschossen und im Bootshaus verscharrt. War ein Schulfreund von Henley.

3. August 1973: James Dreymala (13) wurde zuletzt in South Houston auf seinem Fahrrad gesehen. Rief seine Eltern an und sagte, er sei auf einer Party.

VERHAFTUNG UND PROZESS

In den frühen Morgenstunden des 8. August 1973 tauchte Henley mit Timothy Kerley und Rhonda Williams in Corlls Haus auf, mit denen er zuvor auf einer Party gewesen war. Corll war außer sich, dass eine Frau in seine Wohnung gebracht wurde. Er nahm Henley beiseite und sagte ihm, dass er »alles ruiniert«

habe. Irgendwann beruhigte Corll sich und gab den Gästen Cannabis und Alkohol. Henley und Kerley schnüffelten obendrein Farbe. Etwa zwei Stunden später waren alle eingeschlafen und wurden von Corll beobachtet.

Als Henley aufwachte, waren seine Füße gefesselt, sein Mund mit Tape abgeklebt und Corll legte ihm gerade Handschellen an. Neben ihm lagen Williams und Kerley, ebenfalls gefesselt und geknebelt. Corll hatte Kerley bereits die Kleidung ausgezogen. Dann zog er Henley das Klebeband vom Mund und sagte ihm, dass er wütend auf ihn war, weil er eine Frau in seine Wohnung gebracht hatte, und dass er sie alle töten würde, nachdem er Kerley misshandelt und gefoltert hat. Corll trat Williams gegen die Brust, dann zerrte er Henley zur Küche und drückte ihm den Lauf einer Pistole gegen den Bauch. Henley gelang es, Corll zu beruhigen. Er bot ihm an, beim Foltern und Töten von Kerley und Williams mitzumachen. Corll war einverstanden und befreite Henley von seiner Fessel und den Handschellen.

Henley half Corll, die beiden Jugendlichen in dessen Schlafzimmer zu bringen und an das Folterbrett zu fesseln. Corll befahl Henley, Williams die Kleidung abzuschneiden. Währenddessen begann er selbst, Kerley zu misshandeln. Williams fragte Henley, ob das, was dort passiere, echt sei. Als er »Ja« sagte, fragte sie ihn, warum er nichts dagegen unternehme.

Henley fragte daraufhin, ob er Williams in den Nebenraum bringen durfte, doch Corll ignorierte ihn. Henley schnappte sich die Pistole und brüllte Corll an, er sei nun »weit genug gegangen«. Corll ließ von Kerley ab und Henley sagte ihm, er könne nicht so weitermachen und ihn all seine Freunde töten lassen. Corll ging auf Henley zu und befahl ihm, ihn zu töten. Als Henley einen Schritt zurück ging, schrie Corll: »Tust du eh nicht!«, doch Henley drückte ab und schoss Corll in die Stirn. Die Kugel verfehlte unglaublicherweise jedoch das Gehirn und Corll stürmte auf Henley zu. Henley schoss erneut und traf Corll in die Schulter. Der versuchte, aus dem Raum hinauszutaumeln, doch Henley drückte drei weitere Male ab und erwischte Corll in Schulter und Rücken.

Corll ging im Hausflur zu Boden und war sofort tot. Henley befreite Williams und Kerley. Während sie sich wieder anzogen, berieten die drei, was sie nun tun sollten. Henley schlug zunächst vor, dass sie einfach gehen sollten. Doch Kerley wollte die Polizei rufen. Um 08:24 Uhr rief Henley die Polizei von Pasadena an, dann setzten die drei sich auf die Couch und warteten.

Als er wegen Corlls Tod vernommen wurde, gestand Henley, dass er Corll gemeinsam mit David Brooks fast drei Jahre lang geholfen hatte, jugendliche

Jungs zu entführen, die dieser dann vergewaltigt, gefoltert und ermordet hat. Er gab auch zu, dass er an der Verstümmelung und Folter mehrerer Opfer beteiligt war, bevor diese getötet wurden. Außerdem erklärte Henley, wie Corll ihm und Brooks bis zu 200 Dollar für jedes Opfer bezahlt hatte, das diese zu seiner Wohnung brachten.

Anfangs glaubten die Ermittler Henleys Geschichte nicht, bis er die Namen einiger Opfer aufzählte und die Beamten erkannten, dass all diese Menschen als vermisst gemeldet wurden. Henley gab auch preis, wo die Leichen der Opfer begraben waren, und erklärte sich bereit, die Ermittler zum Bootshaus zu führen, wo die meisten Leichen lagen.

Die Beamten begannen, den Boden im Bootshaus auszuheben, und fanden schnell die erste Leiche. Nun konnten sie sicher sein, dass Henleys Geschichte stimmte, also gruben sie weiter und fanden noch mehr Opfer im Bootshaus verscharrt. Fast alle Leichen wurden in Plastiktücher eingehüllt, einige hatten noch Schlingen um den Hals. Nachdem die Durchsuchung des Bootshauses beendet war, hatten die Polizisten dort acht Leichen gefunden.

Am selben Tag tauchte David Brooks gemeinsam mit seinem Vater auf dem Polizeirevier auf, um eine Aussage zu machen. Er versicherte darin, dass er mit keinem der Morde etwas zu tun hatte, gab aber zu, gewusst zu haben, dass Corll 1970 zwei Jungen vergewaltigt und getötet hat. Am darauffolgenden Morgen legte Henley ein umfassendes Geständnis ab, auch zu seiner eigenen Rolle bei neun der Morde sowie zu Brooks Beteiligung an allen bis auf drei Morden.

Am Abend des 9. August gestand auch Brooks endlich und führte die Ermittler zum High Island Beach, wo viele der übrigen Leichen vergraben waren. Am 13. August kamen Henley und Brooks noch einmal mit der Polizei zum Strand, um die letzten Leichen zu bergen. Insgesamt waren es 27.

Henleys Verfahren begann am 1. Juli 1974, er wurde für vier Morde angeklagt. Während des Prozesses war die Beweislast erdrückend, ganze 82 Beweisstücke wurden vorgebracht. Die Geschworenen brauchten am Ende nur 92 Minuten, um sich zu beraten. Am 16. Juli wurde Henley für schuldig befunden und zu sechs 99-jährigen Freiheitsstrafen verurteilt, die nacheinander zu verbüßen waren.

Henley ging gegen das Urteil in Berufung, am 18. Juni 1979 begann ein neuer Prozess, der dieses Mal neun Tage dauerte. Am 27. Juni 1979 wurde Henley erneut schuldig gesprochen und erhielt dieselbe Strafe wie zuvor.

Brooks' Verhandlung begann am 27. Februar 1975. Obwohl er wegen vier Morden angeklagt war, wurde er nur für den Mord an William Ray Lawrence im Juni 1973 verurteilt. Der Prozess dauerte weniger als eine Woche. Nach nur 90-minütiger Beratung hatten die Geschworenen sich auf einen Schuldspruch verständigt. Am 4. März 1975 wurde Brooks zu lebenslanger Haft verurteilt.

AUSGANG

Die örtliche Polizei wurde von den Familien der Opfer massiv kritisiert, da sie nicht früher erkannt hatte, dass ein Serienmörder in der Gegend sein Unwesen trieb. Allein die immens hohe Zahl verschwundener Jungen und junger Männer hätte die Ermittler stutzig machen müssen.

Von Henley und Brooks eingereichte Gnadengesuche zur Reduzierung ihrer Strafen wurden abgelehnt.

WISSENSWERTES

- Corll gab Henley und Brooks nicht nur ein Dach über dem Kopf und ein Transportmittel, er bezahlte ihnen auch bis zu 200 Dollar, damit sie Freunde oder Jungs in ähnlichem Alter in seine Wohnung brachten, wo er sie vergewaltigte und tötete.
- Corll fuhr einen Ford-Econoline-Lieferwagen, um seine Opfer zu entführen und die Leichen zu entsorgen. Die Scheiben des Lieferwagens waren mit Vorhängen verhangen. Im Inneren befand sich eine Stecktafel, wie sie Handwerker für ihre Werkzeuge verwenden. Corll fesselte daran seine Opfer und bewahrte Waffen und Folterinstrumente auf. Mit Drogen oder der Einladung zu einer Party lockte er die Jungs in den Wagen. Nachdem er sie umgebracht hatte, fuhr er die Leichen im selben Wagen dorthin, wo er sie vergrub.

ANTONE (TONY) CHARLES COSTA

Geburtsdatum: 2. August 1944
Alias: –
Tatmerkmale: Nekrophilie, Zerstückelung, Verstümmelung
Opferzahl: 4 bis 8
Zeitraum der Morde: 1966 bis 1969
Datum der (endgültigen) Verhaftung: 6. März 1969
Mordmethoden: Erschießen, Vergiften, Ertränken
Tatorte: Kalifornien, Massachusetts, New York
Status: verurteilt zu lebenslanger Freiheitsstrafe, beging am 12. Mai 1974 Selbstmord durch Erhängen

VORGESCHICHTE

Costa wurde 1945 geboren und war noch ein Säugling, als sein Vater im Zweiten Weltkrieg fiel. Seine Mutter heiratete später erneut. Als Costa sieben Jahre alt war, erzählte er seiner Mutter, dass nachts ein Mann in sein Zimmer kam, den er als seinen Stiefvater erkannt habe.

Mit 16 Jahren verschaffte Costa sich Zutritt zu einer Wohnung in Massachusetts und beugte sich über ein jugendliches Mädchen, das im Bett lag und schlief. Als das Mädchen davon aufwachte, begann sie zu schreien und Costa floh aus der Wohnung. Doch damit hatte das Mädchen Costa nicht zum letzten Mal gesehen. Nur drei Tage darauf kehrte er in die Wohnung zurück und zerrte sie die Treppen hinunter. Zum Glück für das Mädchen konnten Nachbarn ihn aufhalten.

Am 4. Januar 1962 wurde Costa wegen Körperverletzung und Einbruch verurteilt und erhielt eine einjährige Strafe, die zur Bewährung ausgesetzt wurde. 1963 heiratete Costa, das Paar bekam drei Kinder. Aufgrund seines Drogenmissbrauchs legte er jedoch ein bizarres, unverantwortliches Verhalten an den Tag, das die Ehe stark belastete.

Im Juni 1966 brachte Costa die beiden Mädchen Diane Federoff und Bonnie Williams mit nach Hause. Er erklärte, sie in Pennsylvania abzusetzen und dann allein weiter nach Kalifornien zu fahren. Später behauptete er, die Mädchen nach Hayward in Kalifornien gebracht zu haben. Sie wurden allerdings nie gefunden. Zehn Tage nach dem Ausflug kehrte Costa nach Massachusetts zurück.

Im August 1967 war Costa mit einer weiblichen Begleitung in den Wäldern von Truro wandern, als es zu einem Zwischenfall kam. Costa hatte seine Bekannte mit einem Pfeil getroffen. Später behauptete er, es habe sich um einen Unfall gehandelt, und entschuldigte sich. 1968 war Costas Ehe ein Scherbenhaufen. Ende Januar zog er nach San Francisco, in den Bezirk Haight-Ashbury.

MORDE

Costas erstes Opfer, Bonnie Williams, verschwand im Juni 1966 gemeinsam mit ihrer Freundin Diane Federoff. Sein nächstes Opfer war Barbara Spaulding, die 1968 verschwand. Ihre Leiche wurde nie gefunden.

Am 24. Mai 1968 verschwand Sydney Monzon aus ihrer Wohnung. Costa erschoss sie und entnahm ihr Herz. Bei der Obduktion wurden Hinweise entdeckt, dass Monzon nach ihrem Tod sexuell missbraucht worden war. Christine Gallant wurde am 23. November 1968 von Costa getötet, Details zu ihrer Ermordung gibt es allerdings kaum. Susann Perry wurde seit dem 10. September 1968 vermisst, ihre Leiche am 2. März 1969 gefunden.

Patricia Walsh und Mary Anne Wysocki verschwanden am 24. Januar 1969. Beide wurden erschossen und ihren Leichen die Herzen entnommen. Bei der Obduktion beider Frauen wurden zudem Anzeichen postmortalen sexuellen Missbrauchs gefunden. Ihre Leichen wurden zusammen mit der Leiche von Sydney Monzon entdeckt.

Chronik der bekannten Morde:
Juni 1966: Bonnie Williams
Juni 1966: Diane Federoff
1968: Barbara Spaulding
24. Mai 1968: Sydney Monzon
10. September 1968: Susan Perry
23. November 1968: Christine Gallant
24. Januar 1969: Patricia Walsh
24. Januar 1969: Mary Anne Wysocki

VERHAFTUNG UND PROZESS

Am 6. März 1969 wurde Costa verhaftet und für die Morde an Mary Anne Wysocki, Patricia Walsh, Sydney Monzon und Susan Perry angeklagt. Der Prozess begann am 3. Juni 1969. Im Mai 1970 wurde Costa zu lebenslanger Haft verurteilt.

AUSGANG

Am 12. Mai 1974 wurde Costa erhängt in seiner Zelle gefunden. Sein Tod wurde als Selbstmord deklariert.

WISSENSWERTES

Im Gefängnis schrieb Costa ein Buch namens *Resurrection*, was auf Deutsch Auferstehung bedeutet. Darin beschreibt er, dass die Morde an Wysocki und Walsh von seinem Freund »Carl« begangen wurden. Außerdem behauptet er, Perry und Monzon seien an einer Überdosis Drogen gestorben und »Carl« habe die Leichen zerstückelt.

RICHARD COTTINGHAM

Geburtsdatum: 25. November 1946
Alias: The Torso Killer
Tatmerkmale: Folter, Vergewaltigung, Verstümmelung
Opferzahl: mindestens 6, angeblich bis zu 100
Zeitraum der Morde: 1967, 1977 bis 1980
Datum der (endgültigen) Verhaftung: 22. Mai 1980
Mordmethode: Strangulation
Tatorte: New York, New Jersey (USA)
Status: verurteilt zu lebenslanger Freiheitsstrafe

VORGESCHICHTE

Cottingham war das älteste von drei Kindern. Als er zwölf Jahre alt war, zog seine Familie nach River Vale in New Jersey. Die Mutter blieb daheim und sorgte für die Kinder, während der Vater bei einer Versicherung arbeitete.

Der Schulwechsel stellte für den jungen Cottingham eine soziale Herausforderung dar. Er lernte nur schwer Freunde kennen und verbrachte die meiste Zeit daheim mit seiner Mutter und seinen Geschwistern. Als er später auf die Pascack Valley High School ging, begann sich das allerdings zu bessern und Cottingham fand Anschluss.

Nach seinem Abschluss begann Cottingham gemeinsam mit seinem Vater bei der Versicherungsgesellschaft Metropolitan Life zu arbeiten, wo er Computer bediente. Später übte er die gleiche Tätigkeit bei der Blue Cross Blue Shield Association in New York aus. Cottingham war ein vorbildlicher Arbeitnehmer, der von seinen Vorgesetzten und Kollegen sehr gemocht wurde.

1970 heiratete Cottingham eine Frau namens Janet, die beiden bekamen drei Kinder. Das erste kam 1973 zur Welt, das zweite 1975 und das letzte 1976. Nur drei Jahre nach der Geburt ihres dritten Kindes reichte Janet die Scheidung ein. Sie begründete das mit außerehelichen Affären ihres Mannes, der regelmäßig in örtlichen Schwulenbars gesehen wurde.

Im Zeitraum, in dem Cottingham seine Morde beging, ist er mehrfach wegen kleinerer Vergehen wie Ladendiebstahl oder Trunkenheit am Steuer verhaftet worden. Die Ermittler stellten allerdings keinerlei Verbindung zwischen ihm und all den Morden her, die zu jener Zeit geschahen.

MORDE

Nancy Schiava Vogel, Cottinghams erstes Opfer, verschwand auf dem Weg zur Kirche, wo sie Bingo spielen wollte. Drei Tage darauf wurde ihre erdrosselte Leiche in ihrem Auto gefunden, abgestellt im Ridgefield Park in New Jersey. Sie war gefesselt und nackt.

Die Leichen von Deedeh Goodarzi und einer unbekannten Frau wurden am 2. Dezember 1979 von Feuerwehrleuten in einem Hotel nahe des New Yorker Times Square entdeckt, als diese dort ein Feuer löschen wollten. Den Leichen fehlten Köpfe und Hände und sie wurden mit Feuerzeugbenzin übergossen und angezündet.

Am 5. Mai 1980 wurde die Leiche von Valerie Ann Street in einem »Quality Inn Hotel« in Hasbrouck Heights, New Jersey, gefunden. Sie trug Handschellen an den Händen, ihre Schienbeine waren aufgeschlagen und ihr Körper mit Bissspuren übersäht. Die Obduktion ergab, dass der Mund der Frau mit einer Art Klebeband verschlossen wurde und sie erstickt ist. Nur zehn Tage darauf wurde Jean Reyner erstochen im »Seville Hotel« gefunden.

Chronik der bekannten Morde:

1967: Nancy Schiava Vogel (29)
1977: Maryann Carr
2. Dezember 1979: Deedeh Goodarzi (22)
2. Dezember 1979: unbekannte Frau
5. Mai 1980: Valerie Ann Street (19)
15. Mai 1980: Jean Reyner

VERHAFTUNG UND PROZESS

Am 22. Mai 1980 nahm Cottingham die 18-jährige Prostituierte Leslie Ann O'Dell mit. Beide einigten sich auf 100 Dollar als Bezahlung und fuhren in dasselbe »Quality Inn«, in dem auch Streets Leiche gefunden wurde. Als O'Dell sich in Erwartung einer Massage auf den Bauch legte, schnappte Cottingham sich ein Messer und hielt es ihr an die Kehle. Er legte ihr Handschellen an und begann, sie zu foltern. Dabei biss er fast eine ihrer Brustwarzen ab und O'Dell schrie vor Schmerzen. Obwohl ihre Stimme durch einen Knebel gedämpft war, hörten Hotelangestellte die Schreie und verständigten die Polizei. Als die Beamten eintrafen, verlangten sie, dass Cottingham die Tür öffnet.

Nachdem noch mehr Polizisten eingetroffen waren, wurde Cottingham auf dem Hotelflur verhaftet. Beim Durchsuchen seiner persönlichen Gegenstände fanden die Ermittler Handschellen, zwei Sklavenhalsbänder, einen ledernen Knebel, Replica-Pistolen, ein Schnappmesser sowie große Menge verschreibungspflichtiger Tabletten. Bei der Durchsuchung seines Hauses fanden sie zudem eine Reihe von Gegenständen, die er seinen Opfern abgenommen hatte.

Cottingham kam vor Gericht, wo er für den Mord an Valerie Street angeklagt wurde. Er wurde für schuldig befunden und zu 173 bis 197 Jahren Gefängnis verurteilt. Zwei weitere Prozesse folgten, in denen er des Totschlags in vier Fällen schuldig gesprochen wurde.

AUSGANG

Cottingham wird nie wieder auf freien Fuß kommen, was viele Menschen freuen dürfte. Aufgrund seiner langen Strafe wird er wohl im Gefängnis sterben.

WISSENSWERTES

- Einen Monat vor seiner Verhaftung reichte Cottinghams Frau die Scheidung ein, was sie mit dessen »extremer Grausamkeit« begründete. Sie behauptete außerdem, er habe sich seit 1976 geweigert, Sex mit ihr zu haben.
- Cottingham gab lediglich zu, »ein Problem mit Frauen« zu haben.

JEFFREY DAHMER

Geburtsdatum: 21. Mai 1960
Alias: The Milwaukee Cannibal
Tatmerkmale: Vergewaltigung, Kannibalismus, Nekrophilie, Verstümmelung
Opferzahl: 17
Zeitraum der Morde: 1978 bis 1991
Datum der (endgültigen) Verhaftung: 22. Juli 1991
Mordmethoden: Durschneiden der Kehle, Strangulation
Tatorte: Ohio, Wisconsin (USA)
Status: verurteilt zu 16 Freiheitsstrafen, am 28. November 1994 im Gefängnis ermordet

VORGESCHICHTE

Jeffrey Dahmer ist wohl einer der berühmt-berüchtigtsten Serienmörder des 20. Jahrhunderts. Er wurde als Erstes von zwei Kindern geboren, seine Eltern waren Lionel Herbert und Joyce Annette Dahmer. Der Vater war Chemiestudent an der Marquette University, die Mutter Ausbilderin an Fernschreibgeräten.

Beide Eltern liebten Dahmer abgöttisch, als er noch ein Säugling war. Die Mutter galt allerdings als etwas kompliziert und aufmerksamkeitsbedürftig. Sie geriet häufig in Streit mit ihrem Mann oder den Nachbarn und schien insgesamt ein recht angespannter Mensch zu sein. Als Dahmer mit der Schule begann, verbrachte seine Mutter mehr und mehr Zeit im Bett, wo sie sich angeblich von ihrer »Schwäche« erholen musste. Weil Dahmers Vater wegen seines Studiums häufig fort war, wurde seine Aufmerksamkeit, wenn er dann mal zu Hause war, konstant von seiner Frau beansprucht.

Regelmäßig bekam sie wegen Kleinigkeiten einen Nervenzusammenbruch und versuchte einmal sogar, sich mit den Medikamenten umzubringen, nach denen sie süchtig war. Aufgrund der Probleme der Mutter bekamen Dahmer und sein kleiner Bruder von beiden Elternteilen kaum Aufmerksamkeit. Dahmer berichtete später, der familiäre Alltag bei ihm zu Hause sei stets »extrem angespannt« gewesen, besonders zwischen seinen Eltern, die offenbar ständig miteinander stritten.

Dahmer wurde als ruhiger und schüchterner Schüler beschrieben. Aufgrund seines Verhaltens vermuten die Lehrer, dass er daheim vernachlässigt wurde, zumal die Probleme seiner Mutter wohlbekannt waren. Einen kleinen Freundeskreis hatte Dahmer während seiner Schulzeit aber trotzdem.

Als Dahmer um die vier Jahre alt war, sah er, wie sein Vater beim Saubermachen einen alten Tierkadaver unter dem Haus wegräumte. Als der Junge mit den Knochen des Kadavers spielte, schien er von den Geräuschen angetan zu sein, die sie dabei machten. Von da an entwickelte er eine Faszination für Knochen, außerdem sammelte er Schmetterlinge, Libellen und große Insekten, die er in Einweckgläsern aufbewahrte.

Später begann Dahmer, Kadaver von überfahrenen Tieren von der Straße zu sammeln und aufzuschneiden, nach eigener Aussage aus Neugier, wie die Körper der Tiere aufgebaut waren. Auch die Position der Knochen in lebendigen Tieren faszinierte ihn. Einmal spießte er den Kopf eines Hundes auf einen Pfahl hinter dem Haus.

Als 1966 Dahmers Bruder geboren wurde, lebte die Familie in Doylestown, Ohio. Dahmer durfte den Namen des Bruders aussuchen und entschied sich für David. Sein Vater Lionel hatte in der Zwischenzeit seinen Abschluss geschafft und arbeitete als analytischer Chemiker.

Zwei Jahre später zog die Familie erneut um, dieses Mal nach Bath in Ohio. 1970 fragte Dahmer, als die Familie gerade Hähnchen zum Abendrot aß, was mit den Knochen geschehe, wenn man sie in eine Lösung mit Bleichmittel tauchen würde. Der Vater war wegen der ruhigen, einzelgängerischen Art seines Sohns besorgt und nun froh, dass dieser sich für Wissenschaft zu interessieren schien. Mit Freude zeigte er dem Jungen deshalb, wie man Tierknochen bleichte und präparierte. Dahmer wendete diese Methode daraufhin bei den Tierkadavern an, die er nach wie vor sammelte.

MORDE

Dahmer betäubte seine Opfer meist mit Beruhigungsmitteln, bevor er sie erwürgte. Manchmal erschlug er sie auch, wie etwa sein erstes und zweites Opfer. Der am 2. September 1990 getötete Ernest Miller starb an Blutverlust und Schock, nachdem Dahmer ihm die Halsschlagader durchtrennt hatte.

Einigen Opfern aus dem Jahr 1991 hatte Dahmer Löcher in die Schädel gebohrt. Durch diese Öffnungen spritze er dann Chlorwasserstoffsäure oder kochendes Wasser direkt ins Gehirn, um die Opfer gefügig und verteidigungsunfähig zu machen. Obwohl dieser Prozess also nicht zum Töten der Opfer gedacht war, starben drei von ihnen daran.

Am 18. Juni 1978 wollte Steven Hicks per Anhalter zum Chippewa Lake Park fahren, um dort ein Rockkonzert zu besuchen. Dahmer nahm ihn mit und schlug ihn mit einer Kurzhantel nieder, bevor er ihn erwürgte. Die Leiche zerteilte er in kleine Stücke, die er zu Pulver zerrieb und im Waldgebiet hinter dem Haus seiner Eltern verstreute.

Der 25-jährige Steven Tuomi wurde im »Ambassador Hotel« von Dahmer getötet. Allerdings behauptete dieser, sich nicht daran erinnern zu können, Tuomi umgebracht zu haben. Später sagte er, dass er betrunken gewesen sein muss, als er den Mann zu Tode prügelte. Dahmer zerstückelte die Leiche im Keller seiner Großmutter und entsorgte die Einzelteile im Müll.

Den 14-jährigen James Doxtator lernte Dahmer vor einer Schwulenbar kennen. Mit dem Versprechen, ihm 50 Dollar für Nacktfotos zu bezahlen, lockte er den Jungen ins Haus seiner Großmutter, wo er inzwischen lebte. Dort erwürgte er ihn und bewahrte die Leiche eine Woche lang im Keller auf, bevor er auch sie zerstückelte und die Teile in den Müll warf.

Am 24. März 1988 tötete Dahmer Richard Guerrero in seinem Zimmer. Erst hatte er ihn unter Drogen gesetzt und dann erwürgt. Die Leiche zerteilte er im Keller und löste das Fleisch in Säure auf. Die Knochen warf er wieder in den Müll, bewahrte den Schädel aber noch einige Monate auf, bevor ihn entsorgte.

Das letzte Opfer, das Dahmer im Haus seiner Großmutter tötete, war der 24-jährige Anthony Sears. Sears wurde am 25. März 1989 ermordet. Dahmer bewahrte Teile der zerstückelten Leiche auf. Sears' präparierte Genitalien und Schädel wurden später in einem Aktenschrank in Dahmers Wohnung in der North Twenty-Fifth Street gefunden.

Raymond Smith wurde am 20. Mai 1990 ermordet. Er war das erste Opfer, das Dahmer in seiner neuen Wohnung umbrachte. Dahmer hatte Smith – einen Stricher – in einer Bar kennengelernt und ihn eingeladen, mit ihm zu kommen. In seiner Wohnung machte er ihn mit Schlaftabletten bewusstlos und erwürgte ihn. Seinen Schädel bemalte Dahmer mit roter Farbe und bewahrte ihn auf.

Edward Smith, ein Bekannter Dahmers, wurde zuletzt am 14. Juni 1990 gemeinsam mit Dahmer auf einer Party gesehen. Nachdem Dahmer ihn ermordet hatte, löste er seine Knochen in Säure auf. Den Schädel versuchte er im Backofen zu trocknen, zerstörte ihn dabei aber versehentlich.

Ernest Miller lernte Dahmer vor einem Buchladen kennen. Miller war Tänzer und Dahmer fand seinen Körperbau attraktiv. Als beide in Dahmers Wohnung waren, schnitt er Miller die Halsschlagader auf, ließ ihn verbluten und zerstückelte seine Leiche im Bad. Das Skelett reinigte er und verstaute es in seinem Aktenschrank. Bizeps, Herz und Teile der Beine fror er dagegen ein, sodass er sie später essen konnte.

Der 22-jährige David Thomas traf am 24. September nahe der Grand Avenue Mall auf Dahmer. Als der ihm Geld für Nacktfotos anbot, willigte Thomas ein und begleitete Dahmer in dessen Wohnung. Dort versetzte Dahmer den Drink seines Opfers mit einem Schlafmittel. Sobald Thomas bewusstlos war, fiel Dahmer auf, dass er »nicht sein Typ« war, tötete ihn aber dennoch. Als er die Leiche zerteilte, machte er davon zahlreiche Fotos.

Am 18. Februar 1991 lud Dahmer Curtis Straughter in seine Wohnung ein. Dort betäubte er den jungen Mann, legte ihm Handschellen an und erwürgte ihn. Anschließend zerteilte er die Leiche im Bad und bewahrte Schädel, Genitalien und Hände auf.

Am 7. April 1991 experimentierte Dahmer an Errol Lindsey erstmals mit seinen Schädelbohrungen. Nachdem er Chlorwasserstoffsäure in Lindsays Gehirn injiziert hatte, wurde dieser wieder wach. Dahmer gab ihm daraufhin einen mit Beruhigungsmitteln versetzten Drink. Danach erwürgte er Lindsey und zog ihm die Haut ab, die er, genauso wie seinen Schädel, mehrere Wochen lang aufbewahrte.

Mit seiner üblichen Masche, Geld für Nacktfotos anzubieten, lockte Dahmer am 24. Mai 1991 Tony Hughes in seine Wohnung. Hughes war taubstumm, er und Dahmer kommunizierten deshalb mithilfe handgeschriebener Notizen. Dahmer erwürgte Hughes und ließ ihn drei Tage lang auf dem Boden seines Schlafzimmers liegen. Dann zerstückelte er die Leiche und machte davon erneut zahlreiche Fotos. Den Schädel bewahrte er auf, er wurde später verwendet, um Hughes zu identifizieren.

Am 27. Mai 1991 betäubte Dahmer auch den 14-jährigen Konerak Sinthasomphone mit Schlafmitteln und bohrte ihm ein Loch in den Schädel, um ihm Säure ins Gehirn zu spritzen. Als er glaubte, den Jungen ruhiggestellt zu haben, ging er in einen Laden um die Ecke, um Bier zu kaufen. Als er zurückkam, lief Sinthasomphone auf der Straße umher und bat um Hilfe. Als die Polizei eintraf, erklärte Dahmer, die beiden seien ein Paar und sein Liebhaber nur betrunken. Unglaublicherweise ließen die Beamten den Jungen in Dahmers Obhut. Der injizierte daraufhin noch mehr Säure in dessen Schädel und brachte ihn damit versehentlich um. Die Leiche zerteilte er und bewahrte den Kopf im Eisfach auf.

Am 30. Juni 1991 lief Dahmer an einer Bushaltestelle Matt Turner über den Weg. Wieder nutzte er die Fotomasche, um den Jungen in seine Wohnung zu locken. Einmal dort, reichte er Turner einen mit Schlafmitteln versetzten Drink, erwürgte ihn und zerlegte die Leiche im Badezimmer. Den Oberkörper verstaute er in einem 200-Liter-Fass, die inneren Organe und den Kopf verwahrte er im Eisfach.

Am 5. Juli 1991 lernte Dahmer in einer Schwulenbar in Chicago Jeremiah Weinberger kennen, der das Wochenende mit ihm verbringen wollte. Stattdessen setzte Dahmer ihn unter Drogen, bohrte ein Loch in seinen Schädel und injizierte kochendes Wasser in sein Gehirn. Als er starb, waren seine Augen offenbar geöffnet. Dahmer trennte ihm den Kopf ab und bewahrte die Leiche eine Woche lang im Badezimmer auf, bevor er auch sie zerteilte. Der Oberkörper kam mit in das Fass.

Am 15. Juli 1991 nutzte Dahmer seine Fotomasche bei dem 24-jährigen Bodybuilder Oliver Lacy, den er unter Drogen setzte und mit einem Ledergürtel erdrosselte. Danach schnitt er der Leiche den Kopf ab und bewahrte ihn, gemeinsam mit dem Herz, im Kühlschrank auf. Das Skelett behielt Dahmer auch und hatte vor, einen »Schrein« aus all den Schädeln und Knochen zu bauen, die er gesammelt hatte.

Dahmers letztes Opfer war Joseph Bradehoft, der am 19. Juli 1991 getötet wurde und danach zwei Tage lang auf Dahmers Bett lag. Sein Kopf wurde am 21. Juli abgetrennt und im Kühlschrank aufbewahrt. Wie bei Weinberger und Turner verwahrte Dahmer den Torso außerdem in dem großen Fass.

Chronik der Morde:

18. Juni 1978: Steven Hicks (18)
20. November 1987: Steven Tuomi (25)
16. Januar 1988: James Doxtator (14)
24. März 1988: Richard Guerrero (22)
25. März 1989: Anthony Sears (24)
20. Mai 1990: Raymond Smith (32)
14. Juni 1990: Edward Smith (27)
2. September 1990: Ernest Miller (22)
24. September 1990: David Thomas (22)
18. Februar 1991: Curtis Straughter (17)
7. April 1991: Errol Lindsey (19)
24. Mai 1991: Tony Hughes (31)
27. Mai 1991: Konerak Sinthasomphone (14)

30. Juni 1991: Matt Turner (20)
5. Juli 1991: Jeremiah Weinberger (23)
15. Juli 1991: Oliver Lacy (24)
19. Juli 1991: Joseph Bradehoft (25)

VERHAFTUNG UND PROZESS

Am 22. Juli 1991 bot Dahmer drei Männern 100 Dollar an, um mit ihm in seine Wohnung zu kommen und dort für Nacktfotos zu posieren, ein paar Bier zu trinken und mit ihm herumzuhängen. Einer der Männer, Tracy Edwards, willigte ein und kam mit. In der Wohnung angekommen, fielen Edwards sofort ein furchtbarer Gestank sowie mehrere Kanister Säure auf, die auf dem Boden herumstanden. Als er sich auf Dahmers Aufforderung hin umdrehte, um die Fische im Aquarium zu begutachten, versuchte Dahmer, ihm Handschellen anzulegen. Es gelang ihm zwar nicht, beide Hände zu fesseln, aber er konnte Edwards überreden, trotzdem mit ins Schlafzimmer zu kommen, um ein paar Fotos zu machen.

In der Ecke des Raums stand ein riesiges Fass, aus dem ein beißender Gestank drang. Dahmer begann, mit einem Messer herumzufuchteln und Edwards zu bedrohen. Edwards versuchte, Dahmer zu besänftigen, während er nach einer Möglichkeit zur Flucht suchte. Irgendwann gelang es ihm, Dahmer davon zu überzeugen, dass beide zurück ins Wohnzimmer gehen sollten, um dort ein Bier zu trinken.

Als ihm auffiel, dass Dahmer weder die Handschellen noch das Messer in der Hand hielt und gerade abgelenkt war, stand er unter dem Vorwand, zur Toilette zu müssen, auf und schlug Dahmer ins Gesicht. Der verlor das Gleichgewicht, stürzte und Edwards nutzte den Moment, um aus der Wohnung zu fliehen. Draußen auf der Straße holte Edwards zwei Polizeibeamte herbei und bat sie, ihm die Handschellen abzunehmen. Als den Beamten dies nicht gelang, führte er sie in Dahmers Wohnung. Der gab zu, Edwards die Handschellen angelegt zu haben, erklärte aber nicht wozu.

Als die Beamten in Dahmers Schlafzimmer gingen, um dort den Schlüssel für die Handschellen zu suchen, fielen ihnen einige Fotos in einer offenen Schublade auf. Darauf zu sehen waren zerstückelte Leichen, sie wurden zudem ganz offensichtlich in Dahmers Wohnung aufgenommen. Dahmer versuchte, die Polizisten anzugreifen, wurde jedoch überwältigt und verhaftet.

Bei der Durchsuchung von Dahmers Wohnung fanden die Beamten folgende Gegenstände:

- vier abgetrennte Köpfe
- sieben Schädel
- Blutspuren an einem Fach im Kühlschrank
- zwei menschliche Herzen
- einen Teil eines Armmuskels
- einen Torso
- einen Sack voller Organe und Fleisch
- zwei vollständige Skelette
- zwei Hände
- zwei konservierte Penisse
- Kopfhaut
- drei Torsos im Fass
- 74 Fotos von zerstückelten Leichen

Dahmer wurde wegen 16-fachen Mordes angeklagt. Trotz seiner bizarren Geschichte wurde er als zurechnungsfähig und prozessfähig eingestuft. Am 15. Februar 1992 wurde er zu 15 lebenslangen Freiheitsstrafen verurteilt. Später wurde er auch für den 16. Mord verurteilt und erhielt eine weitere lebenslange Freiheitsstrafe.

AUSGANG

Um 08:10 Uhr am 28. November 1994 wurde Dahmer mit schrecklich zugerichtetem Kopf und Gesicht im Badezimmer des Trainingsraums der Haftanstalt aufgefunden. Er hatte dort gemeinsam mit seinen Mithäftlingen Jesse Anderson und Christopher Scarver den Boden gewischt, was Teil ihrer täglichen Aufgaben gewesen war. Auch Anderson war schwer verletzt. Beide waren mehrfach mit einer 50 Zentimeter langen Hantelstange geschlagen und gegen die Wand geschleudert worden.

Beide Männer lebten noch, als man sie fand, und wurden umgehend ins Krankenhaus transportiert. Dahmer starb allerdings eine Stunde später an seinen Verletzungen, Anderson nach zwei Tagen. Scarver, der wegen eines anderen Mordes bereits eine lebenslange Haftstrafe absaß, informierte die Gefängnisleitung sofort nach der Rückkehr in seine Zelle, dass er die beiden Männer attackiert hatte. »Gott hat es mir aufgetragen«, behauptete er. Für die Morde an Dahmer und Anderson erhielt er zwei weitere lebenslange Freiheitsstrafen.

2015 änderte Scarver seine Geschichte und sagte aus, die beiden Männer hätten ihn in den Rücken gestoßen und ausgelacht. Er behauptete, Dahmer hätte Mithäftlinge geärgert, indem er sein Essen so formte, dass es wie menschliche Körperteile aussah und dass er keinerlei Reue für seine furchtbaren Verbrechen zeigte.

In seinem Testament hatte Dahmer verfügt, dass es keinerlei Begräbniszeremonie für ihn geben und er eingeäschert werden sollte. Seine Asche wurde anschließend aufgeteilt und beiden Eltern ausgehändigt.

WISSENSWERTES

Dahmers IQ wurde auf 145 geschätzt, was an der Grenze zur Genialität liegt.

ZITATE

- *»Ich habe es zu weit getrieben, so viel ist sicher.«*
- *»Ich sollte mehr daheim essen.«*
- *»Meine Fantasie ist mächtiger geworden als mein echtes Leben.«*
- *»Ich denke, irgendwie wollte ich auch, dass es aufhört – auch wenn das meine eigene Vernichtung bedeutete.«*
- *»Ich habe das Fleisch gebraten, mir die Bilder angeschaut und dabei masturbiert.«*
- *»Es bereitete mir eine zerstörerische Lust, ihre Körper zu fühlen. Für mich waren sie nur Objekte, Fremde. Es fällt mir schwer zu glauben, dass ein Mensch zu den Dingen fähig ist, die ich getan habe.«*
- *»Ich konnte dort draußen einfach keinen Lebenssinn finden. Und hier drin finde ich mit Sicherheit auch keinen. Dies ist das große Finale eines verschwendeten Lebens und das Ergebnis ist einfach nur unfassbar deprimierend … was für eine kranke, erbärmliche, jämmerliche und armselige Lebensgeschichte dies doch ist. Wie das irgendwem helfen soll, ich weiß es nicht.«*

KARL DENKE

Geburtsdatum: 12. August 1870
Alias: Der Kannibale von Münsterberg, Papa Denke, Vater Denke
Tatmerkmal: Kannibalismus
Opferzahl: mindestens 42
Zeitraum der Morde: 1909 bis 1924
Datum der (endgültigen) Verhaftung: 21. Dezember 1924
Mordmethode: Erschlagen mit einer Axt
Tatorte: Münsterberg (Deutschland)
Status: beging einen Tag nach seiner Verhaftung Selbstmord, indem er sich in seiner Zelle erhängte

VORGESCHICHTE

Über Denkes Kindheit ist wenig bekannt. Als Erwachsener führte er von 1918 bis 1924 eine Gastwirtschaft. Bei seinen Gästen war er äußerst beliebt, viele nannten ihn »Papa Denke« oder »Vater Denke«. Auch in der Dorfgemeinschaft wurde Denke gemocht, er galt als großzügiger, fürsorglicher und frommer Bürger. Zu Begräbnissen trug er das Kreuz und spielte während Gottesdiensten die Orgel. Niemand ahnte, dass der vermeintlich freundliche »Papa Denke« in Wahrheit Morde beging und das Fleisch seiner Opfer verspeiste.

MORDE

Denkes Opfer waren überwiegend Personen, die niemand vermisste, wenn sie verschwanden, oder bei denen es sehr lange dauerte, bevor jemandem ihr Verschwinden auffiel und sie als vermisst gemeldet wurden. Er hatte es vor allem auf Landstreicher, Bettler und Wandergesellen abgesehen, die auf der Durchreise waren.

Am 21. Dezember 1924 hörte einer von Denkes Untermietern Hilferufe aus dessen Wohnung. Der Mann rannte schnell die Treppe hinab, weil er glaubte, Denke selbst sei verletzt und brauche Hilfe. Stattdessen fand er einen jungen Mann den Korridor entlangtaumeln. Aus einer klaffenden Wunde lief ihm Blut den Schädel hinab. Der Mann brach zusammen und behauptete, Denke habe ihn mit einer Axt geschlagen. Der Untermieter verständigte daraufhin sofort die Polizei.

Als die Beamten in Denkes Wohnung eintrafen, fanden sie dort die Ausweisdokumente von zwölf Wandergesellen sowie Kleidungsstücke verschiedener Männer. In der Küche standen zwei große Gefäße, in denen Fleisch in Salzlake gepökelt wurde. Die Polizisten schätzten, dass es sich dabei um Fleisch und Knochen von etwa 30 Opfern gehandelt haben musste. Zudem fanden sie Denkes Haushaltsbuch, in das er Daten, Namen und Gewichte aller Opfer eingetragen hatte, die er seit 1921 gepökelt hat.

VERHAFTUNG UND PROZESS

Am 21. Dezember 1924 wurde Denke verhaftet und ins örtliche Gefängnis gebracht. Dort wurde er zum Angriff auf den jungen Mann befragt sowie zu den Beweisen für zahlreiche Morde, die in seiner Wohnung gefunden wurden. Denke machte jedoch nie eine Aussage und wurde auch nicht angeklagt – denn am darauffolgenden Morgen war er tot.

AUSGANG

Am 22. Dezember 1924 wurde Denke tot in seiner Zelle gefunden. Er hatte sich erhängt.

Nach seinem Tod kehrten die Ermittler in Denkes Wohnung zurück, um mögliche weitere Beweise zu sichern. Dabei machten sie eine noch verstörendere Entdeckung: Zusätzlich zu den Gefäßen in der Küche, die das Menschenfleisch in Salzlake enthielten, fanden sie noch zahlreiche weitere Behältnisse mit menschlicher Pökelware, für die Weiterverarbeitung präparierte Knochen sowie ein Gerät zur Seifenherstellung.

An den Wänden hingen Dutzende Strumpfhalter, Schnürsenkel und Gürtel, alle aus Menschenhaut gefertigt. Im Kleiderschrank hingen mehrere blutverschmierte Kleidungsstücke, darunter auch ein Rock. Eine wissenschaftliche Untersuchung bestätigte tatsächlich den menschlichen Ursprung des Pökelfleischs. Insgesamt 20 Opfer wurden identifiziert, es wird allerdings davon ausgegangen, dass Denke mehr als 40 Menschen umgebracht und gepökelt hat.

PAUL DENYER

Geburtsdatum: 14. April 1972
Alias: The Frankston Serial Killer
Tatmerkmale: transsexuell, Hass auf Frauen
Opferzahl: 3
Zeitraum der Morde: Juni bis Juli 1993
Datum der (endgültigen) Verhaftung: 31. Juli 1993
Mordmethoden: Erstechen, Strangulation
Tatorte: Melbourne (Australien)
Status: Verurteilt zu drei lebenslangen Freiheitsstrafen. Durfte nach 30 Jahren erstmals einen Antrag auf vorzeitige Haftentlassung stellen. Ein entsprechender Antrag wurde im Mai 2023 abgelehnt.

VORGESCHICHTE

Über die Kindheit und frühen Jahre von Paul Denyer ist nicht viel bekannt. Das, was bekannt ist, klingt allerdings ziemlich verstörend. Laut seiner Mutter ist Denyer als Kleinkind vom Tisch gerollt und erlitt dabei eine Kopfverletzung.

Eines Tages schnappte er sich die Hauskatze der Familie, schnitt ihr die Kehle durch und hing sie an einen Baum. Von da an tötete er immer wieder Katzen und weidete sie aus – unter sadistischen Serienmördern ein weit verbreitetes Phänomen. In Denyers Schulzeit gab es einen Zwischenfall, bei dem er einen Mitschüler attackierte. Der Junge hatte gerade auf seinem Federhalter herumgekaut, der daraufhin in seiner Kehle stecken blieb.

Die Tierquälerei, soziale Inkompetenz und die Angriffe auf andere Kinder waren allesamt Warnsignale, die schon in Denyers Kindheit vermuten ließen, dass mit dem Jungen wohl etwas nicht stimmte. Hätte man ihnen mehr Beachtung geschenkt, hätten die furchtbaren Verbrechen, die Denyer später verübt hat, vielleicht verhindert werden können.

MORDE

Am 12. Juni 1993 wurde in Lloyd Park, nahe Frankston, die Leiche der 18-jährigen Elizabeth Stevens gefunden. Sie war bei ihrer Tante und ihrem Onkel zu Besuch, die sie am Abend zuvor als vermisst gemeldet hatten. Ihre Kehle wurde durchgeschnitten und sie hatte sechs Stichwunden in der Brust. Vier lange

Schnittwunden verliefen von den Brüsten bis hinunter zum Nabel und vier weitere quer über den Bauch. Gemeinsam ergaben sie ein Gittermuster. Auch im Gesicht des Mädchens befanden sich mehrere Platzwunden und Kratzer, zudem war ihre Nase gebrochen. Die Kleidung am Oberkörper wurde ausgezogen, der BH bis zum Hals hochgeschoben. Entgegen dem anfänglichen Verdacht wurde bei der Obduktion allerdings festgestellt, dass das Mädchen nicht vergewaltigt wurde.

Die 22-jährige Debbie Fream verschwand am 8. Juli 1993, als sie in einem örtlichen Lebensmittelgeschäft etwas Milch kaufen wollte. Ihre Leiche fand man vier Tage darauf auf einer Viehweide nahe Carrum Downs. Ihr wurde 24-mal in Kopf, Hals, Arme, Beine und Brust gestochen. Sie wurde erwürgt, aber ebenfalls nicht sexuell missbraucht.

Sein nächstes Opfer, die 17-jährige Natalie Russell, tötete Denyer am 30. Juli 1993. Das Mädchen fuhr gerade mit dem Fahrrad aus dem John Paul College nach Hause. Ihre Leiche wurde in einem Gebüsch in der Nähe des Radwegs gefunden. Ihre Kehle wurde durchgeschnitten und sie hatte mehrere Stichwunden in Hals und Gesicht, Hinweise auf eine Vergewaltigung gab es jedoch erneut nicht.

Chronik der bekannten Morde:
11. Juni 1993: Elizabeth Stevens (18)
8. Juli 1993: Debbie Fream (22)
30. Juli 1993: Natalie Russell (17)

VERHAFTUNG UND PROZESS

Zufällig hatte ein Polizist zum Tatzeitpunkt einen gelben Toyota Corolla in der Nähe des Fahrradwegs gesehen, an dem Russells Leiche gefunden wurde, und sich dessen Kennzeichen notiert. Bei der Überprüfung des Kennzeichens stellten die Ermittler fest, dass dasselbe Fahrzeug in der Nähe des Fundorts von Freams Leiche gesehen wurde. Ein Briefträger hatte zudem gesehen, wie ein Mann in zusammengesunkener Haltung in besagtem Fahrzeug unterwegs war, so als hätte er sich verstecken wollen.

Das Kennzeichen konnte zu Paul Denyer zurückverfolgt werden. Als die Ermittler ihn vernehmen wollten, war er allerdings nicht zu Hause. Deshalb hinterließen sie eine Karte mit der Bitte um Rückruf. Anstelle des Verdächtigen meldete sich aber ein anonymer Anrufer, der fragte, warum die Polizei mit Denyer sprechen wollte. Sie erklärten, dass es sich um eine routinemäßige Aktion handelte und jeder in der Gegend befragt wurde. Zehn Minuten nach dem Telefonat machten sich die Ermittler erneut auf zu Denyers Adresse.

Als die Beamten an die Tür klopften, öffnete Denyer und ließ sie ins Haus. Während er erklärte, wo er sich zum Tatzeitpunkt der verschiedenen Morde aufgehalten hatte, fielen den Ermittlern die vielen Schnittwunden an seinen Händen auf. Denyer erklärte die Verletzungen damit, dass er bei der Reparatur seines Autos mit der Hand in ein Lüfterrad gekommen war. Die Beamten waren sich dennoch sicher, den Täter gefunden zu haben, und nahmen Denyer zur weiteren Vernehmung mit aufs Revier.

Sie verhörten Denyer bis in die frühen Morgenstunden des nächsten Tages, doch der stritt kategorisch ab, etwas mit den Morden zu tun zu haben – bis sie eine DNA-Probe von ihm verlangten. Plötzlich interessierte Denyer sich dafür, wie lange man auf die Ergebnisse eines DNA-Abgleichs warten müsse und ob die Ermittler DNA des Täters an einem der Tatorte gefunden hatten. Dann saß er eine Zeit lang still da, bevor er gestand, die drei Frauen getötet zu haben.

Vor Gericht bekannte Denyer sich in allen Anklagepunkten für schuldig. Ein psychiatrischer Gutachter bestätigte dem Gericht, dass es sich bei Denyer um einen Sadisten handelt, der beim Töten von Frauen Lust und Vergnügen empfindet. Er zeigte keinerlei Reue für das, was er seinen Opfern oder deren Angehörigen angetan hatte.

AUSGANG

Denyer wurde für die drei Morde zu drei lebenslangen Freiheitsstrafen verurteilt. Für die Entführung einer weiteren Frau bekam er zusätzliche acht Jahre. Zunächst wurde ihm jegliche Möglichkeit zur vorzeitigen Haftentlassung versagt, sodass er den Rest seines Lebens im Gefängnis verbringen müsste. Dagegen legte Denyer jedoch am 20. Juli 1994 Berufung vor dem Obersten Gerichtshof ein, wonach ihm gewährt wurde, nach 30 Jahren Haft erstmals Bewährung zu beantragen. Dass ihm auch diese je gewährt wird, ist allerdings unwahrscheinlich. Ein erster Antrag wurde im Mai 2023 abgelehnt.

WISSENSWERTES

- In Haft beantragte Denyer die Erlaubnis, Frauenkosmetik zu erwerben und zu tragen. Der Antrag wurde abgelehnt.
- Auf die Frage, warum er Elizabeth Stevens getötet habe, antwortete Denyer: »Ich wollte … ich wollte einfach nur töten. Ich wollte jemandem das Leben

nehmen, weil ich das Gefühl hatte, dass mir mein eigenes Leben schon so oft genommen wurde.«

- Denyer bestand auf sein gesetzlich verankertes Recht auf Auskunft und stellte entsprechende Anträge, um sich über die Richtlinien der australischen Regierung zu operativen Geschlechtsumwandlungen von Häftlingen zu informieren. Er beantragte eine Untersuchung, bei der seine Eignung für eine solche Operation festgestellt werden sollte, was von den Medizinern allerdings abgelehnt wurde.

NANNIE DOSS

Geburtsdatum: 4. November 1905
Alias: The Giggling Nanny, The Giggling Granny, The Jolly Black Widow, The Lonely Hearts Killer, Lady Blue Beard
Tatmerkmal: Habgier (tötete, um Geld von Versicherungen zu kassieren)
Opferzahl: 8 bis 11
Zeitraum der Morde: 1927 bis 1954
Datum der (endgültigen) Verhaftung: Oktober 1954
Mordmethode: Arsenvergiftung
Tatorte: Alabama, North Carolina, Kansas, Oklahoma (USA)
Status: verurteilt zu lebenslanger Freiheitsstrafe, starb am 2. Juni 1965 im Gefängnis an Leukämie

VORGESCHICHTE

Doss war eines von fünf Kindern des Ehepaars James und Louisa Hazel aus Blue Mountain, Alabama. Die Nancy Hazel getaufte Doss verabscheute ihren offenbar boshaften und kontrollsüchtigen Vater, ebenso wie es ihre Mutter tat. Der Vater ließ die Kinder nicht in die Schule gehen, sondern auf dem Hof der Familie arbeiten. Doss hat deshalb nie richtig lesen und schreiben gelernt.

Als Doss etwa sieben Jahre alt war, fuhren sie und ihre Familie mit dem Zug zu Verwandten. Als der Zug plötzlich mit einer Vollbremsung halten musste, stieß Doss sich den Kopf an einer Metallstange auf der Rückseite des Sitzes vor ihr. Nach diesem Unfall litt sie über Jahre an furchtbaren Kopfschmerzen, Erinnerungslücken und depressiven Schüben.

Obwohl sie nicht gut lesen konnte, tauchte sie gerne in die Welt der romantischen Groschenromane ihrer Mutter ein. Später als Erwachsene las sie mit Vorliebe Kontaktanzeigen. Der Vater erlaubte Doss und ihrer Schwester nicht, sich wie andere Mädchen ihn ihrem Alter zu kleiden, auch Schminken war den Mädchen verboten und der Besuch von Tanzabenden ebenso. Trotz dieser strengen Bemühungen, die Mädchen vor den Fängen der Männerwelt zu bewahren, wurden beide mehrmals sexuell belästigt.

Mit 16 Jahren heiratete Doss einen Mann namens Charley Braggs, den sie bei der Arbeit in einer Leinengarnfabrik kennengelernt hatte. Sie waren nur vier Monate lang ein Paar gewesen, als Doss' Vater der Vermählung zustimmte. Nach der Hochzeit lebte Braggs' ebenfalls kontrollsüchtige Mutter mit dem Paar unter einem Dach. Das Paar bekam vier Kinder, alles Mädchen.

MORDE

Für Doss waren die Kinder und die herrische Schwiegermutter eine Belastung, sodass sie mit Trinken und Rauchen begann. Sie und ihr Mann waren beide untreu und begingen Ehebruch. Braggs verschwand teils tagelang, Doss musste sich dann völlig allein um den Haushalt kümmern. 1927 starben tragischerweise zwei der Töchter, angeblich an einer Lebensmittelvergiftung. Braggs verdächtigte jedoch Doss, die Kinder ermordet zu haben, und floh aus dem gemeinsamen Haus. Die älteste Tochter nahm er mit, das Baby ließ er bei seiner Frau.

Nach Braggs' Auszug dauerte es nicht lange, bis auch dessen Mutter – die noch immer bei Doss lebte – verstarb. 1928 gab Braggs schließlich die älteste Tochter wieder in Doss' Obhut, kurz danach ließ sich das Paar scheiden. Doss nahm beide Kinder und zog mit ihnen zusammen ins Haus ihrer Mutter. Wieder war sie fasziniert von Kontaktanzeigen und schrieb vielen Männern, die dort annoncierten, Briefe. Einer dieser Männer war Robert Franklin »Frank« Harrelson.

Frank begann, Doss Gedichte zu senden, sie schickte ihm dafür einen Kuchen. 1929 heirateten die beiden und lebten in Jacksonville. Kurz nach der Hochzeit fand Doss heraus, dass Frank ein wegen Körperverletzung vorbestrafter Alkoholiker war. Sie blieben dennoch 16 Jahre lang verheiratet, bis Frank überraschend starb.

1945 brachte Doss' älteste Tochter Melvina ihr zweites Baby zur Welt, das Kind starb jedoch schon kurz nach der Geburt. Während der Entbindung wurde Melvina Äther gegen die Schmerzen verabreicht, das Halluzinationen verursachen kann. Sie glaubte gesehen zu haben, wie ihre Mutter dem Kind eine Hutnadel in den Kopf stach. Als sie ihren Mann und ihre Schwester nach dem Baby fragte, erzählten die, Doss habe ihnen gesagt, es sei tot. Und tatsächlich hielt Doss dabei eine Hutnadel in der Hand.

Melvinas Ehe ging kaputt. Nach einer Weile begann sie, sich mit einem Soldaten zu treffen, den Doss nicht mochte. Als Melvina am 7. Juli 1945 ihren Vater besuchen fuhr, ließ sie ihren Sohn Robert in Doss' Obhut. Das Kind starb. Die Ärzte stellten fest, dass das Kind aus unbekannten Gründen erstickt war. Doss hatte zuvor eine Lebensversicherung in Höhe von 500 Dollar auf den kleinen Robert abgeschlossen, die sie zwei Monate nach dessen Tod kassierte.

Als Japan am Ende des Zweiten Weltkriegs kapitulierte, feierte Doss' Mann Frank dies recht überschwänglich. Eines nachts vergewaltigte er Doss in völlig betrunkenem Zustand. Als sie am nächsten Tag sein Whiskeyglas im Garten liegen fand, füllte sie es mit Rattengift. Frank starb in jener Nacht.

Wieder Single, fand Doss schnell einen neuen Verehrer in den Kontaktanzeigen: Arlie Lanning, wieder ein Alkoholiker und Ehebrecher. Die beiden heirateten dennoch; während der Ehe verschwand Doss manchmal allerdings monatelang. Wenn sie zu Hause war, spielte sie dafür die Rolle der verliebten Ehefrau. Als Lanning an Herzversagen starb, erhielt sie Unterstützung aus der gesamten Stadt. Kurz darauf brannte ihr Haus nieder. Das Haus war versichert, ausgezahlt wurde die Summe an Doss. Wenig später starb auch Lannings Mutter und Doss zog aus North Carolina fort.

Sie wohnte zunächst im Haus ihrer Schwester Dovie, die bettlägerig war und kurze Zeit nach Doss' Ankunft starb. Doss lernte daraufhin Richard L. Morton kennen und heiratete erneut. Anders als Doss' bisherige Männer war Morton kein Alkoholiker, dafür aber ein Weiberheld. Er starb 1953, drei Monate nach dem Tod von Doss' Mutter. Vermutlich wurde er vergiftet.

Doss' letzter Ehemann war Samuel Doss aus Tulsa, in Oklahoma. Das Paar heiratete im Juni 1953. Ihr neuer Mann war ein frommer Kirchengänger und duldete die Liebesromane nicht, die seine Frau so gerne las. Im September musste er wegen einer Infektion des Verdauungstrakts ins Krankenhaus. Am 5. Oktober kam er wieder heim und starb noch in derselben Nacht. Aufgrund des plötzlichen Todes wurde eine Obduktion angeordnet, die ergab, dass der arme Kerl große Mengen Arsen im Blut hatte. Nannie Doss wurde daraufhin verhaftet.

VERHAFTUNG UND PROZESS

Nach ihrer Verhaftung gestand Doss mehrere Morde, darunter die an ihren vier Ehemännern, ihrer Mutter, ihrer Schwester Dovie, ihrem Enkel Robert und ihrer Schwiegermutter Lanning. Doss wurde für prozessfähig befunden, die Staatsanwaltschaft konzentrierte sich auf den Mord an ihrem letzten Ehemann Samuel. Am 17. Mai 1955 bekannte Doss sich schuldig und wurde zu einer lebenslangen Freiheitsstrafe verurteilt. Der Todesstrafe entkam sie nur, weil sie eine Frau war und die Staatsanwaltschaft nicht auf die Hinrichtung einer Frau drängen wollte.

AUSGANG

Doss litt an Leukämie und erlag der Erkrankung am 2. Juni 1965.

WISSENSWERTES

- Doss' erster Ehemann – der einzige, den sie nicht umgebracht hat – behauptete, sie deshalb verlassen zu haben, weil sie ihm Angst machte.
- Als Doss in einem Interview zu ihrem Leben im McAlester-Gefängnis in Tulsa interviewt wurde, beschwerte sie sich, dass ihr als einzige Tätigkeit nur Wäschewaschen erlaubt war und ihr Angebot, in der Küche zu arbeiten, freundlich abgelehnt wurde.

JOSEPH E. DUNCAN III

Geburtsdatum: 25. Februar 1963
Alias: –
Tatmerkmale: Entführung, Vergewaltigung, Pädophilie
Opferzahl: 5 bis 7
Zeitraum der Morde: 6. Juli 1996, 4. April 1997, 16. Mai 2005
Datum der (endgültigen) Verhaftung: 2. Juli 2005
Mordmethode: Erschlagen mit einem Hammer
Tatorte: Washington, Kalifornien, Idaho (USA)
Status: verurteilt zu drei lebenslangen Freiheitsstrafen ohne Möglichkeit zur vorzeitigen Entlassung sowie drei Todesstrafen auf Bundesebene

VORGESCHICHTE

Duncan war schon in jungen Jahren ein gewalttätiger Sexualstraftäter und beging sein erstes dokumentiertes Verbrechen 1978 im Alter von gerade einmal 15 Jahren, als er einen neunjährigen Jungen mit vorgehaltener Pistole vergewaltigte. Ein Jahr darauf wurde er verhaftet, als er in einem gestohlenen Auto umherfuhr. Weil er noch minderjährig war, wurde er zur Dyslin Boys Ranch geschickt, einer Besserungsanstalt für jugendliche Jungen, und musste sich dort einer Therapie unterziehen. Dort gestand er, sechs kleine Jungen gefesselt und sexuell missbraucht zu haben, und behauptete, dass er insgesamt schon 13 Jungen vergewaltigt hat.

Duncan wurde entlassen und entführte 1980 einen 14-jährigen Jungen mit einer vorgehaltenen Waffe, die er zuvor seinem Nachbarn gestohlen hatte. Duncan vergewaltigte den Jungen und wurde umgehend verhaftet und zu 20 Jahren Gefängnis verurteilt. Von denen saß er jedoch nur 14 Jahre ab und wurde 1994 auf Bewährung entlassen.

1996 wurde er wegen Cannabiskonsum erneut verhaftet und musste mehrere Wochen lang im Gefängnis bleiben, bevor er unter verschärften Bewährungsauflagen schließlich entlassen wurde. 1997 verstieß er gegen diese Auflagen und musste zurück ins Gefängnis. Anfang Juli 2000 wurde er wegen guter Führung wieder entlassen und zog nach North Dakota.

Im März 2005 wurde Duncan erneut verhaftet und wegen sexueller Belästigung von zwei Jungen im Jahr 2004 angeklagt. Seine Kaution wurde auf

15 000 Dollar festgelegt und von einem Geschäftsmann übernommen, den Duncan zuvor kennengelernt hatte. Sobald er auf freiem Fuß war, setzte Duncan sich ab und ein bundesweiter Haftbefehl gegen ihn wurde erlassen. Von da an wurde Duncan nur noch gewalttätiger und beging eine Reihe von Morden.

MORDE

1996 tötete Duncan Carmen Cubias und Sammiejo White, als er nach seiner Cannabis-Verhaftung auf Bewährung draußen war. Außerdem tötete er 1997 Anthony Martinez in Kalifornien. Allerdings wurde keiner dieser Morde mit Duncan in Verbindung gebracht, bis er für den Mord an Brenda Groene verhaftet wurde.

Die Leichen von Groene, Mark McKenzie und dem Sohn Slade Groene wurden am 16. Mai 2005 in deren Wohnung gefunden, Groenes andere beiden Kinder, Dylan und Shasta, waren verschwunden. Die Obduktion ergab, dass alle Opfer gefesselt wurden und durch stumpfe Gewalteinwirkung am Kopf gestorben sind. Gleichzeitig wurde in den Medien eine Notfallsuchmeldung geschaltet und eine groß angelegte Suchaktion gestartet, um die beiden vermissten Kinder zu finden.

In den frühen Morgenstunden des 2. Juli 2005 sahen Augenzeugen Shasta gemeinsam mit einem Mann in einem »Denny's«-Restaurant. Ohne dass der Mann es mitbekam, verständigten Angestellte und Besucher heimlich die Polizei und stellten sich in verschiedenen Bereichen des Restaurants auf, für den Fall, dass der Mann versuchen würde, mit dem kleinen Mädchen zu entkommen. Er wurde schnell verhaftet, vom kleinen Dylan fehlte allerdings jede Spur.

Nachdem verschiedene Hinweise zum Verbleib des Jungen bei der Polizei eingegangen waren, konzentrierten sich die Ermittler bei ihrer Suche nach dem kleinen Dylan auf die abgelegenen Regionen an der Grenze von Idaho zu Montana. Am 4. Juli wurden die sterblichen Überreste des Jungen im Lolo National Forest nahe St. Regis, in Montana, gefunden. Mittels DNA-Analyse in einem FBI-Labor konnten sie Dylan zweifelsfrei zugeordnet werden.

Chronik der bekannten Morde:

6. Juli 1996: Carmen Cubias (9)

6. Juli 1996: Sammiejo White (11)

4. April 1997: Anthony Michael Martinez (10)

16. Mai 2005: Brenda Groene (40)

16. Mai 2005: Slade Groene (13)
16. Mai 2005: Mark McKenzie (37)
16. Mai 2005: Dylan Groene (9)

VERHAFTUNG UND PROZESS

Nach seiner Verhaftung wurde Duncan einer Reihe von ungelösten Fällen entführter oder getöteter Kinder verdächtigt. Durch Fingerabdrücke auf der Leiche von Anthony Martinez konnte er mit dem Mord an ihm in Verbindung gebracht werden. Am 3. August gaben die Ermittler öffentlich bekannt, dass Duncan mutmaßlich für den Tod des Jungen verantwortlich war. In Haft gestand Duncan zudem die Morde an Carmen Cubias und Sammiejo White.

Duncan wurde an drei verschiedenen Gerichten wegen Mordes angeklagt: in Idaho für die Morde an Groene, deren Sohn und Mark McKenzie; in Kalifornien für den Mord an Anthony Martinez; und am United States District Court für die Entführung und den Mord an Dylan sowie die Entführung von dessen Schwester Shasta.

Der erste Prozess in Idaho begann am 13. Juli 2005, wurde aber vertagt, um mehr Vorbereitungen treffen zu können. Der neue Termin war der 16. Oktober 2006. Sobald die Verhandlung begann, bekannte Duncan sich in allen Anklagepunkten schuldig. Für die Entführungen wurde er zu drei lebenslangen Haftstrafen verurteilt, die Strafen für die Morde standen allerdings noch aus, da die Entführungen von Dylan und Shasta sowie der Mord an dem Jungen auch auf Bundesebene verhandelt wurden und das Ergebnis dieses Prozesses abgewartet werden sollte.

Auch im Bundesprozess bekannte Duncan sich am 3. Dezember 2007 in allen Anklagepunkten schuldig. Er war einen Deal mit der Staatsanwaltschaft eingegangen, Details dazu wurden aber nie veröffentlicht. Am 27. August 2008 berieten sich die Geschworenen drei Stunden lang und einigten sich auf drei Todesstrafen. Für die Entführung von Shasta und Dylan erhielt er zudem drei lebenslange Freiheitsstrafen.

Am 24. Januar 2009 wurde Duncan nach Kalifornien ausgeliefert, wo er sich für den Mord an Anthony Martinez verantworten musste. Auch hier ging er einen Deal mit der Staatsanwaltschaft ein und bekannte sich am 15. März 2011 schuldig. Er wurde zu zwei weiteren lebenslangen Haftstrafen verurteilt, ohne Möglichkeit einer vorzeitigen Entlassung.

AUSGANG

Insgesamt wurde Duncan auf Bundesebene dreimal zum Tode verurteilt und erhielt zusätzlich sechs lebenslange Haftstrafen. In Haft gestand er zudem, 1996 in Seattle zwei Mädchen umgebracht zu haben. Angeklagt wurde er dafür allerdings nicht. Seiner Hinrichtung kam der Krebs zuvor: 2021 starb Duncan im Alter von 58 Jahren an einem aggressiven Hirntumor.

WISSENSWERTES

- Vor seiner Verhaftung hatte Duncan seine Gedanken und Ideen auf einer Website namens »The Fifth Nail« (Deutsch: Der fünfte Nagel) veröffentlicht, die er nach der religiösen Überlieferung benannt hat, es habe neben den vier Nägeln, mit denen Jesus Christus gekreuzigt wurde, noch einen fünften Nagel gegeben, der von den Römern versteckt wurde.
- Auf diesem Blog berichtete Duncan von einem Leben als Sexualstraftäter, bestritt aber, pädophil zu sein.
- Er behauptete außerdem, als Kind sexuell missbraucht worden zu sein.

WALTER E. ELLIS

Geburtsdatum: 24. Juni 1960
Alias: Milwaukee North Side Strangler
Tatmerkmal: Vergewaltigung
Opferzahl: 7
Zeitraum der Morde: 1986 bis 2007
Datum der (endgültigen) Verhaftung: 7. September 2009
Mordmethode: Strangulation
Tatorte: Milwaukee, Wisconsin (USA)
Status: verurteilt zu sieben lebenslangen Freiheitsstrafen ohne Möglichkeit zur vorzeitigen Entlassung, starb am 1. Dezember 2013 in Haft eines natürlichen Todes

VORGESCHICHTE

Bei Walter Ellis bekommt man fast den Eindruck, dass er in unterschiedlichen Phasen seines Lebens andere Persönlichkeiten besaß. Nachbarn beschrieben ihn als wütenden Jungen, der andere Kinder bedrohte, wenn er mit ihnen spielte. Als Teenager verprügelte er mehrere andere Jugendliche aus der Gegend.

Dieselben Nachbarn bezeichneten Ellis jedoch auch als ruhigen und zurückhaltenden Erwachsenen, der mit seinem Auto durch die Gegend fuhr und Schuhe verkaufte. Dabei hielt er manchmal an, um mit den Nachbarn zu plauschen. Niemand, der ihn kannte, hätte für möglich gehalten, dass er fähig war zu töten.

Schon in jungen Jahren kam er allerdings in Konflikt mit dem Gesetz, wurde zwischen 1981 und 1998 zwölfmal verhaftet. Einmal musste er wegen vorsätzlicher Gefährdung für fünf Jahre ins Gefängnis. Mit seinen schlimmsten Verbrechen kam er dagegen jahrelang ungeschoren davon – bis eine DNA-Analyse ihn überführte.

MORDE

Die Leiche von Deborah L. Harris wurde am 10. Oktober 1986 in einem Fluss in Milwaukee gefunden. Ihre Obduktion ergab, dass sie erwürgt wurde. Nur einen Tag später wurde Tanya L. Miller, ebenfalls erwürgt, zwischen einer Garage und einem Wohnhaus gefunden.

Die nächsten Morde geschahen 1995. Die Leiche von Florence McCormick wurde am 24. April von Arbeitern im Keller eines leer stehenden Hauses gefunden. Obwohl das Haus mit Brettern vernagelt war, war eines der Fenster zerbrochen. Die Behörden glaubten, dass sie über dieses Fenster hineingekommen war. Auch McCormick wurde erwürgt.

Am 27. Juni wurde die Leiche von Sheila Farrior in einem leer stehenden Haus gefunden, als der Besitzer sich nach dem Stand der Bauarbeiten erkundigen wollte. Die Frau wurde ebenfalls erwürgt. Zwei Monate später, am 30. August, wurde die Leiche der 16-jährigen Ausreißerin Jessica Payne hinter einem leer stehenden Haus gefunden. Im Gegensatz zu den anderen Opfern starb sie, weil ihr die Kehle durchgeschnitten wurde.

Joyce Mims wurde am 20. Juni 1997 in einem leer stehenden Haus entdeckt. Arbeiter fanden ihre Leiche bei Renovierungsarbeiten im zweiten Stock. Zu diesem Zeitpunkt galt sie bereits seit zwei Wochen als vermisst.

Am 27. April 2007 fanden Kontrolleure der Stadt die Leiche von Ouithreaun C. Stokes in einem leer stehenden Haus, das einmal als Gastwirtschaft gedient hatte. Wie fast alle von Ellis' Opfern wurde auch sie erwürgt.

Chronik der Morde:
10. Oktober 1986: Deborah L. Harris (31)
11. Oktober 1986: Tanya L. Miller (19)
24. April 1995: Florence McCormick (28)
27. Juni 1995: Sheila Farrior (37)
30. August 1995: Jessica Payne (16)
20. Juni 1997: Joyce Mims (41)
27. April 2007: Ouithreaun C. Stokes (28)

VERHAFTUNG UND PROZESS

Mithilfe eines DNA-Abgleichs konnten die Ermittler feststellen, dass es sich bei dem als »North Side Strangler« bekannten Serienmörder um Ellis handelte. Er wurde am 7. September 2009 verhaftet. Vor Gericht plädierte er zunächst auf nicht schuldig und wollte sich selbst verteidigen, obwohl er eigentlich vom Strafverteidiger Russell Jones vertreten wurde. Der Anwalt gab den Fall daraufhin ab. Am 18. Februar 2011 plädierte Ellis in Bezug auf die sieben Morde, für die er angeklagt war, auf *nolo contendere*, eine Einlassung in US-amerikanischen Strafprozessen, in der der Angeklagte die gegen ihn erhobenen Vorwürfe weder bestätigt noch abstreitet.

Dies ist kein Schuldeingeständnis, sondern bedeutet lediglich, dass sich der Angeklagte darüber im Klaren ist, dass die Staatsanwaltschaft ausreichend Beweise besitzt, um seine Schuld zu belegen, und ein Plädieren auf nicht schuldig eine härtere Strafe bedeuten würde. Am 24. Februar wurde Ellis für schuldig befunden und zu sieben lebenslangen Freiheitsstrafen ohne Chance auf Bewährung verurteilt.

AUSGANG

Ellis wurde vom Gefängnis in ein Krankenhaus in South Dakota verlegt, wo er am 1. Dezember 2013 eines natürlichen Todes starb.

KENNETH ERSKINE

Geburtsdatum: Juli 1963
Alias: The Stockwell Strangler
Tatmerkmale: Vergewaltigung, möglicherweise Gerontophilie
Opferzahl: mindestens 7
Zeitraum der Morde: April bis Juli 1986
Datum der (endgültigen) Verhaftung: 28. Juli 1986
Mordmethode: Strangulation
Tatorte: Stockwell (England)
Status: in der psychiatrischen Hochsicherheitsklinik Broadmoor inhaftiert

VORGESCHICHTE

Erskine war eines von vier Kindern des Ehepaars Charles und Margaret Erskine. Charles war Antiguaner und Margaret Britin, die Kinder zogen sie im Londoner Stadtteil Putney auf. Im Kindesalter wurde Erskine als pummeliger Bursche beschrieben, der sich oft zurückzog und die Bibel las. Sein Verhalten ließ sich jedoch immer schwieriger kontrollieren, sodass er schließlich eine Reihe verschiedener Schulen für verhaltensauffällige Kinder besuchen musste.

Erskine griff Mitschüler und Lehrer auf brutalste Weise an und schien in einer Art Fantasiewelt zu leben. Während eines Schulausflugs ins Schwimmbad versuchte Erskine etwa mehrere Mitschüler zu ertränken. Einen Lehrer stach er einmal mit einer Schere in die Hand.

Als er älter wurde, versuchte Erskine sich auch mit Einbrüchen, allerdings war er darin nicht besonders gut, weshalb er mehrfach verhaftet wurde und ins Gefängnis kam. Irgendwann wurde es selbst seiner Familie zu viel und sie brach den Kontakt ab. Erskine wurde zum Einzelgänger, der sich in billigen Hotels und Pensionen herumtrieb und sogar eine Zeit lang auf der Straße lebte.

Als Erskine später für die Morde verhaftet wurde, stellte man fest, dass er mit seinen 24 Jahren erst das geistige Alter eines Elfjährigen besaß. Während seiner zahlreichen Vernehmungen war er geistig nicht wirklich »präsent«. Die Ermittler standen damit vor der schwierigen Aufgabe herauszufinden, in welchem Maß Erskine Schuld an seinen Taten trug und ob er überhaupt verstand, was vor sich ging.

MORDE

Erskine tötete sein erstes Opfer Nancy Emms am 9. April 1986. Die Ärzte gingen zunächst von einer natürlichen Todesursache aus, bis einer Altenpflegerin auffiel, dass der Fernseher der älteren Dame gestohlen worden war. Daraufhin wurde eine Obduktion angeordnet, die ergab, dass Emms vergewaltigt und erwürgt wurde.

Janet Cockett wurde am 9. Juni 1986 in ihrer Wohnung von Erskine getötet. Auch bei ihr gingen die Ärzte zunächst von einem natürlichen Tod aus, bis die Obduktion ergab, dass sie erwürgt worden war. Sie wurde allerdings nicht sexuell missbraucht.

Am 28. Juni 1986 forderte Erskine seine nächsten Opfer. Er drang in die Wohnung der beiden Polen Valentine Gleim und Zbigniew Strabawa ein, missbrauchte und erwürgte sie. William Carmen wurde am 8. Juli 1986 in seiner Wohnung getötet. Er wurde sexuell missbraucht, erwürgt und es wurde Geld aus seiner Wohnung gestohlen.

Am 21. Juli 1986 wurde William Downes auf ähnliche Weise in einer Wohnung in Stockwell getötet. Erskines letztes Opfer war Florence Tisdall. Ihre Leiche wurde am 23. Juli 1986 von einer Altenpflegerin gefunden. Sie wurde vergewaltigt und erwürgt.

Chronik der bekannten Morde:
9. April 1986: Nancy Emms (78)
9. Juni 1986: Janet Crockett (67)
28. Juni 1986: Valentine Gleim (84)
28. Juni 1986: Zbigniew Strabawa (94)
8. Juli 1986: William Carmen (84)
21. Juli 1986: William Downes (74)
23. Juli 1986: Florence Tisdall (83)

VERHAFTUNG UND PROZESS

Am Tatort des Crockett-Mordes hatte Erskine einen intakten Fingerabdruck hinterlassen. Aufgrund seiner vielen Vorstrafen befanden sich seine Fingerabdrücke bereits im System der Ermittlungsbehörden. Am 28. Juli 1986 wurde er in einem Büro im Sozialamt verhaftet. Bei einer Gegenüberstellung wurde er dann von Fred Prentice identifiziert, der einen Überfall von Erskine überlebt hatte.

Im Januar 1988 wurde Erskine des siebenfachen Mordes für schuldig befunden.

AUSGANG

Erskine wurde zu lebenslanger Haft verurteilt, mit der Möglichkeit einer vorzeitigen Entlassung auf Bewährung frühestens nach 40 Jahren. 2009 wurde allerdings eine psychische Erkrankung bei ihm diagnostiziert, und Erskine wurde nach Broadmoor in ein Hochsicherheitskrankenhaus für psychisch kranke Straftäter verlegt. Zudem wurden seine Verurteilungen aufgrund der verminderten Schuldfähigkeit nachträglich in Totschlag umgewandelt. Im Jahr 2028 darf er erstmals Bewährung beantragen.

WISSENSWERTES

- Im Februar 1996 machte Erskine erneut Schlagzeilen, als er im Gefängnis durch Auslösen des Alarms den Mord am »Yorkshire Ripper« Peter Sutcliffe verhinderte. Ein anderer Häftling namens Paul Wilson hatte versucht, Sutcliffe mit einem Kopfhörerkabel zu erwürgen.
- Während seiner Verhandlung masturbierte Erskine und schlief manchmal ein.

DONALD LEROY EVANS

Geburtsdatum: 5. Juli 1957
Alias: –
Tatmerkmal: Vergewaltigung
Opferzahl: 3, laut eigener Aussage über 70
Zeitraum der Morde: 1985 bis 1991
Datum der (endgültigen) Verhaftung: 5. August 1991
Mordmethode: Strangulation
Tatorte: mehrere US-Bundesstaaten
Status: zum Tode verurteilt, wurde am 5. Januar 1999 im Gefängnis umgebracht

VORGESCHICHTE

Evans wurde in Michigan geboren und war Zeitzeugen zufolge ein recht gewöhnlicher Junge mit einer ganz normalen Kindheit – bis er 16 Jahre alt wurde, dann nämlich versuchte er, mit Insektenvernichtungsmittel Selbstmord zu begehen. Warum, ist nicht bekannt. Ein Jahr lang war er daraufhin in psychiatrischer Behandlung, während er weiterhin zur Schule ging.

Mit 18 Jahren trat Evans den Marines bei, wurde aufgrund psychischer Probleme aber weniger als ein Jahr darauf schon wieder entlassen. Von da an entwickelte er sich zum drogenabhängigen Taugenichts.

1986 wurde Evans in Texas wegen der Vergewaltigung einer Frau in Galveston verhaftet. Vor Gericht wurde er schuldig gesprochen und zu 15 Jahren Haft verurteilt, von denen er aber lediglich fünf absaß. Als er 1991 auf Bewährung auf freien Fuß kam, nahm er eine Stelle als Rezeptionist in einem Motel an, die er kurz darauf jedoch wieder aufgeben musste, weil die Behörden der Ansicht waren, dass ein Motel kein geeignetes Arbeitsumfeld für einen verurteilten Sexualstraftäter darstellt.

Evans fand daraufhin einen neuen Job auf einem Fischerboot, doch bekam erneut Ärger, als eine ehemalige Lebensgefährtin ihn anzeigte, weil er ihr angeblich mit Gewalt gedroht habe. Als Evans herausfand, dass es einen neuerlichen Haftbefehl gegen ihn gab, stahl er ein Auto und setzte sich nach Mississippi ab. Dort wähnte er sich in Sicherheit vor den Behörden. Es dauerte allerdings nicht lange, bevor er ein Verbrechen beging, für das er endgültig weggesperrt wurde.

MORDE

Am 1. August 1991 entführte Evans die zehnjährige Beatrice Louise Routh aus einem Park in Gulfport. Nachdem er das Mädchen vergewaltigt hatte, erwürgte er sie. Ihre Leiche wurde in einer ländlichen Gegend ganz in der Nähe gefunden. Der Gerichtsmediziner stellte später fest, dass das Kind über den gesamten Tag ihrer Entführung hinweg sexuell missbraucht wurde.

Nachdem er wegen dieses Mordes verhaftet wurde, gestand er, noch bis zu 70 weitere begangen zu haben. Einer der Fälle, mit dem Evans in Verbindung gebracht und für den er später auch angeklagt wurde, war der Tod von Ira Jean Smith 1985.

Chronik der bekannten Morde:
1985: Ira Jean Smith (38)
1985: Janet Movich (38)
1. August 1991: Beatrice Louise Routh (10)

VERHAFTUNG UND PROZESS

Evans wurde am 5. August 1991 für den Mord an Beatrice Louise Routh verhaftet. Sein umfassendes Geständnis, das Dutzende weitere Morde umfasste, erschien den ermittelnden Beamten zunächst unglaubwürdig. Später konnte er jedoch noch mit den Morden an Ira Jean Smith und Janet Movich in Verbindung gebracht werden.

Am 16. August 1993 wurde Evans für die sexuelle Nötigung und den Mord an der kleinen Beatrice Routh schuldig gesprochen und drei Tage darauf zum Tode verurteilt. 1995 stand er für den Mord an Smith erneut vor Gericht und wurde auch in diesem Fall schuldig gesprochen.

AUSGANG

Am 5. Januar 1999 wurde Evans beim Duschen von seinem Mithäftling Jimmy Mack erstochen. Zum Zeitpunkt seines Todes galt Evans noch in mehreren ungelösten Mordfällen als Tatverdächtiger.

WISSENSWERTES

- Evans versuchte im Alter von 16 Jahren, mit Insektenvernichtungsmittel und Drogen Selbstmord zu begehen.

- Er gestand, Opfer in 20 verschiedenen US-Bundesstaaten auf Rastplätzen und in Parks getötet zu haben.
- Er bat das Gericht, ihn statt mit Donald Leroy Evans mit »Hi Hitler« anzusprechen. Ihm war offenbar nicht bewusst, dass die berüchtigte Grußformel der Nationalsozialisten »Heil Hitler« lautete.

GARY C. EVANS

Geburtsdatum: 7. Oktober 1954
Alias: –
Tatmerkmal: Raubmord
Opferzahl: 5
Zeitraum der Morde: 1985 bis 1997
Datum der (endgültigen) Verhaftung: 27. Mai 1998
Mordmethode: Erschießen
Tatorte: New York (USA)
Status: starb beim Sprung von einer Brücke, nachdem er auf dem Weg zu seiner Gerichtsverhandlung aus einem Polizeitransporter geflohen war

VORGESCHICHTE

Evans wuchs in Troy, New York, auf und hatte eine furchtbare Kindheit, in der er von seinen Eltern emotional und körperlich misshandelt wurde. Die Eltern ließen sich 1969 scheiden, die Mutter versuchte später mehrfach, Selbstmord zu begehen. Schon in jungen Jahren begann Evans zu stehlen. Heute wird angenommen, dass seine Mutter ihn dazu angestiftet hat. Es gab zudem Berichte aus der Nachbarschaft, dass Evans als Kind Tiere gequält und getötet hat.

Kurz nach der Scheidung seiner Eltern zog Evans aus dem Haus seiner Mutter aus und war längere Zeit obdachlos. Um zu überleben, bestahl er die Drogendealer aus der Gegend und beging Einbrüche. 1970 wurde er verhaftet, nachdem er in ein Haus eingebrochen war, und musste mehrere Monate ins Gefängnis.

Mitte der 1970er-Jahre zog Evans in eine Wohnung, die er sich mit Michael Falco und Timothy Rysedorph teilte. Beide kannte er aus seiner Kindheit. Mit seinen Diebstählen steigerte er sich derweil immer mehr und begann zunehmend, sich für den Wert von Schmuck und Antiquitäten zu interessieren. Er suchte verschiedene Antiquitätenhändler auf und gab sich dabei selbst als einer aus. Während der Unterhaltung mit den Händlern spähte er den Laden aus, um seine Einbrüche perfekt planen zu können.

In den darauffolgenden Jahrzehnten wurde Evans für 15 Straftaten im Zusammenhang mit Antiquitätendiebstahl verhaftet und verurteilt. 1977 musste er wegen Einbruchs ins Gefängnis Clinton Correctional Facility. Von dort wurde er in die Great Meadow Correctional Facility verlegt, im Marz 1980 wurde er entlassen. Es dauert allerdings nicht lange, bis Evans erneut verhaftet wurde.

Am 12. Juni 1980 machte Evans mit einem dreisten Ausbruchsversuch Schlagzeilen, als er im Rensselaer County Jail einfach über die Gefängnismauer kletterte. Er kam allerdings nicht weit und wurde in der örtlichen Bibliothek unter Beifall der anwesenden Besucher verhaftet. Die Gefängnisleitung stufte ihn daraufhin als Hochrisikohäftling ein. Und tatsächlich wurde Evans mehrfach dabei erwischt, wie er Ausbrüche plante. Nach seiner Entlassung 1982 wurde er wegen zwei weiterer Verbrechen verhaftet und musste zurück ins Gefängnis. Am 31. März 1984 kam er schließlich erneut auf freien Fuß.

Evans und seine Partner begingen weiter Schmuck- und Antiquitätendiebstähle. Am 16. Februar 1985 raubten er und Falco einen Krämerladen in East Greenbush, New York, aus. Etwa eine Woche darauf verschwand Falco spurlos.

MORDE

Nach Falcos Verschwinden überzeugte Evans jeden – auch Polizei und Kriminelle in seiner Gegend –, dass dieser nach Kalifornien gezogen war. Tatsächlich hatte Evans ihn jedoch erschossen, seine Leiche in einen Schlafsack gewickelt und in einem Sumpf in Lake Worth, Florida, versenkt. Seine Begründung: Er glaubte, dass Falco ihn bestohlen hatte und wegen seiner Einbrüche bei der Polizei anzeigen wollte.

Am 8. September 1988 brachen Evans und sein neuer Partner Damien Cuomo in ein Schmuck- und Münzengeschäft in Watertown, New York, ein. Der Ladenbesitzer Douglas J. Berry schlief im Hinterzimmer. Als er aufwachte und nach dem Rechten sah, wurde er von Evans erschossen.

Cuomo ereilte wenig später dasselbe Schicksal wie Falco. Zuletzt gesehen wurde er am 27. Dezember 1989, als er mit Evans die gemeinsame Wohnung verließ. Evans hatte Cuomo kurz darauf erschossen und die Leiche ganz in der Nähe vergraben. Auch Cuomo musste sterben, weil Evans glaubte, er würde ihn bestehlen und bei der Polizei anschwärzen, wie dieser später erklärte.

Am 17. Oktober 1991 betrat Evans den Schmuckladen von Gregory Jouben. Er bat Jouben, ihm den Preis eines bestimmten Schmuckstücks zu nennen, und erschoss ihn. Nachdem er wegen einer anderen Angelegenheit Ärger mit dem Gesetz hatte und in Haft musste, kam er wieder auf freien Fuß und setzte seine Einbrüche fort, dieses Mal mit der Hilfe von Timothy Rysedorph. Am 4. Oktober 1997 telefonierte Rysedorph mit seiner Frau; es war das letzte Mal, dass jemand etwas von ihm gehört hat. Evans verdächtigte auch Rysedorph, ihn zu bestehlen. Er wartete, bis der Mann ihm den Rücken zudrehte, und erschoss ihn. Anschließend zerteilte er die Leiche mithilfe einer Kettensäge.

Chronik der bekannten Morde:
Februar 1985: Michael Falco
8. September 1988: Douglas J. Berry (63)
27. Dezember 1989: Damien Cuomo
17. Oktober 1991: Gregory Jouben (36)
4. Oktober 1997: Timothy Rysedorph

VERHAFTUNG UND PROZESS

Dass Rysedorph verschwand, kurz nachdem Evans auf Bewährung aus dem Gefängnis entlassen wurde, kam den Ermittlungsbehörden verdächtig vor. Die Polizei ging davon aus, dass Rysedorph ermordet wurde und Evans der Täter war. Also fahndeten sie nach ihm und knapp acht Monate später ging er ihnen ins Netz. Am 27. Mai 1998 wurde Evans in Vermont verhaftet.

Allerdings hatten die Behörden noch keine ausreichenden Beweise für eine Mordanklage gegen Evans. Während sie dabei waren, die zu ermitteln, gestand der überraschend die Morde an Falco, Cuomo und Rysedorph. Nachdem er die Ermittler zu den Leichen der drei Männer geführt hatte, gestand er auch noch die Morde an Berry und Jouben.

Am 12. August 1998 musste Evans sich für drei der Morde in Rensselaer County, New York, vor Gericht verantworten. Am darauffolgenden Tag wurde er zusätzlich für den Mord an Jouben angeklagt.

AUSGANG

Als Evans nach der Anklageerhebung am 12. August 1998 zum Gericht in Albany transportiert wurde, setzte er seinen Fluchtplan in die Tat um. Es war ihm unglaublicherweise gelungen, sich den Schlüssel für seine Handschellen in die Nase zu schieben und dort in einer Nasennebenhöhle zu verwahren, wo er ihn später herausholte, um im Laderaum des Polizeitransporters seine Handschellen zu öffnen. Als der Transporter auf die Troy-Menands Bridge fuhr, trat Evans das Seitenfenster heraus, kletterte durch die Öffnung und rannte davon.

Er wurde jedoch schnell von Polizisten umstellt und sprang deshalb von der Brücke. Bis zum Hudson River hinunter waren fast 20 Meter. Evans starb beim

Aufprall auf der Wasseroberfläche. Als seine Leiche aus dem eisigen Wasser geborgen wurde, fand man den Schlüssel für die Handschellen wieder in seiner Nase versteckt sowie eine Rasierklinge, die er sich ans Fußgelenk geklebt hatte. Evans hatte offenbar vorgehabt, dem Gefängnis um jeden Preis zu entkommen.

WISSENSWERTES

- Als Jugendlicher wurde Evans vom Freund seiner älteren Schwester körperlich misshandelt, nachdem dieser bei ihnen eingezogen war.
- Als er wegen Einbruchs im Gefängnis saß, freundete Evans sich mit »Son of Sam« David Berkowitz an.

LARRY EYLER

Geburtsdatum: 21. Dezember 1952
Alias: The Highway Murderer, The Highway Killer, The Interstate Killer
Tatmerkmale: Vergewaltigung, Verstümmelung, Zerstückelung, Ausweidung
Opferzahl: 19 bis 23
Zeitraum der Morde: 1982 bis 1984
Datum der (endgültigen) Verhaftung: 21. August 1984
Mordmethode: Erstechen
Tatorte: Indiana, Illinois, Ohio, Kentucky, Wisconsin
Status: zum Tode verurteilt, starb am 6. März 1994 im Gefängnis an Komplikationen im Zusammenhang mit Aids

VORGESCHICHTE

Eyler wurde 1952 in Crawfordsville, Indiana, geboren. Er hatte drei ältere Geschwister. Als er noch ein kleines Kind war, ließen seine Eltern sich scheiden. Später brach er die Schule ab und hielt sich mit verschiedenen Gelegenheitsjobs über Wasser. Dabei schaffte er es, sein General Education Diploma zu erlangen, ein postschulisches Diplom der allgemeinen Hochschulreife. Damit durfte er auf dem College studieren, wo er sich 1974 auch zum ersten Mal einschrieb.

In den darauffolgenden Jahren begann Eyler mehrere Studiengänge, die er immer wieder abbrach. Als er nach vier Jahren noch immer keinen Abschluss hatte, beschloss er, nach Chicago zu ziehen.

Was seine Familie und enge Freunde nicht wussten: Eyler war innerlich zerrissen. Er hatte homosexuelle Neigungen, die ihn gleichzeitig faszinierten und abstießen. Homosexualität wurde zur damaligen Zeit noch extrem stigmatisiert. Die Vorstellung, dass Familie und Freunde von seinen Neigungen erfahren könnten, belastete ihn daher zusätzlich.

Wie viele andere Serienmörder wendete Eyler notfalls Gewalt an, um Sex zu haben, wann immer er wollte. Anschließend musste er aus Scham alle Beweise beseitigen, damit niemand davon erfuhr.

MORDE

Jay Reynolds wurde am 22. März 1982 nahe Lexington, Kentucky, erstochen. Am 3. Oktober desselben Jahres wurde die Leiche von Delvoyd Baker nördlich von Indianapolis am Straßenrand gefunden; er war erwürgt worden.

Eylers nächstes Opfer war Steven Crockett, den er am 23. Oktober erstach. Vier der Stichwunden befanden sich am Kopf. Crocketts Leiche wurde in der Nähe von Lowell, Indiana, gefunden. Im November zog Eyler nach Illinois und deponierte die Leiche von Robert Foley am 6. November in einem Feld nordwestlich von Joliet.

John Johnson wurde an Heiligabend 1982 getötet und seine Leiche später in einem Feld nahe Belshaw gefunden. Am 28. Dezember tötete Eyler zwei Männer am selben Tag: Die Leiche von Steven Agan wurde nahe Newport gefunden und die von John Roach nahe Belleville.

Während Eylers Opferzahl stetig stieg, wurden auch die Methoden, mit denen er seine Opfer tötete und verstümmelte, immer brutaler. Einige seiner späteren Opfer wurden ausgeweidet, die meisten waren gefesselt. Eyler hatte inzwischen zwölf Männer getötet, darunter Edgar Underkofler am 4. März 1983, Gustavo Herrera am 8. April, Ervin Gibson am 15. April, Jimmy T. Roberts am 9. Mai und Daniel McNeive ebenfalls am 9. Mai.

Am 31. August wurde die Leiche von Ralph Calise in einem Feld nahe Lake Forest, Illinois, gefunden. Er war mit Klebeband und einer Wäscheleine gefesselt. Seine Hose war heruntergelassen und es wurde 17-mal auf ihn eingestochen.

Derrick Hansen wurde am 4. Oktober 1983 nahe Kenosha, in Wisconsin, gefunden. Seine Leiche war zerstückelt. Am 18. Oktober wurden dann die Leichen vier junger Männer gemeinsam auf einer verlassenen Farm in Newton County entdeckt. Bei allen Opfern waren die Hosen heruntergelassen, eine Leiche war enthauptet. Am 5. Dezember wurde die Leiche eines nicht identifizierten Mannes nahe Effingham in Illinois gefunden, zwei Tage darauf die Leichen von Richard Wayne und einem weiteren nicht identifizierten Mann nahe Indianapolis.

Am 7. Mai 1984 wurde die Leiche von David Block nahe Zion, Illinois, entdeckt. Sie wies ähnliche Verletzungen auf wie die Leichen der anderen Opfer. Am 21. August fand die Mordserie endlich ein Ende, als ein Hund seinen Besitzer zu Eylers Mülltonne vor seinem Haus in Chicago führte. Als die Polizei eintraf, fand sie dort die zerstückelte Leiche von Danny Bridges, in Müllsäcken verpackt, um von der Müllabfuhr abgeholt zu werden.

Chronik der bekannten Morde:
22. März 1982: Jay Reynolds (26)
3. Oktober 1982: Delvoyd Baker (14)
23. Oktober 1982: Steven Crockett (19)
6. November 1982: Robert Foley
25. Dezember 1982: John Johnson (25)
28. Dezember 1982: John Roach (21)
28. Dezember 1982: Steven Argan (23)
4. März 1983: Edgar Underkofler (27)
8. April 1983: Gustavo Herrera (28)
15. April 1983: Ervin Gibson (16)
9. Mai 1983: Jimmy T. Roberts (18)
9. Mai 1983: Daniel McNeive (21)
31. August 1983: Ralph Calise (28)
27. September 1983: Eric Hansen (18)
4. Oktober 1983: Derrick Hansen (14)
15. Oktober 1983: unbekannter Mann
15. Oktober 1983: Michael Bauer (22)
15. Oktober 1983: John Bartlett (19)
15. Oktober 1983: zwei weitere Opfer, die nicht identifiziert werden konnten
5. Dezember 1983: unbekannter Mann
7. Dezember 1983: Richard Wayne
7. Dezember 1983: unbekannter Mann
7. Mai 1984: David Block (22)
21. August 1984: Danny Bridges (15)

VERHAFTUNG UND PROZESS

Am 21. August 1984 wurde Eyler für den Mord an Danny Bridges verhaftet und angeklagt. Den Ermittlern fielen Ähnlichkeiten zwischen der Verstümmelung von Bridges' Leiche und der von Derrick Hansen auf. Damit war klar, dass sie einen Serienmörder gefasst hatten, dem sie schon lange auf der Spur waren.

Eyler musste sich für den Mord an Bridges vor Gericht verantworten und wurde am 9. Juli 1986 schuldig gesprochen und zum Tode verurteilt. Zu jenem Zeitpunkt war jedoch bereits ein anderes Todesurteil gegen ihn gefällt worden: Er hatte Aids.

Eyler versuchte, seiner Hinrichtung zu entkommen, indem er den Behörden in Indiana dabei half, einige der Morde aufzuklären, die er begangen hatte. Im

November 1990 gestand er, Steven Argan getötet zu haben. Er behauptete allerdings auch, dabei Hilfe von einem weiteren Mann namens Robert David Little gehabt zu haben, der Vorsitzender des Instituts für Bibliothekswissenschaft an der örtlichen Universität gewesen war.

Eyler behauptete, Little habe Fotos von Argan aufgenommen, als dieser ausgeweidet wurde, und beim Zuschauen masturbiert. Eyler wurde für den Mord verurteilt und erhielt eine 60-jährige Freiheitsstrafe. Little wurde angeklagt, aber freigesprochen, da der einzige Beweis für seine Beteiligung an dem Mord Eylers Aussage gewesen war.

Eyler versuchte, einen weiteren Deal mit den Behörden auszuhandeln: Er versprach den Ermittlern, bei der Aufklärung von 20 Morden zu helfen, wenn seine Todesstrafe dafür in lebenslange Haft umgewandelt werden würde. Die Behörden lehnten ab.

AUSGANG

Am 6. März 1994 starb Eyler an den Folgen seiner Aids-Erkrankung. Vor seinem Tod gestand er seinem Anwalt, 21 Morde begangen zu haben. Laut Eyler hatte er bei vier dieser Morde einen Komplizen, der jedoch nie gefasst wurde.

WISSENSWERTES

Larry Eyler lebte mit seinem Geliebten, dessen Frau und drei Kindern zusammen.

PEDRO RODRIGUES FILHO

Geburtsdatum: 17. Juni 1954
Alias: Killer Petey
Tatmerkmale: Selbstjustiz, Kannibalismus, Raubmord
Opferzahl: mindestens 71 bis 100
Zeitraum der Morde: 1968 bis 2007
Datum der (endgültigen) Verhaftung: 24. Mai 1973
Mordmethode: Erstechen
Tatorte: Brasilien
Status: verurteilt zu 128 Jahren Freiheitsstrafe

VORGESCHICHTE

Filho kam mit einem deformierten Schädel zur Welt, was wohl von der körperlichen Misshandlung seiner schwangeren Mutter durch den Vater herrührte. Die Familie lebte auf einem Bauernhof in Santa Rita do Sapucaí in Brasilien. Auch Filho wurde seine gesamte Kindheit über vom eigenen Vater misshandelt. Laut eigener Aussage wollte er schon als Kind töten und versuchte – zum Glück erfolglos –, seinen Cousin in eine Zuckerrohrpresse zu schubsen.

Als Filho 14 Jahre alt war, verlor der Vater seinen Job als Wachmann in einer Schule, weil er angeblich Essen aus der Schulküche gestohlen hatte. Wütend über dieses vermeintliche Unrecht, das dem Vater da angetan wurde, schnappte Filho sich eine Schrotflinte und beging seinen ersten Mord: Er erschoss den für die Entlassung des Vaters verantwortlichen Vizebürgermeister von Alfenas im brasilianischen Bundesstaat Minas Gerais. Danach tötete er noch den Kollegen des Vaters, ebenfalls ein Wachmann, der offenbar der eigentliche Dieb gewesen war.

MORDE

Filhos Mordserie dauerte mehrere Jahre lang an. Seine Opfer waren stets Kriminelle. Sobald er hörte, dass irgendwo ein Verbrechen begangen wurde, fand er heraus, wer der Täter war, machte ihn ausfindig und richtete ihn hin. Meist hatte er es auf Gangmitglieder oder Drogendealer abgesehen.

Als Filhos Verlobte von Gangmitgliedern umgebracht wurde, fuhr er in seiner blinden Wut auf die Hochzeit vom Anführer der Gang und richtete dort ein brutales Massaker an. Sieben Menschen wurden dabei getötet, 16 verletzt. Einige Monate später erfuhr er, dass seine Cousine schwanger war, ihr Freund sich aber weigerte, sie zu heiraten. Also erschoss er auch ihn.

Als Filho herausfand, dass sein Vater seine Mutter erstochen und mit einer Machete zerstückelt hatte, stattete er ihm im Gefängnis einen Besuch ab, während er gerade selbst inhaftiert war, erstach ihn mit 22 Stichen, riss ihm das Herz heraus und aß einen Teil davon auf.

Chronik der Morde:
1967: sein namentlich nicht benannter Cousin
1968: der namentlich nicht benannte Vize-Bürgermeister von Alfenas
1968: ein namentlich nicht benannter Wachmann an einer Schule
1969 bis 1973:

- unbekannter Mann (Drogendealer)
- sieben unbekannte Personen (alle Gangmitglieder, das »Hochzeitsmassaker«)
- sein namentlich nicht benannter Vater
- der namentlich nicht benannte Mann, der seine Cousine geschwängert hat (erschossen)
- mindestens elf unbekannte Kriminelle

24. Mai 1973: unbekannter Mann (Vergewaltiger)
1973 bis 2007:

- Francisco de Assis Pereira (Serienmörder und Vergewaltiger)
- João Acásio da Costa (Serienmörder und Räuber)
- Hosmany Ramos (Mörder und Bankräuber)
- namentlich nicht benannter Häftling (Mörder)
- drei namentlich nicht benannte Häftlinge
- mindestens 40 namentlich nicht benannte Häftlinge

VERHAFTUNG UND PROZESS

Filho wurde am 24. Mai 1973 verhaftet. Beim Transport zum Polizeirevier saß er gemeinsam mit einem Vergewaltiger im Laderaum des Polizeitransporters. Als der Wagen am Revier ankam, war der Vergewaltiger tot. Filho hatte ihn umgebracht, ohne dass die Beamten es überhaupt mitbekamen.

Filho wurde inhaftiert und am 24. April 2007 vorzeitig wieder entlassen. Am 15. September 2011 wurde er allerdings erneut verhaftet, dieses Mal musste er wegen Freiheitsberaubung ins Gefängnis.

AUSGANG

Für seine vielen Morde erhielt Filho eine Freiheitsstrafe von 128 Jahren. Während all der Jahre, die er im Gefängnis verbrachte, tötete er insgesamt 47 Häftlinge. Die anderen Insassen verabscheuten Filho. Als eine Gruppe Häftlinge versuchte, ihn anzugreifen, tötete er drei von ihnen. Einen Mitinsassen tötete er nur, weil der zu laut schnarchte. Die meisten aber mussten aufgrund der Verbrechen sterben, wegen denen sie inhaftiert worden waren. 2018 wurde Filho erneut vorzeitig aus der Haft entlassen und am 5. März 2023 vor der Haustür eines Familienangehörigen von zwei maskierten Tätern erschossen.

ALBERT FISH

Geburtsdatum: 19. Mai 1870
Alias: The Werewolf of Wysteria, The Gray Man, Brooklyn Vampire, Moon Maniac, The Boogey Man
Tatmerkmale: Kannibalismus, Pädophilie, Koprophilie, Urophilie, Sadismus
Opferzahl: mindestens 3
Zeitraum der Morde: 1924 bis 1932
Datum der (endgültigen) Verhaftung: 13. Dezember 1934
Mordmethoden: Strangulation, Erstechen
Tatorte: New York (USA)
Status: hingerichtet auf dem elektrischen Stuhl am 16. Januar 1936

VORGESCHICHTE

Hamilton Howard Fish – so der eigentliche und vollständige Name dieses Serienmörders – war das jüngste von vier Kindern des Ehepaars Randall und Ellen Fish. Der Vater war 43 Jahre älter als die Mutter und bereits 75 Jahre alt, als Fish zur Welt kam. Als er 1875 starb, kam Fish ins Saint-Johns-Waisenhaus in Washington, wo er regelmäßig misshandelt wurde. Nach einer gewissen Zeit begann er den Schmerz, den er während der Prügel ertragen musste, zu genießen.

Dort im Waisenhaus, wo die Kinder ihm den Spitznamen »Ham & Eggs« verpasst hatten, begann er auch den Vornamen seines verstorbenen Bruders Albert anzunehmen. Fish berichtete später, dass er im Waisenhaus nicht nur selbst Opfer, sondern häufig auch Zeuge fürchterlicher Prügel geworden war und dass er gesehen hat, wie junge Burschen dort unvorstellbare Dinge taten.

1880 bekam Fishs Mutter Ellen eine Anstellung bei der Regierung und konnte den Sohn wieder aus dem Waisenhaus holen. Zwei Jahre darauf, im Alter von zwölf Jahren, begann Fish eine Beziehung mit einem jungen Telegrammboten. Der junge Mann machte Fish angeblich mit bizarren und perversen Sexualpraktiken vertraut, wie das Verspeisen von Kot oder das Trinken von Urin. In jener Zeit begann Fish auch, öffentliche Badeanstalten zu besuchen, wo er andere Jungs beim Ausziehen beobachtete. Bald verbrachte er den Großteil seiner Freizeit dort.

Als Erwachsener schrieb Fish häufig obszöne Briefe an alleinstehende Frauen, die bei Heiratsagenturen oder in den Kontaktspalten von Zeitungen und Zeitschriften annoncierten. Seine Vorliebe, mit dem geschriebenen Wort zu schockieren, sollte später, als er zum mordenden Monster geworden war, noch furchtbar sadistische Züge annehmen.

MORDE

1928 überzeugte Fish die Eltern der zehnjährigen Grace Budd, das Mädchen zu einer Feier zu fahren, und brachte sie stattdessen zu einem leer stehenden Haus. Als die Kleine draußen Blumen pflückte, ging Fish nach drinnen und zog seine Kleidung aus, um sie nicht mit Blut zu beschmieren. Anschließend rief er das Mädchen rein und versteckte sich im Bad, bis sie den Raum betrat. Er erwürgte das Kind und teilte ihren Körper in kleine Stücke, die er mit nach Hause nahm, um sie zu essen.

Nach Fishs Verhaftung wurden seine anderen Morde aufgedeckt. Francis McDonnell wurde am 14. Juli 1924 als vermisst gemeldet. Am darauffolgenden Tag wurde die Leiche im Wald neben Fishs Haus gefunden. McDonnell war sexuell missbraucht und erwürgt worden. Bei der Obduktion wurden tiefe Schnittwunden an Bauch und Beinen festgestellt.

Am 11. Februar 1927 wurde der vierjährige Billy Gaffney entführt und zur Müllhalde in der Riker Avenue gebracht. Dort brachte Fish ihn in ein nahe gelegenes Haus, fesselte und knebelte ihn und zog ihn aus. Die Kleidung verbrannte er und die Schuhe warf er auf die Müllkippe. Dann ging Fish nach Hause und kam am nächsten Tag mit Werkzeugen zurück. Gaffney war noch am Leben. Mit einer Geißel peitschte Fish ihn so lange aus, bis ihm Blut die Beine hinablief. Danach schlitzte er den Mund des Jungen von Ohr zu Ohr auf und schnitt ihm Nase und Ohren ab. Als er begann, ihm die Augen auszustechen, war er bereits tot. Daraufhin rammte Fish ihm ein Messer in den Bauch und trank sein Blut.

Wie bei Grace Budd zerteilte Fish auch Gaffneys Leiche in kleine Stücke. Die Teile, die er verspeisen wollte, nahm er mit nach Hause, die anderen warf er in Säcke, die er beschwerte und im Fluss versenkte. In seiner Vernehmung schilderte Fish auf grausame Weise detailliert, wie er jedes der Körperteile gegart und verzehrt hat.

Chronik der bekannten Morde:

15. Juli 1924: Francis X. McDonnell (8)

11. Februar 1927: Billy Gaffney (4)

3. Juni 1928: Grace Budd (10)

Verdächtigt in folgenden Mordfällen:
3. Oktober 1926: Emma Richardson (5)
1927: Yetta Abramowitz (12)
2. Mai 1931: Robin Jane Liu (6)
15. Februar 1932: Mary Ellen O'Connor (16)
15. Dezember 1932: Benjamin Collings (17)

VERHAFTUNG UND PROZESS

Im November 1934 schickte Fish der Mutter von Grace Budd einen Brief, in dem er genau beschrieb, wie er das Mädchen umgebracht und ihren Körper verzehrt hat. Auf dem Briefumschlag befand sich ein Emblem mit den Initialen »N.Y.P.C.B.A.«, die für die »New York Private Chauffeur's Benevolent Association« standen, einem Wohltätigkeitsverein New Yorker Privatchauffeure. Als die Polizei dort ermittelte, sagte ein Hausmeister aus, er habe ab und an einige Schreibwaren mit nach Hause genommen, nach seinem Auszug aus einem Wohnheim aber dort gelassen.

Weitere Ermittlungen ergaben, dass Fish nur wenige Tage, bevor der Brief verschickt worden war, dasselbe Zimmer in derselben Unterkunft bewohnt hatte. Laut Vermieterin erwartete Fish einen Scheck von seinem Sohn und hatte sie gebeten, ihn für ihn aufzubewahren. Der Chefermittler wartete also vor der Unterkunft, bis Fish zurückkehrte. Als Fish auftauchte, bat der Polizist ihn, zu einer Befragung mit aufs Revier zu kommen. Fish war zunächst einverstanden, dann zog er jedoch eine Rasierklinge hervor. Der Ermittler konnte ihn aber schnell entwaffnen.

Als sie im Revier eintrafen, stritt Fish den Mord an Grace Budd nicht ab. Im Gegenteil, er erzählte den Beamten sogar, dass er ursprünglich vorgehabt hatte, Budds Bruder Edward zu töten. Fishs Verhandlung begann am 11. März 1935 in New York. Er plädierte auf Schuldunfähigkeit und behauptete, Gott habe ihm befohlen, Kinder zu töten. Daraufhin wurde er von mehreren Psychiatern untersucht, die feststellten, dass Fish eine Reihe bizarrer Fetische besaß, unter anderem:

1. Sadismus
2. Exhibitionismus
3. Masochismus
4. Cunnilingus
5. Anilingus

6. Auspeitschen
7. Voyeurismus
8. Fellatio
9. Kannibalismus
10. Pädophilie
11. Durchbohren von Haut und Fleisch (Piquerismus)
12. Fäkalien (Koprophilie)
13. Verschließen der Genitalien (Infibulation)
14. Urinieren (Urophilie)

Auf die Frage, ob Fish zurechnungsfähig sei und Recht von Unrecht unterscheiden könne, bestätigte ein Psychiater dessen Zurechnungsfähigkeit. Obwohl er wusste, dass es falsch war, was er tat, waren seine Ansichten zu Religion, Sünde und Buße stärker. Fish hatte behauptet, indem er ein Kind töte, büße er für seine Sünden.

Obwohl einige der Geschworenen Fish für schuldunfähig hielten, waren sie dennoch der Ansicht, dass er hingerichtet werden sollte. Deshalb erklärten sie ihn für zurechnungsfähig und befanden ihn des Mordes für schuldig. Er wurde daraufhin zum Tode verurteilt.

AUSGANG

Am 16. Januar 1936 wurde Fish im Gefängnis Sing Sing auf den elektrischen Stuhl geschnallt. Die Hinrichtung begann um 23:06 Uhr, nur drei Minuten später war er tot. Wie viele andere hingerichtete Häftlinge wurde auch Fish auf dem Gefängnisfriedhof bestattet. Berichten zufolge hatte Fish dem Scharfrichter sogar geholfen, die Elektroden an seinem Körper anzubringen. Seine letzten Worte lauteten angeblich: »Ich weiß nicht einmal, warum ich hier bin.«

Kurz nach Fishs Hinrichtung erklärte sein Anwalt James Dempsey der wartenden Presse, dass er eine letzte Erklärung seines Mandanten in seinem Besitz habe, diese aber niemals jemandem zeigen würde, weil es sich dabei um »die schmutzigste Aneinanderreihung von Obszönitäten« handelte, die er je gelesen habe.

WISSENSWERTES

- Mit 65 Jahren war Fish der älteste Mensch, der je in Sing Sing hingerichtet wurde.

- In Fishs Familie gab es eine lange Geschichte schwerwiegender psychischer Erkrankungen und sein Bruder lebte bereits in einer psychiatrischen Klinik.

ZITATE

- *»Das wird ein Kick werden, wenn ich auf dem elektrischen Stuhl sterben muss. Der ultimative Kick! Der einzige, den ich noch nicht ausprobiert habe.«*
- *»Ich mag Kinder, die schmecken gut.«*
- *»Ich habe keinen sonderlichen Drang danach zu leben. Und ich habe auch keinen sonderlichen Drang danach, getötet zu werden. Mir ist das schlicht egal. Vermutlich bin ich nicht ganz richtig im Kopf.«*

Brief von Fish an Grace Budds Mutter:
»Meine liebe Mrs. Budd,
1894 war ein Freund von mir, Captain John Davis, als Matrose auf dem Dampfer Tacoma unterwegs. Sie fuhren von San Francisco aus nach Hong Kong. Dort angekommen, gingen er und zwei Kollegen an Land und betranken sich. Als sie zurückkehrten, war das Boot verschwunden. Damals herrschte eine Hungersnot in China. Fleisch, egal welcher Sorte, kostete zwischen 1 und 3 Dollar pro Pfund. Das Leid der Menschen war so groß, dass sie alle Kinder unter zwölf Jahren an Metzger verkauften, von denen sie zerstückelt und zum Essen verkauft wurden, damit die anderen nicht hungern mussten. Jungen und Mädchen unter 14 Jahren waren auf den Straßen nicht mehr sicher. In jeder Metzgerei konnte man nach Steaks, Koteletts oder Suppenfleisch fragen. Dann wurde ein Teil eines nackten Jungen oder Mädchens hervorgeholt und das Stück abgeschnitten, das man wollte. Am meisten Geld brachten die Hintern der Jungen und Mädchen, die am süßesten schmeckten und als Kalbskotelett verkauft wurden. John blieb so lange dort, dass er sich mit dem Geschmack von Menschenfleisch regelrecht angefreundet hat. Als er nach New York zurückkehrte, entführte er zwei Jungen, der eine sieben, der andere elf Jahre. Die nahm er mit nach Hause, zog sie aus, fesselte sie im Bad und verbrannte ihre gesamte Kleidung. Mehrmals täglich verprügelte er sie – quälte sie –, damit ihr Fleisch gut und zart wurde. Zuerst tötete er den elfjährigen Jungen, weil der den dicksten Arsch mit dem meisten Fleisch dran hatte. John bereitete alle Teile des Jungen zu und aß sie bis auf Kopf, Knochen und Eingeweide alle auf. Der Bursche wurde im Ofen gebacken, sein Arsch im Ganzen gekocht, gegrillt, gebraten und geschmort. Als Nächstes war der kleine Junge dran, mit dem er genauso verfuhr. Ich lebte damals in der 409 E 100 Street hinten rechts. Er hatte mir so oft erzählt, wie gut Menschenfleisch schmeckt, dass ich beschlossen

hatte, es auch einmal zu probieren. Am Sonntag, dem 3. Juni 1928 habe ich Sie in der 406 W 15 Street besucht und Ihnen Hüttenkäse und Erdbeeren mitgebracht. Wir haben zu Mittag gegessen. Grace saß auf meinem Schoß und hat mich geküsst. Da beschloss ich, sie zu essen. Ich erfand den Vorwand, sie zu einer Feier zu bringen, und Sie waren einverstanden, dass sie hindurfte. Ich brachte sie in ein verlassenes Haus in Westchester, das ich mir schon vorher ausgesucht hatte. Als wir dort ankamen, sagte ich ihr, sie sollte draußen warten. Sie pflückte Blumen am Straßenrand. Ich ging nach oben und zog mich komplett aus, weil ich wusste, dass ich meine Kleidung sonst ganz mit Blut versauen würde. Als ich fertig war, ging ich zum Fenster und rief Grace herein. Danach versteckte ich mich im Bad, bis sie im Zimmer war. Als sie mich so nackt sah, begann sie zu weinen und versuchte, die Treppe hinunterzurennen, doch ich schnappte sie mir. Sie sagte, sie würde es ihrer Mama erzählen. Zuerst zog ich sie aus. Wie sie um sich trat, biss und kratzte! Ich erwürgte sie erst und schnitt sie dann in kleine Stücke, sodass ich das Fleisch mit nach Hause nehmen konnte, wo ich es zubereitet und gegessen habe. Wie schön zart ihr süßer, kleiner Arsch im Ofen gebacken war! Ich brauchte neun Tage, um ihren ganzen Körper zu essen. Gefickt habe ich sie aber nicht. Ich wünschte, ich hätte es gekonnt. Sie starb als Jungfrau.«

BOBBY JACK FOWLER

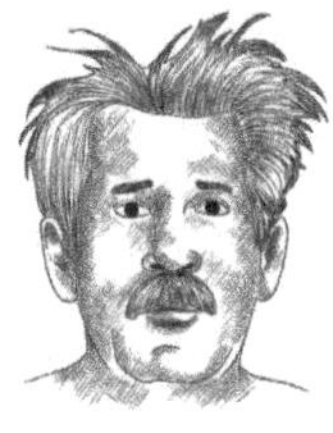

Geburtsdatum: 12. Juni 1939
Alias: –
Tatmerkmal: Vergewaltigung
Opferzahl: mindestens 1 bis 20
Zeitraum der Morde: 1973 bis 1995
Datum der (endgültigen) Verhaftung: 28. Juni 1995
Mordmethode: Strangulation
Tatorte: Oregon (USA) und British Columbia (Kanada)
Status: verurteilt zu 16 Jahren Freiheitsstrafe, starb am 15. Mai 2006 im Gefängnis an Lungenkrebs

VORGESCHICHTE

Über Fowlers Kindheit und Jugendzeit ist nicht viel bekannt, als Erwachsener hat er aber wohl ein rechtes Nomadenleben geführt. Er reiste durch ganz Nordamerika und verdingte sich auf dem Bau oder als Dachdecker, schlief in billigen Motels, fuhr in alten, heruntergekommenen Autos umher und verbrachte seine Zeit am liebsten in den Bars kleiner Städte.

Weil er regelmäßig Methamphetamin, Amphetamin und Alkohol konsumierte, geriet er häufiger mit dem Gesetz in Konflikt. Er war gerne im Auto unterwegs und nahm häufiger Anhalter auf seinen Reisen mit. 1969 wurde Fowler für den Mord an einem Mann und einer Frau in Texas angeklagt, aber freigesprochen und nur für das Abfeuern einer Schusswaffe innerhalb der Stadtgrenzen verurteilt.

Fowler wurde außerdem wegen versuchten Mordes und sexueller Nötigung angeklagt, nachdem er eine Frau gefesselt, verprügelt und mit Gestrüpp zugedeckt zum Sterben zurückgelassen hatte. Die Frau überlebte und Fowler landete in Tennessee im Gefängnis. Fowler war der Ansicht, Frauen, die in Bars tranken oder per Anhalter unterwegs waren, waren auf sexuelle Übergriffe von Männern aus, weshalb er an seinen Taten nichts Falsches erkennen konnte. Es dauerte jedoch nicht lange, bis seine Übergriffe tödlich endeten.

MORDE

An der Leiche des Mordopfers Colleen MacMillen wurde DNA sichergestellt, die aber beim damaligen Stand der Technik nicht mit Fowler in Verbindung gebracht werden konnte. Die Behörden verdächtigten Fowler außerdem, 1973 Pamela Darlington und Gale Weys getötet zu haben. Er galt außerdem in bis zu 20 Morden tatverdächtig, die entlang des Highway 16 verübt worden waren. Aufgrund der vielen Frauen, die dort verschwunden waren, trug diese Schnellstraße auch den Namen »Highway der Tränen«.

Außerdem wurde Fowler in den Mordfällen der 19-jährigen Sheila Swanson und ihrer 17-jährigen Freundin Melissa Sanders verdächtigt, die am 3. Mai 1992 an einem Bezahltelefon in der Nähe eines Parks, in dem sie zelteten, zum letzten Mal gesehen wurden. Am 10. Oktober 1992 wurden ihre Leichen von Jägern in einem Wald nahe Eddyville in Oregon gefunden.

Die beiden 16-jährigen Mädchen Jennifer Esson und Kara Leas wurden am 28. Januar 1995 zum letzten Mal gesehen, als sie in Richtung Highway 101 gingen. Ihre Leichen wurden am 15. Februar zwischen Gestrüpp versteckt im Wald gefunden. Beide Mädchen wurden erwürgt.

VERHAFTUNG UND PROZESS

Fowler wurde am 28. Juni 1995 verhaftet, nachdem eine Frau in Newport, Oregon, aus dem Fenster eines Motels gesprungen war. Sie trug eine Seilfessel ums Fußgelenk und berichtete den Beamten, dass Fowler sie entführt und sexuell missbraucht habe und auch versuchte, sie zu vergewaltigen.

Am 8. Januar 1996 wurde Fowler der Entführung, versuchten Vergewaltigung, des sexuellen Missbrauchs sowie der Nötigung und Bedrohung schuldig gesprochen. Er wurde zu einer Freiheitsstrafe von 16 Jahren und drei Monaten verurteilt, mit der Möglichkeit einer vorzeitigen Entlassung auf Bewährung.

Fowler wurde nie für einen Mord angeklagt, 2012 konnte die kanadische Polizei die DNA-Probe von Colleen MacMillen aber durch neue Analyseverfahren zweifelsfrei mit Fowler in Verbindung bringen.

AUSGANG

Fowler litt an Lungenkrebs und erlag der Krankheit am 15. Mai 2006, während er noch im Staatsgefängnis von Oregon inhaftiert war.

WISSENSWERTES

»Er war der Auffassung, dass Frauen, die per Anhalter fuhren, Alkohol tranken und in Bars gingen, den Wunsch hegten, brutal sexuell missbraucht zu werden.«

– Royal Canadian Mounted Police Inspector Gary Shinkaruk

LONNIE DAVID FRANKLIN JR.

Geburtsdatum: 30. August 1952
Alias: The Grim Sleeper
Tatmerkmal: Vergewaltigung
Opferzahl: mindestens 10
Zeitraum der Morde: 1985 bis 2007
Datum der (endgültigen) Verhaftung: 7. Juli 2010
Mordmethoden: Erschießen, Strangulation
Tatorte: Los Angeles in Kalifornien (USA)
Status: Zum Tode verurteilt. Die Vollstreckung des Urteils war aufgrund der Aussetzung der Todesstrafe in Kalifornien 2019 nicht möglich. Wurde am 28. März 2020 leblos in seiner Zelle gefunden.

VORGESCHICHTE

Franklin schien der Inbegriff eines fleißigen, hart arbeitenden Mannes zu sein, der für seine Familie sorgt. Zwar war er ein Kleinkrimineller, in seiner Gemeinde wurde er aber als liebe- und verantwortungsvoller Familienmensch geschätzt. Jeder in der Nachbarschaft wusste, dass Franklin vermutlich helfen konnte, wenn man mal ein neues Teil fürs Auto brauchte. Er bewahrte einen großen Vorrat Autoteile hinter seinem Haus auf und verkaufte sie nach dem »Frage nicht, sage nichts«-Prinzip unter der Hand.

Franklin war ein geselliger Nachbar und kaufte den älteren Leuten in der Gegend häufig Geburtstagsgeschenke. Sogar bei Abschlussfeiern der Kinder aus der Nachbarschaft war er zugegen. Seine Ehe war zwar nicht perfekt (seine Frau und er trennten sich des Öfteren), dennoch kümmerte er sich um seine Schwiegermutter, als diese krank wurde.

Seine zwei Kinder liebte er abgöttisch. Er zeigte ihnen gerne, wie sie ihre Autos reparieren konnten, wenn sie mal kaputtgingen, und brachte ihnen sogar das Fahren bei. Franklin schien ein anständiger, freundlicher und hilfsbereiter Mann zu sein. Doch er verbarg für lange Zeit ein dunkles Geheimnis und hatte Triebe, die er irgendwann nicht mehr kontrollieren konnte.

MORDE

Am 10. August 1985 wurde die Leiche der 29-jährigen Debra Jackson in Vermont-Slauson gefunden, ihr wurde dreimal in die Brust geschossen. Ein Jahr darauf, am 12. August 1986, fand man die Leiche der 34-jährigen Henriette Wright im Hyde Park. Ihr wurde zweimal in die Brust geschossen.

Am 10. Januar 1987 wurde die Leiche der 27-jährigen Barbara Ware im Zentrum von Alameda gefunden, auch ihr wurde in die Brust geschossen. Am 15. April wurde der 26-jährigen Bernita Sparks in die Brust geschossen, ihre Leiche wurde im Gramercy Park gefunden. Im selben Park wurde am 1. November die Leiche der 26-jährigen Mary Lowe entdeckt. Auch ihr wurde einmal in die Brust geschossen.

Das nächste Opfer, die 22-jährige Lachrica Jefferson, wurde am 30. Januar 1988 in Westmont gefunden. Ihr wurde zweimal in die Brust geschossen und der Mörder hatte ihr eine Serviette übers Gesicht gelegt. Darauf geschrieben stand das Wort »Aids«.

Der 18-jährigen Alice »Monique« Alexander wurde am 11. September zweimal in die Brust geschossen. Ihre Leiche wurde am Vermont Square gefunden. Danach gab es eine Unterbrechung der Mordserie, die nächste Tat ereignete sich erst am 19. März 2002. Die 15-jährige Princess Berthomieux wurde erwürgt in Inglewood gefunden.

Am 11. Juli 2003 wurde die Leiche der 35-jährigen Valeria McCorvey in Westmont gefunden. Sie wurde erwürgt. Danach gab es wieder eine längere Pause, bevor das Morden am 1. Januar 2007 weiterging. Die Leiche der 27-jährigen Janecia Peters wurde im Gramercy Park gefunden. Ihr wurde einmal in den Rücken geschossen.

Chronik der bekannten Morde:

10. August 1985: Debra Jackson (29)
12. August 1986: Henrietta Wright (34)
14. August 1986: Thomas Steele (36)
10. Januar 1987: Barbara Ware (23)
15. April 1987: Bernita Sparks (26)
1. November 1987: Mary Lowe (26)
30. Januar 1988: Lachrica Jefferson (22)
11. September 1988: Alice »Monique« Alexander (18)
19. März 2002: Princess Berthomieux (15)

11. Juli 2003: Valerie McCorvey (35)
1. Januar 2007: Janecia Peters (25)

VERHAFTUNG UND PROZESS

Franklin wurde am 7. Juli 2010 verhaftet und für Mord in zehn Fällen sowie einen Fall von versuchtem Mord angeklagt. Aufgrund der Größe des Falls wurde der Prozessbeginn mehrfach verschoben. Am 16. Februar 2016 musste Franklin sich endlich vor Gericht verantworten. Am 4. Mai begannen die Geschworenen, sich zu beraten, und befanden ihn am darauffolgenden Tag in allen Anklagepunkten für schuldig. Die Strafzumessung fand am 6. Juni 2016 statt. Die Geschworenen sprachen sich für die Todesstrafe aus und am 10. August wurde Franklin vom Gericht tatsächlich zum Tode verurteilt.

AUSGANG

Franklin wird fünf weiterer Morde verdächtigt, wurde in diesen Fällen jedoch nicht formell angeklagt. Am 28. März 2020 wurde Franklin leblos in seiner Zelle im Todestrakt des San Quentin State Prison gefunden.

WISSENSWERTES

Franklin hat eine Zeit lang als Parkhauswächter für das LAPD, die Polizeibehörde der Stadt Los Angeles, gearbeitet.

FREEWAY PHANTOM

Geburtsdatum: unbekannt
Alias: The Freeway Phantom
Tatmerkmale: Vergewaltigung, Pädophilie, Entführung
Opferzahl: 6
Zeitraum der Morde: 25. April 1971 bis 5. September 1972
Datum der (endgültigen) Verhaftung: wurde nie verhaftet
Mordmethode: Strangulation
Tatorte: Washington (USA)
Status: nicht identifiziert oder verhaftet

VORGESCHICHTE

Seit 1971 haben Ermittler versucht, dem mysteriösen Freeway Phantom auf die Schliche zu kommen. Sechs Opfer werden dem Serienmörder zugeschrieben, bis heute konnte jedoch weder ein Täter identifiziert werden, noch gab es einen dauerhaft Tatverdächtigen.

Trotz zahlreicher Hinweise zu möglichen Verdächtigen, die per Telefon oder Brief bei den Behörden eingegangen waren, konnte die eigens eingerichtete Task Force des Metropolitan Police Department den Fall nicht lösen. Viele Spuren verliefen schnell im Sand, zu anderen wurde umfassend ermittelt. Über die Jahre gab es zwar einige interessante Verdächtige, doch das Freeway Phantom blieb letztlich dennoch … ein Phantom.

MORDE

Der erste Mord, der mit dem Freeway Phantom in Verbindung gebracht wird, war der an der 13-jährigen Carol Spinks, die von ihren Eltern zum Einkaufen in ein Lebensmittelgeschäft geschickt wurde. Auf dem Rückweg wurde sie entführt. Sechs Tage darauf wurde ihre Leiche auf einer Böschung am I-295 Freeway gefunden.

Am 8. Juli 1971 wurde die 16-jährige Darlenia Johnson auf dem Weg in einen Ferienpark entführt, in dem sie den Sommer über arbeiten wollte. Ihre Leiche wurde elf Tage nach ihrem Verschwinden gefunden, nicht einmal 5 Meter vom Fundort von Spinks' Leiche entfernt.

Am 27. Juli 1971 wurde die zehnjährige Brenda Crockett von ihrer Mutter zum Einkaufen in einen Laden geschickt und kam nicht wieder nach Hause. Drei Stunden, nachdem sie sich auf den Weg zum Laden gemacht hatte, rief das Mädchen zu Hause an. Ihre damals siebenjährige Schwester ging ans Telefon. Die kleine Brenda weinte und sagte: »Ein weißer Mann hat mich mitgenommen, ich komme jetzt in einem Taxi nach Hause.« Sie erzählte ihrer Schwester, dass sie dachte, sie sei in Virginia. Der Anruf endete abrupt, nachdem Brenda »Tschüss« gesagt hatte und auflegte.

Etwas später klingelte das Telefon erneut, dieses Mal nahm der Lebensgefährte von Brendas Mutter ab. Brenda wiederholte, was sie bereits beim ersten Anruf gesagt hatte und der Freund der Mutter sagte, sie solle den Mann ans Telefon holen, der sie mitgenommen hat. Dann hörte er schwere Schritte im Hintergrund. Brenda sagte eilig: »Wir sehen uns«, und legte auf. Ihre Leiche wurde einige Stunden später von einem Anhalter an der Route 50 gefunden. Sie wurde erwürgt und mit einem Schal erdrosselt.

Auch die zwölfjährige Nenomoshia Yates war auf dem Heimweg von einem Einkaufsladen, als sie am 1. Oktober 1971 in Northeast Washington entführt wurde. Ihre Leiche wurde wenige Stunden darauf nahe der Pennsylvania Avenue gefunden, auch sie wurde vergewaltigt und erwürgt.

Die 18-jährige Brenda Woodward stieg auf dem Weg nach Hause am 15. November 1971 in einen Bus. Sechs Stunden später fand die Polizei ihre Leiche nahe der Auffahrt zur Route 202. Sie wurde erstochen und erwürgt und ein Mantel wurde ihr über die Brust gelegt. In der Tasche des Mantels befand sich eine Botschaft des Mörders. Darin stand:

Dies ist gleichbedeutend mit meiner Gefühllosigkeit gegenüber Menschen, vor allem Frauen. Ich werde die anderen gestehen, falls es Ihnen gelingt, mich zu schnappen.
– Freeway Phantom

Erst ein Jahr später wurde das nächste Mordopfer des Phantoms gefunden. Die 17-jährige Diane Williams wurde zuletzt gesehen, als sie am 5. September 1972 in einen Bus stieg. Ihre Leiche wurde kurz darauf am Rand des I-295 Freeway gefunden. Sie war erwürgt worden.

Chronik der bekannten Morde:
25. April 1971: Carol Spinks (13)
8. Juli 1971: Darlenia Johnson (16)

27. Juli 1971: Brenda Crockett (10)
1. Oktober 1971: Nenomoshia Yates (12)
15. November 1971: Brenda Woodard (18)
5. September 1972: Diane Williams (17)

VERDÄCHTIGE

Obwohl die Metropolitan Police zahlreiche Hinweise zur Ergreifung des Täters erhalten hat, konnte nie ein eindeutiger Verdächtiger identifiziert oder verhaftet werden. An den Ermittlungen waren Beamte verschiedener Strafverfolgungsbehörden beteiligt, darunter auch des FBI.

Eine Gang mit dem Namen Green Vega Rapists (auf Deutsch: Green-Vega-Vergewaltiger) wurde als mögliche Täter intensiv überprüft. Jedes Mitglied wurde vernommen, selbst jene, die bereits inhaftiert waren. Einer dieser Häftlinge behauptete, Informationen über den Mörder zu haben, wollte aber nur auspacken, wenn seine eigene Identität geheim blieb. Die Ermittler willigten ein und erhielten von dem Häftling Datum und Tatort eines Mordes, dazu »charakteristische« Details, die der Öffentlichkeit nicht bekannt waren.

Die Ermittler spekulierten zunächst, ob der Tippgeber selbst an dem Mord beteiligt gewesen sein könnte, letztlich kam er aufgrund seines Alibis aber nicht als Täter infrage. Zu jener Zeit waren in Maryland gerade Wahlen. Während einer Pressekonferenz verkündete einer der Kandidaten, dass ein Häftling Informationen zum Freeway Phantom geliefert hatte. Weil dies jedoch die geheime Identität des Häftlings gefährdete, weigerte dieser sich, den Ermittlern weitere Informationen zu nennen, und bestritt, ihnen überhaupt je etwas gesagt zu haben.

AUSGANG

Zu der Zeit, in der in den Freeway-Morden ermittelt wurde, war es üblich, dass die Fallakten im Metropolitan Police Department im Aktenschrank jener Beamter verwahrt wurden, die den Fall bearbeiteten – und nicht zentral. Viele der Fallakten und Notizen zum Freeway Phantom sind verschwunden und die Ermittler von damals entweder pensioniert oder verstorben. Entsprechend schwer wäre es, den Fall noch einmal neu aufzurollen. Der Fall des Freeway Phantom ist daher nach wie vor ungelöst.

WILLIAM PATRICK FYFE

Geburtsdatum: 27. Februar 1955
Alias: The Killer Handyman
Tatmerkmal: Vergewaltigung
Opferzahl: 9 bis 25
Zeitraum der Morde: 1979 bis 1999
Datum der (endgültigen) Verhaftung: 22. Dezember 1999
Mordmethode: Erstechen
Tatorte: Montreal in Quebec (Kanada)
Status: verurteilt zu lebenslanger Freiheitsstrafe, in psychiatrischer Hochsicherheitsklinik inhaftiert

VORGESCHICHTE

Fyfe wurde 1955 in Kanada geboren und von der Polizei später als »gewöhnlicher Mann« beschrieben. Die Gemeinden, in denen er lebte, hielten ihn für einen guten Menschen, einen mit Gemeinschaftssinn. Andere beschrieben ihn als äußerst großzügig; allerdings hatte er auch die nervige Angewohnheit, andere über ihre Gesundheit und ihr Gewicht zu belehren.

Fyfe war eine Zeit lang drogenabhängig und zog nach Quebec, um sich dort behandeln zu lassen. Nach seiner Therapie blieb er dort, um andere Suchtkranke zu beraten, und arbeitete als Handwerker.

Im Herbst 1999 reiste Fyfe viermal von Barrie ins mehr als 800 Kilometer entfernte Montreal und beging unterwegs in einer Art Blutrausch seine letzten fürchterlichen Verbrechen. Eine Zeit lang blieb er von den Behörden unentdeckt, wurde schließlich aber durch einen einzelnen Fingerabdruck überführt.

MORDE

Fyfes erstes bekanntes Opfer war Suzanne-Marie Bernier, die am 17. Oktober 1979 in Cartierville, Montreal, umgebracht wurde. Sie wurde sexuell missbraucht und erstochen. Einen Monat darauf, am 14. November, wurde die 26-jährige Nicole Raymond in Pointe-Claire, Montreal, ebenfalls sexuell missbraucht und erstochen.

Die Leiche von Hazel Scattolon wurde am 21. März 1981 gefunden. Sie wurde sexuell missbraucht und erstochen. Dann mordete Fyfe bis zum 26. September 1987 nicht mehr. An jenem Tag wurde Louise Poupart-Leblanc in Saint-Adele, Laurentides, sexuell missbraucht und erstochen.

Am 9. Juni 1989 wurde Pauline Laplante ebenfalls in Saint-Adele sexuell missbraucht und erstochen. Danach gab es wieder eine lange Pause, bis zum Mord an Monique Gaudreau, im Oktober 1999. Ihre Leiche wurde in Sainte-Agathe-des-Monts, in Quebec, gefunden.

Am 15. desselben Monats wurde die Leiche der 59-jährigen Anna Yarnold in Senneville, Quebec, gefunden. Das nächste Opfer war die 55-jährige Teresa Shanahan. Sie wurde im November erstochen in Laval, Quebec, gefunden. Die Leiche von Mary Glenn wurde am 15. Dezember in Baie-d'Urfe, Quebec, gefunden. Sie wurde erst misshandelt und dann erstochen.

Chronik der bekannten Morde:
17. Oktober 1979: Suzanne-Marie Bernier (62)
14. November 1979: Nicole Raymond (26)
21. März 1981: Hazel Scattolon (52)
26. September 1987: Louise Poupart-Leblanc (37)
9. Juni 1989: Pauline Laplante (45)
Oktober 1999: Monique Gaudreau (46)
15. Oktober 1999: Anna Yarnold (59)
November 1999: Teresa Shanahan (55)
15. Dezember 1999: Mary Glenn (50)

VERHAFTUNG UND PROZESS

Ein Fingerabdruck am Tatort eines der Morde führte die Ermittler direkt zu Fyfe. Nachdem sie ihn eine Zeit lang oberserviert hatten, wurde er am 22. Dezember 1999 schließlich verhaftet, als er gerade vom Essen an einer Raststätte zu seinem Wagen zurückkam.

Durch DNA-Proben konnte belegt werden, dass Fyfe für die Morde verantwortlich war. Er gestand allerdings nur einige der Verbrechen; wie viele Frauen er tatsächlich umgebracht hat, ist deshalb nicht bekannt. Seine Verhandlung begann am 6. November 2000, er wurde schuldig gesprochen.

AUSGANG

Fyfe wurde zu lebenslanger Haft verurteilt und sitzt seine Strafe in einem psychiatrischen Hochsicherheitskrankenhaus in Saskatchewan ab.

JOHN WAYNE GACY

Geburtsdatum: 17. März 1942
Alias: The Killer Clown
Tatmerkmale: Vergewaltigung, Folter
Opferzahl: 33
Zeitraum der Morde: 1972 bis 1978
Datum der (endgültigen) Verhaftung: 21. Dezember 1978
Mordmethode: Strangulation
Tatorte: Chicago in Illinois (USA)
Status: am 10. Mai 1994 durch die Giftspritze hingerichtet

VORGESCHICHTE

John Wayne Gacy wurde am 17. März 1942 in eine zerrüttete Familie hineingeboren, was wohl auch der Ursprung seines gestörten Weltbilds gewesen ist. Gacy behauptete später, sein Vater sei ein gewalttätiger Alkoholiker gewesen, der ihn und die Mutter regelmäßig verprügelt hat. Er sei dem Vater zu verweichlicht gewesen und konnte es ihm nie rechtmachen, egal, was er tat. In seinem letzten Jahr auf der High School brach Gacy die Schule ab. Er zog eine Zeit lang aus dem Elternhaus aus und fand Arbeit in einer Leichenhalle in Las Vegas. Schließlich kehrte er aber doch nach Hause zurück und schrieb sich an einem Berufskolleg ein. Eine Zeit lang arbeitete er als Schuhverkäufer.

Mit 22 Jahren heiratete Gacy in eine Unternehmerfamilie ein. Seinem Schwiegervater gehörten mehrere Kentucky-Fried-Chicken-Restaurants und Gacy begann, das Familiengeschäft zu leiten. Er engagierte sich in seiner Gemeinde und wurde Mitglied der Junior Chamber International, einer Organisation, die jungen Erwachsenen eine Perspektive ermöglichen will. Dort erhielt er zahlreiche Ehrungen und besetzte eine Reihe von Schlüsselpositionen.

1968 kam jedoch die dunkle Seite Gacys zum Vorschein, als er verhaftet und angeklagt wurde, weil er einen Jugendlichen sexuell genötigt hatte, der in einem der Restaurants angestellt war, die er leitete. Er bekannte sich schuldig und wurde zu einer Freiheitsstrafe von zehn Jahren verurteilt, von der er jedoch nur 18 Monate absaß. Seine Frau trennte sich daraufhin von ihm. Gacy arbeitete eine Zeit lang als Koch, bevor er sich mit einer Baufirma selbstständig machte.

1971 geriet Gacy aufs Neue in Schwierigkeiten, nachdem ihn ein Jugendlicher erneut der sexuellen Nötigung beschuldigt hatte. Die Vorwürfe wurden allerdings fallen gelassen, nachdem der Jugendliche nicht vor Gericht erschienen war. Gacy heirate kurz darauf ein weiteres Mal, hatte mit seiner neuen Frau aber keinerlei Sexualleben. Er trat inzwischen auch auf Kinderfeiern und Kinderstationen in Krankenhäusern als »Pogo« (manchmal auch »Patches«), der Clown auf.

Um Lokalpolitiker, Würdenträger und seine Nachbarn zu beeindrucken, richtete Gacy häufig große Feiern in seinem Haus aus. Er war ein rundum erstklassiger Gastgeber, manchmal fiel seiner Frau und den Gästen im Haus jedoch ein seltsamer Geruch auf, den Gacy mit Feuchtigkeit im Kriechkeller erklärte. Doch das war nicht die ganze Wahrheit.

MORDE

Gacy lockte Jungen und junge Männer unter dem Vorwand in sein Haus, sie in seiner Baufirma einstellen zu wollen. Dort schlug er ihnen vor, ihnen seinen »Handschellen-Trick« zu zeigen. So konnte er die Opfer fesseln und anschließend mit ihnen machen, was er wollte. Gacy betäubte seine Opfer erst mit Chloroform, dann vergewaltigte er sie.

Nach der Vergewaltigung legte er den Opfern eine Seilschlinge um den Hals und spannte zusätzlich einen Holzstab in die Schlinge, den er langsam so lange drehte, bis das Opfer erstickt war. Oft zitierte er Bibelverse, während er seine Opfer tötete.

Unter Gacys Haus befand sich ein Kriechkeller, wo er den Großteil seiner 33 Opfer vergrub. Die Leichen bestreute er mit Kalziumoxid, um deren Verwesung zu beschleunigen. Gacy geriet lange Zeit nicht in den Fokus der lokalen Behörden – bis er im Dezember 1978 einen großen Fehler beging.

Als Gacy gerade in einer Apotheke einen Kostenvoranschlag für eine Reparatur abgab, sah er dort einen jungen Burschen und beschloss, ihn in sein Haus zu locken. Die Mutter des Jungen hatte ihn dort abgesetzt, damit er sich um eine Stelle in der Apotheke bewerben konnte. Nachdem der Junge als vermisst gemeldet wurde, fiel den Ermittlern auf, dass Gacy sich zur selben Zeit wie er in dem Laden aufgehalten hatte. Bei der Überprüfung von Gacy entdeckten sie, dass dieser bereits wegen sexueller Nötigung vorbestraft war.

Die Ermittler begannen, Gacy zu beobachten, und statteten ihm am 21. Dezember 1978 einen Besuch ab. Dabei fragte einer der Beamten, ob er Gacys Bad benutzen dürfe. Als der Lüfter im Bad ansprang, stieg ihm sofort der unverwechselbare Verwesungsgeruch in die Nase. Die Detectives rechneten mit dem Schlimmsten, beantragten sofort einen Durchsuchungsbeschluss und durchsuchten den Kriechkeller.

Unter dem Haus fanden sie zahlreiche verwesende Leichen. Gacy wurde daraufhin sofort verhaftet.

Chronik der bekannten Morde:
2. Januar 1972: Timothy McCoy (18)
31. Juli 1975: John Butkovich (17)
6. April 1976: Darrell Sampson (18)
14. Mai 1976: Randall Reffett (15)
14. Mai 1976: Samuel Stapleton (14)
3. Juni 1976: Michael Bonnin (17)
10. Juni 1976: William »Billy« Carroll (16)
6. August 1976: Rick Johnston (17)
24. Oktober 1976: Kenneth Parker (16)
26. Oktober 1976: William Bundy (19)
12. Dezember 1976: Gregory Godzik (17)
20. Januar 1977: John Szyc (19)
15. März 1977: Jon Prestige (20)
5. Juli 1977: Matthew Bowman (19)
15. September 1977: Robert Gilroy (18)
25. September 1977: John Mowery (19)
17. Oktober 1977: Russell Nelson (21)
11. November 1977: Robert Winch (16)
18. November 1977: Tommy Boling (20)
9. Dezember 1977: David Talsma (19)
16. Februar 1978: William Kindred (19)
Juni 1978: Timothy O'Rourke (20)
3. November 1978: Frank Wayne »Dale« Landingin (19)
13. November 1978: James Mazzara (21)
11. Dezember 1978: Robert Piest (15)

VERHAFTUNG UND PROZESS

Schon während der ersten Vernehmung begann Gacy die furchtbaren Morde zu gestehen, die er verübt hatte. Er zeichnete sogar eine Karte, auf der zu sehen war, wo unter dem Haus er jedes Opfer vergraben hatte. Er weigerte sich jedoch, seine Aussagen zu unterzeichnen. Vor Gericht wurde er dennoch aller Morde für schuldig befunden und zum Tode verurteilt.

AUSGANG

Gacy wurde am Morgen des 9. Mai 1994 vom Gefängnis Menard Correctional Center zu seiner Hinrichtung im Statesville Correctional Center transportiert. Ihm wurde ein privates Picknick mit seiner Familie auf dem Gefängnisgelände gestattet. Später an jenem Abend betete er gemeinsam mit einem katholischen Priester, bevor er in die Hinrichtungskammer gebracht wurde.

Bevor ihm die Giftspritze verabreicht wurde, verstopfte der tödliche Chemikaliencocktail den Infusionsschlauch und der Vorhang des Zuschauerfensters wurde noch einmal zugezogen, während das Problem behoben wurde. Zehn Minuten später ging der Vorhang wieder auf und die Hinrichtung begann. Sie dauerte von Anfang bis Ende 18 Minuten. Gacys letzte Worte, bevor er starb, waren angeblich: »Leckt mich am Arsch!«

Um 00:58 Uhr wurde Gacy für tot erklärt. Sein Gehirn wurde entfernt und Dr. Helen Morrison übergeben, die daran erforschen wollte, ob sich das Gehirn von Serienmördern von denen normaler Menschen unterscheidet und ob es einen biologischen Grund für deren Drang zum Töten gibt.

WISSENSWERTES

- Gacys letzte Mahlzeit waren Shrimps, Kentucky Fried Chicken und Pommes.
- Die Hinrichtung dauerte 18 Minuten, weil einer der Infusionsschläuche verstopft war.
- Gacy besaß einen IQ von 118.
- In Haft fertigte er Ölgemälde an. Unter anderem malte er Disneyfiguren wie die sieben Zwerge, Michelangelos Römische Pietà und Selbstportraits von sich als »Pogo, der Clown«. Nach Gacys Hinrichtung wurden diese Gemälde zu trendigen Sammlerstücken, Regisseur John Waters und Schauspieler Johnny Depp gehören zu den Besitzern. Gacys Kunsthändler war Rick Station von Grindhouse Graphics.

LUIS GARAVITO

Geburtsdatum: 25. Januar 1957
Alias: La Bestia (Das Biest), Tribilin, El Cura, El Loco, Bonifacio Morera Lizcano
Tatmerkmale: Vergewaltigung, Folter, Verstümmelung
Opferzahl: mindestens 138 bis 300
Zeitraum der Morde: 1992 bis 1999
Datum der (endgültigen) Verhaftung: 22. April 1999
Mordmethode: Erstechen
Tatorte: Kolumbien, Ecuador
Status: verurteilt zu 1853 Jahren Freiheitsstrafe, muss aufgrund der Gesetze in Kolumbien aber nur 22 Jahre verbüßen

VORGESCHICHTE

Garavito wurde 1957 in Génova, Kolumbien, geboren. Er war der älteste von sieben Brüdern. Als Kind wurde er vom Vater emotional und körperlich misshandelt. Später behauptete er, auch sexuell missbraucht worden zu sein.

Nach seiner Verurteilung wurden Garavito und seine Taten kontrovers diskutiert, nicht nur wegen der unglaublichen Anzahl der Opfer, die er vergewaltigt und getötet hatte, sondern auch aufgrund der absurden Strafgesetzgebung in Kolumbien.

MORDE

Garavito suchte sich seine Opfer auf der Straße, meist Kinder aus Armenvierteln und Obdachlose im Alter zwischen 6 und 16 Jahren. Um sie fortzulocken, bot Garavito ihnen Geld und kleine Geschenke. Sobald sie ihm vertrauten, ging er mit ihnen so lange spazieren, bis sie erschöpft waren. Dann verübte er seine schrecklichen Verbrechen.

Garavito vergewaltigte die Kinder und schnitt ihnen die Kehlen durch. Danach zerstückelte er normalerweise die Leichen, viele wiesen Spuren von Folter auf.

VERHAFTUNG UND PROZESS

Am 22. April 1999 wurde Garavito gefasst und verhaftet. Er gestand, 140 Kinder getötet zu haben, wurde aber in mindestens 172 Fällen verdächtigt. Die Morde wurden in 59 Städten in ganz Kolumbien begangen.

Als Garavito sich 2001 vor Gericht verantworten musste, wurde er für 138 der 172 Morde, derer man ihn schuldig glaubte, verurteilt. Anklagen zu den übrigen Morden standen noch aus, da in jenen Fällen noch ermittelt wurde. Insgesamt wurde er zu 1853 Jahren Freiheitsstrafe verurteilt, allerdings gibt es ein Gesetz in Kolumbien, nach dem Straftäter nur maximal 40 Jahre inhaftiert werden dürfen. Doch es kommt noch schlimmer: Weil er den Behörden half, einige der Leichen zu finden, wurde seine Strafe sogar noch weiter reduziert – auf 22 Jahre.

AUSGANG

Als Garavitos Strafmaß verkündet wurde, gab es einen öffentlichen Aufschrei, da viele Menschen der Meinung waren, er hätte zum Tode oder zumindest zu lebenslanger Haft verurteilt werden müssen. Die Familien der Opfer und andere Gegner dieses geringen Strafmaßes forderten eine Gesetzesänderung, um besonders bösartige Kriminelle wie Garavito härter bestrafen zu können.

2006 wurde Garavito vom TV-Moderator Pirry interviewt. Während des Gesprächs versuchte er, die Schwere seiner Verbrechen herunterzuspielen, und gab an, in die Politik gehen zu wollen, um Kindern zu helfen, die misshandelt wurden.

WISSENSWERTES

- Garavito gab sich oft als Mönch oder Priester aus.
- Während seiner Mordserie reiste er durch das ganze Land und beging in mindestens 11 der 32 kolumbianischen Departamentos Morde.

DONALD HENRY GASKINS

Geburtsdatum: 13. März 1933
Alias: Pee Wee, Junior Parrott, Meanest Man in America, The Redneck Charles Manson
Tatmerkmale: Vergewaltigung, Folter, Verstümmelung, Kannibalismus
Opferzahl: mindestens 8 bis 100 (behauptet)
Zeitraum der Morde: 1969 bis 1975, 1982
Datum der (endgültigen) Verhaftung: 14. November 1975
Mordmethode: Erstechen
Tatorte: South Carolina (USA)
Status: am 6. September 1991 auf dem elektrischen Stuhl hingerichtet

VORGESCHICHTE

Gaskins wurde in South Carolina geboren. Seine Mutter, Eulea Parrott, hatte mehrere uneheliche Kinder zur Welt gebracht. Als Kind wurde Gaskins von seiner Mutter stark vernachlässigt, die sich generell kaum um ihren Nachwuchs kümmerte. So geschah es, dass Gaskins eine Flasche Petroleum trank, als er ein Jahr alt war. Die Vergiftung, die er sich dabei zuzog, hat wohl Krampfanfälle ausgelöst, die ihn bis zu seinem dritten Lebensjahr plagten.

Die Mutter hatte wechselnde Partner und diese sogenannten »Stiefväter« misshandelten Gaskins und die anderen Kinder häufig. Weil er ein so schmächtiges Kind war, bekam er den Spitznamen »Pee Wee« verpasst, im englischen Sprachraum ein Kosewort für »Kleiner«. Offenbar kannte er seinen echten Namen Donald gar nicht, bis er eines Tages wegen einer Reihe von Verbrechen, die er gemeinsam mit anderen Schulabbrechern begangen hatte, vor Gericht musste.

Die Gang hatte die Schwester eines gemeinsamen Freundes gruppenvergewaltigt sowie zahlreiche Einbrüche begangen. Ein Opfer wurde mit einem Beil attackiert, aber überlebte und konnte der Polizei die Identität der Täter nennen. Weil er noch so jung war, wurde Gaskins jedoch nur in eine Erziehungsanstalt für Jugendliche gesteckt.

Dort wurde er nach eigenen Angaben regelmäßig von anderen Insassen vergewaltigt. Eines Tages gelang ihm die Flucht aus dem Heim und er heiratete, kehrte später aber freiwillig in die Einrichtung zurück, um seine Reststrafe abzusitzen. 1951, mit 18 Jahren, wurde er entlassen und arbeitete eine Zeit lang auf einer Tabakplantage. 1953 wurde er jedoch erneut verhaftet, nachdem er ein jugendliches Mädchen mit einem Hammer attackiert hatte. Er wurde wegen versuchten Mordes angeklagt und zu sechs Jahren Haft verurteilt.

Im Gefängnis wurde Gaskins erneut vergewaltigt, wehrte sich dieses Mal allerdings und schnitt seinem Peiniger die Kehle durch. Dies war ein bedeutender Wendepunkt in Gaskins' Leben. Von hier an war er nicht mehr das Opfer, sondern der Aggressor. 1955 gelang ihm die Flucht aus dem Gefängnis, er wurde jedoch gefasst und saß seine Reststrafe ab, bis er 1961 auf Bewährung entlassen wurde.

Zurück auf freiem Fuß, beging Gaskins wieder Raubüberfälle, attackierte aber auch weiter Frauen. 1963 wurde er wegen der Vergewaltigung eines zwölfjährigen Mädchens verhaftet, flüchtete aber erneut, bevor er verurteilt werden konnte. Kurz darauf wurde er erneut geschnappt und zu acht Jahren Gefängnis verurteilt – von denen er allerdings nur fünf absaß. Im November 1968 kam er erneut auf Bewährung frei. Wenn er fortan seine Verbrechen verübte, wollte er nun keine Zeugen mehr hinterlassen.

MORDE

Gaskins' Opfer waren meist Anhalter, die er aufgabelte. Seinen ersten Mord beging er im September 1969. Er hatte eine Anhalterin mitgenommen, gefoltert, umgebracht und die Leiche in einem Sumpf entsorgt. Alles, an das er in jenem Moment denken konnte, war, dass er mit ihr nun tun konnte, was immer er wollte, wie er später erzählte.

Von da an fuhr Gaskins die Küsten-Highways entlang gen Süden und nahm Anhalter und Anhalterinnen mit, um sie anschließend zu töten. Er selbst bezeichnete diese Taten als »Küstenmorde«. Dabei war es ihm egal, ob seine Opfer Männer oder Frauen waren, die Befriedigung beim Töten war dieselbe.

Gaskins machte sich in der Regel alle sechs Wochen auf die Suche nach einem neuen Opfer, immer dann, wenn sein Verlangen zu töten so groß wurde, dass er es nicht mehr ignorieren konnte. Er versuchte, seine Opfer so lange wie möglich am Leben zu halten, da er insbesondere das Foltern sehr genoss. Wie die meisten Serienmörder tötete er auch nicht immer auf dieselbe Weise; einige Opfer erstickte er, andere wiederum erstach er. Zudem verstümmelte er seine Opfer nicht nur, sondern aß sie zum Teil auch.

Im November 1970 begann Gaskins, seine Opfer auf andere Weise auszuwählen, und tötete nun Menschen, die er kannte. Die Morde aus jener Zeit unterschieden sich auch dahingehend von Gaskins' früheren Taten, dass er nun aus persönlichen Gründen tötete. Die ersten Opfer waren seine Nichte, die 15-jährige Janice Kirby, und deren 17-jährige Freundin Patricia Ann Alsbrook. Sobald er die Mädchen in seine Gewalt gebracht hatte, versuchte er sie sexuell zu missbrauchen und prügelte sie schließlich zu Tode.

Diese »persönlichen« Opfer konnten Personen sein, die ihn einmal ausgelacht hatten, ihm Geld schuldeten, ihn bestohlen oder sich lustig über ihn gemacht hatten. In einigen Fällen behauptete er, für die Morde bezahlt worden zu sein. In der Regel erschoss er diese Opfer und folterte und verstümmelte sie nicht wie die übrigen. Besonders grausam war dafür der Mord an seiner Nachbarin Doreen Dempsey und deren Tochter, die noch ein Säugling war.

Wer Gaskins kannte, mag ihn nicht für einen Serienmörder gehalten haben, es gab aber einige Leute, die wussten, dass er ein Auftragsmörder war. So engagierte ihn Suzanne Kipper Owens im Februar 1975, um ihren Lebensgefährten Silas Barnwell Yates umzubringen. Nach diesem Mord behauptete Gaskins, er habe noch vier weitere Menschen töten müssen, um die Tat zu vertuschen.

Im November 1975 berichtete einer von Gaskins' Verbrecherkollegen der Polizei, dass er gesehen habe, wie Gaskins zwei Männer getötet hat – Dennis Bellamy und Johnny Knight. Der Kollege, Walter Neeley, berichtete außerdem, dass Gaskins ihm gegenüber gestanden hat, in den vergangenen fünf Jahren mehrere Morde begangen zu haben.

VERHAFTUNG UND PROZESS

Neeley überzeugte die Ermittler mit seiner Aussage und Gaskins wurde am 14. November 1975 für die Morde verhaftet. Er war geständig und führte die Fahnder am 4. Dezember zu seinem Grundstück in Prospect und zeigte ihnen, wo er acht seiner Opfer vergraben hatte.

Am 24. Mai 1976 begann Gaskins' Prozess, er wurde wegen achtfachen Mordes angeklagt. Die Verhandlung dauerte nur vier Tage. Gaskins wurde in allen Anklagepunkten schuldig gesprochen und erhielt zunächst die Todesstrafe, die aufgrund einer Gesetzesänderung in South Carolina später jedoch in eine lebenslange Haftstrafe umgewandelt wurde. Im Gefängnis tötete Gaskins am 2. September 1982 einen Mithäftling.

Der Mithäftling, Rudolph Tyner, saß ebenfalls wegen Mord im Todestrakt und Gaskins wurde vom Sohn eines Opfers bezahlt, ihn zu töten. Er hatte mehrfach erfolglos versucht, ihn zu vergiften, und entschied sich schließlich, auf

Nummer sicher zu gehen und ihn in die Luft zu sprengen. Dazu präparierte er ein Funkgerät mit C4-Plastiksprengstoff und gab es Tyner unter dem Vorwand, so besser miteinander kommunizieren so können. Als Tyner sich das Funkgerät ans Ohr hielt, wie Gaskins es ihm aufgetragen hatte, zündete dieser die Bombe.

Für den Mord an Tyner wurde Gaskins erneut zum Tode verurteilt und dieses Mal wurde die Strafe nicht mehr umgewandelt.

AUSGANG

Am 6. September 1991 wurde Gaskins auf dem elektrischen Stuhl hingerichtet. Um 01:10 Uhr wurde sein Tod festgestellt. Nur wenige Stunden zuvor hatte er versucht, Selbstmord zu begehen, indem er sich die Handgelenke mit einer Rasierklinge aufschnitt. Er hatte die Klinge eine Woche zuvor im Mund versteckt und nun wieder ausgespuckt. Seine letzten Worte waren: »Ich lasse meine Anwälte für mich sprechen. Ich bin bereit zu gehen.«

WISSENSWERTES

- Gaskins versuchte, am Abend vor seiner Hinrichtung Selbstmord zu begehen. Dazu schlitzte er seine Handgelenke und Armbeugen mit einer Rasierklinge auf, die er vorher in seinem Mund versteckt hatte und dann ausspuckte. 20 Stiche waren nötig, um ihn zu retten und am 6. September 1991 um 01:10 Uhr auf den elektrischen Stuhl zu schnallen.
- Er plante die Tochter des Mannes zu entführen, der ihn in die Todeszelle geschickt hat.
- Gaskins war klein, kaum 1,66 Meter groß, und wog nur 60 Kilo.
- Sein Auto war ein Leichenwagen.

ED GEIN

Geburtsdatum: 27. August 1906
Alias: The Butcher of Plainfield, The Mad Butcher, The Plainfield Ghoul
Tatmerkmal: Nekrophilie
Opferzahl: mindestens 2
Zeitraum der Morde: 8. Dezember 1954 bis 16. November 1957
Datum der (endgültigen) Verhaftung: 17. November 1957
Mordmethode: Erschießen
Tatorte: Plainfield in Wisconsin (USA)
Status: wurde aufgrund von Schuldunfähigkeit nicht schuldig gesprochen und zu lebenslanger Haft in einer psychiatrischen Hochsicherheitsklinik verurteilt, starb am 26. Juli 1984 an Lungenkrebs

VORGESCHICHTE

Ed Gein war gewissermaßen der echte Norman Bates aus »Psycho«, ein völlig gestörter Mann, der extrem unter dem Einfluss seiner Mutter stand. Gein wurde in La Crosse County im US-Bundesstaat Wisconsin geboren, seine Eltern waren George und Augusta Gein. Er war das zweite Kind der Familie, der ältere und einzige Bruder hieß Henry. Der Vater war Alkoholiker und blieb nie lange in einem Job. So arbeitete er etwa als Versicherungsverkäufer, Tischler und Gerber. Eine Zeit lang besaß er sogar ein eigenes Lebensmittelgeschäft, verkaufte es aber irgendwann und zog mit der Familie nach Plainfield, ebenfalls in Wisconsin. Die Eltern wollten, dass die Familie möglichst isoliert lebte.

Immer wenn Fremde Gein und dessen Bruder ansprachen, scheuchte die Mutter sie davon. Die Jungs durften das Grundstück nur verlassen, um zur Schule zu gehen. Die Mutter war eine fromme Lutheranerin, die ihren Kindern ständig von der Sittenlosigkeit der Welt predigte, von den Übeln des Alkohols und ihrer Ansicht, dass alle Frauen nur Werkzeuge des Teufels und von Natur aus Prostituierte seien. Jeden Nachmittag zitierte sie Bibelverse, insbesondere solche, die sich um Mord, göttliche Vergeltung und Tod drehten.

1940 starb Geins Vater an Herzversagen, wohl verursacht durch seinen jahrelangen Alkoholismus. Um die Familie zu unterstützen, nahmen Gein und sein

Bruder Henry verschiedene Gelegenheitsjobs in der ganzen Stadt an. Als sie älter wurden, begann Henry sich darum zu sorgen, wie eng das Verhältnis zwischen seinem Bruder und seiner Mutter war. Wann immer er schlecht über die Mutter sprach, reagierte Gein verletzt und schockiert.

Im Mai 1944 brach auf der Gein-Farm ein Feuer aus, als Gein und Henry Sumpfpflanzen verbrannten und die Flammen sich unkontrolliert ausbreiteten. Nachdem die Feuerwehr eingetroffen war und das Feuer gelöscht hatte, behauptete Gein, Henry sei verschwunden. Es war schon fast dunkel und ein mit Laternen ausgerüsteter Suchtrupp machte sich auf den Weg. Irgendwann wurde Henrys Leiche gefunden, sie lag mit dem Gesicht nach unten auf dem Boden, er schien schon seit geraumer Zeit tot gewesen zu sein.

Die Leiche zeigte keinerlei offensichtliche Spuren von Verletzungen, als Todesursache wurde deshalb Ersticken vermerkt. In einem Bericht war später jedoch zu lesen, Henry habe Blutergüsse am Kopf gehabt. Wurde er doch ermordet? Und war der Mörder vielleicht sogar Ed Gein, der eigene Bruder? Die meisten Ermittler, die Gein später vernommen haben, sind der Meinung, dass er seinen Bruder tatsächlich umgebracht hat.

Kurz nach Henrys Tod erlitt Geins Mutter einen schweren Schlaganfall. Gein pflegte sie von da an. Nach einem zweiten Schlaganfall im Dezember 1945 starb die Mutter schließlich. Gein war am Boden zerstört, die Mutter war seine einzige Freundin, seine einzige Bezugsperson gewesen. Es gelang ihm, die Farm weiter zu betreiben und sich mit Gelegenheitsjobs über Wasser zu halten. Als Handwerker hatte er Anspruch auf staatliche Subventionen für seinen Hof, die er ab 1951 auch bezog.

Gein riegelte die Räume, in denen seine Mutter gelebt hatte, komplett ab und bewahrte sie in einem unberührten, tadellosen Zustand. Der winzige Bereich des Hauses, in dem er lebte, war dagegen völlig verwahrlost. Gein war ständig allein und begann, sich für Horrormagazine zu interessieren, in denen es um Tod und Kannibalismus ging.

MORDE

Bernice Worden, die Besitzerin des Eisenwarengeschäfts in Plainfield, verschwand am 16. November 1957. Ihr Sohn erzählte den Ermittlern, dass Gein am Abend zuvor bei ihr im Laden gewesen war und am nächsten Tag wiederkommen wollte, um Frostschutzmittel zu kaufen. Die Polizisten gingen dem Hinweis nach, und als sie einen handschriftlichen Kassenbeleg für das Frostschutzmittel fanden,

den Worden am Morgen ihres Verschwindens geschrieben hatte, beschlossen sie, Geins Grundstück zu durchsuchen.

Dort fanden sie Wordens Leiche in einem Schuppen, wo sie wie Schlachtvieh von der Decke hing. Sie wurde enthauptet und mithilfe einer Holzlatte an ihren Fußgelenken und Seilen an den Handgelenken aufgehängt. Zeugen sagten später aus, sie sei hergerichtet gewesen wie ein erlegtes Reh. Die Todesursache war ein Schuss aus einem Gewehr vom Kaliber .22, die Leiche wurde postmortal verstümmelt. Nach diesem schockierenden Fund durchsuchten die Ermittler auch den Rest des Grundstücks. Zu den Dingen, die bei dieser Durchsuchung gefunden wurden, gehörten:

- ganze menschliche Knochen und Fragmente
- ein Papierkorb aus menschlicher Haut
- mehrere mit menschlicher Haut bedeckte Stuhlsitze
- Totenköpfe an den Bettpfosten
- weibliche Schädel, einige mit abgesägter Schädeldecke
- Schalen aus menschlichen Schädeln
- ein Korsett aus der Haut eines weiblichen Oberkörpers
- Leggings aus menschlicher Beinhaut
- Masken aus der Haut von Frauenköpfen
- Mary Hogans Gesicht als Maske in einer Papiertüte
- Mary Hogans Schädel in einer Schachtel
- Bernice Wordens ganzer Kopf in einem Jutesack
- Bernice Wordens Herz in einer Plastiktüte vor Geins Kanonenofen
- neun Vulven in einem Schuhkarton
- das Kleid eines jungen Mädchens und die Vulven zweier etwa fünfzehn Jahre alter Mädchen
- ein Gürtel aus weiblichen menschlichen Brustwarzen
- vier Nasen
- ein Paar Lippen auf einer Zugschnur für Jalousien
- ein Lampenschirm aus der Haut eines menschlichen Gesichts
- Nägel von Frauenfingern

VERHAFTUNG UND PROZESS

Gein wurde am 17. November 1957 verhaftet und vernommen. Er gestand zahlreiche nächtliche Ausflüge zum örtlichen Friedhof, bei denen er frisch bestattete

Leichen exhumiert hat. Manchmal verließ er den Friedhof, ohne etwas mitzunehmen, manchmal nahm er Frauenleichen mit, die seiner Mutter ähnlich sahen, und brachte sie heim. Dort zog er den Leichen die Haut ab und »gerbte« sie, um daraus die verschiedenen Gegenstände zu fertigen, die in seinem Haus gefunden wurden.

Kurz nach dem Tod seiner Mutter hatte Gein begonnen, einen – wie er es nannte – »Frauenanzug« zu fertigen. Damit, so Gein, wollte er zu seiner »Mutter werden, buchstäblich in ihre Haut hineinkriechen«. Dass er Geschlechtsverkehr mit den Leichen hatte, stritt er vehement ab, sie hätten schlecht gerochen.

Während seiner Vernehmung gestand er, auch Mary Hogan getötet zu haben, eine Barbesitzerin, die 1954 verschwunden war. Ihr Kopf wurde ins Geins Haus gefunden, er konnte sich jedoch nicht an die Details des Mordes erinnern. Gein wurde in einigen weiteren ungelösten Mordfällen in Wisconsin verdächtigt, darunter den der Babysitterin Evelyn Hartley in La Crosse, die seit 1953 verschwunden war.

Geins Prozess begann am 21. November 1957. Er wurde wegen Mordes angeklagt und plädierte auf Schuldunfähigkeit. Daraufhin wurde er von einem psychiatrischen Gutachter untersucht, der ihm Schizophrenie und geistige Inkompetenz attestierte. Damit galt er als prozessunfähig und wurde in eine Anstalt für geisteskranke Straftäter eingewiesen.

1968 wurde Gein für geistig gesund befunden und seine Verhandlung am 7. November neu aufgerollt. Sie dauerte nur eine Woche. Seine Verteidigung hatte einen Prozess ohne Geschworene beantragt. Sieben Tage darauf, am 14. November, wurde er schuldig gesprochen und dazu verurteilt, den Rest seines Lebens in einem psychiatrischen Hochsicherheitskrankenhaus zu verbringen. Obwohl er den Mord an Mary Hogan gestanden hatte, wurde er nur für den Mord an Worden angeklagt.

AUSGANG

Gein starb am 26. Juli 1984 an den Folgen von Lungenkrebs. Er wurde auf dem Friedhof von Plainfield beigesetzt. Über die Jahre wurden von Besuchern immer mehr Teile seines Grabsteins als Souvenir abgebrochen. 2000 wurde der ganze Grabstein gestohlen. 2001 wurde er wiedergefunden und ist seitdem im Sheriffs Department von Waushara County verwahrt. Ersetzt wurde der Stein nicht.

WISSENSWERTES

- Gein diente als Vorlage für viele bekannte Schurken aus Film und Literatur, insbesondere für Norman Bates, den Protagonisten des Romans und Hitchcock-Thrillers *Psycho*.
- Die Figur des Leatherface, aus dem Film *The Texas Chain Saw Massacre*, war ebenfalls lose von Gein und dessen Sammelfetisch für menschliche Körperteile inspiriert. Leatherface, der berüchtigte Schurke der Horrorfilmreihe, trug Masken aus Menschenfleisch.
- Thomas Harris, der Erfinder der legendären Filmfigur Hannibal Lecter, schuf Buffalo Bill, den Antagonisten in *Das Schweigen der Lämmer*, nach Geins Vorbild.

LORENZO GILYARD

Geburtsdatum: 24. Mai 1950
Alias: The Kansas City Strangler
Tatmerkmal: Vergewaltigung
Opferzahl: mindestens 12
Zeitraum der Morde: 1977 bis 1993
Datum der (endgültigen) Verhaftung: 16. April 2004
Mordmethode: Strangulation
Tatorte: Kansas City in Missouri (USA)
Status: verurteilt zu lebenslanger Freiheitsstrafe ohne Möglichkeit zur vorzeitigen Entlassung

VORGESCHICHTE

In seiner Jugend kam Gilyard ständig mit dem Gesetz in Konflikt und wurde bereits für mehrere Verbrechen verurteilt, darunter sexueller Missbrauch, sexuelle Belästigung, Körperverletzung und Einbruch. Seine erste Frau heiratete er schon mit 18 Jahren und zeugte insgesamt elf Kinder mit verschiedenen Partnerinnen.

Seine ersten Vorstrafen erhielt er wegen Ruhestörung, unerlaubtem Waffenbesitz sowie Falschaussage. Oft musste er für diese Vergehen kurz ins Gefängnis oder zahlte eine kleinere Geldstrafe. 1974 wurden seine Taten brutaler und er vergewaltigte eine 25-jährige Frau. Obwohl das Opfer Gilyard identifizierte, wurde er nicht verurteilt.

Einige Monate später wurde er erneut verhaftet, dieses Mal wegen der Vergewaltigung eines 13-jährigen Mädchens. Er versuchte zunächst, alles abzustreiten, und unterstellte dem Opfer zu lügen, gestand den sexuellen Missbrauch schließlich aber doch und wurde zu neun Monaten Gefängnis verurteilt.

1979 wurde Gilyard der Entführung beschuldigt und soll einen Mann mit einer Pistole bedroht haben, während er dessen Partnerin vergewaltigte. Der Mann identifizierte Gilyard und ein Haar des Opfers wurde an Gilyards Arbeitsplatz gefunden. Dennoch wurde er 1980 bemerkenswerterweise freigesprochen, noch im selben Jahren aber wegen schwerer Körperverletzung erneut verhaftet und dieses Mal verurteilt. Er hatte gedroht, seine Ex-Frau zu erschießen, die im Januar 1981 dann die Scheidung einreichte. Einen Monat darauf verprügelte er sie zweimal, beim ersten Mal sogar mit einer Pistole. Beim zweiten Mal schlug er ihr die Zähne aus und stach ihr mit einem Eispickel in den Arm. Für beide Vorfälle wurde er wegen Körperverletzung verurteilt.

In den darauffolgenden Jahren musste Gilyard immer wieder wegen verschiedenster Verbrechen ins Gefängnis, unter anderem wegen Bombendrohungen. Als er eines Tages mal wieder entlassen wurde, schien er das alles hinter sich zu lassen. 1986 begann er, für eine Entsorgungsfirma zu arbeiten, und behielt diesen Job viele Jahre lang, bis er 2004 wegen Mord verhaftet wurde. Gilyard war in den Fokus der Fahnder geraten, nachdem sein Name beim Abgleich der DNA-Proben von zwölf Opfern auftauchte, in deren Fällen sie ermittelten.

MORDE

Gilyard hatte bereits 1977 begonnen zu morden, doch die Taten blieben entweder unentdeckt oder wurden erst Jahre später mit ihm in Verbindung gebracht. Erst 2004, als ein Dutzend Frauenleichen gefunden wurden, geriet er ins Fadenkreuz der Ermittler. DNA-Tests waren inzwischen eine gängige Methode zum Aufklären von Verbrechen und die Behörden hatten glücklicherweise die Voraussicht besessen, eine ältere Blutprobe von einem früheren Verbrechen Gilyards aufzubewahren.

Im April 2004 stellten die Ermittler fest, dass die bei einem der zwölf Opfer gefundene DNA-Probe von Gilyard stammte, und leiteten sofort die Fahndung ein. Gilyard war nun Hauptverdächtiger in zwölf Mordfällen. Bei den Opfern handelte es sich um elf Prostituierte und eine psychisch kranke Frau. Alle wurden erdrosselt, elf sexuell missbraucht. Die meisten Leichen waren nackt, als sie gefunden wurden, und waren von Gilyard in einer bestimmten Pose drapiert worden.

Einige Opfer wiesen Spuren von Fesseln an den Händen auf, bei sechs waren zudem Schnürsenkel, Kleidung oder ein Stromkabel um den Hals gewickelt. Es schien, als hätte der Mörder zum Töten verwendet, was er eben gerade finden konnte. Fünf der toten Frauen wurden ebenfalls erdrosselt, allerdings befanden sich die Tatwerkzeuge nicht mehr um den Hals der Opfer.

Chronik der bekannten Morde:

April 1977: Stacie L. Swofford (17)
23. Januar 1980: Gwendolyn Kizine (15)
9. Mai 1982: Margaret J. Miller (17)
14. März 1986: Catherine M. Barry (34)

16. August 1986: Naomi Kelly (23)
27. November 1986: Debbie Blevins (32)
17. April 1987: Ann Barnes (36)
9. Juni 1987: Kellie A. Ford (20)
12. September 1987: Angela M. Mayhew (19)
3. November 1987: Sheila Ingold (36)
19. Dezember 1987: Carmeline R. Hibbs (30)
Februar 1989: Helga Krüger (26)
11. Januar 1993: Connie Luther (29)

VERHAFTUNG UND PROZESS

Sobald Gilyard als der Mörder identifiziert war, beobachteten die Ermittler jeden seiner Schritte, bis sie genügend Beweise zusammen hatten, um ihn sicher verurteilten zu können. Eigentlich sollte Gilyard am 19. April verhaftet werden. Weil sich die Fahnder aber sorgten, er ahne, dass er verfolgt wird, zogen sie den Termin vor. Als er am 16. April in einem »Denny's«-Restaurant saß, kamen sie auf ihn zu und baten ihn mitzukommen, was er auch ganz ruhig tat.

Zunächst wurde Gilyard für 13 Morde angeklagt, sechs dieser Anklagen wurden später aber aus einer Vielzahl von Gründen wieder fallen gelassen. In den anderen sieben Anklagen bekannte er sich nicht schuldig. Um der Todesstrafe zu entkommen, erklärte sich Gilyards Verteidigung zu einer Verhandlung ohne Jury bereit.

Am 13. April 2007 wurde Gilyard für sechs der übrigen Morde verurteilt, im siebten Fall wurde er freigesprochen. Er erhielt eine lebenslange Haftstrafe ohne die Chance auf Bewährung.

AUSGANG

Gilyard wird den Rest seines Lebens im Gefängnis verbringen. Die Ermittlungsbehörden prüfen noch immer, ob er noch für weitere Morde verantwortlich gewesen sein könnte. Die sechs Fälle, in denen die Anklage fallen gelassen wurde, könnten zudem noch einmal aufgerollt werden, das Ergebnis wäre allerdings dasselbe: lebenslange Haft ohne Bewährung.

WISSENSWERTES

- Gilyards Schwester war eine Prostituierte, die ebenfalls wegen Mordes verurteilt wurde.

- Aus seinen Bewährungsunterlagen geht hervor, dass er zwischen 1969 und 1974 in vier Fällen von Vergewaltigung verdächtigt wurde, die Taten konnten ihm allerdings nie nachgewiesen werden.
- Jedem seiner Opfer fehlten die Schuhe.

HARVEY GLATMAN

Geburtsdatum: 10. Oktober 1927
Alias: The Lonely Hearts Killer, The Glamour Girl Slayer, Johnny Glenn, George Williams, Frank Johnson, Frank Wilson
Tatmerkmal: sadomasochistische Vergewaltigung
Opferzahl: mindestens 3
Zeitraum der Morde: 1. August 1957 bis 13. Juli 1958
Datum der (endgültigen) Verhaftung: 27. Oktober 1958
Mordmethode: Erdrosseln
Tatorte: Riverside und San Diego Counties in Kalifornien (USA)
Status: am 18. September 1959 in der Gaskammer hingerichtet

VORGESCHICHTE

Schon als Glatman noch ganz jung war, wussten seine Eltern Albert und Ophelia bereits, dass mit dem Jungen etwas nicht stimmte. Sein emotionales Verhalten war sonderbar. Als er gerade drei Jahre alt war, erwischte seine Mutter ihn bei einer sadomasochistischen Tat, woraufhin sie ihn zu einem Arzt brachte. Der riet den Eltern, sich keine Sorgen zu machen, und versicherte, dass es sich beim seltsamen Verhalten ihres Kinds bloß um eine Phase handelte. Die Eltern glaubten der Einschätzung des Arztes und ignorierten künftige Zwischenfälle in der Hoffnung, das merkwürdige Verhalten ihres Sohnes würde sich eines Tages auswachsen.

Mit zwölf Jahren wurde Glatman aufgrund seines Aussehens in der Schule gemobbt und entwickelte eine fürchterliche Angst vor Frauen. In jener Zeit beging er außerdem mehrere Einbrüche in Frauenwohnungen, und es dauerte nicht lange, bis er Frauen, die während solcher Einbrüche daheim waren, auch sexuell missbrauchte.

Schließlich suchten die Eltern für ihren Sohn psychiatrische Hilfe, was allerdings nichts brachte. Im Mai 1945 brach Glatman in das Haus einer Frau namens Elma Hamum ein und wurde dabei erwischt. Er trug eine Pistole vom Kaliber .25 sowie ein langes Seil bei sich. Glatman wurde wegen Raubes angeklagt und kam auf Kaution frei, die seine Eltern hinterlegten.

Im Monat darauf entführte Glatman eine Frau namens Noreen Laurel. Er brachte sie wieder heim, berührte sie aber vorher unsittlich. Die Behörden wurden alarmiert und Glatman wurde erneut verhaftet. Dieses Mal konnten seine Eltern sich die Kaution nicht leisten. In Haft wurde Glatman von Psychiatern untersucht, die eine »gespaltene Persönlichkeitsstörung« bei ihm diagnostizierten (die wir heute als Schizophrenie kennen). Als er im November 1945 wieder freikam, wurde alles noch schlimmer.

MORDE

Glatman gab sich als professioneller Fotograf aus und brachte Frauen dazu, gegen Bezahlung in Bondage-Situationen für ihn zu posieren. Im August 1957 kontaktierte er Judith Ann Dull, eine junge Frau, die aufgrund eines Sorgerechtsstreits mit ihrem Ex-Mann dringend Geld brauchte. Er bat sie, für ihn zu posieren und dabei einen engen Sweater sowie einen Rock zu tragen. Sie willigte ein.

Als Dull in Glatmans Wohnung eintraf, fesselte er sie unter dem Vorwand, dies sei Teil des Fotoshootings, und begann, Bilder von ihr zu machen. Danach bedrohte er sie mit einer Waffe und zwang sie, sich auszuziehen, um noch erotischere Fotos von ihr zu machen. Anschließend vergewaltigte er sie und fuhr sie mit dem Auto an Thousand Palms vorbei in die Einöde. Dort erwürgte er sie und machte noch einige Fotos von ihrer Leiche, bevor er sie in der Wüste zurückließ.

1958 lernte Glatman im Lonely Hearts Club unter dem falschen Namen George Williams eine Frau namens Shirley Bridgeford kennen. Die beiden gingen gemeinsam Abendessen, danach fuhr Glatman sie in die Vallecito Mountains. Dort angekommen, bedrohte er sie mit einer Waffe und zwang sie, sich auszuziehen. Nachdem er sie vergewaltigt hatte, machte er Fotos von ihr und ermordete sie. Dann fotografierte er ihre Leiche und ließ sie dort liegen, während er zurück in die Stadt fuhr.

Seinem dritten Opfer, Ruth Mercado, hatte er im Juli 1958 wieder Geld geboten, um Fotos von ihr zu machen. Er verwendete den Alias Frank Wilson und arbeitete dieses Mal tatsächlich als echter Fotograf für eine Modelagentur. Sie wurde auf dieselbe Weise umgebracht wie die anderen.

Chronik der bekannten Morde:

August 1957: Judith Ann Dull (19)
März 1958: Shirley Ann Bridgeford (24)
Juli 1958: Ruth Mercado (24)

VERHAFTUNG UND PROZESS

Während seiner Zeit bei der Modelagentur Diane Studio wurde Glatman beauftragt, Lorraine Vigil abzulichten, eines der Models der Agentur. Er entführte sie, sie wehrte sich jedoch und konnte entkommen. Dabei stieß sie glücklicherweise sofort auf zwei Polizeibeamte, die Glatman umgehend verhafteten.

Als er zur Entführung von Lorraine Vigil vernommen wurde, knickte Glatman ein und gestand die Morde an den anderen drei Frauen. Er erzählte den Ermittlern, dass er einen Werkzeugkoffer voller Fotos besaß, die er von den Opfern gemacht hatte. Die Fahnder fanden die Werkzeugkiste in seiner Wohnung und konfiszierten die Bilder als Beweise.

Während Glatmans Verfahrens stand dessen Mutter auf und entschuldigte sich für seine Verbrechen, ihr Junge sei »krank«. Die Verteidigung versuchte, auf Schuldunfähigkeit zu plädieren, bei einer Untersuchung wurde jedoch festgestellt, dass Glatman nicht psychotisch und für seine Taten verantwortlich war.

Glatman wurde für die Morde an Bridgeford und Mercado angeklagt und schuldig gesprochen. Er erhielt die Todesstrafe.

AUSGANG

Am 18. September 1959 wurde Glatman in der »Green Room« genannten Gaskammer hingerichtet. Nach zwölf Minuten wurde er für tot erklärt.

WISSENSWERTES

- Der Hausarzt der Familie hatte Glatmans Mutter versichert, der Junge würde aus seinen sexuell sadomasochistischen Tendenzen herauswachsen.
- Als er eines Tages Striemen am Hals hatte und die Mutter ihn darauf ansprach, erklärte er, dass er sich ein Seil um den Hals gelegt und daran aufgehangen habe, weil es ihn befriedige, sich selbst so zu quälen.
- Im Gefängnis von San Quentin wurde sein IQ gemessen, der Wert lag bei 130.
- Glatman wollte sterben und sagte dazu: »Es ist besser so. Ich wusste, dass es so kommen würde.«

BILLY GLAZE

Geburtsdatum: 13. Juli 1944
Alias: Jesse Sitting Crow, Jesse Coulter, Butcher Knife Billy
Tatmerkmal: Vergewaltigung
Opferzahl: mindestens 3
Zeitraum der Morde: 1986 bis 1987
Datum der (endgültigen) Verhaftung: 31. August 1987
Mordmethode: Erstechen
Tatorte: Minneapolis in Minnesota (USA)
Status: verurteilt zu drei lebenslangen Freiheitsstrafen, starb am 22. Dezember 2015 im Gefängnis an Lungenkrebs

VORGESCHICHTE

Die Geschichte von Billy Glaze steckt voller Kontroversen. Nach einem Hinweis aus der Bevölkerung galt er ursprünglich als Verdächtiger im Fall dreier ermordeter indigener Frauen. Glaze reiste damals viel umher und verwendete verschiedene falsche Namen und Geburtsdaten. Obwohl er weiß war, verwendete er auch indigene Namen.

Glaze hatte die Angewohnheit, immer wieder abwertende Kommentare zu »Indianerinnen« zu machen, vor allem in Bars, wo er als Störenfried und Nervensäge galt. Die Türsteher dieser Bars mussten ihn mehrmals warnen, sich entweder zusammenzureißen oder den Laden zu verlassen.

Glaze stritt vehement ab, etwas mit den Morden zu tun zu haben, und obwohl es schien, als sei er der Richtige, konnten die Ermittler keinerlei Verbindung zwischen ihm und den Opfern herstellen. Er gab zu, Indigene nicht zu mögen, schwor aber, dass er niemanden umgebracht habe.

Die Fahnder suchten weiter nach einer Möglichkeit, Glaze für die Morde zu verhaften. Ihre Gebete wurden erhört, als sich nach und nach immer mehr Menschen mit scheinbar stichhaltigen Beweisen meldeten.

MORDE

Glaze galt in 50 Fällen ermordeter Frauen als Verdächtiger. Einmal hatte er vor Polizisten geprahlt, mehr als 20 Frauen getötet zu haben, zog die Aussage später aber wieder zurück. Am Ende wurde er für die Morde an den drei indigenen Frauen zwischen 1986 und 1987 angeklagt.

Jedes der Opfer war die Mutter junger Kinder und sie alle waren nachts allein auf der Straße unterwegs gewesen. Alle waren Alkoholikerinnen und tranken in derselben Sorte Bars. Die drei Fälle ähnelten sich so sehr, dass die Ermittler und der Gerichtsmediziner nicht lange überlegen mussten, um darauf zu kommen, dass sie das Werk eines einzigen Täters gewesen waren.

Alle drei Frauen wurden im Gesicht und am Kopf geschlagen, insbesondere in der Mundgegend. Allen wurde gewaltsam ein Stock in die Vagina eingeführt und alle Leichen wurden, meist nackt, in erniedrigenden Positionen drapiert.

Chronik der Morde:
27. Juli 1986: Kathleen Bullman
12. April 1987: Angeline Whitebird Sweet
29. April 1987: Angela Green

VERHAFTUNG UND PROZESS

Eine Augenzeugin hatte sich bei der Polizei gemeldet und ausgesagt, dass Glaze für die drei Morde verantwortlich war. Eine Freundin hatte den Ermittlern erzählt, wo sie Glaze in New Mexico finden konnten. Am 31. August 1987 wurde er auf der Straße angehalten und wegen Alkohol am Steuer verhaftet. Glaze war zu jener Zeit auf Bewährung und weil er gegen seine Bewährungsauflagen verstoßen hatte, konnten die Ermittler sein Fahrzeug durchsuchen. Dabei fanden sie eine Brechstange, einen Schlagstock sowie ein blutiges Shirt.

Als Glaze sich für die drei Morde vor Gericht verantworten musste, sollten forensische Beweise seine Verurteilung garantieren. Auf der Brechstange hatten sich Haare der Opfer befunden. Glaze wurde zu lebenslanger Haft verurteilt, mit der Möglichkeit einer vorzeitigen Entlassung nach frühestens 52 Jahren.

AUSGANG

Am 22. Dezember 2015 starb Glaze im Alter von 72 Jahren an Lungenkrebs, der erst kurz zuvor bei ihm diagnostiziert wurde. Er hatte 25 Jahre im Gefängnis gesessen für Morde, die er vielleicht gar nicht begangen hatte.

WISSENSWERTES

Dieser Fall war einer von nur zwei Fällen, die im Rahmen einer Überprüfung von 14 000 Mord- und Missbrauchsfällen seit 1981 in ganz Minnesota durch Bezirksstaatsanwälte und das gemeinnützige Minnesota Innocence Project als schwebend beurteilt wurde. Bei der Überprüfung wurde neuartige DNA-Technologie verwendet, die es zum Zeitpunkt von Glazes Verurteilung noch nicht gab. Damit sollten Falschverurteilungen aufgedeckt werden. Und tatsächlich wurden mehrere Spuren der Tatorte nicht mit Glaze, sondern mit einem verurteilten Vergewaltiger in Verbindung gebracht. Sein Fall sollte deshalb neu aufgerollt werden. Bevor es so weit war, starb er jedoch.

BILLY GOHL

Geburtsdatum: 1860
Alias: Ghoul of Grays Harbor, Timber Town Killer
Tatmerkmal: Raubmord
Opferzahl: mindestens 2 bis 100
Zeitraum der Morde: 1902 bis 1910
Datum der (endgültigen) Verhaftung: 1910
Mordmethode: Erschießen
Tatorte: Aberdeen in Washington (USA)
Status: verurteilt zu lebenslanger Freiheitsstrafe, verlegt in eine Irrenanstalt; starb 1928 an Syphilis

VORGESCHICHTE

Über Gohls frühe Jahre ist nicht viel bekannt, aber als Erwachsener reiste er einmal an den Yukon, um dort nach Gold zu suchen. Er hatte jedoch keinen Erfolg und kehrte nach Aberdeen zurück, wo er als Barkeeper arbeitete. Ermittler gehen davon aus, dass er in jener Zeit für mehrere Morde verantwortlich war. Die Leichen von Wanderarbeitern waren an die Küste gespült worden. Offenbar hatte man ihnen jegliches Geld und Wertsachen abgenommen, die sie bei sich hatten.

Gohl erhielt eine Stelle als Gewerkschaftsfunktionär der Sailor's Union of the Pacific, einer Seefahrergewerkschaft. Dabei nutzte er seine erstaunliche Größe zu seinem Vorteil, indem er damit potenzielle Streikende einschüchterte und neue Mitglieder rekrutierte. Wenn Seeleute am Hafen von Aberdeen eintrafen und an Land gingen, dann führte ihr erster Weg sie normalerweise direkt ins Gewerkschaftsgebäude. Dort konnten sie Post abholen, die eventuell für sie abgegeben wurde, und Geld einzahlen, um sich etwas auf die Seite zu legen.

Im Gewerkschaftsgebäude trafen sie üblicherweise auf Gohl, der dort ganz allein war. Als Erstes fragte Gohl die Seeleute nach Freunden und Familie in der Gegend, um herauszufinden, ob sie jemand kannte. Handelte es sich nur um einen Seemann auf Durchreise, konnte es lange dauern, bevor er von jemandem vermisst wurde. Irgendwie gelang es ihm zudem, sie zu ihren Wertsachen und Geld auszufragen. Je nachdem, wie die Unterhaltung lief und was der Seemann antwortete, konnte er zum potenziellen Opfer des gierigen Gohl werden.

MORDE

Die meisten von Gohls Opfern wurden in dem Gewerkschaftsgebäude erschossen, in dem er arbeitete. Er nahm ihnen Geld und Wertsachen ab, die sie dabeihatten, und entsorgte die Leichen im Wishkah River hinter dem Gebäude.

Es existierte offenbar eine Rutsche, die von einer Falltür im Gewerkschaftsgebäude aus bis direkt in den Fluss führte. Über diese Rutsche stieß er die Opfer einfach in den Fluss. Viele Leute ahnten, dass Gohl für das Verschwinden der vielen Seeleute verantwortlich war, die in Aberdeen an Land gegangen waren, doch niemand tat etwas dagegen. Er wäre weiterhin mit seinen Morden davongekommen, hätte ihn sein Komplize John Klingenberg nicht nach dessen Verhaftung verpfiffen.

VERHAFTUNG UND PROZESS

Klingenberg sagte aus, dass er Charles Hatberg – einen Seemann, dessen Leiche gerade im Hafen angespült worden war – kurz vor dessen Verschwinden zusammen mit Gohl gesehen hat. Gohl wurde verhaftet, für den Mord an Hatberg angeklagt und verurteilt. Er musste sich außerdem für den Mord an John Hoffman verantworten, der ihn beim Mord an Hatberg gesehen hatte. Obwohl Hoffman am darauffolgenden Tag von Klingenberg getötet wurde, befand das Gericht, dass Gohl ein Komplize und damit schuldig war. Er wurde zu lebenslanger Haft verurteilt.

AUSGANG

Gohl starb 1927 an einer Lungenentzündung und einer Wundrose, beides wurde von einer durch Syphilis ausgelösten Dementia paralytica (einer Entzündung des Nervengewebes) noch verschlimmert. Er galt in mindestens 41 weiteren Morden als Hauptverdächtiger.

STEPHEN GRIFFITHS

Geburtsdatum: 24. Dezember 1969
Alias: The Crossbow Cannibal
Tatmerkmale: Kannibalismus, Verstümmelung
Opferzahl: 3
Zeitraum der Morde: 22. Juni 2009 bis 21. Mai 2010
Datum der (endgültigen) Verhaftung: 24. Mai 2010
Mordmethoden: Armbrust, Erstechen
Tatorte: Bradford (England)
Status: verurteilt zu lebenslanger Freiheitsstrafe ohne Möglichkeit zur vorzeitigen Entlassung

VORGESCHICHTE

Obwohl er ein ruhiges und recht zurückgezogenes Kind war, schien Griffiths eine recht normale Kindheit ohne größere Auffälligkeiten gehabt zu haben – bis zum späten Jugendalter. Dann begann er mit Ladendiebstählen. Als einer der Ladenbesitzer ihn erwischte, attackierte Griffiths ihn mit einem Messer. Weil er erst 17 Jahre alt war, musste er nur für drei Jahre in Jugendarrest. Dort offenbarte er seinem Bewährungshelfer, dass er darüber fantasierte, ein Serienmörder zu sein.

Mit 18 Jahren hatte er jeglichen Kontakt zu seiner Familie abgebrochen, auch zu seiner Mutter. 1989 wurde er mit einer Luftdruckpistole erwischt, mit der er Vögel tötete, um sie zu sezieren. Er wurde wegen Besitzes einer Offensivwaffe angeklagt und verurteilt. Im darauffolgenden Jahr wurde er nach dem Überfall auf ein junges Mädchen verhaftet. Griffiths hatte ihr ein Messer an die Kehle gehalten. Er erhielt dafür eine zweijährige Haftstrafe. Zu jener Zeit zeigte er keinerlei Anzeichen einer psychischen Erkrankung.

Griffiths' Verhalten verschlimmerte sich von da an zusehends. Er entwickelte irrationale Angst davor, dass Insekten nachts in seine Gehörgänge kriechen könnten, und stopfte sich deshalb Watte in die Ohren. Er arbeitete nicht, sondern lebte von Stipendien und Transferleistungen, während er seinen Abschluss in Psychologie machte. Anschließend machte er noch seinen Doktor in Kriminologie. Seine Doktorarbeit schrieb er über Morde in Bradford, wo er lebte.

Griffiths begann 1989 eine Beziehung, die zwei Jahre lang hielt. Seine Freundin berichtete später, dass jede Oberfläche in Griffiths Wohnung mit Plastik überzogen war. Sie begann zu spüren, dass mit ihm etwas nicht stimmte, und machte Schluss. In seiner nächsten Beziehung war er der Partnerin gegenüber gewalttätig und belästigte sie auch nach der Trennung noch unermüdlich. Als einer Nachbarin auffiel, dass Griffiths zwei große Eidechsen an Hundeleinen in der Nachbarschaft ausführte, lud er sie kurzerhand zu sich nach Hause ein, um sich die Tiere einmal anzusehen. Die Frau war ganz begeistert, als sie Zeugin wurde, wie die Echsen eine lebendige Ratte verspeisten. Griffiths' schien immer verrückter zu werden und es dauerte nicht lange, bevor er die Fantasien, von denen er Jahre zuvor gesprochen hatte, auslebte.

MORDE

Dass Griffiths zum Mörder geworden war, fiel erstmals auf, als Ermittler die Aufnahmen einer Sicherheitskamera vom 21. Mai 2010 auswerteten, die ihn vor seiner Mietwohnung in Bradford mit einer Frau zeigten. Die später als Suzanne Blamires identifizierte Frau ist darauf zu sehen, wie sie mit Griffiths in das Gebäude hineingeht und nur wenige Minuten später wieder herausrennt, während Griffiths sie mit einer Armbrust verfolgte. Er schlug sie nieder und schoss ihr einen Pfeil in den Kopf.

Blamires war sofort tot und Griffiths, der um die Kamera wusste, drehte sich zu ihr und reckte die Armbrust über seinen Kopf, so als sei er stolz auf seine Tat und wolle damit angeben. Anschließend zerrte er die Leiche aus dem Sichtfeld der Kamera.

Etwas später war zu sehen, wie Griffiths mehrere Müllsäcke und einen Rucksack erst ins Gebäude hinein und dann wieder hinaustrug. Am darauffolgenden Tag wurden von Passanten weibliche Körperteile im River Aire in Shipley gefunden. Eine Untersuchung ergab, dass sie Blamires gehörten. Der Hausmeister des Wohngebäudes, vor dem der Mord stattgefunden hatte, entdeckte die Aufnahmen der Sicherheitskamera und übergab sie der Polizei. Dabei identifizierte er sogleich den darauf zu sehenden Mann als Griffiths.

Als die Ermittler Griffiths' Wohnung durchsuchten, fanden sie verstörende Videoaufnahmen, die darauf hindeuteten, dass er für den Tod von Shelly Armitage, am 26. April 2010, verantwortlich war. Die Aufnahmen zeigten Armitages Leiche, nackt und gefesselt in einem Bad. Auf ihren Rücken waren mit schwarzer Farbe die Worte »Meine Sexsklavin« gesprüht. Auf der Tonspur der Aufnahme ist zu hören, wie Griffiths sagt: »Ich bin Ven Pariah, ich bin der Blutbad-Künstler. Hier ist ein Model, das mir assistiert.«

Als die Behörden im River Aire nach weiteren Körperteilen von Blamires suchten, fanden sie auch einen Teil von Armitages Wirbelsäule.

Chronik der bekannten Morde:
22. Juni 2009: Susan Rushworth (43)
26. April 2010: Shelley Armitage (31)
21. Mai 2010: Suzanne Blamires (36)

VERHAFTUNG UND PROZESS

Griffiths wurde am 24. Mai 2010 verhaftet. In seiner Vernehmung gestand er, für die Morde an Suzanne Blamires, Shelley Armitage und Susan Rushworth verantwortlich zu sein. Er behauptete, Teile von zwei der Opfer gegart und verspeist und Teile des dritten Opfers roh gegessen zu haben. Die Ermittler fanden allerdings keinerlei Hinweise, die dies bestätigten. Die Leiche von Susan Rushworth wurde nie gefunden, Griffiths wurde dennoch für die Morde an allen drei Frauen angeklagt.

Als er bei seinem ersten Gerichtstermin aufgefordert wurde, seinen Namen zu nennen, bezeichnete er sich als »Crossbow Cannibal«, zu Deutsch: Armbrust-Kannibale. Er blieb in Haft, seine nächste Befragung durch das Gericht fand am 7. Juni per Videolink statt. Der Prozess begann am 16. November 2010 und endete bereits am 21. Dezember. Griffiths bekannte sich schuldig und wurde für alle drei Morde verurteilt. Er erhielt eine lebenslange Freiheitsstrafe ohne Chance auf Bewährung.

AUSGANG

Griffiths behauptete, »haufenweise« Frauen getötet zu haben, allerdings konnten keine weiteren Mordfälle mit ihm in Verbindung gebracht werden. Nachdem er so lange Kriminologie studiert hat, ist es erstaunlich, dass er nicht clever genug war, mit seinen Taten davonzukommen – zum Glück! Nun wird nie wieder eine Frau durch diesen Wahnsinnigen sterben müssen.

WISSENSWERTES

- Griffiths' Idol war der »Yorkshire Ripper« Peter Sutcliffe, der 13 Frauen – überwiegend Prostituierte – getötet hat.
- In Haft hat er viermal versucht, Selbstmord zu begehen.

ZITATE

- *»Ich bin ein Misanthrop. Ich habe keine Zeit für die menschliche Rasse.«*
- *Griffiths beschrieb sich selbst als »bestenfalls pseudo-menschlich und im schlimmsten Fall ein Dämon«.*
- *»Ich habe noch viele mehr als Suzanne Blamires getötet. Ich habe haufenweise Frauen umgebracht!«*

ROBERT HANSEN

Geburtsdatum: 15. Februar 1939
Alias: The Butcher Baker
Tatmerkmale: Vergewaltigung; ließ Opfer in der Wildnis frei, um Jagd auf sie zu machen
Opferzahl: mindestens 17
Zeitraum der Morde: 1973 bis 1983
Datum der (endgültigen) Verhaftung: 27. Oktober 1983
Mordmethode: Erschießen
Tatorte: Anchorage in Alaska (USA)
Status: verurteilt zu lebenslanger Freiheitsstrafe plus 461 weitere Jahre, starb am 21. August 2014 eines natürlichen Todes

VORGESCHICHTE

Hansen ist einer der kaltblütigsten Mörder in diesem Buch. Er wurde 1939 in Iowa geboren und wuchs zu einem äußerst schüchternen und schmächtigen Jugendlichen heran, der fürchterlich stotterte und unter extremer Akne litt. Aufgrund der Aknenarben wurde er in der Schule häufig gehänselt, was seinem Stotter-Problem nicht unbedingt zuträglich war. Die hübschen Mädchen an der Schule ignorierten ihn, er träumte deshalb von Rache. Dass er ein so ruhiger Einzelgänger war, belastete auch die ohnehin seltsame Beziehung zu seinem Vater zusätzlich, der eine äußerst dominante Persönlichkeit besaß.

Ein Hobby, in das Hansen sich flüchtete und wo niemand ihn hänseln oder kontrollieren konnte, war die Jagd. 1957 schrieb er sich als Reservist bei der U.S. Army ein, wurde nur ein Jahr darauf aber schon wieder entlassen. Daraufhin arbeitete er bei einer Polizeiakademie in Iowa als Drill Instructor. Dort lernte er eine jüngere Frau kennen und das Paar heiratete 1960.

Im Dezember 1960 wurde Hansen verhaftet, nachdem er eine Schulbusgarage in Pocahontas County niedergebrannt hatte. Er wurde zu drei Jahren Haft verurteilt, saß allerdings nur 20 Monate ab, bevor er entlassen wurde. Während er im Gefängnis saß, reichte seine Frau die Scheidung ein. In den kommenden Jahren wurde er mehrfach wegen kleinerer Vergehen verhaftet.

1967 hatte Hansen inzwischen erneut geheiratet und das Ehepaar war mit seinen zwei Kindern nach Anchorage in Alaska gezogen. Hansen war in seiner

Gemeinde äußerst angesehen und nahm an regionalen Jagdwettbewerben teil, wo er mehrere Rekorde aufstellte. Dass der sanftmütige, ruhige Familienvater und Bäcker über viele Jahre hinweg eine Reihe grässlicher Morde beging, hatte niemand geahnt.

MORDE

Von 1971 bis 1983 hat Hansen mehrere Prostituierte in Anchorage getötet. Er arrangierte Treffen mit ihnen, dann entführte und vergewaltigte er sie. Manchmal flog er sie auch mit seinem Flugzeug zu seiner Hütte in Knik River Valley. Einmal dort, ließ er sie nackt in den Wäldern frei und machte Jagd auf sie, bis er sie schließlich mit seinem Gewehr oder einem Messer tötete.

Die erste Leiche, die gefunden wurde, war die einer unbekannten Frau, die später den Spitznamen Eklutna Annie bekam, benannt nach ihrem Fundort. Sie wurde an der Eklutna Lake Road begraben, Bauarbeiter hatten die Leiche am 21. Juli 1980 entdeckt. Die Verwesung war so weit fortgeschritten und die Schäden durch wilde Tiere derart umfangreich, dass eine Identifizierung unmöglich war. Die Ermittler ließen eine Rekonstruktion ihres Gesichts anfertigen und in der Öffentlichkeit verbreiten, doch ohne Erfolg. Ebenfalls im Juni 1980 wurde die Leiche der Stripperin Joanne Messina in einer Kiesgrube gefunden. Auch sie war bereits stark verwest, sodass an ihr kaum brauchbares Beweismaterial gefunden werden konnte.

Am 12. September 1982 wurde die Leiche von Sherry Morrow in einem flachen Grab am Knik River gefunden. Sie galt seit 17. November 1981 als vermisst. Ihre Leiche war vollständig bekleidet, allerdings wies ihre Kleidung keine Einschusslöcher auf, obwohl ihr dreimal in den Rücken geschossen wurde. Der Täter hatte sie also eindeutig wieder angezogen, nachdem er sie nackt erschossen hatte.

Am 2. September 1983 wurde am Ufer des Knik River eine weitere Leiche gefunden. Es handelte sich dabei um Paula Goulding, eine 17-jährige Stripperin, die ebenfalls nackt erschossen und danach wieder angezogen wurde. Die Leiche von Sue Luna tauchte dagegen erst am 24. April 1984 auf. Hansen hatte sie im Mai 1982 entführt, gezwungen, sich auszuziehen, um sie dann wie ein Tier im Wald zu jagen und schließlich zu erschießen.

Am 13. Juni 1983 entführte Hansen eine weitere junge Frau, die 17-jährige Cindy Paulson, die allerdings entkommen konnte. Hanson hatte ihr 200 Dollar geboten, um ihn oral zu befriedigen. Als sie einwilligte und in seinen Wagen stieg, zog er eine Waffe. Er fuhr mit ihr zu seinem Haus, wo er sie gefangen hielt, sie folterte und sexuell missbrauchte. Hansen hatte ihr eine Kette um den Hals gelegt und sie an einen Pfeiler im Keller gekettet.

Als er einmal nach einem Nickerchen auf der Couch aufwachte, fuhr er mit Paulson zum örtlichen Flugplatz und erzählte ihr, sie würden nun in seine Hütte am Knik River fahren. Er legte Paulson Handschellen an und zwang sie, sich zusammengekrümmt auf dem Rücksitz zu verstecken. Während er das Flugzeug startbereit machte, konnte sie durch die Fahrertür entkommen. Hansen nahm sofort die Verfolgung auf, während sie zur Sixth Avenue rannte und dort einen LKW anhielt. Robert Yount war der Fahrer dieses LKW. Vom Aussehen der Frau schockiert bremste er und ließ sie einsteigen.

Yount fuhr Paulson zum »Mush Inn«, einem kleinen Motel im Ort, wo sie versuchte, den Rezeptionisten dazu zu bringen, ihren Lebensgefährten anzurufen. In der Zwischenzeit verständigte Yount die Polizei, um den Vorfall zu melden. Als die Beamten eintrafen, war Paulson bereits verschwunden. Sie hatte ein Taxi genommen und war zu ihrem Freund ins »Big Timber Motel« gefahren. Als die Polizisten sie dort antrafen, trug sie noch immer die Handschellen. Nachdem sie den Beamten erzählt hatte, was passiert war, brachten sie Hansen zur Vernehmung aufs Revier. Der stellte Paulson als verärgerte Prostituierte dar, die nur versuchen wollte, mehr Geld herauszuschlagen. Aufgrund seiner sanftmütigen Art und eines Alibis, das ein Freund ihm gegeben hatte, ließen die Ermittler ihn gehen.

Nachdem die lokalen Behörden drei Leichen gefunden hatten, baten sie das FBI um Hilfe bei der Erstellung eines Täterprofils. Der Profiler kam zum Schluss, dass es sich beim Mörder um einen erfahrenen Jäger handeln musste, der Ablehnung von Frauen erfahren hat, ein geringes Selbstwertgefühl besitzt, möglicherweise stottert und mit hoher Wahrscheinlichkeit Trophäen seiner Opfer aufbewahrt, vermutlich Schmuck. Mit diesen Informationen gerüstet überprüfte der leitende Ermittler noch einmal alle möglichen Verdächtigen und erkannte nun, dass diese Beschreibung perfekt auf Hansen passte.

Chronik der bekannten Morde oder Zeitpunkt der Leichenfunde:

22. Dezember 1971: Ceilia »Beth« Van Zanten (17)
7. Juli 1973: Megan Emerick (17)
5. Juli 1975: Mary Kathleen Thill (23)
28. Juni 1980: Roxanne Eastland (24)
Juli 1980: Joanne Messina (24)

21. Juli 1980: »Eklutna Annie« (16–25)
6. September 1980: Lisa Futrell (41)
17. November 1981: Sherry Morrow (24)
2. Dezember 1981: Andrea »Fish« Altiery
26. Mai 1982: Sue Luna (23)
25. April 1983: Paula Goulding (17)
25. April 1984: DeLynn »Sugar« Frey
26. April 1984: Teresa Watson
26. April 1984: Angela Feddern (24)
29. April 1984: Tamera »Tami« Pederson (19)

Weitere Opfer, die zwischen 1980 und 1983 getötet wurden:
Malai Larsen (28)
unbekannte Frau

VERHAFTUNG UND PROZESS

Auf Basis des Täterprofils des FBI und der Aussage von Paulson forderten die Ermittler einen Durchsuchungsbeschluss für Hansens Haus, Flugzeug und Fahrzeuge an. Bei der Durchsuchung am 27. Oktober 1983 fanden die Beamten eine Sammlung Schmuck, der später mehreren Opfern zugeordnet werden konnte. Sie fanden außerdem einen großen Vorrat Waffen sowie, versteckt hinter dem Kopfende von Hansens Bett, eine mit kleinen X-Symbolen versehene Flugnavigationskarte.

Trotz dieser Beweise versuchte Hansen so lange wie möglich, jegliche Schuld an den Morden abzustreiten, bis er irgendwann einknickte. Zunächst sagte er, es sei die Schuld der Frauen gewesen und dass er im Recht war, sie umzubringen. Nachdem die Ermittler ihm nacheinander jedes einzelne Beweisstück vorlegten, gab er schließlich zu, bereits seit 1971 Frauen zu töten.

Ein ballistisches Gutachten belegte, dass die an den Tatorten gefundenen Patronenhülsen aus Hansens Gewehr abgefeuert wurden. Mit diesen neuen, stichhaltigen Beweisen konfrontiert, stimmte Hansen einem Deal mit der Staatsanwaltschaft zu. Er durfte seine Haftstrafe in einem Bundesgefängnis absitzen und bekannte sich im Gegenzug in den vier Mordfällen schuldig, in denen die Ermittler klare Beweise hatten. Zudem lieferte er Informationen zu den anderen Opfern und musste die Markierungen auf seiner Landkarte erklären. Die Ermittler gingen davon aus, dass weitere Leichen dort vergraben waren.

Hansen führte die Fahnder zu 17 Grabstellen, was ebenfalls Teil seines Deals war. Bei drei der Markierungen weigerte er sich jedoch, deren Bedeutung zu enthüllen. Die Ermittler gingen davon aus, dass es sich dabei um die Gräber von Megan Emrick, Mary Thill und einem dritten, unbekannten Opfer handeln könnte.

Nachdem er sich der vier Morde schuldig bekannt hatte, wurde er zu 461 Jahren Haft ohne Möglichkeit einer vorzeitigen Entlassung verurteilt.

AUSGANG

Hansen starb am 21. August 2014 an einer lang andauernden Erkrankung. Um welche Erkrankung es sich dabei handelte, ist nicht bekannt.

WISSENSWERTES

- Hansen war regionaler Jagd-Champion in Anchorage, Alaska.
- Im Frühjahr 1990 wurde Hansen vom Lemon Creek Prison in Juneau ins Hochsicherheitsgefängnis Spring Creek in Seward, etwa 200 Kilometer südwestlich von Anchorage verlegt. Es war aufgeflogen, dass Hansen Dinge wie Flugnavigationskarten sammelte, die darauf hindeuteten, dass er plante, aus Lemon Creek zu fliehen.
- John Cusack spielte Hansen im Film *Frozen Ground – Eisiges Grab* aus dem Jahr 2013. Nicolas Cage verkörperte den an den realen Ermittler Glenn Flothe angelehnten Sergeant Jack Halcombe und Vanessa Hudgens spielte das Opfer Cindy Paulson.

KEITH HUNTER JESPERSON

Geburtsdatum: 6. April 1955
Alias: The Happy Face Killer
Tatmerkmal: Vergewaltigung
Opferzahl: mindestens 8
Zeitraum der Morde: 1990 bis 1995
Datum der (endgültigen) Verhaftung: 30. März 1995
Mordmethode: Strangulation
Tatorte: Nebraska, Kalifornien, Florida, Washington, Oregon, Wyoming (USA)
Status: verurteilt zu lebenslanger Freiheitsstrafe ohne Möglichkeit zur vorzeitigen Entlassung

VORGESCHICHTE

Wie so viele Mörder wuchs Jesperson bei einem herrischen, alkoholkranken Vater auf, der Großvater war gewalttätig. Er war eines von fünf Kindern des Ehepaars Leslie und Gladys Jesperson aus Chilliwack in British Columbia. Jesperson war sehr groß für sein Alter und wurde von anderen Kindern deshalb gehänselt, weshalb er als Kind recht einsam war.

Auch in der eigenen Familie wurde er wie ein Aussätziger behandelt, ganz anders als seine Geschwister. Selbst nachdem seine Familie nach Washington umgezogen war, ging die Schikane weiter. Vor allem seine Brüder zogen über ihn her und nannten ihn aufgrund seiner Größe »Ig« oder »Igor«.

Es war bekannt, dass Jesperson Tiere quälte und tötete. Schon deshalb hätte man ahnen können, was für furchtbare Dinge noch geschehen würden. Später erklärte Jesperson, dass er gerne dabei zusah, wenn Tiere sich gegenseitig töteten, und dass es ihn befriedige, sie selbst umzubringen. Und er behauptete, sich auch vorgestellt zu haben, wie es wohl wäre, dasselbe mit einem Menschen zu tun. Als Jugendlicher geriet er häufig mit anderen aneinander und wurde zweimal davon abgehalten, andere Kinder umzubringen, die ihn aus irgendeinem Grund verärgert hatten.

Eines dieser Kinder war sein Freund Martin, einer der wenigen Jungen, die sich mit Jesperson abgaben. Martin tat oft Dinge, die er dann Jesperson anhängte, sodass dieser für etwas bestraft wurde, was er gar nicht getan hatte. Er attackierte

Martin und schlug ihn brutal zusammen, bis er von seinem Vater zurückgehalten wurde. Später behauptete er, dass er definitiv vorhatte, Martin zu töten. Etwa ein Jahr darauf versuchte Jesperson, einen anderen Jungen beim Schwimmen zu ertränken. Später versuchte er das Ganze in einem öffentlichen Schwimmbad erneut, bis ein Bademeister ihn aufhielt.

Trotz all dieser Zwischenfälle gelang Jesperson der Schulabschluss. Er wurde LKW-Fahrer, heiratete und zeugte drei Kinder. Nach 15 Jahren ließen Jesperson und seine Frau sich scheiden. Er erlitt außerdem eine Verletzung, wegen der er seinen Traum, ein Royal Canadian Mounted Policeman – kurz: »Mountie« – zu werden, nicht verwirklichen konnte. Mit 35 Jahren war Jesperson über 2 Meter groß und wog um die 110 Kilo. Er begann wieder, LKW zu fahren und schon bald auch, seine Fantasien auszuleben und Menschen zu töten.

MORDE

Jespersons erstes bekanntes Opfer war Taunja Bennett, die er am 23. Januar 1990 in einer Bar in Portland, Oregon, kennenlernte und zu sich nach Hause einlud. Dort hatten sie erst Geschlechtsverkehr und dann einen Streit. Jesperson schlug sie daraufhin zusammen und erwürgte sie. Dann schuf er sich selbst ein Alibi, indem er wieder in die Stadt ging und dort etwas trank und mit anderen Leuten redete. Anschließend ging er zurück heim und entsorgte Bennetts Leiche.

Zwischen diesem Mord und dem nächsten gab es eine längere Pause. Am 30. August 1992 wurde schließlich die Leiche einer Frau nahe Blythe in Kalifornien gefunden. Die Frau war vergewaltigt und erwürgt worden. Das Opfer wurde nie identifiziert, Jesperson selbst sagte später, ihr Name sein Claudia gewesen.

Im September 1992 wurde die Leiche von Cynthia Lyn Rose in Turlock gefunden, laut Jesperson eine Prostituierte, die ungebeten in seinen LKW eingedrungen war, als er schlief. Im November 1992 wurde die Leiche einer weiteren Prostituierten gefunden, Laurie Ann Pentland aus Salem. Die hatte von Jesperson angeblich das Doppelte an Geld verlangt. Als er nicht zahlen wollte und sie drohte, die Polizei zu informieren, erwürgte er sie.

Über sechs Monate später, im Juni 1993, wurde in Santa Nella, Kalifornien, die Leiche einer weiteren unbekannten Frau gefunden. Laut Jesperson war ihr Name Cindy oder Carla. Noch eine unbekannte Frauenleiche wurde im September 1994 in Crestview, Florida, entdeckt. Jesperson zufolge hieß sie Susanne.

Im Januar 1995 wurde Jesperson von einer Frau namens Angela Surbrize gebeten, sie von Indiana nach Spokane in Washington mitzunehmen. Er war einverstanden. Nach etwa einer Woche begann sie herumzunörgeln, Jesperson solle schneller fahren, damit sie ihren Freund endlich wiedersehen konnte. Statt schneller zu fahren, vergewaltigte und erwürgte Jesperson die Frau und band sie anschließend mit dem Gesicht nach unten unter seinen LKW. So schleifte er sie die Straße entlang, um ihr Gesicht und jegliche Fingerabdrücke zu zerstören.

Jespersons einziger persönlicher Mord war der an seiner Lebensgefährtin Julie Ann Winningham. Er begann sich einzureden, dass sie nur auf sein Geld aus war, weshalb er sie am 10. März 1995 erwürgte. Durch diesen Mord geriet Jesperson in den Fokus der Ermittler, da er mit dem Opfer in einer Beziehung gelebt hatte.

Chronik der bekannten Morde:
23. Januar 1990: Taunja Bennett (23)
30. August 1992: Claudia (Jane Doe)
September 1992: Cynthia Lyn Rose (32)
November 1992: Laurie Ann Pentland (26)
Juni 1993: »Carla« oder »Cindy« (unbekannte Frau)
September 1994: »Susanne« (unbekannte Frau)
Januar 1995: Angela Surbrize (21)
10. März 1995: Julie Ann Winningham (41)

VERHAFTUNG UND PROZESS

Nach Winninghams Tod wurde Jesperson vernommen. Er beantwortete allerdings keine der Fragen der Ermittler und die Behörden hatten keinerlei Beweise, die eine Verhaftung gerechtfertigt hätten. So mussten sie ihn ohne Anklage wieder gehen lassen. Jesperson hatte in den darauffolgenden Tagen dennoch das Gefühl, dass es nur eine Frage der Zeit war, bis er verhaftet werden würde.

In der Hoffnung auf ein milderes Strafmaß entschied er deshalb, sich zu stellen. Am 30. März 1995 wurde er formal verhaftet. Während seiner Vernehmung begann Jesperson plötzlich nicht nur über den Mord an Winningham zu sprechen, sondern schilderte Details weiterer Morde, die er angeblich begangen hatte. Später änderte er seine Geschichte jedoch und behauptete, er sei unschuldig. In einem Brief an seinen Bruder gestand er allerdings, acht Menschen umgebracht zu haben.

Obwohl Jesperson irgendwann behauptete, 160 Frauen getötet zu haben, konnten ihn die Ermittler nur mit acht Morden in Verbindung bringen. Jesperson hat die Morde in mehreren US-Bundesstaaten verübt. Weil die Taten in den Staaten verhandelt werden mussten, in denen sie begangen wurden, musste Jesperson sich in einer ganzen Reihe von Prozessen verantworten.

1995, kurz bevor Jespersons Prozess für den Mord an Winningham begann, bekannte er sich schuldig und wurde zu lebenslanger Haft verurteilt. Anschließend wurde er nach Oregon verlegt und plädierte am 2. November 1995 im Prozess zum Mord an Taunja Bennett auf *nolo contendere*, bestritt die Tat also nicht, gestand sie aber auch nicht explizit. Jesperson wurde zu einer weiteren lebenslangen Haftstrafe verurteilt, von der er mindestens 30 Jahre verbüßen muss, bevor er eine vorzeitige Entlassung auf Bewährung beantragen kann.

Während Jesperson in Oregon im Gefängnis saß, ermittelten die Behörden im Mord an Laurie Ann Pentland. Sobald die Fahnder erkannten, dass es sich bei Jesperson um den »Happy Face Killer« handelte, konnten sie ihn mit dem Tod von Pentland in Verbindung bringen. Jesperson hatte nach dem Mord Bekennerschreiben verfasst, die er als »Happy Face Killer« unterzeichnete. Auch für diesen Mord wurde er zu lebenslanger Haft verurteilt, von der er mindestens 30 Jahre absitzen muss.

Danach stellte der Staat Wyoming einen Auslieferungsantrag, um Jesperson dort für den Mord an Angela Surbrize vor Gericht zu stellen. Jesperson sorgte allerdings mit der Drohung für Frust bei den Behörden, Details zum Tatort in seiner Geschichte zu verändern – denn wurde Surbrize in Wahrheit nicht in Wyoming ermordet, wäre der gesamte kostspielige Prozess dort hinfällig gewesen. Schließlich handelte er einen Deal mit der Staatsanwaltschaft aus: Er bekannte sich des Mordes an Surbrize schuldig, dafür forderte die Anklage im Laramie County nicht die Todesstrafe.

Am 3. Juni 1998 wurde Jesperson für den Mord an Surbrize zu lebenslanger Haft verurteilt. Es kann künftig durchaus noch weitere Anklagen und Prozesse geben, da Jesperson für einige seiner Morde noch nicht vor Gericht stand.

AUSGANG

Eine bedeutsame Folge von Jespersons Verurteilung für den Mord an Taunja Bennett war die Entlassung zweier Personen aus dem Gefängnis, die bis dato zu Unrecht dafür inhaftiert waren. Laverne Pavlinac hatte genug von der langjährigen Beziehung zu ihrem gewalttätigen Partner John Sosnovske und beschloss, ihn auf folgende Weise loszuwerden: Sie ging zur Polizei und behauptete, Sosnovske habe sie gezwungen, ihm zu helfen, Bennett zu vergewaltigen und umzubringen.

Dieser Plan ging allerdings nach hinten los, da im Februar 1991 nicht nur ihr Peiniger Sosnovske, sondern auch sie selbst verurteilt wurde. Um die Todesstrafe zu umgehen, hatte Sosnovske sich schuldig bekannt und erhielt eine lebenslange Haftstrafe, Pavlinac erhielt immerhin noch zehn Jahre. Zwar gab sie daraufhin sofort zu, die Geschichte nur erfunden zu haben, das glaubte ihr zu diesem Zeitpunkt aber niemand mehr.

Als Jesperson vier Jahre später den Mord an Bennett gestand, wurden Pavlinac und Sosnovske am 27. November 1995 entlassen. Um zu beweisen, dass wirklich er der Täter war, verriet Jesperson den Ermittlern, wo sie die Handtasche von Bennett finden würden – nur ihr Mörder konnte das wissen.

ZITATE

- *»Es war ihr Schicksal, durch meine Hände zu sterben, wie ein Autounfall oder eine schwere Krankheit.«*
- *»Sieh über deine Schulter. Ich bin näher, als du glaubst.«*

DELFINA UND MARÍA DE JESÚS GONZÁLEZ

Geburtsdatum: Delfina: 1912, María: unbekannt
Alias: Las Poquianchis
Tatmerkmal: führten ein Bordell in Mexiko
Opferzahl: mindestens 91
Zeitraum der Morde: 1950er Jahre bis 1963
Datum der (endgültigen) Verhaftung: 14. Januar 1964
Mordmethode: unbekannt
Tatorte: San Francisco del Rincón in Guanajuato (Mexiko)
Status: Beide verurteilt zu 40 Jahren Freiheitsstrafe. Delfina starb bei einem Unfall im Gefängnis, Maria wurde später, an einem unbekannten Datum, entlassen.

VORGESCHICHTE

Die vier Schwestern Delfina, María de Jesús, María Luisa und Carmen wurden in ärmsten Verhältnissen in El Salto do Juanacatlan, Mexiko, geboren. Ihr Vater war ein autoritäres und gewalttätiges Monster und angestellt bei der örtlichen Polizei. Sein Job war es, durch die Stadt zu reiten und nach dem Rechten zu sehen. Er missbrauchte gerne seine Macht und erschoss einmal einfach einen Mann im Streit. Wenn seine Töchter etwas taten, was ihm nicht passte – etwa Make-up trugen –, dann sperrte er sie zur Strafe in eine Zelle.

Als er den Mann erschoss, machte der Vater sich eine Menge Feinde, weshalb er mit Frau und Töchtern nach San Francisco del Rincón – kurz: San Pancho – zog. Die Schwestern wuchsen in Angst vor Armut auf und gründeten deshalb als junge Erwachsene verschiedene Geschäfte. So eröffneten sie etwa einen Saloon, der gerade so viel einbrachte, dass es für das Nötigste reichte.

Sie erkannten schnell, dass sich mit Prostitution mehr Geld verdienen ließ, und bestachen die lokalen Behörden, damit diese ein Auge zudrückten. Schon bald gehörte ihnen eine ganze Kette Bordelle in San Francisco del Rincón, León, Purísima del Rincón, San Juan de los Lagos, El Salto, San Juan del Río und Jalisco.

Die Schwestern Delfina, María de Jesús und Carmen betrieben ihre Bordelle in Jalisco und Guanajuato, während María Luisas Bordell sich nahe der Grenze befand. Gemeinsam kauften sie zudem eine Bar in Lagos, im Bundesstaat Jalisco. Von den Vorbesitzern erbten sie den Namen »Las Poquianchis«, den sie verabscheuten.

In ländlichen Gegenden suchten sie hübsche junge Mädchen, denen sie Jobs als Zimmermädchen oder Kellnerin versprachen. Die Mädchen träumten von einem besseren Leben in der großen Stadt und kamen mit, ohne zu wissen, worauf sie sich da wirklich einließen. Einmal angekommen, wurden sie sofort zur Prostitution gezwungen – außer die Jungfrauen, die für besonders wohlhabende Freier reserviert wurden. Doch hinter den Mauern der Bordelle geschah noch viel Schlimmeres als Prostitution. Als die Wahrheit ans Licht kam, waren dort schätzungsweise 91 Skelette oder mehr vergraben, einige davon ungeborene Föten von Mädchen, die schwanger geworden waren.

MORDE

Die Schwestern behandelten die Mädchen, die für sie als Prostituierte arbeiten mussten, unfassbar brutal, misshandelten und ermordeten sie. Wenn ein Mädchen krank wurde, ließen sie es entweder verhungern oder zwangen die anderen Mädchen, es mit schweren Holzklötzen und Stöcken zu erschlagen. Die Leichen wurden entweder in einem Massengrab verscharrt oder verbrannt. Einige wohlhabende Freier töteten die Schwestern ebenfalls, um sie auszurauben. Auch deren Leichen landeten dann im selben Massengrab, gemeinsam mit den Prostituierten und deren ungeborenen Babys.

Nachdem Polizisten 1963 Delfinas Sohn Ramón Torres (El Tepo) erschossen hatten, ordnete sie deren Mord an. Auftragsmörder Hermenegildo Zuniga führte den Auftrag aus und tötete jeden der Beamten, der mit Torres' Tod etwas zu tun gehabt hatte.

VERHAFTUNG UND PROZESS

Einer der Prostituierten in Loma del Ángel gelang im Januar 1964 die Flucht. Sie lief sofort zur Polizei und geriet glücklicherweise nicht an einen der korrupten Beamten, die sich von den Schwestern schmieren ließen. Die Ermittler forderten einen Durchsuchungsbeschluss an und führten am 14. Januar 1964 eine Razzia auf der Loma-del-Ángel-Ranch durch, bei der drei der Schwestern verhaftet wurden.

Die Schwestern, alle im schwarzen Trauergewand gekleidet, wurden abgeführt, während die Dorfbewohner sich vor der Ranch versammelten und den Tod der Tyranninnen forderten. Ein Dutzend Frauen in abgemagertem, verwahrlostem Zustand wurde auf der Ranch gefunden und zeigte den Ermittlern bereitwillig, wo auf dem Grundstück die Leichen vergraben waren.

In mehreren Massengräbern fanden die Polizisten die verwesten Leichen und Skelettreste von mindestens 91 Männern, Frauen und Föten. Weil die Menschen in der Region weiter vehement den Tod der Schwestern forderten, wurden sie in ein weiter entferntes Gefängnis verlegt. Die fehlende Schwester María Luisa stellte sich eine Woche später selbst, da sie Angst hatte, von aufgebrachten Bürgern gelyncht zu werden. Im Gefängnis wähnte sie sich zumindest sicher und so wurde auch sie schließlich verhaftet.

Die Verhandlung verlief äußerst chaotisch und im Gerichtssaal wurden wüste Beschimpfungen hin und her gerufen. Als Details zu den Verbrechen der Schwestern bekannt wurden, wie sie die Prostituierten zwangen, Sex mit Tieren zu haben, andere Mädchen und Freier zu foltern und auf Befehl auch zu töten, sorgte dies kollektiv für Ekel und Wut im Saal. Die Schwestern wurden zudem wegen Korruption angeklagt, da sie die Behörden bestochen hatten. Der Prozess war recht schnell vorüber und die drei Schwestern wurden zu 40 Jahren Haft verurteilt.

AUSGANG

Die jüngste Schwester, María de Jesús González Valenzuela, war die Einzige des Quartetts, die wieder aus dem Gefängnis freikam. Wann sie entlassen wurde, ist nicht bekannt, Gerüchten zufolge lernte sie aber noch im Gefängnis einen 64-jährigen Mann kennen und die beiden heirateten nach ihrer Entlassung. Angeblich starb sie irgendwann in den 1990er-Jahren an Altersschwäche.

WISSENSWERTES

- Der Vater der Schwestern, Isidro Torres, war gewalttätig und erwartete von seinen Kindern strikten Gehorsam. Ironischerweise war er selbst Streifenbeamter bei der örtlichen Polizei und patrouillierte auf dem Pferd in der abgelegenen Gegend, in der die Familie lebte.
- Oft sperrte er die Schwestern in eine Gefängniszelle, wenn sie mal wieder sexy Kleidung oder Make-up getragen hatten.

JACK THE RIPPER

Geburtsdatum: unbekannt
Alias: The Whitechapel Murderer, Leather Apron
Tatmerkmale: Vivisektion, Verstümmelung
Opferzahl: mindestens 5
Zeitraum der Morde: 1888 bis 1891
Datum der (endgültigen) Verhaftung: wurde nie identifiziert oder verhaftet
Mordmethoden: Strangulation, Aufschlitzen
Tatorte: Whitechapel in London (England)
Status: wurde nie identifiziert

VORGESCHICHTE

Der wohl berühmteste Serienmörder aller Zeiten, Jack the Ripper, versetzte den Londoner Bezirk Whitechapel Ende des 19. Jahrhunderts in Angst und Schrecken. Dieser Teil Londons war mehr oder weniger ein Rotlichtbezirk. Nachts waren dort überall Prostituierte auf den Straßen unterwegs sowie andere Menschen vom Rand der Gesellschaft, wie Gangster, Kriminelle und Drogensüchtige.

In jener Zeit herrschte in weiten Teilen der Bevölkerung bittere Armut und viele Menschen hätten für eine Scheibe Brot oder einen Krug Bier alles getan. Schätzungen zufolge verkauften damals bis zu 1200 Prostituierte ihre Körper – und einige auch ihre Seele – entlang Whitechapels schmutzigen Kopfsteinpflasterstraßen. Sie waren leichte Beute für Triebtäter, doch keiner war so gefürchtet wie Jack the Ripper.

MORDE

Am 31. August 1888 wurde die übel zugerichtete Leiche von Mary Ann »Polly« Nichols gefunden, verstümmelt und voller Verletzungen. Ihre Kehle wurde doppelt aufgeschlitzt und sie hatte mehrere tiefe Schnittwunden am Bauch, der teilweise aufgerissen war.

Annie Chapman wurde am 8. September 1888 getötet. Auch ihre Kehle wurde zweimal aufgeschnitten. Sie wurde komplett ausgeweidet und die Innereien über ihre Schulter geworfen. Uterus, Teile der Blase und Vagina hatte der Mörder entfernt und mitgenommen.

In der Nacht des 30. Septembers 1888 wurden zwei Frauen brutal ermordet. Einem der Opfer, Elizabeth Stride, wurde einmal die Kehle durchgeschnitten. Das andere Opfer aber, Catherine Eddowes, wurde nach ihrem Tod ganz fürchterlich zugerichtet: Kehle und Bauchdecke waren aufgeschlitzt und ihr fehlte eine Niere und ein Ohrläppchen.

Am 9. November 1988 wurde Mary Jane Kelly getötet. Ihre Kehle wurde derart brutal aufgeschlitzt, dass der Schnitt bis zur Wirbelsäule hinunterreichte. Ihr Körper war so furchtbar verstümmelt worden, dass sich ihre Identität nur schwer bestimmen ließ. Der Täter hatte zudem ihr Herz herausgeschnitten und mitgenommen.

Zwischen 1888 und 1891 wurden mehrere ähnliche Morde verübt. Gemeinhin wird angenommen, dass auch sie das Werk des Rippers waren, eindeutig belegt ist dies jedoch nicht. Das erste Opfer dieser Morde war Emma Elizabeth Smith, deren Leiche am 2. April 1888 gefunden wurde. Sie wurde mit einem stumpfen Gegenstand sexuell missbraucht und ihrer persönlichen Gegenstände beraubt. Sie starb außerdem nicht sofort, sondern fiel ins Koma und erlag zwei Tage später ihren Verletzungen.

Martha Tabram wurde am 6. August 1888 in den George Yard Buildings gefunden. Der Täter hatte ihr 39-mal in Hals und Körper gestochen. Am 20. Dezember 1888 tauchte dann die Leiche der erwürgten Rose Mylett auf.

Im Jahr 1889 blieb zunächst alles ruhig, bis am 17. Juli die Leiche von Alice McKenzie mit aufgeschlitzter Kehle und Bauchdecke gefunden wurde. Am 10. September wurde in der Pinchin Street ein weiblicher Torso gefunden. Weil die übrigen Körperteile fehlten, konnte die Identität des Opfers nicht bestimmt werden. Das letzte Opfer war Frances Coles, ihre Leiche wurde am 13. Februar 1891 in Swallow Gardens gefunden. Auch ihre Kehle wurde zweifach aufgeschlitzt.

Chronik der Morde:

31. August 1888: Mary Ann »Polly« Nichols (42) in Buck's Row
8. September 1888: Annie Chapman (47) in 29 Hanbury Street, Spitalfields
30. September 1888: Elizabeth Stride (44) in Dutfield's Yard
30. September 1888: Catherine Eddowes (46) am Mitre Square, London
9. November 1888: Mary Jane Kelly (24) in 13 Miller's Court, Dorset Street

Weitere Morde, deren er verdächtigt wurde:
2. April 1888: Emma Elizabeth Smith (45) in der Osborn Street
6. August 1888: Martha Tabram (39) in den George Yard Buildings, George Yard
20. Dezember 1888: Rose Mylett (29) in Clarke's Yard
17. Juli 1889: Alice McKenzie in der Castle Alley
10. September 1889: »The Pinchin Street Torso« in der Pinchin Street
13. Februar 1891: Frances Coles in den Swallow Gardens

VERDÄCHTIGE

George Chapman

- echter Name lautete Seweryn Klosowski
- Friseur
- hat drei Frauen tödlich vergiftet

David Cohen

- ein jüdischer Schuster

Aaron Kosminski

- ein polnisch-jüdischer Metzger
- wurde 1891 in eine Irrenanstalt eingewiesen, nachdem die Morde beendet waren
- wurde im September 2014 mit den Ripper-Morden in Verbindung gebracht, angeblich durch DNA-Spuren von einem Schal, der bei Catherine Eddowes gefunden wurde

Montague John Druitt

- ein Lehrer und Rechtsanwalt
- beging nach dem Tod von Mary Jane Kelly Selbstmord

Prinz Edward Albert Victor, Herzog von Clarence und Avondale

- der Enkel von Königin Victoria
- Thronfolger

Walter Sickert

- ein in Deutschland geborener Maler
- wurde wegen seines Gemäldes »Ripper's Room« für Jack the Ripper gehalten

John Pizer

- ein jüdischer Schuster

James Maybrick

- angeblich war er der Autor des »Tagebuchs von Jack the Ripper«

Anonyme Frau, auch bekannt als »Jill the Ripper«

- eine viel diskutierte Theorie
- Der leitende Ermittler im Ripper-Fall, Frederick Abberline, war der erste Fahnder, der angedeutet hat, dass Jack in Wirklichkeit eine Jill sein könnte.

Mary Pearcey

- wird von vielen für »Jill the Ripper« gehalten
- verurteilt wegen Mordes an der ehemaligen Geliebten ihres Mannes und deren Baby
- wurde 1889 gehängt

Dr. William Gull

- der Arzt von Königin Victoria und der britischen Königsfamilie

Carl Feigenbaum

- deutscher Handelsreisender
- wurde wegen eines anderen Mordes verurteilt und 1894 in New York hingerichtet

Lewis Carroll

- Autor von *Alice im Wunderland*
- wurde aufgrund möglicher Anagramme in seiner Arbeit als Verdächtiger vorgeschlagen
- die Theorie wird nicht ernst genommen

Der »Servant Girl Annihilator«

- Auch dieser nicht identifizierte amerikanischer Serienmörder, der Dienstmädchen ermordete, wurde von einigen für den Ripper gehalten.

WISSENSWERTES

Derek Brown, ein von Serienmördern besessener Vergewaltiger, versuchte den Modus Operandi des Rippers zu kopieren und trieb ebenfalls im Bezirk Whitechapel sein Unwesen, wo die historischen Morde geschehen waren. Dort tötete er zwei Frauen und verstümmelte ihre Leichen. Er wurde als »Jack the Ripper Killer« bekannt.

ZITAT

Aus einem Brief von Jack the Ripper: *»Ich habe es auf Huren abgesehen und werde nicht aufhören, sie aufzuschlitzen, bis ich geschnappt werde.«*

MILTON JOHNSON

Geburtsdatum: 15. Mai 1950
Alias: The Weekend Murderer
Tatmerkmale: Vergewaltigung, wahllose Morde
Opferzahl: mindestens 10
Zeitraum der Morde: Juni bis August 1983
Datum der (endgültigen) Verhaftung: 9. März 1984
Mordmethoden: Erstechen, Erschießen
Tatorte: Cook County und Will County in Illinois (USA)
Status: zum Tode verurteilt, wartet auf seine Hinrichtung

VORGESCHICHTE

Wenn ein Verbrecher auf Bewährung freikommt und wieder zuschlägt, sorgt das für Unverständnis und Wut. Milton Johnson war ein solcher Fall. Mit 19 Jahren wurde er verurteilt, nachdem er eine Frau in Joliet gefoltert und brutal vergewaltigt hatte. Er hatte sein Opfer während der Vergewaltigung mit einem Zigarettenanzünder verbrannt. Für die Tat erhielt er eine Freiheitsstrafe von 35 Jahren, von denen er mindestens 25 Jahre absitzen musste. Hinzu kamen weitere fünf bis zehn Jahre für Einbruch, beide Strafen mussten nacheinander verbüßt werden.

Doch Johnson wurde vorzeitig entlassen – viel zu früh –, nämlich schon am 10. März 1983. Selbst bei guter Führung hätte er mindestens bis 1986 im Gefängnis sitzen müssen. Die Behörden bereuten später öffentlich die Entscheidung, Johnson vorzeitig freizulassen, denn er beging daraufhin unfassbare zehn Morde.

MORDE

Am 16. Juli 1983 beging Johnson seine ersten bekannten Morde. Die Polizeibeamten Foley und Mayer fuhren gerade Streife, als sie sahen, dass Johnsons Pick-up teilweise die Straße blockierte und mit der vorderen Stoßstange auf einen geparkten Wagen aufgefahren war. Im Glauben, der Fahrer des Wagens brauche vielleicht Hilfe, hielten sie an. Johnson rief ihnen zu, er brauche Starthilfe. Als sie aus dem Polizeiwagen stiegen und sich Johnsons Fahrzeug näherten, eröffnete dieser das Feuer. Mayer starb sofort, Foley wurde schwer an der Kehle verletzt. Als ein weiteres Fahrzeug um die Kurve gefahren kam und langsamer wurde, eröffnete Johnson auch darauf das Feuer, tötete den Fahrer und erwischte den Beifahrer mit sechs Kugeln. Der Wagen rollte noch etwas weiter die Straße entlang, bevor er zum Stehen kam und der Beifahrer hinaussprang und Hilfe suchte.

Gleichzeitig suchten andere Polizeibeamte verzweifelt ihre beiden Kollegen. Erst als ein Bauer bei der Polizei anrief, um störenden Lärm hinter seinen Gebäuden zu melden – darunter auch eine Polizeisirene –, konnten sie das verschwundene Duo lokalisieren. Neben den beiden erschossenen Beamten fanden sie am Tatort auch die Leichen von Richard Paulin und Cathleen Norwood, die beide im Wagen saßen, der sich vor dem Pick-up befand.

In den frühen Morgenstunden des 17. Juli schliefen Anthony Hackett und seine Freundin Patricia Payne in dessen Wagen, nachdem sie darin eine längere Strecke zurückgelegt hatten. Als jemand ans Fenster klopfte wachten sie auf und es wurde sofort auf sie geschossen. Hackett starb augenblicklich, Payne wurde von Johnson gezwungen, in dessen Pick-up zu steigen. Schon während der Fahrt machte Johnson sich über Payne her, irgendwann hielt er an und vergewaltigte sie. Dann fuhren sie weiter. Zehn Minuten später hielt er erneut an, stach Payne in die Brust und stieß sie aus dem Wagen. Die Frau überlebte.

Am 20. August betrat Johnson das Ladengeschäft von Marilyn Baers und lief darin Amok. Dabei erschoss und erstach er vier Menschen. Neben Besitzerin Baers tötete er die Kunden Agnes und Pamela Ryan und Barbara Dunba. Johnson raubte ihre Brieftaschen und warf sie ganz in der Nähe weg, das Geld war jeweils noch drin. Warum Johnson die Brieftaschen mitnahm, obwohl er es nicht auf das Geld abgesehen hatte, ist nicht bekannt.

Chronik der bekannten Morde:

16. Juli 1983: Officer Denis Foley (50)
16. Juli 1983: Officer Steven Mayer (22)
16. Juli 1983: Cathleen Norwood (25)
16. Juli 1983: Richard Paulin (32)
16. Juli 1983: George Kiehl (24)
17. Juli 1983: Anthony Hackett (19)
20. August 1983: Marilyn Baers (45)
20. August 1983: Barbara Dunbar (38)
20. August 1983: Pamela Ryan (29)
20. August 1983: Agnes Ryan (75)

VERHAFTUNG UND PROZESS

Im August 1983 machte eine Augenzeugin eine Aussage bei der Polizei von Will County, die allerdings erst im Februar 1984 an die übergeordnete State Police weitergeleitet wurde. Die Zeugin Ann Shoemaker hatte angegeben, dass im Juli 1983 ein Pick-up auf der Straße »Katz und Maus« mit ihr gespielt habe. Sie hatte sich das Kennzeichen des Wagens gemerkt. Als der State Police dieses Kennzeichen am 6. März 1984 übermittelt wurde, konnten die Fahnder es schnell Sam Myers zuordnen, Johnsons Stiefvater.

Die Ermittler kontaktierten Myers, der bereitwillig eine Einverständniserklärung unterschrieb, die es den Beamten erlaubte, seinen Pick-up zu durchsuchen. Darin fanden sie Haare, ein Steakmesser, Blutspritzer, Fasern und den Kassenbeleg für ein Stofftier – dasselbe Stofftier, das Hackett an jenem Tag gekauft hatte, an dem er starb. Damit bekamen die Fahnder einen Durchsuchungsbeschluss für Myers Haus, wo auch Johnson lebte. Sie fanden Munition einer .357 Magnum.

Am selben Tag, als die Polizei das Haus durchsuchte, wurde Payne vorgeladen, um sich Fahndungsfotos anzusehen und darauf den Mann zu identifizieren, der auf sie und Hackett geschossen hat. Sie sah sich fünf Fotos an und wählte Johnson, allerdings war sie sich nicht völlig sicher. Deshalb wurde sie am 9. März erneut vorgeladen, dieses Mal zu einer Gegenüberstellung. Die Männer in der Gegenüberstellung wurden angewiesen, dieselben Befehle zu rufen wie Hacketts Mörder in jener Nacht. Sie identifizierte Johnson, ohne zu zögern, und war sich dieses Mal absolut sicher.

Der Prozess war für den 26. Juli 1984 angesetzt. Johnson wurde schuldig gesprochen, Hackett getötet zu haben, und zusätzlich wegen des versuchten Mords, der Vergewaltigung, sexuellen Nötigung und Entführung von Payne verurteilt. Für den Mord an Hackett erhielt er die Todesstrafe, für den Überfall auf Payne 40 Jahre Haft.

AUSGANG

Johnson und seine Anwälte reichten einen Beschwerdeantrag ein, weil er angeblich unzureichenden Rechtsbeistand erhalten hatte. Der Antrag wurde ordnungsgemäß abgelehnt. Mit anderen Worten: Seine Strafe hatte unverändert Bestand. Johnson sitzt aktuell im Todestrakt und wartet auf sein Hinrichtungsdatum.

WISSENSWERTES

Johnson begann eine Brieffreundschaft mit einer älteren Frau, die ihn einmal im Monat im Gefängnis besuchte, bis ihr dies aufgrund ihres Alters unmöglich wurde.

JOHN JOUBERT

Geburtsdatum: 2. Juli 1963
Alias: The Nebraska Boy Snatcher, The Woolford Slasher
Tatmerkmale: Entführung, Sadismus, Beißen
Opferzahl: mindestens 3
Zeitraum der Morde: 22. August 1982 bis 2. Dezember 1983
Datum der (endgültigen) Verhaftung: 12. Januar 1984
Mordmethode: Erstechen
Tatorte: Maine, Nebraska (USA)
Status: am 17. Juli 1996 auf dem elektrischen Stuhl hingerichtet

VORGESCHICHTE

Joubert wurde 1963 in Massachusetts geboren und galt als intelligenter Junge. Schon im Alter von drei Jahren begann er zu lesen, mit fünf Jahren lieh er sich Bücher aus der örtlichen Bibliothek aus. Als er sechs Jahre alt war, ließen seine Eltern sich scheiden und Joubert lebte fortan bei der Mutter. Die war äußerst kontrollsüchtig und verbot dem Jungen den Kontakt zu seinem Vater, was er ihr später sehr übelnahm.

Joubert war klein, weshalb er bis zur High School von seinen Mitschülern gehänselt wurde. Die ahnten nicht, dass Joubert schon seit seinem sechsten Lebensjahr sadistische Gewaltfantasien hatte. In einer dieser Fantasien spielte auch seine Babysitterin eine Rolle: Er stellte sich vor, wie er sie tötete und anschließend aufaß. Einem Psychiater erklärte er später, dass er grundsätzlich nichts gegen die Frau gehabt habe, sondern sie schlicht jemand war, den er umbringen könnte.

Mit zwölf Jahren gab Joubert offen zu, homosexuelle Gedanken zu haben, woraufhin er noch mehr gehänselt wurde. Als er 13 Jahre alt war, stach er ein junges Mädchen mit einem Bleistift und als sie vor Schmerzen aufschrie, fand er das sexuell stimulierend. Am darauffolgenden Tag schnitt er ein anderes Mädchen im Vorbeifahren auf dem Fahrrad mit einer Rasierklinge.

Von da an attackierte Joubert immer wieder gleichaltrige und jüngere Kinder für den Kick, den er dabei spürte. Mit 16 Jahren griff er einen achtjährigen Jungen an und hätte ihn beinahe erwürgt. Bei jeder seiner Attacken ging Joubert immer noch brutaler vor, erwischt wurde er jedoch nicht. Es war nur eine Frage der Zeit, bevor er irgendwann zum Mörder wurde.

MORDE

Am 22. August 1982 ging Richard Stetson auf dem Back Cove Trail in Portland, Maine, joggen. Am darauffolgenden Tag wurde seine Leiche am Rand des Freeways gefunden. Er wurde erstochen und erwürgt und hatte Bisswunden am Körper. Ein Verdächtiger wurde schnell verhaftet, dessen Gebiss passte allerdings nicht zu den Bissspuren, sodass er ohne Anklage wieder entlassen wurde.

Am 18. September 1983 verschwand Danny Joe Eberle beim Zeitungaustragen in Bellevue, Nebraska. Seine Leiche wurde drei Tage später gefunden, gut 6 Kilometer von jenem Ort entfernt, an dem sein Fahrrad zurückgelassen wurde. Sie war nur mit Unterwäsche bekleidet, Hände und Füße waren gefesselt und der Mund mit chirurgischem Klebeband abgeklebt. Neunmal wurde auf ihn eingestochen.

Jouberts drittes Opfer verschwand am 2. Dezember 1983 in Papillion, Nebraska. Christopher Walden ging gerade die Straße entlang, als ein Wagen neben ihm hielt und Joubert ihn mit vorgehaltenem Messer zwang einzusteigen. Er befahl Walden, sich bis auf die Unterwäsche auszuziehen. Als der sich weigerte, sich hinzulegen, wurde Joubert wütend. Es kam zum Handgemenge, in dem Joubert den Jungen erstach. Danach schnitt er ihm so tief die Kehle auf, dass er ihm damit fast den Kopf abgetrennt hätte. Die Leiche wurde zwei Tage später 8 Kilometer außerhalb der Stadt gefunden.

Chronik der bekannten Morde:

22. August 1982: Richard Stetson (11)
18. September 1983: Danny Joe Eberle (13)
2. Dezember 1983: Christopher Walden (12)

VERHAFTUNG UND PROZESS

Am 11. Januar 1984 meldete eine Lehrerin der Polizei, dass ein verdächtiger Mann in ihrem Viertel umherfuhr und dieser Mann angehalten und sie bedroht hat, als er bemerkte, dass sie sein Kennzeichen notierte. Anschließend sei er einfach davongefahren. Als die Ermittler das Kennzeichen überprüften, fanden sie heraus, dass es sich dabei um einen Mietwagen handelte, der sich aktuell im Besitz von Joubert befand – und dass dessen eigener Wagen, der zum damaligen Zeitpunkt gerade in der Werkstatt war, von mehreren Augenzeugen im Zusammenhang mit Entführungen gesehen wurde.

Die Polizisten beantragten einen Durchsuchungsbeschluss und durchsuchten Jouberts Haus. Dabei fanden sie dieselbe Art Seil, mit der zwei der Opfer gefesselt waren. Joubert wurde zu einer Vernehmung vorgeladen. Er gestand, für die Morde an Eberle und Walden verantwortlich zu sein, und wurde für beide Taten angeklagt.

Zunächst plädierte Joubert auf nicht schuldig, änderte sein Plädoyer später jedoch auf schuldig. Er wurde mehrfach von Psychiatern untersucht, von denen einer eine zwanghafte Verhaltensstörung, sadistische Tendenzen sowie eine schizoide Persönlichkeitsstörung bei ihm diagnostizierte. Joubert war jedoch nicht psychotisch, als er seine Taten verübte, und somit voll schuldfähig.

Joubert wurde beider Morde für schuldig befunden und zum Tode verurteilt. Später wurde er zusätzlich für den Mord an Stetson in Maine verurteilt und erhielt dafür eine lebenslange Freiheitsstrafe.

AUSGANG

Joubert wurde am 17. Juli 1996 in Nebraska auf dem elektrischen Stuhl hingerichtet. Der fürchterliche Zustand seiner Leiche nach der Hinrichtung führte zu einem Appell an das Oberste Gericht von Nebraska, den elektrischen Stuhl als »grausame und unmenschliche« Strafe abzuschaffen. Sein Gehirn war in einer 4 Zentimeter großen Blase auf dem Kopf sowie in kleineren Bläschen auf beiden Seiten des Haaransatzes oberhalb der Ohren aus dem Schädel gequollen.

ZITATE

- Letzte Worte vor der Hinrichtung: *»Ich weiß nicht, ob mein Tod etwas ändert oder irgendwem Frieden bringt.«*
- *»Es ging mir um Macht, um Dominanz und darum, ihre Furcht zu sehen. Das war spannender für mich als das eigentliche Zufügen der Schmerzen.«*

THEODORE KACZYNSKI

Geburtsdatum: 22. Mai 1942
Alias: The Unabomber
Tatmerkmale: Inlandsterrorismus, Briefbomben
Opferzahl: 3
Zeitraum der Morde: 1985, 1994, 1995
Datum der (endgültigen) Verhaftung: 3. April 1996
Mordmethoden: Sprengvorrichtungen, Bomben
Tatorte: Kalifornien und New Jersey (USA)
Status: verurteilt zu lebenslanger Freiheitsstrafe ohne Möglichkeit zur vorzeitigen Entlassung; wurde am 10. Juni 2023 tot in seiner Zelle gefunden, nachdem er Selbstmord begangen hatte

VORGESCHICHTE

Der eine oder andere mag der Ansicht sein, bei Ted Kaczynski handele es sich nicht um einen echten Serienmörder, weil seine Taten politisch motiviert und nicht von reiner Mordlust getrieben waren. Was die reine Anzahl der Opfer und die Art und Weise angeht, wie er seine Morde über einen bestimmten Zeitraum hinweg begangen hat, erfüllt er die Definition eines Serienmörders aber voll und ganz.

Kaczynski war schon in jungen Jahren außergewöhnlich begabt in Mathematik und galt in diesem Feld als regelrechtes Wunderkind. Aufgrund seiner hohen Intelligenz übersprang er die sechste Klasse und wechselte von der fünften direkt in die siebte. Ein Intelligenztest ergab bei ihm einen IQ von 167. Als Jüngster in seiner Klasse wurde er von den anderen jedoch gehänselt und fand nie wirklich Anschluss.

Mit nur 16 Jahren wurde Kaczynski an der renommierten Harvard-Universität angenommen und machte dort 1962 seinen Abschluss. Anschließend promovierte er an der University of Michigan in Mathematik. Er begann, an der University of California zu lehren, fühlte sich aber unwohl dabei, vor all den Studenten zu sprechen. 1969 gab er seine Stelle daher auf.

1971 zog er zurück zu seinen Eltern und baute sich selbst eine kleine Hütte in den Wäldern Montanas. Dort lebte er als Selbstversorger und hielt sich mit finanzieller Unterstützung seiner Eltern und verschiedenen Gelegenheitsjobs über

Wasser. Kaczynski begann, sich Survival-Fähigkeiten anzueignen, und lernte etwa, essbare Pflanzen zu identifizieren oder Fährten zu lesen. Mit der Zeit musste er jedoch erkennen, dass er aufgrund der zunehmenden Urbanisierung der Welt um ihn herum nicht länger so weiterleben konnte. Es wird angenommen, dass Kaczynski sich entschied zurückzuschlagen, als einer seiner Lieblingsorte in der Wildnis abgeholzt wurde, um eine neue Straße zu bauen.

MORDE

1985 befand sich Hugh Scrutton gerade in einem Computergeschäft, als eine Nagel- und Splitterbombe draußen auf dem Parkplatz explodierte. Scrutton kam bei der Detonation ums Leben. Eine weitere, baugleiche Bombe detonierte am 20. Februar 1987 vor einem anderen Computergeschäft. Tote gab es bei diesem Anschlag nicht, dafür mehrere Schwerstverletzte.

Der nächste Anschlag ereignete sich 1993. David Gelernter, ein Professor für Computerwissenschaften an der renommierten Yale-Universität, erhielt eine Briefbombe und überlebte schwer verletzt. Charles Epstein, der an der University of California angestellt war, erhielt am selben Wochenende ebenfalls eine Briefbombe. Er verlor bei der Explosion mehrere Finger, überlebte aber auch.

Thomas J. Mosser starb 1994 in seinem Haus in New Jersey an einer weiteren Briefbombe. Gilbert Brent Murray erhielt per Post einen Sprengsatz in sein Büro in der California Forestry Association, dem kalifornischen Forstwirtschaftsverband, auch er starb bei der Explosion. Die Bombe war eigentlich an William Dennison adressiert, der allerdings bereits im Ruhestand war. Murray war sein Nachfolger.

Insgesamt baute und zündete Kaczynski 16 Bomben. Angesichts dessen war die Zahl seiner Opfer glücklicherweise verhältnismäßig niedrig: drei Menschen starben, 23 wurden verletzt.

VERHAFTUNG UND PROZESS

Nachdem das FBI die Ermittlungen übernommen hatte, wurde Kaczynski am 2. April 1996 identifiziert und einen Tag später verhaftet. Bei der Durchsuchung seiner Hütte entdeckten die Ermittler eine Vielzahl Komponenten zum Bau von Bomben. Zudem fanden sie ein Protokoll mit Tausenden Seiten, auf denen die Anschläge, der Aufbau der Bomben sowie Experimente beim Bau der Sprengsätze detailliert von Kaczynski beschrieben waren. Zu guter Letzt fanden sie eine fertige Bombe, die bereits für den Postversand vorbereitet war.

Kaczynski wurde für die drei Morde vor Gericht gestellt und verurteilt. Er erhielt eine lebenslange Freiheitsstrafe ohne Chance auf Bewährung. Am 10. Juni 2023 wurde er tot in seiner Zelle aufgefunden. Er hatte Selbstmord begangen.

AUSGANG

Kaczynski galt auch im Fall des Zodiac Killers kurzzeitig als möglicher Verdächtiger. Er lebte während der Zeit der Zodiac-Morde in der Bay Area um San Francisco. Zudem hatte er, wie der Zodiac Killer, ein Faible für Bomben und Codes. Beide hatten außerdem Briefe an Zeitungen verfasst, in denen sie unter Androhung von noch mehr Gewalt Forderungen stellten. Letztlich reichten aber die Beweise nicht aus, um Kaczynski mit den Zodiac-Morden in Verbindung zu bringen, sodass in diese Richtung nicht weiter ermittelt wurde.

Während seiner Zeit in Haft hatte Kaczynski mehrere technologiekritische Essays verfasst und mit Hunderten Experten zu diesem Thema korrespondiert. Er bezeichnete sich selbst als naturzentrierten Anarchisten.

WISSENSWERTES

Während seiner Haftzeit im Hochsicherheitsgefängnis in Florence, Colorado, freundete Kaczynski sich mit zwei anderen berüchtigten Bombenattentätern an: Timothy McVeigh, dem »Oklahoma Bomber«, und Ramzi Yousef, dem Drahtzieher des Bombenanschlags auf das World Trade Center 1993.

PATRICK KEARNEY

Geburtsdatum: 24. September 1939
Alias: The Freeway Killer, The Trash Bag Killer
Tatmerkmale: Vergewaltigung, Verstümmelung, Opfer waren Homosexuelle und Kinder, Nekrophilie
Opferzahl: mindestens 35
Zeitraum der Morde: 1962 bis 1977
Datum der (endgültigen) Verhaftung: 1. Juli 1977
Mordmethoden: Erschießen, Ersticken
Tatorte: Kalifornien (USA)
Status: verurteilt zu lebenslanger Freiheitsstrafe ohne Möglichkeit zur vorzeitigen Entlassung

VORGESCHICHTE

Kearney verlebte eine unbeschwerte, ganz normale Kindheit bei seiner Familie in Kalifornien, wurde von seinen Mitschülern allerdings gehänselt. Schon als Jugendlicher hatte er Mordfantasien. Als Erwachsener lebte er kurze Zeit in Texas, bevor er nach Kalifornien zurückzog. Er arbeitete als Flugzeugtechniker und sprach fließend Spanisch, was er häufig dazu nutzte, um schwule Männer abzuschleppen.

Als er nach Redondo Beach zog, lernte er David Hill kennen und die beiden wurden ein Paar. Sie stritten häufig, wonach Kearney meist längere Zeit mit dem Auto verschwand. Er tat dies allerdings nicht, um beim Herumfahren auf andere Gedanken zu kommen, sondern schleppte andere Männer in Bars oder am Straßenrand ab, wenn sie per Anhalter irgendwohin wollten.

MORDE

Das erste Opfer, das Kearney zugeschrieben wird, war 1962 ein nicht identifizierter Mann. Kearney hatte ihn auf dem Rücksitz seines Motorrads an einen abgelegenen Ort gefahren und ihm dort in den Kopf geschossen. Anschließend verging er sich an der Leiche. Im Laufe der nächsten Jahre setzte Kearney das Töten fort.

Die meisten seiner Opfer gabelte er entweder in Schwulenbars auf oder es handelte sich um Anhalter. Fast allen wurde mit einer Pistole vom Kaliber .22

in die Schläfe geschossen und viele schliefen oder waren abgelenkt, als sie getötet wurden. Nachdem er sich an den Leichen vergangen hatte, nahm er sie mit nach Hause, wo er ihnen ein Teppichmesser in den After rammte. Anschließend zerteilte er die Leichen mit einer Bügelsäge und entfernte die Projektile aus ihren Köpfen, bevor er die einzelnen Teile in Müllsäcken verstaute, die er dann auf Mülldeponien, in Canyons oder am Rand von Schnellstraßen entsorgte. Manche Opfer ließ Kearney sogar ausbluten, um den Verwesungsgeruch zu minimieren, und er wusch alle Körperteile, um mögliche Fingerabdrücke zu entfernen.

Chronik der Morde:
Frühjahr 1962: namentlich nicht genannter Mann (19)
1962: namentlich nicht genannter Jugendlicher (16)
1962: Mike (18, Nachname nicht veröffentlicht)
1965: namentlich nicht genannter Mann
Dezember 1967: George (Nachname nicht veröffentlicht)
21. Juni 1971: John Demchik (13)
22. September 1973: James Barwick (17)
24. August 1974: Ronald Dean Smith Jr. (5)
13. April 1975: Albert Rivera (21)
10. November 1975: Larry Gene Walters (20)
3. März 1976: Kenneth Eugene Buchanan (17)
21. März 1976: Oliver Peter Molitor (13)
19. April 1976: Larry Armedariz (15)
16. Juni 1976: Michael Craig McGhee (13)
20. Juni 1976: John Woods (23)
23. August 1976: Larry Epsy (17)
28. August 1976: Wilfred Lawrence Faherty (20)
August 1976: Randall Lawrence Moore
Herbst 1976: Robert Benniefiel (17)
Herbst 1976: David Allen (27)
Oktober 1976: Mark Andrew Orach (20)
15./24. November 1976: Timothy B. Ingham (19)
23. Januar 1977: Nicholas »Nicky« Hernandez-Jimenez (28)
Februar 1977: Arturo Romos Marquez (24)
13. März 1977: John Otis LaMay (17)
6. April 1977: Merle Chance (8)

VERHAFTUNG UND PROZESS

Eines der Opfer wurde gemeinsam mit Kearney und Hill zuletzt gesehen. Als die beiden bemerkten, dass ihnen die Polizei auf den Fersen war, flohen sie nach El Paso, in Texas. Auf Druck ihrer Familien stellten sie sich schließlich aber selbst. Am 1. Juli 1977 wurden beide verhaftet, Hill kam kurz darauf aber wieder auf freien Fuß, nachdem die Ermittler festgestellt hatten, dass er mit den Morden nichts zu tun hatte.

Während seiner Vernehmung gestand Kearney 38 Morde, die Behörden konnten ihn allerdings nur wegen 21 anklagen. Vor Gericht bekannte Kearney sich schuldig, was ihn vor der Todesstrafe bewahrte. Stattdessen erhielt er eine lebenslange Freiheitsstrafe.

AUSGANG

Ermittler gehen davon aus, dass Kearney nicht nur für die 38 Morde verantwortlich war, die er gestanden hatte, sondern noch für weitaus mehr. Kearney ist derzeit im Mule Creek Staatsgefängnis in Kalifornien inhaftiert, wo er den Rest seines Lebens bleiben wird.

EDMUND KEMPER

Geburtsdatum: 18. Dezember 1948
Alias: The Co-ed Killer, The Co-ed Butcher
Tatmerkmale: Nekrophilie, Verstümmelung, Oralverkehr
Opferzahl: 10
Zeitraum der Morde: 1964, 1972 bis 1973
Datum der (endgültigen) Verhaftung: 24. April 1973
Mordmethoden: Erschießen, Erschlagen mit einem Hammer, Strangulation
Tatorte: Kalifornien (USA)
Status: verurteilt zu lebenslanger Freiheitsstrafe ohne Möglichkeit zur vorzeitigen Entlassung

VORGESCHICHTE

Kemper hatte zwei Schwestern und kam 1948 als zweitgeborenes Kind von Edmund Jr. und Clarnell Kemper zur Welt. Die Eltern trennten sich 1957 – ein schwerer Schlag für Kemper, der vor allem zum Vater ein enorm enges Verhältnis hatte. Die Mutter zog mit den Kindern weit weg vom Vater nach Helena, im US-Bundesstaat Montana. Kemper war ein besonders intelligentes Kind mit einem IQ von 145, wie später festgestellt wurde. Schon in jungen Jahren zeigte er jedoch psychopathische Charakterzüge.

So spielte Kemper etwa mit den Puppen seiner Schwestern, allerdings auf andere Weise, als kleine Jungs sonst mit Puppen spielen. Er nutzte die Puppen, um bizarre sexuelle Rituale und Morde zu inszenieren, und hatte großen Spaß daran, ihnen die Köpfe abzureißen. Zudem schien er pyromanisch veranlagt zu sein.

Irgendwann reichten Kemper leblose Puppen nicht mehr und er wandte sich kleinen Tieren aus der Nachbarschaft zu, insbesondere Katzen. Die quälte er, bevor er sie tötete oder manchmal lebendig begrub. Einmal buddelte er eine auf diese Art vergrabene Katze wieder aus, schnitt ihr den Kopf ab und spießte ihn auf einen Stab. Er spielte außerdem mit Vorliebe seine eigene Hinrichtung auf dem elektrischen Stuhl nach.

Kempers Mutter verhielt sich den Kindern gegenüber offenbar tyrannisch und sperrte den vorpubertären Jungen dauerhaft in den Keller, weil sie überzeugt war, er könnte seine jüngere Schwester vergewaltigen. Mit 13 Jahren lief Kemper davon und schlug sich bis nach Kalifornien durch, um seinen Vater zu sehen. Der hatte inzwischen allerdings wieder geheiratet und schien sich nur noch für seinen neuen Stiefsohn zu interessieren. Kemper war am Boden zerstört und wurde zurück zu seiner Mutter gebracht.

Mit 14 Jahren war der Junge bereits 1,93 Meter groß. Weil seine Mutter nicht mit ihm zurechtkam, schickte sie ihn zu seinen Großeltern väterlicherseits, wo er fortan leben sollte. Edmund Sr. und Maude Kemper lebten auf einer Ranch in North Fork, in Kalifornien. Ein prima Umfeld für den jungen Kemper, wie alle glaubten – doch sie lagen falsch. Kemper und seine Großmutter kamen nicht sonderlich gut miteinander aus, zudem wurde er trotz seiner enormen Größe weiterhin in der Schule gemobbt. Am 27. August 1964 eskalierte die Situation.

An jenem Nachmittag im August nahm Kemper sich das Gewehr, das er im vorigen Jahr zu Weihnachten geschenkt bekommen hatte, und erschoss damit seine Großmutter. Als der Großvater aus dem Laden heimkam, erschoss Kemper auch ihn, angeblich um ihn davor zu bewahren, die Leiche seiner Frau sehen zu müssen. Anschließend rief Kemper erst seine Mutter und dann die Polizei an, um zu beichten, was er getan hatte. Als die Polizei auf der Ranch eintraf, saß Kemper auf der Veranda und erwartete sie bereits.

Nach der Verhaftung wurde Kemper von Psychiatern untersucht, die eine paranoide Schizophrenie bei ihm diagnostizierten. Er wurde in die psychiatrische Hochsicherheitsklinik Atascadero State Hospital for the Criminally Insane eingeliefert, wo er sich derart gut führte, dass er nach einiger Zeit sogar seinem Psychiater assistieren durfte. An seinem 21. Geburtstag 1969 wurde Kemper trotz eindringlicher Proteste mehrerer Psychiater entlassen. Nicht nur das, er wurde erneut in die Obhut seiner Mutter gegeben, die inzwischen in Santa Cruz lebte.

MORDE

Die meisten Morde beging Kemper, wenn er sich mit seiner Mutter gestritten hatte. Dann fuhr er die Pazifikküste entlang und suchte nach passenden Opfern, meist Anhalter. Die ersten Frauen, die er tötete, waren am 7. Mai 1972 die beiden 18-Jährigen Mary Anne Pesce und Anita Luchessa.

Die beiden waren gerade auf dem Weg zur Stanford University und Kemper hatte ihnen angeboten, sie mitzunehmen. Sobald er beide im Wagen hatte, fuhr er einen abgelegenen Feldweg entlang und ermordete sie. Dann wickelte er die Leichen in Decken und nahm sie mit nach Hause. Dort enthauptete er sie und bewahrte sie eine Zeit lang auf, bevor er sie in eine Schlucht warf. Pesces Leiche wurde später gefunden, von Luchessas Überresten fehlt bis heute jede Spur.

Am 14. September 1972 nahm Kemper die 15-jährige Aiko Koo mit. Er verschloss ihren Mund mit Klebeband und schnürte ihr die Luft ab, bis sie bewusstlos wurde. Danach zerrte er sie aus dem Auto, vergewaltigte sie und erdrosselte sie mit einem Schal. Die Leiche nahm er wieder mit nach Hause, wo er sie zerstückelte. Als er zu einem Termin mit einem Gerichtspsychiater musste (der sich äußerst zufrieden mit Kempers Fortschritten zeigte), befand sich Koos Kopf makabererweise noch in dessen Wagen.

Den nächsten Mord beging Kemper am 8. Januar 1973. Er nahm die 19-jährige Anhalterin Cindy Schall mit und fuhr mit ihr rauf in die Berge. Dort zwang er sie, in den Kofferraum seines Wagens zu steigen, und erschoss sie. Auch ihre Leiche nahm er mit zu sich nach Hause. Am darauffolgenden Morgen verging er sich sexuell an der Toten und zerstückelte sie danach. Dabei entfernte er die Projektile aus ihrem Kopf und vergrub die Leiche anschließend im Garten seiner Mutter.

Rosalind Thorpe und Alice Liu wurden beide am 5. Februar 1973 von Kemper getötet. Am 20. April tötete er dann seine letzten beiden Opfer: die eigene Mutter und deren Freundin Sara Hallett. Er wartete, bis seine Mutter eingeschlafen war, dann schlug er ihr einen Hammer auf den Kopf und schlitzte ihr die Kehle auf. Er schnitt ihren Kopf ab und vergewaltigte ihre Leiche. Danach schnitt er ihre Zunge heraus und versuchte, sie im Abfallzerkleinerer zu zerhäckseln.

Dann rief er Hallett an, die eine Freundin seiner Mutter war, und lud sie ein rüberzukommen. Als sie eintraf, tötete er auch sie und schnitt auch ihr den Kopf ab. Dann machte er alles sauber und ging zu Bett.

Chronik der Morde:

27. August 1964: Edmund Kemper Sr. (72)
27. August 1964: Maude Kemper (76)
7. Mai 1972: Mary Anne Pesce (18)
7. Mai 1972: Anita Luchessa (18)
14. September 1972: Aiko Koo (15)
8. Januar 1973: Cindy Schall (19)
5. Februar 1973: Rosalind Thorpe (24)
5. Februar 1973: Alice Liu (21)
20. April 1973: Clarnell Strandberg (52)
20. April 1973: Sara Hallett (59)

VERHAFTUNG UND PROZESS

Nach den Morden an seiner Mutter und Hallett beschloss Kemper zu fliehen. Während der Autofahrt hörte er die verschiedenen Radiosender ab, ob in den Nachrichten über die Morde berichtet wurde. Als dies nach vier Tagen noch immer nicht der Fall war, beschloss er, die Polizei zu verständigen. Von einer Telefonzelle aus rief er bei der Polizei von Santa Cruz an und behauptete, acht Frauen getötet zu haben.

Anfangs nahmen die Behörden ihn nicht ernst, da sie Kemper bereits gut kannten. Mit einigen Anrufen überprüften sie den Wahrheitsgehalt des Geständnisses und erkannten, dass er tatsächlich nicht gelogen hatte. Kemper saß indes in seinem Auto und wartete auf das Eintreffen der Polizisten. Am 24. April wurde er verhaftet. Während seiner Vernehmung auf dem Revier gestand er alle Morde, die er begangen hatte.

Vor Gericht versuchte Kemper zunächst, auf Schuldunfähigkeit zu plädieren. Als er mit dieser Strategie jedoch scheiterte, bat er um die Todesstrafe. Er wollte auf dem elektrischen Stuhl sterben, so wie er es als Kind oft nachgespielt hatte. In jener Zeit war die Todesstrafe in Kalifornien allerdings ausgesetzt, weshalb er zu lebenslanger Haft ohne Chance auf Bewährung verurteilt wurde.

AUSGANG

Während Kempers Mordserie kam die Verhaltensanalyseeinheit des FBI auf die Idee, inhaftierte Serienmörder eingehend zu befragen und so diese Art von Tätern und ihre Motivation zu töten besser zu verstehen. Nach seiner Verhaftung war Kemper einer der ersten, der in drei Gesprächen mit dem inzwischen bekannten Ermittler Robert Ressler befragt wurde. Während des letzten Gesprächs sprach Kemper Todesdrohungen gegen Ressler aus; als die Wärter hinzukamen, behauptete er jedoch, den FBI-Agenten nur auf die Schippe genommen zu haben.

Ein weiterer FBI-Agent, der die Befragungen durchführte, war John Douglas, ein renommierter forensischer Fallanalytiker, der gemeinsam mit Ressler einer der ersten professionellen Profiler beim FBI war. Er berichtete später, dass er Kemper gemocht habe und ihn offen, einfühlsam und freundlich fand. Kemper sitzt nach wie vor seine Haftstrafe ab.

WISSENSWERTES

Kemper besaß einen gemessenen IQ von 145.

ZITATE

- *»Wenn ich eine hübsche Frau auf der Straße sehe, dann gehen mir zwei Dinge durch den Kopf. Ein Teil von mir möchte sie ausführen, mit ihr reden, ganz nett zu ihr sein und sie gut behandeln … und der andere Teil von mir fragt sich, wie ihr Kopf wohl auf einem Pfahl aussehen würde.«*
- *»Wenn ich sie umgebracht habe, dann konnten sie mich als Mann nicht mehr zurückweisen. Ich wollte im Grunde Puppen aus diesen Menschen machen … und meine Fantasien mit einer Puppe, einer lebendigen, menschlichen Puppe ausleben.«*

ROGER KIBBE

Geburtsdatum: 1941
Alias: The I-5 Strangler
Tatmerkmale: Vergewaltigung, Entführung
Opferzahl: mindestens 7
Zeitraum der Morde: 1977, 1986
Datum der (endgültigen) Verhaftung: 1987
Mordmethode: Strangulation
Tatorte: Kalifornien (USA)
Status: verurteilt zu sechs lebenslangen Freiheitsstrafen ohne Möglichkeit zur vorzeitigen Entlassung, wurde am 28. Februar 2021 im Gefängnis von einem Mithäftling erwürgt

VORGESCHICHTE

Kibbe wuchs bei seiner herrischen Mutter auf, die ihn regelmäßig schlug. In seinen Augen benahm sie sich so, als hätte sie etwas gegen ihn. Als Kind war Kibbe ein wohlbekannter Bettnässer und stotterte ganz fürchterlich, weshalb er in der Schule regelmäßig Hänseleien und Mobbing ausgesetzt war. Er war deshalb ein Einzelgänger und am liebsten allein. Zudem log und stahl er ständig. Mit 15 Jahren wurde er erstmals wegen Diebstahls verhaftet.

Kibbe wurde beobachtet, als er auf seinem Rad mit einem Pappkarton und einer Schaufel durch einen örtlichen Park fuhr. Der Zeuge alarmierte die Polizei, die daraufhin im Park eintraf und den Karton wieder ausgrub, den Kibbe dort vergraben hatte.

In dem Karton befand sich Frauenkleidung, die zuvor von einer Wäscheleine in der Nachbarschaft gestohlen wurde, darunter zwei Badeanzüge und ein Kleid. Zwei Nylonstrümpfe, die ebenfalls gestohlen wurden, befanden sich allerdings nicht in der Kiste.

Die Polizei verdächtigte einen Fetischisten und befragte zahlreiche Zeugen, bis sie feststellten, dass Kibbe der Dieb war. Er wurde daraufhin für Herumtreiberei und Bagatelldiebstahl angeklagt. Im vergangenen Jahr hatten sich eine Reihe ganz ähnlicher Diebstähle in der Gegend ereignet und nachdem Kibbe seine Schuld daran anfänglich abgestritten hatte, gestand er später doch. Kibbe hatte die meisten Kleidungsstücke, die er gestohlen hatte, entsorgt, einige wenige aber auch aufbewahrt. Als er die der Polizei aushändigte, fiel den Beamten auf, dass sie mit einer Schere zerschnitten worden waren.

Kibbe hatte noch viel Schlimmeres im Sinn, als Damenstrümpfe von der Wäscheleine zu klauen. In seinen sexuellen Fantasien stellte er sich vor, sich selbst mit Frauenunterwäsche zu fesseln. Sein merkwürdiges Verhalten wäre heute ein Warnsignal für Psychopathie, in jener Zeit wurden Kinder mit dissozialen Tendenzen jedoch weder untersucht noch diagnostiziert.

Kibbe nahm eine Zeit lang Termine bei einem Psychiater wahr, allerdings ohne Erfolg. Die Therapiesitzungen empfand er als Ärgernis, weshalb er Mittel und Wege fand, sein gestörtes Verhalten unentdeckt im Geheimen fortzusetzen, und dadurch immer verschlossener wurde.

Als Kibbe erwachsen wurde, gelang es ihm irgendwie, eine Frau zu heiraten, die seiner Mutter ganz ähnlich war. Harriet, so ihr Name, war herrisch und gemein, so wie Kibbes Mutter früher auch. Harriet war die Herrin im Haus und hielt Kibbe an der sprichwörtlich kurzen Leine. Später wurde vermutet, dass Harriets Verhalten Kibbe gegenüber dessen Hass auf Frauen vermutlich noch verstärkt hat.

MORDE

Kibbe fuhr nachts die Schnellstraßen um Sacramento ab, auf der Suche nach Frauen, die eine Autopanne hatten und Hilfe brauchten. Diesen Frauen bot er seine Hilfe an, entführte sie und brachte sie an abgelegene Orte, um sie dort zu erwürgen.

Sein erster bekannter Mord fand am 11. September 1977 statt. Das Opfer, Lou Ellen Burleigh, verschwand auf dem Weg von ihrem Zuhause zu einem Bewerbungsgespräch. Sie wurde von Kibbe entführt, gefesselt und an den Lake Berryessa gebracht, wo er sie vergewaltigte und tötete.

Lora Heedrick wurde am 20. April 1986 zum letzten Mal gesehen, in einer Gegend, in der sich vor allem Drogensüchtige und Prostituierte aufhalten. Sie hatte in jener Nacht mit ihrem Lebensgefährten James Driggers vereinbart, dass sie sich prostituieren würde, um Geld für den gemeinsamen Drogenkonsum zu beschaffen. Er behauptete später, sie hätten sich bei einem etwa 50-jährigen Mann ins Auto gesetzt. Der habe Driggers an einem Motel rausgelassen und sei mit Heedrick weitergefahren, um Drogen zu besorgen. Doch Heedrick kehrte nicht mehr zurück.

Am 3. Juli 1986 entführte Kibbe Barbara Ann Scott in Pittsburgh. Sie wurde vergewaltigt und ermordet. Ihre Leiche wurde auf einem Golfplatz in Contra Costa County gefunden. Sie war mit 29 Jahren Kibbes ältestes Opfer. Nur zwei

Wochen später, am 15. Juli, begegnete Kibbe einer jungen Frau, die am Straßenrand stand und eine Panne hatte. Er vergewaltigte und tötete sie und schnitt ihr anschließend die Haare ab. Die Ermittler gingen später davon aus, dass es sich dabei entweder um eine Trophäe oder einen Fetisch des Täters handeln musste.

Am 17. August 1986 hatten Charmaine Sabrah und ihre Mutter eine Autopanne an der Kreuzung der Peltier Road und der I-5. Ein Mann kam vorbei und bot seine Hilfe an. Die Frauen erklärten, dass sie zu einem Telefon gefahren werden möchten, doch der Mann – der später als Kibbe identifiziert wurde – erklärte, in seinem Auto sei nur Platz für eine Mitfahrerin. Sabrah fuhr mit, konnte am Telefon aber niemanden erreichen. Danach fuhren sie zu Sabrahs Auto zurück und der Mann versprach, die beiden heimzufahren. Weil Sabrah ein Baby daheim hatte, fuhr sie zuerst und ließ die Mutter an der Straße warten, doch der Fahrer kehrte nicht mehr zurück.

Als ihre Mutter es mithilfe der Polizei endlich nach Hause geschafft hatte, war Sabrah nicht dort. Ihre Leiche wurde fast drei Monate später am Fuß der Sierra Mountains gefunden. Die Obduktion ergab, dass sie mit einer Schnur erdrosselt wurde. Die Schnur befand sich noch immer um ihren Hals. Ihr waren Teile der Kleidung ausgeschnitten und Haarbüschel herausgerissen worden, die in den Bund ihrer Unterwäsche eingeflochten waren.

Katherine Kelly Quinones wurde am 5. November 1986 in Sacramento entführt. Wie die anderen Opfer wurde auch sie vergewaltigt, bevor sie getötet wurde. Ihre Leiche wurde am Lake Berryessa entsorgt. Kibbes letztes bekanntes Mordopfer war Ende 1986 Darcie Frackenpohl. Die 17-jährige Ausreißerin wurde in einer Gegend von Sacramento zum letzten Mal gesehen, in der sich besonders viele Prostituierte aufhielten. Sie wurde mit einer Schlinge erdrosselt und ihr wurde die Strumpfhose in den Mund gestopft. Ihre Kleidung war genauso zerschnitten wie die der anderen Opfer.

Chronik der bekannten Morde:

11. September 1977: Lou Ellen Burleigh (21)
21. April 1986: Lora Heedrick (20)
3. Juli 1986: Barbara Ann Scott (29)
15. Juli 1986: Stephanie Brown (19)
17. August 1986: Charmaine Sabrah (26)
5. November 1986: Katherine Kelly Quinones (25)
1986: Darcie Frackenpohl (17)

VERHAFTUNG UND PROZESS

Kibbe wurde verhaftet, nachdem er eine Prostituierte angegriffen hatte. Er hatte sie mitgenommen, war mit ihr ein wenig umhergefahren und nach dem Anhalten gewalttätig geworden. Als er versuchte, ihr Handschellen anzulegen, wehrte sie sich und schrie, so laut sie konnte. Das hörte ein Polizist, der in der Nähe Streife lief und sofort herbeieilte.

Während die Beamten Kibbe wegen des Überfalls auf die Prostituierte mit aufs Revier nahmen, wurde die Leiche von dessen sechstem Opfer, Katherine Kelly Quinones, gefunden. Bei der Durchsuchung von Kibbes Wagen fanden die Ermittler Haargummis, Scheren, einen Holzpflock, einen Vibrator, Handschellen und ein Seil. Den Detectives fiel auf, dass es sich dabei um dasselbe Seil handelte, mit dem Quinones erdrosselt wurde.

Kibbe kam auf Kaution frei, die Ermittler prüften währenddessen weiterhin die im Auto gefundenen Gegenstände und versuchten, sie den verschiedenen Mordopfern zuzuordnen. Parallel dazu wurde Kibbe observiert. Schließlich fanden sie den Beweis, den sie gesucht hatten. Kibbe wurde erneut verhaftet und dieses Mal wegen Mordes angeklagt.

Am 10. Mai 1991 wurde er des Mordes an Frackenpohl schuldig gesprochen und zu lebenslanger Haft verurteilt, mindestens 25 Jahre musste er absitzen.

Am 5. November 2009 wurde Kibbe wegen weiterer sechs Morde angeklagt und schloss einen Deal mit der Staatsanwaltschaft, um der Todesstrafe zu entkommen. Er gestand und wurde zu sechs lebenslangen Freiheitsstrafen verurteilt.

AUSGANG

2003 begleitete Kibbe Polizei und Staatsanwaltschaft zu dem ausgetrockneten Bachlauf, von dem er sagte, er hätte Burleighs Leiche dort entsorgt. Es wurden jedoch keine menschlichen Überreste gefunden. 2007 wurde der Bereich erneut durchsucht, wieder ohne Ergebnis. 2009 kehrte Kibbe noch einmal mit Ermittlern dorthin zurück und wieder fanden sie nichts. 2011 suchte ein Detective noch einmal im Bachlauf und fand einen Knochen. Ein DNA-Abgleich ergab, dass er Burleigh gehörte.

SCOTT LEE KIMBALL

Geburtsdatum: 21. September 1966
Alias: Hannibal, Joe Snitch
Tatmerkmale: Betrug, selbst ernannter Auftragsmörder
Opferzahl: mindestens 4
Zeitraum der Morde: Januar 2003 bis September 2004
Datum der (endgültigen) Verhaftung: 14. März 2006
Mordmethode: Erschießen
Tatorte: Boulder County in Colorado (USA)
Status: verurteilt zu 70 Jahren Freiheitsstrafe

VORGESCHICHTE

Kimball ist einer jener Kriminellen, die einfach ihren Mund nicht halten können. Er saß einige Zeit wegen Betrugs im Gefängnis und wurde nach seiner Entlassung irgendwie zum Informanten für das FBI. Kimball war ein erfahrener und erfolgreicher Betrüger, der sich mit List und Tücke durchs Leben schlug. Sein größter Coup war aber wohl, dass er das FBI 2002 davon überzeugen konnte, ihn aus dem Gefängnis zu entlassen, damit er als Informant für sie arbeiten konnte. Und das gelang ihm folgendermaßen:

Als Kimball gerade in Alaska wegen Scheckbetrug einsaß, behauptete er gegenüber des FBI, er verfüge über Informationen zum geplanten Mord an einem Bundesrichter und könne, sollte er entlassen werden, wichtige Hinweise zum mutmaßlichen Auftragsmörder beschaffen. Trotz Kimballs ellenlangen Vorstrafenregisters, eines Gefängnisausbruchs in Montana und der Einschätzung eines Richters, dass man ihn auf freiem Fuß nicht ausreichend kontrollieren könne, entschied das FBI, dass die Informationen, die Kimball angeblich bereitstellen konnte, schwerer wogen als das Risiko, dass er weitere Verbrechen beging.

Im Gefängnis hatte Kimball allen, die es hören wollten, erzählt, er selbst sei ein Auftragsmörder. Er gab sich selbst sogar den Spitznamen »Hannibal«, nach dem berühmten Kannibalen aus den Romanen von Thomas Harris. Er behauptete, schon mehrere Morde gegen Bezahlung begangen zu haben. Als das FBI davon erfuhr, begann die Behörde, gegen ihren eigenen Informanten zu ermitteln. Dabei kam heraus, dass Kimball offenbar einmal in seinem Leben die Wahrheit gesagt hatte.

MORDE

Zwischen Januar 2003 und September 2004 war Kimball für den Tod von mindestens vier Menschen verantwortlich. In jener Zeit arbeitete er noch als Informant für das FBI. Später behauptete er, noch viel mehr Morde begangen zu haben, was allerdings nie bewiesen wurde.

Eines seiner Opfer, Kaysi McLeod, verschwand auf dem Weg zur Arbeit. Kimball traf sich zu jener Zeit mit ihrer Mutter und sollte die Tochter eigentlich mit dem Auto zur Arbeit fahren. Er behauptete, dass er das nicht getan habe, sondern stattdessen zur Jagd gefahren sei. McLeods Leiche wurde erst 2007 gefunden.

Im Februar 2003 hat Kimball Jennifer Marcum in einem Canyon in Utah getötet. Bei den Behörden behauptete er, zwar Beihilfe geleistet, sie aber nicht ermordet zu haben. Er gab allerdings zu, dass er ihr einen »Goldenen Schuss« Heroin verabreicht hat, eine Überdosis also. Bis heute wurde ihre Leiche nicht gefunden.

LeAnn Emry wurde im Januar 2003 erschossen. Kimball behauptete zunächst, sie sei von jemand anderem in einem Canyon in Utah erschossen worden. Anderen hatte er jedoch erzählt, dass er ihr zweimal in den Nacken geschossen habe, als sie versuchte zu fliehen. Emry war die Lebensgefährtin von einem früheren Zellengenossen Kimballs.

Chronik der bekannten Morde:

29. Januar 2003: LeAnn Emry (24)
17. Februar 2003: Jennifer Marcum (25)
23. August 2003: Kaysi McLeod (19)
1. September 2004: Terry Kimball (60)

VERHAFTUNG UND PROZESS

Kimball saß bereits wegen Scheckbetrugs und einer Reihe weiterer Verbrechen im Gefängnis, als er für die vier Morde angeklagt wurde. Das machte es den Ermittlern leichter, ihn zu den Morden zu vernehmen. Bei der Vernehmung erfuhren sie, dass Kimball einen 147-seitigen Brief an seine Familie geschrieben hatte, in dem er zugab, für die Morde verantwortlich zu sein und auch seinen Onkel Terry umgebracht zu haben.

Die Ermittlungen zeigten, dass sich Kimball mit jedem der Opfer in Verbindung bringen ließ. Weitere Beweise bekamen die Ermittler von Kimballs

Computer und ehemaligen Zellengenossen, vor denen er mit den Morden geprahlt hatte. Als er im Oktober 2009 vor Gericht stand, bekannte er sich des Mordes in zwei Fällen für schuldig, so wie es der Deal vorsah, den er zuvor mit der Staatsanwaltschaft geschlossen hatte. Im Gegenzug zeichnete er eine Karte, auf der die Gräber der bislang unentdeckten Leichen markiert waren.

Kimball wurde für die beiden Morde, derer er angeklagt war, zu einer Freiheitsstrafe von 70 Jahren verurteilt.

AUSGANG

Das FBI ermittelt noch immer, ob Kimball möglicherweise deutlich mehr Menschen als die bekannten vier Opfer auf dem Gewissen hat. Er selbst hat offen damit geprahlt, viel mehr Morde begangen zu haben. Laut seinem Cousin Ed Coet erwartet Kimball, in Zukunft zu weiteren Mordfällen vernommen zu werden.

ANTHONY KIRKLAND

Geburtsdatum: 13. September 1968
Alias: –
Tatmerkmal: verbrannte Opfer, um Spuren zu verwischen
Opferzahl: 5
Zeitraum der Morde: 1987, 2006 bis 2009
Datum der (endgültigen) Verhaftung: 8. März 2009
Mordmethode: Strangulation
Tatorte: Hamilton County in Ohio (USA)
Status: zum Tode verurteilt, wartet auf seine Hinrichtung

VORGESCHICHTE

Über Kirklands Kindheit ist nicht viel bekannt. Aussagekräftige Dokumente gibt es erst ab dem Jahr 1987. Kirkland war 18 Jahre alt und geriet erstmals in den Fokus der Polizei, nachdem er sein erstes Gewaltverbrechen verübt hatte – den Mord an seiner Freundin Leola Douglas. Er hatte das Mädchen zusammengeschlagen, erwürgt und dann angezündet. Eine spätere Obduktion ergab, dass sie noch lebte, während sie brannte. Der Mord geschah vor Kirklands eigener Haustür, sodass die Polizei nicht lange brauchte, um ihn als Hauptverdächtigen auszumachen.

Kirkland wurde verurteilt und musste für 16 Jahre in Haft. Die saß er komplett ab und wurde 2003 entlassen. Seine Bewährungszeit endete 2004. Nur wenige Monate später wurde er verhaftet, weil er im Verdacht stand, eine Frau mit vorgehaltenem Messer vergewaltigt zu haben. Im Oktober 2005 wurde er aber freigesprochen.

Im Mai 2006 erreichte Kirklands Wut und Hass auf Frauen eine neue Stufe, doch seine grauenvollen Verbrechen blieben noch mehrere Jahre lang unentdeckt. 2007 musste er erneut ins Gefängnis, nachdem er gedroht hatte, seinen Sohn umzubringen, der zum damaligen Zeitpunkt gerade 18 Monate alt war. Nach 115 Tagen kam er wieder auf freien Fuß, geriet schon bald aber erneut mit dem Gesetz in Konflikt. Wenig später wurde er verhaftet, nachdem er versuchte, ein 13-jähriges Mädchen – die Tochter seiner Lebensgefährtin – zum Sex zu überreden. Er wurde zu einem Jahr Haft verurteilt, aber schon nach sieben Monaten entlassen, weil das Gefängnis überfüllt war.

Kirkland wurde verpflichtet, zunächst in einer Resozialisierungseinrichtung zu leben. In jener Zeit eskalierte sein Verhalten, was den Tod von vier weiteren Opfern zur Folge hatte.

MORDE

Kirklands erstes bekanntes Mordopfer war am 20. Mai 1987 Leola Douglas, die zum damaligen Zeitpunkt seine Lebensgefährtin war. Kirkland schlug sie bewusstlos und zündete sie an. Für den Mord wurde er vor Gericht gestellt, allerdings nur wegen Totschlags zu 16 Jahren Haft verurteilt, nachdem er sich in einem anderen Anklagepunkt schuldig bekannt hatte.

Am 11. Mai 2006 wurde die Leiche von Casonya Crawford nahe der Blair Avenue in Avondale gefunden. Sie war getötet und ihre Leiche verbrannt worden – ein Merkmal von Kirklands Morden. Auch das nächste Opfer Mary Jo Newton wurde im April oder Mai 2006 getötet und angezündet. Ihre Leiche wurde in einem leer stehenden Gebäude gefunden.

Die 14-jährige Kimya Rolison wurde erstochen und anschließend ebenfalls verbrannt, so wie die anderen Opfer. Ihre Leiche wurde im Dezember 2006 gefunden. Kirklands letztes Opfer war Esme Kenny, er entführte sie am 7. März 2009. Ihre Leiche wurde nicht weit von ihrem Zuhause entfernt in einem Wald von der Polizei gefunden. Sie wurde erwürgt und die untere Hälfte ihrer Leiche verbrannt. Ganz in der Nähe lag Kirkland, er schlief an einen Baum gelehnt.

Chronik der bekannten Morde:

20. Mai 1987: Leola Douglas (27)
März 2006: Casonya Crawford (15)
April oder Mai 2006: Mary Jo Newton (45)
22. Dezember 2006: Kimya Rolison (14)
7. März 2009: Esme Kenny (13)

Chronik weiterer Gewaltverbrechen während der Mordserie:

25. Oktober 2004: Kirklands Bewährungszeit endete.
25. Januar 2005: Kirkland wurde beschuldigt, eine Nachbarin in Evanston mit vorgehaltenem Messer vergewaltigt zu haben. Er wurde im Oktober 2005 von einem Geschworenengericht freigesprochen.
14. Mai 2007: Kirkland drohte, seinen 18 Monate alten Sohn zu töten, während sein Haus von einem SWAT-Team umstellt war. Er wurde drei Monate später

wegen unrechtmäßiger Freiheitsberaubung in zwei Fällen zu 115 Tagen Freiheitsstrafe verurteilt.

17. September 2007: Pastor Walter Bledsoe beantragte im Namen der Familie Bledsoe eine einstweilige Verfügung gegen Kirkland. Aus den Gerichtsakten geht nicht hervor, was der Grund für diesen Antrag war, der Verfügung wurde aber im Dezember 2007 von einem Gericht stattgegeben.

26. September 2007: Kirkland forderte die 13-jährige Tochter seiner Freundin zu Sex auf. Er wurde im März 2008 wegen sexueller Belästigung zu einem Jahr Haft verurteilt und als Sexualstraftäter eingestuft, als der er sich bei der örtlichen Polizei registrieren lassen musste.

20. Oktober 2008: Kirkland wurde auf Bewährung aus dem Gefängnis entlassen, die Bewährungszeit betrug fünf Jahre. Er meldete sich im Pogue Rehabilitation Center an, einer Resozialisierungseinrichtung in Over-the-Rhine, die von den Volunteers of America betrieben wird.

27. Februar 2009: Kirkland geriet in einen Streit mit einem anderen Bewohner der Resozialisierungseinrichtung. Die Polizei wurde gerufen, Kirkland aber nicht verhaftet, weil der andere Bewohner sich weigerte, Anzeige zu erstatten. Dennoch wurde Kirkland aus dem Wohnheim geworfen, weil er mit dem Streit gegen die Hausregeln verstoßen hat. Sein Bewährungshelfer wurde allerdings erst zwei Tage später darüber informiert. Kirkland meldete seine neue Adresse auch nicht sofort bei der örtlichen Polizei, was er als verurteilter Sexualstraftäter eigentlich hätte tun müssen.

1. März 2009: Kirkland wurde beschuldigt, in ein Haus eingebrochen zu sein, sich im Badezimmer versteckt und Frederick Hughes mit einer Schere angegriffen zu haben. Hughes erlitt mindestens zehn Stichwunden, aber überlebte. Kirkland floh vom Tatort und es wurde ein Haftbefehl gegen ihn wegen schweren Einbruchs und gefährlicher Körperverletzung erlassen.

2. März 2009: Kirklands Bewährungshelfer wurde über dessen Entlassung aus der Resozialisierungseinrichtung informiert und begann mit der Suche nach ihm.

4. März 2009: Ein zweiter Haftbefehl gegen Kirkland wurde erlassen, weil er es versäumt hat, der Polizei nach der Entlassung aus der Resozialisierungseinrichtung seine neue Adresse zu melden.

5. März 2009: Kirkland wurde beschuldigt, Roberta Baldwin, die Mutter seines Kindes, mit einem Messer bedroht zu haben. Er floh und ein weiterer Haftbefehl gegen ihn wurde erlassen, wegen häuslicher Gewalt, schwerer Bedrohung und Verletzung einer Schutzanordnung.

VERHAFTUNG UND PROZESS

Als die Beamten Kirkland in der Nähe der Leiche seines letzten Opfers aufgriffen, durchsuchten sie ihn und fanden in seinem Besitz einige Gegenstände, die der jungen Frau gehört hatten. Er wurde sofort verhaftet und zur Vernehmung aufs Revier gebracht. Daraufhin wurde er formell für den Mord an Kenney angeklagt.

Im Laufe der Ermittlungen konnten die Behörden Kirkland auch mit den Morden an Newton und Rolison in Verbindung bringen. Daraufhin wurde er auch für diese Morde angeklagt sowie für das Schänden einer Leiche. Vor Gericht bekannte Kirkland sich in allen Anklagepunkten schuldig. Am 12. März 2010 befanden ihn die Geschworenen ebenfalls in allen Anklagepunkten für schuldig.

Kirkland wurde für die Morde an Kenney und Crawford zum Tode verurteilt und erhielt für die Morde an Rolison und Newton eine lebenslange Freiheitsstrafe.

AUSGANG

Aktuell sitzt Kirkland noch immer im Todestrakt und wartet auf seine Hinrichtung. Seine Verteidiger haben mehrere Berufungsanträge gestellt, um seine Todesstrafe abzuwenden, doch ein Bezirksrichter des Hamilton County hat das Urteil der Geschworenen am 28. August 2018 noch einmal bestätigt.

Berufungsanträge:

13. Mai 2014: Der Oberste Gerichtshof von Ohio bestätigte Kirklands Verurteilung und Todesurteil.

16. Oktober 2014: Der Oberste Gerichtshof von Ohio gab einem Antrag von Kirkland auf Aussetzung seiner Hinrichtung statt.

6. April 2015: Der Oberste Gerichtshof der USA lehnte die Anhörung von Kirklands Berufungsantrag ab.

Mai 2016: Der Oberste Gerichtshof von Ohio gab Kirklands Antrag auf erneute Strafzumessung statt.

PAUL JOHN KNOWLES

Geburtsdatum: 14. April 1946
Alias: The Casanova Killer, Lester Daryl Gates, Daryl Golden
Tatmerkmale: Vergewaltigung, Raubmord
Opferzahl: 18 bis 35
Zeitraum der Morde: Juli bis November 1974
Datum der (endgültigen) Verhaftung: 17. November 1974
Mordmethoden: Erschießen, Strangulation
Tatorte: mehrere US-Bundesstaaten
Status: am 18. Dezember 1974 bei einem Fluchtversuch von den Strafverfolgungsbehörden erschossen

VORGESCHICHTE

Knowles hatte einen schwierigen Start ins Leben und verbrachte einen großen Teil seiner Kindheit in Pflegefamilien und Besserungsanstalten. Sei Vater wurde wegen eines relativ geringfügigen Verbrechens verurteilt, entschloss sich aber dennoch, seinen Sohn wegzugeben. Mit 19 Jahren wurde Knowles wegen kleinerer Verbrechen erstmals verhaftet und inhaftiert. Von da an musste er wegen verschiedenster Taten immer mal wieder ins Gefängnis, bis sich 1974 alles zum Besseren zu wenden schien.

In Haft hatte Knowles Briefkontakt zu einer Frau namens Angela Covic aus San Francisco aufgebaut. Die hatte sich eines Tages sogar auf den Weg nach Florida gemacht, um Knowles im Gefängnis zu besuchen, wo er ihr umgehend einen Heiratsantrag machte. Sie nahm an und setzte fortan alle Hebel in Bewegung, um ihn aus dem Gefängnis freizubekommen, etwa indem sie seine Anwälte mit ihrem eigenen Geld bezahlte.

Als Knowles freigelassen wurde, flog er nach San Francisco, um bei Covic zu sein. Die hatte in der Zwischenzeit jedoch von einem Hellseher die Warnung erhalten, dass ein gefährlicher Mann in ihr Leben treten würde, weshalb sie die Verlobung mit Knowles wieder löste und die Beziehung zu ihm beendete. Diese Zurückweisung traf Knowles unfassbar hart. Nach eigener Aussage tötete er noch in derselben Nacht drei Menschen in San Francisco, anschließend kehrte er nach Jacksonville, in Florida zurück.

Kurz nach seiner Rückkehr nach Florida geriet Knowles in eine Kneipenschlägerei und erstach dabei einen Barmann. Er wurde verhaftet, knackte am 26. Juli aber das Schloss seiner Zelle und floh.

MORDE

Noch in derselben Nacht, in der er aus dem Gefängnis entkam, überfiel Knowles sein erstes nachweisliches Opfer. Am 26. Juli brach er ins Haus der 65-jährigen Alice Curtis ein, um dort Geld und Wertsachen zu stehlen. Dabei fesselte und knebelte er die alte Dame. Er tötete sie zwar nicht, sie erstickte jedoch an ihrer Zahnprothese. Es ist unklar, ob Knowles zu diesem Zeitpunkt noch anwesend war.

Er stahl das Auto der Frau, ließ es aber wenige Tage später, am 1. August 1974, am Straßenrand stehen, als ihm klar wurde, dass die Polizei danach fahnden würde. Als er den Wagen parkte, begegnete er den Schwestern Lilian und Mylette Anderson, die Bekannte seiner Familie waren. Aus Sorge, dass sie ihn später identifizieren könnten, entführte Knowles die beiden Kinder, erdrosselte sie und versenkte ihre Leichen in einem Sumpf.

Die 13-jährige Ima Jean Sanders verschwand am 1. August 1974 in Georgia, nachdem sie von ihrem Zuhause in Beaumont, Texas, davongelaufen war. Sie war per Anhalter unterwegs und wurde von Knowles entführt. Erst 2011 konnte sie als Opfer identifiziert werden.

Am darauffolgenden Tag, dem 2. August, tötete Knowles Marjorie Howie in ihrer Wohnung in Florida. Es ist unklar, ob sie ihn eingeladen hatte oder er eingebrochen war. Er erdrosselte Howie mit einem Nylonstrumpf und entwendete anschließend ihren Fernseher.

Ende August verschaffte Knowles sich Zutritt zur Wohnung von Kathie Sue Pierce in Musella, Georgia. Er erdrosselte sie mit einem Telefonkabel, krümmte ihrem Kind aber kein Haar. Am 3. September begegnete Knowles William Bates in einer Bar in Ohio. Die beiden verließen die Bar gemeinsam, am darauffolgenden Tag meldete Bates' Frau ihren Mann als vermisst. Seine Leiche wurde im Oktober gefunden, nackt und erdrosselt.

Knowles fuhr mit dem Wagen, den er von Bates gestohlen hatte, nach Nevada. Dabei begegnete er am 18. September Emmett und Lois Johnson, die er fesselte und erschoss. Er nahm den beiden ihre Kreditkarten ab und verwendete sie eine Zeit lang. Dennoch brachte ihn niemand mit den Morden in Verbindung, bis er die Tat nach seiner Verhaftung gestand.

Charlynn Hicks saß am 21. September nach einer Motorradpanne am Straßenrand fest und wurde von Knowles entführt. Er vergewaltigte sie erst, dann erdrosselte er sie mit ihrer Strumpfhose. Anschließend zerrte er ihre Leiche durch einen Stacheldrahtzaun und entsorgte sie. Sie wurde vier Tage später gefunden.

Am 23. September lernte Knowles in Birmingham, Alabama, Ann Dawson kennen. Fast eine Woche lang reisten beide gemeinsam, bis Knowles sie am 29. September ermordete. Ihre Leiche warf er in den Mississippi, sie wurde nie gefunden.

Seinen nächsten Mord beging Knowles am 16. Oktober in Connecticut. Er brach in die Wohnung von Karen Wine ein, wo sie mit ihrer 16-jährigen Tochter Dawn lebte. Er fesselte und vergewaltigte beide, bevor er sie mit einem Nylonstrumpf erdrosselte.

Doris Hovey wurde am 18. Oktober in ihrem Haus in Woodford, Virginia, erschossen. Knowles benutzte dazu ein Gewehr von Hoveys Mann, der zu dem Zeitpunkt nicht daheim war. Er wischte seine Fingerabdrücke ab und ließ das Gewehr neben Hoveys Leiche liegen. Weil aus dem Haus nichts entwendet wurde, fanden die Ermittler kein erkennbares Motiv für den Mord.

Am 2. November tötete Knowles die Anhalter Edward Hilliard und Debbie Griffin. Griffins Leiche wurde nie gefunden. Knowles war immer noch in Bates' Wagen unterwegs, als er am 6. November in Georgia Carswell Carr kennenlernte. Carr lud Knowles auf ein paar Drinks zu sich nach Hause ein und wurde zum Dank dafür erdrosselt. Seine 15-jährige Tochter war zu diesem Zeitpunkt daheim und wurde ebenfalls von Knowles erdrosselt. Anschließend versuchte er, sich an ihrer Leiche zu vergehen, was ihm jedoch nicht gelang.

Am 17. November klaute Knowles ein weiteres Auto. Highwaypolizist Charles Campbell erkannte das gestohlene Fahrzeug und versuchte, Knowles zu verhaften. Der bekam jedoch dessen Dienstwaffe zu fassen und floh mit Campbell als Geisel in dessen Polizeiwagen. Weil der ihm zu auffällig war, nutzte er Blaulicht und Sirene, um James Meyer anzuhalten. Damit hatte er nun zwei Geiseln und setzte seine Fahrt in Meyers Wagen fort.

Knowles fuhr in ein Waldgebiet in Pulaski County, Georgia, wo Knowles beide Geiseln mit Handschellen an einem Baum fesselte. Dann schoss er ihnen aus kurzer Entfernung in den Kopf. Wenig später stellte die Polizei in Henry County, Georgia, eine Straßensperre auf. Knowles versuchte, die Sperre einfach zu durchbrechen, verlor aber die Kontrolle über das Fahrzeug und raste gegen einen Baum. Er konnte dem Wrack entkommen, flüchtete zu Fuß weiter und eröffnete das Feuer auf die Polizisten, die ihn verfolgten.

Obwohl er von zahlreichen Polizisten, Polizeihunden, Helikoptern und verschiedenen Ermittlungsbehörden verfolgt wurde, schaffte Knowles es, sich mehrere Kilometer vom Suchgebiet zu entfernen, bis er einem Zivilisten mit einer Schrotflinte über den Weg lief.

Chronik der bekannten Morde:
26. Juli 1974: Alice Curtis (65)
1. August 1974: Lilian Anderson (11)
1. August 1974: Mylette Anderson (7)
1. August 1974: Ima Jean Sanders (13)
2. August 1974: Marjorie Howie (49)
August 1974: Kathy Sue Pierce
3. September 1974: William Bates (32)
18. September 1974: Emmett Johnson
18. September 1974: Lois Johnson
21. September 1974: Charlynn Hicks
29. September 1974: Ann Dawson
16. Oktober 1974: Karen Wine
16. Oktober 1974: Dawn Wine (16)
18. Oktober 1974: Doris Hovey (53)
2. November 1974: Edward Hilliard
2. November 1974: Debbie Griffin
6. November 1974: Carswell Carr
6. November 1974: Carrs Tochter (15)
17. November 1974: Trooper Charles Campbell
17. November 1974: James Meyer

VERHAFTUNG UND PROZESS

Knowles wurde von dem bewaffneten Zivilisten zu einem Haus eskortiert, wo dieser die Polizei verständigte. Die Beamten erschienen kurz darauf und verhafteten Knowles. Als er auf dem Revier vernommen wurde, behauptete er, für 35 Morde verantwortlich zu sein. Die Ermittlungen brachten ihn allerdings »nur« mit 20 Morden in Verbindung.

AUSGANG

Am 18. Dezember 1974 wurde Knowles nach Henry County in Georgia transportiert, wo er nach eigener Aussage die Waffe entsorgt hatte, mit der er den Highwaypolizisten Charles Eugene Campbell erschossen hat. Begleitet wurde er dabei von Sheriff Earl Lee und Agent Ronnie Angel vom Georgia Bureau of Investigation. Knowles gelang es, Lees Dienstwaffe zu greifen, die dabei losging. Während die beiden um die Waffe rangen, schoss Agent Angel Knowles dreimal in die Brust. Er starb an Ort und Stelle.

WASSILI KOMAROW

Geburtsdatum: 1871
Alias: Der Wolf von Moskau
Tatmerkmal: tötete seine Kunden
Opferzahl: 33
Zeitraum der Morde: 1921 bis 1923
Datum der (endgültigen) Verhaftung: 18. März 1923
Mordmethoden: Strangulation, Erschlagen mit einem Hammer
Tatorte: Moskau (Russland)
Status: am 18. Juni 1923 von einem Erschießungskommando hingerichtet

VORGESCHICHTE

Komarow kam 1871 als Wassili Petrow in Russland zur Welt und wuchs in einer großen Familie in bitterer Armut auf. Die meisten seiner engsten Verwandten waren alkoholkrank, Komarow selbst begann schon mit 15 Jahren zu trinken. In Russland herrschte Wehrpflicht, sodass er als junger Mann vier Jahre lang in der russischen Armee dienen musste. Mit 28 Jahren heiratete er. Im Russisch-Japanischen Krieg zog er 1904 mit der Armee in den fernen Osten. Dort verdiente er eine Menge Geld, das er jedoch schnell wieder verprasste.

Einmal wurde Komarow verhaftet und zu einem Jahr Gefängnis verurteilt, nachdem er ein Militärlager ausgeraubt hatte. Während er in Haft saß, erkrankte seine Frau an Cholera und starb. Nach seiner Entlassung zog er nach Riga, wo er die polnische Witwe Sophia kennenlernte und heiratete. Das Paar bekam zwei Kinder, Komarow war allerdings noch immer ein heftiger Trinker und schlug Frau und Kinder häufig.

1915 zog Komarow mit seiner Familie in die russische Wolgaregion, nachdem die deutschen Truppen während des Ersten Weltkriegs begonnen hatten, ins Baltikum vorzustoßen. 1917 stand das russische Kaiserreich vor dem Zusammenbruch. Komarow trat in die Rote Armee ein und arbeitete sich dort zum Zugführer hinauf, nachdem er lesen und schreiben gelernt hatte. Einmal wurde er von der Weißen Armee gefangen genommen, konnte aber fliehen. Aus Angst vor dem Militärtribunal der Revolutionäre änderte er seinen Nachnamen von Petrow in Komarow.

1920 zog Komarow mit seiner Familie nach Moskau, wo er sich in der Schabolowkastraße 26 niederließ. Er begann, als Pferdehändler und Kutscher zu arbeiten, stahl aber auch weiterhin alles, was er in die Finger bekam. 1921 wurde von Staatschef Wladimir Lenin die Neue Ökonomische Politik durchgesetzt und Komarow begann eine zwei Jahre andauernde Mordserie, die am Ende 33 Menschen ihr Leben kostete.

MORDE

Komarow verübte jeden seiner Morde auf dieselbe Weise. Alle Opfer wollten ein Pferd bei ihm kaufen. Erst lotste er die potenziellen Käufer zu sich nach Hause, wo er ihnen ein wenig Wodka servierte, bevor er ihnen entweder den Schädel mit einem Hammer einschlug oder die Kehle durchschnitt. Die Leichen versteckte er in Säcken hinter seinem Haus oder warf sie in die Moskwa. Einige vergrub er auch.

1922 fand Komarows Frau heraus, dass er mehrere Morde begangen hatte. Das schien sie allerdings nicht zu stören, denn sie half ihm fortan bei seinen Taten. Als die Müllabfuhr bei ihren Leerungen an Donnerstagen und Samstagen insgesamt 21 Leichen fand, begann die Polizei in einem möglichen Serienmordfall zu ermitteln. Regelmäßige Besucher des Pferdemarkts begannen sich außerdem zu wundern, warum Komarow immer mittwochs und freitags auf dem Markt war, aber niemals ein Pferd dabeihatte und den Markt dennoch stets mit einem interessierten Käufer verließ.

VERHAFTUNG UND PROZESS

Auch die Polizei hatte Komarow inzwischen als Verdächtigen ausgemacht. Anfang des Jahres 1923 durchsuchten die Behörden sein Haus. Offiziell waren die Ermittler auf der Suche nach selbst gebranntem Alkohol. Bei der Durchsuchung des Stalls fanden sie unter etwas Heu versteckt aber die Leiche eines Mannes. Komarow sprang aus dem Fenster und ergriff die Flucht. Am 18. März wurde er in der Oblast Moskau aufgespürt und verhaftet.

Während seiner Vernehmung gestand er, 33 Männer getötet zu haben, die alle ein Pferd bei ihm kaufen wollten. Als Grund gab er an, dass er die Opfer ausrauben wollte, doch viel Geld hat er mit den Morden nie verdient. Nach seinem Geständnis zeigte er der Polizei, wo die Leichen vergraben waren. Es wurden allerdings nicht alle gefunden.

Komarow musste sich, gemeinsam mit seiner Frau Sophia, für die Morde vor Gericht verantworten. Beide wurden schuldig gesprochen und zum Tode verurteilt.

AUSGANG

Während Komarow im Gefängnis auf seine Hinrichtung wartete, versuchte er dreimal Selbstmord zu begehen. Am 18. Juni 1923 wurden er und seine Frau von einem Erschießungskommando in Moskau hingerichtet.

RANDY STEVEN KRAFT

Geburtsdatum: 19. März 1945
Alias: The Scorecard Killer, The Freeway Killer, Southern California Strangler
Tatmerkmale: Vergewaltigung, Folter, Verstümmelung
Opferzahl: 16 bis 67
Zeitraum der Morde: 23. Dezember 1972 bis 13. Mai 1983
Datum der (endgültigen) Verhaftung: 14. Mai 1983
Mordmethoden: Strangulation, Drogen und Alkohol
Tatorte: Kalifornien, Oregon, Michigan (USA)
Status: zum Tode verurteilt, wartet auf seine Hinrichtung

VORGESCHICHTE

Kraft wurde 1945 in Kalifornien geboren, als einziger Junge von fünf Kindern. Als Kind war er äußerst tollpatschig und hatte immer wieder Unfälle. So brach er sich schon mit zwölf Monaten das Schlüsselbein, nachdem er die Treppe hinuntergestürzt war, ein Jahr darauf schlug er sich bei einem weiteren Unfall den Kopf und wurde bewusstlos.

Als er drei Jahre alt war, zog seine Familie nach Westminster, im Orange County. Dort verlebte Kraft eine ganz normale Kindheit. In der Schule kam er mit seinen Mitschülern prima zurecht und spielte Saxophon in der Schulband. 1963 machte er seinen High-School-Abschluss. Danach zog er gemeinsam mit seinen Freunden um, um das Claremont College in Pomona in Kalifornien zu besuchen.

Kraft interessierte sich für Politik und war Mitglied im Reserveoffiziers-Ausbildungskorps ROTC, einem Ausbildungsprogramm der US-Streitkräfte an Universitäten zur Rekrutierung und Ausbildung von Offizieren. Er beteiligte sich zudem an Demonstrationen für eine amerikanische Beteiligung am Vietnamkrieg. 1964 war er ein leidenschaftlicher Unterstützer des republikanischen Präsidentschaftskandidaten Barry Goldwater, nur ein Jahr darauf hatten sich seine politischen Ansichten allerdings komplett nach links verschoben. In jener Zeit begann er auch in Teilzeit als Barmann in einer Schwulenbar zu arbeiten.

In seinem ersten Semester auf dem College machte auf dem Campus das Gerücht die Runde, Kraft stehe auf Bondage. Seine Zimmergenossen erinnerten sich später, dass Kraft manchmal mehrmals pro Woche für längere Zeit verschwand und erst mitten in der Nacht zurückkehrte. Weil er an Migräne und Magenschmerzen litt, nahm Kraft regelmäßig Valiumtabletten ein, sogar während seiner Kurse.

1966 zog Kraft weg vom Campus und teilte sich eine Wohnung mit einem Freund. Den Großteil seiner Freizeit verbrachte er in Schwulenbars. Im selben Jahr machte er einem Polizisten in Zivil Avancen und wurde prompt wegen unzüchtigen Verhaltens verhaftet, allerdings nur mit einer Verwarnung wieder entlassen. Während der Rest seiner Klasse 1967 den Abschluss schaffte, musste Kraft noch mehrere Kurse wiederholen. Einige Monate darauf erhielt auch er seinen Bachelor in Wirtschaftswissenschaften.

Nach dem Anschlag auf Robert Kennedy, dessen Kampagne Kraft unterstützt hatte, trat er in die Air Force ein und wurde zur Edwards Air Force Base verlegt, wo er die Lackierung von Testflugzeugen überwachte. 1969 gestand Kraft endlich offen seine Homosexualität, was für seine Familie eine große Überraschung war. Nach diesem Coming-out wurde er aus »medizinischen Gründen« von der Air Force entlassen und wurde wieder Barkeeper.

Von da an lebte Kraft offen homosexuell und sein Leben drehte sich fast ausschließlich um Schwulenbars, Alkohol und Drogen. Seine alten Freunde waren geschockt. Der Schock war allerdings noch größer, als 14 Jahre später die ganze Wahrheit über Krafts düsteres Doppelleben ans Licht kam.

MORDE

Kraft mordete zwischen 1972 und 1983 mehr als zehn Jahre lang unaufhaltsam. Er tötete nur Männer, die meisten davon waren homosexuell. Einige Opfer folterte und verstümmelte er, als sie noch am Leben waren. Während ihrer Ermittlungen fand die Polizei Beweise dafür, dass eine zweite Person an den Morden beteiligt war. Kraft hat dies allerdings nie zugegeben oder gar einen Komplizen identifiziert.

Chronik der bekannten Morde:

23. Dezember 1972: Edward Daniel Moore (20)
9. April 1973: Kevin Clark Bailey (18)
28. Juli 1973: Ronnie Gene Wiebe (20)
17. Januar 1975: Keith Daven Crotwell (19)
3. Januar 1976: Mark Howard Hall (22)

16. April 1978: Scott Michael Hughes (18)
11. Juni 1978: Roland Gerald Young (23)
19. Juni 1978: Richard Allen Keith (20)
6. Juli 1978: Keith Arthur Klingbeil (23)
18. November 1978: Michael Joseph Inderbieten (20)
16. Juni 1979: Donnie Harold Crisel (20)
3. September 1980: Robert Wyatt Loggins (19)
27. Januar 1983: Eric Herbert Church (21)
12. Februar 1983: Geoffrey Alan Nelson (18)
12. Februar 1983: Roger James DeVaul (20)
14. Mai 1983: Terry Lee Gambrel (25)

Mutmaßliche Opfer:
24. September 1971: Wayne Joseph Dukette (30)
6. Februar 1973: »Wilmington« (unbekannter Mann)
22. April 1973: »Hawth off Head« (unbekannter Mann, von Krafts »Scorecard«)
23. Dezember 1973: Vincent Cruz Mestas (23)
2. Juni 1974: Malcolm Eugene Little (20)
22. Juni 1974: Roger E. Dickerson (18)
3. August 1974: Thomas Paxton Lee (25)
12. August 1974: Gary Wayne Cordova (23)
27. November 1974: James Dale Reeves (19)
4. Januar 1975: John William Leras (17)
17. Januar 1975: Craig Jonaites (24)
12. Dezember 1976: Paul Joseph Fuchs (19)
30. September 1978: Richard A. Crosby (20)
29. August 1979: »76« (unbekannter Mann)
14. September 1979: Gregory Wallace Jolley (20)
24. November 1979: Jeffrey Bryan Sayre (15)
18. Februar 1980: Mark Alan Marsh (20)
10. April 1980: Michael Duane Cluck (18)
17. Juli 1980: Michael Shawn O'Fallon (17)
18. Juli 1980: »Portland Eck« (unbekannter Mann)
20. August 1981: Christopher Williams (17)
19. Januar 1982: Arne Mikael Laine (24)
29. Juli 1982: Robert Avila (16)

29. Juli 1982: Raymond Davis (13)
28. November 1982: Brian Witcher (26)
9. Dezember 1982: Lance Trenton Taggs (19)
9. Dezember 1982: Dennis Alt (20)
9. Dezember 1982: Christopher Schoenborn (20)
18. Dezember 1982: Anthony Silveira (29)

VERHAFTUNG UND PROZESS

Am Morgen des 14. Mai 1983 wurde Kraft von der Polizei angehalten, nachdem er in Schlängellinien gefahren war. Er stieg sofort aus dem Wagen und ging hinüber zum Polizeifahrzeug. Die Beamten glaubten deshalb, dass er etwas zu verbergen hatte, und brachten ihn zu seinem Auto zurück. Dort fanden sie die Leiche von Terry Gambrel auf dem Beifahrersitz, der erwürgt worden war. Kraft wurde sofort verhaftet.

Bei der Durchsuchung von Krafts Haus fanden die Ermittler Fotos von drei Männern, die sie als Opfer dreier ungelöster Mordfälle im Süden Kaliforniens erkannten. Einer der Männer war Robert Loggins, der im September 1980 getötet wurde. Bei den anderen beiden handelte es sich um Geoffrey Nelson und Roger DeVaul, die beide im Februar 1983 zum letzten Mal lebend gesehen wurden.

Der Teppich in Krafts Garage bestand aus Fasern, die an Scott Hughes' Leiche gefunden wurden. Die Ermittler fanden Gegenstände, die einem Mordopfer gehörten, dessen Leiche nahe Grand Rapids in Michigan gefunden wurde. Dazu fanden sie ein Notizbuch mit handgeschriebenen Notizen, die in einer Art Code verfasst waren. Kraft hatte jeden Mord dokumentiert, weshalb er als »Scorecard Killer« bekannt wurde, auf Deutsch etwa: Der Mörder mit dem Punktzettel.

Bis September 1983 wurde Kraft wegen Mord in sechs Fällen angeklagt, hinzu kamen neun Anklagen wegen Verstümmelung, elf Anklagen wegen Vergewaltigung und drei Anklagen wegen Raub. Im Januar des darauffolgenden Jahres kamen 21 weitere Mordanklagen hinzu. Dank der zahlreichen forensischen Beweise, die die Ermittler gefunden hatten, wurde Kraft in allen Anklagepunkten schuldig gesprochen und zum Tode verurteilt.

AUSGANG

Es gab den Verdacht, dass Kraft zumindest bei einigen seiner Morde einen Komplizen hatte, die Ermittlungen dahingehend waren allerdings erfolglos. Der Verdacht beruhte auf der Theorie, dass Kraft die schweren Männerleichen kaum allein bewegt haben konnte.

Kraft hat sich zu seinen Morden nicht wirklich geäußert, weshalb das Rätsel, ob es einen Komplizen gab oder nicht, vermutlich nie gelöst wird. Aktuell ist er im Todestrakt inhaftiert und wartet auf seine Hinrichtung.

WISSENSWERTES

Obwohl Kraft mehrere Fotos seiner toten Opfer entwickeln ließ, meldete kein Fotoentwickler die verstörenden Bilder der Polizei.

JOACHIM KROLL

Geburtsdatum: 17. April 1933
Alias: Der Menschenfresser von Duisburg, Der Ruhrkannibale, Ruhr Hunter
Tatmerkmale: Kannibalismus, Verstümmelung, Vergewaltigung, Pädophilie
Opferzahl: 14
Zeitraum der Morde: 8. Februar 1955 bis 3. Juli 1976
Datum der (endgültigen) Verhaftung: 3. Juli 1976
Mordmethoden: Strangulation, Erstechen, Ertränken
Tatorte: Nordrhein-Westfalen (Deutschland)
Status: verurteilt zu lebenslanger Freiheitsstrafe, starb am 1. Juli 1991 an einem Herzinfarkt

VORGESCHICHTE

Kroll wurde als einer von acht Söhnen eines Bergmanns in Oberschlesien (im heutigen Polen) geboren. Als Kind galt er als Schwächling und Bettnässer, was wohl auch der Grund für sein mangelndes Selbstbewusstsein war. Der Vater geriet im Zweiten Weltkrieg in Gefangenschaft und wurde dort getötet. Nach Kriegsende zog die Familie nach Nordrhein-Westfalen.

Die nun alleinerziehende Mutter hatte während der Wirtschaftskrise im Nachkriegsdeutschland enorme finanzielle Schwierigkeiten und lebte mit den acht Kindern in einer winzigen Zweiraumwohnung. Kroll besuchte die Schule nur knapp fünf Jahre, bevor er abging und auf dem Hof der Familie arbeiten musste. Dadurch fehlten ihm Beziehungen zu gleichaltrigen Kindern, was ihm ein normales Heranreifen zum Erwachsenen erschwerte.

Nach heutigen Maßstäben würde Kroll als geistig behindert gelten, sein IQ wurde später mit nur 76 gemessen. Als erwachsener Mann besaß er damit die Intelligenz eines kleinen Jungen und lebte weiterhin bei der Mutter, bis diese starb, als er 22 Jahre alt war. Nach dem Tod der Mutter zog Kroll nach Duisburg, wo er eine Stelle als Toilettenreiniger annahm. Die meisten betrachteten ihn als Dorftrottel, er selbst verbrachte seine Zeit am liebsten mit Kindern.

Kroll war bei den Kindern in seiner Nachbarschaft äußerst beliebt, weil er stets viele Süßigkeiten verteilte und Spielzeug und Puppen dabeihatte, mit denen sie spielen konnten. Im Ledigenwohnheim, in dem er lebte, waren Kinder nicht erlaubt, dennoch lud er immer wieder Kinder ein, dort mit ihm zu spielen. Die Kinder kannten ihn als »Onkel Joachim«, ihnen erschien er als harmloser, großzügiger Mann, der im Kopf ähnlich tickte wie sie. Die Kinder wussten nicht, dass Kroll eine Sammlung Sexpuppen in seiner Wohnung versteckt hatte. Später erzählte Kroll, dass er an den Puppen Würgen geübt und dabei masturbiert hat.

Seine mangelnde Intelligenz wurde ihm schließlich zum Verhängnis, als er nach einer Aussage einem Nachbarn gegenüber wegen schrecklicher Verbrechen an Kindern verhaftet wurde. Er hatte dem Nachbarn geraten, die Etagentoilette im Obergeschoss des Gebäudes nicht zu benutzen, da sie »voller Eingeweide« sei. Der Nachbar glaubte, Kroll sprach von Schlachtabfällen, und rief einen Klempner. Als der die Toilette begutachtete, entdeckte er darin die inneren Organe eines Kindes.

MORDE

Kroll begann zu morden, nachdem seine Mutter 1955 verstorben war. Er schien seine mörderischen Neigungen ganz gut kontrollieren zu können, da er sehr darauf achtete, wo und wann er tötete. Er tat dies stets am selben Ort, aber nur selten und mit mehreren Jahren Abstand. Zu jener Zeit gab es mehrere Mordfälle in der Gegend, weshalb die Polizei Kroll lange Zeit nicht auf die Spur kam.

Kroll überraschte seine Opfer und erwürgte sie sofort. Dann zog er sie komplett aus und verging sich an ihnen. Als Nächstes masturbierte er auf die Leichen und verstümmelte sie. Einige Körperteile schnitt er ab, um sie später zu essen. Wenn er nach einem Mord heimkam, hatte er Sex mit einer seiner Gummipuppen.

Chronik der Morde:

8. Februar 1955: Irmgard Strehl (19)
1956: Erika Schuletter (12)
16. Juni 1959: Klara Frieda Tesmer (24)
26. Juli 1959: Manuela Knodt (16)
23. April 1962: Petra Giese (13)
4. Juni 1962: Monika Tafel (12)
3. September 1962: Barbara Bruder (12)
22. August 1965: Hermann Schmitz
13. September 1966: Ursula Rohling

22. Dezember 1966: Ilona Harke (5)
12. Juli 1969: Maria Hettgen (61)
21. Mai 1970: Jutta Rahn (13)
8. Mai 1976: Karin Toepfer (10)
3. Juli 1976: Marion Ketter (4)

VERHAFTUNG UND PROZESS

Kroll wurde am 3. Juli 1976 nach dem Mord an Marion Ketter verhaftet. Als die Ermittler seine Wohnung betraten, fanden sie dort Überreste des kleinen Mädchens im Kühlschrank, ihre Hand wurde gerade in einem Topf gekocht und ihre Innereien steckten im Abflussrohr. Während seiner Vernehmung gestand er die Morde an Ketter sowie an 13 weiteren Opfern in einem Zeitraum von mehr als 20 Jahren. Kroll gab an, die Leichen verzehrt zu haben, um Geld bei den Wocheneinkäufen zu sparen. Im Gefängnis ging Kroll davon aus, die Behörden würden ihn operieren, damit er nicht mehr tötet, und ihn anschließend wieder nach Hause schicken.

Kroll wurde wegen Mord in acht Fällen sowie versuchten Mordes in einem Fall angeklagt. Sein Prozess dauerte 151 Tage und endete im April 1982. Er wurde in allen Anklagepunkten schuldig gesprochen und zu lebenslanger Haft verurteilt.

AUSGANG

Am 1. Juli 1991 erlitt Kroll einen Herzinfarkt, während er in Rheinbach inhaftiert war.

RICHARD KUKLINSKI

Geburtsdatum: 11. April 1935
Alias: The Iceman
Tatmerkmal: Auftragsmörder
Opferzahl: mindestens 6 bis 100
Zeitraum der Morde: 1949 bis 1986
Datum der (endgültigen) Verhaftung: 17. Dezember 1986
Mordmethoden: Erschießen, Erstechen, Vergiften, Erschlagen
Tatorte: New York, New Jersey (USA)
Status: verurteilt zu lebenslanger Freiheitsstrafe, starb am 6. März 2006 im Gefängnis eines natürlichen Todes

VORGESCHICHTE

Kuklinski wurde in New Jersey als zweites von vier Kindern von Stanley und Anna Kuklinski geboren. Sein Vater war Bremsenwärter bei der Bahn und ein gewalttätiger Alkoholiker, der Frau und Kinder regelmäßig brutal verprügelte. Mutter Anna war eine bibeltreue Katholikin und erzog die Kinder streng, ebenfalls mit körperlicher Züchtigung, wenn sie es für nötig hielt.

Als Kuklinski fünf Jahre alt war, starb sein älterer Bruder Florian auf tragische Weise durch die Prügel des Vaters. Dem Notarzt erzählte die Mutter, der Junge sei die Treppen hinuntergestürzt, Vater Stanley wurde deshalb nie angeklagt. Kurz darauf verließ er die Familie und Kuklinski musste – nun ohne Vaterfigur – allein zurechtkommen.

Seinen ersten Mord beging Kuklinski 1949, mit gerade einmal 13 Jahren. In jener Zeit gab es in seiner Gegend eine Gang namens »The Project Boys«, die großen Spaß daran hatte, Kuklinski zu hänseln und zu verprügeln. Nachdem er wieder einmal schwere Prügel bezogen hatte, beschloss er, sich an einem der Gangmitglieder namens Charley Chase zu rächen. Er attackierte ihn mit einem Stück Holz und schlug so lange auf ihn ein, bis er sich nicht mehr rührte. Danach hackte er dem Jungen die Fingerkuppen ab und entfernte seine Zähne, dann warf er ihn über eine Brücke.

Nach diesem Mord überfiel Kuklinski auch die anderen Gangmitglieder und attackierte jeden von ihnen mit einer Eisenstange. Dabei hätte er sie fast totgeprügelt. Später erzählte Kuklinski, er habe beim Mord an Charley Chase gelernt, dass es besser ist, auszuteilen als einzustecken. Von da an »bestrafte« er jeden, der ihm etwas Böses wollte.

Als Erwachsener kam Kuklinski durch einen Bekannten namens Roy DeMeo in Kontakt mit der berüchtigten New Yorker Mafiafamilie Gambino. Anfangs war er mit Raubüberfällen und dem Verkauf von Porno-Raubkopien betraut. Inzwischen war er ein stattlicher Mann, 1,96 Meter groß und 136 Kilo schwer. Die Gambinos wollten deshalb ausprobieren, ob er nicht auch einen guten Auftragskiller für die Familie abgeben würde.

MORDE

Am 31. Januar 1980 traf sich George Malliband mit Kuklinski, um ihm ein paar Videos zu verkaufen. Seine Leiche wurde einige Tage darauf in einem 200-Liter-Fass gefunden. Am Tag, an dem er getötet wurde, hatte er eine große Menge Bargeld bei sich – etwa 27 000 Dollar.

Am 14. März 1980 feuerte Kuklinski mit einer Schrotflinte auf den Kopf von Detective Calabro, während der gerade vorsichtig seinen Wagen durch einen Schneesturm manövrierte. Im Juli 1981 verschwand Louis Masgay nach einem Treffen mit Kuklinski, bei dem er einen Video-Deal mit ihm abschließen wollte. In der Tür seines Autos waren 95 000 Dollar versteckt. Seine Leiche wurde erst 15 Monate später gefunden. Kuklinski hatte ihm in den Kopf geschossen und die Leichenteile, in mehreren Plastiktüten verpackt, im Tiefkühlschrank aufbewahrt.

Paul Hoffman war ein weiteres Opfer, das kurz vor einem geplanten Treffen mit Kuklinski am 29. April 1982 zum letzten Mal gesehen wurde. Er hatte 22 000 Dollar bei sich und wollte verschreibungspflichtige Medikamente von Kuklinski kaufen. Bis heute wurde seine Leiche nicht gefunden.

Die letzten beiden Opfer, Gary Smith und Daniel Deppner, waren Zimmergenossen. Smith wurde am 27. Dezember 1982 getötet und seine Leiche wurde in einem Motel unter dem Bett gefunden. Daniel Deppner wurde am 14. Mai 1983 von Kuklinski getötet.

Kuklinski verwendete verschiedene Mordmethoden, er tötete mit Schusswaffen, Messern, Gift und durch Erdrosseln. Die meisten Leichen zerteilte er und vergrub sie, andere versteckte er im Kofferraum eines Autos und ließ sie auf dem Schrottplatz in der Presse verschwinden. Einige Leichen ließ er nach eigener Aussage einfach auf einer Parkbank liegen.

Manchmal sammelte Kuklinski die Leichen in einem Eiswagen, um sie irgendwann alle zusammen zu entsorgen. Dies erschwerte es den Gerichtsmedizinern, den Todeszeitpunkt der Opfer festzustellen. Kuklinski war auch mit Robert Pronge, alias »Mister Softee«, befreundet, der ihm angeblich beigebracht hat, mit Gift zu morden. Pronge wurde 1984 erschossen in seinem Auto gefunden. Viele glauben, dass Kuklinski der Täter war.

Chronik der bekannten Morde:
1949: Charley Chase
31. Januar 1980: George Malliband (42)
14. März 1980: Detektiv Peter Calabro
Juli 1981: Louis Masgay (50)
29. April 1982: Paul Hoffman (51)
27. Dezember 1982: Gary Smith (42)
14. Mai 1983: Daniel Deppner (46)

VERHAFTUNG UND PROZESS

Kuklinski wurde am 17. Dezember 1986 nach der Aussage eines verdeckten Ermittlers verhaftet. Die Ermittlungen gegen ihn hatten sechs Jahre angedauert, das Justizministerium, die Polizei in New Jersey sowie die Bundesbehörde ATF (Bureau of Alcohol, Tobacco, and Firearms) waren gemeinsam daran beteiligt gewesen. Bei seiner Verhaftung wurde eine große Zahl Beamter aufgeboten und die gesamte Straße abgesperrt.

Kuklinskis Prozess began 1988 in New Jersey. Er wurde für fünf Morde verurteilt und erhielt fünf lebenslange Freiheitsstrafen. Bewährung hätte er erst im Alter von 100 Jahren beantragen dürfen.

2003 gab es einen zweiten Prozess, in dem der Mord an Detective Peter Calabro verhandelt wurde. Kuklinski wurde erneut schuldig gesprochen und zu weiteren 30 Jahren Haft verurteilt. In Haft ließ sich Kuklinski von einer Reihe Kriminologen, Psychiatern, Autoren, Staatsanwälten und TV-Produzenten interviewen.

Während dieser Gespräche gewährte er einen tiefen Einblick, was für eine Art Mensch und Mörder er wirklich war. Kuklinski versicherte, dass er niemals Kinder oder Frauen verletzt hätte. Einige seiner Mordmethoden waren allerdings extrem sadistisch, ein Opfer hing er etwa in einer Höhle auf, um es bei lebendigem Leib von Ratten fressen zu lassen. Solche sadistischen Morde zeichnete

Kuklinski auf Video auf, als Beleg für seine Auftraggeber, dass die Opfer wirklich furchtbar gelitten hatten.

AUSGANG

Während eines Interviews mit Philip Carlo kurz vor seinem Tod gestand Kuklinski, an der Entführung und Ermordung von Jimmy Hoffa beteiligt gewesen zu sein, einem bekannten Gewerkschaftsführer, der spurlos verschwunden war. In einem früheren Interview hatte er jedoch vorgegeben, nichts über den Verbleib von Hoffa zu wissen – außer Gerüchte, die besagten, Hoffa sei ermordet und in ein Fass gesteckt und anschließend in einem Auto japanischen Fabrikats gepresst und nach Übersee verschifft worden. Bis heute gibt es keinerlei Beweise, die diese Geschichte belegen.

Kuklinski wurde ins St. Francis Medical Center in Trenton, New Jersey, verlegt, wo er am 5. März 2006 um 01:15 Uhr starb. Obwohl er bereits 70 Jahre alt war, wirkte sein Tod verdächtig. Kuklinski war nämlich im Begriff auszusagen, der berüchtigte Gambino-Unterboss Sammy Gravano habe ihn beauftragt, Detective Peter Calabro zu töten. Innerhalb weniger Tage nach Kuklinskis Tod wurden alle Anklagen gegen Gravano fallen gelassen, weil die Ermittlungsbehörden ohne Kuklinskis Aussage keine ausreichenden Beweise für eine Verurteilung hatten.

Vor seinem Tod hatte Kuklinski Familienangehörigen gegenüber den Verdacht geäußert, das Gambino-Syndikat wolle ihn im Gefängnis vergiften, um seine Aussage zu verhindern. Nach seinem Tod wurde ein renommierter Gerichtsmediziner beauftragt, die Obduktionsergebnisse noch einmal auf Hinweise für eine Vergiftung zu überprüfen. Er fand solche Hinweise nicht und folgerte, dass Kuklinski eines natürlichen Todes gestorben ist.

WISSENSWERTES

- Im April 2006 machte Kuklinski Schlagzeilen, nachdem er Autor Philip Carlo gegenüber gestanden hatte, Teil einer Gruppe gewesen zu sein, die den bekannten Gewerkschaftsboss Jimmy Hoffa entführt und getötet hat.
- In einem früheren Interview mit dem TV-Sender HBO hatte er jedoch abgestritten, etwas über das Verschwinden von Hoffa zu wissen. Kuklinski hatte behauptet, nur das Gerücht gehört zu haben, Hoffa sei getötet, in ein Fass gesteckt, in einem Wagen japanischen Fabrikats gemeinsam mit anderen Autos verschrottet und nach Übersee verschifft worden.

LEONARD LAKE UND CHARLES NG

Geburtsdatum: 29. Oktober 1945, 24. Dezember 1960
Alias: Leonard J. Hill, Alan Drey, Randy Jacobsen, Robin Stapley, Charles Gunnar, Paul Cosner
Tatmerkmale: Vergewaltigung, Folter, Raubmord
Opferzahl: 11 bis 25
Zeitraum der Morde: 1983 bis 1985
Datum der (endgültigen) Verhaftung: 2. Juni 1985, 6. Juli 1985
Mordmethode: Erschießen
Tatorte: Calaveras County in Kalifornien (USA)
Status: Lake beging kurz nach seiner Verhaftung Selbstmord mit Zyanid. Ng wurde zum Tode verurteilt und wartet auf seine Hinrichtung.

VORGESCHICHTE

Leonard Lake

Lake wurde in San Francisco geboren. Seine Eltern ließen sich scheiden, als er sechs Jahre alt war; er und seine Geschwister lebten von da an bei den Großeltern. Lake wurde als cleveres Kind beschrieben, entwickelte jedoch schon früh eine ungesunde Vorliebe für Pornografie. Seine Großmutter ermutigte ihn offenbar, Fotos von seinen nackten Schwestern zu machen. Später erpresste er die Schwestern mutmaßlich auch, um sexuelle Gefälligkeiten von ihnen zu erhalten.

Mit 19 Jahren trat Lake den Marines bei und wurde Funker. Er diente in zwei Einsätzen in Vietnam, bevor 1971 eine schizoide Persönlichkeitsstörung bei ihm diagnostiziert wurde. Daraufhin wurde er aus medizinischen Gründen von den Marines entlassen und unterzog sich einer Psychotherapie. Er schrieb sich in San Jose am College ein, blieb aber nur ein Semester, bevor er das Studium wieder abbrach und in eine Hippiekommune zog.

1975 heiratete Lake. Die Ehe zerbrach allerdings schnell, nachdem seine Frau herausfand, dass er Amateurpornos drehte. In diesen Filmen war er der Hauptdarsteller, es ging stets um Bondage und Sadomasochismus. Nachdem er eine Haftstrafe wegen Autodiebstahl abgesessen hatte, heiratete Lake 1981 Claralyn Balasz. Auch diese Ehe hielt nicht lange, da Balasz mit Lakes zunehmend unberechenbarem Verhalten nicht zurechtkam. Als Lake sie zu überreden versuchte, in seinen Pornos mitzuspielen, brachte dies für Balasz das Fass zum Überlaufen.

1982 wurde Lake wegen eines Verstoßes gegen das Waffengesetz verhaftet und auf Kaution freigelassen. Die Kaution ließ er verfallen und zog in eine abgelegene Gegend in Wilseyville auf die Ranch seiner Ex-Frau. Im selben Jahr lernte er Charles Ng kennen. Die beiden Männer wurden Freunde und lebten gemeinsam auf der Ranch. Als sie bemerkten, dass sie dieselben Neigungen hatten, war die Ranch der perfekte Ort, um ihre abscheulichen Fantasien in die Tat umzusetzen.

Charles Ng

Ng wurde in Hongkong geboren. Der Vater war ein wohlhabender chinesischer Manager und laut Ng ein strenger Regent, der ihn mit Schlägen disziplinierte. Als Jugendlicher war Ng ein Einzelgänger und geriet häufig in Schwierigkeiten, weshalb er mehrerer Schulen verwiesen wurde. Mit 15 Jahren wurde er beim Ladendiebstahl erwischt, daraufhin entschied der Vater, ihn nach England auf ein Internat zu schicken. Auch dort hörte Ng allerdings nicht auf zu stehlen und wurde schon kurz nach seiner Ankunft im Internat wieder der Schule verwiesen und nach Hongkong zurückgeschickt.

1978 zog Ng mit einem Studentenvisum nach Amerika und besuchte das renommierte Notre Dame College in Kalifornien. Nach nur einem Semester brach er das Studium aber schon wieder ab. Kurz darauf verursachte er einen Autounfall mit Fahrerflucht. Um der Strafverfolgung zu entgehen, trat er den Marines bei.

Um ein Marine zu werden, muss man US-Staatsbürger sein. Das war Ng nicht, mithilfe falscher Dokumente schaffte er es 1979 dennoch, sich hineinzumogeln. Nur ein Jahr später wurde er, während er auf Hawaii stationiert war, aber verhaftet, weil er automatische Waffen gestohlen hatte. Aus Angst vor der Verurteilung durch ein Kriegsgericht floh Ng und wurde somit zum Deserteur. Er schaffte es zurück nach Kalifornien, wo er Lake kennenlernte und fortan mit ihm in einem Wohnwagen auf der Ranch lebte.

Der Wohnwagen wurde 1982 von Bundesbehörden gestürmt und beide Männer verhaftet, nachdem die Ermittler große Mengen Sprengstoff und Waffen bei ihnen gefunden hatten. Ng wurde an die Marines ausgeliefert und handelte umgehend einen Deal aus. Er bekannte sich schuldig und musste 18 Monate im Militärgefängnis absitzen. Lake kam auf Kaution frei und flüchtete. Eine Zeit lang zog er unter verschiedenen falschen Namen umher, bis er schließlich wieder mit Ng gemeinsame Sache machte.

MORDE

Die Wiedervereinigung des mörderischen Duos sollte schlimme Folgen für all jene haben, die ihre Wege kreuzten, insbesondere zwischen den Jahren 1983 und 1985. Die beiden Männer mordeten sich in einen regelrechten Rausch und töteten Nachbarn, Kollegen und Fremde, die sie gerade erst kennengelernt hatten, egal ob Männer, Frauen oder Kinder.

Ihre Strategie: Männer und Kinder töteten sie zuerst, anschließend entführten sie die Frauen und sperrten sie in eine Konstruktion, die Lake neben seiner Hütte gebaut hatte und »das Verlies« nannte. Dort wurden die Frauen immer wieder vergewaltigt, gefoltert und psychologisch missbraucht. Das Duo zeichnete seine schrecklichen Taten auf Video auf. Die Frauen bezeichneten sie als ihre »Sexsklavinnen« und töteten sie erst, wenn sie ihrer überdrüssig wurden.

Lake rechnete mit einem Atomkrieg, wie die Ermittler später aus seinem Tagebuch erfuhren. Deshalb hatte er den Bunker gebaut, den er als Verlies bezeichnete. Dort wollte er mithilfe seiner Sexsklavinnen die menschliche Rasse wieder aufbauen, sobald der Krieg vorüber war. Diesen Plan bezeichnete er als »Operation Miranda«, nach einem Charakter aus dem Buch *Der Sammler* von John Fowles.

Chronik der bekannten Morde:

25. Juli 1984: Harvey Dubs (30)
25. Juli 1984: Deborah Dubs (33)
25. Juli 1984: Sean Dubs (1)
Oktober 1984: Randy Jacobson (34)
April 1985: Kathleen Allen (18)
April 1985: Michael Carroll (23)
Mai 1985: Lonnie Bond (27)
Mai 1985: Brenda O'Connor
Mai 1985: Lonnie Bond Jr. (2)
Mai 1985: Robin Scott Stapley (26)

Morde mit unbestimmtem Datum im Jahr 1983:
Charles Gunnar
Donald Lake (Lakes jüngerer Bruder, verschwand und wurde mutmaßlich von Lake und Ng getötet)

Weitere mutmaßliche Opfer:
November 1984: Paul Cosner (39)
Juli 1984: Donald Giuletti (36)

VERHAFTUNG UND PROZESS

Ng wurde am 2. Juni 1985 im Süden San Franciscos beim Ladendiebstahl erwischt. Er konnte fliehen, bevor die Polizei eintraf. Lake, der ebenfalls vor Ort war, wurde allerdings verhaftet, nachdem eine Pistole in seinem Auto gefunden wurde. Er erzählte der Polizei, sein Name sei Robin Stapley und zeigte einen auf Stapley ausgestellten Führerschein vor. Laut dem Dokument war Stapley aber erst 26 Jahre alt und Lake sah deutlich älter aus. Er wurde deshalb zu einer Vernehmung mit aufs Revier genommen.

Die Beamten durchsuchten Lakes Waldhütte in Wilseyville und fanden dabei dessen Waffensammlung sowie zahlreiche weitere Gegenstände, die darauf schließen ließen, dass er ein sogenannter Prepper war, also jemand, der sich auf das Überleben nach einem Zusammenbruch der Zivilisation vorbereitet. Daraufhin durchsuchten die Ermittler gründlich die gesamte Ranch und entdeckten eine Grabstätte in der Nähe des Verlieses. In einem langwierigen, komplizierten Verfahren brachten sie daraus an die 20 Kilo zerkleinerte und verbrannte Knochenfragmente zutage. Zusammengenommen gehörten die Knochenteile laut Experten zu mindestens elf Leichen.

Eine Karte führte die Ermittler zu einem Ort, an dem zwei 4-Liter-Eimer vergraben waren. In den Eimern befanden sich mit Namen versehene Briefumschläge, die Ausweisdokumente der Opfer enthielten. So kamen die Beamten auf insgesamt 25 Opfer. In einem der Eimer befanden sich außerdem Tagebücher, die Lake zwischen 1983 und 1984 geschrieben hatte, sowie zwei Videokassetten. Auf der einen wurde die Folter von Brenda O'Connor dokumentiert, auf der anderen die brutale Misshandlung von Deborah Dubs, die so extrem war, dass die Frau sie auf keinen Fall überlebt haben konnte.

Ng flüchtete nach Kanada, auch dort geriet er aufgrund seiner Ladendiebstähle aber schnell in Schwierigkeiten. Am 6. Juli 1985 wurde er in Alberta verhaftet, nachdem er auf einen Wachmann geschossen hatte, der ihn beim Stehlen erwischt hatte. Ng wurde wegen Körperverletzung mit einer Schusswaffe, Ladendiebstahl sowie Tragen einer verdeckten Schusswaffe zu viereinhalb Jahren Haft verurteilt. Nachdem er seine Strafe verbüßt hatte, wurde er weiter im Gefängnis verwahrt, da der Bundesstaat Kalifornien einen Auslieferungsantrag gestellt hatte, um ihn wegen der dort begangenen Morde anzuklagen.

Ng wehrte sich juristisch gegen die Auslieferung, weil in Kalifornien die Todesstrafe verhängt werden konnte und in Kanada nicht. Der Oberste Gerichtshof in Kanada lehnte seinen Antrag allerdings ab. 1991 wurde Ng nach Kalifornien ausgeliefert und wegen zwölffachen Mordes angeklagt. Der Prozess wurde einer der längsten der amerikanischen Justizgeschichte.

Insgesamt wurde Ng dabei von zehn Anwälten vertreten, einige hatte er noch vor Prozessbeginn selbst wegen pflichtwidrigen Verhaltens verklagt. Irgendwann beschloss er, sich selbst zu vertreten, was den Prozess ein weiteres Jahr verzögerte. Sechs Jahre vergingen zwischen seiner Auslieferung und dem eigentlichen Prozessbeginn, erst im Oktober 1998 kam er endlich vor Gericht.

Der Prozess endete im Februar 1999. Ng wurde für elf der zwölf Morde verurteilt und erhielt die Todesstrafe. Ein Antrag auf Strafmilderung wurde vom vorsitzenden Richter abgelehnt, das Todesurteil hatte Bestand. Schätzungen zufolge kostete der gesamte Prozess gegen Ng den Bundesstaat Kalifornien etwa 20 Millionen Dollar.

AUSGANG

Am Tag seiner Verhaftung wurde Lake in eine Gefängniszelle gesperrt, wo er auf seine Vernehmung durch die Ermittler warten sollte. Er bat um ein Glas Wasser, das ihm daraufhin gereicht wurde. Mit dem Wasser spülte er Zyanidtabletten herunter, die er in den Kragen seines Hemds eingenäht hatte. Lake brach zusammen und wurde ins Krankenhaus eingeliefert. Vier Tage später, am 6. Juni, wurden alle lebenserhaltenden Maßnahmen abgestellt und Lake starb kurze Zeit später.

Ng sitzt noch immer in der Todeszelle und wartet auf seinen Termin zur Hinrichtung.

WISSENSWERTES

- Donald Lake, Leonard Lakes jüngerer Bruder, verschwand 1983. Es wird angenommen, dass er tot ist, auch wenn seine Leiche nie gefunden wurde.

- Charles Gunnar war noch aus Armeezeiten mit Lake befreundet. Seine menschlichen Überreste wurden im September 1992 auf der Ranch gefunden.
- »The Ballad of Leonard and Charles« ist ein Song der Trash-Metal-Band Exodus über die beiden Mörder.

ZITATE:

- Opfer Brenda O'Connor: *»Gebt mir mein Baby zurück, ich werde alles tun, was ihr verlangt!«*
- Leonard Lake: *»Du wirst sowieso alles tun, was wir verlangen.«*
- Leonard Lake: *»Gott hat Frauen nur zum Kochen, Putzen und für Sex geschaffen. Wenn sie dafür nicht gebraucht werden, gehören sie eingesperrt.«*

DERRICK TODD LEE

Geburtsdatum: 5. November 1968
Alias: The Baton Rouge Serial Killer
Tatmerkmal: Vergewaltigung
Opferzahl: mindestens 7
Zeitraum der Morde: wahrscheinlich 23. August 1992 bis 3. März 2003
Datum der (endgültigen) Verhaftung: 27. Mai 2003
Mordmethode: Erstechen, Erwürgen
Tatorte: Baton Rouge, Lafayette in Louisiana (USA)
Status: zum Tode verurteilt, starb am 21. Januar 2016 an einem Herzinfarkt

VORGESCHICHTE

Lee wurde 1968 in St. Francisville, Louisiana, geboren, seine Eltern waren Samuel Roth und Florence Lee. Der Vater verließ die Familie kurz nach Lees Geburt, worüber die Mutter wegen dessen psychischer Probleme ganz froh war. Roth wurde später in eine geschlossene Psychiatrie eingewiesen, nachdem er versucht hatte, seine Ex-Frau umzubringen. Mutter Florence heiratete indes erneut, einen Mann namens Coleman Barrow, der ihre Kinder großzog, als seien sie seine eigenen.

Mit elf Jahren spähte Lee durch die Fenster von Mädchen aus der Nachbarschaft. Später behauptete er außerdem, er habe Spaß daran, kleine Tiere zu quälen. Mit 13 Jahren wurde er bei einem kleineren Einbruch erwischt, erhielt aber keine Strafe. Die Polizei wusste bereits von seiner voyeuristischen Neigung, einen Hang zur Gewalt zeigte der Junge damals aber noch nicht. Das änderte sich, als er 16 Jahre alt wurde und im Streit mit einem anderen Jungen plötzlich ein Messer zog. Mit 17 Jahren wurde Lee beim Spannen erwischt und verhaftet, entging dem Jugendarrest aber erneut.

Auch als Erwachsener blieb Lee ein geradezu besessener Spanner, selbst nachdem er 1988 Jaqueline Denise Sims geheiratet hatte. Das Paar bekam zwei Kinder, Derrick Jr. und Dorris. Schon kurze Zeit nach der Hochzeit wurde Lee verhaftet, nachdem er in ein Wohnhaus eingedrungen war. In den darauffolgenden Jahren schien Lee ein Doppelleben zu führen: Einerseits war er ein guter Vater, der hart arbeitete, um seine Familie zu versorgen, andererseits putzte er sich heraus, um in einschlägigen Bars Frauen abzuschleppen.

Das Paar erbte nach dem Unfalltod von Sims' Vater einen größeren Geldbetrag, Lee war deshalb überglücklich. Nun konnte er sich noch schicker kleiden, noch mehr Geld für Frauen ausgeben und in teuren Autos vorfahren. Er begann eine dauerhafte Affäre mit einer Frau namens Casandra Green, aus der 1999 ein Sohn hervorging. Das Erbe hatte Lee inzwischen verprasst und musste wieder arbeiten, um seinen Lebensunterhalt zu verdienen.

Im Jahr 2000 geriet Lee in finanzielle Schwierigkeiten, er und Sims stritten deshalb häufig. Weil Lee in diesen Streits gewalttätig wurde, erwirkte sie eine Schutzverfügung gegen ihn. Drei Tage später begegnete er ihr auf dem Parkplatz einer Bar und schlug sie zusammen. Lee wurde verhaftet und verbrachte das folgende Jahr im Gefängnis. Als er auf Bewährung entlassen wurde, musste er eine elektronische Fußfessel tragen und im Hausarrest verbleiben. Obwohl er jedoch gegen diese Auflage verstieß, kam er nicht wieder in Gefängnis.

MORDE

1993 sah Lee, wie zwei Teenager in einem geparkten Auto miteinander intim wurden, und überfiel sie mit einer 1,80 Meter langen Spitzhacke. Wie ein Wahnsinniger schlug er damit auf das junge Paar ein, bis er von einem herannahenden Auto verschreckt wurde und floh. Das Paar überlebte wie durch ein Wunder und konnte Lee sechs Jahre später identifizieren. In den folgenden zehn Jahren wurden Lees Attacken immer brutaler. Er beging eine Vielzahl von Morden, die schließlich mithilfe von DNA-Proben aufgeklärt werden konnten.

Lees erstes bekanntes Mordopfer war Randi Mebruer. Sie verschwand am 18. April 1998 aus ihrem Zuhause in Zachary, Louisiana. Im ganzen Haus war Blut, doch obwohl sie ganz offensichtlich ermordet wurde, tauchte ihre Leiche nie auf.

Am 24. September 2001 wurde Gina Wilson Green in Baton Rouge ermordet. Ihre Leiche wurde am nächsten Tag gefunden, nachdem sie nicht auf Arbeit erschienen war und ein Kollege bei ihr vorbeischaute, um nach ihr zu sehen. Der Gerichtsmediziner stellte fest, dass sie vergewaltigt und erwürgt worden war.

Geralyn Barr DeSoto wurde am 14. Januar 2002 in ihrer Wohnung in der Stanford Avenue in Addis, Louisiana, getötet. Sie wurde so brutal erstochen, dass sie fast enthauptet war. Ihr Ehemann fand ihre Leiche, als er am nächsten Tag von der Arbeit heimkam.

Am 31. Mai 2002 wurde Charlotte Murray Pace in ihrer Wohnung in Baton Rouge vergewaltigt und erstochen. Sie war nach dem Mord an Gina Wilson

Green von der Stanford Avenue in die Sharlo Avenue gezogen. Lee hatte mit einem Schraubendreher 83-mal auf sie eingestochen.

Pamela Piglia Kinamore verschwand am 12. Juli 2002 aus ihrer Wohnung in Baton Rouge. Ihre Leiche wurde vier Tage später unter der Whiskey Bay Bridge gefunden. Ihre Kehle war derart gewaltsam aufgeschlitzt worden, dass ihr Kopf fast abgetrennt war. Auch sie wurde vor ihrem Tod vergewaltigt.

Trinesha Dene Colomb verschwand am 21. November 2002, als sie das Grab ihrer Mutter in Grand Coteau, Louisiana, besuchte. Ihre übel zugerichtete Leiche wurde drei Tage später in den Wäldern von Scott in Louisiana von einem Jäger gefunden. Auch sie war vergewaltigt worden.

Lees letztes bekanntes Opfer war Carrie Lynn Yoder. Sie verschwand am 3. März 2003 aus ihrer Wohnung in Baton Rouge. Zehn Tage später wurde ihre Leiche unter der Whiskey Bay Bridge gefunden. Sie war erwürgt worden und wie die anderen Opfer, wurde auch sie vorher vergewaltigt und brutal misshandelt.

Chronik der Morde:
18. April 1998: Randi Mebruer (28)
24. September 2001: Gina Wilson Green (41)
14. Januar 2002: Geralyn DeSoto (21)
31. Mai 2002: Charlotte Murray Pace (21)
9. Juli 2002: Diane Alexander
12. Juli 2002: Pamela Kinamore (44)
21. November 2002: Trinesha Dene Colomb (23)
3. März 2003: Carrie Lynn Yoder

Weitere mögliche Opfer:
23. August 1992: Connie Warner
13. Juni 1997: Eugenie Boisfontaine

VERHAFTUNG UND PROZESS

Im Mai 2003 veröffentlichte eine behördenübergreifende Taskforce der Polizei von Baton Rouge ein Phantombild des mutmaßlichen Serienmörders. Gleichzeitig sammelten die Ermittler in den örtlichen Kirchengemeinden DNA-Proben von allen Männern, die sie finden konnten, in der Hoffnung, dabei einen Verdächtigen zu ermitteln. Tatsächlich war Lee unter diesen Männern. Aufgrund seiner Vorstrafen und der Ähnlichkeit mit der Person auf dem Phantombild geriet er sofort in den Fokus der Ermittler.

Einige Wochen später waren die Ergebnisse der DNA-Abgleiche fertig und Lees Probe stimmte mit Spuren überein, die an den Leichen von Green, Yoder, Kinamore, Pace und Colomb gefunden wurden. Noch am selben Tag, als Lee seine Probe abgegeben hatte, war er mit seiner Familie aus Louisiana geflohen. Am 27. Mai 2003 wurde er in Atlanta verhaftet und nach Louisiana zurückgebracht.

Sein erster Prozess begann im August 2004. Verhandelt wurde der Mord an Geralyn DeSoto. Lee wurde schuldig gesprochen und zu lebenslanger Freiheitsstrafe ohne Chance auf Bewährung verurteilt. Nur wenige Monate später, im Oktober, musste er sich für die Vergewaltigung und den Mord an Charlotte Murray Pace verantworten. Er wurde erneut schuldig gesprochen und dieses Mal erhielt er die Todesstrafe.

AUSGANG

Lee wurde am 21. Januar 2016 ins Krankenhaus eingeliefert und starb dort an einer Herzerkrankung.

Bis heute gilt Lee als Verdächtiger in zahlreichen weiteren Mordfällen, die aufgrund seines Todes vermutlich niemals aufgeklärt werden.

CODY LEGEBOKOFF

Geburtsdatum: 21. Januar 1990
Alias: –
Tatmerkmale: Vergewaltigung, sexueller Missbrauch
Opferzahl: 4
Zeitraum der Morde: Oktober 2009 bis November 2010
Datum der (endgültigen) Verhaftung: 28. November 2010
Mordmethode: stumpfe Gewalteinwirkung
Tatorte: Prince George, Vanderhoof (Kanada)
Status: verurteilt zu lebenslanger Freiheitsstrafe mit der Möglichkeit einer vorzeitigen Entlassung nach 25 Jahren

VORGESCHICHTE

Groß, blond und attraktiv – wer Cody Legebokoff kannte, hätte ihn niemals für einen Mörder gehalten. Legebokoff hatte eine tolle Kindheit und wuchs in einer liebevollen, fürsorglichen Familie auf. Bei seinen Mitschülern war er beliebt und erfolgreich beim Eishockey, Skifahren und in anderen Sportarten. Ab und an bekam er wegen kleinerer Delikte Ärger mit der Polizei, allerdings wegen nichts, das echten Anlass zur Sorge gegeben hätte.

Als Legebokoff von Fort St. James nach Prince George umzog, teilte er sich dort mit drei Freundinnen eine Wohnung. Er arbeitete als Mechaniker und verbrachte seine Freizeit viel in den sozialen Medien. Anzeichen für gewalttätige Tendenzen gab es bei ihm nie, sein Umfeld hielt ihn für einen ganz normalen Kerl, der mit den meisten Menschen gut zurechtkam.

All das änderte sich 2010 bei einer routinemäßigen Verkehrskontrolle der Royal Canadian Mounted Police. Was dann geschah, schockierte Legebokoffs Familie und Freunde zutiefst. Der junge Mann, den sie kannten, besaß nämlich eine dunkle Seite, von der niemand etwas geahnt hat.

MORDE

Am 9. Oktober 2009 verschwand Jill Stacey Stuchenko. Ihre Leiche wurde vier Tage später in einer Kiesgrube in British Columbia gefunden. Legebokoffs nächstes bekanntes Opfer war Natasha Lynn Montgomery, die am 31. August 2010 verschwand. Ihre Leiche wurde nie gefunden, aber die Ermittler fanden DNA-Spuren von ihr in Legebokoffs Wohnung.

Cynthia Frances Maas verschwand am 10. September 2010, ihre Leiche wurde einen Monat darauf in einem Park gefunden. Sie hatte zahlreiche Verletzungen erlitten. Ihr Kiefer und Jochbein waren gebrochen, ihr Hals wurde offenbar mit Stampftritten malträtiert, ihre Schulter wies eine tiefe Stichwunde auf und auf ihren Kopf ist mehrere Male mit einem stumpfen Gegenstand eingeschlagen worden.

Legebokoffs letztes Opfer war eine Teenagerin namens Loren Leslie, die am 27. November 2010 ermordet wurde. Die Ermittler nehmen an, dass das praktisch blinde Mädchen Legebokoff auf einer Website kennengelernt hat.

Chronik der Morde:
9. Oktober 2009: Jill Stacey Stuchenko (35)
31. August 2010: Natasha Lynn Montgomery (23)
10. September 2010: Cynthia Frances Maas (35)
27. November 2010: Loren Leslie (15)

VERHAFTUNG UND PROZESS

Am 27. November 2010 wurde Legebokoff auf dem Highway 27 in British Columbia von der Polizei angehalten, weil er viel zu schnell mit seinem Auto unterwegs war. Die Beamten dachten zunächst, ihnen sei ein Wilderer ins Netz gegangen, weil sie es ungewöhnlich fanden, dass jemand bei eisigem Novemberwetter so spät in der Nacht noch unterwegs war.

Ein weiterer Beamter kam hinzu. Als die beiden Polizisten sich Legebokoff näherten, stellten sie fest, dass sein Gesicht und die Beine völlig mit Blut beschmiert waren und sich auch im Fußraum des Wagens jede Menge Blut befand. Bei der Durchsuchung des Wagens fanden sie einen Schraubenschlüssel sowie ein Multifunktionstaschenmesser, die beide ebenfalls blutverschmiert waren. In einem Rucksack befand sich außerdem eine Brieftasche mit dem Personalausweis von Loren Leslie. Auf die Frage, woher all das Blut kam, antwortete Legebokoff, es stamme von einem Reh, das er gewildert hat.

Obwohl sich im Auto kein Reh befand, verhafteten die Polizisten Legebokoff und verständigten einen Umweltschutzbeauftragten, der das tote Reh vor Ort ausfindig machen sollte. Als der Mann Legebokoffs Fußspuren im Schnee zurückverfolgte, stieß er stattdessen auf Leslies Leiche.

Nach seiner Verhaftung konnte Legebokoff durch einen DNA-Abgleich auch mit den Morden an Maas, Montgomery und Stuchenko in Verbindung gebracht werden. Er wurde für die vier Morde angeklagt, sein Prozess begann im Juni 2014. Legebokoff plädierte auf nicht schuldig. Er gab an, in drei der Morde involviert gewesen zu sein, selbst aber niemanden getötet zu haben.

Aller Versuche zum Trotz, seine Schuld auf unbekannte andere abzuwälzen, wurde Legebokoff in allen vier Morden für schuldig befunden und zu viermal lebenslanger Haft verurteilt, mit der Möglichkeit einer Strafaussetzung zur Bewährung nach frühestens 25 Jahren.

AUSGANG

Im Februar 2015 legte Legebokoff aufgrund von Problemen mit seiner gesetzlichen Vertretung während des Prozesses sowie der Entscheidung des Gerichts gegen einen neuen Verhandlungsort Berufung ein. Das Berufungsgericht in British Columbia lehnte den Einspruch im September 2016 ab, Urteil und Strafe haben demnach Bestand.

BOBBIE JOE LONG

Geburtsdatum: 14. Oktober 1953
Alias: Robert Joseph Long, The Adman Rapist, The Classified Ad Rapist, Joseph Long
Tatmerkmal: Vergewaltigung
Opferzahl: mindestens 10
Zeitraum der Morde: 27. März bis 11. November 1984
Datum der (endgültigen) Verhaftung: 16. November 1984
Mordmethoden: Strangulation, Erschießen, Kehle durchschneiden
Tatorte: Tampa-Bay-Region in Florida (USA)
Status: am 23. Mai 2019 durch die Giftspritze hingerichtet

VORGESCHICHTE

Long kam mit einer Genmutation zur Welt, wegen der er über ein zusätzliches X-Chromosom verfügte. In der Pubertät wuchsen ihm deshalb Brüste wie einer Frau, weshalb er von anderen Kindern massiv gemobbt wurde. Nach der Trennung seiner Eltern schlief Long noch bis weit ins Jugendalter hinein bei seiner Mutter im Bett. Die Beziehung zur Mutter war dennoch zerrüttet, was vor allem daran lag, dass sie zahlreiche Beziehungen zu wechselnden Partnern hatte, die jeweils nur für kurze Zeit hielten. Als Kind erlitt Long zudem eine Reihe von Kopfverletzungen; es ist unklar, um was für Verletzungen genau es sich dabei handelte und woher sie stammten.

1974 heiratete Long seine High-School-Freundin, das Paar bekam zwei Kinder. Die Ehe hielt jedoch nicht lange, 1980 reichte seine Frau die Scheidung ein. Ein Jahr darauf begann Long eine lange und brutale Serie von Vergewaltigungen. Er meldete sich auf Zeitungsinserate von Frauen, die Haushaltswaren zum Kauf anboten. Waren diese Frauen allein, fuhr er hin und vergewaltigte sie. 1981 wurde er verhaftet und für die Vergewaltigungen verurteilt. Er ging allerdings in Revision und wurde im neu aufgerollten Verfahren aus Mangel an Beweisen freigesprochen.

1983 zog Long in die Gegend um Tampa Bay, wo zu jener Zeit zwischen 30 und 35 Morde pro Jahr registriert wurden. Nachdem Long sich dort niedergelassen hatte, stieg diese Zahl sprunghaft an. Alle zwei Wochen tauchte eine neue Frauenleiche auf. Zufall? Es dauerte nicht lange, bis die Behörden den Grund für die vielen Toten herausfanden.

MORDE

1984 begann Long eine acht Monate andauernde Mordserie, während der er zwischen März und November mindestens zehn Frauen tötete. Auf der Suche nach passenden Opfern fuhr er mit dem Auto umher und gabelte meist Prostituierte vom Straßenrand oder Frauen in schäbigen Bars auf. Er achtete immer darauf, dass seine Opfer allein waren, und behauptete später, dass die Frauen stets auf ihn zugekommen seien.

Die Frauen stiegen freiwillig in Longs Wagen, woraufhin er sie mit in seine Wohnung nahm. Dort fesselte und vergewaltigte er die Opfer und tötete sie schließlich, indem er sie erdrosselte, zu Tode prügelte oder ihnen die Kehle durchschnitt.

Wenn Long die Leichen entsorgte, drapierte er sie in bizarren und erniedrigenden Posen, meist mit weit gespreizten Beinen. Die Leichen wurden oft im Wald oder am Rand einer wenig befahrenen Landstraße gefunden. Zwei der Opfer waren Stripperinnen, fünf waren Prostituierte und eine war Studentin. Die Berufe der übrigen Opfer sind nicht bekannt.

Chronik der bekannten Morde:

27. März 1984: Artis Wick
4. Mai 1984: Ngeun Thi Long (20)
27. Mai 1984: Michelle Simms (22)
8. Juni 1984: Elizabeth Loudenback (22)
7. September 1984: Vicky Elliott (21)
30. September 1984: Chanel Devon Williams (18)
7. Oktober 1984: Kimberly Hopps (22)
13. Oktober 1984: Karen Beth Dinsfriend
6. November 1984: Virginia Johnson (18)
11. November 1984: Kimberly Swann (21)

VERHAFTUNG UND PROZESS

Die Ermittler konnten an den Tatorten zahlreiche forensische Beweise sammeln, darunter Teppichfasern, Würgemale, Sperma und Seilknoten. Auf Basis dieser Beweise konnten drei Haftbefehle auf Long ausgestellt werden, wegen Verdachts auf sexuelle Nötigung sowie der Entführung von Lisa McVey. Am 16. November 1984 wurde er verhaftet.

Long gestand den Überfall auf McVey, die er mehrfach vergewaltigt, aber am Leben gelassen hatte. Nachdem die Beamten jedoch begannen, ihn zu den vielen ungeklärten Mordfällen zu vernehmen, wollte er plötzlich keine Fragen mehr beantworten. Als die Ermittler ihm Fotos der Opfer vorlegten, verlangte Long einen Anwalt. Es wurde nie einer verständigt, Long redete dennoch weiter und gestand acht Morde.

Am 24. September 1985 einigte Long sich mit der Staatsanwaltschaft auf einen Deal und bekannte sich in allen Anklagepunkten schuldig. Im Juli 1986 stand er wegen des Mordes an Michelle Simms ein weiteres Mal vor Gericht. Der Prozess dauerte nur eine Woche, Long wurde schuldig gesprochen und zum Tode verurteilt.

AUSGANG

Insgesamt wurde Long zu folgenden Strafen verurteilt:

- eine fünfjährige Freiheitsstrafe
- vier 99-jährige Freiheitsstrafen
- 28 lebenslange Freiheitsstrafen
- eine Todesstrafe

Am 23. Mai 2019 wurde Long im Florida State Prison durch die Giftspritze hingerichtet. Lisa McVey, eines seiner überlebenden Opfer, saß in der ersten Reihe. Sie wurde nach der Entführung durch Long Polizistin.

LONG ISLAND SERIAL KILLER

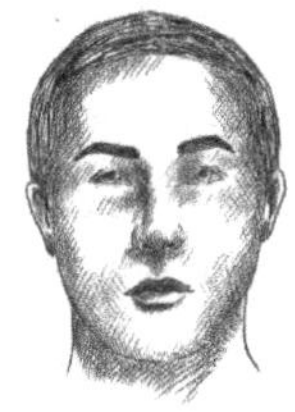

Geburtsdatum: unbekannt
Alias: The Gilgo Killer, The Gilgo Beach Killer, The Seashore Serial Killer, The Craigslist Ripper
Tatmerkmale: Opfer waren Prostituierte oder Escort-Damen
Opferzahl: 10 bis 16
Zeitraum der Morde: mutmaßlich 1996 bis 2016
Datum der (endgültigen) Verhaftung: mutmaßlicher Täter wurde am 13. Juli 2023 verhaftet
Mordmethode: Strangulation
Tatorte: New York (USA)
Status: Am 13. Juli 2023 wurde der Architekt Rex Heuermann in Manhattan verhaftet. Er wurde durch einen DNA-Abgleich als mutmaßlicher Long Island Serial Killer überführt und wartet derzeit auf seinen Prozess.

VORGESCHICHTE

Gilgo Beach Killer, Craigslist Ripper, Seashore Killer – der Long Island Serial Killer (kurz: LISK) bekam über die Jahre viele Namen verpasst, seine wahre Identität blieb jedoch lange Zeit ungeklärt. Er steht im Verdacht, in einem Zeitraum von über 20 Jahren bis zu 16 Morde begangen zu haben. Bei seinen Opfern handelte es sich überwiegend um Prostituierte. Nach den Morden entsorgte der LISK die Leichen entlang des Ocean Parkway nahe Gilgo Beach, Oak Beach und dem Jones Beach State Park.

Für Ermittlungsbehörden und Anwohner gibt es wohl kaum etwas Schlimmeres als die Gewissheit, dass ein Serienmörder in der Gegend sein Unwesen treibt, ohne geschnappt zu werden. Viele Jahre gab es nicht einmal einen Verdächtigen. Die Behörden gehen davon aus, dass der Täter bis zum Jahr 2016 aktiv war. Obwohl die Ermittler alle möglichen Ressourcen ausschöpften, um den Mörder zu fassen, tappten sie lange Zeit im Dunkeln – bis zum Jahr 2023.

MORDE

Der LISK steht im Verdacht, über zwei Jahrzehnte hinweg zwischen 10 und 16 Morde, überwiegend an Prostituierten, begangen zu haben. Die Leichen der

Opfer wurden meist entlang des Ocean Parkway, einer Gegend nahe der New Yorker Insel Long Island abgelegt. Insgesamt wurden dort die menschlichen Überreste von zehn Opfern gefunden, einige davon unvollständig. Viele Opfer wurden bis heute nicht identifiziert.

Maureen Brainard-Barnes verschwand am 9. Juli 2007 auf Long Island. Sie war eine Escort-Dame und fand ihre Kundschaft auf der Internetplattform Craigslist, wo sie ihre Dienste bewarb – eine übliche Praxis in dem Gewerbe. Ihre Leiche wurde im Dezember 2010 gefunden.

Am 10. Juli 2009 verschwand Melissa Barthelemy in der Bronx. Auch sie warb online für ihren Service als Escort-Dame. In der Nacht, in der sie verschwand, hatte sie einen Kunden bedient, der 900 Dollar direkt auf ihr Bankkonto überwies. Sie versuchte außerdem, ihren ehemaligen Lebensgefährten anzurufen, konnte ihn aber nicht erreichen.

Auch Megan Waterman aus Maine bewarb ihre Dienste als Escort auf Craigslist. Sie verschwand am 6. Juni 2010. Ihrem Lebensgefährten hatte sie gesagt, sie wolle ausgehen, kehrte aber nicht mehr zurück. Ihre Leiche wurde im Dezember 2010 gefunden.

Die heroinabhängige Prostituierte Amber Lynn Costello wurde am 2. September 2010 in North Babylon, New York, getötet. Ein Fremder hatte ihr offenbar 1500 Dollar für sexuelle Dienste geboten. Sie verschwand, nachdem sie sich zu einem Treffen mit dem Mann aufgemacht hatte.

Die 20-jährige Jessica Taylor verschwand im Juli 2003. Ihr Torso wurde am 26. Juli östlich von Gilgo Beach gefunden, Hände und Kopf fehlten. Sie konnte mithilfe einer DNA-Probe identifiziert werden. Weitere Überreste von Taylor wurden im Mai 2011 gefunden. Auch Taylor arbeitete als Prostituierte, als sie getötet wurde.

Chronik der Morde:

28. Juni 1997: »Peaches«
19. November 2000: unbekannte Frau 6
Juli 2003: Jessica Taylor (20)
9. Juli 2007: Maureen Brainard-Barnes (25)
6. Juni 2010: Megan Waterman (22)
10. Juli 2009: Melissa Barthelemy (24)
2. September 2010: Amber Lynn Costello (27)
4. April 2011: unbekannter Mann

4. April 2011: unbekannter Säugling
11. April 2011: unbekannte Frau 3
11. April 2011: unbekannte Frau 7

Mutmaßliche Opfer:
3. März 2007: »Cherries«
17. Mai 2011: Tanya Rush (39)
1. Mai 2010: Shannan Maria Gilbert
16. März 2013: Natasha Jugo (31)

VERHAFTUNG UND PROZESS

Am 13. Juli 2023 wurde in Manhattan der 59-jährige Architekt Rex Heuermann verhaftet. Die Ermittler konnten ihn mit drei der LISK-Morde in Verbindung bringen, nachdem sie DNA-Spuren, die an den Opfern gefunden wurden, mit DNA-Spuren von Pizzaresten abglichen, die Heuermann in einen öffentlichen Mülleimer geworfen hatte. Heuermann ist ein verheirateter Familienvater aus Long Island, der ganz in der Nähe der Tatorte lebte. Er bestreitet alle Vorwürfe gegen ihn und wartet zum Zeitpunkt der Drucklegung dieses Buchs in Untersuchungshaft auf seinen Prozess.

PEDRO LÓPEZ

Geburtsdatum: 8. Oktober 1948
Alias: Das Monster der Anden
Tatmerkmale: Vergewaltigung, Pädophilie
Opferzahl: mindestens 53 bis 300
Zeitraum der Morde: 1969 bis 1980
Datum der (endgültigen) Verhaftung: 9. März 1980
Mordmethode: Strangulation
Tatorte: Kolumbien, Peru, Ecuador
Status: konnte 1998 fliehen, aktueller Aufenthaltsort oder Status ist nicht bekannt

VORGESCHICHTE

Laut eigenen Aussagen hatte López einen furchtbaren Start ins Leben. Er war eines von 13 Kindern, die Mutter war eine Prostituierte. Als er acht Jahre alt war, erwischte die Mutter ihn dabei, wie er seine jüngere Schwester auf unangemessene Weise berührte, und warf ihn aus dem Haus. Ein Mann gabelte López daraufhin auf der Straße auf und nahm ihn mit in ein leeres Haus, wo er ihn mehrfach vergewaltigte. Der kleine Junge wurde von der eigenen Mutter verbannt, von der Familie geächtet und nun auch noch brutal sexuell missbraucht.

Mit zwölf Jahren wurde López von einer amerikanischen Familie aufgenommen und besuchte fortan eine Schule für Waisen. Laut López wurde er dort von einem der männlichen Lehrer sexuell missbraucht, weshalb er davonlief. Mit 18 Jahren verbrachte er einige Zeit im Gefängnis, wo er angeblich Opfer einer Gruppenvergewaltigung wurde. Er behauptet, noch im Gefängnis Rache an seinen Peinigern genommen und drei von ihnen getötet zu haben, bewiesen ist dies jedoch nicht.

Nachdem seine Kindheit und Jugend so sehr von sexueller Gewalt und Missbrauch geprägt waren, ist es kein Wunder, dass López es seinen Peinigern nach der Entlassung aus der Haft gleichtat. Nur ging er noch einen großen Schritt weiter – und gestand später, über 300 Mädchen getötet zu haben.

MORDE

Nachdem er aus dem Gefängnis entlassen wurde, begann López eine unfassbare Mordserie, die sich über Kolumbien und Ecuador erstreckte und während der er im Schnitt drei Morde pro Woche beging. 300 junge Mädchen verschwanden in jener Zeit. Die Behörden gingen zunächst davon aus, dass sie in die Fänge von Menschenhändlern geraten waren und in die Zwangsprostitution getrieben wurden. Mit dem Werk eines Serienmörders hätten sie nicht gerechnet, bis sie López schließlich nach einer gescheiterten Entführung verhafteten.

VERHAFTUNG UND PROZESS

Am 9. März 1980 versuchte López, ein junges Mädchen zu entführen, wurde dabei allerdings von Markthändlern unterbrochen und so lange festgehalten, bis die Polizei eintraf. Während seiner Vernehmung auf der Polizeiwache gestand er eine unglaubliche Anzahl Morde. Die Ermittler glaubten ihm zunächst nicht, bis eine Sturzflut ein Massengrab freispülte. Angesichts all dieser Opfer waren die Beamten nun überzeugt, dass López die Wahrheit gesagt hatte.

AUSGANG

1998 wurde López für 50 Dollar Kaution aus der geschlossenen Psychiatrie eines Krankenhauses entlassen und sollte auf seinen Mordprozess warten. Er floh allerdings und wurde seitdem nie mehr gesehen. Bis heute ist nicht klar, ob das »Monster der Anden« noch lebt oder bereits gestorben ist.

PETER LUNDIN

Geburtsdatum: 15. Februar 1972
Alias: Bjarne Skounborg
Tatmerkmale: Elternmord, Verstümmelung
Opferzahl: 4
Zeitraum der Morde: April 1991 und Juni 2000
Datum der (endgültigen) Verhaftung: 5. Juli 2000
Mordmethoden: Genickbruch, Strangulation
Tatorte: North Carolina (USA) und Dänemark
Status: verurteilt zu lebenslanger Freiheitsstrafe

VORGESCHICHTE

Lundin wurde in Dänemark geboren, seine Eltern waren Ole Lundin und die Deutsche Anna Schaftner. Als er sieben Jahre alt war, wanderte seine Familie in die USA aus und ließ sich in Maggie Valley im Bundesstaat North Carolina nieder. Lundins Kindheit verlief unspektakulär, Opfer von Gewalt wurde er offenbar nicht. Er selbst behauptete später allerdings, der Vater habe die Mutter regelmäßig geschlagen.

1991 geriet Lundin in einen Streit mit seiner Mutter, weil diese ihm die Haare schneiden wollte. Als der Streit eskalierte, würgte Lundin die Mutter erst und brach ihr anschließend das Genick. Vater Ole half ihm beim Beseitigen der Leiche, indem er sie an einem Strand nahe Cape Hatteras vergrub. Es dauerte achte Monate, bis sie gefunden wurde. Lundin und sein Vater wurden umgehend verhaftet.

Der damals 19-jährige Lundin wurde zu 15 Jahren Haft verurteilt, sein Vater wegen Beihilfe immerhin zu zwei Jahren. Im Gefängnis wurde Lundin vom dänischen Fernsehen interviewt, dabei trat er mit einem zur Hälfte schwarz bemalten Gesicht auf. Als das Interview später dem renommierten schwedischen Psychiater Professor Sten Levander vorgespielt wurde, gab dieser Lundin 39 von 40 Punkten auf der international anerkannten Psychopathie-Checkliste.

Weil die US-Gefängnisse 1999 völlig überfüllt waren, wurde Lundin entlassen und zurück nach Dänemark abgeschoben. Bei seiner Rückkehr heiratete er eine Frau, die ihn später aus dem Haus warf, weil er ihr gegenüber gewalttätig wurde. In jener Zeit lernte er Marianne Pedersen kennen – was tragische Folgen für die junge Frau und ihre beiden Kinder haben sollte.

MORDE

Als Lundin mit Pedersen zusammenkam, arbeitete sie gerade in einem Bordell in der Kopenhagener Rødovre-Kommune. Als Pedersen und ihre beiden Söhne am 3. Juli 2000 als vermisst gemeldet wurden, erzählte Lundin den Behörden, sie seien im Urlaub und er solle so lange ihr Haus streichen. Bei der Durchsuchung des Hauses fanden die Ermittler Blutspuren im Keller und in Pedersens Auto.

Die Leichen von Pedersen und ihren beiden Söhnen wurden nie entdeckt, die Ermittler fanden aber winzige Gewebespuren im Haus. Spuren auf dem Fußboden ließen außerdem darauf schließen, dass eine Axt und ein Trennschleifer verwendet wurden. Die Polizei ging deshalb davon aus, dass Lundin die Leichen der Opfer zerstückelt und entsorgt hat.

Chronik der Morde:
April 1991: Anna Lundin
16. Juni 2000: Marianne Pedersen und ihre beiden Söhne

VERHAFTUNG UND PROZESS

Am 5. Juli 2000 wurde Lundin verhaftet und für die Morde angeklagt. Drei Wochen später behauptete er, am Tattag Schreie aus dem Keller vernommen zu haben. Dort fand er angeblich die beiden toten Jungen vor, erstochen von ihrer Mutter, die bewusstlos im Drogenrausch daneben lag. Aus Wut über den Mord an den Kindern habe er Pedersen geschlagen, jedoch nach eigener Aussage nicht »heftig«, woraufhin diese dennoch verstarb. Die Leichen habe er zerstückelt. Er habe dies zunächst für sich behalten, da er davon ausging, dass ihm die Behörden aufgrund seiner Vorgeschichte nicht glauben würden, dass er nicht vorhatte, Pedersen zu töten.

Am 10. Oktober 2000 änderte Lundin seine Aussage erneut. Er gestand nun, für die Morde verantwortlich gewesen zu sein, und gab an, Pedersen umgebracht zu haben, weil sie mit einem anderen Mann am Telefon geflirtet hat. Er habe erst ihr und schließlich den beiden Jungen das Genick gebrochen.

Am Ende seines Prozesses 2001 wurde Lundin aller drei Morde für schuldig befunden und zu lebenslanger Haft verurteilt.

AUSGANG

In Haft strengte Lundin eine Reihe von Gerichtsverfahren gegen Journalisten und Politiker an. Als Erstes verklagte er einen Journalisten, der geschrieben hatte:

»Wir sind im Wesentlichen keine klinischen Psychopathen aus der Kategorie eines Peter Lundin.« Der Satz erschien in einem Leitartikel, in dem Lundin nicht einmal Thema war. Der Fall landete tatsächlich vor Gericht, wo der Journalist aber von jeglichen Verfehlungen freigesprochen wurde.

Im November 2008 verklagte Lundin die Politikerin Pia Kjærsgaard, damals Vorsitzende der Dänischen Volkspartei. Während einer TV-Sendung hatte Kjærsgaard Lundin als »herzlos« bezeichnet. Der forderte deshalb eine Entschädigung in Höhe von 100 000 Kronen (etwa 13 000 Euro), verlor aber auch diesen Prozess.

Lundin änderte in Haft seinen Namen, inzwischen nennt er sich Bjarne Skounborg.

WISSENSWERTES

- Lundin heiratete im Gefängnis dreimal und wurde sogar Vater. Zum ersten Mal heiratete er noch während seiner ersten Haftzeit, nach dem Mord an seiner Mutter.
- Er nahm mehrere Audiokassetten auf, auf denen er – unterlegt von Panflötenmusik – erklärte, warum und wie er die Pedersens getötet hat. Die Kassetten wurden in den Medien veröffentlicht, um damit zu erreichen, dass Lundin das Gefängnis nie wieder verlassen darf.

KENNETH MCDUFF

Geburtsdatum: 21. März 1946
Alias: The Broomstick Killer, The Broomstick Murderer, Richard Fowler
Tatmerkmale: Entführung, Vergewaltigung, Folter, Raubmord
Opferzahl: mindestens 9 bis 14
Zeitraum der Morde: 6. August 1966 bis 29. Februar 1992
Datum der (endgültigen) Verhaftung: 4. Mai 1992
Mordmethode: Strangulation
Tatorte: Texas (USA)
Status: am 17. November 1998 hingerichtet durch die Giftspritze

VORGESCHICHTE

McDuff wurde 1946 in Rosebund, Texas, geboren. Dem Vater John gehörte eine Firma für Betonarbeiten, mit der er während des Baubooms der 1960er-Jahre eine Menge Erfolg hatte. Mutter Addie verwöhnte McDuff, als er noch klein war, und trug den Spitznamen »Pistol Packing Momma« (Deutsch etwa: Die Mama mit der Knarre), weil sie den Fahrer des Schulbusses einmal mit einer Waffe bedrohte, nachdem dieser McDuffs älteren Bruder aus dem Bus geworfen hatte. McDuff wuchs zu einem richtigen Fiesling heran, der sich vor allem kleinere, schwächere und jüngere Opfer suchte. Einmal geriet er jedoch an den Falschen und wurde verprügelt. Daraufhin brach er die Schule ab und begann, für seinen Vater zu arbeiten.

1964, mit 18 Jahren, wurde McDuff für zwölf Einbrüche und versuchte Einbrüche in drei texanischen Counties verurteilt. Er erhielt zwölf Freiheitsstrafen von je vier Jahren, die er parallel verbüßen durfte, wurde allerdings schon 1965 wieder auf Bewährung entlassen. Wenig später musste er nach einer Schlägerei erneut ins Gefängnis, allerdings nur für kurze Zeit. 1966 freundete er sich mit dem 18-jährigen Roy Dale Green an, der von da an McDuffs Komplize werden sollte.

MORDE

Am 6. August 1966 fuhren McDuff und Green im Auto umher und kamen gegen 22 Uhr an drei Jugendlichen vorbei, die im texanischen Örtchen Everman neben einem Auto auf einem Baseballfeld standen.

Unter den Jugendlichen war auch Louise Sullivan, die McDuff attraktiv fand. Er parkte seinen Wagen ganz in der Nähe, zog eine Waffe und ging damit auf die Jugendlichen zu. Mit vorgehaltener Pistole zwang er Sullivan sowie Marcus Dunman und Robert Brand – die beiden Jungs, die bei ihr waren –, in den Kofferraum ihres Wagens zu steigen.

McDuff fuhr mit dem Auto des Trios davon, Green fuhr in McDuffs Wagen hinterher. Sie bogen vom Highway auf ein Feld ab und hielten an. McDuff zwang Sullivan aus dem Kofferraum zu steigen und in den Kofferraum seines Wagens zu klettern. Dann feuerte er sechsmal in den Kofferraum der Jugendlichen und tötete Brand und Dunman. Green wischte die Fingerabdrücke von dem Wagen ab und stieg zu McDuff in dessen Auto. Mit Sullivan im Kofferraum fuhren beide davon.

Sullivan wurde mehrfach erst von McDuff und anschließend von Green vergewaltigt, der mehr oder weniger dazu gezwungen wurde. Dann holte McDuff einen Besenstiel aus dem Auto und erwürgte Sullivan damit. Ihre Leiche warf er in ein Gebüsch.

Einige Tage darauf gestand Green die Tat gegenüber den Eltern eines Freundes, die daraufhin Greens Mutter informierten. Die drängten ihren Sohn dazu, sich zu stellen, wodurch kurze Zeit später auch McDuff verhaftet wurde. Green verbüßte elf Jahre im Gefängnis. McDuff wurde zum Tode verurteilt, seine Strafe später allerdings in lebenslange Haft umgewandelt. Unfassbar: 1989 wurde er auf Bewährung entlassen.

Am 10. Oktober 1991 nahm McDuff in Waco, Texas, die drogenabhängige Prostituierte Brenda Thompson mit. Im Auto fesselte er sie und fuhr weiter, geriet aber in eine Straßensperre der Polizei. Er hielt etwa 15 Meter vor der Sperre an. Als ein Beamter auf ihn zukam, begann Thompson die Windschutzscheibe herauszutreten. McDuff gab daraufhin Gas und durchbrach die Straßensperre. Er schaffte es zu entkommen und fuhr mit Thompson in einen Wald, wo er sie folterte und umbrachte.

Am 15. Oktober 1991 beobachteten Zeugen, wie McDuff und die Prostituierte Regenia Moore in einem Motel in Waco in Streit gerieten. McDuff und Moore fuhren davon. In einer abgelegenen Gegend fesselte McDuff die Frau und tötete sie. Sein nächstes Opfer war Colleen Reed. Dabei hatte McDuff einen Komplizen namens Alva Hank Worley. Die beiden entführten Reed am 29. Dezember 1991. Sie folterten und vergewaltigten die Frau, bevor sie sie umbrachten.

Die Prostituierte Valencia Johnson wurde am 24. Februar 1992 zum letzten Mal gesehen, als sie an McDuffs Tür klopfte. Sie wurde erwürgt und ihre Leiche auf einem Golfplatz abgelegt. Nur fünf Tage später entführte McDuff die schwangere Melissa Northrup aus dem Laden, in dem sie arbeitete. Ihre Leiche wurde am 26. April von einem Angler gefunden.

Chronik der Morde:
6. August 1966: Marcus Dunman (15)
6. August 1966: Robert Brand (17)
6. August 1966: Louise Sullivan (16)
10. Oktober 1991: Brenda Thompson
15. Oktober 1991: Regenia Moore (17)
29. Dezember 1991: Colleen Reed
24. Februar 1992: Valencia Joshua
29. Februar 1992: Melissa Northrup (22)

VERHAFTUNG UND PROZESS

Als die Behörden herausfanden, dass McDuff Drogen verkaufte und eine illegale Waffe besaß, beantragten sie am 6. März 1992 einen Haftbefehl gegen ihn. Im April luden sie Worley zu einer Vernehmung vor, der gestand, an Reeds Entführung beteiligt gewesen zu sein – ein Durchbruch für die Ermittler, die Worley daraufhin in Gewahrsam behielten und die Fahndung nach McDuff einleiteten.

Am 1. Mai 1992 fiel einem Arbeitskollegen von McDuff dessen Ähnlichkeit mit einem Phantombild aus der TV-Serie *America's Most Wanted* auf (eine Serie über reale Kriminalfälle, ähnlich dem deutschen Format *Aktenzeichen XY … ungelöst*). McDuff lebte zu jener Zeit unter dem falschen Namen Richard Fowler. Nachdem der Kollege die Polizei informiert hatte, stellten die Ermittler fest, dass Fowler bereits wegen Aufforderung einer Prostituierten zur Unzucht auffällig geworden und demzufolge schon erkennungsdienstlich erfasst worden war. Beim Abgleich seiner Fingerabdrücke fiel den Beamten auf, dass Fowler und McDuff ein- und dieselbe Person waren. Am 4. Mai wurde McDuff verhaftet.

Am 26. Juni 1992 wurde McDuff für den Mord an Melissa Northrup angeklagt und schuldig gesprochen. Die Geschworen verurteilten ihn zum Tode. Nach dem Berufungsprozess wurde der 17. November 1998 als Hinrichtungstermin festgelegt. Zwei Wochen vor seiner Hinrichtung verriet McDuff den Behörden, wo er die Leiche von Colleen Reed vergraben hatte.

AUSGANG

Am 17. November 1998 wurde McDuff in die Hinrichtungskammer geführt und um 18:26 Uhr für tot erklärt. Die Hinrichtung dauerte acht Minuten. McDuff wurde auf dem Captain-Joe-Byrd-Friedhof beerdigt, der in Texas gemeinhin als »Peckerwood Hill« bezeichnet wird. »Peckerwood« ist ein Schimpfwort für Weiße aus der Unterschicht. Auf dem Friedhof werden Häftlinge beerdigt, die keine Angehörigen besitzen oder deren Angehörige ihre sterblichen Überreste ablehnen. Auf seinem Grabstein steht lediglich das Datum seines Todes sowie die Nummer seiner Todeszelle und ein X, das für »Tod durch Hinrichtung« steht.

WISSENSWERTES

- Letzte Worte vor seiner Hinrichtung: »Ich bin bereit, befreit zu werden. Befreit mich!«
- Seine Hinrichtung dauerte acht Minuten.
- McDuff ist auf dem Captain-Joe-Byrd-Friedhof begraben, der auch abfällig als »Peckerwood Hill« bezeichnet wird.
- Als Henkersmahlzeit forderte er ein Steak, erhielt stattdessen aber nur einen Hamburger, der wie ein Steak geformt war.

MICHAEL WAYNE MCGRAY

Geburtsdatum: 11. Juli 1965
Alias: –
Tatmerkmal: forderte psychiatrische Behandlung gegen »Dämonen«
Opferzahl: mindestens 7 bis 18
Zeitraum der Morde: 1985 bis 1998, 2010
Datum der (endgültigen) Verhaftung: 29. Februar 1998
Mordmethoden: Erstechen, Strangulation
Tatorte: Kanada
Status: verurteilt zu lebenslanger Freiheitsstrafe ohne Möglichkeit einer vorzeitigen Entlassung

VORGESCHICHTE

Wie viele Serienmörder behauptete auch McGray, eine schreckliche Kindheit gehabt zu haben. Vom alkoholkranken Vater wurde er eigenen Angaben nach häufig verprügelt und in den Wohnheimen und Erziehungsanstalten, in denen er später untergebracht war, von Triebtätern sexuell missbraucht. Bereits als Kind bereitete es ihm Freude, Tiere zu quälen und zu töten. Als Erwachsener wuchs sich diese Neigung zu einer unstillbaren Mordlust aus.

McGray behauptete, von »Dämonen« kontrolliert zu werden, die ihn morden ließen. Nach seiner Verhaftung verlangte er eine psychiatrische Behandlung. Als Psychiater McGray untersuchten, diagnostizierte einer der Experten bei ihm eine extreme Form des Tourette-Syndroms, die es ihm unmöglich machte, sich selbst vom Töten abzuhalten.

Bevor er gefasst wurde, beging McGray zahlreiche Morde und konnte selbst in Haft nicht aufhören zu töten. Er hat einmal gesagt, dass ihn nichts davon abhalten würde, Menschen zu töten – und damit behielt er Recht.

MORDE

Am 1. Mai 1985 nahm McGray die Anhalterin Elizabeth Tucker mit und brachte sie auf brutalste Art und Weise um. 1987 tötete er Mark Gibbons, der bei einem Raubüberfall in Saint John angeblich sein Komplize gewesen war.

Am 29. Februar 1998 wurde McGray für die Morde an Joan Hicks und ihrer Tochter Nina in Moncton, New Brunswick, verhaftet. In U-Haft gestand er obendrein die Morde an Robert Assaly und Gaetan Ethier, die er in einer Schwulenbar in Montreal kennengelernt hatte. Zum Tatzeitpunkt saß er eigentlich für einen Raubüberfall im Gefängnis, befand sich aber gerade auf dreitägigem Freigang.

Chronik der bekannten Morde:
1. Mai 1985: Elizabeth Tucker (17)
1987: Mark Gibbons
1991: Robert Assaly (59)
1991: Gaetan Ethier (45)
28. Februar 1998: Joan Hicks (48)
28. Februar 1998: Nina Hicks (11)
November 2010: Jeremy Phillips (33)

VERHAFTUNG UND PROZESS

McGray gestand, insgesamt mindestens elf Menschen an verschiedenen Orten in Kanada und den USA umgebracht zu haben, und zwar in Saint John, Halifax, Toronto, Ottawa, Vancouver, Seattle und Calgary. Er bot an, Details zu den Morden preiszugeben, sollten die Behörden auf seine Forderungen eingehen.

Am 20. März 2000 bekannte McGray sich des Mordes an Joan Hicks schuldig. Im Mai 2001 wurde er zudem für den Mord an Elizabeth Tucker angeklagt. In beiden Fällen wurde er zu lebenslanger Haft mit der Möglichkeit einer Strafaussetzung zur Bewährung nach frühestens 25 Jahren verurteilt.

AUSGANG

Nachdem McGray 2010 seinen Mithäftling Jeremy Phillips getötet hat, wurde im Rahmen der darauffolgenden amtlichen Untersuchung die Empfehlung vermerkt, Serienmörder fortan nur noch in Einzelzellen zu verwahren. McGray wurde in die Haftanstalt in Sainte-Anne-des-Plaines verlegt, das Gefängnis mit den höchsten Sicherheitsstandards in Kanada. Dort darf er seine lebenslangen Freiheitsstrafen gleichzeitig verbüßen, allerdings nun ohne Möglichkeit einer vorzeitigen Entlassung.

PETER MANUEL

Geburtsdatum: 13. März 1927
Alias: The Beast of Birkenshaw
Tatmerkmale: Vergewaltigung, Raubmord
Opferzahl: 9 bis 12
Zeitraum der Morde: 2. Januar 1956 bis 1. Januar 1958
Datum der (endgültigen) Verhaftung: 13. Januar 1958
Mordmethoden: Erschießen, Strangulation, Erschlagen
Tatorte: Schottland, England
Status: am 11. Juli 1958 hingerichtet durch Erhängen

VORGESCHICHTE

Manuel wurde 1927 in New York als Sohn schottischer Einwanderer geboren. 1932 zog die Familie nach Großbritannien zurück und ließ sich in Birkenshaw, North Lanarkshire, nieder. Während seiner Kindheit wurde Manuel gemobbt und entwickelte einen Hang zum Stehlen. Mit zehn Jahren war er als Dieb bereits polizeibekannt.

Als Manuel ins Jugendalter kam, wurden seine Verbrechen immer brutaler. Mit 15 Jahren überfiel er eine junge Frau in ihrer eigenen Wohnung. Er brach in das Haus ein, weckte die Frau auf, zog ihre Unterwäsche herunter und schlug anschließend mit einem Hammer auf sie ein. Danach überfiel Manuel eine Reihe weiterer Frauen, bevor er mit 16 Jahren endlich gefasst wurde. Nach seiner Verhaftung wurde er vor Gericht gestellt und zu 16 Jahren Haft im Peterhead-Gefängnis verurteilt.

Dies sollte nicht Manuels einzige Verurteilung bleiben. Immer wieder überfiel er Frauen und vergewaltigte sie zum Teil auch. 1953 zog er ins schottische Glasgow, wo inzwischen auch der Rest seiner Familie lebte. Mit den Jahren hatte Manuel begriffen, dass er mit hoher Wahrscheinlichkeit erwischt wurde, wenn er bei seinen Verbrechen Zeugen hinterließ. Fortan steigerte er sich deshalb, von Körperverletzung und sexueller Nötigung hin zu Vergewaltigung und Mord.

MORDE

Am 2. Januar 1956 vergewaltigte Manuel die 17-jährige Anne Knielands auf einem Golfplatz in East Kilbride und prügelte sie anschließend mit einem Golfschläger zu Tode. Er wurde von der Polizei vernommen, sein Vater verschaffte ihm jedoch ein Alibi.

Am 17. September 1956 brach Manuel in die Wohnung von Marion Watt ein, die dort mit Tochter Vivienne und Schwester Margaret Brown lebte, und erschoss die drei Frauen. Zu jenem Zeitpunkt befand er sich gerade wegen eines Einbruchsdelikts auf Bewährung. Die Polizei betrachtete ihn als Verdächtigen, verhaftete aber dennoch William Watt, Marions Watts Ehemann, der zwei Monate später wieder entlassen wurde.

Manuels nächstes Opfer war am 8. Dezember 1957 der Taxifahrer Sydney Dunn, den er erschoss und im Moor von Northumbria entsorgte. Als Dunns Leiche gefunden wurde, war Manuel bereits wieder zurück in Lanarkshire.

Die 17-jährige Isabelle Cooke verschwand am 28. Dezember 1957 auf dem Weg zu einem Tanzball in der örtlichen Oberschule. Manuel entführte das Mädchen, vergewaltigte und erdrosselte es. Danach vergrub er ihre Leiche auf einem nahe gelegenen Feld.

Am 1. Januar 1958 erschoss Manuel die Familie Peter, Doris und Michael Smart in deren Haus in Uddingston. Danach lebte er noch fast eine ganze Woche lang im Haus der Ermordeten und fütterte sogar deren Katze. Als er das Haus endlich verließ, schnappte er sich den Wagen der Smarts und nahm unterwegs ironischerweise noch einen Polizisten mit, der eine Mitfahrgelegenheit brauchte. Dem Beamten erzählte er, dass sie an den falschen Orten suchten.

Chronik der Morde:

2. Januar 1956: Anne Knielands (17)
17. September 1956: Marion Watt (45)
17. September 1956: Vivienne Watt (16)
17. September 1956: Margaret Brown (41)
8. Dezember 1957: Sydney Dunn (36)
28. Dezember 1957: Isabelle Cooke (17)
1. Januar 1958: Peter Smart (45)
1. Januar 1958: Doris Smart (42)
1. Januar 1958: Michael Smart (10)

VERHAFTUNG UND PROZESS

Am 13. Januar 1958 wurde Manuel verhaftet, nachdem er in einer Bar mit brandneuen 5-Pfund-Banknoten aus dem Haus der Smarts bezahlt hatte. Der

Barmann hatte in den Nachrichten von den gestohlenen Banknoten gehört und die Polizei informiert. Manuel wurde verhaftet und wegen siebenfachen Mordes angeklagt.

Sein Prozess fand vor dem Glasgow High Court statt, dem obersten Strafgericht in Schottland. Im Mai 1958 wurde er schuldig gesprochen. Er hatte sich vor Gericht selbst vertreten und auf Schuldunfähigkeit plädiert. Der Plan scheiterte allerdings und Manuel wurde zum Tode verurteilt.

AUSGANG

Am 11. Juli 1958 um 8 Uhr wurde Manuel aus seiner Zelle in die Hinrichtungskammer geführt. Als er auf der Plattform stand, wurde ihm erst eine Stoffhaube über den Kopf gezogen, dann wurden ihm die Beine zusammengebunden, die Arme hinter dem Rücken gefesselt und zum Schluss wurde ihm die Schlinge um den Hals gelegt. Nachdem die Falltür unter seinen Füßen sich geöffnet hatte, dauerte es nur 24 Sekunden, bis sein Tod festgestellt wurde. Um 08:35 Uhr wurde seine Leiche in einen Sarg gelegt und der Gefängniskaplan hielt eine kurze Andacht.

Anschließend wurde Manuel – wie in jener Zeit üblich – auf dem Gefängnisfriedhof begraben. Um 09:30 Uhr präsentierte die Gefängnisleitung auf öffentliche Nachfrage hin Belege für Manuels Hinrichtung und Tod. Manuel hinterließ nur neun persönliche Gegenstände: einen Kugelschreiber, ein Paar Armbänder, ein Hemd, drei Taschentücher, einen zerbrochenen Kamm, zwei Krawatten sowie 10,79 Pfund in bar, die sein Vater am 19. Juli abholte.

WISSENSWERTES

Folgendes Gedicht verfasste Manuel während seiner Verhandlung:

I'm Peter Anthony Manuel,	*Ich bin Peter Anthony Manuel,*
In Barlinnie Jail, I lie,	*im Gefängnis von Barlinnie sitze ich*
Awaiting on a High Court jury,	*und warte auf mein Todesurteil,*
To sentence me to die.	*vom Obersten Gericht.*
I know the Jury's verdict,	*Ich weiß, dass die Geschworenen*
Will sentence me to death,	*meine Hinrichtung fordern werden,*
For I'm Peter Anthony Manuel,	*ich bin Peter Anthony Manuel,*
The foulest beast on earth.	*die schlimmste Bestie auf Erden.*
I know you read your papers,	*Ich weiß, ihr lest die Zeitung*

And shall read about my crime,
I have not caused the death of one,
But have caused the death of nine.
I'm looking for not sympathy,
For don't you realise,
I'm Peter Anthony Manuel,
A reptile in disguise.
I murdered Isabella (sic) Cook,
And young Anne Knielands too,
Shot the Watts and shot the Smarts,
And Sidney (sic) Dunn I slew.
I did these deeds without a doubt,
My guilt was found by law,
I'm Peter Anthony Manuel,
The Rat of Birkenshaw.
I wonder who the hangman is,
Since Pierrepoint's gone away,
But I know that I shall meet him,
On that ill fated day.
That day I'll get breakfast,
I know I'll get no lunch,
For the law must have its pound of flesh,
And they can hang me only once.
And when I'm dead they'll bury me
In a pit of burning lime
But my name will live for evermore,
In the story book of crime.
And when they write my epitaph
These words, they shall be seen.
Here lies Peter Anthony Manuel
Scotland's Frankenstein.

und wisst, was ich gemacht,
nicht ein Opfer, sondern neun
habe ich umgebracht.
Ich will keine Sympathie von euch,
das merkt ihr hoffentlich bald,
ich bin Peter Anthony Manuel,
der Teufel in Menschengestalt.
Erst tötete ich Isabella (sic) Cook,
die kleine Anne Knielands dann,
ich erschoss die Watts und erschoss die Smarts
und tötete auch Sidney (sic) Dunn.
Das Gericht, es hat geurteilt,
dass ich der Täter war,
ich bin Peter Anthony Manuel,
die Ratte von Birkenshaw.
Ich frage mich, wer mich richten wird,
wer mein Henker werden mag,
ich weiß nur, dass ich ihn treffen werde
an jenem schicksalhaften Tag.
Dann kriege ich ein Frühstück noch,
doch mittags keine Mahlzeit mehr,
denn das Gesetz verlangt nach Blut
und zweimal hängen, das fällt schwer.
Und wenn ich tot bin, werde ich beerdigt,
doch niemals werde ich vergessen,
denn mein Name wird ewig weiterleben,
in den Annalen des Verbrechens.
Diese Worte sollen stehen,
auf meines Grabes Stein:
Hier ruht Peter Anthony Manuel,
Schottlands Frankenstein.

RICHARD LAURENCE MARQUETTE

Geburtsdatum: 12. Dezember 1934
Alias: –
Tatmerkmale: Vergewaltigung, Verstümmelung
Opferzahl: 3
Zeitraum der Morde: 1961 bis 1975
Datum der (endgültigen) Verhaftung: 30. Juni 1975
Mordmethode: Strangulation
Tatorte: Portland und Salem in Oregon (USA)
Status: verurteilt zu lebenslanger Freiheitsstrafe ohne Möglichkeit einer vorzeitigen Entlassung

VORGESCHICHTE

Marquette wurde 1934 in Portland, Oregon, geboren. Über seine Kindheit ist kaum etwas bekannt. Zum ersten Mal mit dem Gesetz in Konflikt geriet er 1956 im Alter von 22 Jahren, als er wegen versuchter Vergewaltigung verhaftet wurde. Das Opfer ließ die Anklage jedoch fallen, sodass Marquette ohne Anklage wieder auf freien Fuß kam. Nur einige Monate später wurde er wegen Ruhestörung erneut von der Polizei aufgegriffen.

1957 versuchte Marquette, mit Schraubenschlüsseln bewaffnet eine Tankstelle in Portland zu überfallen, wurde aber überwältigt. Dieses Mal wurde er verurteilt und musste für 18 Monate ins Gefängnis, kam wegen guter Führung aber schon nach 12 Monaten wieder frei.

Dann war es vier Jahre lang ruhig um Marquette, bis er wieder in den Fokus der örtlichen Polizei geriet. Überführt wurde er allerdings von einem Hund, der seinem Besitzer einen menschlichen Fuß im Maul apportierte.

MORDE

Joan Caudle wurde am 8. Juni 1961 von ihrem Ehemann als vermisst gemeldet. Sie wurde zuletzt gesehen, als sie mit einem unbekannten Mann eine Bar verließ, der später als Marquette identifiziert wurde. Er behauptete, sie seien in seine Wohnung gegangen, um dort Sex zu haben. Er sei allerdings zu betrunken gewesen und habe sie erwürgt. Marquette hatte kein Auto, mit dem er die Leiche hätte entsorgen können, deshalb zerstückelte er sie im Badezimmer. Teile ihrer Leiche wurden später in seinem Kühlschrank gefunden, eingewickelt wie Schlachtfleisch.

Im April 1975 fand ein Angler die verstümmelte Leiche von Betty Wilson in einem flachen Wasserweg in Marion County. Marquette sagte später aus, er habe sie in einem Nachtclub kennengelernt und mit zu sich nach Hause gebracht, um dort mit ihr Sex zu haben. Als sie dies ablehnte, erwürgte er sie und zerstückelte ihre Leiche.

Eine nicht identifizierte Frau ereilte 1974 dasselbe Schicksal. Auch sie wurde von Marquette in einer Bar angesprochen und ging mit zu ihm nach Hause. Dort erwürgte er sie, zerteilte ihre Leiche und vergrub die einzelnen Teile.

Chronik der bekannten Morde:
8. Juni 1961: Joan Caudle (23)
1974: unbekannte Frau
April 1975: Betty Wilson (37)

VERHAFTUNG UND PROZESS

Die Ermittlungen im Caudle-Mordfall führten die Fahnder geradewegs zu Marquette. Als sie ihm einen Besuch abstatten wollten, war er allerdings längst über alle Berge. Ein Haftbefehl wurde daraufhin ausgestellt und das FBI hinzugezogen.

Das FBI setzte Marquette auf seine Liste der zehn meistgesuchten Verbrecher, einen Tag darauf wurde er verhaftet und für den Mord an Caudle angeklagt. Er wurde schuldig gesprochen und zu lebenslanger Haft verurteilt. Allerdings saß er nur elf Jahre ab und wurde 1973 wieder entlassen.

Am 30. Juni 1975 wurde Marquette wegen des Mordes an Betty Wilson verhaftet. Im Prozess bekannte er sich aufgrund der erdrückenden Beweislage schuldig und wurde zu lebenslanger Haft ohne Chance auf Bewährung verurteilt.

AUSGANG

Ein psychiatrisches Gutachten ergab, dass Marquette ein ganz normaler, sozial angepasster Mann war, der allerdings in mörderische Rage geriet, wenn Frauen nicht auf seine Avancen eingingen.

Nachdem Marquette auch den Mord an der unbekannten Frau gestanden hatte, führte er die Ermittler an den Ort, wo er die Leichenteile vergraben hatte. Sie fanden den Großteil ihrer sterblichen Überreste in zwei behelfsmäßigen Gräbern, nur den Kopf fanden sie nicht. Weil Marquette den Namen der Frau nicht kannte und bei der Leiche keinerlei Beweise gefunden wurden, konnte sie nicht identifiziert werden.

WISSENSWERTES

Marquette war der erste Straftäter, der als elfter Name auf der Liste der zehn meistgesuchten Verbrecher des FBI ergänzt wurde.

DAVID MAUST

Geburtsdatum: 5. April 1954
Alias: Crazy Dave
Tatmerkmal: Vergewaltigung
Opferzahl: 5
Zeitraum der Morde: 1974 bis 2003
Datum der (endgültigen) Verhaftung: 9. Dezember 2003
Mordmethoden: Erstechen, Strangulation, Ertränken
Tatorte: Deutschland, Illinois und Indiana (USA)
Status: verurteilt zu lebenslanger Freiheitsstrafe, beging am 20. Januar 2006 in seiner Zelle Selbstmord durch Erhängen

VORGESCHICHTE

Als Kind wurde Maust von der eigenen Mutter verschmäht, vernachlässigt und abgelehnt. Als er sieben Jahre alt war, ließen die Eltern sich scheiden und der Junge musste fortan allein bei seiner lieblosen Mutter leben. Ein Sozialarbeiter beschrieb die psychisch kranke Frau später als psychotisch, gestört, narzisstisch und kaum alltagsfähig.

Als Maust neun Jahre alt war, gab die Mutter ihn immer wieder in die Obhut psychiatrischer Kliniken, indem sie etwa behauptete, er sei gefährlich und habe einmal das Bett seines Bruders in Brand gesteckt. Sie behauptete außerdem, dass Maust versucht habe, seinen Bruder zu ertränken. Sozialarbeiter erkannten irgendwann allerdings, dass sie den Jungen nur deshalb in die Kliniken steckte, weil sie ihn nicht bei sich daheim haben wollte.

Als Maust mit 13 Jahren aus der Psychiatrie entlassen wurde, kam er in ein Kinderheim. In der Klinik hatte er gutes Benehmen gezeigt, war aber extrem niedergeschmettert, weil seine Mutter so wenig Interesse an ihm zeigte und ihn kaum besuchte. Maust wurde, laut ihm und seinem Bruder, in dem Kinderheim von einem anderen Jungen sexuell missbraucht – ein Ereignis, das ihn für immer verändert hat.

Als junger Erwachsener fand Maust einen Job in der Baufirma seines Onkels. Er war ein guter Arbeiter, wurde aber gefeuert, nachdem er den Firmen-LKW zu schrott gefahren hat. Mit 18 Jahren kehrte zu seiner Mutter zurück und wollte dort einziehen, sie weigerte sich allerdings, ihn aufzunehmen, und schickte ihn stattdessen in ein Rekrutierungsbüro der US-Armee. Er verpflichtete sich und wurde nach seiner Grundausbildung in Frankfurt stationiert, wo er als Koch diente. Während der Zeit in Frankfurt beging er auch seinen ersten Mord.

MORDE

Als Maust 1974 noch in Frankfurt stationiert war, tötete er den 13-jährigen James McClister. Die Tat flog auf und Maust wurde vor ein Kriegsgericht gestellt. Er behauptete, der Junge sei bei einem Unfall mit dem Moped gestorben. Er wurde wegen Totschlag und Diebstahl zu vier Jahren Haft in Fort Leavenworth verurteilt. 1977 kam er wieder frei – trotz seiner ungewöhnlichen Bitte, im Gefängnis bleiben zu dürfen.

Donald Jones starb 1981, weil er schlicht zur falschen Zeit am falschen Ort war. Als er Maust über den Weg lief, war der eigentlich auf der Suche nach dem Jungen, der ihn im Kinderheim missbraucht hatte. Maust beschloss kurzerhand, einfach Jones umzubringen, und ertränkte den Jungen in einem Teich.

Am 10. September 2003 beging Maust gleich drei Morde und tötete James Raganyi, Michael Dennis und Nicholas James. Er wickelte die drei Leichen in Plastik und betonierte sie ein. Raganyis Leiche wurde später im Keller von Mausts Haus in Indiana gefunden.

Chronik der bekannten Morde:
1974: James McClister (13)
1981: Donald Jones (15)
10. September 2003: James Raganyi (16)
10. September 2003: Michael Dennis (13)
10. September 2003: Nicholas James (19)

VERHAFTUNG UND PROZESS

Maust wurde 1982 wegen des Mordes an Donald Jones nach Illinois ausgeliefert, wo er für nicht prozessfähig erklärt wurde. Stattdessen wurde er in eine psychiatrische Klinik eingewiesen. 1994 musste Maust sich dann doch vor Gericht verantworten und bekannte sich schuldig. Er wurde zu 35 Jahren Haft verurteilt. Weil er allerdings zehn Jahre lang auf den Prozess warten musste, wurde ihm diese Zeit angerechnet. 1999 wurde er wieder entlassen und beging wenige Jahre später die drei übrigen Morde.

Maust wurde erneut verhaftet und musste sich 2005 für die Morde an den drei Jugendlichen vor Gericht verantworten. Er bekannte sich schuldig und wurde zu drei lebenslangen Freiheitsstrafen verurteilt.

AUSGANG

Am 19. Januar 2006 erhielt Maust die Information, dass er in ein Staatsgefängnis verlegt wird. Etwa zehn Minuten später fanden die Wärter ihn in seiner Zelle hängen. Er hatte aus seinem Bettzeug eine Schlinge geflochten. Maust wurde umgehend ins Krankenhaus transportiert, aber starb am darauffolgenden Morgen, dem 20. Januar. Er hinterließ einen siebenseitigen Brief, in dem unter anderem stand: »Nach meinem Tod können die Familien und Menschen vielleicht endlich in Ruhe weiterleben und müssen keine Energie mehr an den Gedanken verschwenden, warum ich noch am Leben bin.«

IVAN MILAT

Geburtsdatum: 27. Dezember 1944
Alias: The Backpacker Murderer, The Backpacker Killer
Tatmerkmal: Vergewaltigung
Opferzahl: mindestens 7
Zeitraum der Morde: 1989 bis 1992
Datum der (endgültigen) Verhaftung: 22. Mai 1994
Mordmethoden: Erschießen, Erstechen
Tatorte: New South Wales (Australien)
Status: verurteilt zu lebenslanger Freiheitsstrafe ohne Möglichkeit einer vorzeitigen Entlassung, starb am 27. Oktober 2019 an Speiseröhren- und Magenkrebs

VORGESCHICHTE

Milat war eines von 14 Kindern eines kroatischen Einwanderers und einer australischen Mutter. Die Familie lebte in einer ländlichen Gegend Australiens und blieb meist für sich. In seiner Jugend ging Milat gerne jagen und war fasziniert von Waffen. Einer seiner Brüder behauptete später, Milat habe schon in jungen Jahren psychopathische Verhaltenszüge gezeigt, andere Familienmitglieder bestreiten dies jedoch.

Die Eltern waren sehr streng, was angesichts der schieren Größe ihrer Familie vermutlich auch notwendig war. Dennoch fiel es ihnen schwer, den Überblick zu behalten, was alle Kinder gerade so trieben. Beide Eltern arbeiteten schwer, weshalb die Kinder häufig allein waren. Milat war ein sportlicher, hübscher Bursche, der sehr auf sein Äußeres achtgab.

Weil die Kinder es meist ziemlich bunt trieben, während die Eltern arbeiten waren, war die Familie schon bald polizeibekannt. Seit er 17 Jahre alt war, geriet Milat ständig in Schwierigkeiten und bekam immer wieder Anzeigen wegen Raub, Einbruch und Autodiebstahl. 1971 beging er schließlich sein erstes Gewaltverbrechen.

Zwei Frauen, die per Anhalter unterwegs waren, behaupteten, Milat hätte sie mit vorgehaltenem Messer vergewaltigt. Er wurde schnell identifiziert und verhaftet. Als der Fall vor Gericht landete, wurde Milat jedoch aus Mangel an Beweisen freigesprochen. 20 Jahre später tauchten plötzlich zahlreiche Leichen in der Gegend auf und Milat war wieder im Fokus der Ermittler. Nur dass dieses Mal nicht nur die örtliche Polizei, sondern Bundesbehörden nach ihm fahndeten.

MORDE

Am 19. September 1992 wurden die sterblichen Überreste von Caroline Clarke und Joanne Walters entdeckt, nachdem zwei Jogger im Belanglo State Forest den Fund einer verwesten Leiche gemeldet hatten. Die beiden Frauen waren im April 1992 am Bahnhof King's Cross in Sydney verschwunden. Auf Walters wurde 14-mal eingestochen, eine Stichwunde befand sich im Hals, neun im Rücken und vier in der Brust. Die Wunde im Hals muss sie sofort gelähmt haben. Clark wurde zehnmal in den Kopf geschossen.

Im Oktober 1993 wurden im selben Wald Knochen gefunden. Die Polizei entdeckte daraufhin zwei weitere Leichen. Es handelte sich dabei um James Gibson und Deborah Everist, die seit 1989 vermisst wurden. Gibsons hatte eine ähnliche Stichwunde am Hals wie Walters und war dementsprechend ebenfalls sofort gelähmt. Auch ihm wurde in Brust und Rücken gestochen. Gibsons Leiche wies zahlreiche verschiedene Wunden auf, sie wurde offenbar auf bestialische Weise totgeprügelt. Der Schädel wies zwei Frakturen auf und der Kiefer war gebrochen. Zudem fand man Stichwunden in der Stirn und im Rücken.

Am 1. November 1993 wurde, erneut im Belanglo State Forest, ein Schädel gefunden, der später der vermissten deutschen Backpackerin Simone Schmidl zugeordnet werden konnte. Als die Ermittler ihr Skelett fanden, stellten sie insgesamt acht Wunden an Wirbelsäule und Körper fest. Ganz in der Nähe wurden Kleidungsstücke gefunden, die allerdings nicht Schmidl gehörten, sondern Anja Habschied, einer weiteren Rucksacktouristin, die 1991 gemeinsam mit ihrem Partner Gabor Neugebauer verschwunden war.

Die Leichen von Habschied und Neugebauer wurden am 3. November im Wald vergraben gefunden. Habschied war enthauptet worden, ihr Kopf befand sich aber nicht bei den Leichen und wurde nie gefunden. Neugebauer wurde sechsmal in den Kopf geschossen.

Chronik der bekannten Morde:

1989: Deborah Everist (19)
1989: James Gibson (19)
20. Januar 1991: Simone Schmidl (21)
Ende 1991: Gabor Neugebauer (21)

Ende 1991: Anja Habschied (20)
April 1992: Joanne Walters (22)
April 1992: Caroline Clarke (21)

VERHAFTUNG UND PROZESS

Am 13. April 1994 stieß ein Ermittler auf eine Anzeige von Paul Onions, der einen Überfall von Milat überlebt hatte. Onions war bei einem Mann namens »Bill« als Anhalter mitgefahren und wurde mit einer Pistole bedroht, bevor er entkommen konnte. Als »Bill« das Feuer auf ihn eröffnete, sprang Onions in ein anderes Auto, in dem Joanne Berry am Steuer saß. Die Lebensgefährtin eines Arbeitskollegen von Milat hatte der Polizei außerdem den Tipp gegeben, diesen zu den Morden zu vernehmen.

Milat hatte bereits wegen der Entführung und Vergewaltigung mehrerer Frauen im Gefängnis gesessen, weshalb er schnell als Hauptverdächtiger galt. Onions, der eigentlich in England lebte, kehrte für die Ermittlungen nach Australien zurück. Als ihm Fotos von Milat vorgelegt wurden, identifizierte er die Person darauf als »Bill« – den Mann, der auf ihn geschossen hatte.

Am 22. Mai 1994 wurde Milat in seiner Wohnung verhaftet. Bei seinem ersten Auftritt vor Gericht äußerte er sich nicht. Am 30. Mai wurde er für die sieben Morde sowie den Überfall auf Onions angeklagt. Der Prozess begann im März 1996. Milat wurde 15 Wochen später in allen Anklagepunkten schuldig gesprochen. Für den Angriff auf Onions wurde er zu insgesamt 18 Jahren Haft verurteilt und für jeden der Morde erhielt er je eine lebenslange Freiheitsstrafe. Alle Strafen musste er nacheinander verbüßen, ohne Möglichkeit einer Strafaussetzung zur Bewährung. Im Oktober 2019 erlag er im Gefängnis einer Magen- und Speiseröhrenkrebserkrankung.

AUSGANG

Milat stand im Verdacht, noch für deutlich mehr Tötungsdelikte verantwortlich gewesen zu sein, konnte aus Mangel an Beweisen aber nicht dafür angeklagt werden. In mindestens sieben weiteren Mordfällen galt er als Verdächtiger. Sein Bruder Boris behauptete 2015, Milat habe ihm gegenüber den Mord am Taxifahrer Neville Knight im Jahr 1962 gestanden. Boris und Allan Dillon – der Mann, der für den Mord an Knight verurteilt wurde – wurden Lügendetektortests unterzogen, die belegten, dass beide Männer die Wahrheit sagten. Dennoch wurde Milat nicht für den Mord angeklagt.

WISSENSWERTES

- Milat hatte in Haft die Angewohnheit entwickelt, sich selbst zu verstümmeln. Am 26. Januar 2009 schnitt er sich mit einem Plastikmesser den kleinen Finger ab, mit der Absicht, ihn ans Oberste Strafgericht zu schicken. Er wurde ins Krankenhaus eingeliefert, wo die Ärzte feststellen mussten, dass sich der Finger nicht wieder annähen ließ.
- 2001 verschluckte er absichtlich mehrere scharfe Metallgegenstände, darunter Heftklammern und Rasierklingen. 2011 trat er in Hungerstreik, weil er eine Playstation haben wollte. Während des Streiks nahm er 25 Kilo ab, eine Spielkonsole bekam er trotzdem nicht.
- Milats Großneffe Matthew Milat wurde 2012 ebenfalls wegen Mordes verurteilt, nachdem er 2010 einen Mann mit einer Axt erschlagen hatte. Er musste für 43 Jahre ins Gefängnis. Sein Kumpan Cohen Klein hatte die Tat mit seinem Handy gefilmt und musste deshalb für 32 Jahre in Haft.
- John Marsden, der Milat zunächst als Anwalt vertreten hatte, aber noch vor dem Prozess gefeuert wurde, tätigte am 18. Juli 2005 auf seinem Totenbett eine schockierende Aussage: Marsden behauptete, Milats Schwester habe bei den Backpacker-Morden geholfen.

JOHN ALLEN MUHAMMAD UND LEE BOYD MALVO

Geburtsdatum: 31. Dezember 1960, 18. Februar 1985
Alias: The Beltway Sniper, The D.C. Sniper
Tatmerkmal: Scharfschützen
Opferzahl: mindestens 17
Zeitraum der Morde: Februar 2002 bis Oktober 2002
Datum der (endgültigen) Verhaftung: beide verhaftet am 24. Oktober 2002
Mordmethode: Erschießen
Tatorte: Washington, Maryland, Virginia (USA)
Status: Muhammad: zum Tode verurteilt, am 10. November 2009 durch die Giftspritze hingerichtet; Malvo: verurteilt zu lebenslanger Freiheitsstrafe ohne Möglichkeit einer vorzeitigen Entlassung

VORGESCHICHTE

John Allen Muhammad

Muhammad wurde als John Allen Williams geboren. Als er vier Jahre alt war, starb seine Mutter und er wuchs fortan bei seiner Tante in Baton Rouge, Louisiana, auf. Nach der High School heiratete er und das Paar bekam einen Sohn, den sie Lindbergh nannten. Muhammad trat der Nationalgarde bei und schien eine vielversprechende Militärkarriere vor sich zu haben. Doch Anfang der 1980er-Jahre geriet er mehrmals in Schwierigkeiten, einmal weil er einen Offizier geschlagen hat, einmal weil er sich nicht zum Dienst gemeldet hat.

1985 trennten sich Muhammad und seine Frau und er trat in die U.S. Army ein. Inzwischen war er zum Islam konvertiert und hatte seinen Nachnamen geändert. Als er in Washington stationiert war, lernte er Mildred Green kennen, die er später heiratete. Das Paar bekam drei Kinder. Muhammad machte sich gut in der Army. Er wurde ein hervorragender Scharfschütze und war mehrmals im Ausland stationiert, einmal in Deutschland und während des Golfkriegs im Nahen Osten.

1994 beschloss Muhammad, die Army zu verlassen. Er versuchte es zweimal als Unternehmer, aber scheiterte beide Male. Auch seine Ehe ging in die Brüche, 1999 reichte Mildred die Scheidung ein. Weil Muhammad immer wieder Drohungen gegen sie aussprach, erwirkte sie eine einstweilige Verfügung gegen ihn. Kurz darauf entführte Muhammad die gemeinsamen Kinder und floh nach Antigua. Dort lernte er schließlich auch den jungen Lee Boyd Malvo kennen und wurde eine Art Ziehvater für ihn.

Lee Boyd Malvo

Malvo wurde in der jamaikanischen Hauptstadt Kingston geboren, wo er auch seine Kindheit verbrachte. Seine Eltern waren Lesley Malvo und Una James. Deren Beziehung war turbulent, der Vater verließ die Familie, als Malo fünf oder sechs Jahre alt war, nach einem heftigen Streit mit seiner Frau, bei dem er sie geschlagen hat und sie versuchte, ihn mit einer Machete anzugreifen. Una war eine dominante, starke Frau, womit Lesley nicht länger zurechtkam.

Von da an wurde Malvo in der Familie und bei Freunden herumgereicht, während die Mutter versuchte, als Alleinerziehende den Lebensunterhalt zu bestreiten. Die Mutter lud den Jungen ständig irgendwo ab, während sie tage-, manchmal wochenlang irgendwohin zur Arbeit fuhr. Für Malvo war das furchtbar, weil er permanent woanders wohnte und schließlich sogar in Notunterkünften und Heimen untergebracht war. Trotz dieses zerrütteten Familienlebens war Malvo ein intelligentes Kind und ging weiterhin fleißig zur Schule.

Wenn die Mutter in die Stadt zurückkehrte, holte sie den Jungen wieder zu sich und riss ihn aus seiner gewohnten Umgebung. Die Familie zog außerdem oft um. Immer wenn er sich gerade an eine neue Stadt und eine neue Schule gewöhnt hatte, zogen sie wieder fort. Als Jugendlicher machte Malvo sich auf die Suche nach seinem Vater. Deren Beziehung ließ sich jedoch nicht mehr kitten und der Vater wollte lieber nichts mehr mit dem Jungen zu tun haben, damit er seine Frau Una nicht wiedersehen musste.

Als Malvo John Allen Muhammad kennenlernte, brauchte er dringend nicht nur eine Vaterfigur, sondern auch einen Erwachsenen, der ihn nicht ständig zum Umziehen zwang. Die beiden entwickelten eine innige Freundschaft, mit einem tiefgreifenden gegenseitigen Verständnis füreinander, das sie in eine gemeinsame Zukunft voller Gewalt und Brutalität führen sollte. Muhammad war gut darin, Malvo so zu manipulieren, dass dieser ihm jedes Wort blind glaubte. Entsprechend leicht fiel es ihm, Malvo davon zu überzeugen, mit ihm nach Amerika zu kommen.

MORDE

Das erste Opfer des Duos war am 16. Februar 2002 Keenya Nicole Cook. Ihr wurde in Tacoma, Washington, aus großer Entfernung mitten ins Gesicht geschossen. Im Februar oder März erschossen die beiden während eines Raubüberfalls einen Mann, dessen Identität nie öffentlich gemacht wurde. Am 19. März schossen sie Jerry Ray Taylor in Tucson, Arizona, in den Rücken. Mit diesem Mord wurde das tödliche Doppel erst nach einem Geständnis von Muhammad in Verbindung gebracht. Am 27. Mai töteten sie Billy Gene Dillon – das vierte und letzte Opfer in der ersten Jahreshälfte 2002.

Am 21. September schossen sie Million Waldemariam in Atlanta, Georgia, in den Kopf. Obwohl Muhammad die Tat nie gestand, wurde sie ihm aufgrund der Parallelen zu seinen anderen Morden zur Last gelegt.

Ebenfalls am 21. September schoss Muhammad beim Überfall auf einen Schnapsladen der Verkäuferin Claudine Lee Parker in den Rücken. Zwei Tage darauf wurde Hong Im Ballenger in Baton Rouge, Louisiana, erschossen. Und James Martin stand vor einem Lagerhaus für Lebensmittel in Silver Spring, Maryland, als er am 2. Oktober von dem Duo erschossen wurde.

Am 3. Oktober eskalierten die Morde. Erst schossen Muhammad und Malvo in Rockville, Maryland, James Buchanan in die Brust. Danach schossen sie Premkumar Walekar in Aspen Hill in Brust und Arm, Sarah Ramos in Norbeck in den Kopf, Lori A Lewis-Rivera in Kensington in den Rücken und Pascal Charlot in Washington in die Brust. Alle fünf Opfer starben.

Am 9. Oktober töteten sie Dean Harold Meyers an einer Tankstelle in Manassas, Virginia, mit einem Schuss in den Kopf. Zwei Tage später erschossen sie in Fredericksburg Kenneth Bridges ebenfalls an einer Tankstelle, während der gerade sein Auto volltankte.

Die letzten beiden bekannten Opfer der Scharfschützen waren Linda Franklin und Conrad Johnson. FBI-Agentin Franklin wurde am 14. Oktober auf dem Parkplatz eines Baumarkts in Falls Church in den Kopf geschossen, als sie gerade ihrem Mann beim Einladen der Einkäufe half. Johnson wurde am 22. Oktober in den Bauch geschossen, während er seinen Bus gerade am Straßenrand geparkt hatte. Er starb später im Krankenhaus.

Chronik der bekannten Morde:

16. Februar 2002: Keenya Nicole Cook (21)
Februar oder März 2002: unbekannter Mann

19. März 2002: Jerry Ray Taylor (60)
27. Mai 2002: Billy Gene Dillon (37)
21. September 2002: Million Waldemariam (41)
21. September 2002: Claudine Lee Parker (52)
23. September 2002: Hong Im Ballenger (45)
2. Oktober 2002: James Martin (55)
3. Oktober 2002: James Buchanan (39)
3. Oktober 2002: Premkumar Walekar (54)
3. Oktober 2002: Sarah Ramos (34)
3. Oktober 2002: Lori A. Lewis-Rivera (25)
3. Oktober 2002: Pascal Charlot (72)
9. Oktober 2002: Dean Harold Meyers (53)
11. Oktober 2002: Kenneth Bridges (53)
14. Oktober 2002: Linda Franklin (47)
22. Oktober 2002: Conrad Johnson (35)

VERHAFTUNG UND PROZESS

Bei einem der Morde hatte entweder Malvo oder Muhammad eine Botschaft am Tatort hinterlassen, mit dem Hinweis an die Ermittler, den Überfall auf einen Schnapsladen in Montgomery, Alabama, genauer zu untersuchen. In besagtem Laden fanden die Fahnder ein Magazin mit Fingerabdrücken darauf, die Malvo zugeordnet werden konnten. Weil bekannt war, dass Malvo und Muhammad gemeinsame Sache machten, geriet auch Letzterer in den Fokus der Behörden.

2002 fanden die Ermittler heraus, dass Muhammad einen blauen Chevrolet Caprice besaß, ein ehemaliges Polizeiauto. Diese Information lancierten sie an die Öffentlichkeit, kurz darauf wurde der Wagen an einer Raststätte in Myersville, Maryland, gesehen und Muhammad umgehend verhaftet. Der Wagen war so umgebaut worden, dass jemand auf dem Rücksitz liegend nach draußen schießen konnte.

Der Prozess für den Mord an Meyers begann im Oktober 2003 in Virginia. Im darauffolgenden Monat wurde Muhammad schuldig gesprochen und zum Tode verurteilt. Anschließend wurde er nach Maryland ausgeliefert, wo er sich für die dort begangenen Morde verantworten sollte. Am 30. Mai 2006 wurde er wegen Mordes in sechs Fällen verurteilt. Das mit Abstand wichtigste Beweisstück dabei war die Aussage von Malvo, der während der Morde noch minderjährig war.

Für die übrigen Morde stand Muhammad nie vor Gericht, hauptsächlich, weil er zuvor bereits die Maximalstrafe erhalten hatte. Seine Verteidiger gingen gegen die Verurteilung und Strafe im Meyers-Mordfall in Berufung, alle entsprechenden Anträge wurden jedoch abgelehnt.

Malvo wurde im Dezember 2003 vor Gericht gestellt und am 18. Dezember des Mordes, terroristischer Umtriebe und des illegalen Waffeneinsatzes beim Mord an FBI-Profilerin Linda Franklin schuldig gesprochen. Am 10. März 2004 wurde er zu lebenslanger Haft ohne Chance auf Bewährung verurteilt.

Malvo schloss im Zusammenhang mit dem Mord an Kenneth Bridges und der Verwundung von Caroline Seawell einen Deal mit der Staatsanwaltschaft und erhielt am 26. Oktober 2004 eine weitere lebenslange Haftstrafe. 2006 gestand Malvo den Mord an Jerry Taylor im Jahr 2002. Im November 2006 wurde er zu weiteren lebenslangen Haftstrafen für die Morde an sechs Opfern in Maryland verurteilt. Während eines Interviews mit William Shatner im Juli 2010 behauptete Malvo, er sei bei mehr als 40 Morden der Täter oder zumindest tatbeteiligt gewesen. Diese Behauptung konnte von den Behörden nicht bewiesen werden, die Ermittler gehen allerdings davon aus, dass Malvo beim Großteil der erwiesenen Morde der Schütze war. »Ziehvater« Muhammad hatte seine Fertigkeiten am Gewehr an Malvo weitergegeben.

Im Juni 2013 ging Malvo gegen das Urteil aus Maryland in Berufung, um seine lebenslangen Haftstrafen aufheben zu lassen, doch der Berufungsantrag wurde ein Jahr darauf abgelehnt. Im Juli 2014 stellte er einen weiteren Berufungsantrag und dieses Mal wurden zwei der lebenslangen Haftstrafen aufgehoben. Malvo sitzt bis heute im Gefängnis und wartet auf ein neues Urteil.

AUSGANG

Am 10. November 2009 wurde Muhammad in die Hinrichtungskammer der Haftanstalt Greensville Correctional Center geführt. Er hatte die Wahl zwischen Giftspritze und elektrischem Stuhl, weigerte sich aber, sich für eines von beiden zu entscheiden. Die Behörden ordneten daraufhin die Giftspritze an. Die Hinrichtung begann um 21 Uhr. Um 21:06 Uhr wurde der Giftcocktail verabreicht, um 21:11 Uhr war Muhammad tot. Seine Leiche wurde eingeäschert und die Asche seinem Sohn ausgehändigt.

WISSENSWERTES

- Muhammads Henkersmahlzeit bestand aus Hähnchen, scharfer Soße und etwas Kuchen.
- Muhammad weigerte sich, letzte Worte zu sprechen.

JOSEPH NASO

Geburtsdatum: 7. Januar 1934
Alias: Crazy Joe, The Double Initial Killer
Tatmerkmal: Vergewaltigung
Opferzahl: 6 bis 10
Zeitraum der Morde: 1977 bis 1994
Datum der (endgültigen) Verhaftung: 11. April 2010
Mordmethode: Strangulation
Tatorte: Kalifornien (USA)
Status: zum Tode verurteilt, wartet auf seine Hinrichtung

VORGESCHICHTE

Naso diente in den 1950er-Jahren in der U.S. Air Force und war 18 Jahre lang mit seiner Frau Judith verheiratet, bevor das Paar sich scheiden ließ. Selbst nach der Trennung besuchte er sie jedoch noch regelmäßig in der Bay Area, an der amerikanischen Westküste. Ihr Sohn Charles litt an Schizophrenie und Naso sorgte später für ihn. In den 1970er-Jahren schrieb er sich an mehreren Colleges für verschiedene Studiengänge ein und lebte in den 1980er-Jahren in San Francisco.

Als Naso 2011 verhaftet wurde, lebte er in Reno, Nevada, wo er als freiberuflicher Fotograf arbeitete. Er hatte aber auch eine lange kriminelle Karriere, die bis ins hohe Alter andauerte – bis in seine 70er-Jahre –, meist ging es dabei jedoch nur um kleinere Verbrechen wie Ladendiebstahl. Aufgrund dieser Tatsache verpassten seine Freunde ihm den Namen »Crazy Joe«. Sie hatten keine Ahnung, was für furchtbare Taten ihr Kumpel da bereits auf dem Kerbholz hatte – aber sie würden es bald herausfinden.

MORDE

Am 10. Januar 1977 wurde bei Fairfax, in Kalifornien, die Leiche von Roxene Roggasch gefunden. Naso hatte die Frau erwürgt. Am 13. August 1978 wurde, nur knapp 50 Kilometer vom Fundort der Leiche entfernt, am Rande eines Highways die nackte Leiche von Carmen Colon gefunden.

1981 wurde in Tiburon, Kalifornien, die Leiche von Sharileea Patton an den Strand gespült. Zum Zeitpunkt von Pattons Verschwinden, leitete Naso das Wohnheim, in dem die ältere Frau lebte. Zunächst galt er deshalb als Verdächtiger, die Polizei konnte jedoch keine Anklage erheben, sodass die Ermittler ihn wieder gehen ließen.

Sarah Dylan hieß eigentlich Renee Sharpiro, war aber ein großer Fan des Musikers Bob Dylan und verschwand im Mai 1992 auf dem Weg zu einem Dylan-Konzert in San Francisco. Die Behörden gehen davon aus, dass sie nahe des Nevada County in Kalifornien getötet wurde.

1993 wurde die Leiche von Pamela Parsons in Yuba County, Kalifornien, gefunden. Sie hatte als Kellnerin in der Nähe der Cooper Avenue gearbeitet, in der Naso zu jener Zeit wohnte. Nasos letztes bekanntes Opfer war Tracy Tafoya. Ihre Leiche wurde 1994 in Yuba County gefunden. Sie wurde betäubt, vergewaltigt und erdrosselt.

Chronik der bekannten Morde:
10. Januar 1977: Roxene Roggasch (18)
13. August 1978: Carmen Colon (22)
1981: Sharileea Patton (56)
Mai 1992: Sarah Dylan
1993: Pamela Parsons (38)
1994: Tracy Tafoya (31)

VERHAFTUNG UND PROZESS

Am 11. April 2010 wurde Naso von der Bewährungsbehörde Nevadas verhaftet. Bei der Durchsuchung seiner Wohnung fanden die Ermittler ein Notizbuch, das eine Liste von zehn Frauen mit dazugehörigen Orten enthielt. In der Wohnung befanden sich außerdem zahlreiche Fotos von Frauen, die später als Mordopfer identifiziert wurden. Naso wurde daraufhin für die Morde an Roggasch, Colon, Parsons und Tafoya angeklagt.

Die anderen Frauen auf der Liste waren zunächst nicht bekannt, zwei von ihnen konnten von den Ermittlern aber später als Patton und Dylan identifiziert werden. Am 20. August 2013 kam Naso vor Gericht und wurde zum Tode verurteilt.

AUSGANG

Naso galt in den Alphabet-Morden, die zwischen 1971 und 1973 in Rochester begangen wurden, als »Person von besonderem polizeilichen Interesse«, weil vier seiner Opfer alliterative Namen besaßen – wie auch die Opfer der Alphabet-

Morde – und weil Naso lange Zeit in Rochester lebte. Er konnte später aber durch einen DNA-Abgleich als Täter ausgeschlossen werden.

WISSENSWERTES

Als Roggaschs Leiche gefunden wurde, trug sie eine Feinstrumpfhose, an der sich Nasos DNA befand. Roggasch war zudem mit einer weiteren Feinstrumpfhose erdrosselt worden, die der Leiche beim Fund noch um den Hals gewickelt war. An dieser zweiten Strumpfhose fanden die Ermittler DNA von Nasos Ex-Frau.

DONALD NEILSON

Geburtsdatum: 1. August 1936
Alias: The Black Panther
Tatmerkmale: Entführung, Raubmord
Opferzahl: 5
Zeitraum der Morde: 1974 bis 1976
Datum der (endgültigen) Verhaftung: 11. Dezember 1975
Mordmethode: Erschießen
Tatorte: England
Status: verurteilt zu lebenslanger Freiheitsstrafe ohne Möglichkeit einer vorzeitigen Entlassung, starb am 18. Dezember 2011 eines natürlichen Todes

VORGESCHICHTE

Neilson wurde 1936 als Donald Nappey geboren. Als er zehn Jahre alt war, starb seine Mutter im Alter von gerade einmal 33 Jahren an Brustkrebs. Als Kind war er deshalb todunglücklich. Er geriet zudem häufig in Schwierigkeiten, weil er schon mit zwölf Jahren begann, in Ladengeschäfte einzubrechen. Weil er seine Mutter so früh verloren hatte, beließen es die Polizisten jedoch stets bei einer Verwarnung.

Mit 18 Jahren heiratete Neilson die 20-jährige Irene Tate. Er hatte sich bei der Army verpflichtet und diente in der King's Own Yorkshire Light Infantry. Seine Frau konnte ihn jedoch zum Austritt überreden. Fünf Jahre später wurde Neilsons Tochter Kathryn geboren. Vier Jahre später entschied die Familie, ihren Nachnamen in Neilson zu ändern, damit die Tochter nicht denselben Hänseleien ausgesetzt sein würde wie ihr Vater als Kind. (Das englische Wort »Nappy«, das ähnlich klingt wie sein Nachname Nappey, bedeutet »Windel«.)

Neilson hatte ein Taxiunternehmen gegründet, das allerdings pleiteging. Daraufhin wurde er Bauarbeiter in Bradford, West Yorkshire. In jener Zeit begann auch seine kriminelle Abwärtsspirale. In den Anfangstagen seiner Verbrecherkarriere brach Neilson in schätzungsweise über 400 Wohnungen ein, ohne einmal dabei erwischt zu werden. Um die Polizei zu überlisten, veränderte er jede Woche seine Vorgehensweise. So erkannten die Ermittler nie ein Muster, das sie zu ihm geführt hätte.

Es dauerte nicht lange, bis Neilson auch bewaffnete Raubüberfälle verübte, mutmaßlich 18 Stück zwischen 1971 und 1974. Und wieder wurde er dabei nicht erwischt. Seine Überfälle wurden indes immer brutaler, vor allem wenn die Opfer sich wehrten. Wie etwa, als Neilson eine Poststation ausrauben wollte und den Postbeamten mit einem Gewehr bedrohte. Als Neilson sagte, die Waffe sei geladen, stellte der Postmann dies auf die Probe und drückte selbst den Abzug. Das Gewehr ging los und feuerte einige Löcher in die Decke. Im anschließenden Gerangel trug der Postbeamte mehrere gebrochene Zehen davon und wurde mit dem Knie in der Leiste getroffen. Obwohl er Neilson erkannt und den Ermittlern eine gute Täterbeschreibung geliefert hatte, konnten die ihn immer noch nicht dingfest machen.

Der Postmann hatte derweil großes Glück, in jener Nacht mit dem Leben davongekommen zu sein, denn kurze Zeit später wurde Neilson zum Mörder.

MORDE

Während seiner Überfälle auf Postämter erschoss Neilson drei Menschen: Donald Skepper am 15. Februar 1974 in Harrogate, Derek Astin am 6. September 1974 in Baxenden und Sidney Grayland am 11. November 1974 in Langley, West Midlands.

Am 17. Januar 1975 entführte Neilson Lesley Whittle aus ihrer Wohnung in Highley, Shropshire, um Lösegeld von ihrer Familie zu erpressen. Er hinterließ einen Erpresserbrief, mit dem er 50 000 Pfund forderte. Die Familie war bereit, die Summe zu bezahlen, aufgrund mehrerer Fehler kam das Geld jedoch nicht rechtzeitig an.

Whittles Leiche wurde am 7. März an einem Kabel hängend in einem Abflussschacht im Bathpool Park in Staffordshire gefunden. Zunächst nahmen die Ermittler an, sie sei durch Strangulation gestorben, der Gerichtmediziner stellte jedoch Reflextod als Todesursache fest. Durch den Schock des Sturzes wurde ihr Vagusnerv derart stark gereizt, dass sie einen Herzstillstand erlitten hat. Es wurde daraufhin debattiert, ob Neilson sie in den Schacht gestoßen hat oder sie selbst hineingefallen ist.

Neilsons letztes Opfer war Gerald Smith, der im März 1976 getötet wurde. Smith war Wachmann und Neilson hatte während der Flucht auf ihn geschossen, als bereits wegen des Mordes an Whittle nach ihm gefahndet wurde. Smith überlebte zunächst, starb aber ein Jahr darauf an Spätfolgen der Verletzungen.

Chronik der bekannten Morde:
15. Februar 1974: Donald Skepper
6. September 1974: Derek Astin
11. November 1974: Sidney Grayland
17. Januar 1975: Lesley Whittle (17)
März 1976: Gerald Smith

VERHAFTUNG UND PROZESS

Am 11. Dezember 1975 passierte Neilson auf der Hauptstraße in Mansfield, North Nottinghamshire, einen Polizeiwagen. Dass er dabei sein Gesicht wegdrehte, kam Officer Mackenzie, einem der beiden Beamten im Auto, verdächtig vor. Die Polizisten forderten Neilson deshalb auf zurückzukommen, woraufhin dieser eine abgesägte Schrotflinte aus seiner Tasche hervorzog.

Neilson zwang die Beamten, wieder ins Auto zu steigen, und setzte sich selbst auf den Beifahrersitz. Dabei drückte er Mackenzie den Gewehrlauf in die Achselhöhle und befahl ihm, nach Rainworth zu fahren. Zudem forderte er beide Beamten auf, ihn nicht anzusehen. Als sie an eine Kreuzung kamen, fragte Mackenzie, welchen Weg er nehmen sollte, und riss im selben Moment das Lenkrad heftig erst in die eine und dann in die andere Richtung.

Neilson schaute daraufhin nach vorne und konzentrierte sich einen kurzen Moment lang nicht mehr auf seine Waffe, die er deshalb etwas sinken ließ. Dies war Mackenzies Chance zu entkommen. Er brachte den Wagen ruckartig zum Stehen und schob gleichzeitig den Gewehrlauf von sich weg. Neilson schoss, doch das Projektil streifte nur die Hand seines Kollegen. Mackenzie ließ sich aus dem Fahrzeug fallen und rannte in einen Laden, wo er um Hilfe bat. Zwei Kunden, Roy Morris und Keith Wood, rannten heraus und halfen den Polizisten, Neilson zu überwältigen. Nachdem er von den beiden Zivilisten verprügelt worden war, wurde Neilson verhaftet.

Auf dem Revier stellten die Ermittler dann fest, dass Neilsons Fingerabdrücke mit jenen aus dem Abflussschacht übereinstimmten, in dem Whittles Leiche gefunden wurde. Neilson gestand daraufhin, Whittle entführt zu haben, und machte eine ausführliche Aussage zum Tathergang.

Im Juli 1976 kam Neilson vor Gericht und wurde für die Entführung und den Mord an Whittle zu lebenslanger Haft verurteilt. Einige Wochen darauf wurde er auch für die anderen Morde verurteilt und erhielt weitere fünf lebenslange Freiheitsstrafen. Hinzu kamen 22 Jahre Haft für die Entführung von Whittle, zehn Jahre für die Erpressung von Whittles Mutter und insgesamt 30 Jahre wegen mehrerer Einbrüche und Waffenbesitz. Eine Strafaussetzung zur Bewährung schloss der vorsitzende Richter aus.

AUSGANG

In den frühen Morgenstunden des 17. Dezember 2011 wurde Neilson wegen Atemproblemen ins Norfolk Norwich University Hospital verlegt. Am Tag darauf starb er.

WISSENSWERTES

- Den Spitznamen »The Black Panther« bekam Neilson nach dem Astin-Mord. Die Frau des Opfers hatte später ausgesagt, der Täter sei schnell wie ein Panther gewesen und habe dunkle Kleidung getragen. Ein Journalist bezeichnete ihn daher als schwarzen Panther und der Spitzname blieb hängen.
- 1977 erschien der Film *The Black Panther*, in dem Neilsons Geschichte und Verbrechen thematisiert werden.

Der Erpresserbrief, den Neilson für Whittles Familie hinterlassen hat:
»Keine Polizei 50 000 £ Lösegeld zur Übergabe bereithalten zwischen 18 und 13 Uhr in Telefonzelle am Swan Shopping Centre auf Anruf warten wenn kein Anruf dann am nächsten Abend nochmal versuchen beim Rangehen nur Namen nennen und zuhören Anweisungen ohne Diskussion befolgen ab Anruf läuft ein Zeitlimit bei Polizei oder Tricks Tod

Swan Shopping Centre Kidderminster 50 000 £ in einem weißen Lieferwagen abstellen 50 000 £ komplett in alten Banknoten 25 000 £ in 1-£-Noten und 25 000 £ in 5-£-Noten es gibt keine Übergabe Opfer wird erst freigelassen wenn 50 000 £ erhalten und überprüft«

DENNIS NILSEN

Geburtsdatum: 23. November 1945
Alias: The Muswell Hill Murderer, The Kindly Killer
Tatmerkmale: Vergewaltigung, Nekrophilie, Verstümmelung
Opferzahl: 12 bis 15
Zeitraum der Morde: 30. Dezember 1978 bis 26. Januar 1983
Datum der (endgültigen) Verhaftung: 9. Februar 1983
Mordmethoden: Erdrosseln, Ertränken
Tatorte: London (England)
Status: verurteilt zu lebenslanger Freiheitsstrafe ohne Möglichkeit einer vorzeitigen Entlassung, starb am 10. Mai 2018 in Folge eines geplatzten Aortenaneurysmas

VORGESCHICHTE

Nilsens Vater Olav war ein Soldat aus Norwegen, der während der Besetzung des Landes durch die Nazis im Zweiten Weltkrieg zur eigenen Sicherheit nach Schottland geschickt wurde. Dort lernte er Elizabeth Whyte kennen, die Tochter eines Fischers. Das Paar heiratete und bekam drei Kinder: Olav Jr., Dennis und Sylvia. Olav Senior fühlte sich in seiner Rolle als Vater allerdings nicht sonderlich wohl und das Paar ließ sich 1948 scheiden. Elizabeths Vater übernahm daraufhin die Vaterrolle für seine Enkel.

Nilsen stand dem Großvater besonders nahe. 1951 starb der Opa jedoch kurz vor Nilsens sechstem Geburtstag an einem Herzinfarkt auf See. Als seine Leiche zurück an Land gebracht wurde, ermutigte Nilsens Mutter den Jungen, seinen toten Großvater noch einmal anzuschauen, und behauptete, er würde nur »schlafen«. Von da an veränderte sich Nilsens Persönlichkeit. Er wurde zurückhaltender und reagierte abweisend, wenn Erwachsene ihm gegenüber Zuneigung zeigten.

Einige Jahre später hatte Nilsen eine Nahtoderfahrung und wäre fast im Meer ertrunken. Nach anfänglicher Panik beruhigte er sich und war überzeugt, dass sein Großvater kommen und ihn aus dem Wasser retten würde. Stattdessen halfen ihm andere junge Leute, die ganz in der Nähe waren. Seine Mutter heiratete kurze Zeit später und zog weg vom Meer ins Landesinnere.

In der Pubertät wurde Nilsen bewusst, dass er nicht heterosexuell war. Allerdings war er sich auch nicht sicher, ob er bisexuell oder schwul war. Ihm fiel allerdings auf, dass alle Jungs, die er attraktiv fand, seiner Schwester ähnelten. Um sich über seine Gefühle klar zu werden, begrapschte er seinen Bruder und seine Schwester im Schlaf. Der Bruder wachte davon allerdings auf und zog Nilsen daraufhin damit auf.

Mit 14 Jahren trat Nilsen der Army Cadet Force bei und verpflichtete sich direkt nach der High School bei der British Army. Er wurde nach Westdeutschland verlegt, wo er feststellte, dass es ihm viel leichter fiel, Kontakte zu knüpfen, wenn er große Mengen Alkohol getrunken hatte. Eines Nachts wachte er in der Wohnung eines Freundes auf dem Fußboden auf, nachdem er in der Nacht zuvor zu viel getrunken hatte. Es war zu keinen sexuellen Handlungen gekommen, dennoch wurde der Vorfall zur Vorlage für Nilsens sexuelle Fantasien, in denen er Sex mit regungs- oder bewusstlosen Partnern hatte.

1967 wurde Nilsen nach Südjemen verlegt, wo es regelmäßig zu brutalen Angriffen und Entführungen kam und viele seiner Kameraden entführt und ermordet wurden. Nilsen hätte beinahe das gleiche Schicksal ereilt, auch er wurde entführt, konnte aber entkommen. Nach dem Vorfall wurde er nach Zypern und Großbritannien verlegt und anschließend nach Deutschland zurückgeschickt. 1972 trat Nilsen aus der Armee aus und wurde Polizist. In jener Zeit outete sein Bruder ihn gegenüber der Mutter als homosexuell.

Tatsächlich besuchte Nilsen in jener Zeit viele Schwulenbars. Ein Jahr lang blieb er bei der Metropolitan Police, dann kündigte er und arbeitete für kurze Zeit als Wachmann, bevor er eine Stelle im Jobcenter annahm. Nilsen hatte mehrere Liebesbeziehungen, die jedoch alle früh scheiterten. Er begann zu glauben, er sei unfähig, eine normale Beziehung zu führen. Als er sich damit abfand, konnte er endlich jene Fantasien ausleben, die er schon seit so langer Zeit im Kopf hatte.

MORDE

Stephen Holmes lernte Nilsen am 29. Dezember 1978 in einem Pub kennen. Der Jugendliche war noch minderjährig und hatte erfolglos versucht, Alkohol zu kaufen. Nilsen hatte schon einiges getrunken und lud Holmes auf ein paar Drinks zu sich nach Hause ein. Er hielt den Jungen für älter, als er war. Sie tranken etwas und schliefen ein. Als Nilsen am nächsten Morgen aufwachte, betrachtete er Holmes im Schlaf und bekam plötzlich Angst, dass der Bursche gehen könnte und er Silvester allein verbringen müsste. Deshalb würgte er ihn mit einer Krawatte bewusstlos und ertränkte ihn anschließend in einem Eimer Wasser.

Nachdem er Holmes getötet hatte, masturbierte er zweimal auf die Leiche und versteckte sie anschließend unter seinen Dielen. Etwa acht Monate später baute Nilsen eine Art Scheiterhaufen, wie ihn viele Kulturen nutzen, um ihre Toten einzuäschern, und verbrannte Holmes' Leiche in seinem Garten.

Am 3. Dezember 1979 lernte Nilsen in einem Londoner Pub Kenneth Ockenden kennen. Er bot dem Kanadier an, ihn ein wenig in der Stadt herumzuführen, und lud ihn anschließend in seine Wohnung ein. Dort hörten beide etwas Musik. Als Nilsen von Ockenden keine rechte Beachtung geschenkt wurde, erwürgte er ihn. Am nächsten Morgen drapierte er die Leiche in verschiedenen Positionen und machte bizarre Fotos davon. Danach sah er etwas fern, wickelte die Leiche mit den Fotos in Plastik ein und versteckte sie unter den Dielen. In den darauffolgenden zwei Wochen holte er sie immer wieder hervor und setzte sie auf einen Stuhl neben sich, während er Alkohol trank und fernsah.

Der 16-jährige Martyn Duffey war per Anhalter unterwegs, als er Nilsen über den Weg lief. Auch ihn lud Nilsen in seine Wohnung ein, würgte ihn bewusstlos und ertränkte ihn anschließend in der Spüle seiner Küche. Danach wusch er die Leiche und masturbierte in den folgenden beiden Tagen mehrfach darauf, während er sie küsste. Als die Leiche begann, aufgrund der Faulgase aufzublähen, versteckte er sie unter den Dielen.

Im August 1980 probierte Nilsen verschiedene Methoden aus, um den Verwesungsgeruch und die vielen Maden loszuwerden, die er wegen der Leichen im Haus hatte, die er immer wieder hervorholte, um Sex mit ihnen zu haben. Letztlich zerteilte er die Leichen und verbrannte sie im Garten hinter dem Haus. Im Oktober informierte Nilsens Vermieter ihn, dass im Oktober Renovierungsarbeiten anstanden, weshalb er in eine Wohnung in Muswell Hill umziehen musste. Die war deutlich kleiner und besaß weder einen Garten noch Dielen, sodass das Entsorgen der Leichen deutlich komplizierter wurde.

Im August 1980 wurde Nilsen von William Sutherland nach Hause begleitet. Sutherland hatte ihm angeboten, gegen Bezahlung Sex mit ihm zu haben, was Nilsen zunächst ablehnte. Am nächsten Morgen wachte Nilsen auf und fand Sutherland erwürgt neben sich liegen. An die Tat konnte er sich jedoch nicht erinnern.

Im März 1982 lud Nilsen John Howlett auf einen Drink in seine Wohnung ein. Nachdem Howlett eingeschlafen war, beobachtete Nilsen ihn eine Zeit lang und versuchte dann, ihn zu würgen. Doch Howlett wachte auf und wehrte sich mit allen Kräften. Nilsen gelang es dennoch, ihn bis zur Bewusstlosigkeit zu würgen. Nach drei erfolglosen Versuchen, Howlett zu erwürgen, ertränkte er ihn schließlich in der Badewanne, zerstückelte die Leiche und spülte Fleisch und Organe in der Toilette herunter. Die Knochen brachte er mit dem Müll raus, was unentdeckt blieb.

Später im Jahr 1982 lud Nilsen Archibald Graham Allen zum Essen ein und erwürgte ihn, während dieser gerade sein Omelett aß. Die Leiche brachte er ins Bad, wo sie drei Tage lang blieb. Dann nahm Nilsen sich auf Arbeit einen Tag frei, um die Leiche zu zerteilen.

Nilsens letztes bekanntes Opfer war Stephen Sinclair, den er am 26. Januar 1983 umbrachte. Die beiden Männer hatten gemeinsam Alkohol und Drogen genommen und als Sinclair benommen im Sessel saß, erwürgte Nilsen ihn. Anschließend entfernte er einen Verband, den Sinclair ums Handgelenk trug, und stellte fest, dass der Mann nur wenige Tage zuvor versucht hatte, sich umzubringen. Er wusch die Leiche, rieb sie mit Talkumpuder ein und legte sie zu sich ins Bett. Dann stellte er mehrere Spiegel um das Bett herum auf, zog sich aus und legte sich neben die Leiche. So verbrachte er die Nacht. Am nächsten Morgen zerteilte er die Leiche und entsorgte sie in Müllsäcken.

Chronik der bekannten Morde:

29. Dezember 1978: Stephen Dean Holmes (14)
3. Dezember 1979: Kenneth Ockenden (23)
Mai 1980: Martyn Duffey (16)
August 1980: William Sutherland (26)
November 1980 – Mai 1981: sieben unbekannte Opfer
18. September 1981: Malcolm Barlow (23)
März 1982: John Howlett (23)
Ende 1982: Archibald Graham Allen (27)
26. Januar 1983: Stephen Sinclair (20)

VERHAFTUNG UND PROZESS

Am 4. Februar 1983 beschwerte Nilsen sich seltsamerweise bei seinem Vermieter, weil der Abfluss verstopft war. Ein Klempner sah sich die Sache an und berichtete Nilsen, dass kleine Knochen und eine fleischige Substanz die Verstopfung verursacht hatten. Nilsen scherzte nur, dass offenbar jemand sein Kentucky Fried Chicken in der Toilette heruntergespült haben musste.

Als der Klempner und sein Chef am nächsten Tag zurückkamen, um den Abfluss zu reinigen, stellten sie fest, dass dies schon jemand anderes getan hatte. Das kam ihnen seltsam vor, weshalb sie auch die übrigen Rohre überprüften, in denen sie noch mehr Fleisch und Knochen fanden. Sie verständigten umgehend die Polizei, die Fleisch und Knochen untersuchten und als menschliche Überreste identifizierten.

Am 9. Februar warteten die Ermittler vor Nilsens Tür darauf, dass er heimkam. Dabei fiel ihnen der unverwechselbare Verwesungsgeruch auf, der unter der Tür hervorwaberte. Als Nilsen auftauchte, berichteten ihm die Polizisten, dass sich menschliche Überreste in seinem Abfluss befanden. Er tat geschockt. Die Beamten ließen sich jedoch nicht beirren und fragten ihn, wo der Rest der Leiche sei. Daraufhin nahm Nilsen sie mit nach drinnen und zeigte ihnen die Leichenteile in der Badewanne.

Als die Ermittler fragten, ob es noch weitere Opfer gäbe, entgegnete Nilsen, dass er ihnen die ganze Geschichte auf dem Revier erzählen würde. Auf der Fahrt zum Revier fragte einer der Polizisten, ob die Leichenteile zu einem oder zwei Menschen gehörten. Nilsens Antwort: »15 oder 16 seit 1978.« Im Revier legte Nilsen ein umfassendes Gestädnis ab und zeigte den Ermittlern, wo er im Garten seiner alten Wohnung in der Melrose Avenue die übrigen Leichen verbrannt hatte.

In Rahmen seines Gerichtsprozesses sollten zwei Psychiater feststellen, ob Nilsen schuldfähig war oder nicht. Sie fanden heraus, dass Nilsen Probleme mit seinen Emotionen hatte und einzig Wut richtig ausdrücken konnte. Einer der Psychiater diagnostizierte bei ihm eine pseudonormale narzisstische Borderline-Persönlichkeitsstörung. Er litt zudem an gelegentlichen schizoiden Schüben.

Während der Verhandlung gab Nilsen an, er habe bei keinem seiner Opfer im Vorfeld geplant, es vorsätzlich zu töten, die Morde seien stets durch eine Situation ausgelöst worden, zu der es kurz zuvor gekommen war. Am 4. November 1983 wurde Nilsen des Mordes in sechs Fällen schuldig gesprochen und zu lebenslanger Freiheitsstrafe mit der Möglichkeit einer Strafaussetzung zur Bewährung nach frühestens 25 Jahren verurteilt.

AUSGANG

Innenminister Michael Howard wandelte Nilsens Strafe in vollständige lebenslange Haft um und strich damit die Möglichkeit der Bewährung. Nilsen gab an, mit der Entscheidung zufrieden zu sein, da er ohnehin nie mehr auf freien Fuß kommen wollte.

WISSENSWERTES

- In den Jahren nach seiner Inhaftierung verfasste Nilsen eine unveröffentlichte 400-seitige Biografie mit dem Titel *The History of a Drowning Boy* (Deutsch: Die Geschichte eines ertrinkenden Jungen).
- Mehrere Gegenstände, die in Nilsens Wohnung in Cranley Gardens konfisziert wurden – und von denen einige als Beweisstücke im Prozess dienten –, sind heute im Black Museum von Scotland Yard ausgestellt. Zu den Ausstellungsstücken gehören der Herd, auf dem Nilsen die Köpfe seiner letzten drei Opfer gekocht hat; die Messer, mit denen er viele Leichen seiner Opfer zerteilt hat; die Kopfhörer, mit denen er Kenneth Ockenden erdrosselte; der Strick, mit dem er sein letztes Opfer erdrosselte, sowie die Badewanne aus der Wohnung in Cranley Gardens, in der er John Howlett ertränkt und die Leiche von Graham Allen vor dem Zerstückeln aufbewahrt hat.

ZITAT

»Wenn ich mit anderen Menschen zusammen war, befand ich mich in der ›echten‹ Welt, doch im Privaten wechselte ich sofort in meine Fantasiewelt. Ich konnte recht problemlos zwischen beiden Welten hin- und herwechseln.«

GORDON STEWART NORTHCOTT

Geburtsdatum: 9. November 1906
Alias: –
Tatmerkmale: Entführung, Sadismus, Verstümmelung
Opferzahl: 3 bis 20
Zeitraum der Morde: 1926 bis 1928
Datum der (endgültigen) Verhaftung: 19. September 1928
Mordmethoden: Erschießen, Erschlagen mit einer Axt
Tatorte: Riverside in Kalifornien (USA)
Status: am 2. Oktober 1930 hingerichtet durch Erhängen

VORGESCHICHTE

Über Northcotts Kindheit ist kaum etwas bekannt, er behauptete allerdings, vom Vater sexuell missbraucht worden zu sein, als er zehn Jahre alt war. Der Vater landete später in einer geschlossenen Psychiatrie und beging Selbstmord. Und: Northcotts Onkel väterlicherseits saß wegen Mordes eine lebenslange Freiheitsstrafe ab und starb im Gefängnis.

1926 zogen Northcott, seine Mutter Sarah Louise und sein 13 Jahre alter Neffe Sanford Clark aus ihrer Heimat Kanada auf eine Hühnerfarm in Wineville, nahe Kalifornien. Als Northcott und Clark später verhaftet wurden, behauptete Clark, immer wieder von Northcott verprügelt und vergewaltigt worden zu sein. Er habe ihn außerdem gezwungen, all den Jungen, die sie entführt hatten, furchtbare Dinge anzutun und sie zu ermorden. Inwiefern der kleine Clark und auch Northcotts Mutter tatsächlich an den Verbrechen beteiligt waren, ist unklar. Es verschwanden zumindest zahlreiche kleine Jungs auf der Hühnerfarm und alle drei Familienmitglieder wurden dafür verhaftet und angeklagt.

MORDE

Am 16. Mai 1928 verschwanden die Brüder Lewis und Nelson Winslow in Pomona. Northcott behauptete später, Clark habe Nelson getötet und er selbst daraufhin Lewis umgebracht, weil dieser nach dem Tod seines Bruders so traurig war und ihm leidtat.

Am 10. März 1928 verschwand Walter Collins aus seinem Zuhause. Für den Mord an dem Jungen wurde Northcotts Mutter verurteilt. Beweise deuteten allerdings darauf hin, dass ihr die Tat vom Sohn befohlen wurde. Collins' Verschwinden machte schnell Schlagzeilen. Kurze Zeit später tauchte ein anderer Junge auf, der sich vor Collins' Mutter als ihr Sohn ausgab. Die erkannte natürlich, dass es sich nicht um ihren Jungen handelte, und verständigte die Behörden, die sie daraufhin prompt in eine psychiatrische Einrichtung einwiesen. Die Mutter wurde wenig später wieder entlassen und der Junge als Arthur Hutchins Jr. identifiziert, der schließlich gestand, sich nur als Walter Collins ausgegeben zu haben.

Nach den Entführungen wurde Northcott der Jungen schnell überdrüssig und tötete sie entweder mit einer Axt oder indem er sie erschoss. Auf die Leichen schüttete er Branntkalk, der das Fleisch schnell zersetzte; die Knochen vergrub er in der Wüste. Nur eine Leiche wurde je gefunden. Es handelte sich dabei um einen Mexikaner im Jugendalter; weil der Kopf der Leiche fehlte, konnte die Identität des Jungen nie ermittelt werden.

VERHAFTUNG UND PROZESS

Im Sommer 1928 erstattete Northcott beim Bezirksstaatsanwalt Anzeige gegen seinen Nachbarn, weil der angeblich brutal und ungehobelt sei und seinen Neffen verängstige. Als die Polizei den Nachbarn zur Rede stellte, behauptete der, er habe mehrfach beobachtet, wie Northcott seinen Neffen verprügelte, und drängte die Ermittler, einmal auf der Northcott-Ranch nach dem Rechten zu sehen.

Währenddessen hatten sich Clarks Eltern bei der Einwanderungsbehörde gemeldet, weil sie ihren Sohn wieder bei sich in Kanada haben wollten. Beamte der Behörde fuhren deshalb zur Northcott-Ranch und nahmen den Jungen in ihre Obhut. Sobald der aus den Fängen von Northcutt befreit war, informierte er die Behörden darüber, was genau auf der Ranch vor sich ging. Gemeinsam mit der Polizei kehrte er zur Ranch zurück und zeigte den Ermittlern die Orte, an denen sie all die entführten Jungen begraben hatten. Die Polizisten fingen an zu graben und stießen schnell auf Fingerknochen und Fußgelenke.

Außerdem fanden sie ein Beil und eine Axt, beide blutverschmiert. Northcott war in der Zwischenzeit nach Kanada geflohen, wurde dort aber verhaftet und nach Kalifornien ausgeliefert, wo er sich für die Morde verantworten musste. Auch seine Mutter wurde verhaftet und für den Mord an Walter Collins angeklagt.

Northcotts Prozess dauerte 27 Tage und endete am 8. Februar 1929. Er wurde der Morde an dem mexikanischen Jungen und den Winslow-Brüdern für schuldig befunden und zum Tod durch den Strang verurteilt. Seine Mutter gestand den Mord an Collins und entging dadurch der Todesstrafe. Sie wurde am 31. Dezember 1928 zu lebenslanger Haft verurteilt.

AUSGANG

Am 2. Oktober 1930 wurde Northcott schreiend in die Hinrichtungskammer geführt. Er zitterte am ganzen Körper und flehte die Gefängniswärter an, nicht so schnell zu laufen. Dreizehn Stufen waren es bis hinauf zum Galgen, die Wärter mussten ihn fast den gesamten Weg tragen. Ob das Hängen wehtun würde, wollte Northcott wissen, und bat um eine Augenbinde, um den Galgen nicht sehen zu müssen. Er jammerte, schrie und weinte, bis ihm schließlich die Schlinge um den Hals gelegt wurde. Kurz bevor die Falltür sich öffnete, schrie Northcott einen letzten Satz: »Ein Gebet, bitte sprecht ein Gebet für mich!« Dann öffnete sich die Klappe unter seinen Füßen und Northcott wurde gehängt.

WISSENSWERTES

Der Film *Der fremde Sohn* (2008) von Clint Eastwood basiert auf den Wineville-Morden und erzählt die Geschichte von Christine Collins – gespielt von Angelina Jolie –, die versucht, ihren verschwundenen Sohn Walter zu finden.

ANATOLIJ ONOPRIJENKO

Geburtsdatum: 25. Juli 1959
Alias: Der Terminator von Tschernobyl, The Beast of Ukraine, Citizen O
Tatmerkmal: Raubmord
Opferzahl: 52
Zeitraum der Morde: 1989 bis 1996
Datum der (endgültigen) Verhaftung: 16. April 1996
Mordmethoden: Erschießen, Erschlagen mit einer Axt
Tatorte: Ukraine
Status: Todesstrafe später in lebenslange Freiheitsstrafe umgewandelt, starb am 27. August 2013 eines natürlichen Todes

VORGESCHICHTE

Onoprijenkos Vater war ein hochdekorierter Soldat, der im Zweiten Weltkrieg gedient hat und mit zahlreichen Medaillen für seinen Mut geehrt wurde. Die Mutter starb, als der Junge vier Jahre alt war. Eine Zeit lang lebte Onoprijenko bei seinen Großeltern, bevor er ins Kinderheim kam. Sein Bruder war 13 Jahre älter und musste deshalb nicht mit ins Heim.

Später behauptete Onoprijenko, das Heim und seine Erlebnisse dort habe ihn zu dem brutalen Mörder werden lassen, als der er heute bekannt ist. Als er im Alter von 37 Jahren von den Behörden gefasst wurde, hatte er nach eigenen Angaben bereits 55 Morde begangen. Dabei verschonte Onoprijenko niemanden und löschte ganze Familien aus, inklusive der Kinder.

MORDE

Für seine Morde wählte Onoprijenko stets abseits gelegene Häuser und machte Lärm davor, um die Bewohner herauszulocken. Er tötete erst den männlichen Erwachsenen im Haus, dann die Frau und schließlich die Kinder. Um seine Spuren zu verwischen, steckte er die Häuser anschließend in Brand, in der Hoffnung, so alle Beweise zu vernichten. Kamen zufällig Zeugen am Tatort vorbei, tötete Onoprijenko auch sie.

Onoprijenkos erste Opfer waren 1989 eine große, zehnköpfige Familie. Er war gerade dabei, ihr Haus auszurauben, als sie heimkamen und ihn störten. Später behauptete er, ein weiterer Mann namens Sergej Rogozin sei in jener Nacht bei ihm gewesen. Noch im selben Jahr tötete Onoprijenko fünf Menschen, die in ihrem Auto schliefen. Die Leichen verbrannte er.

Am 24. Dezember 1995 tötete Onoprijenko die vierköpfige Familie Zaichenko, während er ihr Haus ausraubte. Er erschoss Vater, Mutter und beide Kinder mit einer abgesägten, doppelläufigen Schrotflinte. Anschließend steckte er das Haus an. Am 2. Januar 1996 erschoss Onoprijenko eine weitere vierköpfige Familie und tötete direkt im Anschluss einen Mann, der zufällig am Tatort vorbeilief.

Nur vier Tage später, am 6. Januar 1996, tötete Onoprijenko vier weitere Menschen, dieses Mal handelte es sich bei den Opfern jedoch nicht um eine Familie. Onoprijenko hielt wahllos Autos auf einer Schnellstraße an und erschoss die Fahrer. Elf Tage später ermordete er die Familie Pilat in ihrem Haus und zündete es an. Vor dem Haus tötete er zwei weitere Menschen, weil er keine Zeugen zurücklassen wollte.

Am 30. Januar 1996 tötete Onoprijenko eine Frau und ihre beiden Söhne sowie einen Mann, der gerade zufällig zu Besuch war. Am 19. Februar 1996 brachte er eine weitere Familie um, die Dubchaks. Onoprijenko erschoss Vater und Sohn, Mutter und Tochter erschlug er mit einem Hammer. Er hatte von der Tochter Geld gefordert. Als sie sich weigerte, ihm welches zu geben, ermordete er sie.

Am 27. Februar 1996 brachte Onoprijenko die Bodnarchuk-Famile auf brutale Weise um. Die Eltern erschoss er und die beiden kleinen Töchter – gerade sieben und acht Jahre alt – erschlug er mit einer Axt. Nur eine Stunde später bemerkte Onoprijenko einen Nachbarn, der auf dem Gelände umherlief, erschoss ihn und zerhackte die Leiche mit der Axt.

Onoprijenkos letzte bekannte Opfer waren die vier Mitglieder der Familie Novosad, die er am 22. März 1996 erschoss, bevor er ihr Haus niederbrannte.

Chronik der bekannten Morde:

1989: eine zehnköpfige Familie
1989: fünf Opfer, die in einem Auto schliefen
24. Dezember 1995: vier Mitglieder der Familie Zaichenko
2. Januar 1996: vierköpfige Familie
6. Januar 1996: mehrere Morde mit insgesamt vier Opfern
17. Januar 1996: fünf Mitglieder der Familie Pilat und zwei Zeugen

30. Januar 1996: Marusina, ihre beiden Kinder und ein Besucher
19. Februar 1996: vier Mitglieder der Familie Dubchak
27. Februar 1996: vier Mitglieder der Familie Bodnarchuk und ein weiterer Mann
22. März 1996: vier Mitglieder der Familie Novosad

VERHAFTUNG UND PROZESS

Im April 1996 zog Onoprijenko bei Verwandten ein. Als die bemerkten, dass er eine Waffensammlung besaß, warfen sie ihn raus und verständigten die Polizei. Am 16. August 1996 wurde er verhaftet. Die Ermittler fanden bei ihm mehr als 100 Beweisstücke, die mit den verschiedenen Morden in Verbindung gebracht werden konnten.

Onoprijenko gestand zunächst, zwischen 1989 und 1995 acht Menschen umgebracht zu haben. Später gab er jedoch zu, für insgesamt 52 Morde verantwortlich gewesen zu sein. Er behauptete, Stimmen zu hören, die ihn aufforderten zu töten.

Es dauerte aus einer Reihe von Gründen recht lange, bis Onoprijenko sich nach seiner Verhaftung vor Gericht verantworten musste. Einer der Hauptgründe war, dass ein Angeklagter nach ukrainischem Recht alle gegen ihn vorgebrachten Beweise gelesen haben muss, bevor ein Prozess beginnen kann. Angesichts der enormen Menge an Beweisen – es waren mehr als 99 Ordner – dauerte dies natürlich eine gewisse Zeit. Das ukrainische Gesetz besagt außerdem, dass die Kosten für Unterkunft und Anreise der Zeugen vom Gericht getragen werden müssen. In diesem Prozess sollten 400 Zeugen vorgeladen werden – da kam eine immense Summe zusammen, die das Gericht nicht aufbringen konnte. Es wurde ein Aufruf im Fernsehen gestartet, nach dem die Regierung einsprang und die Kosten übernahm.

Als der Prozess im November 1998 endlich begann, versuchte Onoprijenkos Anwalt zunächst, das Gericht von der Schuldunfähigkeit seines Mandanten zu überzeugen. Psychiater attestierten nach einer gründlichen Untersuchung allerdings dessen Prozessfähigkeit. Während der Verhandlung musste Onoprijenko in einem Metallkäfig sitzen, um ihn vor der aufgebrachten Öffentlichkeit zu schützen.

Rogozin, Onoprijenkos Komplize bei den frühen Morden, wurde zur selben Zeit angeklagt und wegen Beihilfe zu den ersten neun Morden verurteilt. Er musste für 30 Jahre ins Gefängnis. Onoprijenko wurde zum Tode verurteilt und sollte eigentlich durch ein Erschießungskommando hingerichtet werden.

Zu Onoprijenkos Glück spekulierte die Ukraine in jener Zeit auf eine Aufnahme in die Europäische Union, weshalb das Land die Todesstrafe abschaffte. Obwohl viele Politiker und die breite Öffentlichkeit der Meinung waren, dass Onoprijenko für seine unfassbar grausamen Verbrechen dennoch sterben sollte, wurde sein Todesurteil in eine lebenslange Haftstrafe umgewandelt.

AUSGANG

Am 27. August 2013 starb Onoprijenko im Hochsicherheitsgefängnis von Schytomyr an einem Herzinfarkt. Er wurde 54 Jahre alt.

CLIFFORD OLSON

Geburtsdatum: 1. Januar 1940
Alias: Das Monster aus British Columbia
Tatmerkmalen: Pädophilie, Vergewaltigung, Verstümmelung
Opferzahl: mindestens 11
Zeitraum der Morde: 1980 bis 1981
Datum der (endgültigen) Verhaftung: 12. August 1981
Mordmethoden: Strangulation, Erstechen, Erschlagen mit einem Hammer
Tatorte: British Columbia (Kanada)
Status: verurteilt zu lebenslanger Freiheitsstrafe, starb am 30. September 2011 an Krebs

VORGESCHICHTE

Olson war von Anfang an ein Problemkind, selbst als kleiner Junge machte er ständig Ärger. Er war recht klein und gedrungen und geriet häufig in Prügeleien, bei denen er meist den Kürzeren zog. Eines Tages sagte er zu seinem Vater, er wolle lernen zu boxen. Nachdem er das Training aufgenommen hatte, suchte er jeden der Jungen auf, die ihn schon einmal verprügelt hatten, und nahm Rache.

In der Schule lief es nicht gut, mit zehn Jahren begann Olson den Unterricht zu schwänzen. Nach der achten Klasse brach er die Schule ab und begann eine Verbrecherkarriere. Als Jugendlicher war er ein Einzelgänger und scheiterte mit allem, was er anfasste. 1957 musste er mit 17 Jahren zum ersten Mal ins Gefängnis. In den kommenden 24 Jahren wurde er für fast 100 Verbrechen verurteilt, darunter Urkundenfälschung, Betrug, Diebstahl, bewaffneter Raub, Gefängnisausbruch, grob unsittliches Verhalten, Analverkehr (war zu jener Zeit in einigen US-Bundesstaaten verboten), Waffenbesitz und vieles mehr.

Olsen gelang siebenmal die Flucht aus dem Gefängnis. Einmal simulierte er eine Erkrankung und entkam auf dem Weg zum Krankenhaus, trotz strenger Bewachung durch drei Vollzugsbeamte. Eine Woche lang war er auf der Flucht, bis er mit der Hilfe eines Polizeihunds geschnappt wurde. Dies war nicht Olsens erste Begegnung mit einem Polizeihund, schon ein Jahr zuvor war er bei einer Flucht in dieselbe Situation geraten.

1980 lernte Olson Joan Hale kennen, die gerade ihren gewalttätigen Ehemann verlassen hatte. Die beiden wurden ein Paar und bekamen ein Jahr darauf einen Sohn namens Stephen. Sie heirateten einen Monat nach Stephens Geburt. Was Joan nicht wusste: Zum Zeitpunkt der Hochzeit hatte ihr Mann bereits jemanden umgebracht – und er hatte nicht vor, damit aufzuhören.

MORDE

Sein erstes bekanntes Opfer, Christine Weller, entführte Olson am 17. November 1980 in Surrey, British Columbia. Ihre Leiche wurde erst an Weihnachten gefunden. Sie war mit mehreren Stichen ermordet worden.

Am 16. April 1981 entführte Olson Colleen Daignault, ihre Leiche wurde fünf Monate später gefunden. Sein nächstes Opfer war Daryn Johnsrude, der am 22. April getötet wurde. Zwei Wochen nach seinem Tod wurde seine Leiche gefunden. Am 19. Mai entführte und tötete Olson Sandra Wolfsteiner und im Juni dann Ada Court.

Olsons Mordlust eskalierte immer weiter, im Juli 1981 forderte er sechs Opfer: Am 2. Juli entführte er den neunjährigen Simon Partington, vergewaltigte und erwürgte ihn. Als Nächstes entführte er am 9. Juli Judy Kozma aus New Westminster und vergewaltigte und erwürgte auch sie. Ihre Leiche wurde am 25. Juli nahe Weaver Lake gefunden. Am 23. Juli entführte Olson Raymond King, den er ebenfalls vergewaltigte und anschließend mit einem Hammer erschlug. Dasselbe Schicksal ereilte die deutsche Touristin Sigrun Arnd, die am 25. Juli von Olson vergewaltigt und erschlagen wurde.

Seine letzten beiden Opfer waren Terri Lyn Carson und Louise Chartrand. Carson wurde am 27. Juli vergewaltigt und erwürgt, Chartrand starb am 30. Juli.

Chronik der bekannten Morde:

17. November 1980: Christine Weller (12)
16. April 1981: Colleen Daignault (13)
22. April 1981: Daryn Johnsrude (15)
19. Mai 1981: Sandra Wolfsteiner (16)
21. Juni 1981: Ada Court (13)
2. Juli 1981: Simon Partington (9)
9. Juli 1981: Judy Kozma (14)
23. Juli 1981: Raymond King (15)
25. Juli 1981: Sigrun Arnd (14)

27. Juli 1981: Terri Lyn Carson (15)
30. Juli 1981: Louise Chartrand (17)

VERHAFTUNG UND PROZESS

Olson wurde am 12. August 1981 verhaftet, weil er im Verdacht stand, zwei Mädchen entführt zu haben. Am 25. August wurde er für den Mord an Judy Kozma angeklagt und ging einen Deal mit der Staatsanwaltschaft ein: Er gestand elf Morde und zeigte den Ermittlern, wo sich die Leichen befanden; im Gegenzug erhielt seine Frau für jedes Opfer 10 000 Dollar.

Dank dieses Deals kassierten Olsons Frau und Sohn 100 000 Dollar, was in der Öffentlichkeit auf massives Unverständnis stieß. Im Januar 1982 bekannte Olson sich der elf Morde für schuldig und wurde dafür zu elf aufeinanderfolgenden Freiheitsstrafen verurteilt.

AUSGANG

2011 wurde in den Medien berichtet, dass Olson an Krebs im Endstadium litt und zur Behandlung in ein Krankenhaus verlegt wurde. Er starb am 30. September 2011 mit 71 Jahren.

WISSENSWERTES

- Olson erfüllte 38 von 40 Punkten auf der international anerkannten Psychopathie-Checkliste.
- Er entkam siebenmal aus dem Gefängnis.
- Er verschickte geschmacklose und vulgäre Briefe an die Eltern der ermordeten Kinder.
- Er verschickte pornografische Briefe an Parlamentsmitglieder.

CARL PANZRAM

Geburtsdatum: 28. Juni 1891
Alias: Carl Baldwin, Jeff Davis, Jefferson Davis, Jefferson Rhodes, Jeff Rhodes, Jack Allen, Jefferson Baldwin, John King, John O'Leary, Cooper John, Teddy Bedard
Tatmerkmale: Vergewaltigung, Raubmord
Opferzahl: 22
Zeitraum der Morde: 1920 bis 1929
Datum der (endgültigen) Verhaftung: 16. August 1928
Mordmethoden: Strangulation, Erschießen, Erschlagen
Tatorte: New York, Massachusetts, Connecticut, Maryland, Pennsylvania, Kansas (USA), Luanda (Angola)
Status: am 5. September 1930 durch Erhängen hingerichtet

VORGESCHICHTE

Panzram wuchs mit fünf Geschwistern auf der Farm der Familie auf. Mit zwölf Jahren stahl er Essen und eine Waffe von einem Nachbarn. Wenig später wurde er zur Minnesota State Training School geschickt, eine Erziehungsanstalt für Jugendliche, in der er wieder auf den rechten Weg gebracht werden sollte. Laut Panzram wurde er von den Angestellten dort mehrfach misshandelt und gequält. Diese Übergriffe sollen im sogenannten »Painting House« (Deutsch etwa: Farbhaus) stattgefunden haben. Diesen Namen bekam das Gebäude von den anderen Kindern verpasst, weil jeder, der dort reinmusste, blutverschmiert und grün und blau geschlagen wieder herauskam. Hasserfüllt brannte Panzram das »Painting House« eines Tages nieder, wurde der Tat aber nie verdächtigt.

Schon als Teenager war Panzram Alkoholiker. Er beging zahlreiche Einbrüche und Diebstähle und kam ständig in Konflikt mit dem Gesetz. Mit 14 Jahren lief er von zu Hause davon und wurde angeblich von mehreren Männern in einem Zugwaggon gruppenvergewaltigt. Mit 15 Jahren verpflichtete er sich bei der Armee, wurde aber schon im ersten Jahr wegen schweren Diebstahls verurteilt und musste eine zweijährige Haftstrafe in den United States Disciplinary Barracks in Fort Leavenworth absitzen. 1910 wurde er entlassen.

Als Erwachsener beging Pantram weiterhin Einbrüche und landete immer wieder im Gefängnis. Auch in Haft steckte er ständig in Schwierigkeiten, weil er

Wärter attackierte und sich weigerte, Anweisungen zu befolgen. Dies hatte zur Folge, dass die Wärter ihm häufig eine Tracht Prügel – oder ähnliche Strafen – verpassten, obwohl Panzram ein enorm kräftiger Mann war, was es ihm später erleichterte, seine Opfer zu überwältigen.

MORDE

Acht Jahre lang zog Panzram raubend und mordend umher und terrorisierte Menschen in mehreren US-Bundesstaaten und sogar über Ländergrenzen hinweg. Sein Motiv war fast immer Raub und wenn ihm dabei jemand in die Quere kam, wurde dieser Jemand eben getötet. Eines Tages kaufte Panzram eine Yacht, auf die er Seeleute aus New Yorker Bars lockte. Er machte sie betrunken, vergewaltigte und erschoss sie. Die Leichen entsorgte er anschließend im Long Island Sound, nahe des Leuchturms Execution Rocks Light.

Nachdem seine Yacht irgendwann gesunken war, reiste Panzram nach Afrika, wo er nach eigener Aussage einen kleinen Jungen tötete. Er mietete außerdem ein Ruderboot, erschoss die sechs Ruderer darin und warf sie über Bord, den Krokodilen zum Fraß vor. Nachdem er nach Amerika zurückgekehrt war, schlug er am 18. Juli 1922 in Salem einen kleinen Jungen tot. Noch im selben Jahr erwürgte er einen weiteren kleinen Jungen in der Nähe von New Haven.

Im Juni 1923 erschoss Panzram nach eigener Aussage einen Mann, der versucht hatte, ihn auszurauben. Zudem behauptete er, jemanden während eines Einbruchs getötet und zwei weitere kleine Jungen in Philiadelphia umgebracht zu haben, einen 1921 und den anderen 1928. Er habe außerdem überlegt, die Trinkwasserversorgung der Stadt mit Arsen zu versetzen, um möglichst viele Menschen auf einmal töten zu können.

VERHAFTUNG UND PROZESS

Am 16. August 1928 wurde Panzram in Washington nach einem Einbruch verhaftet. Als er dazu vernommen wurde, gestand er den Mord an zwei kleinen Jungen. Er kam vor Gericht und wurde zu lebenslanger Haft verurteilt. Dem Gefängnisdirektor versprach er, den ersten, der ihm in die Quere kommen sollte, sofort umzubringen – und er hielt Wort. Am 20. Juni 1929 tötete Panzram den Wäschereivorarbeiter Robert Warnke, indem er ihm mit einer Eisenstange den Schädel einschlug. Dafür musste er erneut vor Gericht und dieses Mal bekam er die Todesstrafe. Er weigerte sich, gegen das Urteil in Berufung zu gehen, und schickte Menschenrechtsaktivitsten, die sich für ihn und gegen die Todesstrafe einsetzten, Morddrohungen.

AUSGANG

Am 5. September 1930 fand Panzrams Hinrichtung wie geplant statt. Er verabschiedete sich jedoch nicht in stiller Würde, sondern spuckte dem Henker ins Gesicht, als dieser ihm die Stoffhaube über den Kopf zog. Nachdem er gehängt wurde, vergrub man seine Leiche auf dem Leavenworth-Gefängnisfriedhof. Auf dem Grabstein ist lediglich seine Häftlingsnummer zu lesen.

WISSENSWERTES

- Der beste Freund, den Panzram je hatte, war der Gefängniswärter Henry Lesser, der unter anderem seine Biografie niederschrieb.
- Er prahlte damit, über 1000 Vergewaltigungen begangen zu haben.

Ein Gedicht von Panzram:

I sat down to think things over a bit.
While I was sitting there,
a little kid about eleven or twelve years old came bumming around.
He was looking for something. He found it, too.
I took him out to a gravel pit about one-quarter mile away.
I left him there,
but first I committed sodomy on him and then killed him.
His brains were coming out of his ears when I left him,
and he will never be any deader.

Deutsche Übersetzung:

Ich setzte mich, um etwas nachzudenken,
und während ich dort saß,
kam ein kleiner Junge vorbei,
er war vielleicht elf oder zwölf.
Er schien etwas zu suchen und er fand es auch.
Ich brachte ihn zu einer Kiesgrube, etwa eine Viertelmeile entfernt.
Dort ließ ich ihn, doch vorher
verging ich mich an ihm und nahm sein Leben.
Sein Hirn quoll aus den Ohren, als ich ihn verließ,
er hätte toter nicht sein können.

ZITATE

- Seine letzten Worte lauteten: *»Macht hin! Während ihr hier rumpfuscht, hätte ich ein Dutzend Männer erhängen können!«*
- *»Ich glaube weder an Menschen, Gott oder den Teufel. Ich hasse die ganze verdammte menschliche Rasse, einschließlich mir selbst. Ich verging mich an den Schwachen, den Harm- und Ahnungslosen. Diese Lektion habe ich von anderen gelernt: Macht geht vor Recht.«*

GERALD PARKER

Geburtsdatum: 1955
Alias: The Bedroom Basher, The Bludgeon Killer
Tatmerkmale: Vergewaltigung, Hausfriedensbruch
Opferzahl: mindestens 5
Zeitraum der Morde: 1978 bis 1979
Datum der (endgültigen) Verhaftung: saß bereits wegen eines Verstoßes gegen Bewährungsauflagen im Gefängnis, als ein DNA-Abgleich ihn mit den Morden in Verbindung brachte
Mordmethode: Erschlagen mit stumpfen Gegenständen
Tatorte: Orange County in Kalifornien (USA)
Status: zum Tode verurteilt, wartet auf seine Hinrichtung

VORGESCHICHTE

Parker war ein ehemaliger US-Marine, der bis 1980 eine relativ weiße Weste gehabt hat. In den 1960er-Jahren musste er für kurze Zeit in Jugendarrest, nachdem er beim Klebstoffschnüffeln erwischt wurde; danach ließ er sich jedoch nichts mehr zuschulden kommen.

1980 wurde er in der Marine Air Station in El Toro, Kaliforinien, stationiert. In jener Zeit vergewaltigte er ein vierjähriges Mädchen und wurde schnell verhaftet. Parker musste für sechs Jahre ins Gefängnis, und eine DNA-Probe von ihm wurde vorschriftsgemäß eingelagert. Nachdem einige Jahre vergangen waren und die DNA-Analyse immer ausgefeilter wurde, konnte mithilfe dieser Probe ein Mordfall eröffnet werden. Aussagen von Parker selbst führten dann schließlich zu einem Mann, der zuvor für einen Mord verurteilt worden war, den er nie begangen hatte.

MORDE

Aufgrund seiner brutalen sexuellen Übergriffe und Morde, die er in den 1970er-Jahren in Orange County begangen hatte, bekam Parker den Spitznamen »Bedroom Basher« verpasst, auf Deutsch etwa: der Schlafzimmer-Schlächter. Zwischen 1978 und 1979 vergewaltigte und tötete Parker fünf Frauen. Eine weitere Frau, Dianna D'Aiello (ehemals Green) war schwanger, als Parker sie überfiel. Sie überlebte die Attacke, ihr ungeborenes Kind jedoch nicht.

Chronik der bekannten Morde:
2. Dezember 1978: Sandra Kay Fry (17)
1. April 1979: Kimberly Rawlins (21)
14. September 1979: Marolyn Carleton (31)
30. September 1979: ungeborenes Kind (Chantel Marie Green)
7. Oktober 1979: Debora Kennedy (24)
21. Oktober 1979: Debra Lynn Senior (17)

VERHAFTUNG UND PROZESS

Als Parker mithilfe von DNA-Technologie mit den Morden in Verbindung gebracht werden konnte, saß er bereits wegen anderer Delikte im Gefängnis. Als die Ermittler ihm die Beweise vorlegten, gestand er, der Bedroom Basher zu sein. Im Oktober 1998 begann sein Prozess. Parker wurde wegen Mord in sechs Fällen sowie versuchten Mordes in einem Fall und Vergewaltigung in sechs Fällen verurteilt. Im Januar 1999 erhielt er die Todesstrafe, eine lebenslange Freiheitsstrafe sowie zusätzliche 64 Jahre Haft.

AUSGANG

Nach dem Angriff auf Dianna D'Aiello und dem Tod ihres ungeborenen Kindes wurde zunächst D'Aiellos Mann Kevin Green als Täter verhaftet. Weil der Fötus bereits voll entwickelt war, wurde Green wegen Mordes verurteilt und saß 17 Jahre lang in Haft, bevor die Ermittler herausfanden, dass Parker der eigentliche Täter war.

THIERRY PAULIN

Geburtsdatum: 28. November 1963
Alias: Das Monster von Montmartre, Der Oma-Mörder
Tatmerkmal: Raubmord
Opferzahl: 18 bis 21
Zeitraum der Morde: 1984 bis 1987
Datum der (endgültigen) Verhaftung: 1. Dezember 1987
Mordmethoden: Strangulation, Ersticken, Erstechen, Erschlagen
Tatorte: Paris (Frankreich)
Status: starb an den Folgen von Aids, während er auf seinen Prozess wartete

VORGESCHICHTE

Paulin wurde 1963 in Fort-de-France auf Martinique geboren. Kurze Zeit später verließ der Vater die Familie, sodass Paulins Mutter – selbst noch eine Jugendliche – allein für den gemeinsamen Lebensunterhalt sorgen musste. Weil ihr dies nicht gelang, wurde Paulin von seiner Großmutter väterlicherseits aufgenommen, die ihm allerdings weder Aufmerksamkeit noch Zuneigung zuteilwerden ließ. Mit zehn Jahren zog Paulin zu seiner Mutter zurück. Die hatte inzwischen jedoch neu geheiratet und der Junge musste lernen, seinen Platz zwischen den neuen Stiefbrüdern und -schwestern zu finden. Weil er den anderen Kindern gegenüber jedoch gewalttätig war, kontaktierte Paulins Mutter seinen Vater und bat ihn, den Jungen bei sich in Frankreich aufzunehmen.

Dort hatte Paulin Probleme in der Schule, sowohl was die Leistungen anging als auch im zwischenmenschlichen Bereich. Aufgrund seiner dunklen Hautfarbe wurde er Opfer von Hänseleien und Mobbing. Er schaffte seinen Schulabschluss nicht und beschloss deshalb mit 17 Jahren, ins Militär einzutreten. Dort landete er bei den Fallschirmjägern, wurde aufgrund seiner Hautfarbe und Homosexualität von den Kameraden aber nur geringschätzig behandelt. Während seiner Armeezeit raubte er eine alte Frau mit vorgehaltenem Messer aus und wurde zunächst zu zwei Jahren Haft verurteilt. Die Strafe wurde allerdings aufgehoben, sodass er zur Armee zurückkehren konnte.

Zwei Jahre später, 1984, verließ Paulin die Armee und zog wieder zu seiner Mutter in den Pariser Vorort Nanterre, wo er in einem Nachtclub namens »Paradis Latin« arbeitete, in dem unter anderem Transvestitenshows stattfanden. Dort begann Paulin, als Drag-Künstler aufzutreten und Eartha Kitt zu imitieren. Und dort lernte er auch Jean-Thierry Mathurin kennen und die beiden wurden ein Paar. Beide waren drogenabhängig – Mathurin wesentlich schlimmer als Paulin – und brauchten Geld, um ihre Sucht zu finanzieren. Der Verkauf von Drogen brachte nicht genug ein, sodass Paulin eine Serie von Raubüberfällen beging, bei der viele Menschen ihr Leben verloren.

MORDE

Am 5. Oktober 1984 überfiel Paulin die beiden Frauen Anna Barbier-Ponthus und Germaine Petitot. Petitot überlebte, ihre Freundin Barbier-Ponthus starb jedoch, nachdem sie geprügelt und erstickt wurde. Petitot war davon derart traumatisiert, dass sie der Polizei keinerlei Details zum Tathergang oder Hinweise auf den Täter geben konnte.

Zwischen Oktober und November 1984 tötete Paulin acht weitere Opfer, die meisten im 18. Pariser Arrondissement. Dabei änderte er seine Mordmethode von Opfer zu Opfer, einige erstickte er unter einer Plastiktüte, andere prügelte er zu Tode, ein Opfer ließ er Abflussreiniger trinken. Gemein war den Morden nur das hohe Alter der Opfer sowie die Tatsache, dass alle vorher ausgeraubt wurden.

Zwischen Dezember 1985 und Juni 1986 beging Paulin weitere acht Morde. Beweise gab es kaum, die Ermittler konnten aber Fingerabdrücke von den Tatorten mit jenen vergleichen, die sie bei den vorhergehenden Mordfällen gefunden hatten, und stellten fest, dass sie vom selben Täter stammten.

Am 25. November 1987 tötete Paulin Rachel Cohen und überfiel noch am selben Tag eine weitere ältere Frau, Berthe Finalteri, die den Angriff allerdings überlebte. Zwei Tage später erwürgte er Genevieve Germont.

Nachdem die Überlebende Berthe Finalteri sich von dem Angriff erholt hatte, konnte sie der Polizei eine detaillierte Täterbeschreibung geben, die am 1. Dezember zu Paulins Verhaftung führte. Ein Polizist hatte ihn dank der Beschreibung auf der Straße erkannt.

Chronik der bekannten Morde:

5. Oktober 1984: Anna Barbier-Ponthus (83)
9. Oktober 1984: Suzanne Foucault (89)
5. November 1984: Ioana Seigaresco (71)
7. November 1984: Alice Benaim (84)
8. November 1984: Marie Choy (80)

9. November 1984: Maria Mico-Diaz (75)
Dezember 1985 bis Juni 1986: acht namentlich nicht genannte Opfer
25. November 1987: Rachel Cohen (79)
27. November 1987: Genevieve Germont

VERHAFTUNG UND PROZESS

Nach seiner Verhaftung gestand Paulin 21 Morde. Er wurde jedoch nur für 18 angeklagt, da in den übrigen Fällen noch ermittelt wurde. Im Gefängnis wartete er auf seinen Prozess.

AUSGANG

Anfang des Jahres 1988 begann Paulins Körper infolge einer Aids-Erkrankung massiv abzubauen. Schon ein Jahr später war er praktisch gelähmt und wurde mit Meningitis und Tuberkulose ins Krankenhaus eingeliefert. Am 16. April 1989 starb Paulin, noch bevor sein Prozess begonnen hatte. Er wurde deshalb nie für die Verbrechen verurteilt, die er gestanden hatte. Sein Komplize Mathurin wurde indes verurteilt und erhielt für seine Taten lebenslange Haft plus weitere 18 Jahre ohne Aussicht auf Bewährung.

LOUISE PEETE

Geburtsdatum: 20. September 1880
Alias: Louise M. Gould, Anna Lee
Tatmerkmal: Mord aus Habgier
Opferzahl: mindestens 3
Zeitraum der Morde: 1912, 1920, 1944
Datum der (endgültigen) Verhaftung: 20. Dezember 1944
Mordmethode: Erschießen
Tatorte: Texas, Kalifornien (USA)
Status: am 11. April 1947 in der Gaskammer hingerichtet

VORGESCHICHTE

Peete wurde 1880 als Lofie Louise Preslar in eine wohlhabende Familie in Louisiana hineingeboren. Ihre Eltern bezahlten eine Menge Geld, damit das Kind die bestmögliche Schulbildung genoss, allerdings wurde sie wegen unangemessenem Verhalten der Schule verwiesen.

1903 lernte Peete den Handelsreisenden Henry Bosley kennen und heiratete ihn. Als Bosley seine Frau aber eines Tages mit einem anderen Mann im Bett erwischte, beging er Selbstmord. Danach lebte Peete eine Zeit lang in Boston, wo sie als »Luxus«-Prostituierte ihr Geld verdiente. Es sprach sich allerdings schnell herum, dass sie ihre Freier auch bestahl.

Als Nächstes heiratete sie den reichen Ölbaron Joe Appel aus Waco, in Texas. Als der später ermordet wurde und all sein Schmuck verschwunden war, stand Peete im Verdacht, ihn umgebracht zu haben. Appel war nicht der einzige Ehemann von Peete, der auf mysteriöse Weise verstarb, weshalb Peete selbst eines Tages in der Gaskammer ein vorzeitiges Ende fand.

MORDE

Als Peete für den Mord an Appel angeklagt wurde, behauptete sie, in Notwehr gehandelt zu haben, als ihr Mann versucht hat, sie zu vergewaltigen. Daraufhin wurde sie aus der Haft entlassen und alle Vorwürfe gegen sie wurden fallen gelassen.

1913 heiratete Peete den Hotelangestellten Harry Faurote. Auch der beging angeblich Selbstmord, nachdem er herausfand, dass sie eine Affäre hatte.

1915 heiratete sie Richard Peete in Denver. Das Paar bekam eine Tochter, doch Peete verließ die Familie kurz darauf und zog nach Los Angeles. Dort lernte sie Jacob C. Denton kennen, einen weiteren Ölmagnaten. Denton verschwand 1920 spurlos. Als die Polizei auftauchte, um sein Haus zu durchsuchen, war Peete längst über alle Berge und kehrte zu ihrem Ehemann nach Denver zurück. Als Dentons Leiche auftauchte, begannen die Ermittler nach ihr zu fahnden und verhafteten sie.

Vor Gericht wurde sie des Mordes an Denton für schuldig befunden und zu lebenslanger Haft verurteilt, verbüßte davon aber nur 18 Jahre. Während sie im Gefängnis saß, beging ihr Ehemann Richard Selbstmord. Nach ihrer Entlassung begann Peete als Haushälterin zu arbeiten, doch ihr Klient Jessie Marcy verstarb kurze Zeit später. Auch ein Kollege starb unter seltsamen Umständen.

Als Nächstes arbeitete Peete für Emily Dwight Latham, die ebenfalls starb. Danach begann sie, als Haushälterin für Arthur C. Logan und dessen Frau Margaret zu arbeiten. Sie heiratete außerdem erneut, einen Mann namens Lee Borden Judson. Als Margaret Logan verschwand und Peete deren Unterschrift fälschte, um Schecks damit zu unterzeichnen, galt sie sofort als Hauptverdächtige.

VERHAFTUNG UND PROZESS

Peete wurde am 20. Dezember 1944 verhaftet. In ihrem Prozess wurde sie wegen Mordes zum Tod in der Gaskammer verurteilt. Ihr Ehemann Judson wurde nicht angeklagt, beging aber am Tag nach seiner Vernehmung durch die Polizei Selbstmord.

AUSGANG

Am 11. April 1947 betrat Peete um 10:03 Uhr das Hinrichtungsgebäude. Sie wirkte ruhig und lächelte auf ihrem Weg in die Gaskammer, ihre Hände aber zitterten. Sie nickte und schenkte dem Gefängnisdirektor, den sie inzwischen gut kannte, ein Lächeln. Als ein Wärter ihre Schulter berührte und ihr riet, »es locker zu nehmen«, bedankte sie sich. Zehn Minuten später, um 10:13 Uhr, wurde ihr Tod festgestellt.

WISSENSWERTES

Peete war die zweite Frau, die im Bundesstaat Kalifornien hingerichtet wurde.

CHRISTOPHER PETERSON

Geburtsdatum: 20. Januar 1969
Alias: Obadayah Ben-Yisrayl, Shotgun Killer
Tatmerkmal: Raubmord
Opferzahl: 7
Zeitraum der Morde: Oktober bis Dezember 1990
Datum der (endgültigen) Verhaftung: 29. Januar 1991
Mordmethode: Erschießen
Tatorte: Indiana (USA)
Status: Todesstrafe umgewandelt in lebenslange Freiheitsstrafe

VORGESCHICHTE

Zu Petersons Vita vor seiner Verhaftung wegen Mordes ist wenig bekannt, außer dass er ein Marine war und eines Tages desertiert ist. Anschließend lebte er bei seiner Mutter und Schwester in Gary, im US-Bundesstaat Indiana. Petersons Verhaftung und anschließende Verurteilung wegen Mordes waren Gegenstand kontroverser Diskussionen, und bis heute halten ihn viele für unschuldig.

Grund für diese Skepsis sind Polizeiberichte, in denen der Täter zunächst als weißer Mann mit langem braunen Haar beschrieben wurde. Peterson ist Schwarzer und hatte zum Tatzeitpunkt kurze Haare. Den Ermittlern wurde deshalb Rassismus vorgeworfen, es habe Fehler bei der Beweisaufnahme gegeben und Peterson sitze zu Unrecht in Haft, so seine Unterstützer. Peterson hatte die Morde zunächst gestanden, widerrief das Geständnis jedoch, als sein Prozess begann.

MORDE

Sieben Menschen hat Peterson zwischen 30. Oktober und 18. Dezember 1990 im Norden Indianas erschossen. Ein Zeuge konnte der Polizei eine Täterbeschreibung des Killers geben, die später zu besagter Kontroverse führte. Denn er beschrieb den Täter als schlanken weißen Mann, glatt rasiert, mit langem braunen Haar.

Am 30. Oktober 1990 erschoss Peterson Lawrence Mill, während der vor der American Legion Post 66 in Griffith in seinem Auto saß. Noch am selben Tag, nur wenige Stunden später, erschoss er Rhonda Hammersley auf dem Parkplatz einer Tankstelle in Cedar Lake.

Harchand Singh Dhaliwal wurde am 13. Dezember während seiner Arbeit an einer Tankstelle getötet, Peterson hatte zudem Geld aus der Kasse erbeutet. Sein nächstes Opfer war Marie Meitzler, die er am 15. Dezember erschoss, während sie hinter der Rezeption eines Motels arbeitete. Auch hier raubte er Geld. Nur sechs Minuten nach dem Mord an Meitzler erschoss Peterson Ora L. Wildermuth, die gerade an einem Geldautomaten stand.

Petersons letzte bekannte Opfer waren die Brüder George und Eli Balovski. Beide wurden am 18. Dezember 1990 in einem Gebäude neben ihrem Schneidereigeschäft erschossen.

Chronik der bekannten Morde:
30. Oktober 1990: Lawrence Mills (43)
30. Oktober 1990: Rhonda Hammersley (25)
13. Dezember 1990: Harchand Singh Dhaliwal (54)
15. Dezember 1990: Marie Meitzler (48)
15. Dezember 1990: Ora L. Wildermuth (54)
18. Dezember 1990: George Balovski (66)
18. Dezember 1990: Eli Balovski (60)

VERHAFTUNG UND PROZESS

Am 29. Januar 1991 wurde Peterson gemeinsam mit Antwion McGee nach einem Überfall auf ein Restaurant nahe Meriville verhaftet, bei dem das Duo versucht hatte, den Geschäftsführer zu erschießen. Während seiner Vernehmung verriet McGee den Ermittlern, dass ein anderer Mann namens Ronald J. Harris zweimal dabei gewesen sei, als Peterson jemanden getötet hat. Er behauptete außerdem, dass Peterson ihm gegenüber zugegeben hat, die Opfer umgebracht zu haben.

Im September musste sich Peterson in einem ersten Prozess für die Morde an Lawrence Mills und Rhonda Hammersley verantworten, wurde aber, trotz McGees Aussage und mehrerer Beweise, erstaunlicherweise freigesprochen. Ein Grund dafür war mit Sicherheit die ursprüngliche Täterbeschreibung, die absolut nicht auf Peterson passte, der weder weiß noch schlank oder langhaarig war.

Im Januar 1992 musste er erneut vor Gericht, dieses Mal wegen des Mordes an Wildermuth sowie des versuchten Mordes an einem namentlich nicht genannten Mann, der den Angriff überlebt hat. Und wieder wurde Peterson freigesprochen! Als Nächstes wurde er für die Morde an Dhaliwal und Meitzler angeklagt. Aufgrund von Aussagen der Staatsanwaltschaft kam es schon während der Auswahl der Geschworenen zum Fehlprozess. Das Verfahren wurde neu begonnen und Beweise vorgelegt. Dieses Mal wurde Peterson verurteilt.

Im April 1992 begann ein weiterer Prozess für Peterson, dieses Mal für die Morde an den Balovskis. Auch hier wurde er schuldig gesprochen und obwohl die Geschworenen die Todestrafe nicht forderten, verurteilte der Richter Peterson zum Tode.

Auch Petersons mutmaßliche Komplizen mussten sich vor Gericht verantworten. Harris wurde für die Morde an Dhaliwal und Hammersley verurteilt. Ende 1991 wurde McGee wegen Raub und versuchten Mordes an dem Restaurantleiter angeklagt, weil die Staatsanwaltschaft aber dessen Aussage im Peterson-Fall benötigte, arrangierte sie folgenden Deal: McGee wurde nur des geringeren Verbrechens angeklagt und erhielt eine achtjährige Haftstrafe.

AUSGANG

Am 12. Dezember 2004 wurde Petersons Todesstrafe in 120 Jahre Haft umgewandelt.

ALEXANDER PITSCHUSCHKIN

Geburtsdatum: 9. April 1974
Alias: Der Schachbrettmörder, Der Irre vom Bitza-Park
Tatmerkmal: die meisten Opfer waren obdachlos
Opferzahl: 49 bis 63
Zeitraum der Morde: 1992 bis 2006
Datum der (endgültigen) Verhaftung: 16. Juni 2006
Mordmethode: Erschlagen mit einem Hammer
Tatorte: Moskau (Russland)
Status: verurteilt zu lebenslanger Freiheitsstrafe, die ersten 15 Jahre in Isolationshaft

VORGESCHICHTE

Pitschuschkin war ein ganz normales glückliches und geselliges Kind, bis er eines Tages rückwärts von einer Schaukel stürzte und sich dabei massive Kopfverletzungen zuzog. Praktisch über Nacht wurde sein Verhalten impulsiv und aggressiv, in der Schule wurde er als »Behinderter« gehänselt und körperlich drangsaliert. Seine Mutter nahm ihn deshalb aus der Regelschule und schickte ihn fortan auf eine Sonderschule für Lernbehinderte.

Als Pitschuschkin älter wurde, stellte sein Großvater fest, dass er eigentlich ziemlich intelligent war. Weil er glaubte, die Schule würde seinen Enkel nicht ausreichend fördern, nahm er Pitschuschkin bei sich auf und ermutigte ihn, sich intellektuell zu betätigen. Dabei merkte Pitschuschkin, dass er großes Interesse und Talent für Schach hatte. Als er wieder auf die Regelschule zurückkehrte, ging das Mobbing durch seine Mitschüler weiter und wurde sogar noch schlimmer, nachdem der Großvater starb und Pitschuschkin wieder bei seiner Mutter einziehen musste.

In jener Zeit begann Pitschuschkin auch Alkohol zu trinken, meist mit den älteren Männern im Moskauer Bitza-Park, mit denen er Schach spielte. Dabei merkte er bald, dass Alkohol auf ihn eine andere Wirkung hatte als auf seine älteren Schachpartner. Gleichzeitig entwickelte Pitschuschkin ein düsteres Hobby: Er filmte sich dabei, wie er kleine Kinder bedrohte.

Später schaute er sich die Videos immer wieder an und genoss seine Stärke und die Macht, die er über seine Opfer hatte. Schon bald reichten ihm bloße Drohungen nicht mehr. 1992 beging er seinen ersten Mord.

MORDE

2001 war Pitschuschkins Mordserie bereits eskaliert. Er hatte es vor allem auf ältere obdachlose Männer abgesehen, denen er Vodka anbot, um sie an abgelegene Orte zu locken. Dort trank er ein wenig mit ihnen, bis sie betrunken waren. Dann schlug er ihnen den Schädel mit einem Hammer ein und stopfte anschließend die Vodka-Flasche in die Wunde.

Später erweiterte Pitschuschkin seine Opferauswahl und tötete auch jüngere Männer, Frauen und Kinder. Meist überfiel er die Opfer von hinten, um sie zu überraschen. So verhinderte er auch, dass ihm Blut auf seine Kleidung spritzte. Manchmal warf er die Opfer in die Kanalisation unter dem Bitza-Park, wobei eines der Opfer allerdings überlebte.

Seinen letzten Mord beging Pitschuschkin im Frühjahr 2006. Die Leiche der 36-jährigen Marina Moskalewa wurde im Bitza-Park gefunden und wies dieselben Verletzungen auf wie die anderen Opfer. In ihrer Tasche fanden die Ermittler eine Fahrkarte für die Metro und überprüften daraufhin die Aufnahmen der Überwachungskamera im entsprechenden Bahnhof. Darauf war zu erkennen, wie Moskalewa gemeinsam mit Pitschuschkin den Bahnsteig entlangging.

VERHAFTUNG UND PROZESS

Am 16. Juni 2006 wurde Pitschuschkin verhaftet. Er war recht schnell geständig und wurde im darauffolgenden Jahr vor Gericht gestellt. Am 24. Oktober 2007 wurde er des Mordes in 49 Fällen sowie des versuchten Mordes in drei Fällen schuldig gesprochen. Während seiner Verhandlung saß er in einer speziellen Box aus Sicherheitsglas, um ihn vor der aufgebrachten Öffentlichkeit zu schützen.

Das Verlesen des Urteils dauerte aufgrund der unglaublichen Anzahl an Verbrechen, für die Pitschuschkin verurteilt wurde, über eine Stunde. Er erhielt eine lebenslange Haftstrafe, von der er die ersten 15 Jahre in Isolationshaft verbringen musste.

AUSGANG

Pitschuschkin hatte vor, 64 Menschen zu töten – so viele, wie sich Felder auf einem Schachbrett befinden –, wurde aber gefasst, bevor er sein Ziel erreichte. Während der Verhandlung bat er den vorsitzenden Richter, ob dieser nicht weitere elf Opfer auf die Anklage draufschlagen konnte, hauptsächlich weil er sein »Idol«, den Serienmörder Andrei Tschikatilo, übertreffen wollte.

ZITAT

»Ein Leben ohne Mord ist für mich wie für Sie ein Leben ohne Essen.«

ROBERT PICKTON

Geburtsdatum: 26. Oktober 1949
Alias: The Pig Farmer Killer, The Pigheaded Killer, Pork Chop Rob, Willie
Tatmerkmale: Vergewaltigung, Verstümmelung
Opferzahl: 6 bis 49
Zeitraum der Morde: 1995 bis 2001
Datum der (endgültigen) Verhaftung: 22. Februar 2002
Mordmethoden: Erschießen, Erdrosseln
Tatorte: Port Coquitlam in British Columbia (Kanada)
Status: verurteilt zu lebenslanger Freiheitsstrafe mit der Möglichkeit einer Strafaussetzung zur Bewährung nach frühestens 25 Jahren

VORGESCHICHTE

Pickton und sein Bruder David besaßen 1992 eine Farm in Port Coquitlam im kanadischen British Columbia. Obwohl es sich um eine Schweinefarm handelte, gab es auf dem Hof kaum Schweine, dafür aber ein äußerst großes Wildschwein, das mit mehreren Hunden auf dem Grundstück umherlief und Jagd auf Menschen machte. Pickton wurde als ruhiger Typ beschrieben, mit dem man sich nur schwer unterhalten konnte.

Die Brüder vernachlässigten die Farm immer mehr und fanden eines Tages eine andere Möglichkeit, damit Geld zu verdienen. 1996 gründeten sie offiziell eine gemeinnützige Oganisation namens *Piggy Palace Good Times Society*, deren Zweck es war, besondere Veranstaltungen, Feierlichkeiten, Shows und Tanzabende zu organisieren und auszurichten. Meist handelte es sich dabei jedoch um wilde Partys mit jeder Menge Prostituierten, zu denen teils bis zu 2000 Besucher kamen. Die Partys fanden im Schlachthaus statt, das extra dafür umgebaut wurde, und wurden zum regelmäßigen Treffpunkt der örtlichen Hells-Angels-Gang.

Im März 1997 kam es auf der Farm zu einer Auseinandersetzung zwischen Pickton und einer Prostituierten namens Wendy Lynn Eistetter. Eistetter behauptete, Pickton habe sie mit Handschellen gefesselt und mehrfach mit einem Messer geschnitten, bevor ihr die Flucht gelang, indem sie ihm einen Stich verpasste. Im Januar 1998 wurden die Vorwürfe gegen Pickton fallen gelassen, die

Brüder durften allerdings keine kommerziellen Partys mehr auf ihrem Gelände veranstalten und der Status der Gemeinnützigkeit wurde ihnen auch aberkannt.

In den folgenden drei Jahren verschwanden immer wieder Frauen spurlos, nachdem sie die Pickton-Farm besucht hatten. Erst als die Polizei den Hof nach illegalen Schusswaffen durchsuchte, kam heraus, was dort wirklich vor sich ging.

MORDE

Die Einzelheiten zu den Morden, wie die Opfer getötet und ihre Leichen entsorgt wurden, sind bis heute nicht alle geklärt. Fest steht, dass Pickton Prostituierte auf seine Farm gebracht und dort mit Handschellen gefesselt hat, um sie zu vergewaltigen. Danach erwürgte er seine Opfer. Es wird angenommen, dass er einige Leichen ausbluten ließ, die Innereien entfernt und die Körper in einem Häcksler zerkleinert hat, um sie an seine Schweine zu verfüttern. Eine andere Theorie lautet, dass er die Leichen der Opfer im Fleischwolf zerkleinert und mit Hackfleisch vermischt zu Würsten verarbeitet hat, die er dann an Freunde und Familie verteilte.

Die Ermittler glauben, dass Pickton die Prostituierten unter dem Vorwand auf die Farm gelockt hat, sie dort für sexuelle Dienste zu bezahlen. Während des Geschlechtsverkehrs beschuldigte Pickton die Frauen dann plötzlich, von ihm gestohlen zu haben, und steigerte sich so sehr in seine Wut hinein, dass er sie irgendwann umbrachte.

Chronik der bekannten Morde:
August 2001: Sereena Abotsway (29)
30. November 2001: Mona Lee Wilson (26)
Juni 2001: Andrea Joesbury (22)
25. April 2000: Brenda Ann Wolfe (32)

Mutmaßliche Opfer:
August 1991: Mary Ann Clark (Nancy Greek, 25)
Dezember 1995: Diana Melnick
1996: Cara Louise Ellis (Nicky Trimble, 25)
Oktober 1996: Tanya Holyk (23)
1997: Sherry Irving (24)
März 1997: Andrea Fay Borhaven
August of 1997: Helen Mae Hallmark
Dezember 1997: Cynthia Feliks

Januar 1998: Kerry Koski
Februar 1998: Inga Monique Hall (46)
April of 1998: Sarah de Vries
20. November 1998: Angela Rebecca Jardine
Januar 1999: Jacqueline Michelle McDonell (23)
Dezember 1999: Wendy Crawford
Dezember 1999: Tiffany Drew
1999: Jennifer Lynn Furminger
Dezember 2000: Debra Lynne Jones
Dezember 2000: Dawn Teresa Crey
19. Oktober 2001: Dianne Rosemary Rock (34)
17. April 2001: Heather Kathleen Bottomley (25)
März 2001: Patricia Rose Johnson
April 2001: Heather Chinnook (30)
16. März 2001: Yvonne Marie Boen (34)

VERHAFTUNG UND PROZESS

Am 6. Februar 2002 stellte die Polizei auf der Suche nach illegalen Schusswaffen die ganze Farm auf den Kopf. Die Pickton-Brüder wurden verhaftet und aufs Revier gebracht. Die Ermittler beantragten einen weiteren Durchsuchungsbeschluss, um nach Hinweisen zum Verbleib der vielen vermissten Frauen zu suchen. Als sie das Gelände erneut durchsuchten, fanden sie einige Gegenstände, die einer der vermissten Frauen gehörten.

Am darauffolgenden Tag wurde Pickton wegen mehrerer Verstöße gegen des Waffengesetz angeklagt. Weil die Ermittler noch nicht genug Beweise hatten, um ihn auch wegen Mord anzuklagen, wurde er aus der U-Haft entlassen, aber weiter observiert. Ende Februar hatten die Ermittler ausreichend Beweise gesammelt. Am 22. Februar verhafteten sie Pickton erneut und klagten ihn für die Morde an Mona Wilson und Sereena Abotsway an.

Am 2. April kamen drei weitere Anklagen hinzu, für die Morde an Heather Bottomley, Jacqueline McDonell und Diane Rock. Noch im selben Monat wurde er außerdem für die Morde an Andrea Joesbury und Brenda Wolfe angeklagt. Am 20. September kamen Anklagen für die Morde an Georgina Papin, Helen Hallmark, Patricia Johnson und Jennifer Furminger hinzu und am 3. Oktober noch vier weitere, für die Morde an Tanya Holyk, Heather Chinnook, Inga Hall und Sherry Irving.

Mit inzwischen 15 Mordanklagen war Pickton bereits einer der schlimmsten Serienmörder in der Geschichte Kanadas. Doch das war noch lange nicht alles. Am 26. Mai 2005 folgten weitere zwölf Anklagen für die Morde an Andrea Borhaven, Cara Ellis, Debra Jones, Tiffany Drew, Marnie Frey, Sarah de Vries, Kerry Koski, Angela Jardine, Cynthia Feliks, Diana Melnick, Wendy Crawford und einer unbekannten Frau. Damit kam er auf insgesamt 27 Morde.

Picktons Prozess begann am 30. Januar 2006 in Westminster, er plädierte auf nicht schuldig. Es dauerte fast ein ganzes Jahr, bis die Staatsanwaltschaft entschieden hatte, welche Beweise sie im Prozess vorbringen würde. Der Richter wies die Anklage für den Mord an der unbekannten Frau am 2. März aufgrund von Mangel an Beweisen ab.

Anschließend entschied er, die Anklagen aufgrund des Umfangs dieses besonderen Prozesses in zwei Verfahren aufzuteilen, eines mit sechs Mordanklagen und ein zweites mit den übrigen 20. Mit etwas Verspätung begann am 22. Januar 2007 der erste Teilprozess. Am 9. Dezember 2007 befand ein Geschworenengericht Pickton nicht schuldig im Sinne der Anklage des Mordes ersten Grades, wohl aber des Mordes zweiten Grades in sechs Fällen (entspricht in Deutschland dem Tatbestand Totschlag). Er erhielt eine lebenslange Freiheitsstrafe mit der Chance auf Bewährung nach frühestens 25 Jahren.

AUSGANG

Am 4. August 2010 beschloss die Staatsanwaltschaft hinsichtlich der noch offenen Mordanklagen eine Aussetzung des Verfahrens. Pickton musste sich für die übrigen 20 Morde also nie vor Gericht verantworten.

WISSENSWERTES

Pickton hat ein Buch über sein Leben verfasst, das 2016 veröffentlicht wurde. Es hieß: *Pickton – In His Own Words* (Deutsch: Pickton – In eigenen Worten) und sorgte für einige Aufregung bis in die höchsten Regierungskreise hinein. Die Öffentlichkeit war nämlich ganz und gar nicht einverstanden damit, dass ein Mörder wie Pickton auch noch Geld aus seinen entsetzlichen Taten schlug.

NORBERT POEHLKE

Geburtsdatum: 15. September 1951
Alias: Hammermörder
Tatmerkmale: Elternmord, Kindsmord, Bankraub
Opferzahl: 6
Zeitraum der Morde: 1984 bis 1985
Datum der (endgültigen) Verhaftung: vor Verhaftung gestorben
Mordmethode: Erschießen
Tatorte: Deutschland, Italien
Status: beging vor seiner Verhaftung Selbstmord

VORGESCHICHTE

Der Deutsche Norbert Poehlke galt als aufrechtes Mitglied der Gesellschaft, immerhin war er Polizist und sorgte also für Recht und Ordnung. Insgeheim stand Poehlke aber häufig selbst auf der anderen Seite des Gesetzes. Als die Behörden begannen, gegen ihn zu ermitteln, deckten sie Furchtbares auf.

MORDE

Die Leiche von Poehlkes erstem Opfer, Siegfried Pfitzer, wurde am 3. Mai 1984 an einer Raststätte in Marbach am Neckar gefunden. Ihm wurde in den Kopf geschossen. Pfitzers Auto wurde später etwa 400 Meter entfernt gefunden, Poehlke hatte es für einen Banküberfall genutzt.

Am 21. Dezember wurde in der Nähe von Nürnberg, ebenfalls an einer Raststätte, die Leiche von Eugene Wethey gefunden. Er wurde erschossen und sein Auto war verschwunden. Mit dem Auto beging Poehlke eine Woche später einen Bankraub. Wilfried Scheider wurde am 22. Juli 1985 erschossen und auf einem Parkplatz in Beilstein-Schmidhausen gefunden. Das Projektil konnte einer Polizeiwaffe zugeordnet werden. Auch Scheiders Wagen wurde von Poehlke bei einem Bankraub eingesetzt. Die Scheiben des Bankschalters hatte er mit einem Vorschlaghammer eingeschlagen hatte, daher die Bezeichnung »Hammermörder«.

Chronik der bekannten Morde:
3. Mai 1984: Siegfried Pfitzer (47)
21. Dezember 1984: Eugene Wethey (37)
22. Juli 1985: Wilfried Scheider (26)
20. Oktober 1985: Ingeborg Poehlke
20. Oktober 1985: Adrian Poehlke (7)
23. Oktober 1985: Gabriel Poehlke (4)

VERHAFTUNG UND PROZESS

Am 29. September 1985 fand eine Anti-Terror-Einheit der Polizei bei der Suche nach Bomben in einem Schließfach am Bahnhof eine Polizeiuniform. Die Uniform konnte Poehlke zugeordnet werden, der sie angeblich dort gelassen hatte, als er sich eilig für die Beerdigung eines Angehörigen umziehen musste. Als seine Kollegen die Aussage überprüften, fanden sie heraus, dass es in jüngerer Vergangenheit keinen Todesfall in Poehlkes Familie gegeben hatte. Außerdem stellten sie fest, dass Poehlke horrende Schulden hatte, weil sich die Familie beim Bau des Eigenheims finanziell übernommen hatte.

Am 14. Oktober meldete Poehlke sich krank. Einige Tage darauf statteten seine Kollegen ihm einen Besuch ab, um ihn wegen der Raubüberfälle und Morden zu vernehmen, er war allerdings nicht zu Hause. Die Ermittler nahmen an, dass Poehlke geflohen war, und brachen deshalb die Tür auf. Im Badezimmer fanden sie die Leiche seiner Frau, die mit zwei Kopfschüssen getötet wurde. Die Leiche von Sohn Adrian fanden sie in seinem Bett vor, er wurde ebenfalls erschossen.

Am 23. Oktober wurde Poehlkes Auto in der italienischen Stadt Brindisi gefunden. Im Wagen befanden sich die Leichen von Poehlke und seinem Sohn Gabriel. Beide wurden erschossen, es handelte sich offenbar um einen erweiterten Suizid. Der Fall Poehlke wurde damit geschlossen.

AUSGANG

Nach Poehlkes Selbstmord wurde durch eine ballistische Untersuchung festgestellt, dass seine Dienstwaffe die Tatwaffe bei den ersten drei Morden war.

HARRY POWERS

Geburtsdatum: 1893
Alias: Cornelius O. Pierson, A. R. Weaver, Mail-order Bluebeard, The West Virginia Bluebeard
Tatmerkmal: Mord aus Habgier
Opferzahl: mindestens 5
Zeitraum der Morde: 1931
Datum der (endgültigen) Verhaftung: August 1931
Mordmethoden: Erhängen, Erschlagen mit dem Hammer
Tatorte: Quiet Dell in West Virginia (USA)
Status: am 18. März 1932 durch Erhängen hingerichtet

VORGESCHICHTE

Powers wurde 1893 als Herman Drenth in den Niederlanden geboren. 1910 wanderte er mit seiner Familie in die USA aus, wo sie sich zunächst in Iowa niederließen, bevor sie 1926 nach West Virginia umzogen. Der Vater war Farmer und Powers wollte auf keinen Fall in seine Fußstapfen treten. Er träumte von einem besseren Leben und hohem Ansehen und suchte deshalb nach anderen Möglichkeiten, Geld zu verdienen.

1927 heiratete Powers Luella Strother, nachdem er auf ihre Kontaktanzeige in der Zeitschrift *Lonely Hearts* (Deutsch: einsame Herzen) reagiert hatte. In der Anzeige stand, dass sie ein Lebensmittelgeschäft und eine Farm besaß, was Powers' Interesse geweckt hatte. Obwohl er nun verheiratet war, schaltete Powers weiterhin auch eigene Anzeigen in der Zeitschrift und erhielt zahlreiche Zuschriften – bis zu 20 am Tag. Für die Anzeigen verwendete er nicht seinen echten Namen, um seine wahre Identität zu verbergen.

Als Powers eine neue Idee hatte, wie er sein Einkommen aufbessern konnte, begann er, auf seinem Grundstück einen Keller und eine Garage zu bauen. Dort konnte er seine Pläne ungestört in die Tat umsetzen.

MORDE

Unter dem Alias Cornelius O. Pierson hatte Powers Briefkontakt mit Asta Eicher, einer Witwe mit drei Kindern, die in Park Ridge, Illinois, lebte. Am 23. Juni 1931 besuchte er sie. Eicher ließ ihre Kinder in der Obhut von Elizabeth Abernathy und fuhr mit Powers davon. Sie kehrte nie mehr zurück.

Wenig später erhielt Abernathy einen Brief. Darin stand, dass Powers vorbeikommen würde, um die Kinder abzuholen. Nachdem er dies getan hatte, brachte er eines der Kinder dazu, Geld vom Konto der Mutter abzuheben. Die Bank verweigerte allerdings die Auszahlung, weil die Unterschrift auf dem Scheck ganz offensichtlich gefälscht war. Powers sammelte die Kinder ein und verschwand mit ihnen. Den Nachbarn erzählte er, sie würden nach Europa verreisen. Auch die Kinder wurden nie mehr gesehen.

Powers' nächstes Opfer war Dorothy Lemke aus Northboro, Massachusetts – ein weiteres einsames Herz. Nachdem sie und Powers sich eine Zeit lang Briefe hin- und hergeschickt hatten, überzeugte er sie davon, zu ihm nach Iowa zu ziehen und ihn zu heiraten. Vorher sollte sie aber 4000 Dollar abheben – damals eine sehr große Summe Geld – und zu ihm mitbringen. Lemke verschwand genauso spurlos wie Eicher und ihre Kinder.

VERHAFTUNG UND PROZESS

Am 26. August 1931 begann die Polizei im Fall der verschwundenen Eicher und ihrer drei Kinder zu ermitteln. Bei der Überprüfung ihrer letzten Kontakte stießen die Fahnder auf den Namen Cornelius O. Pierson. Sie fanden schnell heraus, dass niemand existierte, der so hieß; die Pesonenbeschreibung passte aber genau auf Powers.

Nach Powers' Verhaftung durchsuchten die Ermittler seine Wohnung und fanden eine Szenerie wie in einem Horrorfilm vor. Im Keller gab es vier Räume, in allen befanden sich Blutspuren. Zudem entdeckten sie Haare, blutverschmierte Kleidung, den Fußabdruck eines Kindes und ein verbranntes Sparbuch. Hinter dem Haus schien eine Grube frisch zugeschüttet worden zu sein. Die Ermittler begannen zu graben und stießen in der Erde auf die Leichen aller Mordopfer.

Alle weiblichen Opfer wurden erwürgt, nur Eichers Sohn wurde mit einem Hammer der Schädel eingeschlagen. Die Ermittler fanden unzählige Liebesbriefe in Powers' Kofferraum – es schien, als hätte er bereits seinen nächsten Mord geplant.

Am 7. Dezember 1931 begann Powers' Prozess. Er dauerte nur fünf Tage. Powers wurde in allen Anklagepunkten schuldig gesprochen und am 12. Dezember zum Tod durch den Strang verurteilt.

AUSGANG

Am 18. März 1932 wurde Powers im Staatsgefängnis in Moundsville zum Galgen geführt. Auf letzte Worte verzichtete er. Nachdem ihm die Stoffhaube über den Kopf gezogen wurde, öffnete sich die Falltür unter seinen Füßen und Powers wurde gehängt. Elf Minuten später wurde sein Tod festgestellt.

WISSENSWERTES

Für eine Jahresgebühr (4,95 Dollar für Männer, 1,95 Dollar für Frauen) bekamen Mitglieder der Partnervermittlungsagentur *American Friendship* regelmäßig eine Liste zugesandt, auf der passende Alleinstehende – überwiegend Witwen und Witwer – sowie deren attraktivste Eigenschaften vermerkt waren – ob echt oder geflunkert. Zu den Klienten der Agentur gehörte 1931 auch ein Mann, der, seiner Anzeige nach zu urteilen, eigentlichen keine Probleme gehabt haben dürfte, Frauen kennenzulernen. »Wohlhabender Witwer«, stand in Powers' Kontaktanzeige, »mit einem Vermögen von 150 000 Dollar und einem monatlichen Einkommen von 400 bis 2000 Dollar.« Als Beruf gab er Ingenieur an und log weiter: »Ich wohne in einem wunderschönen Haus mit 10 Zimmern, komplett eingerichtet mit allem, was eine tolle Frau glücklich macht. Meine Frau hätte ihr eigenes Auto und jede Menge Geld zum Ausgeben. Aufgaben hätte sie keine, außer den ganzen Tag ihr Leben zu genießen.«

CRAIG PRICE

Geburtsdatum: 11. Oktober 1973
Alias: The Warwick Slasher
Tatmerkmal: mordete als Minderjähriger
Opferzahl: 4
Zeitraum der Morde: 1987, 1989
Datum der (endgültigen) Verhaftung: September 1989
Mordmethode: Erstechen
Tatorte: Warwick in Rhode Island (USA)
Status: Aufgrund von schlechter Führung im Gefängnis zu insgesamt 29 Jahren Freiheitsstrafe verurteilt. 2019 wurde er des Mordes an einem Mithäftling schuldig gesprochen und zu weiteren 25 Jahren Haft verurteilt.

VORGESCHICHTE

Price ist einer der jüngsten Serienmörder, der in den USA je sein Unwesen trieb. Er stammt aus einer Arbeiterfamilie aus Rhode Island. Mit 15 Jahren hatte er bereits ein umfangreiches Vorstrafenregister, war unter anderem wegen Voyeurismus, Diebstahl, Drogen und Einbruch auffällig geworden. Was die Behörden nicht wussten: Das schlimmste Verbrechen hatte er schon zwei Jahre zuvor begangen, seinen ersten brutalen Mord.

Price fuhr schnell aus der Haut und wurde gewalttätig. Daheim kam es häufig zu Streit und Handgreiflichkeiten mit Familienmitgliedern, sodass mehrmals die Polizei kommen musste, um zu schlichten. Einmal schloss sich Price mit einer Gruppe anderer junger Straftäter zusammen, um gemeinsam Einbrüche zu begehen. Sie stiegen in Wohnhäuser ein und nahmen alles mit, was sie zu Geld machen konnten.

Price wurde immer gewalttätiger und machte ständig Ärger. Eines Tages geriet er unter Verdacht, einen Mord begangen zu haben, der sich in der Gegend ereignet hatte. Die Polizei verhaftete ihn und während seiner Vernehmung gestand er vier Morde.

MORDE

Price ermordete sein erstes Opfer, Rebecca Spencer, als er gerade einmal 13 Jahre alt war. Die 27-jährige Frau lebte in der Nachbarschaft und Price hatte sie mehrmals durch ihr Fenster beobachtet. Eines Tages brach er in das Haus ein, in dem sie lebte, und erstach sie mit einem Messer, das er in der Küche gefunden hatte. Vermutlich aufgrund seines jungen Alters wurde Price nie verdächtigt.

Zwei Jahre später, mit 15 Jahren, tötete Price Joan Heaton und ihre beiden Töchter Jennifer und Melissa, indem er sie ebenfalls erstach. Erst als einem Detective eine große Schnittwunde an Prices Hand auffiel, wurde er in dem Fall zum Hauptverdächtigen.

VERHAFTUNG UND PROZESS

Im September 1989 wurde Price verhaftet. Ohne dass die Ermittler ihn dazu überredet hätten, gestand er sofort alle Morde. Damit war er der jüngste Serienmörder der Geschichte. Weil er zum Tatzeitpunkt noch minderjährig war, wurde im Prozess das Jugendstrafrecht angewendet und Price durfte, trotz Verurteilung wegen mehrfachen Mordes, nur bis zum 21. Lebensjahr inhaftiert werden.

Im Gefängnis wurde Price schließlich weiterer Delikte angeklagt, darunter schwere Missachtung des Strafvollzugsgesetzes, Erpressung und Verletzung seiner Bewährungsauflagen wegen Schlägereien in Haft. Für diese Verfehlungen erhielt er eine zusätzliche Freiheitsstrafe von 10 bis 25 Jahren.

AUSGANG

Am 29. Juli 2009 begann Price eine Schlägerei mit einem anderen Häftling. Als die Justizvollzugsbeamten dazwischengingen, stach Price einem von ihnen mit einer selbst gebauten Klinge in den Finger. Er wurde daraufhin in ein anderes Gefängnis verlegt. 2019 wurde er des Mordes an einem Mithäftling schuldig gesprochen und zu weiteren 25 Jahren Haft verurteilt.

CLEOPHUS PRINCE JR.

Geburtsdatum: 24. Juli 1967
Alias: The Clairemont Killer
Tatmerkmale: Vergewaltigung, Raubmord
Opferzahl: 6
Zeitraum der Morde: 12. Januar 1990 bis 13. September 1990
Datum der (endgültigen) Verhaftung: 4. Februar 1991
Mordmethode: Erstechen
Tatorte: San Diego County in Kalifornien (USA)
Status: zum Tode verurteilt, wartet auf seine Hinrichtung

VORGESCHICHTE

Prince kam in Birmingham, Alabama, als Sohn von Cleophus Sr. und Dorothy Prince zur Welt. Er war noch keine zwei Jahre alt, als der Vater nach einem Vorfall vor einem Lebensmittelgeschäft verhaftet und wegen Mordes verurteilt wurde. Er war nach eigener Angabe von einer Gruppe mit Messern bewaffneter Männer angegriffen worden, von denen er einen in Notwehr erschoss. Das Gericht sah das anders und verurteilte Cleophus Sr. zu 40 Jahren Haft, von denen er allerdings nur etwas mehr als elf Jahre absaß.

Während der Vater im Gefängnis saß, fiel es der Mutter schwer, für Prince und seine Schwester zu sorgen, weshalb die Kinder überwiegend bei den Großeltern lebten. Dort ging es ihnen gut und sie führten, verglichen mit dem stressigen Alltag in ihrem Elternhaus, ein sorgenfreies Leben.

Prince war weder ein guter Schüler, noch gelang es ihm, längere Zeit einen Job zu behalten. Deshalb verpflichtete er sich 1987 bei der Navy. Seine Eltern waren darüber erfreut und unterstützten ihn dabei. Er absolvierte seine Grundausbildung im Great Lakes Naval Training Center nahe Chicago und wurde anschließend zur Miramar Naval Air Station in San Diego verlegt, wo er als Mechaniker arbeitete.

1989 wurde Prince wegen Diebstahl angeklagt und kam vor ein Militärgericht, das ihn zu 27 Tagen Gefängnis verurteilte. Anschließend wurde er aus der Navy entlassen und zog in eine Wohnung im Appartementkomplex Buena Vista Gardens in San Diego. Doch Princes kriminelle Karriere war noch lange nicht beendet. Im Gegenteil, im darauffolgenden Jahr wurde er zum Mörder.

MORDE

Bei jedem seiner Morde verschaffte Prince sich tagsüber durch ein unverschlossenes Fenster Zugang zum Haus seiner Opfer und wartete dort, bis sie heimkamen. Dann überraschte er sie, während sie ein Bad nahmen – oder kurz danach –, und erstach sie mit einem Messer aus ihrer eigenen Küche. Freunden gegenüber prahlte er mit den Morden und bewahrte Schmuck seiner Opfer auf. Den Ehering eines Opfers trug er an einer Kette um den Hals und einen weiteren Ring schenkte er seiner Freundin.

Nach dem Mord an Holly Tarr flüchtete Prince aus dem Buena-Vista-Gardens-Wohnkomplex und wurde dabei von einem Zeugen beobachtet. Der Zeuge gab der Polizei eine Täterbeschreibung, auf deren Basis eine Phantombildzeichnung angefertigt wurde.

Chronik der bekannten Morde:
12. Januar 1990: Tiffany Schultz (21)
16. Februar 1990: Janene Weinhold (21)
3. April 1990: Holly Tarr (18)
20. Mai 1990: Elissa Keller (38)
13. September 1990: Pamela Clark (42)
13. September 1990: Amber Clark (18)

VERHAFTUNG UND PROZESS

Im Februar 1991 hörte eine Frau, als sie gerade duschen wollte, wie jemand sich an ihrer Haustür zu schaffen machte. Sie verließ fluchtartig das Haus und bat einen Nachbarn um Hilfe, der Prince daraufhin konfrontierte. Der versuchte zunächst, sich eine Ausrede einfallen zu lassen, rannte dann aber einfach davon. Ein Zeuge hatte sich jedoch sein Kennzeichen notiert und konnte ihn auf Fotos identifizieren, die ihm von der Polize vorgelegt wurden.

Am 4. Februar 1991 wurde Prince verhaftet. Als er gebeten wurde, Speichel- und Blutproben abzugeben, erklärte er sich einverstanden. Beim Abgleich der Proben konnte Prince mit dem Mord an Janene Weinhold in Verbindung gebracht werden, und aufgrund des immergleichen Musters und den vielen Parallelen zwischen diesem Fall und anderen konnten die Ermittler Prince auch für die übrigen Morde anklagen.

Im März 1992 kam Prince vor Gericht. Obwohl seine Verteidiger zahlreiche Argumente für seine Unschuld vorbrachten, wurde er am 15. Juli 1993 des Mordes in sechs Fällen sowie 21 weiterer Verbrechen schuldig gesprochen und am 5. November 1993 zum Tode verurteilt.

AUSGANG

Prince ging gegen das Urteil in Berufung und behauptete, die Geschworenen seien durch die Berichterstattung in den Medien beeinflusst worden und hätten ihn »vorverurteilt«. Der Oberste Gerichtshof von Kalifornien wies den Berufungsantrag ab. Bis heute sitzt Prince in der Todeszelle und wartet auf seine Hinrichtung.

DENNIS RADER

Geburtsdatum: 9. März 1945
Alias: BTK-Killer, The BTK Strangler
Tatmerkmale: Fetischist, Sadist
Opferzahl: 10
Zeitraum der Morde: 1974 bis 1991
Datum der (endgültigen) Verhaftung: 25. Februar 2005
Mordmethoden: Erdrosseln, Erhängen, Erstechen
Tatorte: Sedgwick County in Kansas (USA)
Status: verurteilt zu lebenslanger Freiheitsstrafe mit der Möglichkeit einer Strafaussetzung zur Bewährung nach frühestens 175 Jahren

VORGESCHICHTE

Rader zeigte schon früh ein gestörtes Verhalten, was jedoch niemand aus seinem Umfeld wirklich ernst zu nehmen schien. So war etwa bekannt, dass er schon als kleines Kind gerne Tiere quälte, was als potenzielles Anzeichen für heranwachsende Serienmörder gilt. Rader entwickelte außerdem einen sexuellen Fetisch für Frauenunterwäsche, die er später auch gerne selbst trug, vor allem wenn sie einem seiner Opfer gehört hatte.

Von 1966 bis 1970 diente Rader in der U.S. Air Force. Nach seiner Zeit beim Militär arbeitete er in der Fleischabteilung eines Supermarkts. 1971 heiratete er Paula Dietz und das Paar bekam zwei Kinder. Rader beschloss, sich weiterzubilden, und besuchte ein Community College, wo er 1973 einen Abschluss als Elektriker machte. Anschließend schrieb er sich an der Wichita State University ein und erlangte dort 1979 einen Bachelor in Justizverwaltung.

Trotz dieser soliden Ausbildung hatte Rader über die Jahre viele verschiedene Jobs, bei denen er eher einfache Tätigkeiten verrichtete. So arbeitete er etwa bei einem Sicherheitsdienst, in einem Unternehmen, das Outdoorbedarf produzierte, oder als Hundefänger. Ironischerweise installierte er für eine Sicherheitsfirma Alarmanlagen bei Leuten, die Angst vor dem BTK-Killer hatten. Seine Kunden ahnten nicht, dass sie den Mann, vor dem sie sich fürchteten, in ihr Haus gelassen hatten. Während er als Hundefänger arbeitete, gab es mehrfach Beschwerden, dass er die Tiere zu harsch behandelte. Einmal wurde er sogar beschuldigt, einen Hund ohne triftigen Grund eingeschläfert zu haben.

Dennoch geriet Rader lange Zeit nicht in den Fokus der Ermittler, weil er als ehrbares Mitglied der Gesellschaft galt. Immerhin war er ein hart arbeitender Familienvater und Leiter einer Pfadfindergruppe. Er ging jeden Sonntag in die Kirche und war Mitglied des Kirchenrats. Niemand ahnte, dass dieser Mann über beinahe 20 Jahre hinweg zehn Menschen, darunter auch Kinder, auf brutalste Weise gefoltert und ermordet hat.

MORDE

Am 15. Januar 1974 brach Rader ins Haus der Oteros ein und tötete die ganze Familie. Joseph und seine Frau Julie erdrosselte er, Tochter Josephine wurde gefesselt und erhängt im Keller aufgefunden, und Sohn Joseph wurde mit einer über den Kopf gezogenen Plastiktüte erstickt. Das gestohlene Fahrzeug der Familie wurde später auf dem Parkplatz eines Ladengeschäfts gefunden.

Am 4. April 1974 überfiel Rader die 21-jährige Kathryn Bright in ihrem Haus und erstach sie. Ihr Bruder wurde angeschossen, aber überlebte. Raders nächstes Opfer war Shirley Vian Relford, die am 17. März 1977 gefesselt und erdrosselt in ihrer Wohnung gefunden wurde.

Als Nächstes tötete Rader Nancy Fox. Am 8. Dezember 1977 drang er in ihre Wohnung ein und erdrosselte sie. Dieses Mal rief er anschließend den Notdienst und meldete den Mord, dabei wurde erstmals seine Stimme aufgezeichnet.

Am 27. April 1985 verschwand Marine Hedge aus ihrer Wohnung, sie wohnte im selben Block wie Rader. Ihre Leiche wurde am 5. Mai gefunden. Vicki Wegerle wurde am 16. September 1986 in ihrer Wohnung erdrosselt. Ihr gestohlenes Auto wurde später zwei Blocks entfernt gefunden. Raders letztes bekanntes Opfer war Dolores Davis. Sie wurde am 19. Januar 1991 aus ihrer Wohnung entführt, ihre Leiche einige Tage später, am 1. Februar, gefunden.

Chronik der bekannten Morde:

15. Januar 1974: Joseph Otero (38)
15. Januar 1974: Julie Otero (33)
15. Januar 1974: Joseph Otero II. (9)
15. Januar 1974: Josephine Otero (11)
4. April 1974: Kathryn Bright (21)
17. März 1977: Shirley Vian Relford (24)
8. Dezember 1977: Nancy Fox (25)
27. April 1985: Marine Hedge (53)

16. September 1986: Vicki Wegerle (28)
19. Januar 1991: Dolores E. Davis (62)

VERHAFTUNG UND PROZESS

Immer mehr Jahre gingen ins Land und die Polizei schien in den Mordfällen keinen Schritt weiterzukommen. 2004 begann Rader, Briefe an die lokalen Medien zu verschicken. Einige dieser Briefe enthielten Fotos von den Tatorten oder Führerscheine der Opfer, um zu belegen, dass sie tatsächlich vom Mörder stammten. Als Absender war der Name »Bill Thomas Killman« angegeben, das Kürzel »BTK« stand dennoch für etwas anderes: Rader hatte auch Briefe an die Polizei verfasst und mit BTK unterschrieben, was für »Bind, Torture, Kill« stand, also fesseln, foltern, töten, wie er in seinem ersten Brief an die Polizei unter den Initialen vermerkte.

Rader schrieb immer mehr Briefe, in denen er seine Morde detailliert beschrieb und vorschlug, dass ein Buch über seine Lebensgeschichte geschrieben werden sollte. Sogar eine Kapitelübersicht und eine gefälschte Vita hatte er dafür beigefügt. Einige der Gegenstände, die Rader in seinen Briefen an Medien und Polizei verschickte, waren auf gruselige Weise bizarr: eine Puppe etwa, die an Händen und Füßen gefesselt war und der eine Plastiktüte über den Kopf gezogen wurde.

In einem seiner Briefe fragte Rader die Polizei, ob sich die Spur zu ihm zurückverfolgen ließe, wenn er seine Briefe auf einer Diskette verschicken würde. Die Ermittler ließen daraufhin eine Anzeige in einer Lokalzeitung schalten, in der über die Sicherheit von Disketten informiert wurde. Eine List – und Rader fiel darauf herein. Seinen nächsten Brief verschickte er als Word-Dokument auf einer Diskette. Die Datenforensiker des FBI fanden auf dem Datenträger neben dem eigentlichen Brief noch ein gelöschtes Word-Dokument, aus dessen Metadaten ersichtlich wurde, dass es von einem Computer der örtlichen Lutheranerkirche stammte und von einem gewissen Dennis zuletzt bearbeitet wurde. Dennis Rader war der Präsident jenes Kirchenverbands.

Am 25. Februar 2005 wurde Rader verhaftet. Während ein Polizist ihm die Handschellen anlegte, frage er Rader, ob er denn wisse, für was er gerade verhaftet wurde. Rader entgegnete, er habe eine Vermutung. Gleich mehrere Ermittlungsbehörden waren an der Durchsuchung von Raders Haus, Auto, der Kirche und der Bibliothek beteiligt, aus der einige von Raders Briefen verschickt worden waren.

Am 28. Februar 2005 wurde Rader des Mordes in zehn Fällen angeklagt. Kurz darauf war in den Medien zu lesen, Rader habe die Morde bereits gestanden, was allerdings nicht der Wahrheit entsprach. Seinen ersten Termin vor Gericht hatte Rader am 1. März per Videoschaltung. Seine Kaution wurde auf 10 Millionen Dollar festgelegt und ihm wurde ein Pflichtverteidiger zugewiesen.

Am 3. Mai plädierte Rader in allen zehn Mordanklagen auf nicht schuldig, änderte sein Plädoyer aber am 27. Juni und bekannte sich in allen zehn Fällen schuldig. Anschließend beschrieb er die Morde völlig nüchtern in einer grausamen Detailliertheit. Er zeigte weder Reue noch Emotionen und bat auch nicht um Verzeihung. Am 18. August 2005 wurde das Urteil verkündet: Rader wurde zu zehn aufeinanderfolgenden Freiheitsstrafen verurteilt und dürfte frühestens im Jahr 2180 Bewährung beantragen.

AUSGANG

Zwar zeigte Rader während seiner Verhandlung keinerlei Emotionen. Als er nach der Urteilsverkündung in die Haftanstalt El Dorado transportiert wurde, begann er aber offenbar zu weinen, als er die Aussagen von den Angehörigen seiner Opfer im Radio hörte. Rader wird zu seiner eigenen Sicherheit in einem speziellen Abschnitt des Gefängnisses in Isolationshaft verwahrt. Er wird aller Wahrscheinlichkeit nach den Rest seines Lebens dort verbringen.

ZITATE

- *»Wann dieses Monster in meinen Kopf gelangt ist? Ich werde es niemals erfahren. Ich weiß nur, dass es nie wieder gehen wird. Wie soll man sich von so etwas selbst heilen? Ich kann es nicht aufhalten, das Monster macht immer weiter und schadet mir genauso wie der Gesellschaft. Vielleicht können Sie es stoppen. Ich kann es nicht.«*
- *»Ich glaube tatsächlich, dass ich von Dämonen besessen sein könnte. Ich wurde als Kind fallen gelassen und bin auf den Kopf gestürzt.«*

RICHARD RAMÍREZ

Geburtsdatum: 29. Februar 1960
Alias: The Night Stalker, The Walk-In Killer, The Valley Intruder
Tatmerkmale: Raubmord, Vergewaltigung, Verstümmelung
Opferzahl: mindestens 13 bis 16
Zeitraum der Morde: 10. April 1984 bis 24. August 1985
Datum der (endgültigen) Verhaftung: 31. August 1985
Mordmethoden: Erstechen, Erschießen, Erschlagen
Tatorte: Los Angeles in Kalifornien (USA)
Status: zum Tode verurteilt, starb am 7. Juni 2013 nach fast 28 Jahren in der Todeszelle an Leberversagen

VORGESCHICHTE

Ramírez war eines von fünf Kindern von Julian und Mercedes Ramírez. Der Vater war ein ehemaliger Polizist in der mexikanischen Grenzstadt Juarez, arbeitete nach dem Umzug ins benachbarte Texas aber an der Bahnstrecke der Eisenbahngesellschaft Santa Fe. Er war ein fleißiger Mann, neigte jedoch zu Wutausbrüchen und verprügelte dann Frau und Kinder.

Als er zwei Jahre alt war, wurde Ramírez von einem umstürzenden Möbelstück am Kopf getroffen und trug eine große Platzwund an der Stirn davon. Mit fünf Jahren bekam er dann eine Schaukel an den Kopf und wurde bewusstlos. Infolge dieser Kopfverletzungen litt er bis ins Jugendalter hinein an Krampfanfällen.

Ab dem zwölften Lebensjahr verbrachte Ramírez viel Zeit mit seinem Cousin Miguel. Miguel war viel älter als Ramírez und ein erfahrener Kriegsveteran, der als Mitglied der knallharten Green-Beret-Spezialeinheit in Vietnam gedient hatte. Er berichtete Ramírez von den Gräueltaten, die er dort gesehen hatte, und von den brutalen Vergewaltigungen, an denen er beteiligt gewesen war. Er besaß sogar ein Foto, auf dem er mit dem abgetrennten Kopf einer Frau posierte, die er zuvor brutal ermordet hatte.

Ramírez begann schon äußerst früh, Cannabis zu konsumieren, und rauchte häufig gemeinsam mit Miguel, während der ihm seine grauenvollen Geschichten anvertraute. Doch Miguel erzählte nicht nur, er brachte Ramírez auch einige

Fähigkeiten bei, die er selbst beim Militär gelernt hatte, etwa wie man unbemerkt hinter feindlichen Linien operiert und wie man effizient jemanden tötet. Am 4. Mai 1973 war Ramírez gerade bei Miguel zu Besuch, als der seiner Frau bei einem Streit ins Gesicht schoss. Ins Gefängnis musste er allerdings nicht. Ein Gerichtsgutachter befand ihn für schuldunfähig, sodass er die folgenden vier Jahre in einer psychiatrischen Hochsicherheitsklinik verbrachte.

Nach dem Vorfall lebte Ramírez eine Zeit lang bei seiner Schwester und ihrem Ehemann Roberto, von Freunden und Familie zog er sich zurück. Roberto war ein notorischer Spanner, der durch fremde Fenster schaute, und nahm Ramírez häufig auf seine nächtlichen Touren mit. In jener Zeit entwickelte Ramírez ein Interesse für Satanismus und begann auch härtere Drogen zu nehmen, insbesondere LSD.

Als Jugendlicher begannen Gewaltvorstellungen Ramírez' sexuelle Fantasien zu dominieren. Neben der Schule jobbte er in einem »Holiday Inn«, was er zu seinem Vorteil nutzte, indem er sich mit seiner Schlüsselkarte Zugang zu den Zimmern der Gäste verschaffte und deren Wertsachen entwendete. Eines Abends erwischte ein Gast Ramírez, als der gerade versuchte, dessen Frau zu vergewaltigen. Der Mann schlug Ramírez daraufhin zusammen. Ramírez wurde verhaftet, die Vorwürfe wurden aber fallen gelassen, als das Paar sich weigerte auszusagen. Seinen Job im »Holiday Inn« verlor er dennoch.

Ramírez zog daraufhin von Texas nach Kalifornien. Er war inzwischen 21 Jahre alt. Innerhalb weniger Jahre würde er eine Serie von Morden begehen, die ihn zu einem der berüchtigtsten Serienmörder der USA machen sollte.

MORDE

Am 28. Juni 1984 wurde die Leiche von Jennie Vincow in ihrer Wohnung gefunden. Es wurde mehrfach auf sie eingestochen, während sie schlief, und ihre Kehle war derart tief aufgeschnitten, dass sie beinahe enthauptet worden wäre. Ramírez hatte sich durch das Fliegengitter eines offenen Fensters Zutritt zu der Wohnung verschafft.

Am 17. März 1985 schoss er Maria Hernandez vor deren Wohnung ins Gesicht. Sie überlebte wie durch ein Wunder. Ihre Mitbewohnerin Dayle Okazaki hörte den Schuss und versteckte sich hinter einem Tresen in der Küche. Als sie den Kopf hob, um nach Ramírez zu sehen, schoss dieser ihr in die Stirn und tötete sie. Wenig später fuhr Tsai-Lan Yu mit ihrem Auto am Monterey Park entlang, als Ramírez auf sie zukam. Er zerrte sie aus dem Wagen und tötete sie mit zwei Schüssen.

Am 27. März brach Ramírez in ein Haus in Whittier ein und tötete Vincent Zazzara, während er schlief. Als dessen Frau Maxine davon wach wurde, schlug Ramírez sie zusammen, fesselte sie und verlangte von ihr, ihm das Versteck ihrer Wertsachen zu verraten. Während er den Raum durchsuchte, konnte die Frau sich befreien und eine Schrotflinte unter dem Bett hervorholen, die aber leider nicht geladen war. Ramírez wurde fuchsteufelswild und tötete sie mit drei Schüssen. Anschließend verstümmelte er sie mit zahlreichen Messerstichen und drückte ihre Augäpfel heraus, die er in einer Schmuckschatulle mitnahm.

Am 14. Mai 1985 überfiel Ramírez Bill Doi und dessen Frau Lillian in deren Haus. Er schoss Bill ins Gesicht und prügelte ihn anschließend bewusstlos. Dann fesselte er Lillian und vergewaltigte sie, bevor er das Haus nach Wertsachen absuchte. Bill überlebte zunächst und wurde ins Krankenhaus gebracht, erlag dort aber seinen Verletzungen.

Am 29. Mai fuhr Ramírez in einem gestohlenen Auto zum Haus der 83-jährigen Mable Keller und ihrer Schwester Florence »Nettie« Lang. Er verschaffte sich Zutritt zum Haus, fesselte Lang und schlug mit einem Hammer auf sie ein, den er in der Küche gefunden hatte. Danach fesselte er auch Keller, verpasste ihr Stromstöße mit einem Elektrokabel und schlug auch sie mit dem Hammer. Dann vergewaltigte er Lang und zeichnete ihr mit Lippenstift ein Pentagramm auf den Schenkel und an die Wände des Schlafzimmers. Die Frauen wurden zwei Tage lang nicht gefunden. Beide überlebten den Angriff zunächst, Keller erlag später aber ihren Verletzungen.

Am 2. Juli 1985 schlich sich Ramírez in die Wohnung der schlafenden Mary Louise Cannon und prügelte sie mit einer Lampe bewusstlos. Danach erstach er sie mit einem ihrer eigenen Küchenmesser.

Fünf Tage später prügelte Ramírez die schlafende Joyce Lucille Nelson in ihrer Wohnung zu Tode. Dabei trat er ihr unter anderem gegen den Kopf und hinterließ so einen eindeutigen Fußabdruck seines Sneakers in ihrem Gesicht.

Am 20. Juli 1985 kaufte Ramírez eine Machete und fuhr in einem gestohlenen Auto nach Glendale. Dort brach er ins Haus von Lela und Maxson Kneiding ein und platzte in ihr Schlafzimmer. Erst hackte er mit der Machete auf das Paar ein, dann schoss er beiden in den Kopf. Nachdem sie bereits tot waren, verstümmelte er ihre Leichen noch weiter mit der Machete.

Nur Stunden später tötete er Chainarong Khovananth in seiner Wohnung, indem er ihm in den Kopf schoss. Danach vergewaltigte er mehrere Male dessen Frau Somkid und schlug sie brutal zusammen. Der kleine Sohn der Familie musste gefesselt mitansehen, wie Ramírez seine Mutter auf der Suche nach Wertsachen durch die Wohnung schleifte. Während er sie immer wieder schlug, zwang er sie, »auf Satan zu schwören«.

Ramírez' nächste Opfer waren Elyas Abowath und dessen Frau Sakina. Am 8. August 1985 brach er in ihr Haus ein und drang ins Schlafzimmer vor. Erst schoss er Elyas in den Kopf, der sofort tot war. Danach fesselte er Sakina mit Handschellen, verprügelte sie und zwang sie, ihm zu zeigen, wo ihr Schmuck verwahrt war. Danach vergewaltigte er sie. Auch sie musste auf »Satan schwören«. Als ihr kleiner Sohn den Raum betrat, wurde er von Ramírez gefesselt, aber ansonsten verschont. Nachdem Ramírez gegangen war, befreite Sakina ihren Sohn und ging zu den Nachbarn, um Hilfe zu rufen.

Am 18. August beging Ramírez seinen letzten bekannten Mord, nachdem er ins Haus von Peter und Barbara Pan eingebrochen war. Peter schoss er in den Kopf, er war sofort tot; Barbara vergewaltigte und verprügelte er, bevor er auch ihr in den Kopf schoss. Erstaunlicherweise überlebte sie dennoch. Ramírez zeichnete mit Lippenstift ein Pentagramm an die Wand des Schlafzimmers und schrieb »Jack the Knife« darunter.

Chronik der bekannten Morde:
28. Juni 1984: Jennie Vincow (79)
17. März 1985: Dayle Okazaki (34)
17. März 1985: Tsai Lan Yu (30)
27. März 1985: Vincent Zazzara (64)
27. März 1985: Maxine Zazzara (44)
14. Mai 1985: William Doi (66)
1. Juni 1985: Mable Keller (83)
2. Juli 1985: Mary Louise Cannon (75)
7. Juli 1985: Joyce Lucille Nelson (61)
20. Juli 1985: Max Kneiding (68)
20. Juli 1985: Leila Kneiding (66)
20. Juli 1985: Chainarong Khovananth (32)
9. August 1985: Elyas Abowath (35)

VERHAFTUNG UND PROZESS

Am 24. August brach Ramírez in die Wohnung von Bill Carns und Inez Erickson ein. Carns schoss er in den Kopf, was ihn wie durch ein Wunder aber nicht tötete,

Erickson vergewaltigte er. Er fesselte sie und verschwand, sie konnte jedoch aufstehen und zum Fenster eilen, sodass sie sein Auto noch erkannte. Anschließend gab sie der Polizei eine Beschreibung von Ramírez und seinem Wagen, die kurz darauf auch in den TV-Nachrichten gesendet wurde. Ein Jugendlicher entdeckte das Auto und konnte sich sogar einen Teil des Kennzeichens notieren.

Am 28. August fanden die Ermittler den Wagen und entdeckten einen Fingerabdruck auf dem Rückspiegel. Damit wussten die Behörden, dass es sich bei dem gesuchten Täter um Ramírez handelte. Fahndungsfotos von ihm wurden landesweit im TV ausgestrahlt und auf die Titelseiten jeder Tageszeitung in Kalifornien gedruckt. Am darauffolgenden Tag wurde Ramírez von einer Gruppe Leute erwischt, als er gerade wieder versuchte, ein Auto aufzubrechen. Die Gruppe umzingelte ihn und schlug ihn zusammen. Als die Polizei eintraf, prügelten die Leute noch immer auf Ramírez ein und die Beamten mussten dazwischengehen, damit der aufgebrachte Mob ihn nicht umbrachte.

1989 kam es zum Prozess. Am 20. September wurde Ramírez in zahlreichen Anklagepunkten schuldig gesprochen, unter anderem des Mordes in 13 Fällen, des versuchten Mordes in 5 Fällen, des Einbruchs in 14 Fällen sowie des sexuellen Missbrauchs in 11 Fällen. Am 7. November 1989 wurde er zum Tode verurteilt.

AUSGANG

Während er im Todestrakt auf seine Hinrichtung wartete, verschlechterte sich Ramírez' Gesundheit aufgrund eines B-Zell-Lymphoms, einer chronischen Hepatitis-C-Infektion sowie jahrelangen Drogenmissbrauchs zusehends. Er wurde in das Marin General Hospital in Greenbrae, Kalifornien, eingeliefert, wo er am 7. Juni 2013 im Alter von 55 Jahren an Leberversagen starb. Seine Hinrichtung war immer wieder verschoben worden, am Ende saß er 28 Jahre lang im Todestrakt der berüchtigten Haftanstalt San Quentin.

WISSENSWERTES

Der folgende Steckbrief zu Ramírez erschien in Ausgabe vier der Zeitschrift *Answer Me!*:

Lieblingssportarten: Rugby, Football, Boxen
Lieblingsmusik: Heavy Metal
Lieblingsschauspielerin: Samantha Strong

Lieblingsurlaubsort: URANUS (vermutlich ein Wortspiel mit »your anus«, also: »dein Anus«)
Lieblingsessen: Frauenfüße
Lieblingsfarbe: Rot
Zeitvertreib/Hobbys: Reisen und das Vermessen von Särgen
Das mag ich besonders: Kokain
Das mag ich gar nicht: Heuchler, Autorität
Mein größter Wunsch: Meinen Finger auf dem Auslöser einer Atombombe zu haben
Darauf achte ich bei einer Frau: Schöner Hintern, lange Beine
Mein perfektes Date: Rum trinken bei Mondschein nachts auf einem Friedhof
Beschreibe dich selbst: Ein Arschloch – und stolz darauf!
Motto: Lebe jeden Tag, als wäre es dein letzter.
So bringe ich eine Frau, die ich mag, dazu, mich zu bemerken: Ich zücke meine Waffe.
Das würde ich an mir ändern: Rein gar nichts, außer meinen Aufenthaltsort
So hat sich mein Leben durch meinen Erfolg verändert: So etwas wie Privatsphäre gehört der Vergangenheit an.
Meine Botschaft an meine Fans: Bleibt stark!

DAVID PARKER RAY

Geburtsdatum: 6. November 1896
Alias: The Toy-Box Killer
Tatmerkmal: baute eine Folterkammer
Opferzahl: verdächtigt, über 60 Morde begangen zu haben
Zeitraum der Morde: 1960er-Jahre bis 1999
Datum der (endgültigen) Verhaftung: 22. März 1999
Mordmethode: unbekannt
Tatorte: Truth or Consequences in New Mexico (USA)
Status: wurde nicht wegen Mordes verurteilt, erhielt für andere Verbrechen aber eine 224-jährige Freiheitsstrafe; starb am 28. Mai 2002 an einem Herzinfarkt

VORGESCHICHTE

Ray wuchs bei seinem Großvater auf, sein gewalttätiger Vater stattete ihm allerdings von Zeit zu Zeit Besuche ab. Neben den Misshandlungen des Vaters musste Ray auch das Mobbing seiner Mitschüler über sich ergehen lassen und war Mädchen gegenüber extrem schüchtern. Als Jugendlicher berauschte er sich bereits regelmäßig mit Alkohol und Drogen und hatte brutalste Gewaltfantasien.

Ray träumte von Folter, Vergewaltigung und Mord und sammelte Fotos, auf denen Frauen in Bondage-Situationen abgebildet waren. Zudem fertigte er eine Reihe sadomasochistischer Zeichnungen an, die von seiner Schwester gefunden wurden. Nach der Schule arbeitete Ray zunächst als Mechaniker, später verpflichtete er sich bei der Armee. Auch beim Militär wurde er als Mechaniker eingesetzt und am Ende seiner Dienstzeit ehrenhaft entlassen.

Ray ließ sich im abgelegenen Örtchen Elephant Butte, in New Mexico, nieder, wo er die perfekte Folterkammer konstruierte, um seine grauenvollen Fantasien ausleben zu können. Dafür stattete er ein Wohnmobil innen mit allerlei Werkzeug und Folterinstrumenten aus. Das umgebaute Gefährt bezeichnete er als »Toy Box«, also Spielzeugkiste. An der Wand hingen sogar Plakate, denen zu entnehmen war, wie sich bei Menschen größtmögliche Schmerzen verursachen lassen.

An einem so abgelegenen Ort und in einer so gut getarnten Folterkammer konnte Ray ungestört und ohne Angst, entdeckt zu werden, seinen sadistischen

Machenschaften frönen – bis einem seiner Opfer eines Tages die Flucht aus der Toy Box gelang.

MORDE

Ray wurde von mehreren Leuten – darunter seine Komplizen – des mehrfachen Mordes bezichtigt, doch es wurde nie eine Leiche gefunden. Die Ermittler schätzen, dass er bis zu 60 Opfer auf dem Gewissen haben könnte. Er entführte Frauen und verschleppte sie in seine Toy Box, wo er mit ihnen anstellte, was immer er wollte, unter anderem brutalste Vergewaltigung, Folter und Mord.

In der Toy Box befanden sich zahlreiche Werkzeuge und Gegenstände, die praktisch alle der Folter dienten. Die Ermittler fanden später Klemmen, Seilzüge, Peitschen, Ketten, Beinspreizer, Lederriemen, Sägen und Skalpelle. Hinzu kamen unzählige Sex-Toys und Diagramme an der Wand, die verschiedene Methoden aufzeigten, wie sich Menschen Schmerzen zufügen lassen. An der Decke des Wohnwagens befand sich ein großer Spiegel, die Opfer konnten also sehen, was ihnen angetan wurde.

Am 19. März 1999 gab Ray sich als Zivilpolizist aus und »verhaftete« Cynthia Vigil wegen Prostitution. Er legte ihr Handschellen an und brachte sie in die Toy Box. Drei Tage später gelang ihr die Flucht. Dabei musste sie sich gegen Rays Partnerin Cindy Hendy wehren, die sie aufhalten wollte. Vigil stach Hendy mit einem Eispickel in den Hals und stürmte aus dem Wohnwagen – nackt, mit einem Hundehalsband um den Hals, an dem Ketten mit Vorhängeschlössern befestigt waren.

VERHAFTUNG UND PROZESS

Vigil verständigte die Polizei, die kurz danach eintraf und Ray verhaftete. Zunächst gingen die Beamten davon aus, dass Ray nur für den Überfall auf Vigil verantwortlich war. Dass er ein Serienmörder sein könnte, kam ihnen nicht in den Sinn. Nachdem Details zu Rays Verhaftung an die Öffentlichkeit gedrungen waren, meldete sich jedoch ein weiteres seiner Opfer namens Angelica Montano. Montano berichtete der Polizei, dass auch sie in Rays Toy Box gefoltert wurde und dies sogar der Polizei gemeldet hatte, dass aber niemand der Sache nachgegangen war.

Nach der Durchsuchung des Wohnmobils konnten die Ermittler ein drittes Opfer namens Kelli Garrett identifizieren. Die Frau war auf einem Video zu erkennen, das Ray von ihrer Folter gedreht hatte. Ray hatte sie im Juli 1996 entführt und in seine Toy Box verschleppt. Dort setzte er sie unter Drogen und vergewaltigte und folterte sie über zwei Tage hinweg. Als er genug von ihr hatte, schnitt er ihre Kehle durch und warf ihre Leiche in einen Straßengraben. Ihm war nicht bewusst, dass die Frau noch lebte.

Es wurde entschieden, dass Ray sich in drei Prozessen verantworten sollte, einer für jedes Opfer. Das erste Verfahren endete in einem Fehlprozess und musste neu begonnen werden. Im zweiten Anlauf wurde Ray in allen zwölf Anklagepunkten, die im Zusammenhang mit dem Überfall auf Cynthia Vigil standen, schuldig gesprochen. Im zweiten Prozess ging es um den Fall Angelica Montano, die allerdings vor Prozessbeginn starb, weshalb die Verhandlung abgeblasen wurde. Im dritten Prozess schloss Ray einen Deal mit der Staatsanwaltschaft ab und wurde zu 220 Jahren Haft verurteilt.

AUSGANG

Ray starb am 28. Mai 2002 auf dem Weg ins Lea-County-Gefängnis in New Mexico, wo er von der Polizei vernommen werden sollte. Er hatte einen Herzinfarkt erlitten.

MELVIN REES

Geburtsdatum: 1928
Alias: The Sex Beast
Tatmerkmale: Vergewaltigung
Opferzahl: 5 bis 9
Zeitraum der Morde: 26. Juni 1957 bis 11. Januar 1959
Datum der (endgültigen) Verhaftung: 24. Juni 1960
Mordmethoden: Erschießen, Erwürgen, Ersticken, Erschlagen
Tatorte: Maryland und Virginia (USA)
Status: verurteilt zu lebenslanger Freiheitsstrafe, starb 1995 an Herzversagen

VORGESCHICHTE

Über Rees' Kindheit und Jugend ist bis zu seiner Collegezeit nicht viel bekannt. In den 1950er-Jahren schrieb er sich an der University of Maryland, nahe Washington ein. Seine Kommilitonen berichteten später, dass er über großes musikalisches Talent verfügte und ganz hervorragend Klavier, Saxofon und Klarinette spielen konnte. Später brach er sein Studium ab, um ein erfolgreicher Musiker zu werden.

Rees' Verbrecherkarriere begann 1955, als er eine Frau überfiel und versuchte, sie zu zwingen, in sein Auto einzusteigen. Die Frau konnte entkommen; weil sie keine Anzeige erstatten wollte, wurde Rees nicht belangt. Sein Umfeld ignorierte den Zwischenfall in jener Zeit, nicht ahnend, dass er ein ernstes Warnsignal für all das war, was Rees in Zukunft noch anrichten würde.

MORDE

Am 26. Juni 1957 waren Margaret Harold und ihr Lebensgefährte mit dem Auto in Maryland unterwegs, als Rees sie plötzlich von der Straße abdrängte und mit vorgehaltener Waffe zwang, das Fenster herunterzulassen. Er verlangte Geld und Zigaretten. Als das junge Paar sich weigerte, ihm etwas auszuhändigen, schoss Rees Harold ins Gesicht. Sie war sofort tot, ihr Partner konnte flüchten und alarmierte von einer nahe gelegenen Farm aus die Polizei. Als die eintraf, war Harold nackt und von Rees vergewaltigt worden.

Als die Beamten die Gegend absuchten, fanden sie ein leer stehendes Gebäude aus Hohlblocksteinen, bei dem das Kellerfenster eingeschlagen war. In dem Gebäude fanden sie eine große Sammlung Gewaltpornos sowie Obduktionsfotos, die an die Wand geklebt waren, allerdings keinerlei Hinweise auf Rees.

Am 11. Januar 1959 verschwand die Jackson-Familie nach einem Besuch bei Verwandten. Ihr Auto wurde verlassen am Straßenrand gefunden und der Polizei gemeldet. Etwa zwei Monate später tauchte die Leiche von Carroll Jackson nahe Fredericksburg auf. Er war gefesselt und in den Hinterkopf geschossen worden. Unter seiner Leiche fanden die Ermittler die Leiche seiner Tochter Janet. Die Obduktion ergab, dass das Mädchen lebendig in den Graben geworfen wurde und unter dem Gewicht ihres toten Vaters erstickt ist. Die Leichen von Mutter Mildred und der vierjährigen Susan Jackson wurden am 21. März in einem Wald nahe Annapolis gefunden. Ihre Obduktion ergab, dass beide vor ihrem Tod vergewaltigt und gefoltert wurden.

Chronik der bekannten Morde:
26. Juni 1957: Margaret Harold
11. Januar 1959: Carroll Jackson
11. Januar 1959: Mildred Jackson
11. Januar 1959: Janet Jackson (18 Monate)
11. Januar 1959: Susan Jackson (4)

VERHAFTUNG UND PROZESS

Eines Tages erreichte die Polizei ein Brief mit dem Rat, in den Mordfällen gegen Rees als möglichem Täter zu ermitteln. Der Brief wurde anonym versandt, als Verfasser aber später ein gewisser Glenn Moser identifiziert. Der berichtete den Ermittlern, dass Rees und er häufig tiefgründige philosophische Diskussionen darüber geführt hatten, ob Mord akzeptabel sei oder nicht. In diesem Zusammenhang soll Rees einmal gesagt haben, dass er durchaus jemanden töten würde, um einmal diese »menschliche Erfahrung« zu machen. Besagte Unterhaltung soll sich einen Tag vor dem Verschwinden der Jackson-Familie ereignet haben.

Am 24. Juni 1960 wurde Rees in West Memphis, Arkansas, verhaftet. Bei der Durchsuchung seiner Wohnung fanden die Ermittler handschriftliche Notizen zu den Jackson-Morden. Ein Mann, der Zeuge des Harold-Mordes geworden war, identifizierte Rees später auch in diesem Fall als Täter.

Rees kam für den Harold-Mord vor Gericht und wurde zu lebenslanger Haft verurteilt. Anschließend musste er sich auch für die Jackson-Morde vor Gericht verantworten und wurde auch in diesem Fall schuldig gesprochen. Zunächst erhielt er die Todesstrafe, die 1972 aber in eine lebenslange Haftstrafe umgewandelt wurde.

AUSGANG

Es wird angenommen, dass Rees noch für weitere Morde im Umfeld der University of Maryland verantwortlich war. So werden ihm die Mordopfer Mary Shomette, Mary Fellers, Ann Ryan und Shelby Venable zugeschrieben, für die er jedoch nie angeklagt wurde. Rees starb 1995 an Herzversagen.

MARTHA RENDELL

Geburtsdatum: 10. August 1871
Alias: –
Tatmerkmale: Sadismus, Kindsmord
Opferzahl: 3
Zeitraum der Morde: 28. Juli 1907, 6. Oktober 1907, 6. Oktober 1908
Datum der (endgültigen) Verhaftung: Juli 1909
Mordmethode: Vergiften mit Salzsäure
Tatorte: Perth (Australien)
Status: am 6. Oktober 1909 durch Erhängen hingerichtet

VORGESCHICHTE

Rendell wurde in Adelaide, in Südaustralien geboren und wuchs zu einer jungen Frau heran, die sich den gesellschaftlichen Regeln und Konventionen ihrer Zeit nicht unterordnen wollte. Mit gerade einmal sechs Jahren zog sie aus ihrem Elternhaus aus und brachte schon früh drei uneheliche Kinder zur Welt. Dies machte sie zur gesellschaftlichen Außenseiterin, da sexuelle Freizügigkeit in der damaligen Zeit noch als schlimme Sünde galt. Mitte der 1890er-Jahre begann sie eine Affäre mit einem verheirateten Mann namens Thomas Nicholls Morris, der mit seiner Frau neun Kinder hatte.

Im Jahr 1900 zog Morris aufgrund seiner Arbeit nach Perth, in Westaustralien. Ein weiterer Grund für den Umzug war, dass in der kleinen Stadt, in der er zuvor gelebt hatte, langsam Gerüchte zu seiner Affäre mit Rendell die Runde machten. Weil Rendell die Affäre mit Morris nicht aufgeben wollte, ließ sie ihre eigenen Kinder zurück und folgte ihm und dessen Frau nach Perth.

In jener Zeit kam eine Scheidung nicht infrage, weshalb Morris seine Ehe nicht auflösen konnte, um mit Rendell zusammen zu sein. Scheidung galt damals als Sünde, eine christliche Ehe als »Fundament des Staats und des Wohls, der Zufriedenheit und des Wohlstands seiner Bürger«. Es gab zwar den Vorschlag, ein entsprechendes Scheidungsgesetz auf Bundesebene zu verabschieden, das Parlament stimmte allerdings schnell dagegen.

Rendell und Morris führten ihre Affäre deshalb fort, bis er seine Frau 1906 schließlich doch noch verließ. Auch wenn ihm eine Scheidung nicht möglich war, so konnte er sich zumindest trennen. Seine fünf jüngsten Kinder nahm er mit und bezog mit Rendell ein Haus. Ihre Affäre dauerte inzwischen bereits zehn Jahre an und es schien, als hätte Rendell endlich erreicht, was sie immer wollte. Doch das gemeinsame Leben mit Morris war nicht so schön, wie sie es sich ausgemalt hatte.

Die beiden zogen mit den Kindern nach East Perth, in eine relativ anonyme Gegend, in der nicht viele Fragen gestellt wurden, und Rendell gab sich als Morris' Ehefrau aus. Zwar musste das Paar sich nun endlich nicht mehr verstecken, lebte aber in bitterer Armut. Rendell verbrachte den gesamten Tag mit Hausarbeit und der Betreuung der Kinder. Die mochten ihre neue Stiefmutter allerdings nicht, weil sie ihre echte Mutter vermissten, zu der ihnen der Kontakt untersagt wurde. Die Kinder waren außerdem entweder noch zu klein oder zu beschäftigt, um im Haushalt mit anzupacken, und Rendell war die meiste Zeit über allein, ohne Familie oder Freunde. Unglücklich mit ihrem Schicksal und aufgebracht wegen des ständigen Zoffs mit den Kindern fasste Rendell einen folgenschweren Entschluss, der ihr endlich das Leben bescheren sollte, das sie immer haben wollte.

MORDE

Die siebenjährige Annie war das erste der Kinder, das Rendell umbrachte. Zunächst mischte sie dem Kind etwas ins Essen, damit es Halsschmerzen bekam. Anschließend strich sie ihm »Medizin« in den Rachen, bei der es sich in Wahrheit um Salzsäure handelte. Dadurch entzündete sich der Rachen des Mädchens derart schwer, dass es nicht mehr essen konnte. So verhungerte die kleine Annie am 28. Juli 1907. Als ein Arzt den Totenschein ausstellte, notierte er darauf Diphterie als Todesursache.

Einige Monate später, am 6. Oktober 1907, starb Annies Schwester Olive auf dieselbe Weise. Erneut wurde Diphterie als Todesursache festgestellt. Danach wartete Rendell eine gewisse Zeit lang, bevor sie auch das älteste der drei Kinder, den damals 14-jährigen Arthur ermordete. Bei ihm dauerte es etwas länger, bis Rendells »Behandlung« wirkte. Nach seinem Tod am 6. Oktober 1908 war der Arzt skeptisch und ordnete eine Obduktion an. Rendell war einverstanden, unter der Bedingung, bei der Untersuchung dabei sein zu dürfen. Die Gerichtsmediziner fanden jedoch keinerlei Hinweise auf ein Verbrechen.

Im April 1909 beschloss Rendell, einem weiteren Kind – George – das Leben zu nehmen. Sie reichte ihm eine Tasse Tee und wenige Augenblicke später klagte der Junge über Halsschmerzen. Als Rendell versuchte, auch ihm Salzsäure in den Rachen zu streichen, verängstigte ihn das derart, dass er davonlief und zu seiner Mutter flüchtete.

Chronik der bekannten Morde:
28. Juli 1907: Annie Morris (7)
6. Oktober 1907: Olive Morris (5)
6. Oktober 1908: Arthur Morris (14)

VERHAFTUNG UND PROZESS

Rendells und Morris' Nachbarn waren aufgrund der Todesumstände der Kinder ohnehin schon misstrauisch. Nachdem der kleine George als vermisst gemeldet wurde, verständigten sie die Polizei, die ihn daraufhin bei seiner Mutter fand. George erzählte den Polizisten, dass Rendell seine Geschwister umgebracht hat und auch ihn mit »Salzschnaps« töten wollte, womit der Junge die Salzsäure meinte.

Weil seit dem Tod des letzten Kindes schon einige Zeit vergangen war, mussten die Leichen der drei exhumiert werden, um zu überprüfen, ob sie ermordet wurden. Dies geschah am 3. Juli 1909 und die Obduktionen ergaben, dass die Kinder vergiftet wurden. Die Ermittler hatten allerdings noch keine Beweise dafür, dass Rendell ihnen tatsächlich Salzsäure in den Rachen gestrichen hatte. Also experimentierten sie mit Kaninchen und Meerschweinen. Heraus kamen ähnliche Ergebnisse wie bei den Obduktionen der Kinder.

Rendell und Morris wurden daraufhin verhaftet und für die Morde an den Kindern angeklagt. Die Vorwürfe gegen Morris wurden später fallen gelassen, Rendell aber wurde schuldig gesprochen und zum Tode verurteilt.

AUSGANG

Rendell hatte nie Reue oder Schuldgefühle wegen ihrer Taten geäußert. Am 6. Oktober 1909 wurde sie im Fremantle Prison zum Galgen geführt und um 8 Uhr morgens gehängt. Anschließend wurde sie auf dem Gefängnisfriedhof begraben.

WISSENSWERTES

- Martha Rendell war die letzte Frau, die im australischen Bundesstaat Westaustralien hingerichtet wurde.

- Auf einem der Fenster des Fremantle Prison erscheint eine Illusion, die nur von außen sichtbar ist. Wenn man von der Gefängniskapelle aus hinausschaut, ist das Glas durchsichtig und eben, ohne ungewöhnliche Form oder Muster. Eine Legende besagt, dass die Illusion von außen das Portrait von Rendell darstellt, die über das Gefängnis wacht.
- Der Serienmörder Eric Edgar Cooke wurde später nach seiner Hinrichtung im selben Grab wie Rendell beerdigt.

ROBERT BEN RHOADES

Geburtsdatum: 22. November 1945
Alias: The Truck Stop Killer
Tatmerkmale: Folter, Vergewaltigung
Opferzahl: mindestens 4 bis 50
Zeitraum der Morde: vermutlich 1975 bis 1990
Datum der (endgültigen) Verhaftung: 1. April 1990
Mordmethoden: Erdrosseln, Erschießen
Tatorte: Texas und Illinois (USA)
Status: verurteilt zu lebenslanger Freiheitsstrafe ohne Möglichkeit einer vorzeitigen Entlassung

VORGESCHICHTE

Den Großteil seiner frühen Kindheit über wurde Rhoades nur von der Mutter großgezogen. Erst als er später zur Schule ging, kehrte der Vater aus Übersee zurück. Rhoades' Jugend verlief relativ unspektakulär, bis er mit 18 Jahren wegen Autodiebstahls verhaftet wurde. 1964 machte er seinen Schulabschluss und verpflichtete sich anschließend umgehend bei den Marines. Ebenfalls 1964 wurde Rhoades' Vater verhaftet, nachdem er mutmaßlich ein zwölfjähriges Mädchen sexuell belästigt hat. Bevor er vor Gericht gestellt werden konnte, beging er Selbstmord.

1996 wurde Rhoades von den Marines unehrenhaft entlassen, warum ist nicht bekannt. Im darauffolgenden Jahr geriet er erneut mit dem Gesetz in Konflikt, als er wegen Diebstahls verhaftet wurde. Als Erwachsener heiratete Rhoades dreimal und zeugte ein Kind. Um für seine Familie zu sorgen, wurde er LKW-Fahrer. Dieser Beruf erlaubte ihm die Freiheit, die er brauchte, um über 15 Jahre hinweg zahlreiche Morde zu begehen.

Rhoades ist als junger Mann weder durch Gewaltverbrechen auffällig geworden, noch ist ein übermäßig gestörtes Verhalten von ihm dokumentiert. Dass er später bis zu 50 Frauen brutal foltern und ermorden würde, war deshalb nicht abzusehen.

MORDE

Rhoades erste bekannte Opfer waren Douglas Zyskowski und dessen Frau Candace Walsh, im Januar 1990. Das Paar war per Anhalter unterwegs und fuhr bei Rhoades im LKW mit. Zyskowski tötete er sofort, die Leiche warf er im texanischen Sutton County in einen Straßengraben. Walsh hielt er eine Woche lang als Geisel, in der er sie wiederholt folterte und vergewaltigte. Als sie tot war, entsorgte er ihre Leiche in Millard County in Utah. Sie wies zahlreiche Schusswunden auf.

Es wird angenommen, dass Ricky Lee Jones und dessen Partnerin Regina Kay Walters Rhoades' nächste Opfer waren. Das junge Paar verschwand, nachdem beide im Februar 1990 in Houston von Zuhause weggelaufen waren. Auch sie waren per Anhalter unterwegs und wurden von Rhoades mitgenommen. Jones tötete er vermutlich sofort. Walters muss er über längere Zeit als Geisel gehalten haben, da ihr Haar (als ihre Leiche gefunden wurde) deutlich länger war als zum Zeitpunkt ihres Verschwindens.

Am frühen Morgen des 1. April 1990 parkte Rhoades' LKW mit eingeschalteten Warnblinkern am Rande einer Schnellstraße. Als ein vorbeikommender Highway-Polizist nach dem Rechten sah, fand er im Fahrerhaus neben Rhoades eine nackte und mit Handschellen gefesselte Frau, die um ihr Leben schrie. Rhoades versuchte, sich irgendwie herauszureden, doch der Polizist glaubte ihm kein Wort und verhaftete ihn.

VERHAFTUNG UND PROZESS

Rhoades wurde wegen sexuellem Missbrauch, schwerer Körperverletzung und Freiheitsberaubung angeklagt. Im Rahmen ihrer Ermittlungen konnten die Beamten Rhoades auch mit den Morden in Houston in Verbindung bringen und beantragten einen Durchsuchungsbeschluss für dessen Haus. Dort fanden sie mehrere Fotos einer nackten Jugendlichen sowie einer weiteren Frau. Die Personen auf den Fotos wurden als Walters und Walsh identifiziert.

Rhoades' Prozess begann 1994. Er wurde für den Mord an Walters verurteilt und erhielt eine lebenslange Freiheitsstrafe ohne die Möglichkeit einer vorzeitigen Entlassung. Man vermutet, dass er auch für die Vergewaltigung und Ermordung von etwa 50 Frauen zwischen 1975 und 1990 in derselben Region verantwortlich ist.

AUSGANG

2005 wurde Rhoades nach Utah ausgeliefert, wo er sich für die Morde an Walsh und Zyskowski verantworten sollte. 2006 wurde dort allerdings die Anklage gegen ihn fallen gelassen und er wurde nach Texas ausgeliefert, wo er die Morde an Walsh und Zyskowski auch begangen hatte. Er handelte einen Deal mit der Staatsanwaltschaft aus und erhielt eine weitere lebenslange Freiheitsstrafe.

WISSENSWERTES

Es existiert ein berüchtigtes, äußerst schauriges Foto von Regina Kay Walters, das Rhoades nur wenige Momente vor ihrer Ermordung in einer verlassenen Scheune aufgenommen hat.

GARY RIDGWAY

Geburtsdatum: 18. Februar 1949
Alias: The Green River Killer
Tatmerkmale: Vergewaltigung, Nekrophilie
Opferzahl: mindestens 49
Zeitraum der Morde: 1982 bis 1998
Datum der (endgültigen) Verhaftung: 30. November 2001
Mordmethode: Strangulation
Tatorte: Washington (USA)
Status: verurteilt zu lebenslanger Freiheitsstrafe ohne Möglichkeit einer vorzeitigen Entlassung

VORGESCHICHTE

Ridgway wurde von seinem Umfeld als etwas seltsam, aber freundlich beschrieben. Es fiel ihm schwer, Partnerinnen treu zu bleiben, und seine ersten beiden Ehen scheiterten, weil beide Parteien untreu waren. Seine zweite Frau, Marcia Winslow, erzählte später, dass Ridgway sie einmal in einem Würgegriff gehalten, sie aber nie Anzeige erstattet habe.

Während seiner zweiten Ehe fand Ridgway zur Religion und zog von Tür zu Tür, um Gottes Botschaft zu verbreiten. Auf Arbeit wie zu Hause las er häufig laut aus der Bibel und wies seine Frau an, die Lehren des Pfarrers zu befolgen. Manchmal weinte Ridgway, nachdem er eine Predigt in der Kirche gehört oder eine bestimmte Stelle in der Bibel gelesen hatte.

Während seiner Ehen bezahlte Ridgway zahlreiche Prostituierte für ihre Dienste. Außerdem bat er seine Frauen, an öffentlichen oder unangemessenen Orten Sex mit ihm zu haben. Laut seinen Ex-Frauen und ehemaligen Partnerinnen besaß Ridgway wohl eine äußerst ausgeprägte Libido. Manchmal verlangte er mehrmals täglich nach Geschlechtsverkehr, vor allem Sex im Wald hatte es ihm angetan.

Obwohl Ridgway zugab, regelmäßig Prostituierte aufzusuchen, war er konstant hin- und hergerissen zwischen seinen religiösen Ansichten und seiner sexuellen Lust, die zeitweise unkontrollierbar schien. Tagsüber beschwerte er sich ständig, dass sich so viele Prostituierte in der Nachbarschaft herumtrieben und dies die Gegend herunterziehen würde, nahm nachts aber selbst ihre Dienste in Anspruch.

Vielleicht war es dieses widersprüchliche Verhältnis von Rhoades zu Prostituierten und zu sich selbst, das letztlich zu der viele Jahre andauernden Mordserie führte, der so viele jener Frauen zum Opfer fielen, mit denen ihn diese Hassliebe verband.

MORDE

Die Zahl von Ridgways Opfern wird auf bis zu 71 geschätzt, vielleicht waren es sogar noch mehr. Ein Jahrzehnt lang überfiel er Prostituierte und Ausreißer, die nachts auf der Straße unterwegs waren. Die meisten Morde beging er in einem Zeitfenster von zwei Jahren, zwischen 1982 und 1984. Ridgway ist sich selbst nicht sicher, wie viele Morde genau er begangen hat – es waren so viele, dass er sich schlicht nicht an alle erinnern kann.

Nachdem er seine Opfer getötet hat, entsorgte Ridgway die meisten Leichen entlang des Green River, daher auch sein Spitzname. An manchen Stellen fanden sich ganze Ansammlungen von Leichen. Alle Opfer waren nackt und wurden häufig auf bestimmte Weise drapiert. Manchmal kehrte Ridgway später zu den Leichen zurück, um sich sexuell an ihnen zu vergehen.

Bei seinen Morden ging Ridgway immer gleich vor. Zunächst versuchte er das Vertrauen der Prostituierten zu gewinnen, indem er ihnen ein Foto seines Sohnes zeigte. Wenn die Frauen einwilligten, mit ihm zu kommen, vergewaltigte und erwürgte er sie mit bloßen Händen. Weil sich die Opfer stark wehrten und ihn dabei sichtbar verletzten, begann er später, sie zu erdrosseln.

Er mordete in seinem LKW, in seinem Haus und an abgelegenen Orten, wo er keine Angst haben musste, entdeckt zu werden. Bei ihren Ermittlungen gegen Ridgway befragten die Fahnder häufig den inhaftierten Serienmörder Ted Bundy nach dessen Einschätzung und »Expertise«. Bundy gab den Ermittlern unter anderem folgenden Tipp: Der Mörder würde mit hoher Wahrscheinlichkeit zu den Leichen zurückkehren, um sich an ihnen zu vergehen. Eine Einschätzung, die sich später als goldrichtig herausstellte. Bundy riet den Beamten deshalb, an einer erst kürzlich abgelegten Leiche auf die Rückkehr des Täters zu warten.

Weil Ridgway im Zusammenhang mit Prostitution vorbestraft war, geriet er 1984 ins Visier der Ermittler. Er wurde einem Lügendetektortest unterzogen, den er bestand. Im April 1987 wurde Ridgway erneut von den Behörden vernommen und dieses Mal nahmen die Ermittler Haar- und Speichelproben von ihm. Ein DNA-Abgleich offenbarte, dass es sich bei Ridgway um den Green River Killer handelte.

Chronik der bekannten Morde:
8. Juli 1982: Wendy Lee Coffield (16)
17. Juli 1982: Gisele Ann Lovvorn (17)
25. Juli 1982: Debra Lynn Bonner (23)
1. August 1982: Marcia Fay Chapman (31)
11. August 1982: Cynthia Jean Hinds (17)
12. August 1982: Opal Charmaine Mills (16)
29. August 1982: Terry Rene Milligan (16)
15. September 1982: Mary Bridget Meehan (18)
20. September 1982: Debra Lorraine Estes (15)
26. September 1982: Linda Jane Rule (16)
8. Oktober 1982: Denise Darcel Bush (23)
9. Oktober 1982: Shawnda Leea Summers (16)
20. Oktober 1982: Shirley Marie Sherrill (18)
3. Dezember 1982: Rebecca Marrero (20)
24. Dezember 1982: Sandra Denise Major (20)
3. März 1983: Alma Ann Smith (18)
8. März 1983: Delores LaVerne Williams (17)
10. April 1983: Gail Lynn Mathews (23)
14. April 1983: Andrea M. Childers (19)
17. April 1983: Sandra Kay Gabbert (17)
17. April 1983: Kimi-Kai Pitsor (16)
30. April 1983: Marie M. Malvar (18)
3. Mai 1983: Carol Ann Christensen (21)
22. Mai 1983: Martine Theresa Authorlee (18)
23. Mai 1983: Cheryl Lee Wims (18)
31. Mai 1983: Yvonne »Shelly« Antosh (19)
31. Mai 1983: Carrie Ann Rois (15)
8. Juni 1983: Constance Elizabeth Naon (19)
18. Juli 1983: Kelly Marie Ware (22)
25. Juli 1983: Tina Marie Thompson (21)
18. August 1983: April Dawn Buttram (16)
5. September 1983: Debbie May Abernathy (26)

12. September 1983: Trace Ann Winston (19)
28. September 1983: Maureen Sue Feeney (19)
11. Oktober 1983: Mary Sue Bello (25)
26. Oktober 1983: Pammy Annette Avent (15)
30. Oktober 1983: Delise Louise Plager (22)
1. November 1983: Kimberly L. Nelson (21)
23. Dezember 1983: Lisa Yates (19)
6. Februar 1984: Mary Exzetta West (16)
21. März 1984: Cindy Anne Smith (17)
17. Oktober 1986: Patricia Michelle Barczak (19)
7. Februar 1987: Roberta Joseph Hayes (21)
5. März 1990: Marta Reeves (36)
Januar 1998: Patricia Yellowrobe (38)

VERHAFTUNG UND PROZESS

Am 30. November 2001 fuhren Polizisten an der LKW-Fabrik vor, in der Ridgway damals arbeitete, und verhafteten ihn. Zunächst stand er nur im Verdacht, 20 Jahre zuvor vier Frauen umgebracht zu haben. Im August 2003 vereinbarte Ridgway offenbar folgenden Deal mit der Staatsanwaltschaft: Wenn er sich der Morde schuldig bekannte und noch weitere gestand, würde er die Todesstrafe umgehen können.

Und so bekannte Ridgway sich am 5. November 2003 vor Gericht des schweren Mordes in 49 Fällen schuldig. Er sagte aus, alle Opfer in King County, Washington, getötet und dann nahe Portland entsorgt zu haben, um die Polizei auf eine falsche Fährte zu locken. Am 18. Dezember 2003 wurde Ridgway zu 48 lebenslangen Freiheitsstrafen ohne Chance auf Bewährung verurteilt. Er erhielt außerdem eine zusätzliche lebenslange Freiheitsstrafe, die er separat verbüßen musste. Hinzu kamen weitere zehn Jahre Freiheitsstrafe pro Opfer – insgesamt also 480 Jahre – für die Manipulation von Beweisen bei jedem der Morde.

AUSGANG

Ridgway war im Staatsgefängnis Washington in Isolationshaft untergebracht, bis die Regierung 2005 seinem Antrag stattgab, ins Gefängnis Airway Heights, in einen Abschnitt der unteren bis mittleren Sicherheitsstufe verlegt zu werden. Dort blieb er, bis er im Mai 2015 in ein Bundesgefängnis der höchsten Sicherheitsstufe in Colorado verlegt wurde. Noch im September desselben Jahres wurde er allerdings mit einem Charterflugzeug nach Washington zurückgeflogen, damit Ermittler, die an offenen Mordfällen arbeiteten, leichteren Zugang zu ihm hatten.

WISSENSWERTES

In einer späteren Aussage erklärte Ridgway, dass er das Töten junger Frauen als seine »Karriere« betrachtete.

ZITAT

»Erst sprach ich mit ihnen, um sie von ihren Gedanken abzulenken, ich wolle nur Sex, oder was immer sie nervös machte. Damit sie dachten: ›Oh, der Kerl sorgt sich um mich‹, was aber nicht der Fall war. Ich wollte sie nur in mein Auto locken, damit ich sie umbringen konnte.«

JOEL RIFKIN

Geburtsdatum: 20. Januar 1959
Alias: Joel the Ripper
Tatmerkmal: Verstümmelung
Opferzahl: mindestens 9 bis 17
Zeitraum der Morde: 1989 bis 1993
Datum der (endgültigen) Verhaftung: 28. Juni 1993
Mordmethode: Strangulation
Tatorte: New York (USA)
Status: verurteilt zu 203 Jahren Freiheitsstrafe

VORGESCHICHTE

Rifkin war das Ergebnis einer ungewollten Schwangerschaft, seine biologischen Eltern waren zwei junge College-Studenten. Drei Wochen nach seiner Geburt wurde er zur Adoption freigegeben. Seine Adoptiveltern stammten aus Long Island und gehörten dort zur oberen Mittelschicht. Die Adoptivmutter hatte spanische Wurzeln, der Adoptivvater war russischer Jude. Als das Paar heiratete, konvertierte auch die Mutter zum Judentum.

1965 zog die Familie nach East Meadow, wo Rifkin den Großteil seines Lebens verbrachte. Er interessierte sich sehr für Fotografie und hatte andere handwerkliche Hobbys. Rifkin war ein schlauer Bursche, kam aber mit anderen Kindern nicht zurecht. Trotz seines hohen IQ bekam er schlechte Noten in der Schule und wurde wegen seiner Körperhaltung ständig gehänselt. Weil er sich nämlich ganz langsam und gekrümmt bewegte, nannten ihn alle nur die »Schildkröte«. Trotzdem gelang ihm der Schulabschluss, einen Universitätsabschluss schaffte er trotz mehrerer Anläufe jedoch nicht, er brach all seine Studiengänge ab.

Rifkin lebte lange Zeit noch im Haus seiner Adoptiveltern. Selbst als junger Erwachsener schien er nicht in der Lage zu sein, einen Job längere Zeit zu behalten. Einmal hatte er eine Freundin, die ihn als lieb beschrieb, aber feststellen musste, dass er zu Depressionen neigte. Rifkins Adoptivvater litt an Krebs und beging im Februar 1987 Selbstmord, um seinem Leid ein Ende zu setzen. Bei der Beerdigung sollte Rifkin die Grabrede halten. Von da an begann sein Verhalten, immer schlimmer zu werden.

Im August, nur sechs Monate nach dem Tod seines Vaters, wurde Rifkin verhaftet, nachdem er eine Prostituierte aufgesucht hatte. Er kam mit einer Geldstrafe davon und konnte die Verhaftung vor seiner Mutter geheim halten. Damit die Mutter nicht merkte, dass er häufiger Prostituierte frequentierte, fuhr er dazu fortan weiter weg von zu Hause. In jener Zeit begann er auch, Bücher und Zeitungsausschnitte über Mörder zu sammeln, die Prostituierte getötet haben, etwa über Arthur Shawcross und den Green River Killer. Zwei Jahre nach dem Tod seines Vaters überschritt Rifkin dann die Grenze zwischen Fantasie und Mord.

MORDE

1989 beging Rifkin seinen ersten Mord und tötete eine Frau bei sich zu Hause auf Long Island. Er zerstückelte die Leiche und entfernte ihre Fingerkuppen und Zähne, um eine Identifikation unmöglich zu machen, sollte sie entdeckt werden. Den abgetrennten Kopf der Frau stopfe er in einen Farbeimer und deponierte ihn im Wald eines Golfplatzes in New Jersey. Die Beine entsorgte er weiter nördlich und den Rest der Leiche warf er in den East River.

Es wird angenommen, dass Rifkin in den kommenden vier Jahren noch weitere 16 Frauen getötet hat. Die Leichen »verpackte« Rifkin häufig in Behältnissen wie Kisten oder Überseekoffern, bevor er sie irgendwo ablegte. Mindestens vier seiner Opfer wurden in Ölfässern gefunden. Seine Mordmethoden variierten, einige der Leichen erwürgte er etwa, bevor er sie zerstückelte und entsorgte. Rifkin gestand später, die meisten Opfer getötet zu haben, nachdem er Sex mit ihnen hatte.

Chronik der bekannten Morde:

1989: Heidi Balch, »Susie« (25)
1990: Julie Blackbird
13. Juli 1991: Barbara Jacobs (31)
1. September 1991: Mary Ellen Deluca (22)
1991: Yun Lee (31)
Dezember 1991: Lorraine Orvieto (28)
2. Januar 1992: Mary Ann Holloman (39)
April 1992: Iris Sanchez (25)
25. Mai 1992: Anna Lopez (33)
1992: Violet O'Neill (21)

Juli 1992: unbekannte Frau
1992: unbekannte Frau 2
2. Oktober 1992: Mary Catherine Williams (31)
16. November 1992: Jenny Soto (23)
27. Februar 1993: Leah Evens (28)
2. März 1993: Lauren Marquez (28)
24. Juni 1993: Tiffany Bresciani (22)

VERHAFTUNG UND PROZESS

Am 28. Juni 1993 ging Rifkin den Ermittlern ins Netz, als er ohne Nummernschilder mit seinem Auto unterwegs war. Weil er sich weigerte anzuhalten, nahm die Polizei die Verfolgung auf. Die Verfolgungsjagd endete, als Rifkin das Auto vor einen Strommast setzte – ironischerweise direkt vor dem Gerichtsgebäude in Mineola, New York. Als die Beamten auf den Wagen zugingen, um Rifkin zu verhaften, fiel ihnen ein furchtbarer Geruch auf, der aus dem Kofferraum drang. Bei der Durchsuchung des Wagens fanden sie darin die Leiche der Stripperin und Prostituierten Tiffany Bresciani.

Rifkins erste Vernehmung dauerte acht Stunden. Er gestand, 17 Frauen ermordet zu haben, und versuchte dabei, zu jeder Tat so viele Details wie möglich zu liefern, konnte sich aber an die Namen einiger Opfer nicht mehr erinnern. Er fertigte sogar mehrere Karten an, auf denen er die Orte einzeichnete, an denen er die Leichen entsorgt hatte, damit die Ermittler ihre Überreste bergen konnten.

Die Durchsuchung von Rifkins Elternhaus, wo er noch immer mit seiner Mutter lebte, brachte eine Vielzahl Beweise zutage. Die Beamten fanden in Rifkins Schlafzimmer zahlreiche persönliche Gegenstände der Opfer, darunter Ausweise, Kreditkarten, Führerscheine, Schmuck, Kleidung und Fotos. Die schlimmste Entdeckung machten sie in der Garage, wo sie eine Kettensäge und eine Schubkarre fanden, an denen noch menschliches Gewebe klebte.

Rifkin wurde 1994 vor Gericht gestellt und wegen Totschlags in neun Fällen zu 203 Jahren Jahren Freiheitsstrafe verurteilt, mit der Möglichkeit einer Strafaussetzung zur Bewährung frühestens 2197.

AUSGANG

1994 war Rifkin im Gefängnis in eine Schlägerei mit dem Massenmörder Colin Ferguson verwickelt. Ferguson hatte gerade telefoniert und Rifkin gebeten, leise zu sein. Die Situation eskalierte, als Ferguson behauptete, er habe »sechs Teufel«

getötet, Rifkin dagegen nur Frauen. Rifkin entgegnete daraufhin, dass er insgesamt mehr Opfer auf dem Gewissen habe, und Fergusons Antwort darauf war buchstäblich ein Schlag ins Gesicht.

1996 beschloss die Justizvollzugsbehörde, dass Rifkins Verbleib unter den übrigen regulären Häftlingen aufgrund seiner Verbrechen und des daraus resultierenden zweifelhaften Ruhms den Haftalltag störte. Er wurde daraufhin in Isolationshaft verlegt, wo er seine Zelle nur für eine Stunde am Tag verlassen durfte. Vier Jahre lang saß er so in Einzelhaft, bis er in ein anderes Gefängnis, die Clinton Correctional Facility, verlegt wurde.

Rifkin verklagte die Justizvollzugsbehörde, da seine dauerhafte Unterbringung in Isolationshaft angeblich verfassungswidrig gewesen sei. Das Gericht entschied jedoch, dass seine Menschenrechte dadurch nicht verletzt wurden.

WISSENSWERTES

- Rifkin besitzt einen getesteten IQ von 128.
- Anfang 1994 wurde berichtet, dass Rifkin in eine Gefängnisschlägerei mit dem Massenmörder Colin Ferguson verwickelt war. Zu der Schlägerei kam es, nachdem Ferguson Rifkin bat, leiser zu sein, da er telefonieren wollte. Laut New York Daily News eskalierte der Streit, nachdem Ferguson sagte: »Ich habe sechs Teufel ausgelöscht, du hast nur Frauen umgebracht«, woraufhin Rifkin entgegnete: »Ja, aber ich habe mehr Opfer getötet!« Ferguson habe Rifkin daraufhin ins Gesicht geschlagen.

JOHN EDWARD ROBINSON

Geburtsdatum: 27. Dezember 1943
Alias: Der erste Internetkiller, Slavemaster, John Osborne
Tatmerkmal: Vergewaltigung
Opferzahl: mindestens 8
Zeitraum der Morde: 1984 bis 2000
Datum der (endgültigen) Verhaftung: 2. Juni 2000
Mordmethode: Erschlagen
Tatorte: Kansas und Missouri (USA)
Status: zum Tode verurteilt, wartet auf seine Hinrichtung

VORGESCHICHTE

Robinsons Vater war Alkoholiker, die Mutter äußerst streng. Er war eines von fünf Kindern und wuchs in Cicero, Illinois, auf. 1957 wurde er als Pfadfinder mit seiner Gruppe nach London geschickt, um dort vor der Queen aufzutreten – eine große Ehre für einen kleinen Jungen. Noch im selben Jahr wurde er auf die private Jungenschule Quigley Preparatory Seminary geschickt, ein spezielles Internat für Jungen, die später einmal Priester werden wollen. Aufgrund disziplinarischer Probleme verließ er die Schule aber schon nach einem Jahr wieder.

Robinson beschloss, Röntgentechniker zu werden, und schrieb sich 1961 am Morton Junior College ein. Auch dort hielt er nur zwei Jahre durch, bevor er das Studium abbrach. Drei Jahre später zog er nach Kansas um, wo er seine spätere Frau Nancy kennenlernte. Ein Jahr darauf kam ihr erstes von vier Kindern zur Welt, ein Sohn, gefolgt von einer Tochter 1967 sowie Zwillingen 1971.

1969 wurde Robinson wegen Unterschlagung verhaftet. Er hatte mithilfe gefälschter Referenzen eine Stelle als Röntgentechniker in einer Arztpraxis bekommen und dort 33 000 Dollar veruntreut, wofür er zu drei Jahren Haft auf Bewährung verurteilt wurde. Im darauffolgenden Jahr verletzte Robinson seine Bewährungsauflagen und zog ohne behördliche Erlaubnis nach Chicago. Dort arbeitete er als Versicherungsmakler, geriet 1971 aber erneut wegen Unterschlagung in rechtliche Schwierigkeiten. Daraufhin wurde er nach Kansas City zurückgeschickt, um seine Bewährungszeit dort komplett zu verbüßen, die aufgrund der neuen Vorwürfe noch verlängert wurde.

Doch Robinson geriet erneut mit dem Gesetz in Konflikt. 1975 wurde er wegen Wertpapierbetrug sowie Postbetrug verhaftet, nachdem er eine getürkte Medical-Consulting-Firma gegründet hatte. Wieder wurde seine Bewährung verlängert. Während dieser ganzen Zeit gab Robinson sich als soliden Familienvater und wertvolle Stütze der Gesellschaft aus. Er war Baseballtrainer, Pfadfinderführer und half als Lehrer in der Sonntagsschule aus.

Mit seinen Schwindeleien schaffte er es, sich bis in den Vorstand einer Wohltätigkeitsorganisation zu mogeln. In dieser Position versandte er gefälschte Briefe entweder vom Geschäftsführer des Unternehmens an den Bürgermeister von Kansas City oder vom Bürgermeister an verschiedene namhafte Persönlichkeiten der Stadt, in denen er seinen eigenen Einsatz als Ehrenamtler und Mitglied der Gesellschaft hervorhob. Er ging sogar so weit, dass er ein Bankett zur Verleihung des »Mann des Jahres«-Preises veranstaltete und sich den Titel am Ende selbst verlieh.

1979 endete seine Bewährungszeit, doch Robinson konnte nicht mit Hochstapeln und Betrug aufhören. 1980 wurde er wegen Scheckfälschung und Unterschlagung erneut verhaftet und dieses Mal zu 60 Tagen Haft verurteilt, die er 1982 absaß. Nach seiner Entlassung gründete er erneut eine Scheinfirma und betrog einen Freund um 25 000 Dollar, indem er ihm versprach, mit dem Investment schnell so viel Rendite zu erwirtschaften, dass der Freund damit für die medizinische Versorgung seiner todkranken Frau aufkommen konnte (was allerdings nie geschah).

Gleichzeitig verärgerte Robinson seine gesamte Wohngegend, indem er mehreren Ehefrauen seiner Nachbarn sexuelle Avancen machte, was schließlich zu einer körperlichen Auseinandersetzung mit einem der Ehemänner führte. Zudem behauptete er, einer ultra-geheimen Sadomaso-Sekte namens *International Council of Masters* beigetreten zu sein, auf Deutsch etwa: der internationale Rat der Herren. Er gab an, der »Slavemaster«, also der Sklavenmeister, zu sein, und war der Überzeugung, dass es seine Aufgabe war, weibliche Opfer zu den Treffen zu locken, wo sie vergewaltigt und gefoltert werden konnten. Ganz offensichtlich hatten sich seine kriminellen Motive von Habgier hin zu Gewaltfantasien verschoben.

MORDE

1984 stellte Robinson in einer seiner betrügerischen Firmen eine Vertriebsmitarbeiterin namens Paula Godfrey ein. Als diese kurz darauf verschwand, erklärte er allen, sie zu einer Weiterbildungsmaßnahme geschickt zu haben. Weil Godfrey nicht wieder auftauchte, meldeten ihre Eltern ihr Verschwinden der Polizei. Einige Tage darauf erhielten sie einen per Schreibmaschine verfassten Brief, der vorgeblich von ihrer Tochter stammte. Darin stand, dass es ihr gut ging und sie keinen Kontakt mehr zu ihrer Familie haben wollte.

1985 lernte Robinson Lisa Stasi in einem Frauenhaus in Kansas City kennen. Er versprach ihr einen Job, eine Unterkunft und eine Betreuungsmöglichkeit für ihr Baby und bat sie, zahlreiche Blankoseiten Papier zu unterzeichnen. Einige Tage später meldete Robinson sich bei seinem Bruder, der gemeinsam mit seiner Frau ein Kind adoptieren wollte, über den regulären Adoptionsprozess aber keinen Erfolg hatte. Robinson behauptete, ein Kind gefunden zu haben, dessen Mutter Selbstmord begangen hatte und das der Bruder nun adoptieren könne. Er verlangte 5000 Dollar für Anträge und Gebühren und wickelte die Adoption mit seinem Bruder ab. Lisa Stasi wurde indes nie mehr gesehen.

Catherine Clampitt zog 1987 auf der Suche nach einem Job nach Kansas City. Robinson gab ihr einen Job und versprach ihr, für Reisekosten und Arbeitskleidung aufzukommen. Im Juni verschwand sie spurlos. In den folgenden Jahren wurde Robinson wegen verschiedener Vergehen mehrfach inhaftiert. 1994 verschwanden drei Personen, mit denen er engeren Kontakt hatte. Danach mordete er wohl erst wieder 1999, nachdem er der 21-jährigen Izabela Lewicka einen Job angeboten hatte.

Robinson überredete Lewicka außerdem, eine bizarre sadomasochistische Beziehung mit ihm einzugehen. Sie zog nach Kansas City und er schenkte ihr einen Verlobungsring, obwohl er noch mit seiner Frau verheiratet war. Lewicka unterschrieb einen Sklavenvertrag, der Robinson völlige Kontrolle über ihr Leben erlaubte. Ihren Eltern erzählte sie, dass sie geheiratet habe, verriet allerdings nicht wen. Im Sommer 1999 verschwand Lewicka spurlos.

Robinsons letztes bekanntes Opfer war die Krankenschwester Suzette Trouten, die sich bereiterklärt hatte, als Robinsons devote Sexsklavin gemeinsam mit ihm die Welt zu bereisen. Am 1. März 2000 wurde Trouten ermordet. Ihre Eltern erhielten allerdings weiterhin maschinengeschriebene Briefe, in denen sie von ihren angeblichen Reisen berichtete.

Chronik der bekannten Morde:

1984: Paula Godfrey (19)

10. Januar 1985: Lisa Stasi (19)

15. Juni 1987: Catherine Clampitt (27)

1994: Beverly Bonner (49)
Sommer 1994: Sheila Dale Faith (45)
Sommer 1994: Debbie Lynn Faith (15)
Sommer 1999: Izabela Lewicka (21)
1. März 2000: Suzette Trouten (28)

VERHAFTUNG UND PROZESS

1999 wurde Robinson beim Verwischen seiner Spuren langsam nachlässig. Zudem geriet er zunehmend in den Fokus der Ermittlungsbehörden in Kansas und Missouri, weil er immer wieder im Zusammenhang mit Vermisstenanzeigen und den anschließenden Ermittlungen dazu auftauchte.

Am 2. Juni 2000 wurde Robinson verhaftet, nachdem Vorwürfe von sexueller Gewalt und Diebstahl gegen ihn erhoben wurden. Mit dem Vorwurf des Diebstahls hatten die Behörden endlich einen hinreichenden Tatverdacht, der die Durchsuchung von Robinsons Farm rechtfertigte. Dabei fanden die Ermittler zwei große Fässer, in denen die verwesenden Leichen von Lewicka und Trouten versteckt waren.

In Missouri durchsuchten die Behörden eine große Lagerhalle, in der Robinson Räume gemietet hatte, und fanden dabei drei weitere große Fässer, in denen sich die Leichen von Bonner, Sheila Faith und deren Tochter Debbie befanden. Eine Obduktion ergab, dass alle fünf Opfer durch stumpfe Gewalteinwirkung auf den Kopf gestorben waren.

2002 musste Robinson sich für die Morde an Trouten, Stasi und Lewicka vor Gericht verantworten. Er wurde in allen Anklagepunkten schuldig gesprochen und erhielt die Todesstrafe für die Morde an Trouten und Lewicka sowie eine lebenslange Haftstrafe für den Mord an Stasi. Hinzu kamen weitere 25 Jahre Haft für das Arrangieren der Adoption von Troutens Baby.

Die Staatsanwaltschaft schlug Robinson folgenden Deal vor: Er würde für die Mordanklagen in Missouri ein milderes Urteil erhalten, wenn er den Behörden dafür Informationen zum Verbleib der sterblichen Überreste von Stasi, Clampitt und Godfrey geben würde. Robinson lehnte ab und ein neuer Deal wurde im Oktober 2003 ausgehandelt. Vor Gericht gab Robinson an, dass die Staatsanwaltschaft über ausreichend Beweise verfügte, um ihn für die übrigen Morde zu verurteilen. Obwohl es sich bei dieser Aussage theoretisch nicht um ein gültiges Geständnis handelte, wurde Robinson für die Morde verurteilt und erhielt für jedes Opfer eine weitere lebenslange Freiheitsstrafe.

AUSGANG

Es gab immer wieder längere Phasen in Robinsons Leben, aus denen seine Handlungen und Aufenthaltsorte nicht dokumentiert sind, weshalb die Ermittlungsbehörden davon ausgehen, dass er noch weit mehr Opfer auf dem Gewissen hat. Robinson sitzt noch immer im Todestrakt und wartet auf seine Hinrichtung.

TIAGO GOMES DA ROCHA

Geburtsdatum: 1988
Alias: The Goiânia Serial Killer
Tatmerkmal: behauptet, als Kind misshandelt worden zu sein und deshalb aus »Rache« getötet zu haben
Opferzahl: mindestens 16 bis 39
Zeitraum der Morde: 2011 bis 2014
Datum der (endgültigen) Verhaftung: 14. Oktober 2014
Mordmethoden: Erschießen, Erwürgen, Erstechen
Tatorte: Goiânia in Goiás (Brasilien)
Status: verurteilt zu 564 Jahren und vier Monaten Freiheitsstrafe

VORGESCHICHTE

Über seine Kindheit hat Rocha nie viel berichtet, außer dass er von seinen Großeltern aufgezogen und mit elf Jahren von seinem Nachbarn sexuell missbraucht wurde. Er behauptete außerdem, als Kind Opfer von Mobbing gewesen zu sein. Als junger Erwachsener begann er, als Wachmann in Ladengeschäften zu arbeiten, und nutzte diese Jobs, um in den Läden, die er eigentlich überwachen sollte, Raubüberfälle zu begehen.

Als er endlich wegen seiner Morde verhaftet wurde, behauptete er, nur deshalb getötet zu haben, weil keine Frau ihn je geliebt hat.

MORDE

Bei seinen Morden verfolgte Rocha kein spezifisches Muster, er wählte die Opfer zufällig aus und tötete sie stets auf unterschiedliche Weise. Sein erstes bekanntes Opfer war Diego Martins Mendes, am 9. November 2011. Mendes war homosexuell und Rocha lockte ihn unter dem Vorwand, Sex mit ihm haben zu wollen, in einen Wald, wo er ihn erwürgte.

Barbara Costa wurde am 18. Januar 2014 getötet. Rocha erschoss sie im Vorbeifahren vom Motorrad aus, als sie am Straßenrand auf ihre Großmutter wartete. Am darauffolgenden Tag erschoss er Beatriz Moura. Am 3. Februar 2014 tötete Rocha dann Lilian Mesquita e Silva, die gerade ihre Kinder aus der Schule abholen wollte. Rocha kam ganz ruhig auf sie zu und schoss ihr in die Brust.

Eines seiner nächsten Opfer, Ana Duarte, stand vor einer Snackbar, als Rocha sie erschoss. Einen Monat darauf, am 23. April, tötete er Wanessa Felipe mit einem Schuss in den Rücken, während sie gerade Medizin in einem Drogeriemarkt kaufen wollte. Am 8. Mai erschoss er Janaína de Souza in einer Bar und tötete noch am selben Tag auch Bruna Gonçalves, die an der Straße auf einen Bus wartete.

Am 23. Mai stellte er sich Rocha Carla Barbosa und deren Schwester in den Weg und forderte sie auf, ihm ihre Handys auszuhändigen. Dann erschoss er Barbosa vor den Augen ihrer Schwester. Am 10. Juni tötete er Isadora dos Reis, als sie mit ihrem Freund die Straße entlangging. Am 15. Juni tötete er die schwangere Thamara Silva auf dem Weg zur Kirche. Und noch am selben Tag erschoss er Taynara Rodrigues da Cruz.

Am 19. Juli ermordete Rocha Rosirene da Silva und eine Woche darauf Juliana Dias, die er erschoss, während sie gerade Zeit mit ihrem Freund verbrachte. Sein letztes bekanntes Opfer war Ana Gomes, die er erschoss, während sie auf den Bus wartete.

Chronik der bekannten Morde:

9. November 2011: Diego Martins Mendes (16)
18. Januar 2014: Barbara Ribeiro Costa (14)
19. Januar 2014: Beatriz Cristina Oliveira Moura (23)
28. Januar 2014: Arlete dos Anjos Carvalho (16)
3. Februar 2014: Lilian Mesquita e Silva (27)
28. Februar 2014: Mauro Ferreira Nunes (51)
14. März 2014: Ana Maria Victor Duarte (26)
23. April 2014: Wanessa Oliveira Felipe (22)
8. Mai 2014: Janaína de Souza (24)
8. Mai 2014: Bruna de Sousa Gonçalves (26)
23. Mai 2014: Carla Barbosa Araújo (22)
10. Juni 2014: Isadora Cândida dos Reis (24)
15. Juni 2014: Thamara da Conceição Silva (17)
15. Juni 2014: Taynara Rodrigues da Cruz (13)
19. Juli 2014: Rosirene Gualberto da Silva (29)
25. Juli 2014: Juliana Neubia Dias (22)
2. August 2014: Ana Lídia Gomes (14)

VERHAFTUNG UND PROZESS

Wenige Minuten nach dem Mord an Gomes fiel der Polizei auf, dass das Nummernschild an Rochas Motorrad gestohlen war. Eine Fahndung wurde eingeleitet und Rocha am 14. Oktober verhaftet. In seiner Vernehmung gestand er alle Morde, die er begangen hatte – sehr zur Überraschung der Ermittler, die bis dato davon ausgegangen waren, dass örtliche Gangs oder Drogenkartelle für die Taten verantwortlich waren. Die Ermittler durchsuchten Rochas Wohnung und fanden dabei Rochas Pistole. Ein ballistisches Gutachten bestätigte, dass es sich dabei um die bei den Morden eingesetzte Tatwaffe handelte.

Rocha musste sich daraufhin in 26 separaten Prozessen vor Gericht verantworten und wurde für die 24 Morde sowie wegen illegalem Waffenbesitz und Raub verurteilt. Möglicherweise werden zukünftig noch weitere Anklagen gegen ihn erhoben.

AUSGANG

Während er im Gefängnis auf seine Prozesse wartete, versuchte Rocha, Selbstmord zu begehen, indem er die Glühlampe seiner Zelle zerbrach und sich damit die Handgelenke aufschnitt. Der Selbstmordversuch scheiterte jedoch, Rocha wurde schnell gefunden und behandelt.

WISSENSWERTES

- Polizeichef Eduardo Prado, der die Ermittlungen in Rochas Mordfällen leitete, sagte: »Er wollte wissen, ob ihm ein Prozess droht, wenn er jemand anderen in Haft umbringt.«
- »Rocha will immer noch töten, er hat eine sehr seltsame Einstellung.«

DAYTON LEROY ROGERS

Geburtsdatum: 30. September 1953
Alias: The Molalla Forest Killer
Tatmerkmale: Vergewaltigung, Folter, Verstümmelung
Opferzahl: mindestens 8
Zeitraum der Morde: 1983 bis 1987
Datum der (endgültigen) Verhaftung: 7. August 1987
Mordmethode: Erstechen
Tatorte: Clackamas County in Oregon (USA)
Status: zum Tode verurteilt, wartet auf seine Hinrichtung

VORGESCHICHTE

Rogers wurde in Idaho geboren. Als er klein war, zog seine Familie sehr oft um. Er war das jüngste von drei Kindern; als die Eltern vier weitere Kinder adoptierten, verlor Rogers seinen Status als Nesthäkchen der Familie. Schon in jungen Jahren beging er kleinere Delikte; in der siebten Klasse wurde er erwischt, als er mit einem Luftgewehr auf vorbeifahrende Autos schoss.

1972 war Rogers in einer Beziehung mit einem 15-jährigen Mädchen. Am 25. August nahm er sie mit in den Wald, vorgeblich um dort Geschlechtsverkehr mit ihr zu haben, stach ihr stattdessen aber in den Bauch. Als Begründung nannte er, dass er ihr nicht mehr vertrauen konnte. Danach fragte er sie sofort, ob sie ihn heiraten wolle. Dann fuhr er sie in ein Krankenhaus, wo sie behandelt wurde.

Nachdem er verhaftet und wegen Körperverletzung angeklagt wurde, bekannte er sich schuldig und wurde zu vier Jahren Haft auf Bewährung verurteilt. Ein Jahr darauf verwendete er eine abgebrochene Flasche, um damit zwei 15-jährige Mädchen zu attackieren, und wurde erneut wegen Körperverletzung angeklagt. Dieses Mal wurde er für schuldunfähig befunden und in eine psychiatrische Klinik eingewiesen, aus der er am 12. Dezember 1974 wieder entlassen wurde.

Im Januar 1976 wurde Rogers wegen Vergewaltigung angeklagt, ein Geschworenengericht befand ihn aber wenige Monate später für nicht schuldig. Als er im Februar noch auf seinen Prozess wartete, vergewaltigte er jedoch ein Schulmädchen und bedrohte ein weiteres mit einem Messer. Im Prozess plädierte er wieder auf Schuldunfähigkeit, wurde aber dennoch verurteilt und sollte für fünf Jahre ins Gefängnis. Der Staatsanwalt in dem Fall bezeichnete Rogers als »wandelnden Mordfall, der nur darauf wartet einzutreten«. Nichtsdestotrotz kam Rogers nach nur 17 Monaten Haft wieder auf Bewährung frei. Kaum auf freiem Fuß, verletzte er prompt seine Bewährungsauflagen und musste für weitere zehn Monate zurück ins Gefängnis. Einige Jahre später wurde die düstere Prognose des Staatsanwalts Wirklichkeit.

MORDE

Rogers wurde mit acht Morden in Verbindung gebracht; bei den Opfern handelte es sich überwiegend um Prostituierte, Ausreißerinnen und Drogensüchtige. Die Leichen von sieben Opfern wurden alle zusammen in einem Privatwald nahe Molalla in Oregon gefunden.

Sein letztes Opfer, die Prostituierte Jennifer Smith, stieg am 7. August 1987 bei Rogers ins Auto. Er stellte den Wagen auf einem Parkplatz ab und tötete die Frau mit elf Messerstichen. Smith erlitt Stichwunden an Bauch, Brüsten und Rücken und fiel aus dem Wagen. Zeugen eilten ihr zu Hilfe, doch sie erlag später im Krankenhaus ihren Verletzungen.

Nachdem Smith aus dem Auto gefallen war, blockierten die Zeugen Rogers Wagen mit ihren Autos. Ihm gelang dennoch die Flucht, indem er über Blumenrabatten davonfuhr. Einer der Zeugen verfolgte ihn heimlich durch die Orte Milwaukie, Gladstone, Oregon City und Canby. Als Rogers seinen Wagen in einer Einfahrt parkte, notierte der Zeuge sich die Adresse und übermittelte sie der Polizei.

Bekannte Opfer:

Cynthia »Dee Dee« Diane DeVore (21)
Maureen Ann Hodges (26)
Reatha Marie Gyles (16)
Nondace »Noni« Kae Cervantes (26)
Lisa Marie Mock (23)
Christine Lotus Adams (35)
Nicht identifizierte Frau
Jennifer Lisa Smith (25)

VERHAFTUNG UND PROZESS

Kurz nach dem Mord an Smith wurde Rogers verhaftet und für die Tat angeklagt. Während er noch auf seinen Prozess wartete, fanden Ermittler die sterblichen Überreste von sieben Frauen im Molalla Forest. Sie alle waren auf die gleiche brutale Weise misshandelt und verstümmelt worden.

Rogers wurde für den Mord an Smith angeklagt, für schuldig befunden und zu lebenslanger Haft verurteilt. Am 7. Juni 1989 wurde er wegen der weiteren sieben Morde verurteilt und erhielt dieses Mal die Todesstrafe.

AUSGANG

Rogers' Todesstrafe wurde vom Obersten Gerichtshof gleich mehrmals gekippt, einmal 1992 und ein weiteres Mal im Jahr 2000. Zwei Jahre später, im Jahr 2012, wurde sie ein weiteres Mal verworfen, und ein neuer Prozess für eine passende Strafe musste angesetzt werden.

Am 16. November 2015 wurde Rogers zum vierten Mal zum Tode verurteilt. Um diese Todesstrafe in eine lebenslange Freiheitsstrafe umwandeln zu können, hätte Rogers künftig auf alle Möglichkeiten zur Berufung verzichten und seine Verbrechen gestehen müssen. 2021 wurde seine Todesstrafe aufgrund eines neuen Gesetzes in Oregon in eine lebenslange Haftstrafe umgewandelt.

WISSENSWERTES

Rogers schnitt den meisten seiner Opfer die Füße ab und behielt sie als Trophäen.

GLEN ROGERS

Geburtsdatum: 15. Juli 1962
Alias: The Cross Country Killer, The Casanova Killer
Tatmerkmale: Raubmord, Vergewaltigung
Opferzahl: mindestens 5
Zeitraum der Morde: 1993, 1995
Datum der (endgültigen) Verhaftung: 13. November 1995
Mordmethoden: Erstechen, Strangulation
Tatorte: Kalifornien, Mississippi, Kentucky, Florida, Louisiana (USA)
Status: zum Tode verurteilt, wartet auf seine Hinrichtung

VORGESCHICHTE

Rogers stammt aus einer großen Familie mit sieben Kindern. Er wuchs in Hamilton, Ohio, auf, seine Eltern waren Claude und Edna Rogers. Mit 15 Jahren flog er von der Junior High School, die Gründe dafür sind jedoch nicht dokumentiert. Kurze Zeit später wurde seine damalige Freundin Deborah Ann Nix mit gerade einmal 14 Jahren von einem anderen Jungen schwanger. Das Paar heiratete dennoch und bekam 1981 noch ein gemeinsames Kind.

Weil Rogers ihr gegenüber wohl gewalttätig war, reichte Nix 1983 die Scheidung ein. Was in Rogers' Leben in der Zeit zwischen der Scheidung und seiner Verhaftung wegen Mordes 1995 vor sich ging, ist kaum bekannt. In seiner Vernehmung behauptete er, für mindestens sieben Morde verantwortlich gewesen zu sein, änderte später jedoch seine Aussage und behauptete, er habe nur »gescherzt«. Seine Geständnisse im Gefängnis warfen jedenfalls eine Menge Fragen auf, auch ob wirklich er es war, der die Opfer Nicole Simpson und Ron Goldman auf dem Gewissen hatte.

MORDE

Am 10. Januar 1994 wurde die Leiche von Mark Peters in einer Blockhütte entdeckt, die Rogers' Familie gehörte. Einige Monate zuvor, im Oktober 1993, hatte Peters Rogers einen Schlafplatz besorgt – und wurde etwa zur selben Zeit als vermisst gemeldet. Auch Rogers verschwand in jener Zeit und dessen Bruder Clay führte die Polizei schließlich zur Blockhütte der Familie. Die Ermittler fanden

Peters' Leiche hinter einem Haufen Möbelstücke versteckt an einen Stuhl gefesselt.

Sandra Gallagher lernte Rogers am 28. September 1995 in einer Bar in Van Nuys in Los Angeles kennen. Ihre erwürgte und verbrannte Leiche wurde am nächsten Tag in ihrem Auto gefunden, das ganz in der Nähe von Rogers' Wohnung abgestellt war. Rogers zog indes weiter, erst nach Mississippi und dann über Louisiana bis nach Florida und tötete in jedem dieser Bundesstaaten eine Frau.

Linda Price lernte er in einem Bierzelt auf der Mississippi State Fair kennen, beide wohnten daraufhin eine Zeit lang gemeinsam in der Stadt Jackson. Als Prices Schwester 1995 an Halloween zu Besuch kommen wollte, öffnete Price nicht die Tür und auch von Rogers gab es keine Spur. Prices Leiche wurde später in der Badewanne gefunden.

Am 5. November 1995 lernte Rogers Tina Marie Cribbs in einer Bar in Tampa, Florida, kennen. Laut dem Barkeeper hatte Rogers Cribbs darum gebeten, ihn mit dem Auto mitzunehmen. Ihre Leiche wurde zwei Tage darauf in einem Motel gefunden, mit Stichwunden im Po und in der Brust. Der Rezeptionist des Motels bestätigte, dass Rogers einige Tage, bevor Cribbs getötet wurde, ein Zimmer im Haus bezogen hat. Am Tag nach dem Fund ihrer Leiche wurde Cribbs' Portemonnaie an einer Raststätte gefunden; die Fingerabdrücke darauf passten zu Rogers.

Andy Jiles Sutton, eine Bekannte von Rogers, lebte in Bossier City, Louisiana. Am 9. November 1995 wurde ihre mit Stichwunden übersäte Leiche in einem Gewässer gefunden. Wenige Tage später fand Rogers' Mordserie endlich ein Ende.

Chronik der bekannten Morde:
Oktober 1993: Mark Peters (71)
28. September 1995: Sandra Gallagher (33)
30. Oktober 1995: Linda Price
5. November 1995: Tina Marie Cribbs (34)
9. November 1995: Andy Jiles Sutton (37)

VERHAFTUNG UND PROZESS

Am 13. November 1995 wurde Rogers in Kentucky in Cribbs' Auto angehalten. Er behauptete, sie habe ihm den Wagen geliehen, was ihm die Beamten allerdings nicht abnahmen. Rogers galt inzwischen in mehreren Mordfällen als Hauptverdächtiger und wurde umgehend verhaftet.

In seiner Vernehmung gestand er zunächst, bis zu sieben Morde begangen zu haben, änderte seine Aussage später jedoch und nahm sein Geständnis zurück. Er behauptete plötzlich, nur gescherzt und in Wahrheit keinen einzigen Mord begangen zu haben.

Als er sich vor Gericht verantworten musste, glaubte ihm die Jury das allerdings nicht. Am 11. Juli 1997 wurde Rogers für den Mord an Tina Marie Cribbs verurteilt und erhielt die Todesstrafe. Am 22. Juni 1999 wurde er auch für den Mord an Sandra Gallagher verurteilt und erhielt erneut die Todesstrafe.

AUSGANG

Inzwischen hat Rogers alle Rechtsmittel ausgeschöpft, sein letzter Berufungsantrag wurde 2011 abgewiesen. Er wartet nun im Todestrakt auf seine Hinrichtung.

WISSENSWERTES

Rogers war besessen von rothaarigen Frauen.

DANNY ROLLING

Geburtsdatum: 26. Mai 1954
Alias: The Gainesville Ripper, James R. Kennedy
Tatmerkmale: Vergewaltigung, Nekrophilie, Verstümmelung, Enthauptung
Opferzahl: 8
Zeitraum der Morde: 4. November 1989 bis 27. August 1990
Datum der (endgültigen) Verhaftung: 8. September 1990
Mordmethode: Erstechen
Tatorte: Louisiana und Florida (USA)
Status: am 25. Oktober 2006 durch die Giftspritze hingerichtet

VORGESCHICHTE

Seit seiner Geburt bekam Rolling von seinem Vater – einem Polizisten – zu hören, dass er ein ungewolltes Kind gewesen sei. Kinder und Mutter erfuhren vom Vater ganz fürchterliche Gewalt. Einmal ging Rollings Mutter ins örtliche Krankenhaus und behauptete, ihr Ehemann habe sie gezwungen, sich selbst zu schneiden. Sie versuchte mehrmals, ihren Mann zu verlassen, aber kehrte immer wieder zu ihm zurück. Bei einem Vorfall legte Rollings Vater dem Jungen Handschellen an und ließ ihn von Polizisten abführen, weil er sich für ihn »schämte«.

In seiner Jugend beging Rolling zahlreiche Raubüberfälle und wurde mehrmals verhaftet. Er wurde außerdem erwischt, als er eine Cheerleaderin beim Umziehen beobachtete. Als Erwachsener fiel es ihm schwer, einen Job für längere Zeit zu behalten, und irgendwie schien er nicht so recht in die Gesellschaft hineinzupassen. Im Mai 1990 eskalierte ein Streit mit seinem Vater und Rogers versuchte, ihn umzubringen. Zwar überlebte der Vater, verlor dabei aber ein Ohr und ein Auge.

Einige Monate nach dem Angriff auf seinen Vater, begann Rolling eine Serie von Raubüberfällen, die schnell zu Morden eskalierten.

MORDE

Am 4. November 1989 machten sich William Grissom, dessen Tochter Julie und Enkel Sean in ihrem Zuhause Shreveport gerade für das Abendessen bereit, als Rolling sie überfiel und ermordete. Rolling verstümmelte die Leiche der Tochter, säuberte sie anschließend und drapierte sie in einer obszönen Pose. Diese Morde hat Rolling nie gestanden, aber Details dazu beschrieben, die nur der Mörder wissen konnte.

Im August 1990 ermordete Rolling während einer Einbruchserie in Florida fünf Studierende. Den ersten Mord beging er am 24. August, nachdem er in die Wohngemeinschaft von Christina Powell und Sonja Larson eingebrochen war. Zunächst fand er Powell schlafend auf der Couch, ging aber weiter ins Obergeschoss, wo Larson im Schlafzimmer schlief. Er knebelte ihren Mund mit Klebeband und erstach sie. Anschließend ging er wieder eine Etage tiefer, knebelte auch Powell und fesselte ihre Handgelenke. Dann vergewaltigte er sie und stach ihr fünfmal in den Rücken. Anschließend drapierte er die Leichen beider jungen Frauen in provokanten Posen.

Am darauffolgenden Tag brach Rolling in die Wohnung von Christa Hoyt ein und wartete darauf, dass sie heimkam. Er attackierte sie von hinten und würgte sie so lange, bis sie sich nicht mehr wehrte. Dann knebelte er sie und fesselte ihre Handgelenke. Anschließend vergewaltigte er sie, stach ihr in den Rücken und schnitt ihr den Kopf ab, den er so auf einem Regal platzierte, dass er in Richtung der Leiche »blickte«.

Am Montag, dem 27. August, verschaffte sich Rolling Zutritt zur Wohnung von Tracy Paules und Manny Taboada. Mit Taboada musste er einige Zeit ringen, bevor er ihn schlussendlich umbrachte. Durch den Lärm bekam Paules die Situation mit und versuchte, sich in ihrem Zimmer zu verbarrikadieren. Rolling gelang es jedoch, die Tür aufzubrechen. Er fesselte und knebelte die junge Frau, vergewaltigte und erstach sie und drapierte ihre Leiche.

Chronik der bekannten Morde:

4. November 1989: William Grissom (55)
4. November 1989: Julie Grissom (24)
4. November 1989: Sean Grissom (8)
24. August 1990: Sonja Larson (17)
24. August 1990: Christina Powell (17)
25. August 1990: Christa Hoyt (18)
27. August 1990: Tracy Paules (23)
27. August 1990: Manny Taboada (23)

VERHAFTUNG UND PROZESS

1990 wurde Rolling wegen eines Einbruchs verhaftet. Im Rahmen der Ermittlung kam heraus, dass seine Werkzeuge zu Spuren am Tatort der Grissom-Morde passten. Die Ermittler durchsuchten das kleine Camp, in dem er lebte, und fanden dabei Tonaufnahmen von Rolling, auf denen er selbst geschriebene Lieder sang, die – mehr oder weniger – Geständnisse seiner Morde waren. Im November 1991 wurde er wegen mehrerer Morde angeklagt.

1994 bekannte Rolling sich in allen Anklagepunkten schuldig und erhielt für jeden Mord, den er begangen hatte, die Todesstrafe.

AUSGANG

Am 25. Oktober 2006 wurde Rolling mit der Giftspritze hingerichtet. Um 18:13 Uhr wurde sein Tod festgestellt. Auf letzte Worte vor seiner Hinrichtung hatte er verzichtet, dafür sang er ein Kirchenlied. Vor seinem Tod hatte Rolling noch eine handschriftliche Aussage angefertigt, in der er die Morde an der Grissom-Familie gestand.

WISSENSWERTES

- Während seiner Zeit im Todestrakt des Florida State Prison schrieb Rolling Lieder und Gedichte und malte Bilder.
- Der erfolgreiche Horrorfilm *Scream* war von Rollings Verbrechen inspiriert.

ROBERT ROZIER

Geburtsdatum: 28. Juli 1955
Alias: Neriah Israel
Tatmerkmale: Jagd auf Weiße
Opferzahl: 7
Zeitraum der Morde: 1981 bis 1985
Datum der (endgültigen) Verhaftung: 31. Oktober 1986
Mordmethode: Erstechen
Tatorte: Florida, New Jersey und Missouri (USA)
Status: hat einen Deal mit der Staatsanwaltschaft ausgehandelt: erhielt 22 Jahre Freiheitsstrafe für die Morde und wurde nach zehn Jahren entlassen; nach dem »Three Strikes«-Gesetz wegen Scheckbetrug erneut verurteilt, dieses Mal zu 25 Jahren bis lebenslänglich

VORGESCHICHTE

Rozier wurde in Alaska geboren, seine Familie zog aber nach Kalifornien, wo er die Cordova High School in Sacramento besuchte. Nach der Schule schrieb er sich am Aberdeen Junior College ein und wechselte später an die renommierte University of California in Berkeley, um in der dortigen Football-Mannschaft zu spielen. 1979 wurde Rozier in der neunten Runde des NFL-Drafts von den St. Louis Cardinals ausgewählt, absolvierte aber nur sechs Spiele für das Team, bevor er wieder entlassen wurde. Gerüchten zufolge waren Drogenprobleme der Grund für seine Entlassung.

Rozier beging daraufhin zahlreiche kleinere Delikte, für die er irgendwann für sechs Monate ins Gefängnis musste. Nach seiner Entlassung 1982 zog er in den sogenannten »Temple of Love« des schwarzen Sektenführers Yahweh ben Yahweh und beschloss wenig später, seinen Namen in Neariah Israel zu ändern, was auf Deutsch so viel wie »Gottes Kind« bedeutet. Yahweh behauptete, Schwarze seien die wahren Juden und Weiße die Ausgeburt des Teufels.

MORDE

Yahweh führte innerhalb seiner Sekte eine geheime Gruppe namens »The Brotherhood« (Deutsch: Die Bruderschaft), der Rozier 1985 beitrat. Um Zutritt zu diesem elitären Kreis zu erlangen, mussten Anwärter einen Weißen töten und ein

Körperteil des Opfers als Beweis mitbringen. Rozier tötete daraufhin sieben unschuldige Menschen, nur um der Bruderschaft zu imponieren.

Einer der ersten Befehle, die er von der Bruderschaft erhielt, war der Mord an einem weißen Mann, um der Gruppe seine Eignung zu beweisen. Rozier zog los und begegnete Raymond Kelly, der etwas zu viel Alkohol getrunken hatte und auf dem Parkplatz einer Bar in seinem Auto eingeschlafen war. Rozier ging auf den Wagen zu, öffnete die Tür und stach mit einem Schwert immer und immer wieder auf Kelly ein. Als Beweisstück für seine Tat schnitt er Kelly ein Ohr ab, ließ es jedoch fallen und konnte es nicht wiederfinden, sodass er auch das zweite Ohr abschneiden musste.

Cecil Branch wurde von Mitgliedern der Sekte immer wieder auf offener Straße belästigt. Eines Tages hatte er genug und stieß ein weibliches Mitglied aus dem Weg. Daraufhin wurden die Nummernschilder seines Wagens gestohlen und drei Sektenmitglieder tauchten nachts vor seiner Wohnung auf, Branch konnte sie jedoch in die Flucht schlagen. Daraufhin kamen die vier sogenannten »Death Angels«, die »Todesengel«, zu Branchs Wohnung – das Rollkommando der Bruderschaft, zu dem auch Rozier gehörte. Die Todesengel knebelten Branch und fesselten ihn an einen Stuhl. Dann stachen sie 25-mal auf ihn ein und schnitten ihm zum Beweis für Yaweh ein Ohr ab.

Roziers nächste Opfer waren Anthony Brown und Rudy Broussard, die sich weigerten, der Sekte ihr Apartmentgebäude zu verkaufen, und dies auch lautstark in der Gegend kundtaten. An Halloween 1986 wurden deshalb Rozier und die Todesengel losgeschickt, um sich der Sache anzunehmen. Zuerst lockten sie Broussard aus der Wohnung und schossen ihm in den Kopf. Brown versuchte zu fliehen, wurde aber zu Boden gebracht und ebenfalls erschossen. Doch dieses Mal hatten Zeugen die Tat beobachtet.

VERHAFTUNG UND PROZESS

Noch in derselben Nacht, am 31. Oktober 1986, wurde Rozier verhaftet. Um seine Lage zu verbessern, bot er den Behörden an, alles zu verraten, was er über die Verbrechen der Sekte wusste, auch über die vielen Morde. Im Austausch für diese Informationen kam Rozier ins Zeugenschutzprogramm und erhielt eine neue Identität.

AUSGANG

Am 5. Februar 1999 wurde Rozier, der inzwischen Ramses hieß, wegen eines ungedeckten Schecks verhaftet. Die Ermittler konnten 29 gefälschte Schecks zu ihm zurückverfolgen, der Gesamtschaden belief sich auf über 2000 Dollar. Rozier verriet den Polizisten seinen echten Namen, weil er glaubte, im Zeugenschutzprogramm nicht verurteilt werden zu können.

Da hatte er sich allerdings getäuscht und wurde wegen Scheckbetrugs verurteilt. Weil er bereits im Gefängnis gesessen hatte, fand das sogenannte »Three Strikes«-Gesetz Anwendung: Wer in Kalifornien dreimal für ein Verbrechen verurteilt wird, muss automatisch lebenslänglich ins Gefängnis und kann frühestens nach 25 Jahren Bewährung beantragen. Dies ist bei Rozier im Jahr 2024 der Fall.

MARC SAPPINGTON

Geburtsdatum: 9. Februar 1978
Alias: The Kansas City Vampire
Tatmerkmale: Kannibalismus, Drogenabhängigkeit, Schizophrenie
Opferzahl: 4
Zeitraum der Morde: März bis April 2001
Datum der (endgültigen) Verhaftung: 12. April 2001
Mordmethoden: Erstechen, Erschießen
Tatorte: Kansas (USA)
Status: verurteilt zu lebenslanger Freiheitsstrafe

VORGESCHICHTE

Sappington wuchs bei seiner alleinerziehenden Mutter auf, die hart arbeiten musste, um sich und den Jungen zu versorgen. Der Vater hatte sich noch vor der Geburt des Jungen aus dem Staub gemacht, die beiden haben sich nie kennengelernt. Um ihren Sohn auch ohne den strengen Einfluss des Vaters bestmöglich zu disziplinieren, bestand sie darauf, dass er jeden Sonntag zur Kirche ging. Sappington wurde sogar Chorknabe, was in der armen Gegend, in der sie lebten, ungewöhnlich war. Dort wurden Jungs meist Gangster oder Rapper.

In der Schule schrieb Sappington zwar keine besonders guten Noten, hatte aber ein gewisses Charisma, das andere Mitschüler förmlich anzog. Der 16 Jahre alte Alton Brown, den alle nur Freddie nannten, stand ihm besonders nahe. Er betrachtete Sappington als eine Art großen Bruder und verehrte ihn regelrecht. Doch Sappington war längst nicht mehr so unschuldig wie einst.

Als Jugendlicher kam Sappington in Kontakt mit Drogen, vor allem PCP hatte es ihm angetan, eine äußerst starke Droge, die psychotische Paranoia verursachen kann. Er rauchte sogenannte »Danks«, das sind Zigaretten, die in PCP getränkt und getrocknet wurden. Im Rausch bekam Sappington immer wieder Ärger mit der Polizei, meist allerdings nur wegen kleinerer Vergehen und nicht wegen Gewaltverbrechen.

Doch am 16. März 2001 tötete er im Rausch auf brutalste Art und Weise jenen jungen Mann, der ihn lange Zeit als großen Buder betrachtet hatte.

MORDE

Seinen ersten Mord beging Sappington infolge eines eskalierten Raubüberfalls. Gemeinsam mit seinem Komplizen Gaytan wollte er einen Mann namens David Mashak überfallen. Das Duo hatte vor, den jungen Mann mit einer Waffe zu bedrohen und ihm all sein Geld und seinen Schmuck abzunehmen. Mashak händigte den beiden, ohne zu zögern, alles aus, aber Sappington eröffnete aus irgendeinem Grund dennoch das Feuer und tötete ihn.

Sappingtons nächstes Opfer war sein Freund Terry Green. Weil die beiden schon so lange befreundet waren, war Green nicht überrascht, als Sappington am 7. April 2001 bei ihm vor der Tür stand. Laut Sappingtons späterer Aussage haben die Stimmen in seinem Kopf die Kontrolle übernommen und ihm befohlen, Green in den Keller zu locken. Dort attackierte er ihn derart brutal mit einem Messer, dass die Wände des Kellers ganz mit Blut vollgespritzt waren. Anschließend befahlen ihm die Stimmen angeblich, Greens Blut zu trinken. Das tat er und entsorgte anschließend die Leiche.

Am 10. April übernahmen die Stimmen erneut die Kontrolle und befahlen Sappington, sich ein neues Opfer zu suchen. Als er seinen Freund Michael Weaver draußen vor dem Haus sitzen saß, verwickelte er ihn in ein Gespräch. Sappington schlug vor, gemeinsam eine Runde in Weavers Wagen zu drehen, und lotste ihn in eine dunkle Gasse. Dort erstach er ihn skrupellos. Wieder befahlen ihm die Stimmen, Weavers Blut zu trinken, doch Sappington rannte aus Angst, erwischt zu werden, davon. Weavers Leiche ließ er einfach liegen.

Nach dem Mord an Weavers begegnete Sappington auf dem Heimweg Alton Brown. Wieder folgte er den Anweisungen der Stimmen in seinem Kopf und lud Brown zu sich nach Hause ein. Ihn erstach er aber nicht, sondern erschoss ihn mit einer Schrotflinte. Dann trank er sein Blut, zerstückelte die Leiche und aß einen Teil seines rohen Fleischs. Den Rest von Browns sterblichen Überresten stopfte er in eine Mülltüte und verließ das Haus.

Chronik der bekannten Morde:

16. March 2001: David Mashak
7. April 2001: Terry Green (25)
10. April 2001: Michael Weaver (22)
10. April 2001: Alton »Fred« Brown (16)

VERHAFTUNG UND PROZESS

Am 12. April 2001 musste Sappington zur Vernehmung mit aufs Polizeirevier, nachdem Browns Leiche in seinem Haus gefunden wurde. Während der Vernehmung konnte Sappington auch mit den anderen Morden, die er begangen hatte, in Verbindung gebracht werden.

Zunächst wurde er für die Morde an Green, Weaver und Brown angeklagt und am 23. Juni 2004 schuldig gesprochen, obwohl seine Verteidiger behauptet hatten, dass ihr Mandant zu den Tatzeitpunkten jeweils im PCP-Rausch gewesen war. Sappington erhielt drei lebenslängliche Freiheitsstrafen sowie 32 weitere Monate für die Einbrüche und 79 Monate für die Entführung. Später wurde er auch für den Raub und Mord an Mashak verurteilt und erhielt eine weitere lebenslange Freiheitsstrafe mit der Möglichkeit einer Strafaussetzung zur Bewährung frühestens nach 20 Jahren.

AUSGANG

Sappington behauptete, die Stimmen in seinem Kopf hätten ihm gesagt, dass er sterben würde, wenn er nicht das Blut anderer Menschen trinkt. Viele Beobachter hielten dies für ein Zeichen von Schuldunfähigkeit, tatsächlich rührten die eingebildeten Stimmen aber wohl von den stark halluzinogenen Drogen her, die er regelmäßig konsumierte. Später kam heraus, dass Sappington von Serienmörder Jeffrey Dahmer fasziniert war, der ebenfalls kannibalistische Züge hatte.

WISSENSWERTES

- Während eines Interviews mit einem Mordermittler in Kansas City fragte Sappington, ob er »am Bein des Polizisten knabbern« dürfe.
- Die Ermittler, die Sappington vernommen haben, beschrieben ihn als wohlartikuliert, gescheit und witzig.

ARTHUR SHAWCROSS

Geburtsdatum: 6. Juni 1945
Alias: The Genesee River Killer, The Monster of the Rivers, The Rochester Strangler
Tatmerkmal: möglicherweise Kannibalismus
Opferzahl: 14
Zeitraum der Morde: 1972, 1988 bis 1989
Datum der (endgültigen) Verhaftung: 5. Januar 1990
Mordmethoden: Erwürgen, Ersticken, Erschlagen
Tatorte: Monroe und Wayne Counties in New York (USA)
Status: verurteilt zu lebenslanger Freiheitsstrafe ohne Möglichkeit einer vorzeitigen Entlassung, starb am 10. November 2008 eines natürlichen Todes

VORGESCHICHTE

Shawcross wurde in Maine geboren. Als er noch ein kleines Kind war, zog seine Familie jedoch nach Watertown, in New York. Laut eigener Aussage war Shawcross als Kind ein Bettnässer und wurde von seiner Mutter auf furchtbare Weise sexuell missbraucht. Angeblich führte sie ihm Gegenstände in den Anus ein und verübte Oralsex an ihm, als er erst neun Jahre alt war. Er gab zudem zu, in der Junior-High-School-Zeit eine sexuelle Beziehung zu seiner Schwester gehabt zu haben.

Anfangs schrieb Shawcross in der Schule noch gute Noten; nach den ersten beiden Schuljahren wurden seine Leistungen jedoch immer schlechter. Ein IQ-Test ergab einen Wert von nur 86, womit Shawcross beinahe als geistig behindert galt. Als er später noch einmal einem IQ-Test unterzogen wurde, kam dabei ein höherer Wert von 105 heraus. In der Schule war Shawcross ein Tyrann, der brutal austeilte. 1960 brach er die Schule ab.

1967 verpflichtete Shawcross sich bei der Armee. Obwohl er erst 21 Jahr alt war, war er bereits verheiratet und hatte einen 18 Monate alten Sohn. Als er in die Armee eintrat, ließ Shawcross sich scheiden und gab das Sorgerecht für den Jungen ab, den er daraufhin nie wiedersah. Shawcross behauptete, während seines Auslandseinsatzes in Vietnam an furchtbaren Gräueltaten, wie der Enthauptung vietnamesischer Frauen, beteiligt gewesen zu sein. Laut Aufzeichnungen des Militärs hat er allerdings nie eine Gefechtssituation erlebt.

Nach seiner Rückkehr aus Vietnam wurde Shawcross in Oklahoma stationiert, wo er seine zweite Frau Linda heiratete. Ihr fiel auf, dass er eine geradezu perverse Begeisterung für Feuer empfand. Ein Psychiater der Armee erklärte ihr daraufhin, dass Shawcross tatsächlich sexuelles Vergnügen beim Entzünden von Feuer erlebte.

Als Shawcross aus der Armee entlassen wurde, zogen er und seine Frau nach Clayton, in New York. Er verübte nun immer häufiger Straftaten wie Einbrüche oder Brandstiftung und musste dafür fünf Jahre lang ins Gefängnis. Weil er während eines Aufstands einen Wachmann gerettet hat, wurde er aber nach nur 22 Monaten schon wieder entlassen. Während seiner Zeit in Haft hatte Shawcross' Frau die Scheidung eingereicht; nach seiner Entlassung zog er deshalb zurück nach Watertown. Als dort 1972 nacheinander die Leichen zweier kleiner Kinder auftauchten, war die Gemeinde geschockt – und der Verdacht fiel auf Shawcross.

MORDE

Tatsächlich waren Shawcross' erste Mordopfer die beiden Kinder. Am 7. Mai 1972 hatte er Jack Owen Blake in den Wald gelockt und dort erst vergewaltigt und dann getötet. Einige Monate später, am 2. September, tat er dasselbe mit Karen Ann Hill, die übers Labor-Day-Wochenende zu Besuch war. Shawcross wurde im Oktober verhaftet und gestand beide Morde, konnte aber einen Deal mit der Staatsanwaltschaft aushandeln und wurde deshalb nur wegen Totschlags angeklagt. Er wurde zu 25 Jahren Haft verurteilt, jedoch schon im April 1987 auf Bewährung entlassen.

Bei der dann folgenden Mordserie änderte Shawcross seine Methode komplett. Statt auf kleine Kinder hatte er es nun auf erwachsene Prostituierte aus der Gegend abgesehen, mit Ausnahme von June Scott, die als Einzige keine Prostituierte war. Nachdem immer mehr Frauenleichen auftauchten, setzte die Polizei Luftüberwachung ein, um weitere Leichen zu finden. Am 3. Januar 1990 fanden sie die Leiche von June Cicero. Ganz in der Nähe sah das Suchteam, wie Shawcross neben seinem Auto stand und über die Salmon Creek Bridge in das Wasser urinierte, in dem er sein letztes Opfer entsorgt hatte.

Chronik der bekannten Morde:

7. Mai 1972: Jack Owen Blake (10)

2. September 1972: Karen Ann Hill (8)

18. März 1988: Dorothy »Dotsie« Blackburn (27)
9. Juli 1988: Anna Marie Steffen (28)
29. Juli 1989: Dorothy Keller (59)
29. September 1989: Patricia »Patty« Ives (25)
23. Oktober 1989: June Stotts (30)
5. November 1989: Marie Welch (22)
11. November 1989: Frances »Franny« Brown (22)
15. November 1989: Kimberly Logan (30)
25. November 1989: Elizabeth »Liz« Gibson (29)
15. Dezember 1989: Darlene Trippi (32)
17. Dezember 1989: June Cicero (34)
28. Dezember 1989: Felicia Stephens (20)

VERHAFTUNG UND PROZESS

Am 5. Januar 1990 wurde Shawcross verhaftet. Während seines Verhörs gab es keinerlei Anhaltspunkte dafür, dass er für all die Morde verantwortlich gewesen sein könnte. Die Ermittler fanden aber ausreichend Indizienbeweise gegen ihn, sodass er für elf Morde angeklagt wurde. Auf Anraten seines Anwalts plädierte Shawcross in allen Fällen auf nicht schuldig. Ein psychiatrisches Gutachten wurde angeordnet, zudem musste Shawcross sich mehreren Tests unterziehen. Obwohl das Gutachten ihm psychische Probleme attestierte, galt er gemäß rechtlicher Definition als zurechnungs- und damit schuldfähig. Er wurde daraufhin in allen Anklagepunkten schuldig gesprochen und zu lebenslanger Haft verurteilt.

AUSGANG

Am 10. November 2008 starb Shawcross eines natürlichen Todes. Nachdem er über Schmerzen im Bein geklagt hatte, wurde er ins Albany Medical Center transportiert, wo er einen Herzstillstand erlitt. Um 21:50 Uhr wurde sein Tod festgestellt.

WISSENSWERTES

Der Gerichtsgutachter Dr. Kraus fertigte ein umfassendes psychiatrisches Gutachten an, in dem er attestierte, Shawcross sei ein »[…] emotional instabiler, lernbehinderter, genetisch beeinträchtigter, biochemisch gestörter und neurologisch geschädigter Mensch, der sein gesamtes Leben lang von seinem Umfeld psychisch ausgegrenzt wurde und dessen aufgestaute Wut und Frustration, all die Angst und erlebte Missachtung aus einem Leben voller Gewalt und Aggressivität letztlich zu einer übermächtigen mörderischen Raserei ausgeartet ist.«

ZITATE

- *»Ich schnitt das rechte Bein von der Frau ab, entfernte vom Knie bis zur Hüfte das Fett und aß das Fleisch, während die andere Frau mich anstarrte. Als ich reingebissen habe, hat sie sich eingemacht.«*
- *»Sie hat mich oral befriedigt und hat es ein wenig übertrieben … also habe ich sie erwürgt.«*

HAROLD SHIPMAN

Geburtsdatum: 14. Januar 1946
Alias: Dr. Death, The Angel of Death
Tatmerkmal: Vergiften seiner Patienten
Opferzahl: mindestens 215, schätzungsweise bis zu 250
Zeitraum der Morde: 1975 bis 1998
Datum der (endgültigen) Verhaftung: 7. September 1998
Mordmethoden: Vergiften mit tödlicher Dosis Diamorphin (reines Heroin)
Tatorte: West Yorkshire in Greater Manchester (England)
Status: verurteilt zu lebenslanger Freiheitsstrafe, beging am 13. Januar 2004 in seiner Zelle Selbstmord durch Erhängen

VORGESCHICHTE

Shipman wurde im englischen Nottingham als Kind strenggläubiger Methodisten geboren. Als Kind spielte er Rugby und war wohl auch ziemlich gut darin. Zudem war er ein erfolgreicher Langdistanzläufer und im letzten Schuljahr Vizekapitän der Leichtathletikmannschaft.

Als Shipman sieben Jahre alt war, starb seine Mutter an Lungenkrebs. Er hatte ein sehr inniges Verhältnis zur Mutter, ihr Tod hatte deshalb eine tiefgreifende Wirkung auf ihn. In ihren letzten Tagen kamen Ärzte zu ihr nach Hause und verabreichten ihr Morphium gegen die Schmerzen. Shipman war stets mit dabei und konnte sehen, welche Wirkung das Medikament auf seine Mutter hatte: Obwohl sie immer noch todkrank war, nahm das Morphium ihr all ihr Leid.

Shipman heiratete 1966, das Paar bekam vier Kinder. Vier Jahre nach der Hochzeit machte Shipman seinen Abschluss an der Leeds School of Medicine und arbeitete in den ersten Jahren im Zentralkrankenhaus in Yorkshire. 1974 ließ er sich als Allgemeinmediziner in West Yorkshire nieder.

1975 wurde Shipman beim Fälschen von Rezepten erwischt. Er hatte sich selbst Pethidin für den Eigenverbrauch verschrieben, ein starkes synthetisches Opiat, das auch als Dolantin bekannt ist und nach dem beispielsweise Michael Jackson abhängig war. Er bekam eine Geldstrafe und musste in eine Entzugsklinik. Zwei Jahre später praktizierte er allerdings schon wieder als Hausarzt, dieses Mal im Donnybrook Medical Center in Hyde, wo er bis zur Eröffnung seiner eigenen Praxis 1993 blieb.

Im März 1998 wurde die Gemeinde in West Yorkshire aufgrund der vielen Patienten, die in Shipmans Obhut verstarben, langsam skeptisch. Aus diesem anfänglich morbiden Verdacht entwickelte sich eine ausgewachsene Mordermittlung, deren Ergebnisse die gesamte Nation schockierten.

MORDE

Im März 1998 meldete sich Deborah Massey von einem örtlichen Beerdigungsinstitut bei Dr. Linda Reynolds von der Brooke Surgery in Hyde, um ihre Sorge hinsichtlich der vielen Toten auszudrücken, die aus Shipmans Praxis zu ihr kamen. Daraufhin wurde auch der zuständige Gerichtsmediziner für den Bezirk Südmanchester, John Pollard, wegen der hohen Todeszahlen informiert. Besonders auffällig waren die vielen Anträge für Einäscherungen älterer Frauen, die Shipman gegengezeichnet hatte. Die Polizei wurde eingeschaltet, befand zu jener Zeit jedoch, dass es nicht genügend Beweise gab, um Shipman anzuklagen.

Im August 1998 meldete sich der Taxifahrer John Shaw bei der Polizei und gab an, dass er Shipman verdächtige, zahlreiche Patienten umgebracht zu haben. Hinzu kam, dass mit dem Testament einer jüngst verstorbenen Patientin etwas nicht zu stimmen schien. Als die 81-jährige Kathleen Grundy starb, wunderte sich deren Tochter Angela Woodruff, dass die Mutter rein gar nichts für ihre Kinder oder den Rest der Familie hinterlassen, dafür aber Shipman eine große Summe Geld vermacht hatte (insgesamt 386000 Pfund). Woodruff meldete ihren Verdacht ebenfalls der Polizei.

Die Ermittler leiteten eine Ermittlung ein und exhumierten Grundys Leiche. Bei der Obduktion wurden Spuren eines Medikaments namens Diamorphin gefunden, das üblicherweise Schmerzpatienten mit Krebs im Endstadium verabreicht wird. Nun hatten die Ermittler einen Mordfall mit ausreichend Beweisen und konnten Shipman endlich aus dem Verkehr ziehen.

Chronik der bekannten Morde:

17. März 1975: Eva Lyons (70)
7. August 1978: Sarah Hannah Marsland (86)
30. August 1978: Mary Ellen Jordan (73)
7. Dezember 1978: Harold Bramwell (73)
20. Dezember 1978: Annie Campbell (88)
10. August 1979: Alice Maude Gorton (76)
28. November 1979: Jack Leslie Shelmerdine (77)

18. April 1981: May Slater (84)
26. August 1981: Elizabeth Ashworth (81)
4. Januar 1983: Percy Ward (90)
28. Juni 1983: Moira Ashton Fox (77)
7. Januar 1984: Dorothy Tucker (51)
8. Februar 1984: Gladys Roberts (78)
15. April 1984: Joseph Bardsley (83)
24. April 1984: Winifred Arrowsmith (70)
21. September 1984: Mary Winterbottom (76)
27. November 1984: Ada Ashworth (87)
17. Dezember 1984: Joseph Vincent Everall (80)
18. Dezember 1984: Edith Wibberley (76)
24. Dezember 1984: Eileen Theresa Cox (72)
2. Januar 1985: Peter Lewis (41)
1. Februar 1985: May Brookes (74)
4. Februar 1985: Ellen Higson (84)
15. Februar 1985: Margaret Ann Conway (69)
22. Februar 1985: Kathleen McDonald (73)
26. Juni 1985: Thomas Moult (70)
26. Juni 1985: Mildred Robinson (84)
23. August 1985: Frances Elizabeth Turner (85)
17. Dezember 1985: Selina Mackenzie (77)
20. Dezember 1985: Vera Bramwell (79)
31. Dezember 1985: Fred Kellett (79)
7. Januar 1986: Deborah Middleton (81)
23. April 1986: Dorothy Fletcher (74)
6. Juni 1986: Thomas Fowden (81)
15. September 1986: Mona Ashton White (63)
7. Oktober 1986: Mary Tomlin (73)
17. November 1986: Beatrice Toft (59)
16. Dezember 1986: Lily Broadbent (75)
23. Dezember 1986: James Wood (82)
30. März 1987: Frank Halliday (76)
1. April 1987: Albert Cheetham (85)
16. April 1987: Alice Thomas (83)
8. Mai 1987: Jane Frances Rostron (78)

14. September 1987: Nancy Anne Brassington (71)
11. Dezember 1987: Margaret Townsend (80)
29. Dezember 1987: Nellie Bardsley (69)
30. Dezember 1987: Elizabeth Ann Rogers (74)
5. Januar 1988: Elizabeth Fletcher (90)
15. Januar 1988: Alice Mary Jones (83)
9. Februar 1988: Dorothea Hill Renwick (90)
15. Februar 1988: Ann Cooper (93)
15. Februar 1988: Jane Jones (83)
16. Februar 1988: Lavinia Robinson (84)
18. September 1988: Rose Ann Adshead (80)
20. Oktober 1988: Alice Prestwich (69)
6. November 1988: Walter Tingle (85)
17. Dezember 1988: Harry Stafford (87)
19. Dezember 1988: Ethel Bennett (80)
31. Januar 1989: Wilfred Chappell (80)
8. März 1989: Mary Emma Hamer (81)
12. Mai 1989: Beatrice Helen Clee (78)
5. Juni 1989: Josephine Hall (69)
6. Juli 1989: Hilda Fitton (75)
14. August 1989: Marion Carradice (80)
22. September 1989: Elsie Harrop (82)
26. September 1989: Elizabeth Mary Burke (82)
15. Oktober 1989: Sarah Jane Williamson (82)
16. Oktober 1989: John Charlton (81)
18. Oktober 1989: George Edgar Vizor (67)
6. November 1989: Joseph Frank Wilcockson (85)
18. September 1990: Dorothy Rowarth (56)
30. Dezember 1990: Mary Rose Dudley (69)
7. Oktober 1992: Monica Rene Sparkes (72)
24. Februar 1993: Hilda Mary Couzens (92)
24. Februar 1993: Olive Heginbotham (86)
22. März 1993: Amy Whitehead (82)
8. April 1993: Mary Emma Andrew (86)
17. April 1993: Sarah Ashworth (74)
27. April 1993: Marjorie Parker (74)

2. Mai 1993: Nellie Mullen (77)
4. Mai 1993: Edna May Llewellyn (68)
12. Mai 1993: Emily Morgan (84)
13. Mai 1993: Violet May Bird (60)
22. Juli 1993: Jose Kathleen Diana Richards (74)
16. August 1993: Edith Calverley (77)
16. Dezember 1993: Joseph Leigh (78)
22. Dezember 1993: Eileen Robinson (54)
31. Dezember 1993: Charles Edward Brocklehurst (90)
4. Januar 1994: Joan Milray Harding (82)
13. Januar 1994: Christine Hancock (53)
9. Februar 1994: Elsie Platt (73)
17. Mai 1994: Mary Alice Smith (84)
25. Mai 1994: Ronnie Devenport (57)
15. Juni 1994: Cicely Sharples (87)
17. Juni 1994: Alice Christine Kitchen (70)
27. Juli 1994: Maria Thornton (78)
25. November 1994: Henrietta Walker (87)
30. November 1994: Elizabeth Ellen Mellor (75)
29. Dezember 1994: John Bennett Molesdale (81)
9. Januar 1995: Alice Kennedy (88)
1. März 1995: Lucy Virgin (70)
6. März 1995: Marie West (81) – verurteilt
7. März 1995: Netta Ashcroft (71)
7. März 1995: Lily Bardsley (88)
13. März 1995: Marie Antoinette Fernley (53)
21. März 1995: John Crompton (82)
26. März 1995: Frank Crompton (86)
31. März 1995: Vera Brocklehurst (70)
10. April 1995: Angela Philomena Tierney (71)
13. April 1995: Edith Scott (85)
14. April 1995: Clara Hackney (84)
21. April 1995: Renate Eldtraude Overton (47)
4. Mai 1995: Kate Maud Sellors (75)
2. Juni 1995: Clifford Barnes Heapey (85)
13. Juni 1995: Bertha Moss (68)

17. Juni 1985: Brenda Ashworth (63)
29. Juni 1995: Ernest Rudol (82)
12. Juli 1995: Ada Matley Hilton (88)
31. Juli 1995: Irene Aitken (65)
29. August 1995: Arthur Henderson Stopford (82)
14. September 1995: Geoffrey Bogle (72)
26. September 1995: Dora Elizabeth Ashton (87)
24. Oktober 1995: Muriel Margaret Ward (87)
8. November 1995: Edith Brock (74)
22. November 1995: Charles Henry Barlow (88)
25. November 1995: Konrad Peter Ovcar-Robinson (43)
14. Dezember 1995: Elizabeth Teresa Sigley (67)
14. Dezember 1995: Kenneth Wharmby Woodhead (75)
2. Januar 1996: Hilda Mary Hibbert (81)
11. Januar 1996: Erla Copeland (79)
21. Februar 1996: Jane Elizabeth Shelmerdine (80)
27. Februar 1996: John Sheard Greenhalgh (88)
12. März 1996: Minnie Doris Irene Galpin (71)
18. April 1996: Marjorie Hope Waller (79)
24. April 1996: John Stone (77)
7. Mai 1996: Elsie Godfrey (85)
13. Mai 1996: Edith Brady (72)
29. Mai 1996: Valerie Cuthbert (54)
30. Mai 1996: Lilian Cullen (77)
6. Juni 1996: Renee Lacey (63)
10. Juni 1996: Leah Fogg (82)
17. Juni 1996: Gladys Saunders (82)
25. Juni 1996: Nellie Bennett (86)
25. Juni 1996: Margaret Mary Vickers (81)
2. Juli 1996: Tom Balfour Russell (77)
11. Juli 1996: Irene Turner (67) – verurteilt
16. Juli 1996: Carrie Leigh (81)
19. Juli 1996: Marion Elizabeth Higham (84)
24. Juli 1996: Elsie Hannible (85)
29. Juli 1996: Elsie Barker (84)
30. August 1996: Sidney Arthur Smith (76)

12. September 1996: Dorothy Mary Andrew (85)
20. September 1996: Anne Lilian Ralphs (75)
23. Oktober 1996: Millicent Garside (76)
20. November 1996: Irene Heathcote (76)
23. November 1996: Samuel Mills (89)
4. Dezember 1996: Thomas Cheetham (78)
17. Dezember 1996: Kenneth Ernest Smith (73)
2. Januar 1997: Eileen Daphne Crompton (75)
3. Januar 1997: David Alan Harrison (47)
8. Januar 1997: Elsie Lorna Dean (69)
20. Januar 1997: Irene Brooder (76)
27. Januar 1997: Charlotte Bennison (89)
3. Februar 1997: Charles Henry Killan (90)
4. Februar 1997: Betty Royston (70)
23. Februar 1997: Joyce Woodhead (74)
28. Februar 1997: Lizzie Adams (77) – verurteilt
22. März 1997: Rose Garlick (76)
27. März 1997: May Lowe (84)
21. April 1997: Mary Coutts (80)
25. April 1997: Elsie Cheetham (76)
25. April 1997: Jean Lilley (58) – verurteilt
2. Mai 1997: Lena Norah Slater (68)
12. Mai 1997: Ethel May Kellet (74)
21. Mai 1997: Doris Earls (79)
29. Mai 1997: Ivy Lomas (63) – verurteilt
24. Juni 1997: Vera Whittingslow (69)
7. Juli 1997: Maureen Lamonnier Jackson (51)
14. Juli 1997: Muriel Grimshaw (76) – verurteilt
25. Juli 1997: John Louden Livesey (69)
28. Juli 1997: Lily Newby Taylor (86)
10. August 1997: Dorothy Doretta Hopkins (72)
1. September 1997: Nancy Jackson (81)
22. September 1987: Mavis Mary Pickup (79)
26. September 1997: Bessie Swann (79)
29. September 1997: Enid Otter (77)
10. November 1997: Florence Lewis (79)

14. November 1997: Mary Walls (78)
21. November 1997: Elizabeth Mary Baddeley (83)
24. November 1997: Marie Quinn (67) – verurteilt
8. Dezember 1997: Elizabeth Battersby (70)
9. Dezember 1997: Laura Kathleen Wagstaff (81) – verurteilt
10. Dezember 1997: Bianka Pomfret (49) – verurteilt
18. Dezember 1997: Alice Black (73)
24. Dezember 1997: James Joseph King (83)
22. Januar 1998: Mabel Shawcross (79)
26. Januar 1998: Norah Nuttall (64) – verurteilt
2. Februar 1998: Cissie Davies (73)
9. Februar 1998: Pamela Marguerite Hillier (68) – verurteilt
13. Februar 1998: Laura Frances Linn (83)
15. Februar 1998: Irene Berry (74)
18. Februar 1998: Maureen Alice Ward (57) – verurteilt
27. Februar 1998: Joan Edwina Dean (75)
4. März 1998: Harold Eddleston (77)
6. März 1998: Margaret Anne Waldron (65)
7. März 1998: Irene Chapman (74)
13. März 1998: Dorothy Long (84)
17. März 1998: Lily Higgins (83)
20. März 1998: Ada Warburton (77)
24. März 1998: Martha Marley (88)
11. Mai 1998: Winifred Mellor (73) – verurteilt
12. Juni 1998: Joan May Melia (73) – verurteilt
24. Juni 1998: Kathleen Grundy (81) – verurteilt

VERHAFTUNG UND PROZESS

Shipman wurde am 7. September 1998 verhaftet. Bei der Durchsuchung seines Hauses fanden die Ermittler eine Schreibmaschine vom selben Typ, mit dem auch das gefälschte Testament von Kathleen Grundy abgetippt wurde. Die Polizei ermittelte in allen Fällen, in denen Shipman den Totenschein unterzeichnet hatte, 15 Fälle waren das insgesamt.

Dabei entdeckten sie ein Muster: In jedem dieser Fälle hatte Shipman den Patienten Diamorphin verabreicht, den Totenschein unterschrieben und nachträglich die Krankenakten so gefälscht, dass sie den Anschein erweckten, der betreffende Patient sei krank gewesen. Daraufhin wurde jeder Todesfall untersucht, der mit Shipman im Zusammenhang stand – am Ende gab es bis zu 250 Opfer.

Am 5. Oktober 1999 begann Shipmans Prozess. Er wurde für die Morde an Irene Turner, Marie West, Jean Lilley, Lizzie Adams, Ivy Lomas, Marie Quinn, Muriel Grimshaw, Kathleen Wagstaff, Norah Nuttall, Bianka Pomfret, Pamela Hillier, Winifred Mellor, Maureen Ward, Kathleen Grundy und Joan Melia angeklagt. Die Anklagen lauteten auf Mord durch tödliche Injektion in den Jahren zwischen 1995 und 1998.

Am Ende des Prozesses berieten sich die Geschworenen sechs Tage lang. Am 31. Januar 2000 wurde Shipman des Mordes in 15 Fällen sowie der Urkundenfälschung in einem Fall für schuldig befunden. Er erhielt 15 lebenslange Freiheitsstrafen sowie weitere vier Jahre für die Fälschung des Testaments. 2002 bestätigte der britische Innenminister, dass die lebenslange Haftstrafe angemessen ist.

AUSGANG

Am 13. Januar 2004 nahm sich Shipman das Leben, indem er sich in seiner Zelle im Wakefield Prison erhängte. Er wurde um 18:20 Uhr entdeckt und um 20:10 Uhr offiziell für tot erklärt. Shipman hatte seine Bettbezüge an den Fenstergittern befestigt und sich daran erhängt. Die Angehörigen einiger Opfer waren froh über seinen Tod, andere wiederum fühlten sich betrogen, weil sie von Shipman nun niemals ein Geständnis oder eine Antwort auf die Frage bekommen würden, warum er seine Patienten getötet hat.

Warum Shipman Selbstmord begangen hat, ist unklar. Einem Bewährungshelfer gegenüber hatte er allerdings einmal erwähnt, dass seine Frau finanziell abgesichert wäre und weiterhin seine Pension erhalten würde, falls er Selbstmord beginge. Hätte Shipman aber das 60. Lebensjahr erreicht, hätte seine Frau keinen Anspruch mehr auf seine Pension gehabt.

WISSENSWERTES

- Der Film *Harold Shipman: Doctor Death* (2002) handelt von Shipmans Verbrechen. John Hurt wurde die Rolle des Shipman angeboten, er lehnte jedoch ab, weil er das Projekt »geschmacklos« fand.
- Im Hyde Park gibt es eine Gedenkstätte für Shipmans Opfer, den »Garden of Tranquillity« (Deutsch: Garten der Ruhe).

DANIEL LEE SIEBERT

Geburtsdatum: 17. Juni 1954
Alias: The Southside Slayer, Daniel Marlow, Danny Spence
Tatmerkmale: Vergewaltigung, Raubmord
Opferzahl: 9 bis 12
Zeitraum der Morde: 1979, 1985 bis 1986
Datum der (endgültigen) Verhaftung: 4. September 1986
Mordmethoden: Strangulation, Erstechen
Tatorte: Kalifornien, New Jersey, Alabama (USA)
Status: zum Tode verurteilt, am 22. April 2008 an Krebs verstorben

VORGESCHICHTE

Siebert wuchs in einem von Gewalt und Missbrauch geprägten Haushalt auf. Sein Vater war ein kranker Sadist, der den Jungen immer wieder körperlich und sexuell missbrauchte. Laut Siebert wurde er vom Vater geschlagen, vergewaltigt und gezwungen, Oral- und Analsex bei ihm auszuüben. Vor dem Sex mit dem Vater musste Siebert Mädchenunterwäsche tragen. Er wurde oft gefesselt und geknebelt und manchmal urinierte der Vater sogar auf ihn.

Besonders gerne misshandelte Sieberts Vater seinen Sohn mit einer Bullenpeitsche, die dabei entstandenen Narben blieben ein Leben lang. Sieberts Mutter war derart eingeschüchtert von ihrem Mann, dass sie nicht wagte, ihn zu verlassen oder anderen zu erzählen, was daheim vor sich ging. Als Siebert elf Jahre alt war, fand die Mutter endlich den Mut, mit den Kindern zu fliehen. Ein Jahr später kam sie mit einem anderen Mann zusammen und Siebert rannte von zu Hause davon. Er lebte fortan auf der Straße und verdiente sein Geld im Drogen- und Rotlichtmilieu.

1972 entschloss sich Siebert, sein Leben wieder auf die Reihe zu bringen. Unter dem Alias Daniel Marlow verpflichtete er sich bei den Marines. Er hatte geglaubt, das strenge, von Disziplin geprägte Umfeld dort würde ihm guttun, doch er wurde schon früh unehrenhaft entlassen. Warum, ist nicht bekannt. Innerhalb der nächsten beiden Jahre zeugte Siebert zwei Kinder, sein Sohn musste später als Erwachsener selbst ins Gefängnis.

1979 wurde Siebert wegen Totschlags verurteilt. Nachdem er aus dem Gefängnis entlassen wurde, begann er unter einem weiteren Alias, Danny Spence, von Bundesstaat zu Bundesstaat zu reisen. 1985 lernte er dabei Donald Hendren kennen, der gerade auf dem Weg nach Alabama war, wo er im Alabama Institute for the Deaf and Blind (einer renommierten Bildungseinrichtung für Gehörlose und Blinde) arbeiten wollte. Er lud Siebert ein, mit ihm zu kommen, doch der lehnte ab, und die Wege der beiden trennten sich zunächst. Einen Monat darauf, im Januar, rief Hendren allerdings bei Siebert an und bat ihn erneut, nach Alabama zu kommen. Dieses Mal willigte Siebert ein und zog bei Hendren im Städtchen Talladega ein.

Siebert begann als ehrenamtlicher Kunstlehrer im Institut und hoffte auf eine bezahlte Festanstellung. Gleichzeitig begann er allerdings eine Affäre mit einer der Studentinnen, Sherri Weathers, was gegen die Richtlinien der Schule verstieß. Was dann passierte, disqualifizierte ihn endgültig für eine Stelle am Institut.

MORDE

Im Februar 1986 hatte Sherri Weathers über eine Woche lang bei allen Kursen am Institut gefehlt. Als Polizisten in ihrer Wohnung nach dem Rechten sahen, fanden sie die Leichen von Weathers und ihren beiden Kindern. All drei waren ermordet worden. Im weiteren Verlauf der Ermittlungen fanden die Beamten heraus, dass auch Linda Jarman, eine weitere Studentin des Instituts, vermisst wurde. Auch sie wurde tot in ihrer Wohnung gefunden.

Im Rahmen der Mordermittlungen vernahmen die Beamten den Kunstlehrer Daniel Spence, nachdem mehrere Leute ausgesagt hatten, er habe Interesse an Sherri Weathers gezeigt. Als die Ermittler Spences Fingerabdrücke nahmen, stellten sie fest, dass er in Wahrheit Daniel Siebert hieß, bereits wegen Totschlags vorbestraft war und derzeit wegen Körperverletzung per Haftbefehl gesucht wurde.

Die Beamten bohrten weiter und fanden heraus, dass Siebert mit einer gewissen Linda Odum zusammen war, bevor diese am 19. Februar 1986 verschwand. Ihre Leiche wurde einen Monat später gefunden, sie war offensichtlich ermordet worden. Als ihr gestohlenes Auto gefunden wurde, fanden die Ermittler darin Fingerabdrücke, die Siebert zugeordnet werden konnten.

Siebert setzte sich ab und war sechs Monate lang auf der Flucht, bis er einen Freund anrief, der ihn sofort bei der Polizei meldete. Als er sich erneut telefonisch bei dem Freund meldete, verfolgten die Ermittler den Anruf zurück und wussten damit, wo Siebert sich aufhielt.

Chronik der bekannten Morde:
Dezember 1985: Gidget Castro (28)
Dezember 1985: Nesia Gail McElrath (23)
19. Februar 1986: Linda Jarman (33)
19. Februar 1986: Sherri Weathers (24)
19. Februar 1986: Chad Weathers (5)
19. Februar 1986: Joseph Weathers (4)
19. Februar 1986: Linda Faye Odum (32)
8. März 1986: Beatrice McDougall (57)

VERHAFTUNG UND PROZESS

Als Siebert am 4. September 1986 zur Arbeit erschien, wurde er bereits von Polizeibeamten erwartet und verhaftet. Während er auf dem Revier vernommen wurde, gestand er, fünf Morde in Alabama und zahlreiche weitere in anderen Staaten begangen zu haben. Er schätzte, insgesamt zwölf Menschen getötet zu haben.

Vor Gericht wurde Siebert schuldig gesprochen und zum Tode verurteilt.

AUSGANG

Siebert sollte eigentlich am 25. Oktober 2007 hingerichtet werden, doch die Exekution wurde wenige Stunden vorher verschoben. Siebert litt an Bauchspeicheldrüsenkrebs und wurde entsprechend behandelt. Im Dezember desselben Jahres wurde Siebert in einem Pornografie-Fall vernommen, aber es wurde keine Anklage gegen ihn erhoben.

Am 22. April 2008 um 13:35 Uhr starb Siebert an den Folgen seiner Krebserkrankung. Zu diesem Zeitpunkt hatte er bereits 21 Jahre auf seine Hinrichtung gewartet.

ROBERT JOSEPH SILVERIA JR.

Geburtsdatum: 3. März 1959
Alias: The Boxcar Killer, Sidetrack
Tatmerkmale: Raubmord, Gangmitglied
Opferzahl: mindestens 14
Zeitraum der Morde: vermutlich 1981 bis 1995
Datum der (endgültigen) Verhaftung: 2. März 1996
Mordmethode: Erschlagen
Tatorte: verschiedene Orte in ganz Amerika
Status: verurteilt zu lebenslanger Freiheitsstrafe ohne Möglichkeit einer vorzeitigen Entlassung

VORGESCHICHTE

Obwohl er in eine Familie aus der Mittelschicht hineingeboren wurde, hatte Silveria sein ganzes Leben lang Probleme mit Alkohol und Drogen. Er nahm regelmäßig Heroin, dazu Crystal Meth und Crack und spülte alles mit literweise Alkohol herunter. Er konsumierte alles, was high machte.

Silverias Vater besorgte ihm verschiedene Jobs am Flughafen, wo er selbst arbeitete, doch Silveria verlor jeden einzelnen aufgrund seines Drogenmissbrauchs. Er war auch verheiratet, seine Frau verließ ihn allerdings, weil sie mit seinem Alkohol- und Drogenkonsum genauso wenig klarkam wie mit seiner Angewohnheit, sich nächtelang herumzutreiben.

Zu jener Zeit gab es eine Gruppierung, die sich »Freight Train Riders of America« (FTRA) nannte, also die Güterwagenfahrer Amerikas, und illegal in den Waggons von Güterzügen durch ganz Amerika reisten. Die Gruppe wurde von obdachlosen Vietnam-Veteranen gegründet, schon bald konnten sich ihr aber auch andere Leute wie Silveria anschließen. Um seine Zugehörigkeit zu signalisieren, trug Silveria stets ein schwarzes Bandana bei sich, das Erkennungsmerkmal der Bande, sowie einen Flashback-Button, der ihn als Mitglied der sogenannten Wrecking Crew auszeichnete, den Jungs fürs Grobe, die für Ordnung unter den übrigen FTRA-Mitgliedern sorgten.

Die FTRA wurde mit mehreren Verbrechen in den Güterzügen in Verbindung gebracht, darunter Raub und Körperverletzung. Der drogenabhängige Silveria konnte die Wut, die in ihm brodelte, nur schwer kontrollieren, weshalb

Körperverletzungsdelikte bei ihm schon bald zu schlimmeren Taten eskalierten.

MORDE

Auf seinen Zugfahrten erkannte Silveria schnell, dass es in den Güterzügen zahlreiche potenzielle Opfer für ihn gab. Meist attackierte er Männer, egal welchen Alters oder welcher Nationalität. Am liebsten prügelte er seine Opfer mit bloßen Händen zu Tode oder er verwendete dafür ein großes Stück Holz, das er »Schlägerknüppel« nannte. Manche tötete er auch mit Metallrohren oder Steinen, was immer er eben in die Finger bekam. Nach den Morden versuchte Silveria gar nicht, die Leichen zu verstecken oder zu entsorgen, er ließ sie einfach neben den Schienen liegen.

Wenn er ein Opfer getötet hatte, nahm er ihm alles ab, was er entweder selbst gebrauchen oder zu Geld machen konnte, vorrangig Geld und Drogen. Außerdem stahl er den Toten ihre Ausweise, um damit Sozialhilfe und Essensmarken zu kassieren.

Silveria war sich der »Wut«, die in ihm steckte, durchaus bewusst. Wenn er einen Obdachlosen auf der Durchreise kennenlernte, dann feierte er zunächst einige Zeit mit ihm, bis er irgendwann nach einem Grund suchte, wütend auf ihn zu werden. Wenn das geschah, rastete er völlig aus und prügelte das Opfer zu Tode.

Chronik der bekannten Morde:

9. April 1989: Anthony Garcia (62)
8. Juli 1992: Darren Royal Miller (19)
28. April 1994: Willie Clark (52)
2. August 1994: Michael Garfinkle (20)
21. April 1995: Roger Bowman (38)
22. Juli 1995: James McLean (50)
26. Juli 1995: Charles Randall Boyd
Oktober 1995: unbekannter Drogendealer
15. Oktober 1995: Paul Wayne Matthews (43)
1. Dezember 1995: William Avis Pettit Jr. (39)
6. Dezember 1995: Michael A. Cites (24)
23. Dezember 1995: Michael A. Brandolino

VERHAFTUNG UND PROZESS

Als die Leiche von Michael Cites in Oregon in einem Zug gefunden wurde, konnte der mit dem Fall betraute Detective weitere Personen ermitteln, die zum Tatzeitpunkt im selben Zug unterwegs waren. Laut denen wurde Cites zuletzt mit einem Mann namens »Sidetrack« gesehen, den andere Silveria nannten. Anfangs glaubten die Ermittler, dass damit zwei verschiedene Personen gemeint waren. Laut den Zeugen waren Silveria und Cites gemeinsam losgezogen, um Drogen zu besorgen.

Daraufhin wurden Mitteilungen an alle Strafverfolgungsbehörden versandt, um Sidetrack oder Silveria zu finden. Am 2. März 1996 wurde Silveria in Kalifornien gefasst und in Gewahrsam genommen. Im Vernehmungsraum stellten die Ermittler dann fest, dass Sidetrack und Silveria ein und dieselbe Person waren. Silveria behauptete später, Gott habe ihm aufgetragen, sich zu ergeben, und gestand die Morde an William Pettit und Michael Cites.

Während des anschließenden Verhörs gestand Silveria noch weitere Morde, die er begangen hatte. Er zeichnete sogar Karten, um den Ermittlern zu zeigen, wo die Morde stattgefunden hatten, und machte zu jedem Mord detaillierte Angaben. Laut diesen Informationen muss Silveria an mindestens 14 Morden beteiligt gewesen sein.

Silveria wurde für drei Morde angeklagt und musste sich in drei separaten Prozessen dafür verantworten. Er wurde am 30. Januar 1998, am 17. Februar 1998 und am 20. Mai 1998 jeweils für schuldig befunden. Weil er einen Deal mit der Staatsanwaltschaft abgeschlossen hatte, erhielt er eine lebenslange Freiheitsstrafe ohne Chance auf Bewährung.

AUSGANG

Insgesamt hatte Silveria 47 Morde gestanden, die Behörden gehen allerdings davon aus, dass er »nur« an 14 Morden beteiligt war. Weil es sich bei den Opfern meist um Obdachlose auf der Durchreise handelte und auch der Täter selbst ein Reisender ohne festen Wohnsitz war, können einige Fälle vermutlich nie aufgeklärt werden.

GEORGE JOSEPH SMITH

Geburtsdatum: 11. Januar 1872
Alias: Brides in the Bath Murderer, Oliver George Love, George Rose Smith, Charles Oliver James, John Lloyd, Henry Williams
Tatmerkmale: Bigamie, Versicherungsbetrug
Opferzahl: 3
Zeitraum der Morde: 1912 bis 1914
Datum der (endgültigen) Verhaftung: 1. Februar 1915
Mordmethode: Ertränken
Tatort: England
Status: am 13. August 1915 durch Erhängen hingerichtet

VORGESCHICHTE

Schon als Kind war Smith kein Engel. Bereits mit neun Jahren wurde er aufgrund seines Verhaltens in eine Erziehungsanstalt für Jungen geschickt, später saß er wegen Diebstahl und Betrug im Gefängnis. 1886 überredete er eine Frau, Geld von ihrem Chef zu stehlen, damit er damit eine Bäckerei eröffnen konnte. Er wurde allerdings erwischt und musste für weitere zwölf Monate ins Gefängnis.

1898 heiratete Smith Caroline Thornhill. Zu jener Zeit verwendete er bereits verschiedene Decknamen und heiratete als Oliver George Love. Das Paar zog von Leicester nach London, wo sie als Dienstmädchen arbeitete und bei ihren Kunden stahl, um so die Taschen ihres Mannes zu füllen. Eines Tages wurde sie erwischt und zu zwölf Monaten Gefängnis verurteilt.

Nach ihrer Entlassung aus der Haft belastete sie sofort Smith und sagte über dessen Beteiligung an den Diebstählen aus. Auch er wurde daraufhin verhaftet und zu zwei Jahren Haft verurteilt. Seine Frau verließ in der Zwischenzeit das Land und wanderte nach Kanada aus. Obwohl er noch verheiratet war, heiratete Smith 1899 eine weitere Frau, deren Bankkonto er nach seiner Entlassung aus dem Gefängnis leer räumte.

1908 heiratete Smith erneut, dieses Mal die Witwe Florence Wilson, die er nur einen Monat später schon wieder verließ – jedoch nicht, ohne vorher 30 Pfund von ihrem Konto zu stehlen und ihre persönlichen Wertsachen zu Geld zu machen. Noch im selben Monat heiratete er Edith Peglar, die sich auf eine

Stellenanzeige als Haushälterin beworben hatte. Keine dieser Ehen war rechtskonform, zudem verwendete Smith bei den meisten einen falschen Namen.

Trotz ständig neuer Eheschließungen kehrte Smith mit dem dadurch erschlichenen Geld stets zu Peglar zurück. Im Oktober 1909 heiratete Smith unter dem Namen George Rose Smith Sarah Freeman, deren Konto er ebenfalls plünderte, bevor er sich aus dem Staub machte. Insgesamt prellte er Freeman um mehr als 400 Pfund – eine stattliche Summe für die damalige Zeit. Seine nächsten Frauen hießen Alice Burnham und Bessie Munday.

Im September 1914 heiratete Smith unter dem Alias Charles Oliver James Alice Reid. Insgesamt hatte er zwischen 1908 und 1914 sieben bigame Ehen geschlossen – alle ungültig, da er noch immer mit seiner ersten Ehefrau Caroline Thornhill verheiratet war. Immer verließ er seine frischgebackene Ehefrau, nachdem er sie bestohlen hatte. Als die Behörden 1915 nach dem Tod von zwei Frauen, eine davon Alice Smith (geborene Burnham), Ermittlungen einleiteten, geriet Smith schnell in den Fokus der Fahnder.

MORDE

Im Januar 1915 erhielt der leitende Detective Inspector Arthur Neil einen Brief von Joseph Crossley, dem Inhaber einer Pension in Blackpool. Crossley hatte dem Schreiben zwei Zeitungsausschnitte beigelegt, die über den Tod zweier Frauen berichteten, die unter ähnlichen Umständen ums Leben gekommen waren. Die erste, Margaret Elizabeth Lloyd, wurde Ende 1914 von ihrem Mann und ihrer Vermieterin tot in ihrer Badewanne gefunden.

Der zweite Artikel drehte sich um Alice Smith, die 1913 von ihrem Mann George Smith tot in einer Badewanne in Crossleys Pension gefunden wurde. Crossley hatte den Brief im Namen seiner Frau und eines Mannes namens Charles Burnham verfasst, denen die Umstände der beiden Tode verdächtig vorkamen und die Polizei aufforderten, in beiden Fällen zu ermitteln.

Detective Neil inspizierte zunächst den Fundort von Margaret Lloyds Leiche. Als er dort die winzige Badewanne sah, konnte er nicht glauben, dass eine erwachsene Frau darin ertrunken sein soll. Er befragte daraufhin den Gerichtsmediziner, ob an der Leiche Spuren einer möglichen Gewalteinwirkung zu erkennen waren, doch die einzige Spur war ein blauer Fleck über dem linken Ellenbogen. Neil fand außerdem ein Testament, das nur drei Stunden vor Lloyds Tod verfasst wurde und ihren Ehemann als einzigen Begünstigten nannte. Zudem waren all ihre Ersparnisse noch am selben Tag von ihrem Konto abgehoben worden.

Nachdem Neil wieder gefahren war, erhielt er kurz darauf einen Anruf vom Gerichtsmediziner, der berichtete, dass eine Versicherungsgesellschaft Nachfragen zu Lloyds Tod, ihrem Testament und ihrer Versicherungspolice hatte. Offenbar hatte sie vor ihrem Tod eine große Summe von der Versicherung kassiert und ihrem Mann vermacht. Neil bat den Arzt, erst zu antworten, sobald er mehr Informationen gesammelt hatte. Anschließend kontaktierte er die Polizei in Blackpool wegen des Tods von Alice Smith. Wie sich herausstellte, hatte auch sie kurz vor ihrem Tod eine größere Versicherungssumme ausgezahlt bekommen, die sie laut Testament ihrem Ehemann vermachte. Und: Als das Paar die Pension besichtigt hatte, wollte Mr. Smith offenbar unbedingt erst die Badewanne begutachten, bevor er sich entschloss, mit seiner Frau dort einzuziehen.

Neil kontaktierte daraufhin erneut den Gerichtsmediziner und bat ihn, der Versicherungsgesellschaft gegenüber so zu tun, als sei Lloyds Tod völlig unverdächtig. Sein Plan: den Tatverdächtigen verhaften, sobald dieser bei seinem Anwalt das Erbe beanspruchen würde. Der Plan ging auf: Am 1. Februar erschien Smith bei seinem Anwalt, wo Neil bereits auf ihn wartete. Die Frage, ob er John Lloyd sei, bejahte Smith, verneinte aber die Frage, ob er auch George Smith sei. Daraufhin erklärte Neil ihm, dass er ihn wegen Bigamie vernehmen würde, woraufhin Smith gestand, tatsächlich beide Identitäten genutzt zu haben.

VERHAFTUNG UND PROZESS

Nach seiner Verhaftung kamen Details zum Mord an einer Frau namens Beatrice Munday ans Licht. Munday war ein Jahr vor Alice Smiths Tod ebenfalls tot in ihrer Badewanne gefunden worden. Ihr Ehemann hieß Henry Williams, was nichts anderes als ein weiterer Alias von Smith war.

Am 22. Juni musste Smith sich am Old Bailey, dem zentralen Strafgerichtshof Großbritanniens, vor Gericht verantworten. Aufgrund der britischen Gesetze in jener Zeit konnte er nur für den Mord an Munday angeklagt werden. Die Staatsanwaltschaft konnte aber Details der anderen Morde nutzen, um ein Muster Smiths krimineller Handlungen zu belegen. Nach nur 20-minütiger Beratung der Geschworenen wurde Smith am 1. Juli für schuldig befunden und zum Tode verurteilt.

AUSGANG

Am 13. August 1915 wurde Smith zum Galgen geführt und gehängt. Während der Verhandlung wurde erstmals die Systematik eines Täters – also Smiths immer gleiches Vorgehen auch bei anderen Taten – als Beweismittel im zu verhandelnden Mordfall verwendet, was fortan auch in anderen Mordfällen so gehandhabt wurde. Gab es in einem Fall beispielsweise mehr als einen Mord, so konnten sie alle im Verfahren berücksichtigt werden, um ein Tatmuster zu belegen, auch wenn nur ein Mord verhandelt wurde.

LEMUEL SMITH

Geburtsdatum: 23. Juli 1941
Alias: –
Tatmerkmale: Vergewaltigung, Verstümmelung, Raubmord
Opferzahl: 6
Zeitraum der Morde: 1959, 1976 bis 1977, 1981
Datum der (endgültigen) Verhaftung: 19. August 1977
Mordmethoden: Strangulation, Erschießen, Erschlagen
Tatorte: Albany in New York (USA)
Status: verurteilt zu lebenslanger Freiheitsstrafe

VORGESCHICHTE

Smith kam in New York zur Welt und wurde in eine fromme Familie hineingeboren. Später behauptete er, mit elf Jahren ein neunjähriges Mädchen beinahe erstickt zu haben, es existiert allerdings kein Beleg für den Vorfall. Obwohl seine Familie religiös war und regelmäßig zur Kirche ging, hatte Smith eine dunkle, gewalttätige Seite.

Bereits mit 16 Jahren galt er im Fall der am 21. Januar 1959 ausgeraubten und ermordeten Dorothy Waterstreet als Verdächtiger. Es gab Beweise, die Smith mit dem Fall in Verbindung brachten. Die Anklage wurde jedoch fallen gelassen, nachdem der Bezirksstaatsanwalt Fehler gemacht hatte, weil er zu schnell ein Geständnis erzwingen wollte. Smith wurde für den Mord daher weder formell verhaftet noch angeklagt.

Wenig später zog Smith nach Baltimore in Maryland, um dem konstanten Druck der New Yorker Polizei zu entgehen. Es dauerte nicht lange, bis er dort eine Frau entführte und beinahe zu Tode prügelte – zum Glück hielt ein Zeuge ihn davon ab. Dieses Mal wurde Smith verhaftet und am 12. April 1959 zu 20 Jahren Haft verurteilt.

Keine zehn Jahre später, im Mai 1968, kam Smith auf Bewährung frei; sein nächstes Verbrechen ließ allerdings nicht lange auf sich warten. Im Mai des darauffolgenden Jahres entführte er erneut eine Frau und missbrauchte sie sexuell. Die Frau konnte entkommen, und noch am selben Tag entführte Smith eine Freundin seiner Mutter und vergewaltigte auch sie. Es gelang ihr, Smith zu überzeugen, sie gehen zu lassen. Er wurde daraufhin erneut verhaftet und zu einer variablen Strafe von 4 bis 15 Jahren Gefängnis verurteilt.

Im Oktober 1976 – nach nur etwas mehr als vier Jahren Haft – kam er wieder auf Bewährung frei. Es dauerte kaum einen Monat, bis er erneut zuschlug und sein bis dato schlimmstes Verbrechen verübte: Mord.

MORDE

Am 24. November, also nur einen Monat nachdem Smith aus dem Gefängnis entlassen worden war, wurden die Leichen von Robert Hedderman und seiner Sekretärin Margaret Byron im Hinterzimmer von Heddermans Kirchenladen in Albany gefunden. Die Beweise waren mit menschlichem Kot kontaminiert, was sich noch als äußerst nützlich bei der Ermittlung des Täters herausstellen sollte.

Am 23. Dezember wurde Joan Richburg vor einem Einkaufszentrum in Colonie in ihrem Auto überfallen, vergewaltigt, ermordet und verstümmelt. Am Tatort wurde ein Haar gefunden, das Smith zugeordnet werden konnte. Solange die Polizei weiter ermittelte, blieb er jedoch auf freiem Fuß.

Am 22. Juli 1977 wurde Maralie Wilson erwürgt und verstümmelt in der Nähe von Bahngleisen in Schenectady, New York, gefunden. Die Verstümmelungen waren deutlich gravierender als in den vorhergehenden Morden. Es war bekannt, dass Smith sich häufig in der Gegend aufhielt, in der die Leiche gefunden wurde. Zudem passten Beschreibungen von Zeugen auf ihn, sodass er der Hauptverdächtige in dem Fall wurde.

Am 19. August entführte Smith dann die 18-jährige Marianne Maggio und vergewaltigte sie. Anschließend zwang er sie, Richtung Albany zu fahren. Das Fahrzeug wurde jedoch von der Polizei angehalten, die Smith umgehend verhaftete.

Chronik der bekannten Morde:

21. Januar 1958: Dorothy Waterstreet
24. November 1976: Robert Hedderman (48)
24. November 1976: Margaret Byron (59)
23. Dezember 1976: Joan Richburg (24)
22. Juli 1977: Maralie Wilson (30)
15. Mai 1981: Donna Payant (31)

VERHAFTUNG UND PROZESS

Während der Ermittlungen gegen Smith fiel Polizeileutnant Don Pinto beim Betrachten von Tatortfotos auf, dass Maralie Wilson eine Bissspur auf der Nase zu haben schien. Ihre Leiche wurde exhumiert, und mithilfe eines Gutachtens konnte festgestellt werden, dass die Spur zu Smiths Gebiss passte.

Ende Oktober organisierten die Ermittler eine Gegenüberstellung mit Smith und vier weiteren Männern, die im New Yorker Bleecker Stadium einzeln hinter Trennwänden aufgestellt wurden. Die Beamten ließen einen Polizeispürhund an der mit Kot kontaminierten Kleidung schnüffeln, die am Tatort der Hedderman-Morde gefunden wurde. Der Hund lief schnurstracks zu Smith. Daraufhin stellten die Polizisten die fünf Männer in einer anderen Reihenfolge auf und der Hund lief wieder geradewegs zu Smith.

Als Smith am 5. März 1978 mit dem Bissspur-Beweis konfrontiert wurde, gestand er, fünf Morde begangen zu haben. Er behauptete außerdem, an einer multiplen Persönlichkeitsstörung zu leiden und vom Geist seines toten Bruders kontrolliert zu werden. Trotz dieser Versuche, vor Gericht als schuldunfähig beurteilt zu werden und so dem Gefängnis zu entkommen, wurde er am 9. März 1978 zunächst der Vergewaltigung schuldig gesprochen und zu 20 Jahren Haft mit der Chance auf Bewährung nach zehn Jahren verurteilt. Am 21. Juli 1978 wurde er dann in der Hauptverhandlung ohne Jury wegen Entführung zu lebenslanger Haft mit der Chance auf Bewährung nach 25 Jahren verurteilt. Und am 2. Februar 1979 wurde Smith schließlich der beiden Hedderman-Morde für schuldig befunden und erneut zu lebenslanger Haft mit der Chance auf Bewährung frühestens nach 50 Jahren verurteilt.

Smith wurde zunächst auch für die Morde an Wilson und Richburg angeklagt, die Anklagen wurden allerdings fallen gelassen, da er das Gefängnis aufgrund seiner vorherigen Verurteilungen ohnehin nie mehr verlassen würde.

AUSGANG

Smith tötete im Gefängnis eine Justizvollzugsbeamtin. Aufgrund der Gefahr, die für Gefängnispersonal und Mithäftlinge von ihm ausging, wurde er daraufhin fast 20 Jahre lang in Isolationshaft verwahrt – was zum damaligen Zeitpunkt der längste Zeitraum war, den ein Häftling je in Einzelhaft verbracht hat.

MORRIS SOLOMON JR.

Geburtsdatum: 15. März 1944
Alias: The Sacramento Slayer
Tatmerkmale: Vergewaltigung, Opfer Prostituierte
Opferzahl: 6 bis 7
Zeitraum der Morde: Juni 1986 bis April 1987
Datum der (endgültigen) Verhaftung: 22. April 1987
Mordmethode: konnte aufgrund fortgeschrittener Verwesung nicht bestimmt werden
Tatorte: Sacramento in Kalifornien (USA)
Status: zum Tode verurteilt, wartet auf seine Hinrichtung

VORGESCHICHTE

Solomon wuchs bei seiner Großmutter in einem Haushalt voller Gewalt auf und wurde für die kleinsten Vergehen auf brutale Weise misshandelt, etwa wenn er ins Bett gemacht oder Wörter falsch ausgesprochen hat. Und wenn er während seiner Prügelstrafen weinen musste, schlug die Großmutter nur noch wilder auf ihn ein. Es gab Momente, in denen Solomon und seine Brüder gänzlich ohne erkennbaren Grund aufs Schlimmste geprügelt wurden.

Als Solomon noch ein kleiner Junge war, legte die Großmutter ihn immer übers Knie und gab ihm Schläge auf den Hintern. Oder sie wies ihn an, sich nackt ausziehen und auf einen Stuhl in die Ecke zu stellen, wo sie mit einer Gerte oder einem Stromkabel auf ihn einschlug. Die Prügel waren oftmals derart heftig, dass er aus seinen Wunden blutete. Wenn er versuchte, sich vor den Schlägen wegzuducken, fesselte sie ihn mit einem Verlängerungskabel an den Bettpfosten.

Seine Eltern kannte Solomon kaum, zog im Alter von 13 Jahren aber gemeinsam mit der Großmutter wieder in ihre Nähe nach Isleton. Die Eltern lebten in einem Armenviertel der Stadt, das als »Cannery Row« oder »Tinpan Alley« bekannt war. Die Eltern verprügelten oder vergewaltigten sich häufig gegenseitig vor den Augen der Kinder. Nun wurde Solomon nicht mehr nur von seiner Großmutter misshandelt, sondern auch von seiner Mutter, der es besonders große Freude bereitete, den Jungen in der Öffentlichkeit verbal zu erniedrigen.

Nach der High School besuchte Solomon ein Community College und arbeitete in verschiedenen Berufen, etwa als Busfahrer und Tischler. Danach verpflichtete er sich bei der Army und diente 1966 für ein Jahr im Vietnam-Krieg. Anschließend kehrte er nach Isleton zurück, wo seine Partnerin ihre Verlobung mit ihm wieder löste. Solomon zog daraufhin in die Bay Area um San Francisco, wo er eine neue Frau kennenlernte. Das Paar heiratete kurz darauf und bekam eine Tochter.

Die Ehe hielt jedoch nicht lange. Nach der Scheidung zog Solomon nach Sacramento zurück, wo er als Hausmeister arbeitete. Hier kam er erstmals mit der Polizei in Kontakt, als er den Fund einer Frauenleiche meldete. Die Ermittler hielten ihn zunächst nur für einen unbescholtenen Bürger, der eine furchtbare Entdeckung gemacht hatte – doch mit dieser Einschätzung lagen sie völlig falsch.

MORDE

Am 18. Juni 1986 wurde die Leiche von Yolanda Johnson gefunden, nachdem Solomon ihren »Fund« bei der Polizei gemeldet hatte. Johnson war als drogensüchtige Prostituierte polizeibekannt, ihre Leiche war gefesselt und teilweise entblößt. Als am 20. Juli die Leiche von Angela Polidori gefunden wurde, war auch diese gefesselt und teilweise nackt.

Am 19. März 1987 wurde Marie Apodaca getötet, eine weitere drogenabhängige Prostituierte. Ihre Leiche war in Bettwäsche eingewickelt begraben worden. Solomons nächstes Opfer war Cherie Washington, die er am 20. April 1987 tötete. Auch sie war möglicherweise eine Sexarbeiterin und drogenabhängig und auch sie wurde gefesselt, nackt und in Bettwäsche eingewickelt gefunden.

Die nächste drogensüchtige Prostituierte, Linda Vitela, wurde am 22. April 1987 ermordet. Auch sie war nackt und in Bettwäsche eingewickelt, genauso wie Sheila Jacox und Sharon Massey. Es war ein klares Tatmuster erkennbar, mit praktisch identischen Opfern und dem immer gleichen Modus Operandi.

Als Solomon bei der Polizei den Fund von Johnsons Leiche gemeldet hatte, nahmen die Beamten seine Fingerabdrücke und eine Blutprobe von ihm. Obwohl seine Aussagen widersprüchlich waren, wurde er weder verhaftet noch angeklagt. Nachdem Apodacas Leiche aufgetaucht war, wurde Solomon erneut befragt und machte wieder eine Falschaussage, was er anschließend damit erklärte, dass er angeblich glaubte, es sei noch ein Haftbefehl wegen kleinerer Vergehen gegen ihn offen gewesen.

Am 20. April 1987 erlaubte Solomon den Ermittlern, sein Auto zu durchsuchen. Der Wagen stand auf einem verlassenen Grundstück. Als die Beamten dort ankamen, fiel ihnen auf, dass der Boden an einer Stelle recht locker war.

Daraufhin schnappten sie sich eine Schaufel, begannen zu graben und fanden Washingtons Leiche. Zwei Tage darauf fanden sie auf einem anderen Gelände, das Solomon zugeordnet werden konnte, auch die Leichen von Jacox und Vitela und anschließend am Fundort von Apodacas Leiche auch die Leiche von Massey.

Chronik der bekannten Morde:
18. Juni 1986: Yolanda Johnson (22)
20. Juli 1986: Angela Polidori (25)
19. März 1987: Maria Apodaca (18)
20. April 1987: Cherie Washington (26)
22. April 1987: Linda Vitela (24)
22. April 1987: Sheila Jacox (17)
29. April 1987: Sharon Massey (29)

VERHAFTUNG UND PROZESS

Solomon wurde am 22. April 1987 verhaftet und zu den Leichenfunden vernommen. Er wurde für alle sieben Morde angeklagt, die Anklage im Fall Polidori wurde später jedoch fallen gelassen. Solomons Verteidiger versuchten das Gericht davon zu überzeugen, dass ihr Mandant aufgrund der schlimmen Misshandlungen im Kindesalter, seines Kokainmissbrauchs und seiner Erfahrungen in Vietnam unter psychischen Problemen litt. Dennoch wurde er der sechs verbliebenen Morde schuldig gesprochen und zum Tode verurteilt.

AUSGANG

Solomon sitzt noch immer in der Todeszelle und wartet auf seine Hinrichtung.

ANTHONY SOWELL

Geburtsdatum: 19. August 1959
Alias: The Cleveland Strangler, The Imperial Avenue Murderer
Tatmerkmale: Entführung, Vergewaltigung, Nekrophilie
Opferzahl: 11
Zeitraum der Morde: Mai 2007 bis September 2009
Datum der (endgültigen) Verhaftung: 31. Oktober 2009
Mordmethode: Strangulation mit Gegenständen
Tatorte: Cleveland in Ohio (USA)
Status: zum Tode verurteilt, starb am 8. Februar 2021 in Haft an einer nicht näher bekanntgegebenen Krankheit

VORGESCHICHTE

Sowell war eines von sieben Kindern der alleinerziehenden Mutter Claudia Garrison. Auch seine Schwester hatte sieben Kinder. Als sie nach einer Krankheit starb, lebten ihre Kinder fortan mit Sowell, dessen Mutter und Geschwistern unter einem Dach. Garrison misshandelte ihre Enkel, die eigenen Kinder jedoch nicht. Die mussten allerdings häufig zusehen, wie ihre Mutter die anderen Kinder auspeitschte. Einmal musste Sowells Nichte ihre Kleidung ausziehen und wurde von Garrison so lange mit einem Stromkabel ausgepeitscht, bis sie blutende Wunden davontrug. Mit elf Jahren wurde sie dann zwei Jahre lang fast täglich von Sowell vergewaltigt.

1978, mit 19 Jahren, verpflichtete Sowell sich bei den Marines. Dort machte er eine Ausbildung zum Elektriker und verbrachte 1980 ein Jahr mit der 3rd Force Service Support Group in Übersee. Nach seiner Rückkehr wurde er erst am Militärflugplatz Cherry Point in North Carolina und 1984 dann auf der Butler Marine Base in Japan stationiert. Im darauffolgenden Jahr verbrachte Sowell drei Tage in Camp Pendleton in Kalifornien und am 18. Januar 1985 wurde er aus dem Militär entlassen. Während seiner Dienstzeit sammelte er eine Reihe von Auszeichnungen.

1989 attackierte Sowell eine schwangere Frau, würgte sie und fesselte sie mit einem Gürtel. Der Frau gelang die Flucht und Sowell wurde wegen versuchter

Vergewaltigung angeklagt und zu 15 Jahren Haft verurteilt. Er saß seine Strafe komplett ab und wurde 2005 aus dem Gefängnis entlassen.

In den darauffolgenden beiden Jahren arbeitete Sowell in einer Fabrik. 2007 kündigte er jedoch und bezog Arbeitslosengeld, durch den Verkauf von Schrott und Altmetall verdiente er sich etwas hinzu. Er meldete sich bei einer Onlinedating-Plattform an und bezeichnete sich in seinem Profil als »Herr«, der eine devote Frau zum »Abrichten« suche. In jener Zeit begannen die Nachbarn einen furchtbaren Geruch in ihrer Gegend zu bemerken, weshalb beim Gesundheitsamt mehrere Beschwerden eingingen – auch weil Sowell behauptete, der Gestank käme aus der Fleischerei direkt neben seinem Haus. Die Nachbarn sollten allerdings schon bald herausfinden, woher er tatsächlich kam.

MORDE

Im September 2009 lud Sowell eine Frau auf einen Drink zu sich nach Hause ein. Am 22. September erstattete die Frau Anzeige bei der Polizei und berichtete, Sowell sei nach einigen Drinks wütend geworden und habe sie geschlagen. Danach habe er sie gewürgt und vergewaltigt, während sie bewusstlos war. Am 29. Oktober fuhren die Polizisten mit einem Haftbefehl zu Sowells Haus, trafen ihn dort allerdings nicht an. Dafür fanden sie zwei Leichen auf dem Fußboden im Wohnzimmer.

Bei der Durchsuchung des Hauses fanden die Ermittler vier weitere Leichen im Kriechkeller und eine weitere im richtigen Keller vergraben. Drei weitere Leichen plus Teile einer vierten waren draußen im Garten verscharrt, und in einem Eimer fanden die Beamten einen menschlichen Schädel. Insgesamt hatten sie die sterblichen Überreste von elf Opfern gefunden; der Großteil wurde erdrosselt, bei einigen befand sich der Strick sogar noch um den Hals.

Chronik der bekannten Morde:

17. Mai 2007: Crystal Dozier (35)
Juni 2008: Tishana Culver (33)
August 2008: Leshanda Long (17)
8. Oktober 2008: Michelle Mason (45)
10. November 2008: Tonia Carmichael (53)
17. Januar 2009: Kim Y. Smith (44)
24. April 2009: Nancy Cobb (44)
Frühjahr 2009: Amelda (Amy) Hunter (47)

Juni 2009: Janice Webb (49)
3. Juni 2009: Telacia Fortson (31)
September 2009: Diane Turner (38)

VERHAFTUNG UND PROZESS

Am 31. Oktober 2009 machten die Fahnder Sowell ausfindig und nahmen ihn in Gewahrsam. Er wurde für die Morde angeklagt und seine Kaution wurde auf 5 Millionen Dollar festgesetzt. Nach mehreren Verzögerungen kam Sowell am 6. Juni 2011 endlich vor Gericht. Dort musste er sich, zusätzlich zu den elf Fällen schweren Mordes, noch für 70 weitere Verbrechen verantworten, darunter Vergewaltigung, Entführung, Leichenschändung und Verdunklungsgefahr (wegen des Manipulierens von Beweismitteln). Zunächst plädierte er auf Schuldunfähigkeit, änderte sein Plädoyer später jedoch in nicht schuldig. Am 22. Juli wurde er bis auf zwei in allen Anklagepunkten schuldig gesprochen und am 12. August zum Tode verurteilt.

AUSGANG

Trotz mehrerer Gerichtsverfahren und Berufungsanträge hatte Sowells Todesstrafe Bestand. Seit 14. September 2011 wartet er nun im Todestrakt auf seine Hinrichtung.

TIMOTHY WILSON SPENCER

Geburtsdatum: 17. März 1962
Alias: The Southside Strangler, The Southside Slayer, The Southside Rapist
Tatmerkmal: Vergewaltigung
Opferzahl: 5
Zeitraum der Morde: 1984, 1987
Datum der (endgültigen) Verhaftung: 20. Januar 1988
Mordmethode: Erdrosseln
Tatorte: Arlington County in Virginia (USA)
Status: am 27. April 1994 auf dem elektrischen Stuhl hingerichtet

VORGESCHICHTE

Spencer ist in Green Valley aufgewachsen, das damals als eines der »härtesten Schwarzenviertel« im Arlington County in Virginia galt. Schon als Jugendlicher war er wegen zahlreicher Einbrüche polizeibekannt. Als Erwachsener wurde er als erster Mörder in den USA allein auf Basis eines DNA-Beweises verurteilt, wodurch gleichzeitig ein unschuldig verurteilter Mann entlastet wurde.

MORDE

Es wird angenommen, dass Carol Hamm 1984 Spencers erstes Mordopfer gewesen ist. Damals wurde ein Mann namens David Vasquez für den Mord angeklagt und verurteilt. Erst als Spencer später wegen anderer Morde verhaftet wurde, kam heraus, dass Vasquez in Wahrheit unschuldig war.

Debbie Dudley Davie wurde irgendwann zwischen dem 18. und 19. September 1987 von Spencer ermordet. Die Polizei fand ihre nackte Leiche in ihrer Wohnung im Bett. Um ihren Hals befand sich eine Schnur, die mit einer Art Ratschenkurbel versehen war. Als Todesursache wurde deshalb Erdrosseln vermerkt.

Am 2. Oktober 1987 tötete Spencer Dr. Susan Hellams, ebenfalls in ihrem eigenen Haus. Als ihr Ehemann nach Hause kam, fand er seine Frau tot und halbnackt auf dem Schlafzimmerboden vor. Zwei Gürtel befanden sich fest zugezogen um ihren Hals, auch sie wurde also offenbar erdrosselt.

Spencers nächstes Opfer war die Schülerin Diane Cho, die er am 22. November 1987 ermordet hat. Ihre Leiche wurde im Elternhaus gefunden, sie war vergewaltigt und anschließend erdrosselt worden. Das letzte bekannte Opfer von Spencer war am 27. November 1987 Susan Tucker. Auch sie wurde in ihrer Wohnung vergewaltigt und ermordet, ihre Leiche erst am 1. Dezember gefunden. Spencer war an Thanksgiving von Arlington nach Richmond gereist, wo seine Mutter ganz in der Nähe von Tucker lebte. Obwohl Tucker in einer ganz anderen Gegend als die übrigen Opfer wohnte, waren die Umstände ihres Ablebens derart ähnlich, dass es sich bei allen Morden um ein und denselben Täter gehandelt haben musste.

Chronik der bekannten Morde:
1984: Carol Hamm
18. September 1987: Debbie Dudley Davis (35)
2. Oktober 1987: Dr. Susan Hellams
22. November 1987: Diane Cho (15)
27. November 1987: Susan Tucker (44)

VERHAFTUNG UND PROZESS

Am 20. Januar 1988 wurde Spencer in Arlington County wegen der Vergewaltigung und des Mordes an Tucker verhaftet. Später wurde er in Richmond auch für die Morde an Davis, Hellams und Cho angeklagt. Er hatte zum Zeitpunkt der Morde in fußläufiger Entfernung zu Davis und Hellams gewohnt. Die am Tatort gefundenen DNA-Spuren wurden forensisch untersucht, wodurch Spencer nachweislich auch mit dem Mord an Tucker in Verbindung gebracht werden konnte. Dies war das erste Mal, dass in einem Kriminalfall in Virginia ein DNA-Beweis zum Einsatz kam. Spencers DNA stimmte außerdem mit Spuren von den Tatorten der Morde an Davis, Hellams und Hamm überein.

Der Prozess in Arlington, wegen Einbruch, Vergewaltigung und dem Mord an Tucker, begann am 11. Juli 1988. Dank des DNA-Beweises konnte Spencer verurteilt werden und erhielt die Todesstrafe. Anschließend musste er sich in Richmond für Einbruch, Vergewaltigung und den Mord an Davis vor Gericht verantworten. Wieder war eine DNA-Probe das wichtigste Beweismittel im Prozess und wieder wurde Spencer verurteilt.

Auch in seinem nächsten Prozess am 17. Januar 1989, wegen Einbruch, Vergewaltigung und dem Mord an Hellams, wurde er schuldig gesprochen, ebenso wie in allen Anklagepunkten des Cho-Mordfalls.

AUSGANG

Am 27. April 1994 wurde Spencer im Greensville Correctional Center auf dem elektrischen Stuhl hingerichtet. Um 23:13 Uhr wurde sein Tod festgestellt. Erst nach vier Stromstößen war er tot, schon beim ersten krampfte sein gesamter Körper. Er hatte sich geweigert, seine Organe zu spenden, und wollte auch keine letzten Worte vor seiner Hinrichtung sprechen.

David Vasquez, der Mann, der unschuldig für den Mord an Carol Hamm im Gefängnis gesessen hatte, wurde am 4. Januar 1989 aus der Haft entlassen. Er hatte bereits fünf Jahre seiner 35-jährigen Haftstrafe verbüßt und war der erste Verurteilte in Amerika, der mithilfe eines DNA-Beweises entlastet wurde.

WISSENSWERTES

Der elektrische Stuhl, auf dem Spencer hingerichtet wurde, war in den 1960er-Jahren von Häftlingen gebaut worden.

CARY STAYNER

Geburtsdatum: 13. August 1961
Alias: The Yosemite Killer
Tatmerkmale: Enthauptung, Vergewaltigung
Opferzahl: 4
Zeitraum der Morde: Februar bis Juli 1999
Datum der (endgültigen) Verhaftung: 24. Juli 1999
Mordmethoden: Durchschneiden der Kehle, Strangulation
Tatorte: Mariposa County in Kalifornien (USA)
Status: zum Tode verurteilt, wartet auf seine Hinrichtung

VORGESCHICHTE

Stayner wurde als Kind vom Verschwinden seines jüngeren Bruders Steven im Jahr 1972 hart getroffen. Steven war von einem Kinderschänder namens Kenneth Parnell entführt und mehr als sieben Jahre lang gefangen gehalten worden, bevor er entkommen konnte. Stayner sagte später, er habe sich während der Abwesenheit des Bruders von seinen trauernden Eltern, die ihren Sohn bereits tot glaubten, abgewiesen und ignoriert gefühlt. Stayner behauptete außerdem, von seinem Onkel missbraucht worden zu sein, als er elf Jahre alt war.

Als der Bruder 1980 wie durch ein Wunder wieder auftauchte, verursachte dies einen riesigen Medienrummel. Stevens Geschichte wurde in einem Buch und in einem TV-Film verarbeitet, die beide den Titel *I Know My First Name Is Steven* trugen. Dies war der erste Satz, den der Junge den Behörden gesagt hatte, nachdem er aus Parnells Fängen entkommen war.

Neun Jahre nach seiner Flucht starb Steven bei einem Motorradunfall. 1990, ein Jahr darauf wurde Stayners Onkel ermordet, bei dem er in jener Zeit gewohnt hatte. Im darauffolgenden Jahr versuchte Stayner, Selbstmord zu begehen, überlebte aber. 1997 wurde er wegen des Besitzes von Methamphetamin und Cannabis verhaftet, die Anklage wurde jedoch fallen gelassen. Im selben Jahr nahm Stayner eine Stelle als Hausmeister im »Cedar Lodge Motel« an, das am Eingang des Yosemite-Nationalparks liegt. 1999 arbeitete er dort noch immer, als im Kofferraum eines ausgebrannten Autos ganz in der Nahe zwei Frauenleichen gefunden wurden.

MORDE

Während seiner Zeit als Hausmeister im »Cedar Lodge Motel« in El Portal tötete Stayner zwischen Februar und Juli 1999 vier Frauen. Die ersten beiden Opfer waren Silvina Pelosso und Carole Sund, deren bis zur Unkenntlichkeit verbrannte Leichen im Kofferraum von Sunds Mietwagen gefunden wurden und nur anhand zahnärztlicher Unterlagen identifiziert werden konnten.

Dann erreichte die Polizei eine Nachricht, die eine handgezeichnete Karte enthielt und anzeigte, wo sich die Leiche von Juli Sund befand. Über die Karte hatte der Mörder geschrieben: »Mit der hatten wir Spaß.« Die Ermittler fuhren sofort zum angegebenen Ort und fanden dort Sunds Leiche mit durchgeschnittener Kehle.

Weil alle drei Opfer im »Cedar Lodge Motel« übernachtet hatten, wurden alle Angestellten des Hauses befragt – auch Stayner, der zu jener Zeit aber noch keinerlei kriminelle Vorgeschichte hatte und von den Ermittlern nicht verdächtigt wurde. Als jedoch die enthauptete Leiche von Joie Armstrong gefunden wurde, hatte ein Zeuge ausgesagt, dass ein blauer 1979er International Scout – dasselbe Auto also, das auch Stayner fuhr – vor dem Ferienhaus geparkt war, das Armstrong gemietet hatte.

VERHAFTUNG UND PROZESS

Stayner machte sich aus dem Staub, wurde aber in einem Ferienpark für Nudisten in Wilton aufgespürt und prompt verhaftet. Durch Beweise in seinem Auto konnte er mit dem Armstrong-Mord in Verbindung gebracht werden. Während seiner Vernehmung gestand er dann all seine Morde und behauptete, schon mit sieben Jahren davon geträumt zu haben, Frauen zu töten.

Vor Gericht plädierte Stayner auf Schuldunfähigkeit, ein psychiatrisches Gutachten attestierte ihm jedoch das Gegenteil, sodass er folgerichtig verurteilt wurde.

AUSGANG

Stayner wurde des Mords in vier Fällen schuldig gesprochen und 2001 zum Tode verurteilt. Aktuell wartet er auf seine Hinrichtung, die sich aufgrund noch offener Berufungsanträge weiter verzögert.

WISSENSWERTES

- Stayner bat im Austausch für sein Geständnis um Kinderpornografie.
- Stayner leidet an einer Zwangsstörung.

PETER SUTCLIFFE

Geburtsdatum: 2. Juni 1946
Alias: The Yorkshire Ripper, Peter William Coonan
Tatmerkmale: hörte angeblich Stimmen, Opfer waren Prostituierte
Opferzahl: 13
Zeitraum der Morde: 1975 bis 1980
Datum der (endgültigen) Verhaftung: 2. Januar 1981
Mordmethoden: Erstechen, Erschlagen mit einem Hammer
Tatorte: West Yorkshire (England)
Status: verurteilt zu lebenslanger Freiheitsstrafe ohne Möglichkeit einer vorzeitigen Entlassung, starb 2020 im Haftkrankenhaus im Alter von 74 Jahren an den Folgen einer Covid-19-Erkrankung

VORGESCHICHTE

Sutcliffe wuchs in einer katholischen Familie in Yorkshire auf, seine Eltern hießen John und Kathleen. Mit 15 Jahren ging er von der Schule ab und nahm verschiedene einfache Tätigkeiten an. So war er in den 1960er-Jahren etwa eine Zeit lang Totengräber. Von November 1971 bis April 1973 arbeitete er in der Verpackungslinie einer örtlichen Fabrik, kündigte aber, nachdem ihm eine Stelle als Handelsreisender angeboten wurde.

1975 kündigte Sutcliffe wieder und nutzte sein verdientes Geld, um sich zum LKW-Fahrer ausbilden zu lassen. Nachdem er im September 1975 seine Lizenz bekommen hatte, begann er, als Fahrer für einen Reifenfabrikanten zu arbeiten, wurde aber schon im ersten Jahr wieder gefeuert, weil er Reifen gestohlen hatte, und blieb eine Zeit lang arbeitslos, bis er im Oktober 1976 einen neuen Fahrerjob fand.

Im August 1974 hatte Sutcliffe seine langjährige Partnerin Sonia Szurma geheiratet. Das Paar versuchte, Nachwuchs zu zeugen, doch Szurma erlitt mehrere Fehlgeburten, bis die Ärzte dem Paar offenbarten, dass es wohl niemals Kinder haben werde. Szurma setzte ihre Ausbildung zur Lehrerin fort und begann währenddessen eine Affäre, das Paar blieb dennoch zusammen. 1977 kauften die beiden von Szurmas Gehalt ein Haus in Heaton, Bradford, wo sie lebten, bis die Polizei Sutcliffe eines Tages verhaftete.

MORDE

Nach mehreren wahllosen und brutalen Angriffen auf Frauen steigerte Sutcliffe sich 1975 zu Mord. Sein erstes Opfer, Wilma McCann, tötete er am 30. Oktober. Er hatte zweimal mit dem Hammer auf sie eingeschlagen und ihr 15-mal in Brust, Bauch und Hals gestochen.

Sein nächstes Opfer war im Januar 1976 Emily Jackson. Auch ihr schlug er mit einem Hammer auf den Schädel und erstach sie anschließend mit einem angespitzten Schraubendreher in Brust, Bauch und Hals. Zudem stampfte Sutcliffe ihr derart fest auf den Oberschenkel, dass er einen Schuhabdruck hinterließ.

Am 5. Februar 1977 erschlug Sutcliffe Irene Richardson mit einem Hammer und verstümmelte ihre Leiche anschließend mit einem Messer. Am 23. April tötete er dann Patricia Atkinson in ihrer Wohnung in Bradford. Seine Mordlust wurde in jener Zeit offenbar stärker, da er nun immer häufiger tötete.

Am 26. Juni 1977 brachte Sutcliffe die 16-jährige Jayne McDonald um und am 1. Oktober die Prostituierte Jean Jordan. Deren Leiche wurde erst zehn Tage später gefunden, ein forensisches Gutachten ergab zudem, dass sie nach ihrem Tod bewegt, also vermutlich vom Tatort zum Fundort der Leiche transportiert wurde. Sutcliffe sagte später aus, dass er Jordan mit einem neuen 5-Pfund-Schein bezahlt hatte und aus Sorge, dass dieser sich zu ihm zurückverfolgen ließ, zur Leiche zurückgekehrt war, um ihn zu holen. Dabei habe er die Leiche verstümmelt und an einen anderen Ort gebracht.

Im Januar 1978 tötete Sutcliffe Yvonne Pearson und versteckte ihre Leiche unter einem alten Sofa, das rausgeworfen worden war und auf der Straße herumstand, wo sie erst im März gefunden wurde. Noch im selben Monat, am 31. Januar, ermordete er Helen Rytka. Ihre Leiche wurde drei Tage später gefunden. Sutcliffes nächstes Opfer, Vera Millward, tötete er am 16. Mai auf einem Parkplatz eines großen Krankenhauses in Manchester.

Am 4. April 1979 tötete Sutcliffe Josephine Whitaker, die sich gerade auf dem Heimweg befand. Am 1. September brachte er mit Barbara Leach sein nächstes Opfer um und versteckte ihre Leiche hinter einem Gebäude unter einem Haufen Backsteine. Am 20. August 1980 ermordete Sutcliffe dann Marguerite Walls und am 17. November sein letztes bekanntes Opfer, Jacqueline Hill.

Chronik der bekannten Morde:

30. Oktober 1975: Wilma McCann (28)
Januar 1976: Emily Jackson (24)

5. Februar 1977: Irene Richardson (28)
23. April 1977: Patricia Atkinson (32)
26. Juni 1977: Jayne MacDonald (16)
1. Oktober 1977: Jean Jordan (20)
Januar 1978: Yvonne Pearson (21)
31. Januar 1978: Helen Rytka (18)
16. Mai 1978: Vera Millward (40)
4. April 1979: Josephine Whitaker (19)
1. September 1979: Barbara Leach (20)
20. August 1980: Marguerite Walls (47)
17. November 1980: Jaqueline Hill (20)

VERHAFTUNG UND PROZESS

Während der Ermittlungen zu den verschiedenen Mordfällen wurde Sutcliffe mehrfach von den Behörden befragt, galt aber nie als Verdächtiger. Am 2. Januar 1981 wurde er jedoch von der Polizei angehalten, als er die Prostituierte Olivia Reivers bei sich im Fahrzeug hatte. Weil die Nummernschilder des Wagens gestohlen waren, wurde Sutcliffe verhaftet und aufs Revier gebracht.

Da Sutcliffe viele äußerliche Merkmale des gesuchten »Yorkshire Ripper« besaß, wurde er erneut zu den Morden vernommen. Am darauffolgenden Tag fuhren die Ermittler zurück an den Ort, wo Sutcliffe verhaftet wurde, und fanden dort einen Hammer, ein Messer und ein Seil. Sutcliffe hatte diese Gegenstände verstecken können, nachdem er einem der Beamten versichert hatte, er müsse »so dringend aufs Klo«, dass er »fast platze«. Auf dem Polizeirevier fanden die Ermittler zudem im Spülkasten der Toilette versteckt ein weiteres Messer.

Die Beamten forderten daraufhin einen Durchsuchungsbeschluss für Sutcliffes Haus an. Während ein Teil der Ermittler sich dorthin auf den Weg machte, wurde auf dem Revier eine Leibesvisitation an Sutcliffe durchgeführt. Dabei stellten die Beamten fest, dass Sutcliffe unter seiner Hose einen umgedrehten Pullover mit V-Ausschnitt trug, die Ärmel hatte er über seine Beine gezogen und der V-Ausschnitt entblößte seine Genitalien.

Sutcliffe wurde zwei Tage lang vernommen, bevor er am 4. Januar 1981 schließlich gestand, dass er der Yorkshire Ripper war. Daraufhin verbrachte er den gesamten nächsten Tag damit, seine Überfälle und Morde bis ins kleinste Detail zu schildern. Am 5. Januar wurde er formell für 13 Morde angeklagt.

Vor Gericht bekannte Sutcliffe sich der Morde für nicht schuldig, wegen angeblich eingeschränkter Schuldfähigkeit wohl aber des strafrechtlich weniger gravierenden Totschlags. Er behauptete, von Gott den Auftrag bekommen zu haben, Prostituierte zu töten. Der vorsitzende Richter setzte das Argument der eingeschränkten Schuldfähigkeit allerdings folgerichtig außer Kraft, sodass die Hauptverhandlung am 5. Mai 1981 beginnen konnte.

Nach einem zweiwöchigen Prozess wurde Sutcliffe aller Morde für schuldig befunden und zu 20 lebenslangen Freiheitsstrafen verurteilt. Zunächst sprach das Gericht die Empfehlung aus, Sutcliffe frühestens nach 30 Jahren zu begnadigen; der oberste Gerichtshof ordnete später jedoch an, dass er seine lebenslange Haftstrafe komplett verbüßen muss.

AUSGANG

Am 10. Januar 1983 wurde Sucliffe im Parkhurst Prison von einem Mithäftling namens James Costello attackiert. Costello schlug ihm dabei zweimal mit einem zerbrochenen Kaffeepott ins Gesicht; die dabei entstandenen Schnittwunden mussten mit 30 Stichen genäht werden.

1984 wurde bei Sutcliffe eine paranoide Schizophrenie festgestellt, weshalb er in die forensische Psychiatrie in Broadmoor verlegt wurde. Dort wurde er am 23. Februar 1996 erneut von einem Mithäftling angegriffen. Paul Wilson versuchte, ihn mit einem Telefonkabel zu erdrosseln. Gerettet wurde er von zwei verurteilten Mördern, Jamie Devitt und Kenneth Erskine, die ihm zu Hilfe eilten, nachdem sie seine Schreie gehört hatten.

Am 10. März 1997 wurde Sutcliffe ein weiteres Mal attackiert, dieses Mal von einem Mithäftling namens Ian Kay, wobei er sein Augenlicht auf einer Seite verlor und massive Schäden am anderen Auge davontrug. Am 22. Dezember 2007 wurde Sutcliffe zum vierten Mal Opfer einer Attacke, als Patrick Sureda mit einem Messer auf ihn losging. Sutcliffe konnte rechtzeitig ausweichen und so sein verbliebenes Auge retten, erlitt aber einen Stich in die Wange.

WISSENSWERTES

Im Gefängnis wurde bei Sutcliffe eine paranoide Schizophrenie diagnostiziert.

JAMES SWANN

Geburtsdatum: 1964
Alias: The Shotgun Stalker
Tatmerkmale: paranoide Schizophrenie, Erschießen aus einem fahrenden Fahrzeug
Opferzahl: 4
Zeitraum der Morde: Februar bis April 1993
Datum der (endgültigen) Verhaftung: 19. April 1993
Mordmethode: Erschießen
Tatorte: Washington (USA)
Status: wegen Schuldunfähigkeit freigesprochen und in psychiatrischer Hochsicherheitsklinik untergebracht

VORGESCHICHTE

Swann wuchs in Iselin in New Jersey auf. Erst im Jugendalter machten sich bei ihm Anzeichen einer psychischen Erkrankung bemerkbar. Er führte plötzlich ständig Selbstgespräche und brach ohne Anlass in schallendes Gelächter aus. Über seine Eltern und seine familiäre Situation ist kaum etwas bekannt, außer dass sein Vater James in der Navy gedient und später im Finanzministerium gearbeitet hat.

Als Erwachsener arbeitete Swann trotz seiner psychischen Probleme gelegentlich als Wachmann für einen Sicherheitsdienst. Als er darauf bestand, während seiner Patrouillen rückwärts zu laufen, wurde er allerdings entlassen. Später zog er zu seiner Schwester in Oxon Hill, die ihn Anfang des Jahres 1993 aber nach einem Streit rauswarf. Von da an pendelte Swann zwischen New Jersey, New York und Pennsylvania hin und her.

1993 war auch das Jahr, in dem die Stimmen in Swanns Kopf so laut und fordernd wurden, dass er sie nicht mehr länger ignorieren konnte.

MORDE

Sein erstes Mordopfer erschoss Swann in einem Friseursalon. Er hatte den Laden bewusst und mit der Absicht betreten, einen der Klienten zu töten, während dieser sich gerade die Haare schneiden ließ. Die Polizei ging zunächst davon aus, dass es sich um eine Schießerei in der Drogenszene handelte. Einen Monat später tötete Swann Elizabeth »Bessie« Hutson, die gerade ihren Hund ausführte. Am 10. April eröffnete er wahllos das Feuer auf Passanten, tötete dabei Edward Fleming und verletzte zwei weitere Personen.

Am 19. April schoss Swann erneut auf eine Gruppe Fußgänger und tötete dabei Nello Hughes, die übrigen Passanten verfehlte er wie durch ein Wunder. Hughes war Swanns letztes Opfer. Direkt nach dem Mord überfuhr er eine rote Ampel und lockte dadurch die Polizei auf seine Fährte. Ein Beamter nahm die Verfolgung auf, bis Swann vor einem Gebäude stehen blieb und zu Fuß weiter flüchtete. Der Polizist konnte ihn kurz darauf aber stellen und verhaften.

Chronik der bekannten Morde:
26. Februar 1993: Julius Bryant (58)
23. März 1993: Elizabeth Hutson (28)
10. April 1993: Edward Fleming (35)
19. April 1993: Nello Hughes (61)

VERHAFTUNG UND PROZESS

In Swanns Auto befand sich eine Schrotflinte vom Kaliber 12, dieselbe Waffe, die auch bei den Amokschüssen in der Fußgängerzone verwendet wurde. Swann wurde für die Morde und für die versuchten Morde angeklagt, am 27. September 1994 aber für schuldunfähig erklärt. Psychiatrische Gutachter hatten ihm attestiert, dass er zum Zeitpunkt der Morde an einer paranoiden Schizophrenie litt.

AUSGANG

Swann wurde ins St. Elizabeth's Hospital eingeliefert, eine psychiatrische Klinik mit Hochsicherheitstrakt. Während seiner Zeit dort gelang Swann ein akademischer Abschluss in Computerwissenschaft. Trotz guter Führung in St. Elizabeth's und einem Ausbleiben psychotischer Schübe seit 2003 wurden bislang alle Anträge Swanns auf Entlassung abgelehnt.

WISSENSWERTES

- Während seiner Inhaftierung in St. Elizabeth's trug Swann in der Vergangenheit gerne ein T-Shirt mit der Aufschrift »Thrill to Kill« (Deutsch etwa: Spaß am Töten), das ihm sein Vater geschenkt hatte.
- Bei Swann wurden eine narzisstische Persönlichkeitsstörung sowie eine paranoide Schizophrenie diagnostiziert.

VASILE TCACIUC

Geburtsdatum: zirka 1900
Alias: The Butcher of Iasi
Tatmerkmal: Raubmord
Opferzahl: mindestens 21 bis 26
Zeitraum der Morde: 1917 bis 1935
Datum der (endgültigen) Verhaftung: 1935
Mordmethode: Axthiebe
Tatorte: Iasi (Rumänien)
Status: wurde bei einem Fluchtversuch von der Polizei erschossen

VORGESCHICHTE

Über die Kindheit und Vorgeschichte des rumänischen Serienmörders Vasile Tcaciuc ist so gut wie nichts bekannt. Dokumentiert ist, dass er bereits wegen Einbruch- und Raubdelikten in Polizeigewahrsam war, als ein spielender Hund aus der Nachbarschaft durch Zufall dafür gesorgt hat, dass unter Tcaciucs Haus mehrere verscharrte Leichen entdeckt wurden. Nachdem die Leichen geborgen wurden, schilderte Tcaciuc den Behörden, wie er eine spezielle Axt einzig zu dem Zweck angefertigt hat, Menschen damit zu ermorden.

MORDE

Tcaciucs hauptsächliches Tatmotiv war Habgier. Nachdem er seine Opfer getötet hatte, nahm er ihnen Geld und Wertsachen ab. Dem Zustand der Leichen nach zu urteilen, waren alle Opfer ganz offensichtlich mit einer Axt erschlagen worden.

VERHAFTUNG UND PROZESS

Tcaciuc wurde aus dem Gefängnis aufs Polizeirevier gebracht, um die Ermittler bei der Rekonstruktion seiner Verbrechen zu unterstützen. Im Zuge dessen gestand er 26 Morde. Während einer Exkursion zu einem der Tatorte versuchte er zu flüchten und wurde von einem Polizisten erschossen. Der wahre Grund für Tcaciucs Mordserie wird daher für immer ein Geheimnis bleiben.

JOHN FLOYD THOMAS

Geburtsdatum: 26. Juli 1936
Alias: The Westside Rapist, The Southland Strangler, Willie Eugene Wilson
Tatmerkmal: Vergewaltigung
Opferzahl: vermutlich mindestens 7, bis zu 15
Zeitraum der Morde: 1972 bis 1986
Datum der (endgültigen) Verhaftung: 31. März 2009
Mordmethode: Ersticken
Tatorte: Los Angeles in Kalifornien (USA)
Status: verurteilt zu lebenslanger Freiheitsstrafe ohne Möglichkeit einer vorzeitigen Entlassung

VORGESCHICHTE

Als Thomas zwölf Jahre alt war, starb seine Mutter, woraufhin er von seiner Tante und Patentante großgezogen wurde und ständig zwischen beiden Haushalten hin- und herwechseln musste. Er besuchte öffentliche Schulen in Los Angeles und trat 1956 in die Air Force ein. Einer seiner Vorgesetzten dort kritisierte in einem Aktenvermerk Thomas' häufiges Zuspätkommen sowie sein »schmuddeliges« Auftreten. Schon nach kurzer Dienstzeit wurde er unehrenhaft entlassen.

Nach seiner Zeit beim Militär wurde Thomas wegen versuchter Vergewaltigung und Einbruch verhaftet und zu sechs Jahren Haft verurteilt. Weil er später zweimal gegen seine Bewährungsauflagen verstieß, blieb er bis 1966 im Gefängnis. Heute wird angenommen, dass Thomas in den 1970er-Jahren begann, regelmäßig zu vergewaltigen und morden. Trotzdem wurde er erst 2009 mithilfe von DNA-Beweisen gefasst.

MORDE

Der »Westside Rapist«, wie Thomas genannt wurde, trieb Mitte der 1970er-Jahre in Los Angeles sein Unwesen und hatte es auf alleinstehende ältere Damen abgesehen. Er verschaffte sich Zutritt zu den Häusern seiner Opfer, vergewaltigte sie und würgte sie anschließend so lange, bis sie bewusstlos wurden oder tot waren. Mindestens 17 Menschen starben seinerzeit nach diesem Muster, auch wenn die Morde nicht alle zweifelsfrei mit Thomas in Verbindung gebracht werden konnten. Die Gesichter der Leichen waren beim Fund meist mit Decken oder Kissen abgedeckt. Zehn Jahre nach dieser Mordserie tauchten in Claremont plötzlich die Leichen fünf älterer Frauen auf, deren Gesichter ebenfalls mit Decken oder Kissen bedeckt waren.

Weil er in der Vergangenheit bereits zweimal wegen Sexualdelikten angeklagt war, wurde Thomas im Oktober 2008 aufgefordert, eine DNA-Probe für eine geplante Verbrecherdatenbank des Bundesstaates Kalifornien abzugeben. Diese Probe führte zu einem Durchbruch in den Westside-Rapist-Ermittlungen, da Thomas dadurch als Täter identifiziert werden konnte.

Chronik der erwiesenen Morde:
1972: Ethel Sokoloff (68)
1976: Elizabeth McKeown (67)
20. September 1975: Cora Perry (70)
April 1976: Maybelle Hudson
Juni 1976: Miriam McKinley
Oktober 1976: Evalyn Brunner
Juni 1986: Adrian Askew

VERHAFTUNG UND PROZESS

Am 31. März 2009 wurde Thomas verhaftet und zu den Morden an älteren Frauen in den vorangegangenen 30 Jahren vernommen. Am 2. April wurde er formell für die Morde an Ethel Sokoloff und Elizabeth McKeown angeklagt. Bis zum 23. September folgten fünf weitere Anklagen für die Morde an Cora Perry, Maybelle Hudson, Miriam McKinley, Evalyn Bunner und Adrian Askew.

Vor Gericht plädierte Thomas in allen sieben Mordanklagen auf nicht schuldig, änderte sein Plädoyer nach einem Deal mit der Staatsanwaltschaft jedoch am 1. April 2011 in allen sieben Fällen in schuldig. So vermied er die Todesstrafe, die ihm für den Mord an Adrian Askew gedroht hätte. Er wurde daraufhin zu lebenslanger Haft ohne Chance auf Bewährung verurteilt.

AUSGANG

Zunächst wurde Thomas nur für zwei Morde angeklagt, später wurden daraus sieben Mordanklagen, nachdem die Staatsanwaltschaft ihn mithilfe von DNA-Spuren mit den Morden in Verbindung bringen konnte. Die Behörden glauben, dass er sogar für bis zu 30 ungeklärte Mordfälle verantwortlich gewesen sein könnte, da er mit großer Wahrscheinlichkeit mehr als 40 Jahre lang getötet hat.

Den Spitznamen »Westside Rapist« bekam Thomas verpasst, weil die Behörden zunächst davon ausgingen, dass er überwiegend im Westen von Los Angeles sein Unwesen trieb. Inzwischen wird allerdings angenommen, dass er auch in anderen Gegenden aktiv war, etwa in Claremont, Lennox, Pomona und Inglewood.

PETER TOBIN

Geburtsdatum: 27. August 1946
Alias: Peter Wilson, James Kelly, Paul Semple, John Tobin, Peter Proban, Pat McLaughlin
Tatmerkmal: Vergewaltigung
Opferzahl: mindestens 3
Zeitraum der Morde: 10. Februar 1991, 5. August 1991, 24. September 2006
Datum der (endgültigen) Verhaftung: 3. Oktober 2006
Mordmethode: Erstechen
Tatorte: Schottland und England
Status: verurteilt zu lebenslanger Freiheitsstrafe ohne Möglichkeit einer vorzeitigen Entlassung, starb am 8. Oktober 2022 in Haft eines natürlichen Todes

VORGESCHICHTE

Tobin wuchs mit sieben Geschwistern auf und galt als »schwieriges« Kind, weshalb er 1953 auf eine Sonderschule geschickt und später in eine Besserungsanstalt für jugendliche Straftäter gesteckt wurde. 1970 musste er wegen Urkundenfälschung und Einbruch schließlich ins »echte« Gefängnis.

Nach seiner Entlassung zog er mit seiner damals erst 17-jährigen Partnerin Margaret Louise Robertson Mountney nach Brighton in Sussex. Das Paar heiratete im August 1970, ließ sich aber ein Jahr darauf bereits wieder scheiden. 1973 heiratete Tobin erneut, dieses Mal eine 30 Jahre alte Krankenschwester namens Sylvia Jeffries. Das Paar bekam zwei Kinder, allerdings starb das zweite Kind kurz nach der Geburt. Die Ehe war geprägt von Gewalt, sodass Jeffries 1976 mit dem gemeinsamen Sohn flüchtete.

1987 bekam Tobin gemeinsam mit der damals erst 15-jährigen Cathy Wilson ein weiteres Kind. Das Paar heiratete 1989 und zog drei Jahre später nach Bathgate, kurz darauf endete die Beziehung. Alle drei Ex-Frauen berichteten später übereinstimmend, dass Tobin bis zur Hochzeit völlig charmant gewesen war und sich erst danach in einen sadistischen und brutalen Psychopathen verwandelt hat.

Im Mai 1991 zog Tobin nach Margate, um näher bei seinem jüngsten Sohn zu sein. Im August 1993 überfiel er in seiner Wohnung in Leigh Park, Havant, zwei 14-jährige Mädchen, die eigentlich seinen Nachbarn besuchen wollten. Weil der nicht daheim war, baten sie Tobin, in seiner Wohnung auf ihren Freund warten zu dürfen. Sobald sie die Wohnung betreten hatten, holte Tobin ein Messer hervor, bedrohte die beiden Mädchen und zwang sie, so lange Alkohol zu trinken, bis sie völlig betrunken waren. Anschließend vergewaltigte er beide und stach auf eines der Mädchen ein – all das, während sein Sohn mit in der Wohnung war. Anschließend drehte Tobin den Gashahn auf, im Glauben, die beiden Mädchen würden daran sterben, doch beide überlebten.

Tobin tauchte daraufhin unter und versuchte, sich in einer religiösen Sekte zu verstecken, der Jesus Fellowship (Deutsch etwa: Gemeinschaft Jesu) in Coventry, wurde allerdings gefasst, nachdem sein Auto gefunden wurde. Tobin wurde angeklagt und im Mai 1994 zu 14 Jahren Haft verurteilt, von denen er allerdings nur acht Jahre absaß. 2004 wurde er im Alter von 58 Jahren wieder entlassen. Das hohe Alter tat seiner Mordlust jedoch keinen Abbruch. Viele Experten glaubten später, dass es sich bei Tobin um den Serienmörder Bible John handelt.

MORDE

Am 10. Februar 1991 verschwand Vicky Hamilton, als sie auf ihren Bus nach Hause wartete. 2007 wurde Tobins alte Wohnung in Margate nach Hinweisen durchsucht, die ihn mit dem Hamilton-Mord in Verbindung bringen konnten. Dabei wurde ihre Leiche gefunden, die im Garten vergraben war.

Am 5. August 1991 verschwand Dinah McNicol, als sie per Anhalter auf dem Heimweg von einem Musikfestival war. Sie war zunächst gemeinsam mit ihrem Freund im Auto eines Fremden unterwegs, mit dem sie allein weiterfuhr, nachdem sie ihren Freund daheim abgesetzt hatten. Am 16. November 2007 wurde eine Leiche gefunden, die später als McNicol identifiziert wurde.

Im September 2006 arbeitete Tobin unter dem Alias Pat McLaughlin als Hausmeister für die römisch-katholische St.-Patricks-Kirche in Glasgow. Den Decknamen hatte er angenommen, weil er noch immer im Sexualstraftäterregister geführt wurde, was in seiner neuen Umgebung niemand wissen sollte. Er war außerdem aus Paisley weggezogen, ohne die Behörden darüber zu informieren, was eine Verletzung seiner Bewährungsauflagen darstellte, weshalb er nun per Haftbefehl gesucht wurde.

Zur selben Zeit arbeitete die polnische Studentin Angelika Kluk als Reinigungskraft in derselben Kirche, um sich etwas Geld dazuzuverdienen. Sie wohnte im Pfarrhaus. Am 24. September 2006 wurde sie zum letzten Mal lebend gesehen – in

Begleitung von Tobin. Ihre Leiche wurde am 29. September in einem Hohlraum unter dem Fußboden im Beichtstuhl gefunden. Sie war vergewaltigt, verprügelt und erstochen worden. Tobin wurde wenig später, am 3. Oktober, verhaftet.

Chronik der bekannten Morde:
10. February 1991: Vicky Hamilton (15)
5. August 1991: Dinah McNicol (18)
24. September 2006: Angelika Kluk (23)

VERHAFTUNG UND PROZESS

Nach seiner Verhaftung wurde Tobin eindringlich zu den Morden an Hamilton und McNicol vernommen und formell für den Mord an Kluk angeklagt. Sein Prozess begann im März 2007 und dauerte sechs Wochen, bis zum 4. Mai. Tobin bestritt, für die Vergewaltigung und Tötung von Kluk verantwortlich zu sein, wurde aber dennoch schuldig gesprochen und zu lebenslanger Haft verurteilt, von der er mindestens 21 Jahre absitzen musste.

Nachdem die Ermittler die Leichen von Hamilton und McNicol in Tobins Garten gefunden hatten, wurde er am 21. Juli 2007 auch für diese beiden Morde angeklagt. Im ersten Prozess wurde der Mord an Hamilton verhandelt. Einen Monat später, am 2. Dezember 2008, wurde Tobin zu einer weiteren lebenslangen Freiheitsstrafe verurteilt.

Im Juni 2009 begann der Prozess zum McNicol-Mord, musste aufgrund von Tobins schlechtem Gesundheitszustand aber unterbrochen werden, und wurde am 14. Dezember 2009 fortgesetzt. Bereits am 16. Dezember befanden die Geschworenen Tobin nach nur 15-minütiger Beratung für schuldig. Er wurde zu einer dritten lebenslangen Haftstrafe verurteilt, mit der Empfehlung des Richters, ihn nie wieder in die Gesellschaft zu entlassen.

AUSGANG

Am 9. August 2012 klagte Tobin über Brustschmerzen und wurde daraufhin mit Verdacht auf Herzinfarkt in die Edinburgh Royal Infirmary eingeliefert. Er überlebte den Infarkt und konnte ins Gefängnis zurückkehren. Im Februar 2016 musste er dann mit Verdacht auf Schlaganfall erneut ins Krankenhaus, den er aber ebenfalls überlebte. 2019 wurde bekannt, dass Tobin an Krebs litt und sein Gesundheitszustand schlecht war. Am 8. Oktober 2022 starb er im Alter von 76 Jahren in der Edinburgh Royal Infirmary.

Die britische Polizei hatte eine Taskforce namens »Operation Anagram« gegründet, die ausschließlich mit Tobins Taten vor seiner Verhaftung befasst war. Zweck dieser Sonderermittlungsgruppe war die Aufklärung Dutzender ungelöster Mordfälle in ganz Großbritannien, für die Tobin möglicherweise verantwortlich gewesen sein könnte. Ermittlungsbehörden aus dem ganzen Land waren daran beteiligt. Zwei Leichen wurden im Rahmen von Operation Anagram gefunden, die von McNicol und Hamilton. Im Juni 2011 wurde die Taskforce allerdings aufgelöst, weil sie keine weiteren Opfer Tobins finden oder identifizieren konnte.

Nachdem Tobin für seine Morde verurteilt wurde, kam es aufgrund seines Erscheinungsbilds, seiner verschiedenen Wohnorte und seines Vorgehens bei den Morden zu Spekulationen, ob es sich bei ihm nicht vielleicht um den sogenannten Bible John handelte, einen anderen Serienmörder, der in Glasgow sein Unwesen getrieben hatte und Tobin in all diesen Dingen recht ähnlich war. Interessanterweise hörten die Bible-John-Morde auch zur selben Zeit auf, als Tobin aus Glasgow fortzog. Ein Zeuge hatte zudem ausgesagt, Bible John hätte im oberen rechten Teil seines Mundes eine Zahnlücke gehabt. Aus zahnärztlichen Unterlagen geht hervor, dass Tobin Ende der 1960er-Jahre im selben Bereich ein Zahn gezogen worden war.

MAURY TRAVIS

Geburtsdatum: 25. Oktober 1965
Alias: –
Tatmerkmal: Vergewaltigung
Opferzahl: mindestens 12 bis 17
Zeitraum der Morde: 2001 bis 2002
Datum der (endgültigen) Verhaftung: 7. Juni 2002
Mordmethode: Erdrosseln
Tatorte: Ferguson in Missouri (USA)
Status: beging am 10. Juni 2002 vor seiner Verhandlung Selbstmord, indem er sich in Polizeigewahrsam erhängte

VORGESCHICHTE

Travis' gesamte Vorgeschichte wirkt ganz »normal« und gewöhnlich. Seine Nachbarn, Lehrer und praktisch alle, die ihn kannten, beschrieben Travis als freundlichen, hilfsbereiten und ruhigen Menschen. Seine Eltern ließen sich 1978 scheiden und obwohl seine Mutter neu heiratete und sich später erneut scheiden ließ, sind keinerlei Hinweise dokumentiert, dass dies Travis in irgendeiner Weise negativ beeinflusst hätte.

Er war so gewöhnlich, dass sich einige frühere Mitschüler nicht einmal mehr an ihn erinnerten. Auf alten Fotos in Jahrbüchern aus seiner Schulzeit ist er kaum zu erkennen. Ein Lehrer erinnerte sich noch an Travis und beschrieb ihn als äußerst reservierten, zurückgezogenen Schüler, der allerdings nie Ärger gemacht hat. Auch Gewalt oder Missbrauch daheim sind aus seiner Kindheit nicht dokumentiert, ebenso wenig Vorfälle von Brandstiftung oder Tierquälerei, die bei Kindern häufig ein Anzeichen dafür sind, dass ein Serienmörder in ihnen schlummern könnte.

Mit 22 Jahren ging Travis in Atlanta aufs College, wo er mit dem Konsum von Kokain begann. Im März 1988 kehrte er in den Frühjahrsferien nach Hause zurück und raubte dort innerhalb von acht Tagen mehrere Schuhgeschäfte aus, weil er dringend Geld für Drogen brauchte. Er wurde allerdings erwischt und angeklagt. Dem Richter hatte Travis versprochen, dass er inzwischen einen Entzug gemacht und den Drogen abgeschworen habe. Zudem gingen bei Gericht mehrere Unterstützerbriefe ein, die um eine milde Strafe für Travis baten. Dennoch wurde er zu 15 Jahren Haft verurteilt.

Obwohl aus seiner Haftzeit 13 Disziplinarvorfälle registriert sind, musste Travis von seiner Strafe nur fünf Jahre und einige Monate absitzen. Die Vorfälle hinter Gittern waren offenbar nicht gravierend genug, um seinen Antrag auf Bewährung zu gefährden, sodass er am 14. Juni 1994 wieder aus der Haft entlassen wurde.

Travis bezog eine Doppelhaushälfte in der Lucas & Hunt Road, musste in den folgenden Jahren aber wegen Drogendelikten noch weitere zwei Mal ins Gefängnis. In den Sommermonaten der Jahre 2000 und 2001 arbeitete er als Kellner im Restaurant des Hotels »Mayfair«.

Einer seiner Kollegen dort war Dave Wucher, der sich später erinnerte, dass Travis ständig – geradezu wie ein Besessener – von seinem Auto geredet hat. Eines Tages erzählte Wucher Travis vom Wagen eines Freundes, der gestohlen und in East St. Louis angezündet worden war. Daraufhin entgegnete Travis, East St. Louis sei »ein guter Ort, um Dinge loszuwerden, weil dort nicht viel Polizei unterwegs ist«.

Wuchers damalige Freundin Julie Kroenig arbeitete als Praktikantin bei einem Nachrichtensender. Travis habe sie einmal gefragt, ob der Sender schon mal eine Geschichte über ermordete Prostituierte aus der Gegend gebracht habe. Er habe von Freunden gehört, dass viele Leichen dort entsorgt wurden. Sie sprach daraufhin mit ihrem Vorgesetzten, es gab allerdings keinerlei öffentliche Informationen, die Travis' Geschichte bestätigt hätten. Drei Monate später ging die Polizei mit Details zu einem Serienmörder an die Öffentlichkeit, der Prostituierte in der Gegend umbrachte – und Kroenig verstand nun, dass Travis nicht gelogen hatte, und sie erkannte, was in Wahrheit hinter seiner Frage steckte.

MORDE

Kurz nachdem Travis im März 2001 aus dem Gefängnis entlassen wurde, begannen in ganz Ferguson, Missouri, Leichen von erwürgten Frauen aufzutauchen. Jede der Leichen wies Spuren von Folter auf und bei den meisten Opfern handelte es sich um Prostituierte.

Travis galt, vor allem aufgrund seiner kriminellen Vorgeschichte, schon früh als Verdächtiger; es fehlten jedoch die nötigen Beweise, um ihn zu verhaften. Travis versuchte indes, die Polizei an der Nase herumzuführen, was ihm letztlich auf die Füße fiel und zu seiner Verhaftung führte.

Am 21. Mai 2002 erreichte die Polizei ein Brief des Serienmörders. Beigefügt war dem Schreiben eine Karte, die zeigte, wo die Leiche des letzten Opfers versteckt war. Die Ermittler durchsuchten die gesamte Gegend und fanden die sterblichen Überreste einer Frau. Bei genauerem Betrachten der Karte fiel den Beamten auf, dass sie im Internet heruntergeladen wurde.

Was Travis nicht wusste: Als er die Karte herunterlud, wurde dabei die IP-Adresse seines Computers elektronisch gespeichert, sodass die Polizei über die Quelle der Karte die IP-Adresse – und damit den Standort – seines Computers ermitteln konnte, was sie schnurstracks zu Travis führte.

Chronik der bekannten Morde:
31. Juli 2000: Mary Shields (60)
1. April 2001: Alysa Greenwade (34)
15. Mai 2001: Teresa Wilson (36)
23. Mai 2001: Betty James (46) – tatverdächtig
29. Juni 2001: Verona Thompson (36)
25. August 2001: Yvonne Crues (50)
8. Oktober 2001: Brenda Beasley (33)
30. Januar 2002: nicht identifizierte weibliche Leiche gefunden
11. März 2002: nicht identifizierte weibliche Leiche gefunden
28. März 2002: nicht identifizierte weibliche Leiche gefunden

VERHAFTUNG UND PROZESS

Travis wurde am 7. Juni 2002 verhaftet und in Polizeigewahrsam genommen. Bei der Durchsuchung seines Hauses fanden die Ermittler eine riesige Sammlung Videokassetten, auf denen die Folter, Vergewaltigung und Ermordung zahlreicher seiner Opfer dokumentiert waren. Nun gab es keinen Zweifel mehr daran, dass sie den Richtigen erwischt hatten.

Während Travis im Gefängnis von St. Louis County auf seinen Prozess wartete, traf er allerdings bereits alle nötigen Vorkehrungen, um sich diesem Prozess nie stellen zu müssen.

AUSGANG

Am 10. Juni 2002 erhängte Travis sich in seiner Zelle und entging somit einem Gerichtsverfahren. Eigentlich hätte er wegen Selbstmordgefährdung unter Beobachtung stehen sollen, die entsprechend geschulten Justizvollzugsbeamten waren an jenem Tag aber nicht zum Dienst erschienen.

ANDREI TSCHIKATILO

Geburtsdatum: 16. Oktober 1936
Alias: The Butcher of Rostov, The Forest Strip Killer, The Red Ripper, The Rostov Ripper
Tatmerkmale: Nekrophilie, Kannibalismus, Verstümmelung, Ausweidung
Opferzahl: 53 bis 56
Datum der Morde: 1978 bis 1990
Datum der (endgültigen) Verhaftung: 20. November 1990
Mordmethoden: Erstechen, Strangulation
Tatorte: Oblast Rostov (Russland)
Status: am 16. Februar 1994 durch Kopfschuss hingerichtet

VORGESCHICHTE

Als Tschikatilo 1936 in der heutigen Ukraine geboren wurde, herrschte dort aufgrund der Zwangskollektivierung der Landwirtschaft durch Josef Stalin gerade eine schlimme Hungersnot. Tschikatilos Eltern waren Genossenschaftsbauern, das heißt, statt finanziellen Lohn für ihre Arbeit zu erhalten, besaßen sie das Recht, auf dem bisschen Land hinter ihrer winzigen Hütte ihre eigenen Lebensmittel anzubauen.

Das Essen war sehr knapp. Tschikatilo behauptet, er habe erst mit zwölf Jahren zum ersten Mal Brot gegessen. Die Familie aß oft Blätter und Gras, um die Schmerzen vom Hunger zu stillen. Die Mutter erzählte ihm immer wieder, sein älterer Bruder sei mit vier Jahren entführt und von den Nachbarn gegessen worden. Dokumentiert ist das allerdings nicht, bis heute ist deshalb unklar, ob die Geschichte stimmt.

Im Zweiten Weltkrieg wurde Tschikatilos Vater von der Roten Armee eingezogen und an der Front verwundet und von den Nazis gefangen genommen. Als die Nazis die Ukraine besetzten, wurde Tschikatilo nach eigener Aussage Zeuge mehrerer schrecklicher Vorfälle wie Brände, Bombenangriffe und Schießereien. Um zu überleben, versteckte er sich gemeinsam mit seiner Mutter. Beide mussten gar mitansehen, wie ihr Haus niederbrannte. Tschikatilo musste mit seiner Mutter im selben Bett schlafen. Er war chronischer Bettnässer und bekam Schläge von der Mutter, immer wenn er wieder eingenässt hatte.

1943 brachte die Mutter ein Mädchen namens Tatyana zur Welt. Tschikatilos Vater war zu jener Zeit noch immer im Krieg, im Dorf wurde daher viel spekuliert, wer wohl der Vater des Mädchens gewesen sein könnte. Es ist bekannt, dass Frauen häufig von den deutschen Besatzern vergewaltigt wurden, was Tschikatilo, angesichts der winzigen Hütte, in der er mit seiner Mutter lebte, möglicherweise sogar mitansehen musste.

Tschikatilo war ein guter Schüler, aber schüchtern und körperlich schwach. Wegen der Lebensmittelknappheit war er ständig hungrig und fiel daheim und in der Schule regelmäßig in Ohnmacht. Wegen seiner offensichtlichen Armut, der Schüchternheit und dürren Gestalt wurde er zudem Opfer von Hänseleien. Daheim wurde er von seiner Mutter tyrannisiert, die ihn ständig beschimpfte. Seine Schwester Tatyana berichtete später, dass die Mutter den Kindern gegenüber im Gegensatz zum liebevollen Vater unerbittlich und fürchterlich boshaft gewesen war.

MORDE

Tschikatilo ging bei seinen Morden extrem brutal vor, und was er den Leichen anschließend antat, ist nur schwer zu begreifen. Oft drückte er seinen Opfern die Augen aus, weil er glaubte, sie enthielten einen »Schnappschuss« dessen, was sie als Letztes gesehen haben. Erst als er merkte, dass dem nicht so war, hörte er damit auf.

Meist verstümmelte er die Leichen. Einigen wurde die Nase abgebissen, der Magen ausgeweidet und Genitalien oder Zunge ab- oder herausgeschnitten. Einem seiner weiblichen Opfer biss er die Brustwarze ab und verschluckte sie, wobei er einen Samenerguss bekam. Bevor er seine Opfer tötete, schob er ihnen Blätter und Matsch in die Münder, um sie ruhigzustellen.

Chronik der bekannten Morde:

22. Dezember 1978: Jelena Sakotnowa (9), Tschikatilo sprach das junge Mädchen an, als sie von einer Eislaufbahn auf dem Weg nach Hause war.

3. September 1981: Larissa Tkatschenko (17) wurde von Tschikatilo angesprochen und getötet, als sie auf ihren Bus zurück ins Internat wartete.

12. Juni 1982: Ljuba Birjuk (13) wurde nach einem Einkaufsbummel im Dorf Donskoi entführt und ermordet.

25. Juli 1982: Ljuba Wolobujewa (14) wurde in einem Obstgarten in der Nähe des Flughafens Krasnodar getötet. Ihre Leiche wurde am 7. August gefunden.

13. August 1982: Oleg Poschidjew (9), das erste männliche Opfer. Poschidajew wurde in Adygeja getötet, seine Leiche nie gefunden.

August 1982: Olga Kuprina (16) wurde in Kasatschi Lagerja getötet. Ihre Leiche wurde am 27. Oktober gefunden.

12. September 1982: Irina Karabelnikowa (19) wurde vom Bahnhof in Schachty weggelockt und ermordet. Ihre Leiche wurde am 20. September gefunden.

September 1982: Sergej Kusmin (15), Ausreißer aus einem Internat. Seine Leiche wurde im Januar 1983 in der Nähe des Bahnhofs in Schachty gefunden.

11. Dezember 1982: Olja Stalmatschenok (10) wurde auf dem Heimweg vom Klavierunterricht in Nowoschachtinsk aus einem Bus gelockt.

Juni 1983: Laura Sarkisjan (15) kam aus Armenien. Ihre Leiche wurde nie gefunden.

Juli 1983: Irina Dunenkowa (13). Dunenkowas Leiche wurde am 8. August 1983 im Fliegerpark in Rostow gefunden.

1983: Ljuda Kutsjuba (24), wurde in einem Wald in der Nähe des Busbahnhofs in Schachty getötet. Ihre Leiche wurde am 12. März 1984 gefunden.

9. August 1983: Igor Gudkow (7) war das jüngste Opfer von Tschikatilo. Er war Tschikatilos erstes männliches Opfer, das im Zusammenhang mit der Fahndung nach ihm stand.

September 1983: Walja Tschutschulina (22), ihre Leiche wurde am 27. November 1983 in einem Waldstück in der Nähe des Bahnhofs von Kirpichnaja gefunden.

Zwischen Ende September und Anfang Oktober 1983: Eine unbekannte Frau (18–25), Tschikatilo behauptete, er sei ihr begegnet, als sie auf der Suche nach einem »Mann (Kunden) mit Auto« gewesen ist.

27. Oktober 1983: Vera Schewkun (19) wurde in einem Bergbaudorf in der Nähe von Schachty ermordet. Ihre Leiche wurde am 30. Oktober gefunden.

27. Dezember 1983: Sergej Markow (14) verschwand auf dem Rückweg von einem Berufspraktikum nach Hause. Seine Leiche wurde am 4. Januar 1984 gefunden.

9. Januar 1984: Natalja Schalapinina (17) war eine enge Freundin von Olga Kuprina, die 1982 von Tschikatilo ermordet wurde.

22. Februar 1984: Marta Rjabjenko (45), Tschikatilos ältestes Opfer, wurde im Fliegerpark in Rostow getötet.

24. März 1984: Dima Ptaschnikow (10), wurde von einem Briefmarkenkiosk weggelockt. Tschikatilo hatte sich als Sammler ausgegeben.

25. Mai 1984: Tanja Petosjan (32) wurde, gemeinsam mit ihrer Tochter, vor den Toren von Schachty ermordet. Sie kannte Tschikatilo seit 1978.

25. Mai 1984: Sweta Petosjan (11) musste mitansehen, wie Tschikatilo ihre Mutter ermordete, bevor er sie verfolgte und mit einem Hammer tötete.

Juni 1984: Jelena Bakulina (22), ihre Leiche wurde am 27. August in der Region Bagasenski in Rostow gefunden.

10. Juli 1984: Dima Illarionow (13) verschwand in Rostow, als er sich ein Gesundheitszeugnis besorgen wollte, um am Sommerlager teilnehmen zu können.

19. Juli 1984: Anna Lemeschewa (19) verschwand auf dem Weg zu einem Zahnarzttermin. Sie wurde in Schachty getötet.

Juli 1984: Swetlana Tschana (20), ursprünglich aus Riga. Ihre Leiche wurde am 9. September im Fliegerpark in Rostow gefunden.

2. August 1984: Natascha Golosowskaja (16) verschwand in Nowoschachtinsk, wo sie ihre Schwester besuchen wollte.

7. August 1984: Ljudmila Alexejewa (17), Studentin, wurde von einer Bushaltestelle weggelockt. Tschikatilo hatte angeboten, sie zum Busbahnhof von Rostow zu bringen.

Zwischen 7. und 13. August 1984: Eine unbekannte Frau (20–25) wurde während einer Geschäftsreise nach Taschkent in der Usbekischen SSR von Tschikatilo getötet.

13. August 1984: Akmarala Sejdaliewa (11), eine Ausreißerin aus Alma-Ata in Kasachstan, wurde ebenfalls in Taschkent von Tschikatilo getötet.

28. August 1984: Alexander Tschepel (11) wurde am Ufer des Dons getötet, in der Nähe der Stelle, an der auch Alexejewa umgebracht worden war.

6. September 1984: Irina Lutschinskaja (24), eine Bibliothekarin aus Rostow, die von Tschikatilo im Fliegerpark in Rostow getötet wurde.

1. August 1985: Natalja Pochlistowa (18) wurde in der Nähe des Flughafens Moskau-Domodedowo von Tschikatilo aus einem Zug gelockt. Ihre Leiche wurde am 3. August gefunden.

27. August 1985: Irina Guljajewa (18) wurde in einem Wäldchen in der Nähe des Busbahnhofs in Schachty getötet. Ihre Leiche wurde am nächsten Tag gefunden.

16. Mai 1987: Oleg Makarenkow (13) wurde in Swerdlowsk in der Ukrainischen SSR getötet. Tschikatilo führte die Polizei zu seiner Leiche, nachdem er verhaftet worden war.

29. Juli 1987: Iwan Bilowetschki (12) wurde während einer Geschäftsreise nach Saporischschja in der Ukrainischen SSR von Tschikatilo getötet. Seine Leiche wurde am 30. Juli gefunden.

15. September 1987: Juri Tereschonok (16) wurde in der Oblast Leningrad aus einem Zug gelockt und getötet. Tschikatilo führte die Polizei zu seiner Leiche, nachdem er verhaftet worden war.

Zwischen Ende September 1987 und Anfang Mai 1988: Eine unbekannte Frau (18–25) wurde in der Nähe des Bahnhofs von Krasny Sulin getötet. Ihre Leiche wurde am 6. April gefunden.

14. Mai 1988: Alexei Woronko (9) wurde auf der Eisenbahnstrecke Rostow-Ukraine, in der Nähe eines Bahnhofs in Ilowajsk in der Ukraine getötet.

14. Juli 1988: Jewgeni Muratow (15), seit 1985 das erste Opfer, das in der Nähe von Rostow getötet wurde. Muratows Leiche wurde am 10. April 1989 gefunden.

Februar 1989: Tatjana Ruschowa (16), eine Ausreißerin aus Krasny Sulin, wurde in der Wohnung von Tschikatilos eigener Tochter ermordet.

11. Mai 1989: Alexander Djakonow (8) wurde am Tag nach seinem achten Geburtstag im Stadtzentrum von Rostow getötet. Seine Leiche wurde am 14. Juli gefunden.

20. Juni 1989: Alexei Moissejew (10) wurde in der Region Wladimir, östlich von Moskau, getötet. Tschikatilo gestand diesen Mord nach seiner Verhaftung.

19. August 1989: Helena Varga (19), eine Studentin und Mutter aus Ungarn, wurde aus einem Bus gelockt und in einem Dorf in der Nähe von Rostow getötet.

28. August 1989: Alexei Chobotow (10) verschwand vor einem Theater in Schachty. Tschikatilo führte die Polizei zu seiner Leiche, nachdem er verhaftet worden war.

14. Januar 1990: Andrei Krawtschenko (11) wurde von Tschikatilo aus dem Kino gelockt und in Schachty getötet. Krawtschenkos Leiche wurde am 19. Februar gefunden.

7. März 1990: Jaroslow Makarow (10) wurde von Tschikatilo aus einem Bahnhof in Rostow gelockt und im Botanischen Garten von Rostow ermordet.

April 1990: Ljubow Zujewa (31) wurde aus einem Zug in der Nähe des Bahnhofs Donleschos, in der Nähe von Schachty, gelockt. Ihre Leiche wurde am 24. August gefunden.

27. Juli 1990: Wiktor Petrow (13) wurde im Botanischen Garten von Rostow

ermordet, nur wenige Meter von der Stelle entfernt, an der auch Makarow getötet worden war.

14. August 1990: Iwan Fomin (11) wurde am Stadtstrand von Nowotscherkassk ermordet. Seine Leiche wurde am 17. August gefunden.

17. Oktober 1990: Wadim Gromow (16), Student aus Schachty, verschwand auf einer Zugfahrt nach Taganrog.

30. Oktober 1990: Viktor Tischenko (16) wurde in Schachty getötet. Tischenko kämpfte um sein Leben und biss Tschikatilo in den Finger.

6. November 1990: Swetlana Korostik (22), Tschikatilos letztes Opfer. Ihre Leiche wurde am 13. November in einem Waldstück in der Nähe des Bahnhofs von Donleskhoz gefunden.

VERHAFTUNG UND PROZESS

Im November 1990 wurde Tschikatilo von der Polizei angehalten und befragt, nachdem er sich in derselben Gegend aufgehalten hatte wie eines seiner Opfer, Swetlana Korostik. Am 14. November wurde er verhaftet und formell vernommen. Daraufhin legte er ein zwei Wochen andauerndes Geständnis ab, in dem er detaillierte Angaben zu 56 Morden machte, die er behauptet hatte, begangen zu haben.

Am 14. April 1992 begann Tschikatilos Prozess. Während der Verhandlung musste er in einem speziellen Eisenkäfig verwahrt werden, um ihn vor den Angehörigen seiner Opfer zu schützen. Sein Verhalten während des gesamten Prozesses war äußerst bizarr. So behauptete er, Milch in seiner Brust zu haben, weil er schwanger sei, brüllte laut, dass er kein Homosexueller sei, und entblößte sich zweimal, indem er seine Hose herunterzog. Während des Schlussplädoyers der Staatsanwaltschaft begann Tschikatilo zu singen und musste aus dem Gerichtssaal entfernt werden.

Trotz dieses seltsamen Verhaltens stuften mehrere psychiatrische Gutachter Tschikatilo als zurechnungsfähig ein. Am 14. Oktober 1992 wurde er des Mordes in 52 Fällen für schuldig befunden und zum Tode verurteilt.

AUSGANG

Tschikatilo legte vor dem Obersten Gerichtshof mehrfach Einspruch gegen seine Hinrichtung ein, doch ohne Erfolg. Sein letztes Gnadengesuch wurde direkt an den damaligen Präsidenten Boris Jelzin gesandt, am 4. Januar 1994 aber ebenfalls abgelehnt.

Am 14. Februar 1994 wurde Tschikatilo von seiner Zelle in einen schallisolierten Raum innerhalb des Gefängnisses gebracht und dort mit einem einzigen Kopfschuss hingerichtet.

ZITATE

- *»Was ich tat, diente nicht sexueller Befriedigung, sondern brachte mir etwas Seelenfrieden.«*
- *»Blut und Leid bereiteten mir Entspannung und ein gewisses Vergnügen.«*
- Vor seiner Hinrichtung: *»Wenn ich mein Messer benutzt habe, dann verschaffte mir das psychische Erleichterung. Ich weiß, dass ich vernichtet werden muss. Ich war ein Fehler der Natur.«*

HENRY LOUIS WALLACE

Geburtsdatum: 4. November 1965
Alias: The Taco Bell Strangler
Tatmerkmal: Vergewaltigung
Opferzahl: mindestens 11
Zeitraum der Morde: 1990 bis 1994
Datum der (endgültigen) Verhaftung: 13. März 1994
Mordmethoden: Erstechen, Strangulation
Tatorte: Charlotte in North Carolina (USA)
Status: zum Tode verurteilt, wartet auf seine Hinrichtung

VORGESCHICHTE

Wallace war das Ergebnis einer Affäre seiner Mutter Lottie Mae Wallace und eines Schullehrers, der die Affäre sofort beendete, nachdem er erfahren hatte, dass Lottie Mae schwanger war. Die Mutter musste den Jungen also allein großziehen und war mit ihren Erziehungsmaßnahmen alles andere als zimperlich. Sie kritisierte Wallace ständig und wegen der kleinsten Fehler.

1983 machte Wallace seinen Schulabschluss und besuchte in den folgenden beiden Jahren mehrere Colleges, verpflichtete sich schließlich aber bei der Navy. Im selben Jahr heiratete er auch seine High-School-Liebe Maretta Brabham. Wallace blieb bis zu seiner ehrenhaften Entlassung 1992 in der Navy.

Während seiner Armeezeit konsumierte Wallace verschiedene Drogen und begann seine kriminelle Laufbahn. Zunächst verübte er in ganz Seattle Einbrüche und wurde im Januar 1988 nach einem Einbruch in ein Ladengeschäft verhaftet, aber nur zu zwei Jahren Bewährung verurteilt. Allerdings erschien er häufig nicht zu den Pflichtterminen bei seinem Bewährungshelfer. Einbrüche waren außerdem erst der Anfang. 1990 beging Wallace seinen ersten Mord.

MORDE

Im Gegensatz zu den meisten Serienmördern brachte Wallace keine Fremden um, sondern tötete überwiegend Frauen, die er kannte. Das waren Freundinnen seiner Lebensgefährtin, Arbeitskolleginnen, Angestellte und Freundinnen seiner Schwester. Dennoch wurde Wallace nicht mit den Morden in Verbindung gebracht, bis er bereits elf Menschen auf dem Gewissen hatte – obwohl er mit allen

Opfern bekannt war, teilweise im selben Betrieb wie sie arbeitete und sogar ihre Beerdigungen besuchte.

Wallaces erstes bekanntes Opfer war Tashonda Bethea, die er Anfang 1990 umbrachte. Anschließend warf er ihre Leiche in einen See, sie wurde erst Wochen später gefunden. Im Rahmen der Ermittlungen wurde auch Wallace zu Betheas Verschwinden und Tod befragt, es wurde jedoch keine Anklage gegen ihn erhoben.

Im Mai 1992 nahm Wallace die stadtbekannte Prostituierte und Drogendealerin Sharon Nance im Auto mit. Als er sie für ihre Dienste bezahlen sollte, prügelte er sie zu Tode und entsorgte ihre Leiche an Bahnschienen, wo sie einige Tage darauf gefunden wurde.

Im darauffolgenden Monat vergewaltigte Wallace Caroline Love in ihrer Wohnung und erwürgte sie. Love war eine Freundin von Wallaces Lebensgefährtin und er war bei ihrer Schwester, als diese die Vermisstenanzeige bei der Polizei aufgab. Wallace versteckte die Leiche in einem Waldgebiet in Charlotte, wo sie erst zwei Jahre später gefunden wurde.

Am 19. Februar 1993 tötete Wallace Shawna Hawk, nachdem er in ihrer Wohnung Sex mit ihr gehabt hatte. Er war beruflich ihr Vorgesetzter und nahm sogar an ihrer Beerdigung teil. Am 22. Juni vergewaltigte und erwürgte Wallace mit Audrey Spain eine weitere Arbeitskollegin.

Am 10. August 1993 vergewaltigte und erwürgte Wallace Valencia M. Jumper, eine Freundin seiner Schwester. Um die Tat zu vertuschen, verbrannte er die Leiche. Wenige Tage später begleitete er seine Schwester zur Beerdigungszeremonie. Im September besuchte er Michelle Stinson, eine Bekannte von der Arbeit, in ihrer Wohnung, wo er sie vor den Augen eines ihrer Kinder vergewaltigte, würgte und schließlich erstach.

Seinen nächsten Mord beging Wallace am 20. Februar 1994. Das Opfer war Vanessa Little Mack, wieder eine seiner Arbeitskolleginnen, die er in ihrer Wohnung umbrachte. Einige Wochen darauf, am 8. März, erwürgte er Betty Baucom, eine Arbeitskollegin seiner Lebensgefährtin. Anschließend stahl er alle Wertsachen aus Baucoms Haus, fuhr in ihrem Auto davon und ließ dieses später einfach vor einem Einkaufszentrum stehen.

Noch in derselben Nacht kehrte Wallace in denselben Wohnkomplex zurück und ermordete Brandi June Henderson, eine Freundin seiner Lebensgefährtin, die er vergewaltigte, während sie sich verzweifelt an ihr Baby klammerte. Danach erwürgte er erst sie und versuchte es anschließend auch bei ihrem Baby, doch der kleine Junge überlebte zum Glück. Erneut ließ Wallace alle Wertsachen aus der Wohnung mitgehen.

Sein letztes bekanntes Opfer war am 12. März Deborah Ann Slaughter, eine weitere Arbeitskollegin seiner Freundin. Erst erwürgte er sie, dann stach er ihr mit einem Messer 38-mal in Brust und Bauch.

Chronik der bekannten Morde:
1990: Tashonda Bethea
Mai 1992: Sharon Nance
Juni 1992: Caroline Love
19. Februar 1993: Shawna Hawk
22. Juni 1993: Audrey Spanien
10. August 1993: Valencia M. Jumper
September 1993: Michelle Stinson
20. Februar 1994: Vanessa Little Mack
8. März 1994: Betty Jean Baucom
8. März 1994: Brandi June Henderson
12. März 1994: Deborah Ann Slaughter

VERHAFTUNG UND PROZESS

Am 13. März 1994 wurde Wallace verhaftet. Auf dem Revier gestand er in einer zwölfstündigen Vernehmung, zehn Frauen in Charlotte getötet zu haben, und beschrieb dabei detailliert jeden einzelnen Mord. Er wurde formell angeklagt und blieb bis zur Gerichtsverhandlung in Gewahrsam.

In den folgenden zwei Jahren musste der Prozess aufgrund der Wahl des Verhandlungsorts, der Auswahl der Geschworenen sowie des Abgleichs von DNA-Beweisen immer wieder verschoben werden und begann erst im September 1966. Um die Todesstrafe zu umgehen, versuchte Wallaces Verteidiger, dessen abscheuliche Verbrechen durch eine psychische Erkrankung zu rechtfertigen.

Dieser Plan ging jedoch nicht auf, am 7. Januar 1997 wurde Wallace in neun Mordfällen schuldig gesprochen und neunmal zum Tode verurteilt.

AUSGANG

Am 5. Juni 1998 heiratete Wallace hinter Gittern die ehemalige Gefängniskrankenschwester Rebeca Torrijas. Die Hochzeit fand direkt neben der Hinrichtungskammer statt, der Leiter des Todestrakts wohnte der Zeremonie als Gast bei.

Wallace versuchte mehrfach, seine Todesstrafe anzufechten, und behauptete dazu unter anderem, seine Geständnisse seien erzwungen worden und die ermittelnden Beamten hätten seine Grundrechte verletzt. Auch mit dieser Strategie hatte Wallace bislang jedoch wenig Erfolg, seine Berufungsanträge wurden allesamt abgelehnt und er wartet noch immer im Todestrakt auf seine Hinrichtung.

FARYION WARDRIP

Geburtsdatum: 6. März 1959
Alias: –
Tatmerkmal: Vergewaltigung
Opferzahl: 5
Zeitraum der Morde: 1984 bis 1986
Datum der (endgültigen) Verhaftung: 9. Mai 1986, 14. Februar 1999
Mordmethoden: Erstechen, Ersticken, Strangulation
Tatorte: Wichita County in Texas (USA)
Status: zum Tode verurteilt, wartet auf seine Hinrichtung

VORGESCHICHTE

Wardrip wurde 1959 in Salem geboren, seine Eltern waren George und Diana Wardrip. In der Schule tat er sich schwer, schrieb nur schlechte Noten und ging ab, bevor er die zwölfte Klasse beendet hatte.

1978 trat er der Nationalgarde der U.S. Army bei und schien sich in dieser Rolle gut eingelebt zu haben.

1983 heiratete Wardrip zum ersten Mal und arbeitete als Hausmeister in einem Krankenhaus. Noch im selben Jahr wurde er zum Krankenpfleger befördert. Im darauffolgenden Jahr wurde er wegen Drogenmissbrauchs, unerlaubter Abwesenheit sowie verschiedener weiterer Verfehlungen wenig ehrenhaft aus der Nationalgarde entlassen.

1984 wurde Wardrip wegen Vergewaltigung und Mord verhaftet und musste ins Gefängnis. Er saß elf Jahre ab, bevor er auf Bewährung entlassen wurde. 1985 hatte seine erste Frau sich scheiden lassen; nach seiner Entlassung 1997 heiratete er ein zweites Mal. Zwei Jahre darauf wurde Wardrip dann durch DNA-Spuren mit einer Mordserie aus den 1980er-Jahren in Verbindung gebracht.

MORDE

Wardrips erstes bekanntes Mordopfer war Terry Lee Sims. Ihre Leiche wurde 1984 in ihrer Wohnung gefunden, sie war sexuell missbraucht und dann erstochen worden. Offenbar hatte sie versucht, Wardrip am Eindringen in ihre Wohnung zu hindern, doch es war ihm gelungen, die Tür aufzubrechen. Weil

Sims sich mutig wehrte, fesselte Wardrip ihre Hände mit einem Stromkabel. Später gestand er, Sims völlig ohne erkennbaren Grund getötet zu haben.

Am 19. Januar 1985 verschwand Toni Gibbs, die damals im Wichita General Hospital arbeitete. Zwei Tage nach ihrem Verschwinden wurde einige Kilometer entfernt ihr Auto gefunden. Am 15. Februar wurde in einem Feld auch ihre Leiche entdeckt. Eine Obduktion ergab, dass sie vergewaltigt und erstochen worden war.

Am 24. März 1985 tötete Wardrip Debra Taylor in Fort Worth, Texas. Taylor hatte Wardrip in einer Bar kennengelernt, nachdem ihr Mann bereits heimgegangen war, und er hatte ihr angeboten, sie nach Hause zu fahren. Laut Wardrip machte er ihr Avancen, aber sie ließ ihn abblitzen, weshalb er sie umbrachte. Ihre Leiche wurde eine Woche später auf einer Baustelle gefunden.

Am 20. September 1985 ermordete Wardrip Ellen Blau, nachdem sie spätabends Feierabend gemacht hatte. Wardrip zwang sie, in eine abgelegene Gegend zu fahren, und erwürgte sie. Einmal hatte er auch ausgesagt, ihr das Genick gebrochen zu haben. Anschließend nahm er ihren Wagen und ihre Handtasche mit und stellte beides in Wichita Falls ab.

Am 6. Mai 1986 tötete Wardrip Elizabeth Kimbrew in ihrer Wohnung, indem er sie mit einem Kissen erstickte. Er sagte später aus, Kimbrew nur getötet zu haben, weil sie ihn an seine Ex-Frau erinnert hat. Nachdem ihre Leiche entdeckt wurde, gaben ihre Nachbarn an, einen großen weißen Mann mit braunem Haar gesehen zu haben, der ihre Wohnung verlassen hat.

Am 9. Mai 1986 rief Wardrip bei der Polizei an und gestand den Mord an Kimbrew. Er wurde zu 35 Jahren Haft verurteilt, kam 1997 aber auf Bewährung frei. In jener Zeit schien er sein Leben in den Griff zu bekommen, hatte erneut geheiratet und einen Job in einer Fabrik in Olney angenommen.

Gleichzeitig liefen in Wichita Falls aber noch Ermittlungen zu den ungeklärten Morden an Sims, Gibbs, Blau und Taylor. An den Tatorten der Morde an Sims und Gibbs wurden DNA-Spuren gefunden, die von ein und derselben Person stammten. Damit war klar, dass die Ermittler es mit einem Serienmörder zu tun hatten.

In ihren weiteren Ermittlungen konnten die Beamten eine Verbindung zwischen Blau und Wardrip herstellen, der während der Verhandlung im Kimbrew-Mordfall vor Gericht ausgesagt hatte, Blau zu kennen, es ist nur niemand darauf eingegangen. Die Ermittler fanden daraufhin noch mehr Belege dafür, das Wardrip für die Morde verantwortlich war. Als finalen Beweis benötigten sie jedoch eine DNA-Probe von ihm. Um die zu bekommen, tauchte ein Ermittler an Wardrips Arbeitsplatz auf und bat um einen Pappbecher, aus dem Wardrip getrunken hatte. Um keinen Verdacht zu erregen, tat der Beamte so, als benötige er den Becher, um seinen Kautabak hineinzuspucken.

Eine anschließende Analyse ergab, dass es sich bei Wardrips Probe um dieselbe DNA handelte, die auch an den Tatorten von Gibbs und Sims gefunden wurde.

Chronik der bekannten Morde:
1984: Terry Lee Sims (20)
19. Januar 1985: Toni Jean Gibbs (23)
24. März 1985: Debra Taylor (25)
20. September 1985: Ellen Blau (21)
6. Mai 1986: Tina Elizabeth Kimbrew (21)

VERHAFTUNG UND PROZESS

Am 14. Februar 1999 wurde Wardrip verhaftet und gestand die Morde an Sims, Blau, Taylor und Gibbs. Seine Verhandlung fand noch im selben Jahr statt, er wurde in allen Anklagepunkten schuldig gesprochen und zum Tode verurteilt.

AUSGANG

Für den Mord an Sims hatte Wardrip die Todesstrafe erhalten, die 2008 – also neun Jahre später – auf Empfehlung eines Bundesrichters hin gekippt werden sollte, weil Wardrip im Verfahren kein adäquater Verteidiger gestellt wurde. Im Juni 2011 wurde der US-Bundesstaat Texas dementsprechend aufgefordert, die Todesstrafe entweder in eine lebenslange Freiheitsstrafe umzuwandeln oder den Prozess neu aufzurollen. Das Bundesberufungsgericht kassierte diesen Beschluss jedoch wieder und nach einigem Hin und Her in verschiedenen Instanzen wurde Wardrips Antrag auf einen neuen Prozess abgelehnt und die Todesstrafe erneut bestätigt. Wardrip sitzt nun immer noch in der Todeszelle und wartet auf seine Hinrichtung.

CARL »CORAL« WATTS

Geburtsdatum: 7. November 1953
Alias: Coral, The Sunday Morning Slasher
Tatmerkmale: Stalking, Folter
Opferzahl: mindestens 14, möglicherweise über 100
Zeitraum der Morde: 1974 bis 1982
Datum der (endgültigen) Verhaftung: 23. Mai 1982
Mordmethoden: Strangulation, Erstechen, Ertränken, Erschlagen, Aufschlitzen
Tatorte: Michigan und Texas (USA)
Status: verurteilt zu lebenslanger Freiheitsstrafe ohne Möglichkeit einer vorzeitigen Entlassung, starb am 21. September 2007 an Prostatakrebs

VORGESCHICHTE

Watts kam 1953 zur Welt. Der Vater war Soldat in der Armee, die Mutter Kunstlehrerin in einem Kindergarten. Die Familie lebte in Killeen, Texas. Als Watts zwei Jahre alt war, trennten sich die Eltern und er lebte fortan bei der Mutter, die mit ihm nach Michigan zog. 1962 heiratete die Mutter erneut und bekam zwei Töchter.

Watts' eigenen Angaben zufolge fantasierte er bereits mit zwölf Jahren von Mord und Folter. Als Jugendlicher stellte er Mädchen und jungen Frauen in seiner Nachbarschaft nach. Später wurde er verdächtigt, seinen ersten Mord bereits mit 15 Jahren begangen zu haben.

Mit 13 Jahren erkrankte Watts an Meningitis und musste deshalb in der Schule die achte Klasse wiederholen. Es gelang ihm kaum, mit den übrigen Schülern mitzuhalten, und er fiel in fast allen Fächern durch. Mit 16 Jahren besaß er noch immer die Lesefähigkeit eines Drittklässlers und wurde von seinen Mitschülern massiv gehänselt.

Im Juni 1969 kam Watts nach einem sexuellen Übergriff auf die 26-jährige Joan Gave erstmals mit dem Gesetz in Konflikt und wurde verhaftet. Er musste allerdings nicht ins Gefängnis, sondern wurde in eine Psychiatrie in Detroit, die Lafayette Clinic, eingewiesen. Dort wurde festgestellt, dass er einen extrem niedrigen IQ von gerade einmal 75 besaß, was bereits als leichte geistige Behinderung galt. Die Psychiater attestierten ihm außerdem ein wahnhaftes Denken. Einer der

Polizisten, der Watts verhaftet hatte, war dagegen der Meinung, dass dieser über ein exzellentes Gedächtnis verfügte und äußerst intelligent wirkte.

Im November 1969 wurde Watts aus der Klinik entlassen und ging zurück zur Schule. 1973 schaffte er trotz katastrophaler Noten seinen Abschluss und erhielt ein Football-Stipendium für das Lane College in Jackson, Tennessee. Dort wurde er allerdings nach nur drei Monaten schon wieder exmatrikuliert, nachdem er Frauen nachgestellt und überfallen hatte. Er stand außerdem im Verdacht, eine Studentin umgebracht zu haben, es gab jedoch keine ausreichenden Beweise für eine Anklage.

Watts zog nach Houston in Texas und zeugte mit seiner Partnerin Deloris eine Tochter. 1979 heiratete er eine andere Frau namens Valeria Goodwill, das Paar ließ sich aber schon wenige Monate später, im Mai 1980, scheiden. Watts war inzwischen bereits zum Serienmörder geworden, es dauert aber noch zwei weitere Jahre, bevor er endlich gefasst wurde.

MORDE

Watts begann im Alter von 20 Jahren Frauen zu töten. Er entführte sie aus ihren Wohnungen, folterte sie und brachte sie schließlich um. Seine Opfer waren zwischen 14 und 44 Jahre alt und er tötete sie auf verschiedenste Art und Weise, etwa durch Erdrosseln, Erschlagen, Ertränken und Erstechen.

Watts blieb aus vielerlei Gründen lange Zeit unentdeckt: Er mordete stets in anderen Bundesstaaten und Zuständigkeitsbereichen, weshalb eine Verbindung zwischen seinen Taten nur schwer hergestellt werden konnte. Er verging sich zudem nur selten sexuell an seinen Opfern und hinterließ dementsprechend keine DNA-Spuren am Tatort.

Allerdings endeten nicht alle seiner Attacken tödlich. Viele Opfer trugen massivste Verletzungen davon, von denen einige fast zum Tod geführt hätten, überlebten aber mit viel Glück. Nach seiner Verhaftung behauptete Watts, um die 40 Frauen getötet zu haben. Die überlebenden Opfer hinzugerechnet, kommt man auf insgesamt etwa 80 Opfer. Er gilt jedoch auch als Verdächtiger in 90 weiteren ungelösten Mordfällen.

Chronik der bekannten Morde:

30. Oktober 1974: Gloria Steele (20)
1. Dezember 1979: Helen Dutcher (36)
31. Oktober 1979: Jeanne Clyne (35)

5. September 1981: Linda Tilley (22)
12. September 1981: Elizabeth Montgomery (25)
4. Januar 1982: Phyllis Tamm (27)
17. Januar 1982: Margaret Fossi (25)
7. Februar 1982: Elena Semander (20)
20. März 1982: Emily LaQua (14)
27. März 1982: Edith Ledet (34)
15. April 1982: Yolanda Gracia (21)
16. April 1982: Carrie Jefferson (32)
21. April 1982: Suzanne Searles (25)
23. Mai 1982: Michelle Maday (20)

VERHAFTUNG UND PROZESS

Watts' letzter Mordversuch ereignete sich am 23. Mai 1982. Er war ins Haus von zwei Frauen eingedrungen, wurde aber von der Polizei erwischt und verhaftet. Während der Vernehmung auf dem Revier gab es verschiedene Anhaltspunkte, die die Ermittler dazu veranlassten, sich auch andere Mordfälle noch einmal genauer anzusehen.

Einige dieser ungelösten Fälle konnten die Ermittler tatsächlich mit Watts in Verbindung bringen. Bis 1981 hatte er noch in Michigan gelebt und die Ermittler glaubten, dass er dort für mindestens zehn Morde an Frauen verantwortlich war. Watts war 1975 bereits zu den Morden vernommen worden, es gab allerdings keine ausreichenden Beweise, um ihn anzuklagen.

Weil die Ermittler befürchteten, dass sie nicht genug in der Hand hatten, um Watts zu verurteilen, boten sie ihm 1982 folgenden Deal an: Wenn er all seine Morde gestand und den Behörden alle Details dazu mittteilte, würde er nicht wegen Mordes angeklagt werden, sondern nur für Einbruch mit Mordabsicht, worauf 60 Jahre Freiheitsstrafe standen.

Watts nahm den Deal an und gestand, zwölf Morde im Bundesstaat Texas begangen zu haben. Die Behörden in Michigan wollten dem Deal nicht zustimmen, weshalb die dort begangenen Morde ungelöst blieben. Wie vereinbart, wurde Watts zu 60 Jahren Haft verurteilt, aufgrund einer Formalität aber nicht als gewalttätig klassifiziert, weshalb er für eine Strafaussetzung zur Bewährung infrage kam.

2004 trat der Generalstaatsanwalt Michigans im Fernsehen auf und bat die Öffentlichkeit um Informationen, die bei Watts' Verurteilung helfen konnten.

Daraufhin meldete sich ein Zeuge, der angeblich beobachtet hatte, wie Watts 1979 Helen Dutcher tötete, und Watts daraufhin als Täter identifizierte. Nachdem Watts die Morde in Texas gestanden hatte, genoss er für seine dort verübten Taten Immunität, nicht jedoch für Verbrechen, die er in anderen Bundesstaaten begangen hat.

Watts wurde daraufhin für den Mord an Helen Dutcher angeklagt und noch im selben Jahr vor Gericht gestellt und am 17. November 2004 verurteilt. Am 7. Dezember erhielt er eine lebenslange Haftstrafe. Zwei Tage nach der Verkündung des Strafmaßes wurde Watts zudem für den Mord an Gloria Steele angeklagt, die 1974 getötet wurde.

Der Prozess begann am 25. Juli 2007. Watts wurde zwei Tage darauf schuldig gesprochen und zu lebenslanger Haft ohne Chance auf Bewährung verurteilt.

AUSGANG

Watts starb am 21. September 2007 an den Folgen einer Prostataerkrankung.

FRED UND ROSEMARY WEST

Geburtsdatum: 29. September 1941,
29. November 1953
Alias: The Gloucester House of Horrors
Tatmerkmale: Inzest, Folter, Vergewaltigung, Verstümmelung
Opferzahl: mindestens 11 bis 13
Zeitraum der Morde: 1967 bis 1987
Datum der (endgültigen) Verhaftung: 25. Februar 1994
Mordmethoden: Ersticken, Strangulation
Tatorte: Gloucestershire (England)
Status: Fred West beging in Untersuchungshaft Selbstmord durch Erhängen. Rose West wurde zu lebenslanger Freiheitsstrafe verurteilt.

VORGESCHICHTE

Fred West

Fred West wuchs in einem unbeschreiblich furchtbaren Umfeld auf, was sicher ein maßgeblicher Grund dafür war, dass er sich später zu einem so bestialischen Monster entwickelt hat. Seine Familie war arm, die Eltern Walter und Daisy waren Bauern in Much Marcle, Herefordshire. West hatte fünf Geschwister und behauptete später, der Vater habe inzestuöse Beziehungen zu all seinen Töchtern gehabt. Inzest schien in der Familie weitgehend akzeptiert gewesen zu sein, und es war auch der Vater, der West an Sodomie, also Sex mit Tieren, herangeführt hat. Er erklärte dem Jungen, dass er tun könne, was immer wolle, solange er sich dabei nicht erwischen ließ. West behauptete außerdem, ab dem zwölften Lebensjahr von seiner Mutter sexuell missbraucht worden zu sein.

In der Schule tat West sich in akademischen Fächern schwer, war dafür aber sehr geschickt in Kunst und Werken. Er ging im Dezember 1956 mit 15 Jahren von der Schule ab. 1958 war er in einen Motorradunfall verwickelt und trug dabei Frakturen an Schädel, Arm und Bein davon. Über eine Woche lang lang er im Koma. Nach dem Unfall schien er auf einmal zu plötzlichen Wut- und Gewaltausbrüchen zu neigen. Zwei Jahre darauf erlitt er eine weitere Kopfverletzung und war 24 Stunden lang bewusstlos, nachdem er eine Feuerleiter heruntergestürzt war.

Mit 20 Jahren wurde West verhaftet und für den sexuellen Missbrauch eines 13-jährigen Mädchens angeklagt. Er wurde verurteilt, musste aber nicht ins Gefängnis. Dennoch wurde er von seiner Familie von da an praktisch verstoßen. Der Vater hatte ihm immerhin mehrfach gepredigt, sich nicht erwischen zu lassen.

Rosemary West

Rosemary West kam unter schwierigen Umständen zur Welt. Ihre Mutter, die ebenfalls Daisy hieß, litt unter Schwangerschaftsdepression und wurde mit einer Elektrokonvulsionstherapie – also Elektroschocks – behandelt. Später wurde angenommen, dass durch diese Behandlung Rosemary Wests Gehirn geschädigt wurde, die sich zu jenem Zeitpunkt noch als Embryo im Mutterleib befand. Als Jugendliche war West meist übel gelaunt und tat sich schwer in der Schule.

Nach der Scheidung der Eltern lebte West zunächst kurz bei der Mutter, bevor sie mit 16 Jahren zu ihrem Vater William zog – eine schwer nachvollziehbare Entscheidung, da der Vater äußerst gewalttätig war und seine Tochter regelmäßig sexuell missbrauchte. In jener Zeit lernte sie Fred West kennen und begann eine Beziehung mit ihm, worüber der Vater alles andere als erfreut war. Er bedrohte Fred und drohte obendrein damit, den sozialen Dienst einzuschalten.

Dennoch zog Rosemary schließlich mit Fred zusammen; die beiden lebten im »Lake House Hotel Caravan Park«, einer Wohnwagensiedlung. Sie kümmerte sich um Freds Tochter Anne-Marie, die er aus einer früheren Ehe mit Rena Costello mitgebracht hatte, sowie um seine Stieftochter Charmaine, die das Kind seiner Ex-Frau Costello und einem anderen Mann war. 1970 wurde Rosemary schwanger und die Familie zog nach Gloucester, in ein Haus in der Midland Road.

Im Januar 1973 zeigte eine junge Frau namens Caroline Roberts die Wests wegen sexuellem Missbrauch an, nachdem ihr die Flucht aus deren Haus gelungen war. Das Paar wurde allerdings nur wegen unsittlichen Angriffs verurteilt und erhielt eine Geldstrafe.

Rosemary arbeitete häufig als Prostituierte. Wenn sie ihre Freier mit nach Hause brachte, sah Fred ihnen zu. Besonders verstörend: Einer ihrer Stammkunden war ihr eigener Vater, der selbst nach der Geburt ihres vierten Kindes noch immer eine sexuelle Beziehung zu Rosemary pflegte und auch Freds Tochter Anne-Marie vergewaltigte. Insgesamt gebar Rosemary acht Kinder, nur fünf davon stammten allerdings von Fred.

Fred vergewaltigte auch seine eigene Tochter und nahm das Ganze auf Video auf. Als diese das eines Tages ihren Freunden in der Schule berichtete, informierten die Eltern der Kinder die Polizei. Fred wurde daraufhin am 6. August 1992 verhaftet und seine Frau Rosemary wurde als Komplizin mit angeklagt. Nachdem bei Rosemary noch andere Anklagepunkte hinzugekommen waren, darunter Kindesmisshandlung, wurden ihr die Kinder weggenommen und in Pflegefamilien gesteckt. Weil vor Gericht zwei Zeugen ihre Aussagen verweigerten, brach der ganze Fall jedoch in sich zusammen und die Wests kamen ohne Strafe davon.

Inzwischen machten Gerüchte die Runde, dass Heather, eine gemeinsame Tochter der Wests, verschwunden war. Die Polizei begann zu ermitteln. Nachdem alle Spuren zu Fred und Rosemary West selbst führten, entdeckten die Ermittler endlich das inzwischen berüchtigte »Gloucester House of Horrors«, also das »Horrorhaus von Gloucester«.

MORDE

Fred und Rosemary haben in sechs Jahren mindestens acht Frauen getötet. Einige hatten im Haus in der 25 Cromwell Street als Untermieter gewohnt, andere als Kindermädchen oder Haushälterinnen gearbeitet. Nach Anne McFall, Charmaine West und Catherine »Rena« West (geb. Costello) war die Schneiderin Lynda Gough wohl das erste Opfer, zu dem keine familiäre Beziehung bestand. Sie wurde im April 1973 ermordet.

Im November 1973 verschwand Carol Ann Cooper auf dem Heimweg vom Kino. Später fanden die Behörden heraus, dass auch sie ein Opfer der Wests geworden war. Auch Lucy Katherine Partington befand sich gerade auf dem Heimweg, als sie im Dezember desselben Jahres an einer Bushaltestelle von den Wests entführt wurde. Das sadistische Paar hielt die junge Frau über eine Woche lang gefangen, vergewaltigte sie mehrfach und folterte sie auf bestialische Art und Weise, bevor es sie schließlich umbrachte.

In den folgenden fünf Jahren töteten die beiden weitere fünf Frauen, wie Leichenfunde auf ihrem Grundstück in der Cromwell Street belegten. Vermutlich töteten sie auch nach 1979 noch weiter, denn Serienmörder hören für gewöhnlich nicht einfach so auf. Weitere Leichen wurden jedoch nicht gefunden – bis auf die von Tochter Heather. Fred begann, Heather sexuell zu missbrauchen. Wenn sie sich weigerte, wurde sie mit Gewalt gezwungen. Im Juni 1987 ging er allerdings zu weit und erdrosselte das Mädchen. Anschließend zerstückelte er ihre Leiche und verscharrte sie im Garten.

Chronik der bekannten Morde:
Sommer 1967: Anne McFall
Juni 1971: Charmaine West (8)
August 1971: Catherine Bernadette »Rena« West (27)
April 1973: Lynda Carole Gough (19)
November 1973: Carol Ann Cooper (15)
Dezember 1973: Lucy Katherine Partington (21)
April 1974: Theresa Siegenthaler (21)
November 1974: Shirley Hubbard (15)
April 1975: Juanita Marion Mott (18)
Mai 1978: Shirley Anne Robinson (18)
August 1979: Alison Jane Chambers (16)
Juni 1987: Heather Ann West (16)

VERHAFTUNG UND PROZESS

Im Mai 1992 filmte Fred sich dabei, wie er seine eigene Tochter dreimal vergewaltigte. Nachdem das Mädchen dies ihren Schulfreunden berichtet hatte, erzählte eine Freundin ihrer Mutter davon, die daraufhin am 4. August die Polizei einschaltete. Die begann sofort ihre Ermittlungen und verhaftete das Ehepaar West wegen Vergewaltigung.

Rosemary wurde obendrein wegen Kindesmisshandlung angeklagt und alle Kinder wurden daraufhin zu ihrem eigenen Schutz in Pflegefamilien untergebracht. Der Vergewaltigungsprozess der beiden Wests sollte am 7. Juni 1993 stattfinden, platzte jedoch, nachdem zwei Zeugen plötzlich die Aussage verweigerten.

Die Behörden versuchten in der Zwischenzeit herauszufinden, was mit Heather West geschehen war. Sozialarbeiter berichteten von Aussagen der West-Kinder, ihr Vater habe stets damit gedroht, sie würden »unter der Veranda landen wie Heather«, wenn sie sich nicht benehmen. Diese Aussage genügte für einen Durchsuchungsbeschluss, den die Ermittler im Februar 1994 bekamen. Am 24. Februar begannen die Grabungen auf dem Grundstück der Wests.

Einen Tag darauf fanden die Ermittler menschliche Knochen und Fred West wurde verhaftet. Er gestand den Mord an Heather zunächst, nahm seine Aussage aber wieder zurück und gestand anschließend erneut, behauptete dieses Mal allerdings, dass seine Frau nichts mit dem Mord zu tun hatte. Die Grabungen gingen indes weiter und immer mehr Leichen wurden geborgen. Am 4. März gestand Fred schließlich, dass er neben Heather noch neun weitere Opfer auf dem Gewissen hatte.

Am 30. Juni 1994 musste sich das Horror-Ehepaar vor Gericht verantworten. Fred wurde für elf Morde angeklagt, Rosemary für zehn. Am 3. Juli wurde Fred zusätzlich für den Mord an Anne McFall angeklagt.

Rosemary gestand keinen der Morde und die Staatsanwaltschaft hatte bestenfalls Indizienbeweise gegen sie in der Hand. Dennoch wurde sie im Oktober 1995 aller zehn Morde schuldig gesprochen und zu lebenslanger Haft verurteilt, mit der Empfehlung, sie nie wieder freizulassen.

AUSGANG

Fred West erhängte sich am 1. Januar 1995 in Untersuchungshaft. Bei seiner Beerdigung waren drei Trauergäste anwesend, seine Leiche wurde eingeäschert. Im Oktober 1996 wurde das Horror-Haus der Wests in Gloucester abgerissen, inzwischen befindet sich an selber Stelle eine Parkanlage mit einem Gehweg. Der Bauschutt des Hauses wurde komplett zerstört, um keine makabren Souvenirjäger anzulocken.

NATHANIEL WHITE

Geburtsdatum: 28. Juli 1960
Alias: –
Tatmerkmal: Vergewaltigung
Opferzahl: 6
Zeitraum der Morde: 1991 bis 1992
Datum der (endgültigen) Verhaftung: 2. August 1992
Mordmethoden: Erstechen, Erschlagen
Tatorte: Orange County in New York (USA)
Status: verurteilt zu 150 Jahren Freiheitsstrafe

VORGESCHICHTE

White wurde 1960 geboren, mehr Informationen gibt es zu seiner Kindheit praktisch nicht. Als Erwachsener tötete er in den 1990er-Jahren mehrere Menschen in der Hudson-Valley-Region von New York, wenige Monate nachdem er eine einjährige Haftstrafe für die Entführung eines 16-jährigen Mädchens abgesessen hatte. Als er endlich gefasst war, wurde diese viel zu kurze Haftstrafe und seine frühzeitige Entlassung auf Bewährung in der Öffentlichkeit kritisch diskutiert. White hatte einen Deal mit der Staatsanwaltschaft geschlossen und sich eines Vergehens schuldig bekannt. Damit umging er die mögliche Verurteilung für ein Verbrechen und erhielt eine mildere Strafe.

Später behauptete White, Stimmen gehört zu haben, allerdings wurde nie eine psychische Erkrankung bei ihm festgestellt. Er behauptete außerdem, bei einem seiner Morde eine Szene aus dem Film *RoboCop* nachgestellt zu haben.

MORDE

Whites erstes Mordopfer war am 25. März 1991 eine schwangere Frau namens Juliana Frank. Ihre nackte Leiche legte er in der Nähe von Bahnschienen in Middleton ab. Sein nächstes Opfer war die gerade einmal 14-jährige Christine Klebbe, die am 29. Juni 1991 verschwand. Ihre Leiche wurde am 4. August gefunden.

Am 10. Juli 1992 ermordete White Laurette Huggins Reviere in ihrer Wohnung in Middleton. Zehn Tage später lernte er Angela Hopkins und Brenda Whiteside in einer Bar kennen. Beide Frauen wurden zuletzt gesehen, als sie in seinen Pick-up stiegen. Ihre Leichen wurden ebenfalls am 4. August gefunden, die Todesursache war stumpfe Gewalteinwirkung auf den Kopf.

In den frühen Morgenstunden des 30. Juli 1992 erstach White Adriane Hunter. Ihre Leiche wurde noch am selben Tag in Goshen gefunden.

Angela Hopkins' Schwester Cecilia hatte gesehen, wie Hopkins und Whiteside in der Nacht ihres Verschwindens die Bar mit vier Männern verlassen hatten. Am 2. August sah Cecilia White in derselben Bar wieder und alarmierte sofort die Polizei.

Chronik der bekannten Morde:
25. März 1991: Juliana Frank (29)
29. Juni 1991: Christine Klebbe (14)
10. Juli 1992: Laurette Huggins Reviere (34)
20. Juli 1992: Angela Hopkins (23)
20. Juli 1992: Brenda L. Whiteside (20)
30. Juli 1992: Adriane Hunter (27)

VERHAFTUNG UND PROZESS

White wurde am 2. August 1992 verhaftet. Während seiner Vernehmung gestand er die Morde und führte die Polizei an den Ort, wo er die Leichen entsorgt hatte. Am 7. August wurde er für den Mord an Klebbe dem Haftrichter vorgeführt und die Anklageschrift wurde verlesen. Am 9. September wurde diese Anklageschrift um fünf weitere Morde ergänzt. White musste sich nun also für insgesamt sechs Morde vor Gericht verantworten.

AUSGANG

White plädierte auf Schuldunfähigkeit, wurde aber für schuldfähig erklärt und zu 150 Jahren Gefängnis verurteilt. Seit 27. Mai 1993 sitzt er seine Strafe ab, aktuell ist er in der Elmira Correctional Facility inhaftiert.

Der damalige Gouverneur von New York, George Pataki, nutzte Whites Verbrechen als Argument für die Wiedereinführung der Todesstrafe in seinem Bundesstaat.

WAYNE WILLIAMS

Geburtsdatum: 27. Mai 1958
Alias: The Atlanta Child Killer
Tatmerkmal: Kindsmord
Opferzahl: mindestens 2, vermutlich bis zu 30
Zeitraum der Morde: 1979 bis 1981
Datum der (endgültigen) Verhaftung: 21. Juni 1981
Mordmethoden: Ersticken, Strangulation
Tatorte: Atlanta in Georgia (USA)
Status: verurteilt zu lebenslanger Freiheitsstrafe

VORGESCHICHTE

Williams kam in Dixie Hills, Atlanta, zur Welt und galt in seiner Kindheit als Traumtänzer und Schaumschläger, der oft die unglaublichsten Geschichten über sich erfand. Er träumte davon, DJ zu werden, und sendete aus seinem Kinderzimmer heraus sogar ein Amateur-Radioprogramm. In seiner Gegend war er als Scout für aufstrebende Musiker bekannt, vor allem jugendliche Talente hatten es ihm angetan.

Es gab Gerüchte, Williams sei homosexuell, was allerdings nie belegt wurde. 1976 hatte er sich einmal als Polizist ausgegeben und wurde prompt verhaftet, allerdings nicht angeklagt. Ansonsten war er nie mit dem Gesetz in Konflikt geraten, bis er schließlich verhaftet wurde, weil er dringend tatverdächtig war, mehrere Kinder und Jugendliche umgebracht zu haben.

MORDE

Zwischen 1979 und 1981 tauchten im Raum Atlanta plötzlich zahlreiche Leichen auf, überwiegend von schwarzen Jungs. Insgesamt 29 Tote zählten die Behörden bis zum Mai 1981 und sie alle waren auf dieselbe Art und Weise ums Leben gekommen – durch Erdrosseln oder Ersticken.

1980 schaltete sich das FBI in die Ermittlungen ein. Im Mai 1981 wurde Williams' Auto auf einer Brücke gesehen, als im Fluss darunter ein lautes Platschen ertönte. Um den Mörder zu fassen, hatten Ermittler Brücke und Fluss observiert, nachdem sie den Hinweis erhalten hatten, dass der Mörder sein nächstes Opfer möglicherweise im Wasser entsorgen würde, da die vorherigen zu schnell gefunden worden waren.

Die Polizisten hielten Williams daraufhin an. Der behauptete, er sei gerade auf dem Weg zu einem Casting für junge Sänger gewesen. Als die Beamten das Alibi überprüften, stellte sich jedoch heraus, dass vieles davon – darunter Adresse und Telefonnummer des Castings – nicht stimmte.

Drei Tage später wurde im Fluss die Leiche von Nathaniel Cater gefunden. Die Obduktion ergab, dass er höchstwahrscheinlich erstickt ist. Weil Williams einige Tage zuvor auf der Brücke gesehen wurde und sein Alibi lückenhaft war, geriet er unter Tatverdacht. Er wurde zur Vernehmung vorgeladen und sollte einen Lügendetektortest absolvieren, den er nicht bestand.

Als die Ermittler Williams' Haus und Auto durchsuchten, fanden sie zahlreiche Fasern und Haare, die auch an den Leichen der Opfer gefunden wurden. Zudem meldeten sich Zeugen, die berichteten, Williams genau in jener Zeit mit Kratzern an Armen und Gesicht gesehen zu haben, als einige der Morde sich ereignet hatten. Um seine Unschuld zu beteuern, hielt Williams daraufhin eine Pressekonferenz vor dem Haus seiner Eltern ab, doch seine Worte stießen auf taube Ohren.

Chronik der fraglichen Morde:
28. Juli 1979: Edward Hope Smith (14)
28. Juli 1979: Alfred Evans (14)
4. September 1979: Milton Harvey (14)
21. Oktober 1979: Yusuf Bell (9)
4. März 1980: Angel Lenair (12)
11. März 1980: Jeffrey Mathis (11)
18. Mai 1980: Eric Middlebrooks (14)
9. Juni 1980: Christopher Richardson (12)
22. Juni 1980: Latonya Wilson (7)
23. Juni 1980: Aaron Wyche (19)
Juli 1980: Anthony Carter (9)
Juli 1980: Earl Terrell (11)
August bis November 1980: Clifford Jones (13)
August bis November 1980: Charles Stephens (12)
August bis November 1980: Aaron Jackson (9)
August bis November 1980: Patrick Rogers (16)
3. Januar 1981: Lubie Geter (14)
Januar 1981: Terry Pue (15)
Februar 1981: Patrick Baltazar (11)

Februar 1981: Curtis Walker (13)
März 1981: Jo Jo Bell (15)
März 1981: Timothy Hill (13)
März 1981: Eddie Duncan (21)
März 1981: Michael McIntosh (23)
April 1981: Larry Rogers (20)
April 1981: John Porter (28)
April 1981: Jimmy Ray Payne (21)
Mai 1981: William Barrett (17)
Mai 1981: Nathaniel Cater (27)

VERHAFTUNG UND PROZESS

Am 21. Juni 1981 wurde Williams verhaftet und für die Morde an Cater und Payne angeklagt, jedoch nicht für die zahlreichen Morde an den Jungen. Sein Prozess begann am 6. Januar 1982. Die Staatsanwaltschaft stützte ihre Anklage vor allem auf Indizienbeweise, was in der Regel suboptimal ist, allerdings verfügte sie über jede Menge davon.

Die Verhandlung dauerte zwei Monate lang an und viele forensische Beweise wurden im Prozessverlauf vorgelegt. Zusätzlich zu den Fasern und Haaren (die Williams' Hund zugeordnet werden konnten) hatten die Ermittler Blutspuren von einigen der Opfer in Williams' Wagen gefunden. Einige Zeugen sagten zudem aus, Williams sei ein Pädophiler mit einem Faible für schwarze Jungen.

Am 27. Februar berieten sich die Geschworenen zehn Stunden lang und befanden Williams schließlich der Morde an Payne und Cater für schuldig. Er wurde zu zwei lebenslangen Freiheitsstrafen verurteilt, die nacheinander zu verbüßen waren.

AUSGANG

Williams' Verurteilung sorgte für kontroverse Diskussionen, weil viele Menschen, vor allem jene aus seiner Wohngegend, ihn für unschuldig hielten. Im Mai 2005 wurden vier der Mordfälle im DeKalb County neu aufgerollt, die Behörden im nahe gelegenen Fulton County hatten sich jedoch geweigert, die Fälle aus ihrem Zuständigkeitsbereich neu zu eröffnen. Aufgrund von Mangel an neuen Beweisen schlossen auch die Behörden in DeKalb die Fälle später wieder.

John Douglas, der berühmte ehemalige FBI-Fallanalytiker und Autor des Buchs *Mindhunter – Die spektakulärsten Fälle der FBI-Spezialeinheit für Serien-*

verbrechen, glaubt, dass Williams für einige, jedoch nicht alle Morde verantwortlich ist, die ihm zur Last gelegt wurden. In seinem Buch schreibt er, die Behörden hätten vermutlich eine Vermutung, wer die tatsächlichen Täter waren. Ihm zufolge handele es sich nicht um einen Einzeltäter, aber die Wahrheit sei vermutlich äußerst unbequem.

WISSENSWERTES

Während der Ermittlungen wurde auch Charles Sanders, ein Mitglied des berüchtigten Ku-Klux-Klan, verdächtigt, mit den Morden zumindest einiger der schwarzen Jungen etwas zu tun gehabt zu haben. Sanders bestand später allerdings einen Lügendetektortest, weshalb in seine Richtung nicht weiter ermittelt wurde.

RANDALL WOODFIELD

Geburtsdatum: 26. Dezember 1950
Alias: The I-5 Bandit, The I-5 Killer
Tatmerkmale: Vergewaltigung, Raubmord
Opferzahl: vermutlich 18, bis zu 44
Zeitraum der Morde: Oktober 1980 bis Februar 1981
Datum der (endgültigen) Verhaftung: 7. März 1981
Mordmethode: Erschießen
Tatorte: Washington, Kalifornien, Oregon (USA)
Status: verurteilt zu lebenslanger Freiheitsstrafe plus weiteren 90 Jahren

VORGESCHICHTE

Woodfield wurde in Salem, Oregon, geboren und schien eine recht normale Kindheit verlebt zu haben. Er wuchs in einer gewöhnlichen Familie aus der Mittelschicht auf, ohne jegliche Anzeichen zerrütteter Verhältnisse. Bei seinen Freunden und in der Schule war er beliebt und der Star seines Football-Teams an der Newport High School. Nach der Schule besuchte er die Portland State University, auch dort war er Teil der Football-Mannschaft.

In seiner Jugend entwickelte Woodfield allerdings ein sonderbares Sexualverhalten und entblößte sich ständig vor anderen, wofür er noch während der Schulzeit sogar verhaftet wurde. Weil er für das Football-Team der Schule aber ein unverzichtbarer Spieler war, kehrten die Trainer seine Verfehlungen unter den Teppich, damit er weiterhin im Team bleiben konnte.

Anfang der 1970er-Jahre wurde Woodfield wegen Erregung öffentlichen Ärgernisses und Vandalismus dreimal verhaftet, schaffte es aber dennoch, vom NFL-Team Green Bay Packers aufgenommen zu werden. 1974 war er bereits mehr als ein Dutzend Mal wegen Erregung öffentlichen Ärgernisses verhaftet worden und flog schlussendlich aus dem Team. Im darauffolgenden Jahr begann er eine Serie Raubüberfälle und sexueller Übergriffe, bei denen er seine Opfer mit einem Messer bedrohte. Er wurde gefasst und verurteilt, allerdings nur zu zehn Jahren Gefängnis für minderschweren Raub.

Nachdem er bereits nach vier Jahren aus dem Gefängnis entlassen worden war, machte Woodfield genau dort weiter, wo er vor seiner Verhaftung aufgehört hatte. Von 1979 an raubte er zwei Jahre lang Tankstellen, Wohnhäuser und Eiscafés aus. Waren seine Opfer Frauen, vergewaltigte er sie. Einige tötete er auch. 1981 geriet er ins Fadenkreuz der Ermittler, nachdem in Beaverton, Oregon, eine Frau erschossen wurde, die eine Bekannte Woodfields gewesen war.

MORDE

Im November 1980 erschoss Woodfield Darci Fix und Doug Altic in Fix' Wohnung im Norden Portlands. Die Morde muteten wie eine Hinrichtung an, beiden Opfern wurde in den Kopf geschossen und ein Revolver, der Fix gehört hatte, fehlte. Obwohl Fix über einen gemeinsamen Freund mit Woodfield bekannt war, gingen die Ermittler nicht davon aus, dass Woodfield etwas mit den Morden zu tun hatte.

Am 18. Januar 1981 wurden Shari Hull und Beth Wilmot von Woodfield vergewaltigt, nachdem dieser sich Zutritt zum Bürogebäude verschafft hatte, in dem die beiden Frauen arbeiteten. Anschließend tötete er Hull und verließ den Tatort im Glauben, auch Wilmot getötet zu haben, doch die Frau überlebte. Sein letztes gesichertes Opfer war schließlich Julie Reitz, die er am 15. Februar 1981 in Oregon erschoss.

Am 3. Februar 1981 wurden dann die Leichen von Donna Eckard und ihrer Tochter gefunden, beide lagen gemeinsam in einem Bett und wiesen mehrere Schusswunden im Kopf auf. Die Obduktion ergab, dass das 14-jährige Mädchen vor ihrem Tod vergewaltigt wurde.

Chronik der bekannten Morde:

9. Oktober 1980: Cherie Lynn Ayers (29)
27. November 1980: Darci Fix (22)
27. November 1980: Doug Altic (24)
18. Januar 1981: Shari Hull (20)
3. Februar 1981: Donna Eckard (37)
3. Februar 1981: Donna Eckards Tochter Janell Jarvis (14)
15. Februar 1981: Julie Reitz (18)

VERHAFTUNG UND PROZESS

Im Rahmen der Ermittlung zu der Toten in Beaverton stießen die Beamten auf Woodfield, der mit dem Mordopfer bekannt war. Die Polizei verfügte damit über einen hinreichenden Tatverdacht, sodass sie Woodfields Grundstück durchsuchen konnte. Dort fanden sie Beweise für seine Beteiligung an besagtem Mord und den versuchten Morden an zwei Frauen.

Am 7. März 1981 wurde Woodfield verhaftet und für drei Morde angeklagt – den in Beaverton sowie die Morde an Eckard und ihrer Tochter in Kalifornien. Sein Prozess begann im Oktober 1981. Inzwischen hatten die Ermittler genügend Beweise gesammelt, um ihn auch für den Mord an Shari Hull anzuklagen. Nur in ihrem Fall wurde er letztendlich schuldig gesprochen, allerdings zu lebenslanger Haft plus weiterer 90 Jahre Freiheitsstrafe verurteilt.

AUSGANG

Während er im Gefängnis saß, heiratete Woodfield dreimal und ließ sich zweimal scheiden. 1990 galt er bereits als Verdächtiger in sage und schreibe 44 Mordfällen. Durch DNA-Beweise konnte er mit zwei Morden aus den frühen 1980er-Jahren in Oregon in Verbindung gebracht werden.

ZITAT

Aus Woodfields MySpace-Profil: *»Mein Name ist Randy und ich bin 55 Jahre alt. Ich werde den Rest meines Lebens hinter Gittern verbringen, weil ich neben vielen anderen Verbrechen auch einen Mord begangen habe. Ich habe eine Zeit lang für die Green Bay Packers gespielt und es nur nicht ins Team geschafft, weil meine Fähigkeiten zu dieser Zeit nicht benötigt wurden.«*

STEVEN WRIGHT

Geburtsdatum: 24. April 1958
Alias: Suffolk Strangler, Ipswich Ripper
Tatmerkmal: Opfer waren Prostituierte
Opferzahl: 5
Zeitraum der Morde: Oktober bis Dezember 2006
Datum der (endgültigen) Verhaftung: 19. Dezember 2006
Mordmethoden: Strangulation, Ersticken
Tatorte: Ipswich in Suffolk (England)
Status: verurteilt zu lebenslanger Freiheitsstrafe mit der Empfehlung, dass er niemals entlassen wird

VORGESCHICHTE

Wright wurde 1958 als Sohn eines Militärpolizisten in Erpingham, Norfolk, geboren; während der Dienstzeit des Vaters lebte die Familie zwischenzeitlich aber auch in Singapur und Malta. Als Wright acht Jahre alt war, verließ seine Mutter die Familie und ließ sich 1977 scheiden. Die Kinder blieben beim Vater, der später erneut heiratete und mit seiner neuen Frau zwei weitere Kinder zeugte.

Nach dem Schulabschluss 1974 trat Wright der Handelsmarine bei und arbeitete als Koch auf Fährschiffen. 1978 heiratete er Angela O'Donovan und das Paar bekam einen Sohn namens Michael. 1987 trennten die Wrights sich wieder und ließen sich scheiden.

Wright arbeitete daraufhin eine Zeit lang als Steward auf dem Linienschiff *QE2*, bevor er viele verschiedene andere Berufe annahm, wie Barkeeper, LKW- oder Staplerfahrer.

1987 heiratete Wright Diane Cassell, doch schon im Juli 1988 trennten die beiden sich wieder. In jener Zeit war Wright gerade Wirt in einem Pub. Ein Jahr darauf kam er mit Sarah Whiteley zusammen und das Paar bekam 1992 eine Tochter. Aufgrund seines starken Alkohol- und Spielproblems wurde Wright irgendwann als Wirt des Pubs gefeuert. 2001 wurde er verurteilt, nachdem er 80 Pfund gestohlen hatte. Er häufte weiter hohe Spielschulden an und war eine Zeit lang sogar privatinsolvent.

Wright hat zweimal versucht, sich umzubringen, das erste Mal Mitte der 1990er-Jahre durch eine absichtliche Kohlenmonoxidvergiftung, was allerdings scheiterte. Im Jahr 2000 versuchte er es wieder und schluckte eine Überdosis Tabletten, überlebte den Selbstmordversuch aber erneut.

2001 lernte er Pamela Wright kennen (die zufällig denselben Nachnamen trug wie er). Die beiden wurden ein Paar und zogen 2004 zusammen. Als er jedoch begann, in Nachtschichten zu arbeiten, schlief das Sexleben der beiden ein. Wie schon in seiner Zeit bei der Marine wandte Wright sich deshalb Prostituierten zu. Ende 2006 tauchten dann plötzlich zahlreiche Leichen dieser Prostituierten auf und Wright geriet in den Fokus der Behörden.

MORDE

Wright hatte es auf Prostituierte in Ipswich, an der englischen Ostküste, abgesehen. Sein erstes Opfer, Tania Nicol, tötete er am 30. Oktober 2006. Ihre Leiche wurde am 8. Dezember in einem Fluss nahe Copdock Mill entdeckt. Bei der Obduktion ließ sich die genaue Todesursache nicht mehr feststellen, Anzeichen eines sexuellen Missbrauchs gab es aber nicht.

Am 15. November 2006 verschwand Gemma Rose Adams aus der West End Road in Ipswich. Am 2. Dezember wurde ihre nackte Leiche in einem Fluss bei Hintlesham gefunden. Auch hier ergab die Obduktion keinerlei Hinweise auf sexuellen Missbrauch. Adams hatte als Prostituierte gearbeitet, um ihre Drogensucht zu finanzieren.

Wrights drittes Opfer, eine schwangere Frau namens Anneli Alderton, verschwand am 3. Dezember, nachdem sie mit dem Zug nach Ipswich gefahren war. Ihre Leiche wurde sieben Tage später im Wald an der Amberfield School in Nacton gefunden. Dieses Mal konnte Ersticken als Todesursache festgestellt werden. Aldertons Leiche war, wie die der anderen Opfer auch, nackt, wurde aber in Form eines Kruzifixes drapiert.

Am 8. Dezember verschwand Annette Nicholls im Stadtzentrum von Ipswich. Auch Nicholls finanzierte mit der Arbeit als Prostituierte ihre Drogensucht. Ihre nackte Leiche wurde am 12. Dezember nahe Levington gefunden, auch sie wurde in Form eines Kruzifixes positioniert. Laut Obduktionsbericht wurde sie ebenfalls nicht sexuell missbraucht. Ihre genaue Todesursache ließ sich nicht feststellen, sie starb an einer Form von Atemstillstand.

Wrights letztes bekanntes Opfer war Paula Clennell, die am 10. Dezember verschwand. Ihre nackte Leiche wurde zwei Tage später, am selben Tag wie

Nicholls' Leiche, in Levington gefunden. Die Obduktion von Clennells Leiche zeigte, dass ihre Kehle zusammengedrückt, sie also erwürgt wurde. Wie die anderen Opfer wurde auch Clennell nicht sexuell missbraucht.

Chronik der bekannten Morde:
30. Oktober 2006: Tania Nicol (19)
15. November 2006: Gemma Rose Adams (25)
3. Dezember 2006: Anneli Alderton (24)
8. Dezember 2006: Annette Nicholls (29)
10. Dezember 2006: Paula Clennell (24)

VERHAFTUNG UND PROZESS

Aufgrund der Parallelen zwischen den Morden gingen die Ermittler schnell von einem Serientäter aus. Um dem auf die Schliche zu kommen, werteten sie Überwachungskamera-Aufzeichnungen der Orte aus, an denen die Opfer verschwunden waren. Nachdem die Ermittler endlose Stunden Videomaterial gesichtet hatten, fiel ihnen auf, dass in jeder Aufnahme irgendwann dasselbe Auto auftauchte. Das Kennzeichen des Fahrzeugs führte sie schließlich schnurstracks zu Wright.

Im Rahmen einer kriminaltechnischen Untersuchung konnte Wrights DNA an drei Opfern nachgewiesen werden. Das genügte der Staatsanwaltschaft für einen Haftbefehl. Am 19. Dezember 2006 wurde Wright in Gewahrsam genommen. In seiner Vernehmung beantwortete er keinerlei Fragen der Ermittler, sondern antwortete nur knapp mit: »Kein Kommentar.«

Wright wurde formell für fünf Morde angeklagt. Sein Prozess endete am 21. Februar 2008, Wright wurde in allen Anklagepunkten schuldig gesprochen und zu lebenslanger Haft verurteilt, mit der Empfehlung des Richters, ihn ohne Bewährung für den Rest seines Lebens hinter Gittern zu belassen.

AUSGANG

Nachdem Wright zunächst zahlreiche Widersprüche und Berufungsanträge gegen seine Verurteilung und das Strafmaß formuliert hatte, stoppte er am 2. Februar 2009 plötzlich jegliche Bemühungen in diese Richtung. Aufgrund der Empfehlung des Richters, ihn nie mehr freizulassen, wird Wright vermutlich den Rest seines Lebens im Gefängnis verbringen.

WISSENSWERTES

Aussage von Wrights Vater nach der Verhaftung seines Sohns wegen Mordes: *»Dafür ist er einfach nicht der Typ. Steve ist soft! Ein Trottel! Der wüsste doch gar nicht, wie er fünf Leute umbringen und die Leichen in ganz Suffolk verteilen sollte.«*

AILEEN CAROL WUORNOS

Geburtsdatum: 29. Februar 1956
Alias: Sandra Kretsch, Susan Lynn Blahovec, Lee Blahovec, Cammie Marsh Greene, Lori Kristine Grody
Tatmerkmale: Prostitution, Raubmord
Opferzahl: 7
Zeitraum der Morde: 1989 bis 1990
Datum der (endgültigen) Verhaftung: 9. Januar 1991
Mordmethode: Erschießen
Tatorte: Florida (USA)
Status: am 9. Oktober 2002 durch die Giftspritze hingerichtet

VORGESCHICHTE

Wuornos' Mutter war gerade 15 Jahre alt und hatte wenige Monate vor der Geburt ihrer Tochter die Scheidung von ihrem Ehemann Leo Pittman eingereicht. Pittman war wegen Vergewaltigung und versuchtem Mord eines siebenjährigen Mädchens verurteilt worden, als Wuornos zur Welt kam. Sie hat ihren Vater nie kennengelernt. Der Mann war nachweislich schizophren und saß ständig wegen sexueller Übergriffe auf Kinder im Gefängnis, bis er sich 1969 schließlich in Haft erhängte.

Als Wuornos etwa vier Jahre alt war, machte sich ihre Mutter aus dem Staub und ließ die Kinder bei ihren Großeltern zurück, die Wuornos und ihren Bruder im März 1960 adoptierten. Schon mit elf Jahren lernte Wuornos, wie sie sexuelle Gefälligkeiten im Austausch für Lebensmittel, Drogen und Zigaretten einsetzen konnte – selbst in der Schule. Ihr Bruder stand ihr dabei in nichts nach und nach eigener Aussage wurde sie sogar auch mit ihm intim.

Später erzählte Wuornos, dass ihr Großvater ein Alkoholiker gewesen sei, der sie regelmäßig geschlagen und sexuell missbraucht habe. Mit 14 Jahren vergewaltigte sie zudem ein Freund ihres Großvaters und sie wurde schwanger. Wuornos kam daraufhin in eine Unterkunft für unverheiratete Mütter und gab das Baby nach der Geburt zur Adoption frei. Nach dem Tod ihrer Großmutter wenige Monate später waren Wuornos und ihr Bruder für kurze Zeit Mündel des Gerichts. Etwa zur selben Zeit brach sie die Schule ab. Als ihr Großvater sie kurz darauf rauswarf, begann sie im Wald zu leben und schlug sich durch, indem sie als Prostituierte ihren Körper verkaufte.

Im Mai 1974 wurde Wuornos wegen Trunkenheit am Steuer, Abfeuern einer Schusswaffe aus einem fahrenden Fahrzeug und Ruhestörung verhaftet. Zu ihren Gerichtsterminen erschien sie nicht. 1976 reiste sie per Anhalter nach Florida, wo sie Lewis Gratz Fell kennenlernte, den 69-jährigen Präsidenten eines Yachtclubs. Die beiden heirateten, doch Wuornos geriet ständig in irgendwelchen Bars in Streitigkeiten und musste schließlich wegen Körperverletzung ins Gefängnis. Selbst ihren eigenen Ehemann verprügelte sie mit seinem Gehstock, woraufhin der eine einstweilige Verfügung gegen seine Frau erwirkte.

Wuornos zog zurück nach Michigan, wo sie kurz darauf aber erneut in Schwierigkeiten geriet und am 14. Juli 1976 verhaftet wurde, nachdem sie einem Barkeeper eine Billardkugel an den Kopf geworfen hatte. Drei Tage später erlag ihr Bruder Keith einem Krebsleiden und sie erhielt 10 000 Dollar aus seiner Lebensversicherung. Im selben Monat wurde außerdem ihre Ehe mit Fell annulliert.

Von da an geriet Wuornos wegen verschiedenster Verbrechen immer wieder mit dem Gesetz in Konflikt, darunter schwerer Autodiebstahl, Behinderung der Justiz, Widerstand gegen die Staatsgewalt, unerlaubter Waffenbesitz, Urkundenfälschung und Raub. 1986 lernte sie das Zimmermädchen Tyria Moore in einer Bar für Homosexuelle in Dayton, Florida, kennen. Die beiden wurden ein Paar und zogen wenig später zusammen. Für Wuornos riss der Ärger damit nicht ab. Immer wieder wurde sie wegen Körperverletzung angezeigt, wobei Moore sie nun häufig entlastete, indem sie als Zeugin auftrat und Falschaussagen tätigte. Ironischerweise war es Jahre später ebenfalls Moore, die – nun als Zeugin der Anklage – gegen Wuornos aussagte und zu ihrer Verurteilung beitrug.

MORDE

Am 30. November 1989 erschoss Wuornos den verurteilten Vergewaltiger Richard Mallory, angeblich in Notwehr, wie sie später behauptete. Mallorys Leiche wurde am 13. Dezember in einem Wald bei Clearwater in Florida gefunden. Es war mehrfach auf ihn geschossen worden, zwei Kugeln hatten seine Lunge durchbohrt, was letztlich zu seinem Tod führte.

Am 1. Juni 1990 wurde die nackte Leiche von David Spears neben dem Highway in Citrus County, Florida, gefunden. Wuornos hatte sechs Schüsse auf ihn abgefeuert. Ihr nächstes Opfer war Charles Carskaddon, den sie am 31. Mai 1990 mit neun Schüssen tötete. Seine Leiche wurde am 6. Juni 1990 in Pasco County, Florida, gefunden. Im Juni 1990 verschwand Peter Siems, sein

Auto wurde am 4. Juli in Orange Springs gefunden. Zeugen hatten gesehen, wie Wuornos und Moore den Wagen abgestellt hatten und am Türgriff befand sich ein Handflächenabdruck von ihr. Siems' Leiche wurde jedoch nie gefunden.

Am 31. Juli 1990 wurde Troy Burress als vermisst gemeldet und seine Leiche wurde am 4. August im Wald an der State Road 19 in Marion County entdeckt. Am 11. September desselben Jahres schoss Wuornos Charles »Dick« Humphreys sechsmal in Kopf und Körper, seine Leiche wurde am darauffolgenden Tag in Marion County gefunden, sein Wagen in Suwannee County.

Wuornos' letztes bekanntes Opfer war Walter Jeno Antonia, den sie am 1. November 1990 erschoss. Seine praktisch nackte Leiche wurde auf einer Forststraße in Dixie County gefunden. Die Polizei fand sein Auto fünf Tage später in Brevard County.

Chronik der bekannten Morde:
30. November 1989: Richard Mallory (51)
1. Juni 1990: David Spears (43)
31. Mai 1990: Charles Carskaddon (40)
Juni 1990: Peter Siems (65)
31. Juli 1990: Troy Burress (50)
11. September 1990: Charles »Dick« Humphreys (56)
19. November 1990: Walter Jeno Antonia (62)

VERHAFTUNG UND PROZESS

Nachdem Wuornos und Moore Siems' Auto losgeworden waren, meldeten sich Zeugen mit Namen und Personenbeschreibungen der beiden bei der Polizei, die daraufhin über Aufrufe in den Medien versuchte, die Frauen zu finden. Dadurch wurden persönliche Gegenstände der Opfer bei Pfandleihern entdeckt, von denen die Ermittler Fingerabdrücke der beiden Frauen nehmen konnten. Weil Wuornos in der Vergangenheit bereits mehrfach verhaftet worden war, befanden sich ihre Fingerabdrücke bereits im System der Ermittlungsbehörden – Volltreffer!

Am 9. Januar 1991 wurde Wuornos wegen eines offenen Haftbefehls in polizeilichen Gewahrsam genommen. Moore wurde am darauffolgenden Tag verhaftet und erklärte sich bereit, Wuornos im Austausch für Immunität ein Geständnis zu entlocken. Begleitet von der Polizei verließ sie Pennsylvania und reiste zurück nach Florida, wo sie von einem Motel aus mehrmals bei Wuornos anrief und sie bat, ihr zu helfen, ihre Unschuld zu beweisen. Am 16. Januar gestand Wuornos die Morde, die sie angeblich in Notwehr begangen hatte, nachdem die Männer versucht hatten, sie zu vergewaltigen.

Am 14. Januar 1992 musste Wuornos sich für den Mord an Mallory vor Gericht verantworten. Laut der in Florida gültigen Williams Rule durfte die Staatsanwaltschaft im Prozess auch Beweisstücke aus Wuornos' früheren Verbrechen vorbringen, um sie vor den Geschworenen als notorische Straftäterin zu charakterisieren.

Der Prozess endete am 27. Januar 1992 mit einem Schuldspruch. Vier Tage später wurde Wuornos zum Tode verurteilt.

AUSGANG

Wuornos stellte einen Antrag beim Obersten Gerichtshof, in dem sie bat, ihren Rechtsbeistand entlassen und den Berufungsprozess abbrechen zu dürfen. Ihre Begründung lautete wie folgt: »Ich habe diese Männer kaltblütig getötet und ausgeraubt. Und ich würde es auch wieder tun. Es bringt nichts, mich am Leben zu lassen, denn ich würde wieder töten. Hass durchfließt meinen gesamten Körper … ich habe es satt, dass ständig alle sagen, ich sei ›verrückt‹. Ich wurde schon so oft untersucht! Ich bin zurechnungsfähig, bei geistiger Gesundheit und versuche, die Wahrheit zu sagen. Ich verabscheue menschliches Leben zutiefst und würde wieder töten.«

Daraufhin ließ der Gouverneur von Florida Wuornos von drei Psychiatern untersuchen, um sicherzustellen, dass sie tatsächlich zurechnungs- und damit schuldfähig war – immerhin stand die Todesstrafe auf dem Spiel. Alle drei Experten attestierten Wuornos, dass sie psychisch gesund war und verstanden hat, dass ihr die Hinrichtung drohte.

Während sie auf ihre Hinrichtung wartete, begann Wuornos, mit den wildesten Anschuldigungen um sich zu werfen: Angeblich habe sie eine Gefängnisaufseherin missbraucht, ihr Essen sei mit Speichel, Dreck und Urin verunreinigt gewesen und sie habe gehört, wie das Wachpersonal sich verabredet hat, sie so lange fertigzumachen, bis sie Selbstmord begeht. Sie behauptete außerdem, die Wärter hätten vor, sie »vor der Hinrichtung zu vergewaltigen«. Wuornos begann, sich über alle möglichen Dinge zu beschweren, etwa die Handschellen (die zu eng waren und blaue Flecken verursachten), die Leibesvisitationen, die Häufigkeit, mit der ihr Fenster überprüft wurde, Schimmel in ihrer Zelle und den zu geringen Wasserdruck in den Duschen.

Als letzte Mahlzeit bekam Wuornos auf eigenen Wunsch ein KFC-Gericht serviert. Am 9. Oktober 2002 wurde sie in die Hinrichtungskammer geführt. Ihre offenbar verwirrten letzten Worte lauteten: »Ja, ich möchte nur sagen, dass ich mit dem Felsen segle. Und dass ich zurückkommen werde wie Independence Day mit Jesus. Am 6. Juni, wie im Film. Mit einem großen Raumschiff und allem Drum und Dran. Ich komme wieder, ich komme wieder.« Um 09:47 Uhr wurde ihr Tod festgestellt.

Wuornos' Leiche wurde eingeäschert und die Asche ihrem alten Freund Dawn Botkins ausgehändigt, der sie anschließend unter einem Baum in Michigan verstreute. Auf ihren Wunsch wurde bei ihrer Bestattung das Lied »Carnival« von Natalie Merchant gespielt.

WISSENSWERTES

Wuornos' Hinrichtung war seit 1976 die zehnte einer Frau in Amerika und erst die zweite in Florida.

YANG XINHAI

Geburtsdatum: 17. Juli 1968
Alias: The Monster Killer
Tatmerkmal: Vergewaltigung
Opferzahl: 67
Zeitraum der Morde: 1999 bis 2003
Datum der (endgültigen) Verhaftung: 3. November 2003
Mordmethode: Erschlagen mit einem Hammer
Tatorte: Henan (China)
Status: am 14. Februar 2004 durch Kopfschuss hingerichtet

VORGESCHICHTE

Yang wurde 1968 in der chinesischen Provinz Henan geboren. Seine Familie war extrem arm, eine der ärmsten im ganzen Dorf. Yang galt als intelligent, aber introvertiert. 1985 ging er mit 17 Jahren von der Schule ab und verließ sein Elternhaus, um fortan auf der Suche nach Arbeit quer durch China zu reisen.

1988 und 1991 wurde Yang wegen Diebstahls verhaftet und zur Strafe in ein Arbeitslager gesteckt. 1996 wurde er erneut verhaftet – dieses Mal wegen versuchter Vergewaltigung – und musste für fünf Jahre ins Gefängnis, von denen er allerdings nur drei absaß. Als Yang 1999 wieder auf freien Fuß kam, begann seine fürchterliche Mordserie. Dabei ging Yang von Mal zu Mal immer brutaler vor, insgesamt 67 Menschen hatte er auf dem Gewissen.

MORDE

Yangs Mordserie dauerte von 1999 bis 2003 an und erstreckte sich über die Provinzen Hebei, Shandong und Anhui. Er ging immer gleich vor, brach nachts in Häuser ein und tötete jeden, der dort lebte. Die meisten seiner Opfer waren Bauern. Befand sich eine ganze Familie im Haus, löschte er diese komplett aus und machte dabei auch vor Frauen und Kindern nicht halt.

Die meisten seiner Opfer erschlug Yang mit Hämmern, Äxten oder Schaufeln. Er trug stets Schuhe, die ihm eigentlich zu groß waren, damit die Ermittler nicht von den Fußabdrücken auf seine tatsächliche Schuhgröße schließen konnten. Zudem trug er bei jedem Mord neue Kleidung, um nicht dieselben Fasern an mehreren Tatorten zu verteilen.

Einen seiner brutalsten Morde beging Yang im Oktober 2002, als er in ein Haus einbrach, den Vater der dort lebenden Familie tötete, die schwangere Mutter vergewaltigte und schließlich auch das sechsjährige Kind umbrachte. Wie durch ein Wunder überlebte die Mutter den Überfall mit schwersten Kopfverletzungen.

Chronik der bekannten Morde:

19. September 2000: Guozhuang (Dorf), zwei Morde
1. Oktober 2000: Xiaoying (Dorf) in Chunshuzhuang, drei Morde, eine Vergewaltigung
15. August 2001: Fangcheliu (Dorf), drei Morde, eine Vergewaltigung
Herbst 2001: Kanglou (Stadt), zwei Morde
Winter 2001: Henan (Provinz), zwei Morde
27. Januar 2002: Tongxu (Gemeinde), drei Morde, eine Vergewaltigung
30. Juni 2002: Chaigang (Stadt), vier Morde, eine Vergewaltigung
28. Juli 2002: Dengzhou (Stadt), vier Morde, zwei Vergewaltigungen
22. Oktober 2002: Zhaihu (Dorf), zwei Morde, eine Vergewaltigung, eine schwer verletzte Person
8. November 2002: Gaoli (Dorf), vier Morde, zwei Vergewaltigungen, eine schwer verletzte Person
16. November 2002: Liuzhuang (Dorf), zwei Morde, eine Vergewaltigung
19. November 2002: Shiguai (Dorf), zwei Morde
1. Dezember 2002: Yanwan (Dorf), zwei Morde, eine Vergewaltigung, eine schwer verletzte Person
6. Dezember 2002: Liuzhuang (Dorf), fünf Morde, eine Vergewaltigung
13. Dezember 2002: Sijia (Dorf), zwei Morde
15. Dezember 2002: Miaocha (Stadt) in Xiaolizhuang, drei Morde, eine Vergewaltigung
5. Februar 2003: Kuzhuang (Gemeinde), drei Morde, eine Vergewaltigung, eine schwer verletzte Person
18. Februar 2003: Chiying (Gemeinde), vier Morde, zwei Vergewaltigungen
23. März 2003: Chengguan (Stadt), vier Morde, eine Vergewaltigung
2. April 2003: Sanlizhai (Dorf), zwei Morde
5. August 2003: Lidao (Dorf), drei Morde
8. August 2003: Dongliangxiang (Dorf), fünf Morde

VERHAFTUNG UND PROZESS

Am 3. November 2003 verständigten Anwohner in der Provinz Hebai die Polizei, nachdem Yang sich in der Öffentlichkeit verdächtig verhalten hatte. Er wurde umgehend verhaftet. Während seiner Vernehmung stellten die Beamten fest, dass in vier verschiedenen Provinzen wegen Mordes nach Yang gefahndet wurde. Er gestand daraufhin 65 Morde, 23 Vergewaltigungen und 5 schwere Körperverletzungen. Seine DNA stimmte mit Spuren von mehreren Tatorten überein.

Yang wurde vor Gericht gestellt und am 1. Februar 2004 in allen Anklagepunkten schuldig gesprochen und zum Tode verurteilt.

AUSGANG

Yangs Todesurteil wurde recht zügig vollstreckt: Am 1. Februar wurde er verurteilt und nur 13 Tage später, am 14. Februar, per Kopfschuss hingerichtet.

ZITAT

»Wenn ich Menschen getötet habe, spürte ich ein Verlangen, das mich antrieb, noch mehr zu töten. Es ist mir egal, ob diese Menschen es verdient haben zu leben oder nicht. Mich kümmert das nicht … Ich möchte kein Teil der Gesellschaft sein. Auch die Gesellschaft kümmert mich nicht.«

ROBERT LEE YATES

Geburtsdatum: 27. Mai 1952
Alias: Spokane Serial Killer
Tatmerkmal: Vergewaltigung
Opferzahl: mindestens 16 bis 18
Zeitraum der Morde: 1975, 1988, 1996 bis 1998
Datum der (endgültigen) Verhaftung: 18. April 2000
Mordmethode: Erschießen
Tatorte: Washington (USA)
Status: zum Tode verurteilt, wartet auf seine Hinrichtung

VORGESCHICHTE

Yates wuchs in Oak Harbor, Washington, in einer religiösen Familie aus der Mittelschicht auf. 1970 machte er seinen High-School-Abschluss und 1975 begann er, als Gefängniswärter im Staatsgefängnis in Washington zu arbeiten. Sechs Monate später verpflichtete er sich bei der Armee und wurde ausgebildet, zivile Helikopter und Transportflugzeuge zu fliegen. Während seiner Zeit in der Army war er in zahlreichen Ländern stationiert, darunter auch in Deutschland und Somalia.

19 Jahre blieb Yates beim Militär und verdiente sich in jener Zeit eine Reihe von Medaillen und Auszeichnungen. Dieser erfolgreichen Militärlaufbahn zum Trotz besaß Yates aber auch eine dunkle Seite, von der niemand in der Armee etwas wusste. Denn noch während seiner aktiven Dienstzeit hatte Yates bereits drei Menschen getötet. Und nachdem sein Militärdienst beendet war, forderte er noch viele weitere Opfer.

MORDE

In den zwei Jahren zwischen 1996 und 1998 ermordete Yates in Spokane, Washington, zahlreiche Frauen. Dazu trieb er sich im »Skid Row« genannten Problemviertel herum, wo sich viele Prostituierte aufhielten, die er ansprach. Er ging immer gleich vor: Nachdem er Sex mit den Frauen hatte, brachte er sie um und entsorgte die Leichen in ländlichen Regionen, wo nur wenige Menschen unterwegs waren.

Yates tötete alle Opfer per Kopfschuss. Der Leichen entledigte er sich auf die immer gleiche Art und Weise, bis auf die von Melody Murfin, die er vor seinem Schlafzimmerfenster im Garten vergrub.

Chronik der bekannten Morde:
13. Juli 1975: Patrick Oliver (21)
13. Juli 1975: Susan Savage (22)
28. Dezember 1988: Stacy E. Hawn (23)
14. Juni 1996: Shannon Zielinski (39)
25. August 1996: Patricia Barnes (60)
26. August 1997: Heather Hernandez (20)
26. August 1997: Jennifer Joseph (16)
5. November 1997: Darla Scott (28)
7. Dezember 1997: Melinda Mercer (24)
18. Dezember 1997: Shawn Johnson (36)
26. Dezember 1997: Laurie Wason (31)
26. Dezember 1997: Shawn McClenaghan (39)
8. Februar 1998: Sunny Oster (41)
1. April 1998: Linda Daveys (Maybin) (34)
12. Mai 1998: Melody Murfin (43)
7. Juli 1998: Michelyn Derning (47)
13. Oktober 1998: Connie LaFontaine Ellis (35)

VERHAFTUNG UND PROZESS

Im Laufe der Zeit meldeten sich mehrere Zeugen bei der Polizei, die alle ein bestimmtes Fahrzeug gesehen hatten, in das die Opfer in jener Nacht eingestiegen waren, in der sie ermordet wurden. Bei dem Fahrzeug handelte es sich um eine weiße 1977er Corvette, also nicht eben ein alltägliches Auto. Entsprechend schnell konnten die Ermittler Yates als Halter des Wagens ausfindig machen. Statt ihn sofort zu verhaften, observierten sie ihn aber noch einige Tage lang, um ausreichend Beweise für eine Anklage zu sammeln.

Am 18. April 2000 wurde Yates verhaftet und zunächst für den Mord an Jennifer Joseph angeklagt. Mithilfe eines Durchsuchungsbeschlusses stellten die Ermittler die weiße Corvette auf den Kopf und fanden darin Blutspuren, die sich Joseph und Yates zuordnen ließen. Ein anschließender DNA-Abgleich ergab außerdem, dass sein Erbmaterial mit Spuren identisch war, die an zwölf weiteren Opfern gefunden wurden.

Im Jahr 2000 wurde Yates des Mordes in 13 Fällen und des versuchten Mordes in einem Fall schuldig gesprochen. Um die Todesstrafe zu umgehen, hatte er einen Deal mit der Staatsanwaltschaft ausgehandelt und die Morde gestanden. Er wurde zu 180 Jahren Haft verurteilt.

Ein Jahr darauf wurde Yates auch für die Morde an Melinda L. Mercer und Connie Ellis angeklagt und im Oktober 2002 schuldig gesprochen. Dieses Mal erhielt er die Todesstrafe.

AUSGANG

Zunächst wurde seine Hinrichtung auf den 19. September 2008 angesetzt, am 11. September aber aufgeschoben, um seinen Verteidigern die benötigte Zeit zu geben, ihre Berufungsanträge einzureichen. Yates sitzt bis heute in der Todeszelle.

WISSENSWERTES

Yates arbeitete als Justizvollzugsbeamter im Gefängnis Walla Walla in Washington.

ZITAT

»Jedes Leben ist von Bedeutung.«

YOO YOUNG-CHUL

Geburtsdatum: 18. April 1970
Alias: Raincoat Killer
Tatmerkmale: Kannibalismus, Verstümmelung
Opferzahl: 20
Zeitraum der Morde: 2003 bis 2004
Datum der (endgültigen) Verhaftung: 17. Juli 2004
Mordmethode: Erschlagen mit einem Hammer
Tatorte: Seoul (Südkorea)
Status: zum Tode verurteilt, wartet auf seine Hinrichtung

VORGESCHICHTE

Yoo wurde schon früh in seinem Leben zum Kriminellen. Seit er 18 Jahre alt war, wurde er immer wieder wegen verschiedenster Verbrechen verhaftet. Anfangs handelte es sich dabei meist um Diebstahlsdelikte, erst im Jahr 2000 wurden seine Taten brutaler.

Wegen folgender Delikte wurde er bis zum Jahr 2000 verurteilt:
1988: Diebstahl
1991: Diebstahl (zehn Monate Haft)
1993: Diebstahl (acht Monate Haft)
1995: Verkauf illegaler Pornografie
1998: Diebstahl, Identitätsdiebstahl, Urkundenfälschung (zwei Jahre Haft)
2000: sexueller Missbrauch eines Kindes (drei Jahre und sechs Monate Haft)

1993 heiratete Yoo seine Lebensgefährtin, im Oktober 1994 bekamen sie einen gemeinsamen Sohn. Nach seiner Verhaftung im Jahr 2000 ließ seine Frau sich allerdings scheiden. Am 11. September 2003 kam Yoo wieder auf freien Fuß und tötete nur zwei Wochen später sein erstes Opfer.

MORDE

Zwischen September 2003 und Juli 2004 war Yoo für eine beispiellose Mordserie verantwortlich. Er bezeichnete sich selbst als Kannibalen und hatte es auf wohlhabende Männer und Prostituierte abgesehen. Mindestens elf seiner Opfer hat

Yoo verstümmelt und verbrannt. Er gestand außerdem, die Leber einiger Opfer gegessen zu haben.

Chronik der Mordserie:

24. September 2003: Zwei Opfer im Alter von 67 und 72 Jahren; ein Opfer wurde erstochen und mit einem 4 Kilogramm schweren Hammer erschlagen, das andere wurde ebenfalls mit dem Hammer getötet.

9. Oktober 2003: Drei Opfer im Alter von 85, 35 und 60 Jahren; alle drei wurden mit einem Hammer erschlagen.

16. Oktober 2003: Ein 60-jähriges Opfer wurde mit dem Hammer erschlagen. Das Opfer überlebte noch einige Stunden, bevor es starb.

18. November 2003: Drei Opfer, zwei Erwachsene (87 und 53 Jahre alt) und ein Baby; die Erwachsenen wurden mit einem Hammer erschlagen. Danach steckte Yoo ihr Haus in Brand, um Beweise zu vernichten.

16. März 2004: Eine 23-jährige Escort-Dame wurde erst erwürgt und dann verstümmelt. Die Leiche wurde auf einem Pfad in der Nähe der örtlichen Universität abgeladen.

April bis Mai 2004: Eine unbekannte Escort-Dame wurde mit dem Hammer erschlagen und dann enthauptet. Die verstümmelte Leiche wurde auf einer Baustelle in der Nähe eines Tempels abgeladen.

Mai 2004: Ein 25-jähriges Opfer wurde auf dieselbe Weise wie das vorherige Opfer getötet: erst erwürgt, dann verstümmelt und enthauptet.

1. Juni 2004: Ein 35-jähriges Opfer. Inzwischen hatte Yoo einen festen Modus Operandi und tötete jedes Opfer auf dieselbe Weise.

Juni 2004: ein unbekanntes weibliches Opfer

9. Juni 2004: ein 26-jähriges Opfer

18. Juni 2004: ein 27-jähriges weibliches Opfer

25. Juni 2004: ein 28-jähriges Opfer

2. Juli 2004: ein 26-jähriges Opfer

9. Juli 2004: eine 24-jährige Escort-Dame

13. Juli 2004: eine 27-jährige Escort-Dame

VERHAFTUNG UND PROZESS

Am 17. Juli 2004 wurde Yoo verhaftet, zwei Tage nachdem er sein letztes Opfer getötet hatte. Er gestand, 21 Menschen ermordet zu haben, wurde vom Gericht aber nur für 20 Morde verurteilt, weil eine der Anklagen aufgrund eines Formfehlers fallen gelassen werden musste.

Am 19. Juni 2005 wurde Yoo zum Tode verurteilt.

AUSGANG

Obwohl in Südkorea schon seit 1997 niemand mehr zum Tode verurteilt wurde, erhielt Yoo aufgrund des extremen Ausmaßes seiner Verbrechen die Todesstrafe. Er wartet aktuell noch immer auf seine Hinrichtung.

ZITAT

»Frauen sollten keine Schlampen sein und die Reichen sollten wissen, was sie getan haben.«

ZODIAC KILLER

Geburtsdatum: unbekannt
Alias: Red Phantom
Tatmerkmale: rief nach seinen Angriffen die Polizei
Opferzahl: 5 bis 37
Zeitraum der Morde: 1960er- bis 1970er-Jahre
Datum der (endgültigen) Verhaftung: wurde nie gefasst
Mordmethoden: Erschießen, Erstechen
Tatorte: Kalifornien (USA)
Status: unbekannt

VORGESCHICHTE

Der Zodiac Killer versetzte mehrere Jahre lang ganz Kalifornien in Angst und Schrecken und wurde nie gefasst oder identifiziert. Es gab mehrere Hinweise, die auf seine wahre Identität hindeuteten, doch die verfügbaren Informationen reichten nie aus, um eine bestimmte Person zweifelsfrei als Täter auszumachen. Über die Jahre gab es zahlreiche Theorien und Spekulationen zur wahren Identität des Zodiac Killers, doch keine davon hat sich wirklich durchgesetzt.

Der Zodiac Killer faszinierte jahrzehntelang Millionen von Menschen, nicht zuletzt aufgrund seiner kryptischen Botschaften, die er während seiner Mordserie an lokale Medienanstalten versandt hat, die von den 1960er- bis zu den 1970er-Jahren andauerte. Experten haben unermüdlich versucht, die rätselhaften Nachrichten des Zodiac Killers zu entschlüsseln, doch ohne Erfolg. Noch immer sind seine Verbrechen fest in den Köpfen der Menschen verankert, auch weil inzwischen zahlreiche Bücher und Filme zu der Thematik erschienen sind, vor allem aber aufgrund der Sorge vieler Menschen, weil der Zodiac Killer bis heute nicht gefasst wurde.

Wer also war der Zodiac Killer? Und die vielleicht wichtigere Frage: Warum hat er eines Tages einfach aufgehört zu töten? Oder hat er das vielleicht gar nicht?

MORDE

Seine ersten bekannten Morde beging der Zodiac Killer am 20. Dezember 1968 in Kalifornien, als er die beiden Jugendlichen David Faraday und Betty Lou Jensen mit einer Pistole vom Kaliber .22 erschoss. Danach kam es offenbar eine ganze Zeit lang zu keinem weiteren Mord, bis der Killer am 4. Juli 1969 auf Michael Mageau und Darlene Ferrin schoss, während sie in ihrem Auto auf dem Parkplatz des Blue Rock Springs Park in Vallejo saßen. Ferrin starb, Mageau überlebte schwer verletzt.

Die nächsten beiden Opfer des Zodiac Killers waren Bryan Hartnell und Cecelia Shepard, die er am 27. September am Lake Berryessa überfiel und fesselte, bevor er auf sie einstach. Shepard überlebte zunächst und konnte den Behörden eine Beschreibung des Täters geben, bevor sie wenige Tage später doch ihren Verletzungen erlag. Hartnell überlebte die Attacke.

Der letzte Mord, der dem Zodiac Killer definitiv zugeordnet werden konnte, ereignete sich am 11. Oktober 1969. Der Mörder war in San Francisco, im Stadtteil Presidio Heights, in einem Taxi unterwegs und erschoss aus irgendeinem Grund den Fahrer Paul Stine. Anschließend schnitt er ein Stück aus dessen Hemd heraus und verschickte es in einem Brief.

Chronik der bekannten Morde:
20. Dezember 1968: David Arthur Faraday (17)
20. Dezember 1968: Betty Lou Jensen (16)
4. Juli 1969: Darlene Elizabeth Ferrin (22)
27. September 1969: Cecelia Ann Shepard (22)
11. Oktober 1969: Paul Lee Stine (29)

In folgenden Mordfällen tatverdächtig:
4. Juni 1963: Robert Domingos (18)
4. Juni 1963: Linda Edwards (17)
30. Oktober 1966: Cheri Jo Bates (18)
6. September 1970: Donna Lass (25)

BRIEFE

Drei Briefe, die mutmaßlich vom Zodiac Killer verfasst worden waren, wurden am 1. August 1969 an den *Vallejo Times Herald*, den *San Francisco Examiner* und den *San Francisco Chronicle* versandt. In den praktisch identischen Briefen bekannte sich der Verfasser zu den Morden in Blue Rock Springs und der Herman Road. Jeder der Briefe enthielt zudem ein Drittel eines Kryptogramms, das aus insgesamt 408 Symbolen bestand und laut Verfasser die wahre Identität des Mörders enthüllen würde, wenn es denn gelöst werden konnte. Der Verfasser verlangte, dass die Briefe auf den Titelseiten der drei Zeitungen abgedruckt werden sollten, und drohte andernfalls mit weiteren Morden.

Am 7. August 1969 ging ein weiterer Brief beim *San Francisco Examiner* ein. Er enthielt Details der Morde, die der Öffentlichkeit noch nicht bekannt waren. Der Verfasser bekräftigte darin außerdem erneut, dass das Knacken des Codes seine wahre Identität enthüllen würde.

Am 8. August 1969 wurde das Kryptogramm von Donald und Bettye Harden decodiert. Die vor Rechtschreibfehlern nur so strotzende Nachricht, die sich dahinter verbarg, lautete (in bereinigter Übersetzung) wie folgt:

»Ich mag töten weil es so viel Spaß macht es macht viel mehr Spaß als Wild im Wald zu jagen weil der Mensch das gefährlichste Tier von allen ist Töten gibt mir einen richtig guten Kick besser als es mit einem Mädchen zu treiben das Beste daran ist wenn ich sterbe werde ich im Paradies wiedergeboren und alle die ich getötet habe werden meine Sklaven sein ich nenne euch meinen Namen nicht weil ihr versuchen werdet mich zu bremsen oder zu stoppen wenn ich noch mehr Sklaven für mein Leben im Jenseits sammle ebeorietemethhpiti«

Das letzte Wort war nicht entzifferbar. Vielleicht ist es ja der Schlüssel zum Lösen des großen Zodiac-Rätsels.

VERDÄCHTIGE

Täterbeschreibung:

- etwa zwischen 1,73 Meter und 1,78 Meter groß
- lockiges braunes und rotbraunes Haar mit Bürstenschnitt
- trug Hornbrille und meist dunkle Kleidung, üblicherweise eine Wollhose, eine dunkelblaue oder schwarze Windjacke sowie markante Militärstiefel, sogenannte »Wing Walkers«
- leicht stämmige Statur
- seltsame Gangart
- Schuhgröße 44
- Handschuhgröße 7
- langsame, monotone Stimme

Louie Myers (1951–2002)

- gestand auf seinem Sterbebett, dass er der Zodiac Killer war
- besuchte dieselbe Schule wie die ersten Opfer
- arbeitete am selben Ort wie das zweite weibliche Opfer
- hatte aufgrund der Arbeit seines Vaters Zugang zu Militärschuhen
- diente in der Army
- war LKW-Fahrer
- wurde wegen Diebstahl und Erregung öffentlichen Ärgernisses verhaftet und verurteilt
- war in jener Phase, als der Zodiac Killer längere Zeit nicht tötete, in Deutschland stationiert

→ **Problem:** passte nicht zur Täterbeschreibung

Richard »Rick« Marshall (1928–2008)

- war geübt im Chiffrieren von Nachrichten
- war Matrose bei der Navy
- war Cineast und Filmvorführer in einem Kino
- war begeisterter Amateurfunker
- war jähzornig, vor allem gegenüber Frauen

→ **Problem:** keine ausreichenden Beweise

Jack Tarrance (1928–2006)

- diente in der Air Force und Navy
- war Funker
- arbeitete in einem Stahlwerk
- war Vorarbeiter bei General Electric
- war in einem Münzwaschsalon angestellt

Tarrance wurde von seinem Stiefsohn als möglicher Verdächtiger gemeldet, nachdem dieser mehrere »Beweise« gefunden und den Behörden ausgehändigt hatte, von denen er glaubte, sie würden seinen Stiefvater als Zodiac Killer überführen. Darunter waren:

- Schriftproben;
- eine Kapuze, die der Beschreibung eines überlebenden Opfers ähnelte;

- ein Messer mit Blutspritzern;
- ein nicht entwickelter Fotofilm mit fürchterlichen Aufnahmen;
- ein aufgezeichnetes Gespräch, in dem Tarrance andeutet, dass er vielleicht der Zodiac Killer sein könnte.

→ **Problem:** Um Tarrance als Täter entweder bestätigen oder ausschließen zu können, führte das FBI einen DNA-Abgleich durch. Leider war das Ergebnis nicht eindeutig.

Arthur Leigh Allen (1933–1992)
- galt als Hauptverdächtiger
- wurde unehrenhaft aus der Navy entlassen
- arbeitete als Lehrer an einer Grundschule
- war Segelmacher
- war Rettungsschwimmer
- besaß blutverschmierte Messer, behauptete jedoch, das Blut stamme von Hühnern
- war in jener Phase, als der Zodiac Killer längere Zeit nicht tötete, wegen Kindesmissbrauchs inhaftiert
- Der Überlebende Michael Mageau identifizierte Allen 1991 auf einem Foto als den Zodiac Killer.

→ **Problem:** Fingerabdrücke und Schriftproben stimmten nicht mit denen des Zodiac Killers überein. Ein DNA-Abgleich mit Spuren, die an Briefmarken gefunden wurden, war negativ. Es war allerdings bekannt, dass Allen keine Briefmarken ableckte, weil ihm vom Geschmack des Klebers übel wurde.

NACHWORT: ÜBER DIE NATUR DER SERIENMÖRDER

»Ich wurde mit dem Teufel in mir geboren«, sagte H. H. Holmes, der sich 1893 die Weltausstellung zunutze machte, um einen Raum in seiner Villa in Chicago an Touristen zu vermieten und dort – ohne großes Aufsehen zu erregen – mindestens 27 Menschen tötete. »Ich war ein Mörder, das konnte ich nicht ändern, genauso wenig wie ein Poet seinem Drang zu dichten entkommen kann. Ich wurde mit dem Leibhaftigen als Pate neben meiner Wiege geboren und er ist seither bei mir geblieben«, so Holmes.

Die Ausrede »Ich kann einfach nicht anders« ist unter Serienmördern weit verbreitet. Sie zeigt die fehlende Bereitschaft dieser Menschen, Verantwortung für ihre Taten zu übernehmen und einzusehen, dass sie ihre schrecklichen Verbrechen selbst und aus freien Stücken verübt haben. »Ja, ich habe es getan. Aber ich bin krank und kann nicht nach denselben Standards wie andere Menschen verurteilt werden«, sagte Juan Corona, der in den späten 1960er- und frühen 1970er-Jahren in Kalifornien 25 Wanderarbeiter umbrachte und in jenen Obstgärten vergrub, in denen sie gearbeitet hatten, um ihren Familien ein besseres Leben zu ermöglichen.

Dennis Rader, der sich selbst als BTK-Killer bezeichnete, war in der Lage, kaltblütig ganze Familien auszulöschen und anschließend zu seiner eigenen Familie nach Hause zurückzukehren und ein treu sorgender Vater zu sein, so als wäre nichts geschehen. Rader machte dafür eine unbekannte Facette seiner Persönlichkeit verantwortlich, die er als »Faktor X« bezeichnete. »Wann dieses Monster in meinen Kopf gelangt ist? Ich werde es niemals erfahren. Ich weiß nur, dass es nie wieder gehen wird. Wie soll man sich von so etwas selbst heilen? Ich kann es nicht aufhalten, das Monster macht immer weiter und schadet mir genauso wie der Gesellschaft. Vielleicht können Sie es stoppen. Ich kann es nicht«, sagte Rader, der nach eigener Aussage schon in der Grundschule wusste, dass er anders war als andere Kinder. »Ich glaube wirklich, dass ich von Dämonen besessen bin.« Rader gibt sogar anderen die Schuld dafür, ihn vor seinem ersten Mord nicht aufgehalten zu haben: »Wissen Sie, irgendwann hätte doch jemand etwas von mir finden und identifizieren müssen«, erzählte er später. Doch Rader ist nicht der einzige Serienmörder, der die Schuld auf andere schiebt.

William Bonin war tatsächlich beleidigt, als der Richter ihn als Sadisten bezeichnete und »monströser krimineller Handlungen« beschuldigte. »Ich finde nicht, dass er das Recht hatte, so etwas zu mir zu sagen«, jammerte Bonin später. »Ich konnte mich einfach nicht bremsen. Es war nicht meine Schuld, dass ich diese Jungs umgebracht habe.« Da können wir nur den Kopf schütteln und uns fragen: Wie kann das sein? Zumindest diejenigen unter uns, die keine Serienmörder sind, fragen sich bei den Fällen in diesem Buch sicher immer wieder, warum und wie das geschehen konnte – weil wir nicht in der Lage sind zu begreifen, wie ein Mensch so viele andere Menschen töten kann.

»Manchmal liege ich nachts wach und frage mich: ›Wer zur Hölle ist dieser BTK-Killer?‹«, sagte FBI-Profiler John Douglas, der in der renommierten Verhaltensanalyseeinheit in Quantico gearbeitet hat, bevor er mehrere Bestseller veröffentlichte, darunter *Mindhunter: Die spektakulärsten Fälle der FBI-Spezialeinheit für Serienverbrechen* sowie *Mörder aus Besessenheit*. Douglas fragte sich ständig, wie Menschen wie Rader ticken und was sie dazu bringt, ihre schrecklichen Taten zu verüben. Solche Fragen sorgen bei Fallanalytikern und Polizisten für schlaflose Nächte, in denen sie sich sorgen, grübeln und auf Antworten warten, die sie oftmals nicht so einfach bekommen.

Auch ein anderer Experte im Analysieren von Wahnsinnigen, der verstorbene FBI-Profiler Robert Ressler – der die Begriffe »Serienmörder« und »kriminelle Fallanalyse« geprägt hat –, verbrachte zahlreiche schlaflose Nächte damit, Profile von Serienmördern zu erstellen. James Brussel war dies schon 1940 ganz hervorragend gelungen, als ein Rohrbombenattentäter, der es auf das Energieversorgungsunternehmen Con Edison abgesehen hatte, ganz New York City in Angst und Schrecken versetzte. (Brussel hatte der Polizei vorausgesagt, was für Kleidung der Mörder tragen würde, wenn sie ihn schnappen. Zwar trug der zunächst einen Pyjama, als sie ihn spätnachts in seiner Wohnung verhafteten. Als die Beamten ihn aber baten, sich etwas anzuziehen, kam er mit einem Zweireiher aus seinem Zimmer, ganz so wie Brussel es vorhergesagt hatte.) »Was ist das für eine Macht, die derart von einem Menschen Besitz ergreift und ihn in den Wahnsinn treibt?«, fragte sich Ressler, der im Laufe seiner beeindruckenden Karriere unzählige Serienmörder befragt hat.

Douglas und Ressler haben Gespräche mit einigen der schlimmsten Serienmördern Amerikas geführt, um tief in den Verstand dieser Monster vorzudringen. Sie begannen dabei in Kalifornien, einem US-Bundesstaat, in dem »stets besonders viele spektakuläre und sonderbare Verbrechen« geschehen sind, so Douglas. Mithilfe dieser Gespräche versuchten die beiden, ein Muster zwischen all den Mördern zu erkennen, und stellten fest, dass es im Grunde zwei verschiedene Typen von Serienmördern gibt: organisierte und desorganisierte.

ORGANISIERTE MÖRDER

Ob ein Mörder organisiert ist, lässt sich an seinen Tatorten erkennen, die aufgeräumt, sauber und akkurat hinterlassen werden. Organisierte Täter betreiben mitunter großen Aufwand bei der Opferauswahl und dem Verbrechen selbst und achten darauf, möglichst keine Beweise am Tatort zu hinterlassen.

Dean Corll war ein solcher organisierter Serienmörder. Corll folterte seine Opfer die ganze Nacht lang und achtete akribisch darauf, Blut und Körperflüssigkeiten mit einer Plastikplane aufzufangen, in der er später die Opfer und deren private Gegenstände einrollte und vergrub, meist unter dem Fußboden des Bootshauses, das er gemietet hatte und wo er sich nur des Nachts im Schatten der Dunkelheit hinschlich.

DESORGANISIERTE MÖRDER

Im Gegensatz dazu suchen sich desorganisierte Mörder wahllos ihre Opfer und handeln kurzschlussartig und unvorbereitet, sodass viele Opfer beispielsweise wichtige DNA-Beweise unter ihren Fingernägeln sammeln, wenn sie sich kratzend und beißend wehren. Die Täter hinterlassen häufig zahlreiche Spuren, nicht selten sogar ihre Tatwaffen.

»Desorganisierte Mörder kennen ihre Opfer nicht und haben weder eine Vorstellung von noch ein Interesse an deren Persönlichkeit«, wie Ressler in seinem Buch *Ich jagte Hannibal Lecter* schreibt, eine von vielen Arbeiten, in denen er detailliert seine Erfahrungen als Fallanalytiker dokumentierte. Ressler zufolge wollen diese Mörder gar nicht wissen, wer die Opfer sind, und unternehmen häufig große Anstrengungen, um deren Persönlichkeiten regelrecht auszulöschen, beispielsweise indem sie sie bewusstlos schlagen, ihre Gesichter verdecken oder sie auf irgendeine Weise verstümmeln.

Cary Stayner – der »Yosemite Killer« – wurde erst bei seinem letzten Mord zum desorganisierten Täter, als er völlig spontan mordete, weil er der hübschen

Parkführerin Joie Armstrong einfach nicht widerstehen konnte. Zum Glück für alle jungen Frauen, die auch heute noch den Park besuchen, hinterließ er zahlreiche Beweise, darunter charakteristische Reifenspuren seines alten 1979er International Scout.

»Es wird angenommen, dass der Tatort das Verhalten des Mörders und dessen Persönlichkeit auf ähnliche Weise widerspiegelt wie die Einrichtung den Charakter eines Hausbesitzers«, schrieben Douglas und Ressler, nachdem sie bereits mit zahlreichen Tätern gesprochen und entsprechend umfassende Kenntnis von deren Verhaltensweisen hatten.

SERIENMÖRDER HALTEN SICH FÜR EINZIGARTIG – SIND ES ABER NICHT

Dr. Helen Morrison ist seit vielen Jahren eine der führenden Expertinnen für Serienmörder und bewahrt das Gehirn des sogenannten Killer Clown John Wayne Gacy in ihrem Keller auf. (Sie hatte das Gehirn nach Gacys Hinrichtung analysieren lassen, mit dem Ergebnis, dass es absolut normal war und keinerlei Anomalien aufwies.) Morrison sagt, dass sich die meisten Serienmörder im Kern eigentlich gleichen.

Psychiater haben bis heute nicht herausgefunden, welche Motive Serienmörder dazu bringen zu töten, konnten aber gewisse Eigenschaften bestimmen, die sie alle gemein haben, so Morrison, die mit unzähligen Serienmördern gesprochen und ihre Erfahrungen im Buch *Mein Leben unter Serienmördern: Eine Profilerin erzählt* niedergeschrieben hat. Serienmörder sind oft redselige Hypochonder, die eine unerbittliche Sucht nach der Brutalität des Mordens entwickeln. Sie sind in der Lage, ihre Opfer zu leblosen Objekten zu degradieren, gewissermaßen zu Spielzeugen, die einzig ihrem persönlichen Vergnügen dienen. Empathie? So etwas kennen diese Monster nicht. »Das unvorstellbare Leid und die offensichtliche Todesangst ihrer Opfer lässt sie völlig kalt«, sagt Morrison. »Sie sehen vor sich keinen Menschen, sondern nur ein Objekt. Ein Serienmörder besitzt keine Gefühle und hat keine Motive, er tötet nur um des Tötens willen.«

Serienmörder stillen damit ihre Bedürfnisse und beruhigen für kurze Zeit das sturmartige Chaos, das in ihren Köpfen herrscht. »Man fragt sich, wie jemand einem anderen Menschen so etwas Furchtbares antun kann«, sagt Morrison. »Wir müssen verstehen, dass Serienmörder ihre Opfer nicht als Menschen betrachten. Töten ist für sie, als würden sie einer Stubenfliege die Flügel ausreißen oder einer Spinne ihre Beine – sie wollen einfach sehen, was passiert. Für sie ist das eine Art simples Experiment.«

ANGEBOREN ODER ANERZOGEN?

Den meisten Serienmördern ist der unkontrollierte Drang zu töten angeboren wie ihre Augenfarbe. Viele Experten sind allerdings der Meinung, dass Serienmörder meist auch eine irgendwie geartete traumatische Kindheit hatten. Colin Wilson und Donald Seaman führten 1990 eine Studie mit inhaftierten Serienmördern durch und fanden dabei heraus, dass eine problematische Kindheit der maßgeblichste Einflussfaktor ist, der Menschen zu Serienmördern macht. Der ehemalige FBI-Profiler Ressler glaubt sogar, dass 100 Prozent aller Serienmörder eine schwierige Kindheit erlebt haben, an die sie sich heute nicht mehr gerne zurückerinnern und die sie auf ihrem späteren Lebensweg geprägt hat. Ressler sagt, dass alle Serienmörder, mit denen er gesprochen hat, als Kinder auf irgendeine Weise gelitten haben, ob durch sexuellen, körperlichen oder emotionalen Missbrauch, Vernachlässigung oder Ablehnung durch ihre Eltern oder durch Erniedrigung im familiären oder schulischen Umfeld. Im Leben von Menschen mit angeborenen psychischen Erkrankungen können solche Erfahrungen Wendepunkte sein, nach denen sie plötzlich beginnen, ihren gestörten Instinkten zufolge zu handeln.

Wenn Kinder nicht in einem soliden familiären Gefüge aufwachsen – die Eltern abwesend oder nur mit Alkohol und Drogen beschäftigt sind, sexueller Missbrauch nicht auffällt und körperliche Misshandlung an der Tagesordnung ist –, dann werden sie in ihrer Entwicklung gebremst. Häufig entwickeln solche Kinder dann einen tief sitzenden Hass oder schaffen sich selbst eine Fantasiewelt, in der alles perfekt ist und sie praktisch die Könige ihres eigenen Luftschlosses sind. So war es bei Jeffrey Dahmer, der seinen Kontrollzwang erst viel später erkannte, nachdem er viele Stunden in der Psychotherapie zugebracht hat, in der er lernte, welche Auswirkungen die chaotische, hasserfüllte Ehe seiner Eltern und der sexuelle Missbrauch, den er als Kind erfahren hatte, auf ihn gehabt hat. »Als ich zu Hause ausgezogen bin, wollte ich mir meine eigene kleine Welt schaffen, in der ich die totale Kontrolle über alles hatte«, sagt Dahmer. »Ich habe es damit nur viel zu weit getrieben.«

Dahmers Erfahrungen legen nahe, dass psychopathisches Verhalten vermutlich in der Kindheit entwickelt wird, nämlich wenn Kinder sich aufgrund von erfahrener Ablehnung oder Missbrauch in eine Fantasiewelt zurückziehen, in der nicht sie, sondern andere das Opfer sind. »Solche Kinder werden psychopathisch, weil sie nicht richtig lernen, zwischen Gut und Böse zu unterscheiden oder anderen Menschen gegenüber Empathie zu zeigen, da ihre emotionale und soziale Entwicklung einzig innerhalb ihrer egozentrischen Fantasien stattfindet. In ihrer eigenen Welt können sie keine Fehler machen, und das Leid anderer bleibt ohne Konsequenz, da der einzige Zweck dieser Fantasiewelt das Befriedigen der Bedürfnisse einer einzigen Person ist«, so ein Experte. Wenn die Grenze zwischen Fantasie und Wirklichkeit verschwimmt, dann werden Hirngespinste, die für sich genommen völlig harmlos sind, auf einmal real und Monster wie Dean Corll fesseln junge Männer an ein Holzbrett, um sie zu vergewaltigen, zu foltern und ihren Schreien zu lauschen. Sie behandeln all das dann wie eine Art dissoziatives Kunstprojekt, das in einem Mord gipfelt.

KAPUTT IM KOPF: PSYCHOPATHIE UND ANDERE PSYCHISCHE ERKRANKUNGEN

Nicht alle Serienmörder sind Psychopathen. Einige zwanghafte Mörder fühlen tatsächlich so etwas wie Reue, etwa der Green River Killer Gary Ridgway, der in Tränen ausbrach, als der Vater eines Opfers ihm im Gerichtssaal seine Vergebung anbot. Doch jene, die Psychopathen sind, sind schlicht in der Lage, auch nur einen Funken Empathie für ihre Opfer zu empfinden, so Morrison. Diese Menschen interessieren sich einzig für sich selbst und für die Macht, die sie über andere Menschen haben.

Psychopathen sind oft einnehmende und charmante Persönlichkeiten, denken Sie nur an Ted Bundy, der Frauen problemlos in sein Auto locken konnte, indem er eine Verletzung vortäuschte und so ihre Sympathie gewann. Psychopathen besitzen die Fähigkeit, ihre Opfer und manchmal auch ihre Komplizen mit Leichtigkeit zu manipulieren.

Dean Corll wurde auch als Svengali bezeichnet. Der Name stammt von einem fiktiven Charakter aus George du Mauriers Roman *Trilby* aus dem Jahr 1894. Der Svengali ist ein Hypnotiseur, der die Protagonistin – ein junges Mädchen – verführt, beherrscht und ausbeutet. Corll bekam diesen Namen, weil er mehrere Jungs aus seiner Nachbarschaft dazu gebracht hat, ihm ohne Reue immer neue Jungs als Opfer zuzuführen, selbst wenn diese Jungs ihre Freunde waren.

Serienmörder besitzen eine Reihe besonderer Eigenschaften, die in vielen Jahren kriminologischer Fallanalyse ermittelt wurden. Sie sind unter anderem …

… wortgewandt, aber unehrlich.

Ted Bundy war ein regelrechter Charmeur, einer, dem andere schnell auf den Leim gingen. »Ich mochte ihn sofort, aber Menschen wie Ted sind hervorragende Schauspieler«, sagt Ann Rule, die Autorin des Bestellers *Stranger Beside Me*, in dem sie ihre Erfahrungen mit Bundy schildert, mit dem sie lange Zeit befreundet war. »Ich war Polizistin, hatte Psychologiekurse – aber seine Maske war einfach perfekt. Wenn man lange mit jemandem befreundet ist, dann kennt man diesen Menschen sicher sehr gut. Aber ich sage mittlerweile: Man kann sich nie völlig sicher sein. Das ist schon gruselig.«

… egozentrisch und großspurig.

Jack the Ripper hielt sich für den Größten und wollte sogar die Polizei an der Nase herumführen, weshalb er höhnische Briefe an die Londoner Ermittler verschickte.

»Sehr geehrter Boss«, schrieb er. *»Ich höre immer wieder, die Polizei hätte mich erwischt, aber noch wird sie mich nicht dingfest machen. Ich lache darüber, wenn sie wieder schlau tut und erzählt, sie sei auf der richtigen Spur. Diese Lachnummer mit dem »Leather Apron«* [Deutsch: Lederschürze; die Polizei hatte einen Mann mit diesem Spitznamen verhaftet, nachdem die Presse die Bezeichnung für den Mörder verwendet hatte, Anm. d. dt. Verlags.] *war wirklich amüsant. Ich bin hinter den Huren her und werde nicht aufhören, sie aufzuschlitzen, bis ich geschnappt werde. Beim letzten Job habe ich großartige Arbeit geleistet. Ich habe der Dame keine Zeit zum Kreischen gelassen. Wie können sie mich da schnappen? Ich liebe meine Arbeit und will weitermachen. Sie werden schon bald wieder von mir und meinen spaßigen kleinen Spielchen hören. Ich habe aus dem letzten Job etwas von dem guten roten Zeug in einer Ingwerbier-Flasche aufbewahrt, um damit zu schreiben, doch es wurde dick wie Kleister, sodass ich es nicht mehr benutzen konnte. Rote Tinte tut's auch, hoffe ich, ha ha. Beim nächsten Mal schneide ich der Dame die Ohren ab und schicke sie den Polizisten … Mein Messer ist so wunderschön scharf, ich möchte mich gleich wieder an die Arbeit machen, wenn sich die Gelegenheit dazu bietet. Viel Glück.«*

… ohne Reue oder Schuldgefühle.

Joel Rifkin versank in Selbstmitleid, nachdem er verurteilt wurde, mindestens neun Frauen getötet und zerstückelt zu haben. Er bezeichnete seine Verurteilung als Tragödie, stritt sich später in Haft aber mit dem Massenmörder Colin Ferguson darüber, wessen Mordserie von größerer Bedeutung war. Als Ferguson ihn aufzog, nur Frauen umgebracht zu haben, entgegnete Rifkin: »Ja, aber ich habe mehr Opfer getötet!«

… empathielos.

Andrei Tschikatilo, der nach seinen Morden Teile der Genitalien der männlichen und weiblichen Opfer verspeist hat, störte sich nicht daran, ein Menschenleben zu nehmen, egal, wie qualvoll dies für seine Opfer war. »Das alles – die Schreie, das Blut, das Leid – bereiteten mir Entspannung und eine gewisse Freude«, sagte er.

… hinterlistig und manipulativ.

John Wayne Gacy übernahm bis zum Schluss keine Verantwortung für die 28 toten jungen Männer, die unter seinem Haus vergraben waren. Und das, obwohl er einmal gesagt hat, Clowns würden sogar mit Mord davonkommen. »Ich würde sagen, nach 14 Jahren Wahrheitsserum sollte ich wissen, wenn ich ein solches Verbrechen begangen habe«, sagte der Mann, der offenbar bei all seinen Nachbarn beliebt war. »Es müsste doch etwas geben, dass … Klick in meinem Kopf macht. Ich hatte Fotos von 21 der Opfer, die ich mir in all den Jahren hier immer wieder angesehen habe, und ich habe nie auch nur einen davon erkannt.«

… emotionslos.

Der deutsche Serienmörder Rudolph Pleil (»Der Totmacher«), der für die Morde an zehn Menschen verurteilt wurde und sich im Gefängnis das Leben nahm, verglich sein »Hobby« Töten mit Kartenspielen. »Was ich getan habe, war gar nicht so schlimm, es gibt heutzutage ohnehin zu viele Frauen. Ich hatte jedenfalls meinen Spaß.«

… impulsiv.

Tommy Lynn Sells, der für Dutzende Morde im Mittleren Westen und Süden der USA verantwortlich war, verfolgte einmal eine Frau bis nach Hause, die er zuvor in einem Gemischtwarenladen gesehen hatte – ein Impuls, den er nicht kontrollieren konnte. Er wartete zunächst, bis es im Haus dunkel wurde. »Dann ging ich ins Haus, ins erste Schlafzimmer, das ich fand … Ich wusste nicht, wessen Schlafzimmer es war, und … und … und … und fing einfach an draufloszustechen.« Das Opfer war der kleine Sohn der Frau.

… kaum in der Lage, ihr Verhalten zu kontrollieren.
»Ich wünschte, ich hätte aufhören können, aber es ging nicht. Ich hätte keinerlei Erregung oder Freude mehr gespürt«, sagte der britische Mörder Dennis Nilsen, der mindestens zwölf junge Männer erwürgt und ihre Leichen gebadet und angekleidet hat, bevor er sie, meist durch Verbrennen, entsorgte.

… auf der Suche nach Nervenkitzel.
Albert Fish, ein masochistischer Mörder, der auch über eine sadistische Seite verfügte und der Mutter eines seiner Opfer einen Brief schrieb, in dem er detailliert schilderte, wie er das Mädchen zerstückelt, gekocht und gegessen hat, fand den Gedanken an die eigene Hinrichtung besonders aufregend. »Auf dem elektrischen Stuhl zu sitzen wird der ultimative Kick meines Lebens«, sagte er.

… verantwortungslos.
»Ich betrachte mich eher als Opfer denn als Täter«, sagte John Wayne Gacy in einem der seltenen Momente, in denen er seine Morde gestand. »Ich wurde um meine Kindheit betrogen. Ich hätte niemals verurteilt werden dürfen, außer vielleicht, weil ich einen Friedhof ohne Lizenz betrieben habe. Das waren doch alles bloß wertlose Schwuchteln und Punks.«

… oft schon als Kinder verhaltensauffällig.
»Als kleiner Junge hatte ich keinen einzigen Freund«, sagte der deutsche Serienmörder Heinrich Pommerenke, der schon als Jugendlicher Mädchen vergewaltigt und ermordet hat.

… dissozial in ihrem Verhalten.
Gary Ridgway gestand, 48 Frauen getötet zu haben. Bei den meisten handelte es sich um Prostituierte, die leichte Beute waren und nur selten als vermisst gemeldet wurden – zumindest nicht unmittelbar. »Ich glaube weder an Menschen noch an Gott oder den Teufel. Ich hasse die ganze verdammte menschliche Rasse, einschließlich mir selbst. Ich verging mich an den Schwachen, den Harm- und den Ahnungslosen. Diese Lektion habe ich von anderen gelernt: Macht geht vor Recht.«

»ICH HATTE EINFACH LUST DRAUF!«

Viele Psychopathen sagen nach ihren Verbrechen mit einem gewissen Stolz: »Ich habe es getan, weil ich Lust drauf hatte!« So dachte etwa der BTK-Killer Dennis Rader. Und weil er weder Schuld- noch Unrechtsbewusstsein besaß, konnte er nach seinen grausamen Morden problemlos zu einem gewöhnlichen Alltag mit Frau und Kindern zurückkehren.

Normale Menschen würde ein solches Verbrechen womöglich verändern, sie wären verstört, nervös oder besorgt, erwischt zu werden. Serienmörder sind aber derart abgebrüht, dass sie direkt nach einem Mord völlig sorglos in ein Restaurant spazieren und dort zu Abend essen können, ohne einen einzigen Hinweis darauf, was sie gerade getan haben. Serienmörder wirken laut FBI häufig völlig normal. »Sie haben Familien und/oder einen festen Job.« Und Morrison ergänzt: »Sie sind vollkommen gewöhnlich. Deshalb geraten Opfer so leicht in ihre Fänge.« Diese äußerliche Normalität ist auch der Grund, warum viele Täter so lange ungeschoren davonkommen.

Im Gegensatz zu Massenmördern wie Terroristen, die vor ihren Anschlägen oft komplett von der Bildfläche verschwinden, leben Serienmörder mitten unter uns. Sie mögen zwar manchmal etwas eigenartig wirken – so wie Ed Gein, der es mit der Köperhygiene nicht so genau nahm, oder William Bonin, der sich auffällig oft mit kleinen Jungs umgab –, aber selten in dem Maße, dass Nachbarn zu viele Fragen stellen würden. Deshalb hören wir immer wieder Sätze wie: »Das hätte ich niemals gedacht« oder »Er war doch so ein netter Kerl«, nachdem ein vermeintlich unbescholtener Bürger als sadistischer Triebtäter aufgeflogen ist und verhaftet wurde. Und deshalb sind die Menschen immer wieder aufs Neue geschockt, wenn wieder mal ein Serienmörder mit seinen grausamen Taten Schlagzeilen macht. »Für Menschen mit Gewissen sind Raders Verbrechen natürlich furchtbar, aus seiner Sicht waren sie aber seine größten Erfolge und er war ganz erpicht darauf, über all seine Taten zu berichten«, so Dr. Jack Levin, Leiter des Brudnick Center on Violence and Conflict an der Northeastern University in Boston und Autor des Buchs *Extreme Killings*.

PSYCHOPATHIE – EINE NEUE PERSPEKTIVE

Psychopathie wird heutzutage als dissoziale Persönlichkeitsstörung bezeichnet, ein schick verpackter Name für eine absolut entsetzliche Diagnose. Studien zufolge wurden fast 50 Prozent aller Männer und 21 Prozent aller Frauen in Gefängnissen eine solche dissoziale Persönlichkeitsstörung attestiert. Ted Bundy (der gerne Sex mit den Leichen seiner Opfer hatte), John Wayne Gacy und Charles Manson (der andere verleitet hat, die Drecksarbeit für ihn zu erledigen, darunter auch den Mord an der schwangeren Schauspielerin Sharon Tate) besaßen alle nachweislich diese psychische Störung, weshalb sie ihre Verbrechen ohne jegliche Rücksicht auf menschliches Leben oder das Gesetz verüben konnten. Psychopathen wie sie haben schlicht kein Gewissen.

SCHIZOPHRENIE

Neben der bekannten Psychopathie wurden bei vielen Serienmördern auch andere Formen psychischer Erkrankungen diagnostiziert, wie etwa Schizophrenie. Prominente Beispiele sind: David Berkowitz (der in den 1970er-Jahren behauptete, der Hund seines Nachbarn hätte ihm befohlen, seine sechs Opfer zu töten), Ed Gein (der Haut, Knochen und Körperteile von Frauen sammelte, um seine verstorbene Mutter in gewisser Weise wiederauferstehen zu lassen) und Richard Trenton Chase (der Vampir von Sacramento, der in Kalifornien sechs Menschen getötet hat, um ihr Blut zu trinken). Die Diagnose Schizophrenie umfasst eine ganze Bandbreite von Symptomen, die von Halluzinationen und Wahnvorstellungen bis hin zu einem katatonischen Zustand reichen.

BORDERLINE-PERSÖNLICHKEITSSTÖRUNG

Auch die Borderline-Persönlichkeitsstörung ist unter Serienmördern weit verbreitet. Patienten leiden oft unter extremen Stimmungsschwankungen, tun sich schwer mit zwischenmenschlichen Beziehungen und verhalten sich äußerst impulsiv. Für Mörder mit Borderline-Syndrom gibt es ebenfalls namhafte Beispiele: Aileen Carol Wuornos etwa, die eine ganz furchtbare Kindheit hatte, mehrfach sexuell missbraucht wurde und schließlich einen ihrer Peiniger tötete. Danach geriet sie völlig außer Kontrolle und tötete weitere sechs Männer, die sie entlang der Highways in Florida aufgabelte. Oder die Krankenschwester Kristen H. Gilbert, die in einem Krankenhaus in Virginia vier Patienten mit einer Überdosis Epinephrin tötete. Und natürlich Jeffrey Dahmer, der 17 Menschenleben forderte, bevor er endlich gefasst wurde.

Rechtzeitig diagnostiziert könnten potenzielle Serien- oder Massenmörder mit psychischer Erkrankung rechtzeitig behandelt werden, bevor sie Menschenleben fordern. Leider sind psychische Erkrankungen in unserer Gesellschaft noch immer stark stigmatisiert, weshalb die entsprechenden Diagnosen häufig erst gestellt werden, wenn es bereits zu spät ist.

ACHTUNG, SERIENMÖRDER! – DIE HÄUFIGSTEN WARNSIGNALE

Es existiert keine allgemeingültige Formel, woran man Serienmörder erkennen kann, weshalb es die Strafverfolgungsbehörden im echten Leben deutlich schwerer haben, deren Verbrechen aufzudecken, als dies in TV-Serien wie etwa *Criminal Minds* der Fall ist. Dennoch gibt es laut Experten einige Warnsignale, die auf einen potenziellen Serienmörder hindeuten können.

Dissoziales Verhalten

Psychopathen sind oft Einzelgänger. Wenn ein sonst geselliges und extrovertiertes Kind also plötzlich ganz verschlossen und schüchtern wird, dann könnte dies auf ein Problem hindeuten. Jeffrey Dahmer etwa war ein lebensfroher Junge mit vielen Freunden, bis seine Eltern wegen des neuen Jobs des Vaters nach Ohio umzogen. Dort zog er sich völlig zurück – angeblich nachdem er sexuell missbraucht worden war – und verbrachte seine Freizeit statt mit Freunden nur noch mit dem Sezieren und Konservieren von Tierkadavern.

Brandstiftung

Feuer bedeutet Macht und vielen Serienmördern dürstet es nach Macht und Kontrolle, weshalb sie wie Gott über Leben und Sterben ihrer Opfer entscheiden wollen. David Berkowitz etwa war als Kind Pyromane. Seine Besessenheit von Feuer war auch in seinem Umfeld bekannt, weshalb Mitschüler ihn nur Pyro nannten. Bevor er zum Serienmörder Son of Sam wurde, legte er in New York mutmaßlich mehr als tausend Feuer.

Tierquälerei

Serienmörder beginnen häufig schon im Kindesalter damit, ihre Macht über fremdes Leben auszutesten, indem sie Tiere quälen, etwa eigene Haustiere oder die der Nachbarn. Studien zufolge gab es in der Biografie von 70 Prozent aller inhaftierten Gewalttäter Phasen von Tierquälerei. Zum Vergleich: Unter Verbrechern, die nicht wegen Gewaltdelikten inhaftiert sind, ist dies nur bei 6 Prozent der Fall. Der Boston Strangler Albert Henry DeSalvo zum Beispiel sperrte als Kind Hunde und Katzen in Kisten und schoss zum Spaß mit Pfeilen auf die wehrlosen Tiere.

Zerrüttete familiäre Verhältnisse

Viele Serienmörder stammen aus Familien, die durch Kriminalität, psychische Erkrankungen oder Drogen- und Alkoholmissbrauch geprägt sind. Edmund Kemper hat seine Großeltern umgebracht, nur um herauszufinden, wie sich das anfühlt. Nachdem er einige Studenten ermordet hatte, tötete er auch noch seine alkoholkranke Mutter und zerhäckselte ihre Stimmbänder im Abfallzerkleinerer, um ein für alle Mal ihre Stimme auszulöschen.

Missbrauch im Kindesalter

William Bonin, der mindestens 21 Jungen und junge Männer auf dem Gewissen hat, wurde als Kind von den Eltern verstoßen und musste in einem Wohnheim leben, wo er sexuell missbraucht wurde. Auch Aileen Carol Wuornos, eine der wenigen Serienmörderinnen, wurde als Kind regelmäßig körperlich misshandelt und vergewaltigt und entwickelte deshalb ein generelles Misstrauen gegenüber Männern. Die Wut, die sich während solcher Gräueltaten in einem Kind aufstauen muss, lässt sich offenbar nie mehr auflösen. Aus Wuornos brach sie nach einer Vergewaltigung im Erwachsenenalter plötzlich heraus und sie begann, unkontrolliert zu morden. Körperlicher und/oder sexueller Missbrauch im Kindesalter scheint zudem eine Art Dissoziation zu verursachen, die es Betroffenen unmöglich macht, zwischenmenschliche Beziehungen einzugehen, aus Furcht, erneut abgewiesen oder enttäuscht zu werden.

Drogen- und Alkoholmissbrauch

Viele Serienmörder sind alkohol- oder drogenabhängig. Jeffrey Dahmer wurde aufgrund seines Alkoholproblems, das er bereits während der Schulzeit entwickelt hatte, aus der Army geworfen und lockte Opfer mithilfe von Alkohol in seine Wohnung, wo er erfolglos versuchte, willenlose Sexsklaven aus ihnen zu machen, die ihn niemals verlassen würden (und sie dadurch letztlich umbrachte).

Voyeurismus

Als Jugendlicher war Ted Bundy noch ein notorischer Spanner, der sich nachts vor den Fenstern von Nachbarhäusern herumtrieb, um einen Blick auf die Mädchen zu erhaschen, die sich drinnen gerade umzogen.

Intelligenz

Auch wenn es in der Regel nicht am IQ von Serienmördern liegt, dass sie so lange nicht von den Ermittlungsbehörden gefasst werden, so ist dieser dennoch oft ungewöhnlich hoch. Edmund Kemper galt mit seinem IQ von 136 beinahe als Genie (erst ab einem IQ von 140 darf man sich so nennen) und erfand komplexe Lügenkonstrukte, durch die er nach dem Mord an seinen Großeltern schon früh wieder aus dem Gefängnis entlassen wurde – und acht weitere Frauen umbrachte.

Häufig wechselnde Jobs

Serienmördern fällt es häufig schwer, einen Job für längere Zeit zu behalten. Entweder weil ihre »Freizeitaktivitäten« äußerst viel Zeit beanspruchen (da er so oft mordete und schlicht keinen anderen Platz fand, versteckte Dahmer Leichen in der Dusche, die er jeden Morgen vor der Arbeit selbst benutzte) oder weil ihre Besessenheit sie zwang, nach neuen Opfern zu suchen, obwohl sie eigentlich auf Arbeit sein müssten.

WIE SERIENMÖRDER HANDELN

Dank der Warnhinweise aus dem vorigen Abschnitt können wir potenzielle Serienmörder vielleicht besser erkennen (und nehmen unsere schrulligen Nachbarn mitunter ein wenig genauer unter die Lupe). Dennoch ist es ohne aussagekräftige Hinweise für Ermittlungsbehörden äußerst schwierig, einen Täter zu identifizieren und dingfest zu machen.

DAS MARKENZEICHEN

Die meisten Serienmörder wollen deutlich machen, dass sie und niemand anderes es waren, die ihre Opfer getötet haben. »Serienmörder haben typischerweise eine Art Markenzeichen«, so Dr. Scott Bonn, Dozent an der Drew University in New Jersey. Mithilfe dieser Markenzeichen lassen sich Opfer ziemlich genau einem speziellen Täter zuordnen. Zumindest organisierte Serienmörder gehen allerdings ziemlich bedacht vor und hinterlassen wenig bis keine Spuren, dieses Markenzeichen muss also nicht zwingend ein bewusst am Tatort zurückgelassener Beweis sein.

»Jack the Rippers Markenzeichen war etwa das Aufschlitzen der Leichen«, so Bronn. Obwohl es diese Parallele zwischen all seinen Morden gab, wurde der Ripper dennoch nie gefasst. Der Happy Face Killer Keith Hunter Jesperson, der bei alkoholkranken Eltern aufwuchs, in der Schule gehänselt wurde und gerne kleine Tiere quälte, malte auf zahlreichen Briefen, die er an Medien und Behörden verschickte, kleine Smileys und verhöhnte damit seine Verfolger. »Wenn sich anhand forensischer Beweise, also Knochen, Fleisch oder was immer von den Opfern noch übrig ist, ein solches Markenzeichen erkennen lässt, ist dies eine Möglichkeit, eine Verbindung zwischen den verschiedenen Morden eines Täters herzustellen«, so Bonn.

DIE ABKÜHLPHASE

Organisierte Mörder gehen derart akribisch, genau und pedantisch vor, dass manche niemals einen Hinweis auf ihre Identität hinterlassen, selbst wenn sie über ein Markenzeichen verfügen. Gibt es zwischen den Morden dann auch noch eine längere Abkühlphase, in der der Mörder nicht tötet, wird es umso schwieriger, ihn zu ermitteln. Und eine solche Abkühlphase gibt es bei praktisch allen Serienmördern. Nach der Tat – die sich mit einem sexuellen Erlebnis oder einem Drogenrausch vergleichen lässt – ist der unkontrollierbare Drang zu töteten vorübergehend gestillt. Laut Ressler hält dieser Zustand in der Regel aber nicht lange an. Kaum ein Serienmörder hat irgendwann das Gefühl, genug getötet zu haben. Im Gegenteil: Die Mordlust wird mit jedem Opfer stärker, ganz ähnlich wie eine Sucht nach pornografischen Inhalten mit einer *Playboy*-Zeitschrift beginnen kann und über die Jahre immer extremer wird und zu Hardcore-BDSM- oder Fetisch-Videos führt, weil der bisherige Stimulus nicht mehr ausreicht. »Nach den Morden bin ich buchstäblich singend nach Hause gegangen. Die Anspannung, das Verlangen, eine Frau zu töten, hatte sich in einem so explosiven Ausmaß aufgestaut, dass, sobald ich den Abzug betätigte, all der Druck, all die Anspannung, all der Hass plötzlich weg waren und sich in Luft auflösten. Allerdings nur für eine kurze Zeit«, sagte Son of Sam David Berkowitz.

Irgendwann genügen die Erinnerung an den Mord oder entsprechende Souvenirs nicht mehr (wie die Schädel, die Jeffrey Dahmer konserviert hat; David Gores Skalp-Sammlung oder die Schachtel voller Vulven, die Ed Gein in seiner Küche aufbewahrte). Dann muss der Täter erneut zuschlagen, wodurch der Drang zu töten noch stärker wird und ein mörderischer Teufelskreis entsteht. Die Abkühlphase – also das Zeitfenster zwischen den Morden – wird so immer kleiner, wodurch Strafverfolgungsbehörden wiederum Ähnlichkeiten an den Tatorten oder beim Vorgehen des Täters besser feststellen und ihn so leichter ermitteln können.

Im Fall von William Bonin etwa lagen Monate zwischen den ersten paar Morden. Gegen Ende seiner Mordserie tötete er manchmal zwei Jungen an einem

Tag, um seinen immer stärker werdenden unkontrollierbaren Drang zu töten zu befriedigen. »Manchmal war ich ganz angespannt und wäre durchgedreht, wenn ich nicht etwas Druck abgebaut hätte. So als wäre mein Kopf explodiert. Also bin ich rausgegangen auf die Jagd. Das Töten hat mir geholfen. Es war wie die Sucht nach Glücksspiel oder Alkohol. Ich musste es einfach tun«, so Bonin.

TÖTEN IM TEAM

Etwa 10 bis 25 Prozent aller Serienmörder arbeiten lieber im Team und nutzen ihren Charme, um Komplizen zu ködern. Ed Gein etwa hätte vielleicht nie jemanden umgebracht, wäre sein Komplize – ein geistig zurückgebliebener Mann, der ihm half, die Gräber von Frauen auszuheben, die seiner Mutter ähnelten – nicht eines Tages in ein Pflegeheim gekommen. Allein konnte Gein die Leichen nicht ausgraben, vermutlich begann er deshalb zu morden.

Dean Corll bestach Jungs aus der Nachbarschaft mit Bier, Drogen, Geld und Süßigkeiten, damit sie ihre Freunde zu ihm brachten, um angeblich Partys zu feiern, die sich später als brutale Folterorgien und Massaker entpuppten. Hätte einer dieser Komplizen ihn nicht eines Nachts erschossen, wären Corll vermutlich noch viel mehr Menschen zum Opfer gefallen.

Auch William Bonin arbeitete bei seinen Morden gerne mit Freunden zusammen. Er verleitete geistig behinderte Jungen, ihm dabei zu helfen, seine Opfer auf sadistische Weise zu foltern und zu vergewaltigen.

WEITERE WARNSIGNALE

Laut der von Ressler gegründeten Verhaltensanalyseeinheit des FBI waren 60 Prozent aller Sexualstraftäter als Kinder Bettnässer, viele waren es sogar als Erwachsene noch. Alton Coleman war ein solcher Fall. Coleman machte sich regelmäßig in die Hosen, wofür er den entwürdigenden Spitznamen »Pissy« verpasst bekam.

Auch sexuelle Erregung durch Gewaltfantasien können während der Pubertät ein Hinweis auf einen heranwachsenden Serienmörder sein. Jeffrey Dahmer kam in die Pubertät, als er gerade damit begann, Tierkadaver zu sezieren. Scheinbar wurden dabei die Windungen in seinem Gehirn so verdrahtet, dass Sex und Tod ihn gleichermaßen erregten.

Hirnschäden können ebenfalls durchaus eine Rolle spielen. Helen Morrisons Untersuchung von John Wayne Gacys Gehirn ergab zwar keinerlei Auffälligkeiten und das Gehirn von Dahmer wurde nach dessen Tod nie untersucht – obwohl er und sein Vater sich dies gewünscht hatten –, es gibt allerdings Hinweise darauf, dass einige Serienmörder einen Hirnschaden besitzen, der ihre Fähigkeit, rational und kontrolliert zu handeln, beeinträchtigt. »Haben Kinder mit normalen Eltern nicht auch normale Gehirne? Nicht unbedingt«, meint Dr. Jonathan Pincus, Neurologe und Autor des Buchs *Base Instincts – What Makes Killers Kill* (Deutsch: Grundinstinkte – Was Mörder morden lässt). »Missbrauchserfahrungen, psychische Erkrankungen und neurologische Defizite sind häufig die treibenden Faktoren hinter den schlimmsten Gräueltaten. Die brutalsten Gewaltverbrecher waren mit überwältigender Mehrheit als Kinder selbst Opfer unvorstellbarer Grausamkeiten und haben deshalb wahnhafte Denkmuster entwickelt«, so Pincus in seinem Buch. Er ergänzt, dass das Erleben derart verstörender Traumata im Kindesalter die spätere Entwicklung und Funktion des Gehirns massiv beeinträchtigen kann.

FAZIT

Serienmörder können sowohl extrem intelligent sein oder auch geistig zurückgeblieben, einige sind charismatische Charmeure, andere verschlossene Sonderlinge, und während manche im Berufsleben extrem erfolgreich sind, wechseln andere ständig ihren Job. Eines haben sie aber – unabhängig von ihrer Biografie, ihrer Vorgehensweise oder ihrem Stil – alle gemein: »Sie sind böse«, sagt der Fallanalytiker Pat Brown. Und mehr müssen wir über sie eigentlich auch nicht wissen.

ÜBER DIE AUTOREN

Jack Rosewood ist seit 15 Jahren als freischaffender Autor tätig. Der Sohn eines Kriminaljournalisten entwickelte schon früh eine Faszination für die Geschichten von Verbrechern und Serienmördern. Er lebt mit seiner Frau und einem Golden Retriever in Florida.

Rebecca Lo begeistert sich seit Langem für True Crime und verfasste zusammen mit Jack Rosewood einige Bücher zum Thema.

REGISTER

Die originalen Polizeifotos der Serienmörder in diesem Buch finden Sie unter *https://jackrosewood.com/mugshots*.

Auch als **E-Book** erhältlich

432 Seiten
15,00 € (D) | 15,50 € (A)
ISBN 978-3-7423-2446-7

John Douglas,
Mark Olshaker

Reise in die Finsternis

Der berühmte FBI-Profiler über die Fahndung nach Serienmördern und seine packendsten Fälle

Ob David Berkowitz, Ted Bundy oder Jeffrey Dahmer: Es gibt kaum einen US-Serienkiller, den John Douglas als weltweit führender Experte und Pionier im Bereich Profiling nicht befragt hätte. Nach seinem Bestseller *Mindhunter*, Vorlage für die erfolgreiche Netflix-Serie, taucht er in *Reise in die Finsternis* nun noch tiefer in die Gedankenwelt von Serienmördern und anderen gefährlichen Verbrechern wie dem Unabomber ein. Am Beispiel zahlreicher, mitunter erschreckender Fälle offenbart er, mithilfe welcher Methoden es gelingt, Mörder, ihre Emotionen und Motive ausfindig zu machen. Seine Reise in menschliche Abgründe erforscht monströse Taten, die ein ganzes Jahrhundert bewegten – aber auch Kriminalfälle, von denen Sie noch nie gehört haben. Eine Must-have für alle True-Crime-Fans.

riva